老吕专硕系列

MBA/MPA/MPAcc

主编 ◎ 吕建刚

管理类联考
老·吕·综·合
—— 冲刺20套卷 ——
（第2版）

北京理工大学出版社
BEIJING INSTITUTE OF TECHNOLOGY PRESS

冲刺备考：限时模考，回归母题

如果你是老吕系列图书的老读者或者是老吕课程的老学员，你一定知道老吕教学体系的核心是"母题"，而且你也一定做过"母题"并总结过一些"母题"的套路和解题技巧。

如果你是新读者或是新学员，那么什么是"母题"？母题者，题妈妈也，一生二、二生四，以至无穷。母题，就是万题之母。不论题目如何变化，母题不变。掌握了母题，也就赢得了考试。

所以，老吕的"要点精编"和"母题800练"系列图书着重对母题做了系统的总结。这样的好处是可以让你尽快地梳理命题脉络、把握命题方向、破解命题模型、掌握做题技巧。但老吕同时也发现，这样也给一些同学带来了一些困扰：老师，你分好类的题目我全部会做，没有分类的题目我自己不会分类，因此也就不会做。于是，"一看就会、一听就懂、一做就错、一考就哭"成了这些同学的真实写照。

这样的同学像是一个看起来很牛的猎人，掌握了"屠龙之技""捉豹之能""杀虎之法""宰熊之道"。可惜，他并不了解哪个是龙，何者是豹，什么是虎，哪里有熊。当他面对老师整理好了的题型技巧时，往往只注重摘抄、记住这些技巧，自认为记住了就掌握了。其实，相对于记住解题技巧，我们更应该知道这个解题技巧的来龙去脉：什么样的命题特点对应什么样的题型，什么样的题型又有何种变化，每种变化适合何种方法。这其中，根据命题特点判断题型是先决条件，这就好像，你要知道什么长相的是龙，什么模样的是豹，然后你的"屠龙""捉豹"之法才能用上。

为了解决这个问题，一是，要求你对"母题"不要死记硬背，而要去理解原理和思路。二是，你需要做大量的模考题。因为，任何一套试卷，任何一年的真题，常规题最少能占到90%左右，而每一道常规题目的背后都是一类"母题"，也就是说，试卷其实就是打乱了的"母题"。多做模考题，就会强迫你学会辨别题型，分清"龙""虎""豹"，然后杀之。这就是《管理类联考·老吕综合冲刺20套卷》的编写目的。这本书，我要求你这么用：

1. 限时模考

很多同学模考时不限时，考完一算分数还不错，还为此沾沾自喜。这样的同学进了考场后时间一定不够用，再加上紧张，分数会直线下降，最后哭都来不及。

还有的同学模考不写作文。亲，不写作文叫模考吗？难道你上了考场也不写作文？

记住：仿真、限时模考。3个小时做完所有题，并涂写答题卡！

2. 回归母题

让老吕猜一下你模考完后的动作：(1) 对答案，哟，这次考得不错。好爽呀，再模考一套。模考一套爽一次，一直模考一直爽，模考上瘾就是你了。(2) 对答案，呀，这次考得不好。难受、想哭，一定要再模考一套，我要重新证明自己。模考一套哭一次，一直模考一直哭，模考上瘾就是你了。（3）对答案，找到错的题目。看答案，哦，原来这么简单，刚才模考时我咋没想到呢，我粗心了，粗心没事，待会再做一套时我细心点。（4）对答案，找到错的题目。看答案，看完答案还是没明白。我哭一会儿吧，哭完再做一套也许就好了。

你被老吕说中没？

其实，模考的意义不是计较一时得分的高低，而是在这次模考中你有没有收获。收获来自两个方面：（1）做题节奏相比以往更加合理——简单题做对，难题跳过回头再做或蒙猜，作文按时写完，答题卡涂完。（2）找到错题，查缺补漏。一般来说，错一道题往往不是偶然，这意味着你某个知识点不扎实、某个题型没掌握、某个命题陷阱没总结。怎么办？查到母题编号，回归母题，做系统总结、分类训练。保证下次出现同样的问题不出错或者至少有提高，然后才能进行下一次模考。这不就是咱们管理学上学的"戴明环"在模考中的应用吗？

3. 建议听课

每次提到听课，总会有人有这样的感觉："老吕又在忽悠我花钱""备考时间紧张，没时间听课"，等等。

但实际上，越是到冲刺阶段，就越应该有针对性地听课，这是快速提分的重要途径。因此，建议大家通过模考找到自己的漏洞后，可以有重点地听老师对这些题型的分析讲解，达到"错一题，会一类"的目的。

扫码查看
百日冲刺密训课程详情

考前，老吕有个最重要的课程叫"百日冲刺密训"，这个课程是我呕心沥血、十年一剑的成果，涵盖了管综三科必考考点和核心得分诀窍。我会带你把数学、逻辑的重点题型详细过一遍，带你把写作的底层逻辑与万能写法全部掌握，并且进行最小范围的三科押题，带你高效度过备考的最后一个冲刺提分阶段。

另外，这个课程还包括往年口碑炸裂的"老吕美观大法""条件充分性判断""论证逻辑干扰项"等技巧专训课程，让你不会的题蒙猜得分，会做的题快速得分，易错题绝不丢分。

同时老吕也给 MBA/MPA/MEM 等在职考生专门准备了一个冲刺班叫"MBA 冲刺过线班"，它是在百日冲刺密训的基础上增加了英语冲刺课和过线协议，详情可以下载乐学喵 APP 查看或者咨询助教。

4. 联系老吕

备考过程中有什么疑问，可以通过以下方式联系老吕。由于学员众多，老吕并不能保证 100% 回复。但老吕在力所能及的范围内，还是会做大量的回复的。

微博：@老吕考研吕建刚

微信公众号：老吕考研（MPAcc、MAud、图书情报专用）

　　　　　　老吕教你考 MBA（MBA、MPA、MEM 专用）

微信：laolvmba2018

2021 备考 QQ 群：715458275　　712044079　　879229256　　722366885

让我们一起努力，让我们一直努力！加油！

吕建刚

版权专有 侵权必究

图书在版编目（CIP）数据

管理类联考·老吕综合冲刺20套卷/吕建刚主编.—2版.—北京：北京理工大学出版社，2020.9
ISBN 978-7-5682-9016-6

Ⅰ.①管… Ⅱ.①吕… Ⅲ.①管理学-研究生-入学考试-习题集 Ⅳ.①C93-44

中国版本图书馆CIP数据核字（2020）第170808号

出版发行 /	北京理工大学出版社有限责任公司
社　　址 /	北京市海淀区中关村南大街5号
邮　　编 /	100081
电　　话 /	（010）68914775（总编室）
	（010）82562903（教材售后服务热线）
	（010）68948351（其他图书服务热线）
网　　址 /	http：//www.bitpress.com.cn
经　　销 /	全国各地新华书店
印　　刷 /	保定市中画美凯印刷有限公司
开　　本 /	787毫米×1092毫米　1/16
印　　张 /	40.25
字　　数 /	944千字
版　　次 /	2020年9月第2版　2020年9月第1次印刷
定　　价 /	99.80元

责任编辑 / 高　芳
文案编辑 / 胡　莹
责任校对 / 刘亚男
责任印制 / 李志强

图书出现印装质量问题，请拨打售后服务热线，本社负责调换

绝密★启用前

全国硕士研究生招生考试
管理类专业学位联考综合能力试题
冲刺卷 1

（科目代码：199）

考试时间：8：30—11：30

考生注意事项

1. 答题前，考生须在试题册指定位置上填写考生姓名和考生编号；在答题卡指定位置上填写报考单位、考生姓名和考生编号，并涂写考生编号信息点。
2. 选择题的答案必须涂写在答题卡相应题号的选项上，非选择题的答案必须书写在答题卡指定位置的边框区域内。超出答题区域书写的答案无效；在草稿纸、试题册上答题无效。
3. 填(书)写部分必须使用黑色字迹签字笔或者钢笔书写，字迹工整、笔迹清楚；涂写部分必须使用 2B 铅笔填涂。
4. 考试结束，将答题卡和试题册按规定交回。

考生编号														
考生姓名														

一、问题求解：第 1～15 小题，每小题 3 分，共 45 分。下列每题给出的 A、B、C、D、E 五个选项中，只有一项是符合试题要求的。请在答题卡上将所选项的字母涂黑。

1. 已知甲酒精溶液浓度为 68%，乙酒精溶液浓度为 63%，要配置成浓度为 65% 的 200 g 酒精溶液，则需取乙酒精溶液( )g.
   A. 60　　　　B. 80　　　　C. 100　　　　D. 120　　　　E. 130

2. 某水果摊的西瓜由于进价比原来便宜了 6.4%，售价不变，导致现在卖出的利润率比原来增加了 8%，那么原来超市出售西瓜的利润率为( ).
   A. 14%　　　B. 16%　　　C. 17%　　　D. 19%　　　E. 20%

3. 某项工作交给甲需要 6 天完成，交给乙需要 5 天完成，交给丙需要 9 天完成，现交由甲、乙、丙三人依次轮流工作，则完成这项工作至少需要( )天(不足一天按一天计算).
   A. 5　　　　B. 6　　　　C. 7　　　　D. 8　　　　E. 9

4. 设 $0<a<b$，则下列等式中正确的是( ).
   A. $a<b<\sqrt{ab}<\dfrac{a+b}{2}$　　　B. $a<\sqrt{ab}<b<\dfrac{a+b}{2}$　　　C. $a<\sqrt{ab}<\dfrac{a+b}{2}<b$
   D. $\sqrt{ab}<a<\dfrac{a+b}{2}<b$　　　E. $a<\dfrac{a+b}{2}<\sqrt{ab}<b$

5. 等比数列 $\{a_n\}$ 中，$a_4=2$，$a_5=5$，则数列 $\{\lg a_n\}$ 的前 8 项和等于( ).
   A. 0　　　　B. 2　　　　C. 4　　　　D. 8　　　　E. 12

6. 设圆 C 的方程为 $(x-1)^2+(y-2)^2=4$，直线 L 的方程为 $2mx+x-my-1=0(m\in \mathbf{R})$，圆 C 被直线 L 截得的弦长等于( ).
   A. 2　　　　B. $2\sqrt{2}$　　　C. 3　　　　D. $3\sqrt{2}$　　　E. 4

7. 若 m，n 是两个不相等的实数，$m^2=n+2$，$n^2=m+2$，则 $m^3-2mn+n^3=$( ).
   A. -2　　　B. -1　　　C. 0　　　　D. 1　　　　E. 2

8. 已知体积相等的正方体、等边圆柱体(轴截面是正方形)和球体，它们的表面积分别为 S_1，S_2，S_3，则有( ).
   A. $S_1>S_2>S_3$　　　B. $S_1>S_3>S_2$　　　C. $S_2>S_1>S_3$
   D. $S_2>S_3>S_1$　　　E. $S_3>S_2>S_1$

9. 设实数 x，y 满足 $|x-y|=2$，$|x^3-y^3|=26$，则 $x^2+y^2=$( ).
   A. 30　　　　B. 22　　　　C. 15　　　　D. 13　　　　E. 10

10. 已知 $abc\neq 0$，并且 $\dfrac{a+b}{c}=\dfrac{b+c}{a}=\dfrac{c+a}{b}=k$，那么直线 $y=kx+k$ 一定通过( ).
    A. 第一、二、三象限　　　B. 第二、三象限　　　C. 第二、三、四象限
    D. 第一、二象限　　　　　E. 第三、四象限

11. 某大学师范系派出 6 名学生去 4 所学校支教，每所学校至少去一名学生，则共有( )种不同的人员派遣方案.
    A. 1 560　　　B. 1 600　　　C. 1 800　　　D. 2 000　　　E. 2 400

12. 圆 O 的方程是 $x^2+y^2=1$，动点 $P(n,m)$ 在圆 O 上运动，则 $\dfrac{m+1}{n+2}$ 的最大值为（　　）．

   A. 0　　　　　　　　　B. $-\dfrac{4}{3}$　　　　　　　　　C. $\dfrac{4}{3}$

   D. $\dfrac{10}{3}$　　　　　　　E. $-\dfrac{10}{3}$

13. 等差数列 $\{a_n\}$ 的前 n 项和为 S_n，若 $S_{12}<0$，$S_{13}>0$，那么 S_n 取最小值时，n 为（　　）．

   A. 5　　B. 6　　C. 7　　D. 12　　E. 13

14. 曲线 $x=\sqrt{1-y^2}$ 与直线 $y=x+k$ 恰有一个公共点，则 k 的取值范围为（　　）．

   A. $k=-\sqrt{2}$ 或 $-1<k\leqslant 1$

   B. $-1<k\leqslant 1$

   C. $k=\pm\sqrt{2}$

   D. $-\sqrt{2}<k<\sqrt{2}$

   E. $-1<k<1$

15. 某次考试共有数学、英语、语文三门，学生可选择任意几门报考．若三名同学都选择了其中两门，则有且只有两名同学报考的科目完全相同的概率为（　　）．

   A. $\dfrac{1}{2}$　　　　　　　　　B. $\dfrac{1}{3}$　　　　　　　　　C. $\dfrac{2}{3}$

   D. $\dfrac{1}{6}$　　　　　　　　　E. $\dfrac{2}{9}$

二、条件充分性判断：第 16～25 小题，每小题 3 分，共 30 分。要求判断每题给出的条件（1）和条件（2）能否充分支持题干所陈述的结论。A、B、C、D、E 五个选项为判断结果，请选择一项符合试题要求的判断，在答题卡上将所选项的字母涂黑。

   A. 条件(1)充分，但条件(2)不充分．

   B. 条件(2)充分，但条件(1)不充分．

   C. 条件(1)和条件(2)单独都不充分，但条件(1)和条件(2)联合起来充分．

   D. 条件(1)充分，条件(2)也充分．

   E. 条件(1)和条件(2)单独都不充分，条件(1)和条件(2)联合起来也不充分．

16. 长方体的体积为 96．

   (1)长方体的三边长之比为 1∶3∶4．

   (2)长方体的表面积为 152．

17. $a=4$，$b=2$．

   (1)点 $A(a+2,b+2)$ 与点 $B(b-4,a-6)$ 关于直线 $4x+3y-11=0$ 对称．

   (2)直线 $y=ax+b$ 垂直于直线 $x+4y-1=0$，且在 x 轴上的截距为 $-\dfrac{1}{2}$．

18. 一元二次方程 $x^2+(2m+1)x+m^2-4=0$ 有两个异号实根，且正根的绝对值大．

   (1)$m=-1$．

   (2)$m=-2$．

19. 某办公室有英语翻译 6 人,法语翻译 3 人,德语翻译 2 人,现办公室每天需要安排 3 人值班,则在未来 100 天中,每晚值班人员不完全相同.

   (1)值班人员需要是三个不同类型的翻译.

   (2)值班人员不能是同一类翻译人员.

20. 现有一盒画笔分给某班的小朋友,已知若每人分 9 支笔,则差 3 支.能确定幼儿园共有 23 名小朋友.

   (1)若每人分 6 支,则这盒笔恰好能够分给 34 名小朋友.

   (2)每人分 m 支,则多出 20 支.

21. 直线 l 与直线 $y+2x=5$ 关于 $x+y=0$ 对称.

   (1)l:$x+2y+5=0$.

   (2)l:$y+2x-5=0$.

22. 等比数列 $\{a_n\}$ 的前 n 项和为 S_n,则 $\{a_n\}$ 的公比为 $\dfrac{1}{3}$.

   (1)S_1,$2S_2$,$3S_3$ 成等差数列.

   (2)S_1,$\dfrac{3}{2}S_2$,$2S_3$ 成等差数列.

23. $n=20$.

   (1)三行三列共九个点,以这些点为顶点可组成 n 个三角形.

   (2)某人射击 8 枪,命中 4 枪,恰好有三枪连续命中,有 n 种不同的情况.

24. 侧面积相等的两圆柱,它们的体积之比为 3∶2.

   (1)圆柱底面半径分别为 6 和 4.

   (2)圆柱底面半径分别为 3 和 2.

25. 直线 l:$x_0x+y_0y=1$ 和圆 C:$x^2+y^2=1$ 没有交点.

   (1)(x_0,y_0) 在圆 C:$x^2+y^2=1$ 的内部.

   (2)(x_0,y_0) 在圆 C:$x^2+y^2=1$ 的外部.

三、**逻辑推理**:第 26~55 小题,每小题 2 分,共 60 分。下列每题给出的 A、B、C、D、E 五个选项中,只有一项是符合试题要求的。请在答题卡上将所选项的字母涂黑。

26. 5 000 多年前某地是大汶口文化,但在距今约 4 400 年的时候,为龙山文化所替代。是什么原因导致这两种文化的更迭?考古人员发现,在距今约 4 400 年的时候,发生了一次严重的"冷事件",环境由原来的温暖湿润转变为寒冷干燥,植被大量减少,藻类、水生植物基本绝迹了,大汶口文化向南迁移,而龙山文化由北迁到此地。他们据此认为,距今 4 400 年左右的极端气候变化,可能是导致这次文化变迁的主要原因。

   以下哪项如果为真,最能支持上述论证?

   A. 大汶口文化有不断向南方迁移的传统。

   B. 龙山文化刚迁来时,人口较多,但之后逐渐减少,在距今约 4 000 年的时候消失了。

   C. 大汶口文化的族群以藻类和水生植物作为食物的主要来源。

   D. 不同生存方式的族群对气候和环境都有相对稳定的需求。

   E. 龙山文化的族群一直对此地虎视眈眈,所以,大汶口文化一迁移龙山文化的族群就占领了此地。

27. 一般来说，动物的蛋会通过土壤中微生物和堆肥分解有机物时产生的热量来孵化，但这些微生物（包含细菌）也会穿透蛋壳、感染胚胎，自然情况下这一比例高于20%。然而，在澳洲有一种名为<u>丛冢雉</u>的鸟类，其蛋发生感染的概率仅为9%，研究者发现其蛋壳中含有溶酶酵素，研究者据此认为这种物质很可能就是抵御细菌侵扰的关键因素。

以下哪项如果为真，则不能削弱上述结论？

A. <u>丛冢雉</u>的蛋壳中所含的溶酶酵素量，与其他动物相比，含量大抵相当。

B. <u>丛冢雉</u>的蛋壳被一层纳米级的碳酸钙层包裹，这使它拥有了更强的防水性和抗细菌入侵能力。

C. <u>丛冢雉</u>散发一种特殊气味，会使附着在其蛋壳上的细菌数减少。

D. 与其他动物的蛋壳相比，<u>丛冢雉</u>的蛋壳要薄三分之一，更易受到微生物的入侵。

E. <u>丛冢雉</u>的蛋壳比一般动物的蛋壳要厚，细菌不容易入侵。

28. 有研究表明，要成为男性至少需要拥有一条Y染色体。3亿年前，男性特有的Y染色体在产生之际含有1 438个基因，但现在只剩下45个。按照这种速度，Y染色体将在大约1 000万年内消失殆尽。因此，随着Y染色体的消亡，人类也将走向消亡。

如果以下各项为真，则最不能质疑上述论证的是：

A. 恒河猴Y染色体基因确实经历过早期高速丧失的过程，但在过去的2 500万年内则未丢失任何一个基因。

B. 男性即使失去Y染色体也有可能继续生存下去，因为其他染色体有类似基因可以分担Y染色体的功能。

C. 在人类进化过程中，可以找到单性繁殖或无性繁殖后代的方法，从而避免因基因缺失引发的繁殖风险。

D. Y染色体存在独特的回文结构，该结构具有自我修复功能，可以保持丢失基因的信息，实现基因再生。

E. 人类现在留存的Y染色体与消失的染色体有本质性的区别，并不容易消失。

29. 某商店被窃。经过侦破，查明作案的人就是甲、乙、丙、丁这四个人中的一个人。审讯中，四人口供如下：

甲："乙就是罪犯。"

乙："丁才是罪犯。"

丙："我不是罪犯。"

丁："我也不是罪犯。"

现在知道，四人中说真话与说假话的人数不等，那么以下哪一项能判定真假？

A. 甲或乙是罪犯。　　　B. 甲或丙是罪犯。　　　C. 甲或丁是罪犯。

D. 乙或丁是罪犯。　　　E. 丙是罪犯。

30. 北大百年校庆时，昔日学友甲、乙、丙会聚燕园。时光荏苒，他们都功成名就，分别成为作家、教授和省长。还知道：

Ⅰ. 他们分别毕业于哲学系、经济学系和中文系。

Ⅱ. 作家称赞中文系毕业生身体健康。

Ⅲ. 经济学系毕业生请教授写了一个条幅。

Ⅳ. 作家和经济学系毕业生在一个省工作。
Ⅴ. 乙向哲学系毕业生请教过哲学。
Ⅵ. 过去念书时，经济学系毕业生、乙都追求过丙。

根据上述条件可以断定，下列陈述中哪个是真的？

A. 丙是作家，甲是省长。　　B. 乙毕业于哲学系。　　C. 甲毕业于中文系。
D. 中文系毕业的是作家。　　E. 经济学系毕业的是教授。

31. 传统记忆理论认为，记忆就像录像带，每一次回忆都是从大脑中找出相应时间内的某一段录像加以回放。场景构建理论对记忆给出了另一种解释：人脑在编码记忆时只是记录一些碎片，在需要的时候，人脑以合乎逻辑并与主体当前信念状态相吻合的方式，将这些碎片连贯起来并作出补充，以形成回忆。

下面列出的现象都是场景构建理论能解释而传统记忆理论不能解释的，除了：

A. 有些阿尔茨海默病患者会丧失记忆能力。

B. 人对于同一件往事的多次回忆，内容会发生变化。

C. 一项统计显示，目击证人在20%~25%的情况下会指认警方明知不正确的人。

D. 英国心理学家金佰利·韦伯通过给实验对象看一些合成的假照片，成功地给他(她)植入了关于童年生活的虚假记忆。

E. 夫妻吵架时，双方对吵架的原因的回忆往往是不同的。

32. 在不同的语言中，数字的发音和写法都不一样。一些科学家认为，代表不同文化背景的语言，会对人们的大脑处理数学信息的方式产生影响。

以下哪项如果为真，最能支持上述结论？

A. 相较于欧洲人，亚洲地区的人在进行数量大小比较时，大脑中个别区域的活跃程度有所不同。

B. 在同一国家，不同方言区的人在进行数学运算时，大脑语言区的神经传递路线并不十分一致。

C. 研究发现，以英语为母语的人在进行心算时主要依赖大脑的语言区，而以中文为母语的人在进行心算时主要动用了大脑的视觉信息识别区。

D. 研究发现，不同专业背景的人在计算数学题时会选择不同的思考方法，但都会不同程度地依赖大脑的语言区。

E. 通常说英语的人不太喜欢进行数学计算。

33. 我国的佛教寺庙分布于全国各地，普济寺是我国的佛教寺庙，所以普济寺分布于我国各地。

下列选项中所犯逻辑错误与上述推理最为相似的是：

A. 父母酗酒的孩子爱冒险，小华爱冒险，所以小华的父母酗酒。

B. 文明公民都是遵纪守法的，有些大学生遵纪守法，所以有些大学生是文明公民。

C. 寒门学子上大学的机会减少，大学生小飞不是寒门学子，所以小飞上大学的机会不会减少。

D. 现在的独生子女娇生惯养，何况他还是三代单传的独苗呢。

E. 现在的农民都能接受新科技，能接受新科技的人都是积极向上的人，所以现在的农民都积极向上。

34. 在某田径集训队里,所有的短跑运动员都是北京人,所有的女运动员都是上海人,所有会讲吴方言的人都是女运动员。

    如果上述断定都是真的,那么以下哪项不可能是真的?

    Ⅰ. 该田径集训队有一位北京的不会讲吴方言的男短跑运动员。
    Ⅱ. 该田径集训队有一位短跑运动员可能会讲吴方言。
    Ⅲ. 该田径集训队有一位上海的会讲吴方言的女运动员。

    A. 仅仅Ⅰ。   B. 仅仅Ⅱ。   C. 仅仅Ⅲ。
    D. 仅仅Ⅰ和Ⅱ。   E. Ⅰ、Ⅱ和Ⅲ。

35. 通常人们不认为美国是一个有很多长尾鹦鹉爱好者的国家,然而,在对一批挑选出来进行比较的国家所做的一项调查中,美国以每100人中有11人养长尾鹦鹉而排名第二。由此可得出结论:美国人比大多数其他国家的人更喜欢养长尾鹦鹉。

    知道以下哪项最有助于判断上述结论的可靠性?

    A. 美国拥有的长尾鹦鹉的数量。
    B. 美国养长尾鹦鹉的人的数量。
    C. 在调查中排名第一的国家每100人中养长尾鹦鹉的人的数量。
    D. 美国养长尾鹦鹉的人数和美国养其他鸟类作为宠物的人数的比较。
    E. 该调查中未包括的国家每100人中养长尾鹦鹉的人的数量。

36. 青海湖的湟鱼是味道鲜美的鱼,近年来由于自然环境的恶化和人类的过度捕捞,数量大为减少,成了珍稀动物。凡是珍稀动物都是需要保护的动物。

    如果以上陈述为真,则以下陈述都必然为真,除了:

    A. 有些珍稀动物是味道鲜美的鱼。
    B. 有些需要保护的动物不是青海湖的湟鱼。
    C. 有些味道鲜美的鱼是需要保护的动物。
    D. 所有不需要保护的动物都不是青海湖的湟鱼。
    E. 有的需要保护的动物是味道鲜美的鱼。

37. 李医生有三位助手甲、乙和丙。这三位助手在李医生的指导下,各自进行了三种药物的毒性实验。

    甲说:第一种药有毒,第三种药无毒。
    乙说:我认为第二种和第三种药无毒。
    丙说:我认为第一种药有毒,第二种和第三种药中有一种无毒。
    经过李医生判断,甲、乙、丙三人每人仅仅猜对了一半。

    根据以上信息,可以判断以下哪一项为真?

    A. 仅第二种药有毒。
    B. 仅第三种药有毒。
    C. 一共有两种药有毒。
    D. 三种药全有毒。
    E. 三种药全无毒。

38. 在公安部与广东省公安厅联合进行的破冰行动中，出现一些不法村民妨碍公安干警执行公务的现象。已知，有些妨碍执行公务的行为是犯罪行为，因此，所有妨碍执行公务的行为都能免受处罚。

    以下哪一项如果为真，则最能反驳上述结论？

    A. 犯罪行为不都是妨碍执行公务的行为。

    B. 有些免受处罚的行为不是妨碍执行公务的行为。

    C. 有些妨碍执行公务的行为能免受处罚。

    D. 犯罪行为都不能免受处罚。

    E. 犯罪行为都能免受处罚。

39. 伦敦某研究团队使用结构性磁共振成像技术，对 18 名 16 岁至 21 岁的吸烟青少年和此年龄段 24 名不吸烟的青少年的大脑进行了检测。结果发现，吸烟者的右脑岛体积比非吸烟者的右脑岛体积要小，脑岛周围被大脑皮层包裹，与大脑的记忆、意识和语言功能区彼此相连。研究者认为，吸烟改变了大脑的发育过程，这一改变将对青少年产生终身影响。

    下列哪项最能质疑研究者的结论？

    A. 右侧脑岛有大量尼古丁感受体，脑岛受到破坏后，烟瘾会戒除。

    B. 吸烟的青少年其大脑发育明显受到激素水平的影响。

    C. 先天右脑岛体积小的人，更容易对吸烟产生兴趣并导致依赖。

    D. 青少年因好奇而吸烟，随着年龄增长会逐渐失去对烟草的兴趣。

    E. 吸烟者对香烟产生的渴望程度与脑岛的活动情况之间有着强烈的关联。

40. 海洋考古学家最近在一个古地中海港口的水下发现了几百件陶器，大概是 4 000 年前留下的。尽管船只的任何木制框架的残迹早已腐烂了，但在最初的调查中发现的这些陶器的数量和多样性使考古学家假设：他们发现了一艘 4 000 年前的沉船残骸。

    以下哪项如果为真，则对考古学家的假设给予了最强有力的支持？

    A. 海洋考古学家已在另一个古地中海港口发现了一艘 3 000 年前的船只残骸。

    B. 木头浸在水中腐烂的速度受木头质地的影响很大。

    C. 在发现这些陶器的同一港口发现了两艘被探明的沉船残骸，它们分别具有 3 500 年和 3 000 年的历史。

    D. 在该港口发现的陶器与其他几个古地中海发现的陶器很相似。

    E. 在陶器之间的海床上发现了铜制的船零件，大约有 4 000 年的历史。

41. 20 世纪 50 年代以来，人类丢弃了多达 10 亿吨塑料，这种垃圾可能存在数百年甚至数千年。近日，一个科研小组在亚马孙雨林中发现了一种名为内生菌的真菌，它能降解普通的聚氨酯塑料。科研人员认为利用这种真菌的特性，将有望帮助人类消除塑料垃圾所带来的威胁。

    科研人员的判断还需基于以下哪一项前提？

    A. 塑料垃圾是人类活动产生的最主要的废弃物种类。

    B. 内生菌在任何条件下都可以很好地降解塑料制品。

    C. 目前绝大多数塑料垃圾都属于普通的聚氨酯塑料。

    D. 这种真菌在地球上其他地区也能正常地存活生长。

    E. 内生菌在降解塑料时会造成地下水的富营养化。

42. 最近对北海班轮乘客的一项调查表明，在旅行前服用晕船药的旅客比没有服用晕船药的旅客有更多的人表现出了晕船的症状。显然，与药品公司的临床实验结果报告相反，不服用晕船药会更好。

以下哪项如果为真，则最强有力地削弱了上文的结论？

A. 在风浪极大的情况下，大多数乘客都会表现出晕船的症状。

B. 没有服用晕船药的乘客和服用了晕船药的乘客以相同的比例加入了调查。

C. 那些服用晕船药的乘客如果不服药，他们晕船的症状会更加严重。

D. 花钱买晕船药的乘客比没有花钱买晕船药的乘客更不愿意承认自己有晕船的症状。

E. 该班轮上有不少乘客由于在旅行前服用了晕船药，在整个旅行中都没有表现出任何晕船的症状。

43. 华为公司用人十分严格，所有人任职两年以上，才有继续升职的机会。大明、小磊、小妍三个朋友互相关心升职的情况。

大明：明年小妍不可能不升职，今年小磊不必然不升职。

小磊：今年我可能会升职，大明不必然不升职。

小妍：我同意你们的观点。

以下哪项与上述三位朋友的断定最为接近？

A. 大明今年可能升职，小磊今年可能升职，小妍今年必然不升职。

B. 大明今年不可能升职，小磊今年可能升职，小妍今年必然不升职。

C. 大明今年可能升职，小磊今年可能升职，小妍今年必然不升职。

D. 大明今年可能升职，小磊今年可能升职，小妍明年必然不升职。

E. 大明今年不可能升职，小磊今年可能升职，小妍今年必然升职。

44. 调查显示，中国消费者对奢侈品品牌的忠诚度远远低于西方消费者，对许多中国消费者而言，高价格仍然很重要，物有所值仍然比品牌重要，而且在现阶段甚至比质量还重要。

如果以上信息为真，则最能推出以下哪项？

A. 中国消费者购买奢侈品时往往不会考虑价格因素。

B. 中国消费者喜欢购买价格高且物有所值的奢侈品。

C. 比起知名度来，奢侈品的价格更吸引中国消费者。

D. 中国消费者不甚关注知名奢侈品的价格及其质量。

E. 与部分欧洲国家消费者相比，中国消费者对奢侈品品牌的忠诚度要高。

45. 有人从一手纸牌中选定一张牌，他把这张牌的花色告诉 X 先生，而把点数告诉了 Y 先生。两位先生都知道这手纸牌是：黑桃 J、8、4、2，红心 A、Q、4，方块 A、5，草花 K、Q、5、4。X 先生和 Y 先生都很精通逻辑，很善于推理。他们之间有如下对话：

Y 先生："我不知道这张牌。"

X 先生："我知道你不知道这张牌。"

Y 先生："现在我知道这张牌了。"

X 先生："现在我也知道了。"

根据以上对话，你能推测出这是下面哪一张牌？

A. 方块 A。　　B. 红心 Q。　　C. 黑桃 4。　　D. 方块 5。　　E. 草花 5。

46～48题基于以下题干：

5个学生——H、L、P、R和S中的每一个人将在三月份恰好参观3座城市M、T和V中的一座城市。已知以下条件：

(1)S和P参观的城市互不相同。

(2)H和R参观同一座城市。

(3)L或者参观M或者参观T。

(4)若P参观V，则H和他一起参观V。

(5)每一个学生参观这3座城市中的某一座城市时，其他4个学生中至少有1个学生与他前往。

46. 关于三月份参观的城市，下面哪一项可能正确？

A. H、L、P参观T；R、S参观V。

B. H、L、P、R参观M；S参观V。

C. H、P、R参观T；L、S参观M。

D. H、R、S参观M；L、P参观V。

E. H、L、P参观M；R、S参观V。

47. 若H和S一起参观了某一座城市，则下面哪一项可能正确？

A. H和P参观了同一座城市。

B. L和R参观了同一座城市。

C. P参观V。

D. P参观T。

E. H和L参观了同一座城市。

48. 若S参观V，则关于三月份参观的城市下面哪一项一定正确？

A. H参观M。 B. L参观M。 C. P参观T。

D. L参观V。 E. L和P参观了同一座城市。

49. 台风是大自然最具破坏性的灾害之一。有研究表明：通过向空中喷洒海水水滴，增加台风形成区域上空云层对日光的反射，那么台风将不能聚集足够的能量，这一做法将有效阻止台风的前进，从而避免更大程度的破坏。

上述结论的成立需要补充以下哪项作为前提？

A. 喷洒到空中的水滴能够在云层之上重新聚集。

B. 人工制造的云层将会对邻近区域的降雨产生影响。

C. 台风经过时，常伴随着大风和暴雨等强对流天气。

D. 台风前进的动力来源于海水表面日光照射所产生的热量。

E. 除台风外，酸雨也是大自然最具破坏性的灾害之一。

50. 某女士过生日，8人享用烛光晚餐祝贺，共喝了8瓶啤酒。其中，平均每位男士喝2瓶，每位女士喝1瓶，每3位孩童喝1瓶。

请问：参加烛光晚餐的女士共有几位？

A. 只有1位女士。 B. 只有2位女士。 C. 只有3位女士。

D. 只有4位女士。 E. 只有5位女士。

51. 用 ASP 作为发甜剂来减少摄入热量的人们最终可能无法达到目的，因为研究显示，高浓度 ASP 会通过耗尽大脑显示对糖满足的化学物质来引起人们对糖的强烈需求。

    从以上陈述中最能适当地得出以下哪项结论？

    A. ASP 可能比糖对人体的健康更为有害。
    B. 不食用 ASP 的人不可能产生对糖的强烈需求。
    C. 含糖量高的食品含的热量高。
    D. 人们更趋向于喜欢甜食，而不是那些含有较多碳水化合物的食品。
    E. 含 ASP 的食品通常含有较少的碳水化合物。

52. 人类与疟疾已经进行了几个世纪的斗争，但一直是"治标不治本"——无法阻断疟疾传染源。目前研究者培育出一种经过基因改造的蚊子，它具备了不再感染疟疾的能力，并且能妨碍野生蚊子繁衍，从而有效切断人与蚊子的疟疾传播途径，假以时日，就能根绝疟疾这个顽症。

    以下哪项如果为真，则最能支持上述结论？

    A. 转基因蚊子的体质比野生蚊子差，一旦被放到野外很容易死亡。
    B. 转基因蚊子只在疟疾存在时才有生存优势，当生存环境中没有疟疾时，它们和野生蚊子的存活率是相同的。
    C. 转基因蚊子的生殖能力在繁衍了九代后显著增加，可能带来野生蚊子种群的灭亡。
    D. 转基因蚊子与野生蚊子交配产下的后代并不都具有抗疟疾基因，但在基因层面上都会产生突变，形成新型蚊子。
    E. 目前，只有少数科学家能掌握转基因蚊子的批量培育技术。

53. 研究人员在观察开普勒太空望远镜发现的数千颗太阳系外行星后，发现银河系内拥有大量的行星，几乎每一颗恒星周围都存在行星，许多恒星系内存在 2~6 颗行星，其中约 1/3 的行星处于宜居带上，行星表面的温度适合液态水存在，这可能意味着银河系内几乎处处有宜居的星球。

    以下哪项如果为真，则最能支持上述结论？

    A. 只要存在水资源，就有生命存在的可能性，但不一定能完成进化。
    B. 许多宜居带行星与恒星之间的距离小于地球和太阳的间距，恒星释放的耀斑可能扼杀生命。
    C. "恒星系统内存在 2~6 颗行星"这一结论是根据 200 多年前的提丢斯-波得定则推算而出，非实测结果。
    D. 银河系内 2 000 亿~4 000 亿颗恒星中 80%是红矮星，超过一半的红矮星周围环绕的行星与地球类似，并存在水和大气层。
    E. 人类需要多少年可以找到另一个宜居的星球尚未定论。

54. 最近实施的一项历史上最严格的禁止吸烟的法律，虽然尚未禁止人们在其家中吸烟，却禁止人们在一切公共场所和工作地点吸烟。如果这项法律得到严格执行，就会彻底保护上班人员免受二手烟的伤害。

    以下哪项陈述如果为真，则能最强有力地削弱上述论证？

    A. 上下班的人员吸入汽车尾气的危害要比吸二手烟的危害大得多。
    B. 诸如家教、护工、小时工等人员都在雇主的家里上班。
    C. 任何一项立法及其实施都不能完全实现立法者的意图。

D. 这项控制吸烟的法律过高地估计了吸二手烟的危害。

E. 有些人仍然不自觉地在办公场所的厕所中偷偷吸烟。

55. 孔智、庄聪、孟慧三人是某单位的处长、副处长和科长。可以确定的是，庄聪至今尚未去过长江村调研；孟慧虽未去过长江村，但是她曾经就调研这件事和处长商量过；科长曾经去长江村调研多次，写过专门的调查报告。

据此，可以推断担任处长、副处长和科长职务的人依次是：

A. 孔智、孟慧和庄聪。　　B. 庄聪、孟慧和孔智。　　C. 孟慧、庄聪和孔智。

D. 孔智、庄聪和孟慧。　　E. 庄聪、孔智和孟慧。

四、写作：第 56～57 小题，共 65 分。其中论证有效性分析 30 分，论说文 35 分。请答在答题纸相应的位置上。

56. 论证有效性分析：分析下述论证中存在的缺陷和漏洞，选择若干要点，写一篇 600 字左右的文章，对该论证的有效性进行分析和评论。（论证有效性分析的一般要点是：概念特别是核心概念的界定和使用是否准确并前后一致，有无各种明显的逻辑错误，论证的论据是否成立并支持结论，结论成立的条件是否充分等。）

最近的销量调查显示 M 市餐馆海鲜菜肴的消费量比过去五年增加了 30%，这说明越来越多的 M 市消费者喜欢海鲜菜肴。而现在该市还没有专门经营海鲜菜肴的餐厅。而且，M 市的大多数家庭是双收入家庭，一次调查显示这类家庭在家做饭的数量比十年前显著减少，同时他们更关注健康饮食。因此，在 M 市开设一家新的专营海鲜食品的餐馆将会非常受欢迎而且有利可图。

57. 论说文：根据下述材料，写一篇 700 字左右的论说文，题目自拟。

最近，"地摊经济"成为家喻户晓的热词，摆地摊也迅速走红。2020 年 6 月 1 日上午，李克强总理在山东烟台考察时表示，"'地摊经济'是就业岗位的重要来源，是人间的烟火，是中国的生机。"大家熟悉的快手网红"表哥"有 210 万粉丝，职业摆摊卖皮鞋，靠自编的"厂长是我表哥"出道走红。而"石榴哥"金国伟在抖音平台上有 651 万粉丝，靠一口流利的英语摆摊卖石榴被熟知。当然，摆地摊并不是想象中这么简单。

答案速查

一、问题求解

    1～5   DCCCC   6～10   EAAEB   11～15   ACBAC

二、条件充分性判断

    16～20   CDABD   21～25   AABDA

三、逻辑推理

    26～30   DDACA   31～35   ACDBE   36～40   BADCE

    41～45   CCABD   46～50   CDEDC   51～55   CCDBB

四、写作

    略

答案详解

一、问题求解

1. D

【解析】母题 96·溶液问题

方法一：设取甲酒精溶液 x g，乙酒精溶液 y g. 则由溶质守恒定律，得
$\begin{cases} 68\%x+63\%y=65\%\times 200, \\ x+y=200, \end{cases}$ 解得 $\begin{cases} x=80, \\ y=120. \end{cases}$

所以，需取乙酒精溶液 120 g.

方法二：如图 1-1 所示，应用十字交叉法.

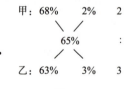

图 1-1

所以甲、乙两种溶液应按照 2∶3 的比例混合．

由题干可知，总的溶液为 200 g，故需要乙溶液 $200\times\dfrac{3}{5}=120$(g).

2. C

【解析】母题 94·利润问题

设原来西瓜进价为 x，售价为 y.

则降价前的利润率为 $\dfrac{y-x}{x}\times 100\%$；降价后的利润率为 $\dfrac{y-93.6\%x}{93.6\%x}\times 100\%$.

由降价后的利润率比原来增加了 8%，可得 $\dfrac{y-x}{x}\times 100\%+8\%=\dfrac{y-93.6\%x}{93.6\%x}\times 100\%$，解得 $y=1.17x$。所以，原来超市出售西瓜的利润率为 $\dfrac{1.17x-x}{x}\times 100\%=17\%$.

3. C

【解析】母题 97·工程问题

令总工作量为 1，根据题干，可知甲的工作效率为 $\dfrac{1}{6}$，乙的工作效率为 $\dfrac{1}{5}$，丙的工作效率为 $\dfrac{1}{9}$。由于甲、乙、丙三人依次轮流工作，若甲、乙、丙每人各工作 2 天，完成的工作量为 $\left(\dfrac{1}{6}+\dfrac{1}{5}+\dfrac{1}{9}\right)\times 2=\dfrac{86}{90}$，剩余 $\dfrac{4}{90}$ 的工作量，仍需甲工作一天才能全部完成。所以，完成这项工作至少需要 7 天。

4. C

【解析】母题 31·不等式的性质＋母题 19·均值不等式

由 $0<a<b$，可知 $a<\dfrac{a+b}{2}<b$，$a<\sqrt{ab}<b$，且 $\sqrt{ab}<\dfrac{a+b}{2}$。所以，$a<\sqrt{ab}<\dfrac{a+b}{2}<b$.

【快速得分法】使用特殊值法，可快速确定答案。

5. C

【解析】母题 53·数列与函数、方程的综合题

设数列 $\{a_n\}$ 的首项为 a_1，公比为 q，根据题意，有

$$\begin{cases}a_1 q^3=2,\\ a_1 q^4=5,\end{cases} 解得 \begin{cases}a_1=\dfrac{16}{125},\\ q=\dfrac{5}{2}.\end{cases}$$

故 $a_n=\dfrac{16}{125}\times\left(\dfrac{5}{2}\right)^{n-1}=2\times\left(\dfrac{5}{2}\right)^{n-4}$，因此，$\lg a_n=\lg 2+(n-4)\lg\dfrac{5}{2}$.

所以，数列 $\{\lg a_n\}$ 的前 8 项和为

$$8\lg 2+(-3-2-1+0+1+2+3+4)\lg\dfrac{5}{2}=8\lg 2+4\lg\dfrac{5}{2}=4\lg\left(4\times\dfrac{5}{2}\right)=4.$$

【快速得分法】由题意知

$$\lg a_1+\lg a_2+\cdots+\lg a_8=\lg a_1 a_2\cdots a_8=\lg(a_1 a_8)(a_2 a_7)(a_3 a_6)(a_4 a_5)=\lg 10^4=4.$$

6. E

【解析】母题 66·过定点与曲线系

由题干可知，直线 L 可化为 $(2x-y)m+(x-1)=0$，恒过定点 $(1,2)$.

圆 C 的圆心恰为 $(1,2)$，故直线 L 过圆 C 的圆心，圆 C 被直线 L 截得的弦长等于直径，即为 4.

7. A

【解析】母题 20·因式分解

由平方差公式可知，$m^2-n^2=(m+n)(m-n)=(n+2)-(m+2)=n-m$，故 $m+n=-1$.

$m^3=m^2 m=(n+2)m=mn+2m$，$n^3=n^2 n=(m+2)n=mn+2n$，故

$$m^3-2mn+n^3=(mn+2m)-2mn+(mn+2n)=2(m+n)=-2.$$

8. A

【解析】母题59·空间几何体问题

不妨设体积均为1，正方体边长为a，圆柱底面半径为r，球的半径为R.

故对于正方体，有$a^3=1$，即$a=1$，则$S_1=6a^2=6$.

对于圆柱体，有$2r\cdot\pi r^2=1$，即$r=\sqrt[3]{\dfrac{1}{2\pi}}$，则$S_2=2\pi r^2+2\pi r\cdot 2r=6\sqrt[3]{\dfrac{\pi}{4}}$.

对于球体，有$\dfrac{4}{3}\pi R^3=1$，即$R=\sqrt[3]{\dfrac{3}{4\pi}}$，则$S_3=4\pi R^2=6\sqrt[3]{\dfrac{\pi}{6}}$.

所以，$S_1>S_2>S_3$.

9. E

【解析】母题14·绝对值的化简求值与证明

由$|x-y|=2$，$|x^3-y^3|=|x-y||x^2+xy+y^2|=26$可得，$|x^2+xy+y^2|=13$.

因为$x^2+xy+y^2=\left(x+\dfrac{y}{2}\right)^2+\dfrac{3}{4}y^2\geqslant 0$，所以$|x^2+xy+y^2|=x^2+xy+y^2=13$.

又因为$|x-y|=2$，平方，得$x^2-2xy+y^2=4$，联立得$xy=3$，$x^2+y^2=10$.

10. B

【解析】母题65·图像的判断

由条件得$\begin{cases}a+b=kc,\\b+c=ka,\\a+c=kb,\end{cases}$三式相加得$2(a+b+c)=k(a+b+c)$，所以，$k=2$或$a+b+c=0$.

①当$k=2$时，直线为$y=2x+2$，显然通过第一、二、三象限；

②当$a+b+c=0$时，$a+b=-c$. 于是$k=\dfrac{a+b}{c}=-1(c\neq 0)$，直线为$y=-x-1$，显然通过第二、三、四象限.

综上所述，直线一定通过第二、三象限.

11. A

【解析】母题75·不同元素的分配问题

①先分组：共有两种方案.

方案一：派往每所学校的人数分别为2、2、1、1，前两组需要消序，则该方案下共有$\dfrac{C_6^2 C_4^2}{A_2^2}=45$(种).

方案二：派往每所学校的人数分别为3、1、1、1，该方案下共有$C_6^3=20$(种).

②再分配：四组人分给四所学校，为A_4^4.

由分步乘法原理得，不同的派遣方案为$(45+20)\cdot A_4^4=1\,560$(种).

12. C

【解析】母题69·最值问题

设$k=\dfrac{m+1}{n+2}=\dfrac{m-(-1)}{n-(-2)}$，可以看作点$(-2,-1)$与圆上的任意一点$P$所在直线的斜率.

设直线l为$y+1=k(x+2)$，即$kx-y+2k-1=0$.

因为P点在圆上，所以直线l与圆O相交或相切，圆心到直线l的距离小于等于半径，

故 $\frac{|2k-1|}{\sqrt{k^2+(-1)^2}} \leqslant 1$，解得 $0 \leqslant k \leqslant \frac{4}{3}$．

所以 $\frac{m+1}{n+2}$ 的最大值为 $\frac{4}{3}$．

13. B

【解析】母题 46·等差数列 S_n 的最值问题

由等差数列的前 n 项和公式 $S_n = \frac{d}{2}n^2 + \left(a_1 - \frac{d}{2}\right)n$，可知 S_n 的图像是一条过原点的抛物线．

由 $S_{12}<0$，$S_{13}>0$ 可知，其对称轴在 6 与 6.5 之间，最值取在最靠近对称轴的整数处，所以当 $n=6$ 时，S_n 最小．

14. A

【解析】母题 63·直线与圆的位置关系

由题干知 $x=\sqrt{1-y^2}$ 表示的曲线是圆 $x^2+y^2=1$ 的右半部分．$y=x+k$ 表示斜率为 1 的直线，k 表示直线在 y 轴上的截距．

如图 1-2 所示：

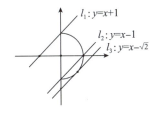

图 1-2

①当直线 $y=x+k$ 介于 l_1 和 l_2 之间，即 $-1<k\leqslant 1$ 时，与半圆有 1 个交点．

②当直线与半圆相切时，即圆心 $(0,0)$ 到直线 $y=x+k$ 的距离等于半径，则 $\frac{|k|}{\sqrt{1+1}}=1$，解得 $k=\pm\sqrt{2}$，由图易知，直线与圆的切点在第三象限，故 $k=-\sqrt{2}$，此时直线为图中的 l_3，与半圆有一个交点．

③当直线 $y=x+k$ 介于 l_2 和 l_3 之间，即 $-\sqrt{2}<k\leqslant -1$ 时，直线与半圆有两个交点，不符合题意．

综上所述，直线与半圆有一个交点时，$k=-\sqrt{2}$ 或 $-1<k\leqslant 1$．

15. C

【解析】母题 82·古典概型

由题意知，每名同学选择其中两门，为 C_3^2，由乘法原理得，事件总数为：$C_3^2 C_3^2 C_3^2$．

在三名同学中选两名同学即为 C_3^2；选择了同样的两门科目即为 C_3^2；剩下的一名同学只能先选余的一门科目，再从另外两人选过的科目中选一科即为 C_2^1．由乘法原理得，满足条件的事件数为 $C_3^2 C_3^2 C_2^1$．

故有且只有两名同学报考的科目完全相同的概率为 $P=\dfrac{C_3^2 C_3^2 C_2^1}{C_3^2 C_3^2 C_3^2}=\dfrac{2}{3}$．

二、条件充分性判断

16. C

【解析】母题 59·空间几何体问题

显然条件(1)和条件(2)单独都不充分,考虑联立.

设长方形的三边分别为 $a, 3a, 4a$.

长方体的表面积 $S=2(a \cdot 3a + a \cdot 4a + 3a \cdot 4a) = 38a^2 = 152$,解得 $a=2$,则三边长分别为 2,6,8.

故长方体的体积为 $V = 2 \times 6 \times 8 = 96$,因此两条件联立充分.

17. D

【解析】母题 61·直线与直线的位置关系

条件(1):直线 AB 与直线 $4x+3y-11=0$ 垂直,故 AB 所在直线的斜率为 $\dfrac{a-6-(b+2)}{b-4-(a+2)} = \dfrac{a-b-8}{b-a-6} = \dfrac{3}{4}$.

又因为 A, B 两点的中点坐标为 $\left(\dfrac{a+b-2}{2}, \dfrac{a+b-4}{2}\right)$,且该点在对称直线上,联立可得

$$\begin{cases} \dfrac{a-b-8}{b-a-6} = \dfrac{3}{4}, \\ 4 \cdot \dfrac{a+b-2}{2} + 3 \cdot \dfrac{a+b-4}{2} - 11 = 0, \end{cases}$$

解得 $\begin{cases} a=4, \\ b=2, \end{cases}$ 故条件(1)充分.

条件(2):由两直线垂直,可得 $a \cdot 1 + (-1) \times 4 = 0$,解得 $a=4$. 又因为 $y=4x+b$ 在 x 轴上的截距为 $-\dfrac{1}{2}$,可得 $b=2$,故条件(2)也充分.

18. A

【解析】母题 37·根的分布问题+母题 36·韦达定理

由题意,只需要满足 2 个条件:

$$\begin{cases} x_1+x_2 = -(2m+1) > 0, \\ x_1 x_2 = m^2 - 4 < 0, \end{cases} \text{解得} \begin{cases} m < -\dfrac{1}{2}, \\ -2 < m < 2. \end{cases}$$

因此,$-2 < m < -\dfrac{1}{2}$.

所以,条件(1)充分,条件(2)不充分.

19. B

【解析】母题 75·不同元素的分配问题

条件(1):办公室需要三种不同类型的翻译,即只能在英语、法语、德语翻译中各选一人,所有的情况为 $C_6^1 C_3^1 C_2^1 = 36 < 100$,故条件(1)不充分.

条件(2):正难则反. 在 11 人中任选 3 人为 C_{11}^3;若均为同一类翻译人员,即从英语或者法语中选 3 人,为 $(C_6^3 + C_3^3)$;反之不为同一类的情况为 $C_{11}^3 - (C_6^3 + C_3^3) = 144 > 100$,故条件(2)充分.

20. D

【解析】母题6·整数不定方程问题

设这个班级共有 x 人,则共有 $(9x-3)$ 支笔.

由条件(1)可知,共有 $6\times 34=204$(支)笔,因此有 $9x-3=204$,解得 $x=23$,故条件(1)充分.

由条件(2)可知,共有 $(mx+20)$ 支笔,因此有 $mx+20=9x-3$,即 $x=\dfrac{23}{9-m}$. 由于 x 和 m 是正整数,23是质数,所以 $9-m=1$,$m=8$. 因此 $x=23$,故条件(2)也充分.

21. A

【解析】母题68·对称问题

定理:曲线 $f(x,y)=0$ 关于直线 $x+y+c=0$ 的对称曲线方程为 $f(-y-c,-x-c)=0$. 故曲线 $f(x,y)=0$ 关于直线 $x+y=0$ 的对称曲线方程为 $f(-y,-x)=0$.

将直线方程中的 x 替换为 $-y$,y 替换为 $-x$,即可得到对称直线 l 为 $x+2y+5=0$.

综上可知,条件(1)充分,条件(2)不充分.

22. A

【解析】母题52·等差数列与等比数列综合题

条件(1):由等差数列的中项公式可得 $4S_2=S_1+3S_3$,移项得 $S_2-S_1=3(S_3-S_2)$,则 $\dfrac{S_3-S_2}{S_2-S_1}=\dfrac{a_3}{a_2}=q=\dfrac{1}{3}$,故条件(1)充分.

条件(2):同理,可求得 $q=\dfrac{1}{2}$,故条件(2)不充分.

23. B

【解析】母题71·排列组合的基本问题+母题72·排队问题

条件(1):三角形的个数等于从这九个点任意取三个点的个数减去三个点在一条直线上的个数,故 $n=C_9^3-8=76$,所以条件(1)不充分.

条件(2):将连续命中的三枪捆绑,使它们不能与另外命中的一枪相邻,可采用插空法. 将另外4枪没命中的排成一排,中间形成5个空,挑两个插空且排序,故 $n=A_5^2=20$,所以条件(2)充分.

24. D

【解析】母题59·空间几何体问题

设圆柱的高分别为 h_1,h_2,且已知两圆柱的侧面积相等.

条件(1):侧面积相等,故 $12\pi h_1=8\pi h_2$,$h_1=\dfrac{2}{3}h_2$,体积之比 $=\dfrac{36\pi\cdot\dfrac{2}{3}h_2}{16\pi h_2}=\dfrac{3}{2}$,故条件(1)充分.

条件(2):侧面积相等,故 $6\pi h_1=4\pi h_2$,$h_1=\dfrac{2}{3}h_2$,体积之比 $=\dfrac{9\pi\cdot\dfrac{2}{3}h_2}{4\pi h_2}=\dfrac{3}{2}$,故条件(2)充分.

25. A

【解析】母题63·直线与圆的位置关系+母题62·点与圆的位置关系

当圆心到直线的距离大于半径时,直线和圆没有交点,故有圆心(0,0)到直线 l 的距离为

$$\frac{|0 \cdot x_0 + 0 \cdot y_0 - 1|}{\sqrt{x_0^2 + y_0^2}} = \frac{1}{\sqrt{x_0^2 + y_0^2}} > 1,$$

解得 $x_0^2 + y_0^2 < 1$，故 (x_0, y_0) 在圆 C 的内部．

综上可知，条件(1)充分，条件(2)不充分．

三、逻辑推理

26. D

【解析】母题20·因果型支持题

题干：距今 4 400 年左右的极端气候变化 —导致→ 大汶口文化向南迁移，而龙山文化由北迁到此地。

A项，说明大汶口文化南迁是由于有这样的传统，另有他因，削弱题干。

B项，龙山文化迁来后的状况与迁移原因无关，无关选项。

C项，说明气候的变化引起的食物主要来源的变化会影响大汶口文化的族群，可以支持题干中的论证，但是无法说明为什么龙山文化会迁移到此地，所以支持力度较弱。

D项，说明气候和环境会影响族群生存，因果相关，可以支持题干中的论证。

E项，说明龙山文化的迁移是因为其他原因，削弱题干。

27. D

【解析】母题16·因果型削弱题

题干使用求异法：

澳洲丛冢雉蛋壳中含有溶酶酵素，其蛋发生感染的概率仅为9%；

其他动物，其蛋发生感染的概率高于20%；

因此，溶酶酵素很可能就是抵御细菌侵扰的关键因素。

A项，有因无果，其他动物的蛋壳中也含有溶酶酵素（有因），但是感染概率却更高（无果），可以削弱。

B项，另有他因，说明丛冢雉的蛋壳是因为被一层纳米级的碳酸钙层包裹才抵御了细菌入侵，可以削弱。

C项，另有他因，说明是丛冢雉散发的特殊气味导致了细菌数减少，可以削弱。

D项，排除他因，说明不是因为蛋壳厚导致了丛冢雉的蛋壳可以抵御细菌入侵，支持题干。

E项，另有他因，说明是因为丛冢雉的蛋壳更厚，所以抵御了细菌的入侵，可以削弱。

28. A

【解析】母题15·论证型削弱题

题干：3亿年前，男性特有的Y染色体在产生之际含有1 438个基因，但现在只剩下45个。按照这种速度，Y染色体将在大约1 000万年内消失殆尽 —证明→ 随着Y染色体的消亡，人类也将走向消亡。

A项，题干讨论的是人类，而此项讨论的是恒河猴，论证对象不一致，无关选项。

B项，提出反面论据，说明即使Y染色体消亡了，人类还可以继续生存下去。

C项，说明人类实现繁殖不一定需要Y染色体，削弱隐含假设。

D项，说明Y染色体最终不会消失，削弱论据。

E项，直接反驳题干的论据，削弱题干的论证。

29. C

【解析】母题12·简单命题的真假话问题

将题干信息符号化：

①乙。

②丁。

③¬丙。

④¬丁。

由题干可知，题干信息②与题干信息④矛盾，故必有一真一假。

题干已知，"四人中说真话与说假话的人数不等"，故题干信息①和题干信息③全部为真，或者全部为假。

若题干信息②、①、③为真，则丁作案、乙作案、丙不作案，不符合题干中"作案的人为四人中的一人"；

若题干信息②为真，题干信息①、③为假，则丁作案、乙不作案、丙作案，不符合题干中"作案的人为四人中的一人"。

若题干信息④、①、③为真，则乙作案，丙、丁不作案；

若题干信息④为真，题干信息①、③为假，则丙作案，乙、丁不作案。

故作案者要么是乙要么是丙，即：乙∨丙，甲、丁不作案。

A项，甲∨乙，不能判断真假。

B项，甲∨丙，不能判断真假。

C项，甲∨丁，与甲、丁不作案矛盾，为假。

D项，乙∨丁，不能判断真假。

E项，丙，不能判断真假。

30. A

【解析】母题40·复杂匹配与题组

采用重复元素分析法：

根据条件Ⅱ和Ⅳ可知，作家既不是中文系毕业生，也不是经济学系毕业生，故作家是哲学系毕业生。

根据条件Ⅵ可知，甲是经济学系毕业生。

根据"甲是经济学系毕业生"和条件Ⅴ可知，乙是中文系毕业生，丙是哲学系毕业生。

由"作家是哲学系毕业生"和"丙是哲学系毕业生"可知，丙是作家，是哲学系毕业生。

由条件Ⅲ可知，甲是省长，故乙是教授。

综上所述，甲是省长，是经济学系毕业生；乙是教授，是中文系毕业生；丙是作家，是哲学系毕业生。

故A项正确。

31. A

【解析】母题26·解释现象

传统记忆理论：记忆就像录像带回放。

场景构建理论：记忆只记录碎片，需要时大脑将记忆碎片拼合形成符合主体当前信念状态的记忆，即记忆可以随主体的状态而改变。

注意，此项是用题干来解释选项，而非用选项去解释题干。

A项，题干的论证不涉及记忆丧失，无关选项。

B、C、D、E项，记忆均随主体的状态发生了变化，可用场景构建理论解释。

32. **C**

【解析】母题19·论证型支持题

题干：在不同的语言中，数字的发音和写法都不一样 —证明→ 代表不同文化背景的语言，会对人们的大脑处理数学信息的方式产生影响。

A项，此项涉及的是"不同地区"的人，而题干涉及的是"不同的语言和文化背景"的人，故此项无法支持题干。

B项，此项涉及的是"不同方言区"的人，而题干涉及的是"不同的语言和文化背景"的人，故此项无法支持题干。

C项，说明不同语言的人在心算时依赖的大脑区域不同，支持题干。

D项，此项涉及的是"不同专业背景"的人，而题干涉及的是"不同的语言和文化背景"的人，故此项无法支持题干。

E项，无关选项，是否"喜欢"与"处理方式"无关。

33. **D**

【解析】母题34·形式逻辑型结构相似题

题干：我国的佛教寺庙→分布于全国各地，普济寺→我国的佛教寺庙，所以，普济寺→分布于我国各地。

第一个"我国的佛教寺庙"是集合概念，第二个"我国的佛教寺庙"是类概念，犯了偷换概念的逻辑错误。

A项，父母酗酒的孩子→爱冒险，小华→爱冒险，所以，小华→父母酗酒的孩子，与题干的逻辑错误不一致。

B项，文明公民→遵纪守法，有些大学生→遵纪守法，所以，有些大学生→文明公民，与题干的逻辑错误不一致。

C项，寒门学子→上大学的机会减少，小飞→¬寒门学子，所以，小飞→¬上大学的机会减少，与题干的逻辑错误不一致。

D项，可理解为，现在的独生子女娇生惯养，他是三代单传的独生子女，所以，他娇生惯养。即，独生子女→娇生惯养，他→独生子女(三代单传的独苗)，所以，他→娇生惯养，前后两个"独生子女"的概念性质不同，第一个是集合概念，第二个是类概念，犯了偷换概念的错误，与题干所犯逻辑错误相同。

E项，现在的农民→能接受新科技，能接受新科技→积极向上，所以，现在的农民→积极向上，无逻辑错误。

34. **B**

【解析】母题5·箭头的串联

题干已知下列信息：

①所有的短跑运动员都是北京人，符号化可得：短跑运动员→北京人。

②所有的女运动员都是上海人，符号化可得：女运动员→上海人。

③所有会讲吴方言的人都是女运动员，符号化可得：会讲吴方言→女运动员。

将题干信息①、②、③串联得：④短跑运动员→北京人→┐上海人→┐女运动员→┐会讲吴方言。

Ⅰ项，由题干信息④可知，短跑运动员→北京人→┐女运动员→┐会讲吴方言，故此项可能为真。

Ⅱ项，由题干信息④可知，短跑运动员→┐会讲吴方言，即短跑运动员不可能会讲吴方言，故此项不可能为真。

Ⅲ项，将题干信息③、②串联得：会讲吴方言→女运动员→上海人，故此项可能为真。

故此题正确答案为B项。

35. E

【解析】母题33·评价题

题干：在对一批挑选出来进行比较的国家所做的一项调查中，美国以每100人中有11人养长尾鹦鹉而排名第二 ——证明——→ 美国人比大多数其他国家的人更喜欢养长尾鹦鹉。

E项，如果在该调查未包括的国家中，大多数国家每100人中养长尾鹦鹉的人的数量比美国多，则能削弱题干，反之，则加强题干。故E项对于判断题干结论的可靠性最为重要。

其余各项均为无关选项。

36. B

【解析】母题5·箭头的串联＋母题9·对当关系

题干已知下列信息：

①湟鱼→味道鲜美的鱼，可推得：有的湟鱼→味道鲜美的鱼，等价于：有的味道鲜美的鱼→湟鱼。

②湟鱼→珍稀动物。

③珍稀动物→需要保护。

将题干信息①、②、③串联可得：有的味道鲜美的鱼→湟鱼→珍稀动物→需要保护，逆否得：┐需要保护→┐珍稀动物→┐湟鱼。

A项，有的珍稀动物→味道鲜美的鱼，等价于：有的味道鲜美的鱼→珍稀动物，为真。

B项，由题干可得"湟鱼→需要保护"，可得"有的需要保护→湟鱼"，与此项中"有些需要保护的动物不是湟鱼"是下反对关系，故此项可真可假。

C项，有的味道鲜美的鱼→需要保护，为真。

D项，┐需要保护→┐湟鱼，为真。

E项，有的需要保护→味道鲜美的鱼，等价于：有的味道鲜美的鱼→需要保护，为真。

37. A

【解析】母题12·简单命题的真假话问题

题干已知下列信息：

甲：第一种药有毒，第三种药无毒。

乙：第二种药无毒，第三种药无毒。

丙：第一种药有毒，第二种和第三种药中有一种无毒。

①假设甲的第一句话正确，第二句话错误，即第一种药和第三种药全部有毒。

故乙的第二句话错误，为满足题干，乙的第一句话必须正确，即第二种药无毒。

那么，丙的两句话均正确，不符合题干。

②假设甲的第一句话错误，第二句话正确，即第一种药和第三种药全部无毒。

故乙的第二句话正确，为满足题干，乙的第一句话必须错误，即第二种药有毒。

那么，丙的第一句话错误，第二句话正确，符合题干。

故 A 项正确。

38. D

【解析】母题11·隐含三段论＋母题10·替换法解简单命题的负命题

题干中的前提：有的妨碍执行公务的行为→犯罪行为。

题干中的结论：妨碍执行公务的行为→免受处罚。

补充一个前提：犯罪行为→不能免受处罚（D项），可以得到一个结论：有的妨碍执行公务的行为→不能免受处罚。

由此可知，这个结论是题干中结论的矛盾命题，故能反驳题干，即正确答案为D项。

39. C

【解析】母题16·因果型削弱题

题干使用求异法，试图说明：吸烟改变了大脑的发育过程，这一改变将对青少年产生终身影响。

A项，题干不涉及脑岛破坏和烟瘾戒除，无关选项。

B项，不能削弱题干，因为此项并不能解释题干中吸烟者与不吸烟者之间的差异。

C项，因果倒置，说明是右脑岛体积小导致了吸烟，而不是吸烟导致了右脑岛体积小，削弱题干中研究者的结论。

D项，无关选项。

E项，无关选项，题干涉及的是"脑岛的体积"而非"脑岛的活动"。

40. E

【解析】母题19·论证型支持题

题干：海洋考古学家最近在一个古地中海港口的水下发现了几百件陶器，大概是4 000年前留下的 ——证明→ 他们发现了一艘4 000年前的沉船残骸。

A项，无关选项，题干的论证与"另一个古地中海港口的船只残骸"无关。

B项，无关选项，题干中结论的得出与木质的腐烂速度无关。

C项，不能支持，由另外两艘分别具有3 500年和3 000年历史的沉船残骸无法得知题干中所描述的沉船残骸有4 000年历史。

D项，不能支持，因为在其他古地中海中发现的陶器的年代未知。

E项，提出新论据，通过大约有4 000年历史的船零件推测此沉船大约有4 000年的历史，支持题干。

41. C

【解析】母题24·措施目的型假设题

题干：利用真菌能降解普通的聚氨酯塑料的特性 ——以求→ 帮助人类消除塑料垃圾所带来的威胁。

A 项，无关选项。

B 项，内生菌只需要有降解塑料的特性即可，不必假设发挥这种特性的条件。

C 项，必须假设，如果绝大多数塑料垃圾不属于普通的聚氨酯塑料，那么内生菌就无法帮助人类消除塑料垃圾造成的威胁。

D 项，无须假设，内生菌的生长区域与其发挥降解塑料的特性无关。

E 项，说明措施有恶果，削弱题干。

42. C

【解析】母题 15·论证型削弱题

题干：在旅行前服用晕船药的旅客比没有服用晕船药的旅客有更多的人表现出了晕船的症状 $\xrightarrow{证明}$ 不服用晕船药会更好。

A 项，无关选项，没有说明服用晕船药的影响。

B 项，支持题干，说明样本具有代表性。

C 项，提出反面论据，说明对于服用晕船药的乘客来说，服药有效，削弱题干。

D 项，如果此项为真，则说明服用晕船药的旅客中实际晕船者的数量比调查结果更多，更加说明服用晕船药不好，支持题干。

E 项，"不少乘客在旅行前服用了晕船药后没有晕船"，并不能反驳"服用晕船药的旅客比没有服用晕船药的旅客有更多的人表现出了晕船的症状"。

43. A

【解析】母题 10·替换法解简单命题的负命题

将题干信息概括如下：

①明年小妍必然升职∧今年小磊可能升职。

②今年小磊可能升职∧今年大明可能升职。

由以上信息可知，今年大明可能升职、今年小磊可能升职、明年小妍必然升职。

故 A 项与三位朋友的断定最为接近。

44. B

【解析】母题 28·一般推论题

题干已知下列信息：

①中国消费者对奢侈品品牌的忠诚度远远低于西方消费者。

②对许多中国消费者而言，高价格仍然很重要。

③物有所值比品牌重要，而且在现阶段甚至比质量还重要。

"对许多中国消费者而言，高价格仍然很重要"说明中国消费者喜欢价格高的奢侈品；"物有所值仍然比品牌重要"说明中国消费者喜欢物有所值的奢侈品。故可以推出中国消费者喜欢购买价格高和物有所值的奢侈品，即 B 项正确。

A 项，与题干信息②矛盾，不能推出。

C 项，题干没有对"价格"和"知名度"进行比较，不能推出。

D 项，由题干信息②知，中国消费者关注价格，由题干信息③知，"物有所值比质量还重要"，但这并不代表质量不重要，故此项不能被推出。

E项，由题干信息①知，整体而言，中国消费者对奢侈品品牌的忠诚度远远低于西方消费者，但是否高于"部分"西方消费者则无法确定，故此项不能被推出。

45. D

【解析】母题38·数字推理题

Y先生知道牌的点数，如果点数是2、8、J、K中的一张，那么Y先生应该知道这是什么牌，但他却不知道，故此牌的点数只能是A、Q、4、5。即，可能为黑桃4、红心A、Q、4、草花4、5、Q、方块A、5。

X先生知道牌的花色，而且他知道Y先生不知道这张牌，说明这个花色的任意一张牌，点数不是唯一的。故花色为红心或方块。

当X先生说完"我知道你不知道这张牌"时，Y先生表示"现在我知道这张牌了"，这说明Y先生根据点数判断出了这张牌，故这张牌的点数在红心和方块中是唯一的，即可能是红心Q、红心4、方块5。

此时，X先生也知道了这张牌，说明X先生所知的花色此时只有一张牌可被确定，故只能是方块5。

46. C

【解析】母题40·复杂匹配与题组

根据条件"(2)H和R参观同一座城市"，排除A、E项。

根据条件"(3)L或者参观M或者参观T"，排除D项。

根据条件"(5)每一个学生参观3座城市中的某一座城市时，其他4个学生中至少有1个学生与他前往"，排除B项。

故C项可能正确。

47. D

【解析】母题40·复杂匹配与题组

若H和S一起参观了某一座城市，根据条件(1)、(2)、(5)可知，H、S、R参观同一座城市，P、L参观同一座城市。根据条件(3)可知，L、P参观的是M或者T。

故D项可能正确。

48. E

【解析】母题40·复杂匹配与题组

根据条件(5)可知，5个人只能分2组参观2座城市。

因为S参观V，根据条件(1)可知，P不跟S同组。

根据条件(3)可知，L不参观V，因此，S不跟L同组。

因此，P与L同组，故E项正确。

49. D

【解析】母题24·措施目的型假设题

题干：台风是大自然最具破坏性的灾害之一 → 向空中喷洒海水水滴 → 增加台风形成区域上空云层对日光的反射 → 台风将不能聚集足够的能量 → 有效阻止台风的前进，从而避免更大程度的破坏。

A项，无关选项，题干仅涉及"向空中喷洒海水水滴"，而不涉及"水滴能够重新聚集"。

B项，无关选项，题干中的措施只要能减小台风的危害即可，不必假设这一措施会"影响邻近区域的降雨"。

C项，显然不必假设。

D项，必须假设，说明<u>措施可以达到阻止台风前进的目的</u>。

E项，无关选项，题干不涉及"酸雨"。

50. C

【解析】母题 38·数字推理题

假设男士的人数为 x 位，女士的人数为 y 位，孩童的人数为 z 位，由题干可知：

$$\begin{cases} x+y+z=8, \\ 2x+y+\dfrac{1}{3}z=8, \end{cases}$$

解得 $x=2$，$y=3$，$z=3$。

故有 3 位女士，即 C 项正确。

51. C

【解析】题型 28·一般推论题

题干：高浓度 ASP 会通过耗尽大脑显示对糖满足的化学物质来引起人们对糖的强烈需求 —证明→ 用 ASP 作为发甜剂不能达到减少摄入热量的目的。

由题干的论据可知，ASP 作为发甜剂不能减少人们对糖的需求，因此，不能达到减少摄入热量的目的，这说明含糖量高的食品含的热量高，即 C 项。

其余各项均不能被推出。

52. C

【解析】母题 19·论证型支持题

题干：一种经过基因改造的蚊子具备了不再感染疟疾的能力，并且能妨碍野生蚊子繁衍，从而有效切断人与蚊子的疟疾传播途径 —证明→ 假以时日，就能根绝疟疾这个顽症。

A项，说明转基因蚊子不易存活，提出反面论据，削弱题干。

B项，转基因蚊子在有疟疾时有生存优势，但不确定能否"妨碍野生蚊子的繁衍"，支持力度弱。

C项，说明转基因蚊子可能带来野生蚊子的灭亡，<u>支持论据</u>。

D项，说明转基因蚊子不一定会带来野生蚊子的灭亡，而且还会形成未知的新型蚊子，不能支持题干。

E项，掌握转基因蚊子技术的科学家数量是多还是少，与这种技术是否有效无关，不能支持题干。

53. D

【解析】母题 19·论证型支持题

题干：研究人员在"观察开普勒太空望远镜发现的数千颗太阳系外行星"后，发现银河系内拥有大量的行星，几乎每一颗恒星周围都存在行星，许多恒星系统内存在 2~6 颗行星，其中约 1/3

的行星处于宜居带上，行星表面的温度适合液态水存在 $\xrightarrow{\text{证明}}$ 这可能意味着银河系内"几乎处处有"宜居的星球。

A 项，无关选项，题干不涉及"进化"。注意：此项不是搭桥法，因为题干的论据中已经提到"宜居"问题，无须再搭论据中"水"与论点中"宜居"的桥。

B 项，说明一些处于宜居带上的行星并不适合居住，削弱题干。

C 项，说明题干中的论据"非实测结果"，论据存在缺陷，削弱题干。

D 项，材料中仅由"望远镜发现的数千颗太阳系外观测到的行星"情况，就推断银河系内"几乎处处有"宜居的星球，存在样本数量不够的问题，此项提出新论据，说明银河系中确实存在大量宜居的星球，支持题干。

E 项，无关选项。

54. B

【解析】母题 15·论证型削弱题

题干：如果禁止在一切公共场所和工作地点吸烟（未禁止人们在其家中吸烟）的法律得到严格执行，就能彻底保护上班人员免受二手烟的伤害。

要注意到题干的结论是个假言命题，假言命题 A→B 与 A∧¬B 矛盾。故要削弱题干必须有：该法律得到严格执行∧没能彻底保护上班人员免受二手烟的伤害。

A 项，无关选项，题干涉及的对象是二手烟，与汽车尾气无关。

B 项，说明由于该法律不禁止在家中吸烟，故即使该法律得到严格执行(A)，在雇主家里上班的人员仍会受到二手烟的伤害(¬B)，可削弱题干。

C 项，题干不涉及立法者的意图，无关选项。

D 项，无关选项，题干不涉及对二手烟危害程度的讨论。

E 项，说明此法律没能得到严格执行(¬A)，无法削弱 A→B。

55. B

【解析】母题 40·复杂匹配与题组

题干已知下列信息：

①庄聪至今尚未去过长江村调研。

②孟慧虽未去过长江村，但是她曾经就调研这件事和处长商量过。

③科长曾经去长江村调研多次，写过专门的调查报告。

采用重复元素分析法：

根据题干信息①、②可知，庄聪和孟慧均未去过长江村，即去长江村的是孔智。

又根据题干信息③可知，孔智是科长。

根据题干信息②可知，孟慧不是处长，故孟慧是副处长。

因此，庄聪是处长。

综上所述：庄聪是处长，孟慧是副处长，孔智是科长。

故 B 项正确。

四、写作

56. 论证有效性分析

【谬误分析】

①材料没有足够的论据说明"专营海鲜食品"的餐馆在本市有需求，也许现在餐馆的海鲜供应已经满足了该市消费者对海鲜菜肴的需求。

②"M市餐馆海鲜菜肴的消费量比过去五年增加了30％"，未必能说明"越来越多"的M市消费者喜欢海鲜菜肴，因为有可能是以前的消费者增大了海鲜菜肴的消费量。而且，这也不足以说明专营海鲜食品的餐馆是需要的，因为存在大部分消费者更喜欢海鲜和其他食品一起食用的可能。

③材料认为，M市的大多数家庭是双收入家庭，并且较少在家里做饭，同时更关注健康饮食，这些条件并不能直接说明专营海鲜食品的餐馆的受欢迎程度和盈利水平。

④"在M市开设一家新的专营海鲜食品的餐馆将会非常受欢迎而且有利可图"，这个结论过于武断。一家餐馆是否有利可图，不仅受需求的影响，还受竞争情况、经营水平等因素的影响。

⑤材料并未提及专营海鲜食品的餐馆比普通餐馆提供的海鲜具有哪些优势，如果普通餐馆提供的海鲜品种更多、做法更多样，又何来专营海鲜食品的餐馆有利可图之说？

参考范文

专营海鲜食品的餐馆有利可图吗？

材料通过一系列论证，试图说明"在M市开设一家新的专营海鲜食品的餐馆将会非常受欢迎而且有利可图"。然而，事实真的如此吗？

首先，"M市餐馆海鲜菜肴的消费量比过去五年增加了30％"，这未必能说明"越来越多"的M市的消费者喜欢海鲜菜肴，因为有可能是以前的消费者增大了海鲜菜肴的消费量。而且，这也不足以说明专营海鲜食品的餐馆是需要的，因为存在大部分消费者更喜欢海鲜和其他食品一起食用的可能。

其次，M市的大多数家庭是双收入家庭，并且较少在家里做饭，同时更关注健康饮食，这些条件和专营海鲜食品的餐馆的受欢迎程度和盈利水平并无直接关系。没有证据表明这些双收入家庭更愿意到专营海鲜食品的餐馆吃饭，也无法说明他们认为到专营海鲜食品的餐馆就餐的饮食方式就更健康。

再次，"一次调查显示这类家庭在家做饭的数量比十年前显著减少"，该项调查的范围是M市的双收入家庭，还是其他地区的双收入家庭？材料并未明确界定。如果是后者，那么调查结果未必适用于M市，毕竟不同地区的饮食习惯并不相同。

最后，"在M市开设一家新的专营海鲜食品的餐馆将会非常受欢迎而且有利可图"，这个结论过于武断。餐馆的经营很关键，就算有市场需求，但如果经营不善，就可能使餐馆不赚钱。而且材料并未提及专营海鲜食品的餐馆比普通餐馆提供的海鲜具有哪些优势，如果普通餐馆提供的海鲜品种更多、做法更多样，又何来专营海鲜食品的餐馆有利可图之说？

综上所述，在M市开设一家新的专营海鲜食品的餐馆是否有利可图，还需更具有说服力的论据予以佐证。

57. 论说文

"地摊经济"应该鼓励

吕建刚

近来,"地摊经济"成为家喻户晓的热词,如李克强总理所言,"'地摊经济'是中国的生机"。

首先,"地摊经济"能缓解就业压力。摆地摊成本低、风险小,对摆摊者的要求也不高,不管是下岗职工、还是城市务工人员、抑或是"白领"甚至"金领",只要能拉下脸面愿意干,人人都可以摆地摊。尤其是对于那些因"新冠"疫情而失业的人来说,摆个地摊就可以解决眼前的生计问题,这对就业的帮助是显而易见的。我们常常说要解决民生问题,其实就业就是最大的民生、生存就是最大的人权。"地摊经济"解决了一部分人的就业问题、生存问题,可见,它就是这些人的"生机"。

其次,"地摊经济"能促进经济发展。"地摊经济"看起来是一些不起眼的小生意,但其实它是一种非常"高性价比"的商业模式:成本不高、库存不大、风险较小、方向灵活。而且,各地开业的地摊、夜市无不人头攒动、熙熙攘攘,这说明"地摊经济"往往能积聚大量的人气,人气就是商气,人气就是财气,就能促进周边小区的消费、拉动周边商铺的销售。

当然,我们也能看到,"地摊经济"在发展过程中出现了一些问题和隐患。比如,有一些地摊经营者不当占道经营;还有一些夜市,摆摊者散场之后遍地狼藉;还有一些摆摊者,经营的是假冒伪劣商品。种种乱象,不一而足。这给城市的管理带来了一定的压力。

但以上种种问题,我认为宜疏不宜堵。有不当占道经营的,我们可以划定专门的摆摊场所;有不讲究卫生的,我们一是要加强卫生监管和处罚力度,二是城市管理部门也要做好清洁工作;有出售假冒伪劣商品的,则可重拳出击,予以处罚。摆摊者并不是故意要制造这些麻烦,说白了他们就是谋份生计而已;把规则制定好、把奖罚说明白,只要这份生计还在,他们还是能够遵守规则的。

总而言之,在疫情的大背景下,"地摊经济"是改善民生的一种行之有效的方法,应该鼓励。

绝密★启用前

全国硕士研究生招生考试
管理类专业学位联考综合能力试题
冲刺卷 2

(科目代码:199)

考试时间:8:30—11:30

考生注意事项

1. 答题前,考生须在试题册指定位置上填写考生姓名和考生编号;在答题卡指定位置上填写报考单位、考生姓名和考生编号,并涂写考生编号信息点。
2. 选择题的答案必须涂写在答题卡相应题号的选项上,非选择题的答案必须书写在答题卡指定位置的边框区域内。超出答题区域书写的答案无效;在草稿纸、试题册上答题无效。
3. 填(书)写部分必须使用黑色字迹签字笔或者钢笔书写,字迹工整、笔迹清楚;涂写部分必须使用 2B 铅笔填涂。
4. 考试结束,将答题卡和试题册按规定交回。

考生编号												
考生姓名												

一、**问题求解**：第1～15小题，每小题3分，共45分。下列每题给出的A、B、C、D、E五个选项中，只有一项是符合试题要求的。请在答题卡上将所选项的字母涂黑。

1. 某地需要修一段公路，若甲、乙两工程队合作需要9天完成；若甲工程队单独工作10天后，乙工程队加入，还需合作3天才能完成任务．已知甲工程队每天比乙工程队多修建3千米，则这段公路共有（ ）千米．
   A. 200　　　B. 80　　　C. 110　　　D. 135　　　E. 145

2. 某商场售出一批衣服共500件，其中包括合格品和残次品，售出合格品的利润率为50%，售出残次品则会亏损10%，所有商品售出后的利润率为39.2%，则合格品共有（ ）件．
   A. 230　　　B. 300　　　C. 350　　　D. 380　　　E. 410

3. 已知方程组 $\begin{cases} mx+2ny=4, \\ 2mx-ny=3 \end{cases}$ 的解为 $\begin{cases} x=1, \\ y=2, \end{cases}$ 则 $\log_m n + \log_n m$ 的值为（ ）．
   A. -3　　　B. -2　　　C. 0　　　D. 1　　　E. 4

4. 商场中某高端笔记本电脑若以九五折出售，可获利4 200元；若以七五折出售，商场会亏损1 400元，则此电脑的成本价为（ ）元．
   A. 21 000　　　B. 22 400　　　C. 26 500　　　D. 28 000　　　E. 29 400

5. 甲、乙两个圆柱体，甲的底面周长是乙的2倍，甲的高为乙的一半，则甲的体积是乙的体积的（ ）倍．
   A. 1　　　B. 1.5　　　C. 2　　　D. 3　　　E. 4

6. 已知 x_1，x_2 是方程 $x^2-x-6=0$ 的两个根，则 $\dfrac{1}{x_1}+\dfrac{1}{x_2}=$（ ）．
   A. $\dfrac{1}{6}$　　　B. -2　　　C. 6　　　D. -6　　　E. $-\dfrac{1}{6}$

7. 若等式 $|3x+5|=|2x-1|+|x+6|$ 成立，则实数 x 的取值范围是（ ）．
   A. $-6\leqslant x\leqslant \dfrac{1}{2}$　　　B. $\dfrac{1}{2}\leqslant x\leqslant 6$　　　C. $x\leqslant -\dfrac{5}{2}$ 或 $x\geqslant \dfrac{1}{2}$
   D. $x\leqslant -6$ 或 $x\geqslant \dfrac{3}{2}$　　　E. $x\leqslant -6$ 或 $x\geqslant \dfrac{1}{2}$

8. 若方程 $x^2-2tx+t^2-1=0$ 的两个实根都在 $(-2,4)$ 之内，则实数 t 的取值范围为（ ）．
   A. $1<t<3$　　　B. $-1\leqslant t\leqslant 3$　　　C. $t<-1$ 或 $t>3$
   D. $-1<t<3$　　　E. $0<t<3$

9. 现有一块正方体原料，体积为512 cm³，现需要将其加工成边长为2 cm的正方体零件，则一块原料全部加工完成之后，表面积会增加（ ）cm²．
   A. 512　　　B. 600　　　C. 886　　　D. 1 024　　　E. 1 152

10. 从1，2，3，4，5五个数中任取两个，则两数之和是3的倍数的概率为（ ）．
    A. $\dfrac{2}{5}$　　　B. $\dfrac{1}{3}$　　　C. $\dfrac{1}{2}$　　　D. $\dfrac{1}{4}$　　　E. $\dfrac{1}{5}$

11. 在等差数列 $\{a_n\}$ 中，$a_1+3a_8+a_{15}=120$，则 $3a_9-a_{11}=($ $)$.

　　A. 20　　　　B. 28　　　　C. 35　　　　D. 40　　　　E. 48

12. 设 $x=\dfrac{1}{\sqrt{2}-1}$，m 是 x 的小数部分，n 是 $4-x$ 的小数部分，则 $m^3+n^3+3mn=($ $)$.

　　A. $\sqrt{2}$　　　B. $\sqrt{2}-1$　　　C. $\sqrt{2}+1$　　　D. 1　　　E. 0

13. 方程 $4xy-4x^2-y^2-m$ 的一个因式为 $(1-2x+y)$，则 $m=($ $)$.

　　A. 1　　　　B. 2　　　　C. 3　　　　D. -1　　　　E. -2

14. 已知 $x>0$，$y>0$，$x+4y=1$，则 $K=2\sqrt{xy}-x^2-16y^2$ 的最大值为（　　）.

　　A. 1　　　　B. -1　　　　C. 0　　　　D. -2　　　　E. 4

15. 王先生办理一张银行卡，密码由六位数字组成，每位数字可以是 $0,1,\cdots,9$ 十个数字中的任何一个，则构成王先生银行卡密码的 6 个数字互不相同的概率为（　　）.

　　A. $\dfrac{A_{10}^6}{10^6}$　　B. $\dfrac{C_{10}^6}{10^6}$　　C. $\dfrac{A_{10}^6}{6^{10}}$　　D. $\dfrac{C_{10}^6}{6^{10}}$　　E. $\dfrac{A_6^6}{10^6}$

二、条件充分性判断：第 16～25 小题，每小题 3 分，共 30 分。要求判断每题给出的条件（1）和条件（2）能否充分支持题干所陈述的结论。A、B、C、D、E 五个选项为判断结果，请选择一项符合试题要求的判断，在答题卡上将所选项的字母涂黑。

　　A. 条件(1)充分，但条件(2)不充分.

　　B. 条件(2)充分，但条件(1)不充分.

　　C. 条件(1)和条件(2)单独都不充分，但条件(1)和条件(2)联合起来充分.

　　D. 条件(1)充分，条件(2)也充分.

　　E. 条件(1)和条件(2)单独都不充分，条件(1)和条件(2)联合起来也不充分.

16. $S_{\triangle ABC}=16$.

　　(1) 在等腰直角 $\triangle ABC$ 中，$\angle C=90°$，$AB=8$.

　　(2) 在 $\triangle ABC$ 中，$\angle C=90°$，$AB=10$，点 C 到 AB 的距离为 4.

17. 方程 $||x-3|-1|=|a|$ 有三个整数解.

　　(1) $a=1$.

　　(2) $a^2=1$.

18. 直线 $ax+by+c=0$ 通过一、二、三象限.

　　(1) $ab<0$.

　　(2) $ac>0$.

19. $P=\dfrac{1}{2}$.

　　(1) 甲、乙两人投篮的命中率分别为 $\dfrac{7}{10}$ 和 $\dfrac{1}{2}$，若两人各投篮一次，恰有一人命中的概率为 P.

　　(2) 同时抛 15 枚质地均匀的硬币，出现奇数枚反面向上的概率为 P.

20. 由1，2，3，4，5，6组成无重复数字的6位数，则能组成108个不同的奇数．

    (1)2与4不相邻．

    (2)4与6不相邻．

21. 不等式 $\dfrac{x+8}{x^2+2x-3}<2$ 恒成立．

    (1)$x>1$．

    (2)$x<2$．

22. 直线 l：$3mx-y-6m-3=0$ 和圆 C：$(x-3)^2+(y+6)^2=25$ 相交．

    (1)$m>-3$．

    (2)$m<3$．

23. 关于 x 的方程 $x^2+ax+b-1=0$ 有实根．

    (1)$a+b=0$．

    (2)$a-b=0$．

24. 方程 $x^2-3mx+m^2+1=0$ 的两根位于2的两侧．

    (1)$-1<m<4$．

    (2)$1<m<6$．

25. A，B 两组数据的方差分别为 S_1^2，S_2^2，则 $S_1^2=S_2^2$．

    (1)A：16，18，19，20，23；B：51，53，54，55，58．

    (2)A：1，2，4，5，19；B：51，52，54，55，69．

三、逻辑推理：第26～55小题，每小题2分，共60分。下列每题给出的A、B、C、D、E五个选项中，只有一项是符合试题要求的。请在答题卡上将所选项的字母涂黑。

26. "有好消息，也有坏消息。"无论是谈起什么主题，这样的开场白都顿时让人觉得一丝寒意传遍全身。接在这句话后边的往往是这样一个问题：你想先听好消息还是坏消息？一项新的研究表明，你可能想先听坏消息。

    如果以下各项为真，则最能削弱上述论证的是：

    A. 若消息是来自一个你信任的人，那么你想先听好坏消息的顺序会不同。

    B. 研究发现，若由发布消息的人来决定，那么结果往往总是先说好消息。

    C. 心理学家发现，发布好坏消息的先后顺序很可能改变人们对消息的感觉。

    D. 心理评估结果证明先听到坏消息的学生比先听到好消息的学生焦虑要小。

    E. 倾听者会因最后的好消息而为之一振，会更深刻地记住最后的好消息。

27. 素数是指只含有两个因子的自然数（即只能被自身和1整除）。孪生素数是指两个相差为2的素数。比如，3和5、17和19等。所谓的孪生素数猜想，是由希腊数学家欧几里得提出的，意思是存在着无穷对孪生素数。该论题一直未得到证明。近期，美国一位华人讲师的最新研究表明，虽然还无法证明存在无穷多个之差为2的素数对，但存在无穷多个之差小于7 000万的素数对。有关方面认为，如果这个结果成立，那么将是数论发展的一项重大突破。

以下哪项如果为真,则最能支持有关方面的观点?

A. 这位华人讲师长期从事数学领域的相关教学和科研工作。

B. 关于孪生素数猜想的证明需要一个漫长的、逐步推进的过程。

C. 这是第一次有人正式证明存在无穷多组间距小于定值的素数对。

D. 7 000万这个数字很大,离孪生素数猜想给出的2还有很大距离。

E. 欧几里得是世界著名的数学家,提出的很多猜想都得到了证明。

28. 生物处于污染条件下,可以通过结合固定、代谢解毒、分室作用等过程将污染物在体内富集、解毒。其中生物的解毒能力是生物抗性的基础,解毒能力强的生物都具有抗性,但解毒能力不是抗性的全部,抗性强的生物不一定解毒能力就强。

如果以上信息为真,则最能推出以下哪项?

A. 解毒能力不强的生物不具有抗性。

B. 具有抗性的生物一定具有较强的解毒能力。

C. 生物可将污染物富集、解毒,所以生物能在污染环境下生存。

D. 不具有抗性的生物解毒能力一定不强。

E. 解毒能力强的生命不一定具有抗性。

29. 有一段时间,电视机生产行业竞争激烈。由于电视机品牌众多,产品质量成为消费者考虑的首要因素。某电视机生产厂家为了扩大市场份额,一方面加大研发力度,进一步提高了电视机产品的质量;另一方面在价格上作调整,适当降低了产品的价格。然而,调整之后的头三个月,其电视机产品的市场份额不但没有提高,反而有所下降。

以下哪项如果为真,则最能解释上述现象?

A. 消费者通常会考虑不同产品的价格差异,而非同一产品在不同时期的价格差异。

B. 一个家庭再次购买电视机产品时会首先考虑原来的品牌。

C. 消费者通常是通过价格来衡量电视机产品质量的。

D. 其他电视机生产厂家也调整了产品价格。

E. 消费者不仅看重产品的价格,还看重产品的外观。

30. 一位编辑正在考虑报纸理论版稿件的取舍问题。有 E、F、G、H、J、K 六篇论文可供选择。考虑到文章的内容、报纸的版面等因素,必须满足以下条件:

(1)如果采用论文 E,那么不能用论文 F,但要用论文 K。

(2)只有不用论文 J,才能用论文 G 或论文 H。

(3)如果不用论文 G,那么也不用论文 K。

(4)论文 E 是向名人约的稿件,不能不用。

以上断定如果为真,则下面哪一项也一定是真的?

A. 采用论文 E,但不用论文 H。　　　　　　B. G 和 H 两篇论文都用。

C. 不用论文 J,但用论文 K。　　　　　　　D. G 和 J 两篇论文都不用。

E. 用论文 G,但不用论文 H。

31. 积极的财政政策用发国债的办法来弥补财政赤字，旧债到期了，本息要还，发行的新债中有一部分要用来还旧债。随着时间的推移，旧债越来越多，新债中用来还旧债的也越来越多，用来投资的就越来越少，经济效益就越来越差。

    以下哪项陈述是以上论证所依赖的假设？
    A. 积极的财政政策所产生的经济效益是递减的。
    B. 积极的财政政策所筹集的资金只能用于基础设施的建设。
    C. 用发国债的办法来弥补财政赤字的做法不能长期使用。
    D. 国债在到期之前，其投资回报不足以用来偿还债务。
    E. 政府应该采用其他办法来弥补财政赤字。

32. 统计表明，大多数汽车的交通事故发生在中速行驶中，很少的事故发生在150公里/小时以上的行驶速度中，因此高速行驶比较安全。

    以下哪项最能反驳上述论证？
    A. 车速只是引起交通事故的一个因素。
    B. 人们通常用中速驾驶汽车。
    C. 人们通常以大于150公里/小时的速度驾驶汽车。
    D. 大多数人驾驶汽车的速度是经常变化的。
    E. 交通事故不是经常发生的。

33. 统计数据显示，坚持常年打太极拳的人与从不打太极拳的人相比，平均寿命相同。由此可见，打太极拳并不能强身健体、延长寿命。

    如果以下陈述为真，则哪一项能够最有力地削弱上述论证？
    A. 有些运动员身体强健，但寿命却低于普通人。
    B. 太极拳动作轻柔舒缓，常年坚持，能够舒筋活血、养气安神。
    C. 坚持常年打太极拳的人中有很多体弱多病者。
    D. 太极拳运动容易开展，对场地、运动者的身体素质没有什么要求。
    E. 太极拳得到了广大年老体弱者的认可。

34. X公司有3位管理者赵强、钱勇、周刚可以胜任分公司总经理职位，还有3位管理者张大大、李晓晓、王贵贵可以胜任分公司销售总监职位。现在该公司的北京、上海、杭州、广州分公司都需要新的总经理和销售总监。

    已知下列条件：
    ①每位总经理都需要销售总监配合工作。
    ②一个人最多只能管理一个分公司，并应安排在熟悉的市场环境。
    ③张大大熟悉北京和上海市场。
    ④钱勇已出任杭州分公司。

    如果李晓晓出任广州分公司，则以下哪项陈述一定为真？
    A. 张大大出任上海分公司。　　　　　　　B. 赵强出任广州分公司。

C. 王贵贵出任杭州分公司。　　　　　　　　D. 周刚出任北京分公司。

E. 张大大出任北京分公司。

35. 禁止在大众媒介上做香烟广告并未减少吸烟人数，他们知道在哪里弄到烟，不需要广告给他们提供信息。

以下哪项如果为真，则最能反驳上述观点？

A. 看到或听到某产品广告往往会提高人们对该产品的需求欲望。

B. 禁止在大众媒介上做香烟广告会使零售点香烟广告增加。

C. 在大众媒介上做广告已成为香烟厂家的一项巨大开支。

D. 反对香烟的人从发现香烟危害之日起就开始在大众媒介上宣传。

E. 青年人比老年人更不易受大众媒介上的广告影响。

36. 如果一个人热爱工作，那么他或者有一技之长，或者有使命感。如果一个人愿意不计较工作时间，那么他热爱工作。如果一个人得到永无止境的快乐，那么他热爱工作。

根据以上断定，可以推断以下哪项可能为假？

Ⅰ. 如果一个人得到永无止境的快乐，那么他有使命感。

Ⅱ. 愿意不计较工作时间的人都是热爱工作的人。

Ⅲ. 热爱工作的人都是不计较工作时间的人。

A. Ⅱ。　　　　　　　　B. Ⅲ。　　　　　　　　C. Ⅰ、Ⅱ。

D. Ⅰ、Ⅲ。　　　　　　E. Ⅰ、Ⅱ、Ⅲ。

37. 历史证明，民族兴旺、国家发展的关键因素是国民素质的提高。因此，实现我国宏伟发展目标的关键措施是进一步增加教育投入。

上述断定基于以下哪项假设？

Ⅰ. 教育事业的发展是提高国民素质的重要条件。

Ⅱ. 增加教育投入是发展教育事业的重要条件。

Ⅲ. 我国目前的教育投入不能适应发展教育的需要。

A. 仅Ⅰ。　　　　　　　B. 仅Ⅱ。　　　　　　　C. 仅Ⅲ。

D. 仅Ⅰ和Ⅲ。　　　　　E. Ⅰ、Ⅱ和Ⅲ。

38. 城市病指的是人口涌入大城市，导致其公共服务功能被过度消费，最终造成交通拥堵、住房紧张、空气污染等问题。有专家认为，当城市病严重到一定程度时，大城市的吸引力就会下降，人们不会再像从前一样向大城市集聚，城市病将会减轻，从而使城市焕发新的活力。

如果以下各项为真，那么能够削弱上述观点的是哪一项？

A. 我国已经进入城市病的爆发期，居民生活已受到影响。

B. 大城市能够提供的公共服务是中小城市所无法替代的。

C. 政府应该将更多财力用于发展中小城市、乡镇、农村。

D. 中小城市活力足，发展潜力大，对人们吸引力会很强。

E. 中小城市竞争压力小，许多年轻人有更多的机会发展事业。

39～40题基于以下题干：

因工作需要,某单位决定从本单位的3位女性——赵、钱、孙和5位男性——李、周、吴、郑、王中选出4人组建谈判小组参与一次重要谈判。选择需满足以下条件：

(1)小组成员既要有女性,也要有男性。

(2)李与赵不能都入选。

(3)钱与孙不能都入选。

(4)如果选周,则不选吴。

39. 如果李一定要入选,则可以得出以下哪项?

A. 如果选吴,则选王。 B. 如果选周,则选郑。

C. 要么选王,要么选郑。 D. 要么选钱,要么选孙。

E. 要么选赵,要么选钱。

40. 如果赵和吴入选,则可以得出以下哪项?

A. 或者选王,或者选郑。 B. 或者选钱,或者选孙。

C. 如果选钱,那么选李。 D. 如果选孙,那么选周。

E. 如果选孙,那么选钱。

41. 在南极海域冰冷的海水中,有一种独特的鱼类,它们的血液和体液中具有一种防冻蛋白,因为该蛋白它们才得以存活并演化至今。时至今日,该种鱼类的生存却面临巨大挑战。有人认为这是海水升温导致的。

以下哪项如果为真,则最能支持上述观点?

A. 南极海水中的含氧量随气温上升而下降,缺氧导致防冻蛋白变性,易沉积于血管,导致供血不足,从而缩短鱼的寿命。

B. 防冻蛋白能够防止水分子凝结,从而保证南极鱼类正常的活动,气候变暖使得该蛋白变得可有可无。

C. 南极鱼类在低温稳定的海水中能够持续地演化,而温暖的海水不利于南极鱼类的多样性。

D. 并非所有南极物种都具有防冻蛋白,某些生活于副极地的物种并没有这种蛋白。

E. 南极海域海水升温使得更多鱼类进入,有利于南极鱼类的多样性。

42. 军训的最后一天,一班学生进行实弹射击。几位教官在谈论一班的射击成绩。

张教官说:"这次军训时间太短,这个班没有人的射击成绩会是优秀。"

孙教官说:"不会吧,有几个人以前训练过,他们的射击成绩会是优秀。"

周教官说:"我看班长或者体育委员能打出优秀成绩。"

结果证明,三位教官中只有一人说对了。由此可以推出以下哪一项肯定为真?

A. 全班所有人的射击成绩都不是优秀。 B. 班里有人的射击成绩是优秀。

C. 班长的射击成绩是优秀。 D. 体育委员的射击成绩不是优秀。

E. 体育委员的射击成绩是优秀。

43. 佩兰曾任中国男子足球队教练，曾在 2007—2008 赛季率领法国里昂队赢得法甲冠军和法国杯冠军，但随即出人意料地离开了这支球队。当时他的信条是：要么绝对信任，要么不干，没有中间路线。

   以下哪项陈述最为准确地表达了佩兰这一信条的意思？

   A. 只要得到绝对信任就干，否则就不干。

   B. 只要得到绝对信任就干，如果不干，就是没有得到绝对信任。

   C. 除非得到绝对信任，否则干。

   D. 如果得到绝对信任就干。

   E. 要干就必须得到绝对信任，否则就不干。

44. "入幼儿园难，难于考公务员；入幼儿园贵，贵于大学收费。"这一说法虽稍显夸张，却也有某些事实根据。中国的一些城市目前确实存在公办幼儿园"稀缺化"、民办幼儿园"两极化"、收费"贵族化"、优质资源"特权化"等现象。

    要从以上陈述推出"入幼儿园难，难于考研"的结论，需要增加以下哪项陈述作为前提？

    A. 考研比考公务员更难。　　　　　　　B. 考研比考公务员容易。

    C. 考研比考大学容易。　　　　　　　　D. 考公务员和考研的难度无法比较。

    E. 考研比考 MBA 容易。

45. 该不该让小孩玩电脑游戏？这是很多家长的困扰，因为有太多的声音指责游戏正摧毁着下一代。不过一项新的研究显示，玩游戏有益于提高小孩的阅读能力，甚至可帮助他们克服阅读障碍。

    以下哪项如果为真，则最不能支持上述结论？

    A. 研究发现，如果让孩子们玩体感游戏，即依靠肢体动作变化来操作的游戏，累计超过 12 小时，孩子的阅读速度及认字准确率会显著提高。

    B. 长期玩游戏的儿童阅读游戏规则更容易，还会对游戏中出现的画面变得敏感，但对周围的事物表现冷漠。

    C. 相比玩单机版游戏的儿童，玩网络互动游戏的儿童会更加注重相互交流，因此他们的阅读能力提高得更快。

    D. 儿童阅读障碍主要与神经发育迟缓或出现障碍有关，游戏只能暂时提高阅读速度，却无法克服阅读障碍。

    E. 长期玩电脑游戏影响儿童视力发育，但有助于培养儿童阅读的兴趣。

46. 如果用户手机里安装了企业的手机客户端，那么就可以大大提高用户浏览手机时看到企业标识和名称的机会，进而达到宣传企业形象和品牌的目的，提高企业的知名度。

    上述结论的假设前提是以下哪项？

    A. 手机用户数量增长势头强劲。　　　　B. 手机客户端是一项成熟的技术。

    C. 手机用户有浏览手机的习惯。　　　　D. 手机管制的时效强、成本低。

    E. 手机价格低廉。

47. 研究发现，试管婴儿的出生缺陷率约为 9%，自然受孕婴儿的出生缺陷率约为 6.6%。这两种婴儿的眼部缺陷比例分别为 0.3% 和 0.2%，心脏异常比例分别为 5% 和 3%，生殖系统缺陷的比例分别为 1.5% 和 1%。因而可以说明，试管婴儿技术导致试管婴儿比自然受孕婴儿的出生缺陷率高。

以下哪项如果为真，则最能质疑该结论？

A. 试管婴儿要经过体外受精和胚胎移植过程，人为操作都会加大受精卵受损的风险。
B. 选择试管婴儿技术的父母大都是生殖系统功能异常，这些异常会令此技术失败率增加。
C. 试管婴儿在体外受精阶段可以产生很多受精卵，只有最优质的才被拣选到母体进行孕育。
D. 试管婴儿的父母比自然受孕婴儿的父母年龄大很多，父母年龄越大，新生儿出生缺陷率越高。
E. 现在的试管婴儿技术已逐步成熟，婴儿出生缺陷率大大降低。

48. "荣誉谋杀"大多出现在信奉一些宗教的国家，是指那些确实背弃或者被怀疑背弃这些宗教贞节观的男女遭到家人或族人无情杀戮的现象。在这些地区，按照当地的习俗，如果男女确实背弃或被怀疑背弃宗教贞节观，就会遭受"荣誉谋杀"，除非该地区能严惩"荣誉谋杀"的凶手。

根据以上陈述，可以推断以下哪一项为真？

A. 如果该地区严惩"荣誉谋杀"的凶手，即使男女确实背弃或被怀疑背弃宗教贞节观，也不会遭受"荣誉谋杀"。
B. 或者不会遭受"荣誉谋杀"，或者该地区严惩"荣誉谋杀"的凶手，或者男女没有确实背弃或被怀疑背弃宗教贞节观。
C. 如果遭受"荣誉谋杀"，那么男女肯定确实背弃或被怀疑背弃宗教贞节观，该地区又没有严惩"荣誉谋杀"的凶手。
D. 除非遭受"荣誉谋杀"，否则或者男女没有确实背弃或被怀疑背弃宗教贞节观，或者该地区严惩"荣誉谋杀"的凶手。
E. 只有男女确实背弃或被怀疑背弃宗教贞节观并且该地区不严惩"荣誉谋杀"的凶手，才会遭受"荣誉谋杀"。

49. 9月初大学入学报到时，有多家手机运营商到某大学校园进行产品销售宣传。有好几家运营商推出了免费套餐服务。但是其中一家运营商推出了价格优惠的套餐，同时其业务员向学生宣传说：其他运营商所谓的"免费"套餐是通过出售消费者的身份信息来获得运营费用的。

以下哪项如果为真，则最能质疑该业务员的宣传？

A. 免费套餐运营商所提供的手机信号质量很差。
B. 免费套餐运营商是通过广告来获得运营费用的。
C. 有法律明确规定，手机运营商不得出售消费者的身份信息。
D. 很难保证价格优惠的运营商不会同样出售消费者的身份信息。
E. 免费套餐运营商获得了绝大多数学生的关注。

50. 某局办公室共有10个文件柜按序号一字排开。其中1个文件柜只放上级文件，2个文件柜只放本局文件，3个文件柜只放各处室材料，4个文件柜只放基层单位材料。

| 1 | 2 | 3 | 4 | 5 | 6 | 7 | 8 | 9 | 10 |

已知下列条件：

①1号和10号文件柜放各处室材料。

②2个放本局文件的文件柜连号。

③放基层单位材料的文件柜与放本局文件的文件柜不连号。

④放各处室材料的文件柜与放上级文件的文件柜不连号。

已知4号文件柜放本局文件，5号文件柜放上级文件，由此可以推出：

A. 6号文件柜放各处室材料。

B. 7号文件柜放各处室材料。

C. 2号文件柜放基层单位材料。

D. 9号文件柜放基层单位材料。

E. 3号文件柜放各处室材料。

51. 在2020年KPL春季赛MVP排行榜中，清清的成绩超过了暖阳，而虔诚的成绩好于久诚却不如一诺。

由此可以推出：

A. 一诺的成绩比清清好。

B. 暖阳的成绩超过久诚。

C. 清清的成绩好于虔诚。

D. 在五个人中久诚最多名列第三。

E. 在五个人中一诺的成绩最好。

52～53题基于以下题干：

有6位经济分析师张、王、李、赵、孙、刘，坐在环绕圆桌连续等距排放的6张椅子上分析一种经济现象。每张椅子只坐1人，6张椅子的顺序编号依次为1、2、3、4、5、6。其中：

(1)刘和赵相邻。

(2)王和赵相邻或者王和李相邻。

(3)张和李不相邻。

(4)如果孙和刘相邻，则孙和李不相邻。

52. 如果王和刘相邻，那么以下哪两位也一定是相邻的？

A. 张和孙。　　B. 王和赵。　　C. 王和孙。　　D. 李和刘。　　E. 孙和赵。

53. 如果赵和李相邻，那么张可能和哪两位相邻？

A. 王和李。　　B. 王和刘。　　C. 赵和刘。　　D. 孙和刘。　　E. 李和赵。

54. 由于外科医生的数量比手术数量增加得快，同时，由于不开刀的药物治疗在越来越多地代替外科手术，近年来每个外科医生的年平均手术量下降了1/4。因此，如果这种趋势持续下去，外科医生的水平就会发生大幅度下降。

以下哪项是上述论证所必须假设的？

A. 一个外科医生的医术水平不可能适当地保持下去，除非他以一定的最小频率做手术。

B. 外科医生现在将他们的大部分时间用在完成不用开刀的药物治疗工作上。

C. 所有的医生，尤其是外科医生，在医学院所接受的训练比前些年差多了。

D. 每一个外科医生本人的医术水平近年来都有所下降。

E. 某些经验丰富的外科医生目前所做的手术比他们通常所做的量大得多。

55. 研究小组利用超级计算机模拟宇宙，并结合多种其他计算，证明了在我们这个加速膨胀的宇宙中，描述大尺度时空结构的因果关系网络曲线图，是一个具有显著聚类特征的幂函数曲线，和许多复杂网络如互联网、社交网、生物网络等惊人地相似。

如果以上信息为真，则最能推出以下哪项？

A. 人脑研究有助于了解宇宙的结构。

B. 宇宙就是一个大脑或一台计算机。

C. 宇宙万物的演化遵循同样的规律。

D. 复杂系统的演化存在某种相似法则。

E. 宇宙是一个复杂的系统，无法由人脑模拟。

四、写作：第 56～57 小题，共 65 分。其中论证有效性分析 30 分，论说文 35 分。请答在答题纸相应的位置上。

56. 论证有效性分析：分析下述论证中存在的缺陷和漏洞，选择若干要点，写一篇 600 字左右的文章，对该论证的有效性进行分析和评论。（论证有效性分析的一般要点是：概念特别是核心概念的界定和使用是否准确并前后一致，有无各种明显的逻辑错误，论证的论据是否成立并支持结论，结论成立的条件是否充分等。）

某招聘公司根据春季招聘旺季的在线招聘数据，形成了一份大学生就业情况调查报告。调查报告结果列示如下：

首先，大学生的总体就业情况走低。因为调查结果显示，2019 年全国公司招聘岗位数与应届大学生求职人数的比例为 1.41，较 2018 年的 1.54 有走低趋势，这说明每个大学生面对 1.41 个招聘人数需求。其中，销售类岗位需要的人员是最多的，而科研类岗位的求职人数是最少的，这说明应聘销售类和科研类岗位的大学生更容易就业。

其次，"慢就业"现象加剧，很多应届毕业生在逃避就业挑战。因为 80.22% 的大学生选择毕业后直接就业，这一数据同 2018 年基本持平；但有 8% 的大学生选择"慢就业"——毕业后等待一段时间，这一数据较去年同期上升了 1.01 个百分点，这说明虽然绝大部分应届毕业生积极主动地投入求职大军当中，但越来越多的应届毕业生选择逃避就业压力。

再次，越来越多的应届毕业生有创业意愿。因为调研结果显示，45.24% 的应届毕业生表示会接受创业公司的 offer（入职邀请），这一数据相比去年增长了 20%。

最后，应届毕业生的平均签约月薪有了大幅度增长。从实际签约月薪来看，有七成 2019 年应届毕业生的签约月薪在 5 000～6 000 元，而 2018 年只有六成应届毕业生的签约月薪在 5 000～6 000 元，这说明应届毕业生的平均签约月薪大大提高，这个结果是值得欣慰的。

57. 论说文：根据下述材料，写一篇700字左右的论说文，题目自拟。

近日，美国政府先后打出两记绞杀中国高科技企业华为的"组合拳"。其中除了禁止所有美国企业购买华为设备的总统令外，美国商务部工业与安全局(BIS)还将华为列入了一份会威胁美国国家安全的"实体名单"中，从而禁止华为从美国企业那里购买技术或配件。

然而，华为对此早有准备。其中来自华为公司总裁办的一封邮件就指出，"公司在多年前就有所预计，并在研究开发、业务连续性等方面进行了大量投入和充分准备，能够保障在极端情况下，公司经营不受大的影响。"

答案速查

一、问题求解
1～5　DEBBC　　　　6～10　EEDEA　　　　11～15　EDDCA

二、条件充分性判断
16～20　ADCDC　　　21～25　EDDCD

三、逻辑推理
26～30　ACDCC　　　31～35　DBCCA　　　36～40　DEBDA

41～45　ADEBD　　　46～50　CDDBD　　　51～55　DADAD

四、写作
略

答案详解

一、问题求解

1. D

【解析】母题97·工程问题

令总工程量为1，设甲工程队单独工作需要 x 天完成，乙工程队单独工作需要 y 天完成，则由题干可得

$$\begin{cases} \dfrac{1}{x}+\dfrac{1}{y}=\dfrac{1}{9}, \\ 13\cdot\dfrac{1}{x}+3\cdot\dfrac{1}{y}=1, \end{cases}$$

解得 $\begin{cases} x=15, \\ y=22.5. \end{cases}$

甲工程队每天比乙工程队多修建3千米，则这段公路的总长度为 $\dfrac{3}{\dfrac{1}{15}-\dfrac{2}{45}}=135$（千米）．

【快速得分法】设甲工程队每天施工 x 千米，则乙工程队每天施工 $(x-3)$ 千米，这段公路共有 s 千米，根据题意得

$$s=9(x+x-3)=13x+3(x-3),$$

解得 $x=9$，$s=135$．

2. E

【解析】母题94·利润问题

方法一：设合格品数量为 x 件，则残次品的数量为 $(500-x)$ 件．

使用赋值法：设衣服进价为10元，则合格品的售价为15元，残次品的售价为9元．

由题意知
$$\frac{15x+9(500-x)-10\times 500}{10\times 500}=39.2\%,$$
解得 $x=410$，故合格品共有 410 件．

方法二：应用十字交叉法．

```
合格品：50%      49.2%           41
              ╲  ╱
              39.2%              ：
              ╱  ╲
残次品：-10%    10.8%             9
```

所以合格品和残次品的数量之比为 41∶9．

由题干可知，衣服总数为 500 件，故有合格品 $500\times\frac{41}{50}=410$（件）．

3. B

【解析】母题 32·简单方程(组)和不等式(组)

将 $\begin{cases}x=1,\\y=2\end{cases}$ 带入方程组，解得 $\begin{cases}m=2,\\n=\frac{1}{2}.\end{cases}$ 故 $\log_m n+\log_n m=\log_2\frac{1}{2}+\log_{\frac{1}{2}}2=-1+(-1)=-2$．

4. B

【解析】母题 94·利润问题

设电脑的成本价为 x 元，原价为 y 元．由题干可得
$$\begin{cases}95\%y-x=4\ 200,\\75\%y-x=-1\ 400,\end{cases}\text{解得}\begin{cases}x=22\ 400,\\y=28\ 000.\end{cases}$$
所以，此电脑的成本价为 22 400 元．

5. C

【解析】母题 59·空间几何体问题

由题干可设 R 为圆柱体底面半径，H 为圆柱体的高．可知 $R_甲=2R_乙$，$H_甲=\frac{1}{2}H_乙$．所以
$$\frac{V_甲}{V_乙}=\frac{\pi R_甲^2 \cdot H_甲}{\pi R_乙^2 \cdot H_乙}=2.$$

6. E

【解析】母题 36·韦达定理问题

方法一：方程 $x^2-x-6=0$ 可化简为 $(x-3)(x+2)=0$，解得 $x_1=3$，$x_2=-2$．代入可得 $\frac{1}{x_1}+\frac{1}{x_2}=\frac{1}{3}+\frac{1}{-2}=-\frac{1}{6}$．

方法二：根据韦达定理，$x_1+x_2=1$，$x_1 x_2=-6$，代入可得 $\frac{1}{x_1}+\frac{1}{x_2}=\frac{x_1+x_2}{x_1 x_2}=\frac{1}{-6}=-\frac{1}{6}$．

7. E

【解析】母题 14·三角不等式问题(等号成立、等号不成立)

由题干得 $|3x+5|=|2x-1+x+6|$，根据三角不等式有 $|2x-1+x+6|\leqslant|2x-1|+|x+6|$．

若要三角不等式取得等号，则需满足$(2x-1)(x+6)\geq 0$，解得$x\leq -6$或$x\geq \dfrac{1}{2}$.

8. D

【解析】母题37·根的分布问题

原方程$x^2-2tx+t^2-1=0$可化为$[x-(t-1)]\cdot [x-(t+1)]=0$，解得$x_1=t-1$，$x_2=t+1$.

故有$\begin{cases}t-1>-2,\\ t+1<4,\end{cases}$解得$-1<t<3$.

9. E

【解析】母题59·空间几何体问题

方法一：由题可知，正方体原料的体积为$512\ cm^3$，可得边长为$8\ cm$. 边长为$8\ cm$的正方体分割为边长为$2\ cm$的正方体，需要切割9次．每次切割增加的表面积为$8\times 8\times 2=128(cm^2)$. 故九次切割增加的表面积为$9\times 128=1\ 152(cm^2)$.

方法二：原正方体表面积为$8\times 8\times 6=384(cm^2)$. 切割后，变成64个边长为$2\ cm$的正方体，此时表面积为$2\times 2\times 6\times 64=1\ 536(cm^2)$.

故增加的表面积为$1\ 536-384=1\ 152(cm^2)$.

10. A

【解析】母题85·数字之和问题

方法一：1，2，3，4，5五个数可分为三组，即①除以3余1的有：1，4；②除以3余2的有：2，5；③能被3整除的有：3.

故取出的两个数必有一个取自①组，另一个取自②组，则共有$2\times 2=4$(种)可能．

方法二：穷举可知，两数之和是3的倍数只有4种可能，即(1，2)、(1，5)、(2，4)、(4，5).

五个数任取两个共有C_5^2种可能．所以，两数之和是3的倍数的概率为$\dfrac{4}{C_5^2}=\dfrac{2}{5}$.

11. E

【解析】母题44·等差数列基本问题

由$a_1+3a_8+a_{15}=120$，由等差数列中项公式，可得$5a_8=120$，$a_8=24$.

故$3a_9-a_{11}=3(a_8+d)-(a_8+3d)=2a_8=48$.

12. D

【解析】母题7·无理数的整数与小数部分

$x=\dfrac{1}{\sqrt{2}-1}=\sqrt{2}+1$，可得$2<x<3$，故$m=x-2=\sqrt{2}-1$；

$4-x=3-\sqrt{2}$，可得$1<4-x<2$，故$n=3-\sqrt{2}-1=2-\sqrt{2}$.

所以，$m+n=1$，故

$$m^3+n^3+3mn=(m+n)(m^2-nm+n^2)+3mn=m^2-nm+n^2+3mn=(m+n)^2=1.$$

13. D

【解析】母题21·双十字相乘法

形如$ax^2+bxy+cy^2+dx+ey+f$的因式分解问题常使用双十字相乘法，如图2-1所示：

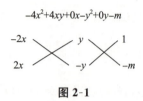

图 2-1

右十字为 y 的一次项，即 $-my-y=0$，解得 $m=-1$.

14. C

【解析】母题 19·均值不等式＋母题 34·一元二次函数的最值

已知 $x>0$，$y>0$，$x+4y=1$，由均值不等式得

$$\frac{x+4y}{2} \geqslant \sqrt{x \cdot 4y} \Rightarrow \sqrt{xy} \leqslant \frac{1}{4},$$

故 $K=2\sqrt{xy}-x^2-16y^2=2\sqrt{xy}-(x+4y)^2+8xy=2\sqrt{xy}+8xy-1$，令 $t=\sqrt{xy}$，可得 $K=8t^2+2t-1$，图像开口向上，对称轴为 $t=-\frac{1}{8}$，又因为 $0<t\leqslant\frac{1}{4}$，K 在此区间内单调递增，所以 K 的取值范围为 $(-1,0]$. 故 K 的最大值为 0.

15. A

【解析】母题 82·古典概型

在数字可以多次出现的情况下，密码的每位数字都有 10 种可能，由乘法原理可知，6 位数字的密码共有 10^6 种可能；

6 位数字的密码不可以相同的情况是在 10 个数字中选 6 个，要考虑顺序，共有 A_{10}^6 种可能.

故 6 个数字互不相同的概率为 $P=\dfrac{A_{10}^6}{10^6}$.

二、条件充分性判断

16. A

【解析】母题 56·三角形及其他基本图形问题

条件(1)：由 $\angle C=90°$ 可知 AB 为斜边，两直角边相等且为 $8\times\dfrac{\sqrt{2}}{2}=4\sqrt{2}$，故 $S_{\triangle ABC}=\dfrac{1}{2}\times 4\sqrt{2}\times 4\sqrt{2}=16$，条件(1)充分.

条件(2)：由题可知，C 到 AB 的距离表示斜边 AB 上的高，故 $S_{\triangle ABC}=\dfrac{1}{2}\times 10\times 4=20$，条件(2)不充分.

17. D

【解析】母题 13·求解绝对值方程和不等式

条件(1)：代入上式得 $||x-3|-1|=1$. 去掉绝对值，$|x-3|-1=\pm 1$，即 $|x-3|=0$ 或 $|x-3|=2$，解得 x 的值为 3、1 或 5，即方程有三个整数解，故条件(1)充分.

条件(2)：$a^2=1$，即 $|a|=1$，$||x-3|-1|=1$. 同上，有三个整数解，故条件(2)也充分.

18. C

【解析】母题 65·图像的判断

显然两个条件单独都不充分，考虑联立.

$ax+by+c=0$ 等价于 $y=-\dfrac{a}{b}x-\dfrac{c}{b}$.

条件(1)：$ab<0$，可知直线的斜率 $-\dfrac{a}{b}>0$.

条件(2)：$ac>0$，可知直线图像在 x 轴上的截距为 $-\dfrac{c}{a}<0$.

此时，图像必经过一、二、三象限．

19. D

【解析】母题 87·独立事件＋母题 88·伯努利概型

条件(1)：甲乙两人投篮为独立事件，则恰有一人命中的概率为 $P=\dfrac{7}{10}\times\dfrac{1}{2}+\dfrac{3}{10}\times\dfrac{1}{2}=\dfrac{1}{2}$，故条件(1)充分．

条件(2)：同时抛 15 枚质地均匀的硬币为伯努利试验，出现奇数枚反面向上，即出现 1 次、3 次、……、15 次反面向上，依据伯努利概型公式得，$P=(C_{15}^{1}+C_{15}^{3}+\cdots+C_{15}^{15})\times\left(\dfrac{1}{2}\right)^{15}$. 由二项式展开定理，可知 $C_{15}^{1}+C_{15}^{3}+\cdots+C_{15}^{15}=2^{14}$. 所以 $P=\dfrac{1}{2}$，故条件(2)也充分．

20. C

【解析】母题 74·数字问题

条件(1)：2 和 4 不相邻，故使用插空法．

先选个位数，因为必须为奇数，故为 C_3^1；将 2、4 和选出的奇数除外，剩下的 3 个数全排列，为 A_3^3；这三个数之间有 4 个空，从这 4 个空中选 2 个，将 2 和 4 插空，为 A_4^2. 由乘法原理得，不同的奇数共有 $C_3^1 A_3^3 A_4^2=216$(个)，故条件(1)不充分．

同理，条件(2)也不充分．

联立两个条件，4 既不与 2 相邻，也不与 6 相邻，且个位数为奇数，分两种情况讨论：

①2 与 6 也不相邻，将所有的奇数全排列 A_3^3，剩余的偶数在前三个间隔中全排列为 A_3^3，故所有奇数共有 $A_3^3 A_3^3$ 个；

②2 与 6 相邻，所有的奇数全排列 A_3^3，将 2、6 捆绑在一起，与 4 一起在前三个空中选择其中两个位置插空为 $C_3^2 A_2^2$，2 和 6 有顺序的问题为 A_2^2，故所有奇数共有 $A_3^3 C_3^2 A_2^2 A_2^2$ 个．

所以，共有 $A_3^3 A_3^3 + A_3^3 C_3^2 A_2^2 A_2^2=108$(个)不同的奇数．

故条件(1)和条件(2)联立起来充分．

21. E

【解析】母题 41·穿线法解分式、高次不等式

由 $\dfrac{x+8}{x^2+2x-3}<2$ 移项可得 $\dfrac{x+8}{x^2+2x-3}-2\dfrac{x^2+2x-3}{x^2+2x-3}<0$，化简得

$$\dfrac{(2x+7)(x-2)}{(x+3)(x-1)}>0,$$

即 $(2x+7)(x-2)(x+3)(x-1)>0$($x\neq-3$ 且 $x\neq 1$).

用穿线法求解，从右上方去穿每个零点，如图 2-2 所示：

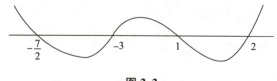

图 2-2

可得该不等式的解集为 $\left(-\infty,-\dfrac{7}{2}\right)\cup(-3,1)\cup(2,+\infty)$.

所以，条件(1)和条件(2)单独都不充分，联立也不充分.

22. D

【解析】母题 66·过定点与曲线系

直线 l 方程可化为 $(3x-6)m-(y+3)=0$，故直线 l 恒过定点 $(2,-3)$，将该点坐标代入圆 C 的方程，可得 $(2-3)^2+(-3+6)^2=10<25$，故该点在圆内，此时，任何过该点的直线都与圆相交.

所以，无论 m 取何值，直线 l 始终与圆 C 相交，两个条件都充分.

23. D

【解析】母题 35·根的判别式问题

由题意，可得 $\Delta=a^2-4(b-1)=a^2-4b+4$.

条件(1)：$a=-b$，则 $\Delta=a^2-4b+4=a^2+4a+4=(a+2)^2\geqslant 0$，故方程有实根，条件(1)充分.

条件(2)：$a=b$，则 $\Delta=a^2-4b+4=a^2-4a+4=(a-2)^2\geqslant 0$，故方程有实根，条件(2)充分.

24. C

【解析】母题 37·根的分布问题

设 $f(x)=x^2-3mx+m^2+1$，图像开口向上，此时只需 $f(2)<0$ 即可，则
$$m^2-6m+5<0，解得 1<m<5.$$

所以，两个条件单独均不充分. 联立可得 $1<m<4$，故联立两个条件充分.

25. D

【解析】母题 18·平均值与方差

根据方差的性质 $D(ax+b)=a^2D(x)$ $(a\neq 0,b\neq 0)$ 可知，在该组数据中的每个数字都加上或减去一个非零的数字 b，方差和标准差不变.

条件(1)：A，B 组数据的方差均等价于样本 1，3，4，5，8 的方差，即 A、B 的方差相同，故条件(1)充分.

条件(2)：A，B 组数据的方差均等价于样本 1，2，4，5，19 的方差，即 A、B 的方差相同，故条件(2)充分.

三、逻辑推理

26. A

【解析】母题 15·论证型削弱题

题干论点：你可能想先听坏消息。

A项，说明人们想先听好坏消息的顺序会不同，提出反面论据，可以削弱题干的论证.

B项，无关选项，题干讨论的是先"听"哪个消息，而非先"说"哪个。

C项，无关选项，题干讨论的是"想先听哪个消息"，与人们对消息的感觉无关。

D项，无关选项，题干讨论的是"想先听哪个消息"，与听完之后的影响无关。

E项，支持题干，说明倾听者愿意最后听到好消息，即先听坏消息。

27. C

【解析】母题19·论证型支持题

题干论点：如果存在无穷多个之差小于7 000万的素数对，那么这一研究结果将是数论发展的一项重大突破。

A项，诉诸人身，不能支持题干中有关方面的观点。

B项，无关选项，证明孪生素数猜想的过程是长还是短，与题干的内容无关。

C项，指出这是"第一次"有人正式证明存在无穷多组间距小于定值的素数对，所以它是一项"重大突破"，可以支持题干中有关方面的观点。

D项，削弱题干，指出7 000万这个数字太大，以至于即使题干中这一研究成立，与证明孪生素数猜想之间也存在很大距离。

E项，无关选项，欧几里得的数学猜想是否得到过证明，与题干中的发现是否有助于证明孪生素数猜想无关。

28. D

【解析】母题1·充分与必要

将题干信息符号化：

①生物抗性→生物的解毒能力。

②解毒能力强的生物→具有抗性。

③解毒能力不是抗性的全部。

④抗性强的生物不一定解毒能力就强。

A项，由题干信息②逆否得：¬具有抗性→¬解毒能力强的生物，"¬解毒能力强的生物"后面没有箭头指向，故此项不能被推出。

B项，由题干信息④可知，此项错误，不能被推出。

C项，题干没有指出生物在污染环境下是否能生存，故此项不能被推出。

D项，由题干信息②逆否得：¬具有抗性→¬解毒能力强的生物，故此项正确。

E项，由题干信息②可知，此项错误，不能被推出。

29. C

【解析】母题26·解释现象

待解释的矛盾：某电视机生产厂家提高了电视机产品的质量、降低了产品的价格，但是调整之后的头三个月，其电视机产品的市场份额不但没有提高反而有所下降。

A项，可以解释即使价格降低不一定会"提高"市场份额，但不能解释市场份额为何"下降"。

B项，可以解释即使采取了措施不一定会"提高"市场份额，但不能解释市场份额为何"下降"。

C项，说明消费者认为"价格低"意味着"质量差"，可以解释市场份额为何不但没有提高，反而下降了。

D项，不能解释，不知道其他电视机生产厂家是如何调整产品价格的。

E项，不能解释，因为该厂家并没有调整电视机的外观，若是因为外观问题，销量不应该下降。

30. C

【解析】母题 1·充分与必要

将题干条件符号化：

(1)E→¬F∧K。

(2)¬J←G∨H。

(3)¬G→¬K。

(4)E。

由条件(4)、(1)可知，不用论文 F，但要用论文 K。

再由条件(3)可知，K→G，故用论文 G。

又由条件(2)可知，不用论文 J。

故 C 项正确。

31. D

【解析】母题 22·论证型假设题

题干：积极的财政政策用发国债的办法来弥补财政赤字 —导致→ 随着时间的推移，旧债越来越多，新债中用来还旧债的也越来越多，用来投资的就越来越少，经济效益就越来越差。

A 项，无关选项。

B 项，"只能"过于绝对化，并且题干不涉及资金的用途。

C、E 项，可以作为题干的结论，但并不是题干的假设。

D 项，运用"取非法"，如果国债到期之前的投资回报足以用来偿还债务，那么新债中用来还旧债的部分不会越来越多，用来投资的就不会越来越少，经济效益就不会越来越差，所以必须假设。

32. B

【解析】母题 16·因果型削弱题(找原因型)

题干：大多数汽车的交通事故发生在中速行驶中，很少的事故发生在 150 公里/小时以上的行驶速度中(结果) —证明→ 高速行驶比较安全(原因)。

A 项，此项指出车速是引起交通事故的一个因素，但并没有指出是中速更安全还是高速更安全，因此不能削弱。

B 项，可以削弱，另有他因，说明是因为人们通常用中速驾车，所以很少的事故发生在高速行驶中。

C 项，支持题干，人们通常高速行驶，但事故却大多发生在中速行驶中，说明高速行驶确实安全。

D 项，不能削弱题干，因为不知道这种速度变化是否与事故相关。

E 项，无关选项。

33. C

【解析】母题 16·因果型削弱题(猜结果型)

题干：常年打太极拳和从不打太极拳的人平均寿命相同 —推测→ 打太极拳不能强身健体、延长寿命。

A项，无关选项，题干的论证和运动员无关。

B项，可以削弱题干，但力度不大。

C项，体弱多病者一般寿命低于平均寿命，但坚持常年打太极拳后其平均寿命和普通人相同，说明打太极拳确实可以延长寿命，削弱题干。

D项，无关选项。

E项，诉诸众人。

34. C

【解析】母题40·复杂匹配与题组

由条件②、③可知，张大大不能出任杭州分公司。

又由于"李晓晓出任广州分公司"，由条件②可知，李晓晓不能出任杭州分公司。

又由于"钱勇已出任杭州分公司"，由条件①可知，应该有一位销售总监出任杭州分公司。

故王贵贵出任杭州分公司。

故C项正确。

35. A

【解析】母题15·论证型削弱题

题干：吸烟者知道在哪里弄到烟，不需要广告给他们提供信息 —证明→ 禁止在大众媒介上做香烟广告并未减少吸烟人数。

A项，削弱题干，说明香烟广告可以刺激人们对香烟的消费需求。

B项，支持题干，因为题干的意思是不必禁止在大众媒介上做香烟广告。此项说明，如果禁止会有副作用，故不必禁止。

其余各项均为无关选项。

36. D

【解析】母题5·箭头的串联

题干已知下列信息：

①热爱工作→有一技之长 ∨ 有使命感。

②不计较工作时间→热爱工作。

③永无止境的快乐→热爱工作。

将题干信息②、①串联得：④不计较工作时间→热爱工作→有一技之长 ∨ 有使命感；

将题干信息③、①串联得：⑤永无止境的快乐→热爱工作→有一技之长 ∨ 有使命感。

Ⅰ项，永无止境的快乐→有使命感，由题干信息⑤知，可真可假。

Ⅱ项，不计较工作时间→热爱工作，由题干信息②知，为真。

Ⅲ项，热爱工作的人→不计较工作时间的人，由题干信息②知，无箭头指向，可真可假。

故此题正确答案为D项。

37. E

【解析】母题22·论证型假设题(隐含三段论)

题干的前提：民族兴旺、国家发展→国民素质提高。

题干的结论：实现我国宏伟发展目标→增加教育投入。

Ⅰ项和Ⅱ项必须假设，这样就可以建立"增加教育投入"与"教育事业的发展"以及"国民素质的提高"之间的联系。

Ⅲ项必须假设，如果我国目前的教育投入能适应发展教育的需要，那么就不需要"增加"教育投入。

故 E 项正确。

38. B

【解析】母题16·因果型削弱题(猜结果型)

题干：当城市病严重到一定程度时，大城市的吸引力就会下降 —导致→ 人们不会再像从前一样向大城市集聚，城市病将会减轻，从而使城市焕发新的活力。

A项，说明我国城市病严重，但是没有提及人们是否会离开大城市，不能削弱题干的观点。

B项，指出大城市相对于中小城市的优势，大城市仍然有吸引力，说明题干结果推断不当，可以削弱题干的观点。

C项，"政府应该怎么做"与"现在是怎么样"无关，不能削弱题干的观点。

D项，说明中小城市比大城市好，支持题干的观点。

E项，说明中小城市比大城市好，支持题干的观点。

39. D

【解析】母题40·复杂匹配与题组

已知李一定要入选，根据题干条件(2)可知，赵一定不会入选。

又知小组中既要有女性，也要有男性，故钱和孙至少入选一个。

根据题干条件(3)可知，要么钱入选，要么孙入选。

故 D 项正确。

40. A

【解析】母题40·复杂匹配与题组

如果赵入选，根据题干条件(2)可知，李不会入选。

如果吴入选，根据题干条件(4)可知，周不会入选。

因为入选者中已经既有男性又有女性，根据题干条件(3)可知，王和郑至少入选一个，即或者王入选，或者郑入选。

故 A 项正确。

41. A

【解析】母题20·因果型支持题

题干：海水升温 —导致→ 在南极海域冰冷的海水中，血液和体液中具有一种防冻蛋白的独特的鱼类的生存面临巨大挑战。

A项，补充新论据，说明气温上升导致防冻蛋白变性，从而缩短鱼的寿命，可以支持题干。

B项，说明气温上升，防冻蛋白失效，但是不会影响鱼的生存，削弱题干。

C项，题干不涉及鱼类的多样性问题，无关选项。

D项，题干并不涉及其他鱼类体内是否具有这种防冻蛋白，无关选项。

E项，题干不涉及鱼类的多样性问题，无关选项。

42. D

【解析】母题12·简单命题的真假话问题

张教官：所有人的射击成绩都不优秀。

孙教官：有的人的射击成绩优秀。

周教官：班长或者体育委员的射击成绩优秀。

因为张教官和孙教官的话矛盾，由题干条件"三位教官中只有一人说对了"可知，周教官的话为假，即班长和体育委员的射击成绩均不优秀，由此无法得知张教官和孙教官的话哪个为真。故D项为真。

A、B项，可真可假。

C、E项，为假。

43. E

【解析】母题3·箭头＋德摩根

题干：绝对信任∀不干。

故有：¬不干→绝对信任，即：干→绝对信任，¬绝对信任→¬干。

故有：要干就必须绝对信任，否则不干。E项准确地表达了这一意思。

44. B

【解析】母题36·排序题

题干中的前提：入幼儿园＞考公务员。

题干中的结论：入幼儿园＞考研。

B项，考公务员＞考研，则有：入幼儿园＞考公务员＞考研，可使结论成立，故为正确选项。

其余各项均不正确。

45. D

【解析】母题19·论证型支持题

题干论点：玩游戏有益于提高小孩的阅读能力，甚至可帮助他们克服阅读障碍。

A项，提出新论据，说明玩体感游戏有助于提升儿童的阅读速度和认字准确率，可以支持题干。

B项，说明玩游戏有益于儿童阅读游戏规则，可以支持题干。

C项，说明玩网络互动游戏有益于儿童阅读能力的提高，可以支持题干。

D项，说明玩游戏无法让儿童克服阅读障碍，削弱题干论点。

E项，提出新论据，说明玩电脑游戏有助于培养儿童阅读的兴趣，可以支持题干。

注意：B项和E项虽然都说明玩电脑游戏会引起一些其他问题，但仅就提高阅读能力这一点，是支持题干的。

46. C

【解析】母题24·措施目的型假设题

题干：用户手机里安装了企业的手机客户端——以求→可以大大提高用户浏览手机时看到企业标识

和名称的机会 ──以求──→ 达到宣传企业形象和品牌的目的，提高企业的知名度。

A项，只要有手机用户安装企业的手机客户端并起到宣传企业的目的即可，无须假设手机用户数量增长快。

B项，无关选项，无须假设手机客户端的技术成熟度。

C项，必须假设，如果手机用户没有浏览手机的习惯，那么即使安装了企业的手机客户端也不会提高用户看到企业标识和名称的机会。

D项，无关选项。

E项，无关选项。

47. D

【解析】母题16·因果型削弱题

题干使用求异法，试图说明：试管婴儿技术导致试管婴儿比自然受孕婴儿的出生缺陷率高。

A项，说明试管婴儿技术会加大受精卵受损的风险，支持题干。

B项，技术失败率与婴儿出生缺陷率无关。

C项，此项中的"最优质"指的是试管婴儿技术产生的受精卵中选取最优质的，但与自然受孕相比，它是否更加优质则无法判断，故不能质疑题干。

D项，另有他因，说明是因为试管婴儿的父母年龄大导致婴儿出生缺陷率高。

E项，比较了试管婴儿技术的发展前后对婴儿出生缺陷率的影响，无关选项。

48. D

【解析】母题4·"∨"与"→"的互换

题干：男女确实背弃或被怀疑背弃宗教贞节观∧¬严惩"荣誉谋杀"的凶手→遭受"荣誉谋杀"。

题干逆否可得：¬遭受"荣誉谋杀"→¬男女确实背弃或被怀疑背弃宗教贞节观∨严惩"荣誉谋杀"的凶手。

故D项为真。

49. B

【解析】母题15·论证型削弱题

业务员的宣传：免费套餐运营商是通过出售消费者的身份信息来获得运营费用的。

A项，无关选项，题干讨论的是"免费"的原因而不是手机信号的质量。

B项，削弱题干，说明"免费套餐运营商"是通过广告获得运营费用的。

C项，有"法律规定"不代表运营商按法律执行，不能削弱。

D项，无关选项，业务员的宣传仅涉及"免费套餐运营商"，不涉及"价格优惠的运营商"。

E项，无关选项。

50. D

【解析】母题36·排序题

题干已知下列条件：

①1个文件柜只放上级文件，2个文件柜只放本局文件，3个文件柜只放各处室材料，4个文件柜只放基层单位材料。

②1号和10号文件柜放各处室材料。

③2个放本局文件的文件柜连号。

④放基层单位材料的文件柜与放本局文件的文件柜不连号。

⑤放各处室材料的文件柜与放上级文件的文件柜不连号。

⑥4号文件柜放本局文件。

⑦5号文件柜放上级文件。

推理如下：

根据题干条件③、⑥、⑦可知，3号文件柜放本局文件，即3号和4号文件柜放本局文件。

根据题干条件①、⑤、⑥、⑦可知，6号文件柜放基层单位材料。

根据题干条件①、④可知，2号文件柜放各处室材料，即1号、10号和2号文件柜放各处室材料。

根据题干条件①可知，剩余7号、8号、9号文件柜放基层单位材料。

故D项正确。

51. D

【解析】母题36·排序题

题干：①清清＞暖阳。

②一诺＞虔诚＞久诚。

由题干可知，一诺、虔诚、久诚的成绩与清清、暖阳的成绩之间无法比较，故A、B、C、E项均无法推出。

由于久诚的成绩至少比一诺和虔诚的成绩低，故久诚在五个人中最多名列第三，即D项为真。

52. A

【解析】母题37·方位题

因为"王和刘相邻"，根据条件(1)可知，刘和王、赵相邻，即王和赵不相邻。

根据条件(2)可知，王和李相邻，即王和刘、李相邻。

根据条件(3)可知，张和李不相邻，因此李和孙、王相邻。

因此，张和赵、孙相邻。

如图2-3所示：

图2-3

故A项正确。

53. D

【解析】母题37·方位题

因为"赵和李相邻",根据条件(1)可知,赵和刘、李相邻。

根据条件(2)可知,王和李相邻。

剩余的张和孙的位置不定,因此,张可能与王、孙相邻,也可能与孙、刘相邻。

如图2-4所示:

图 2-4

故D项正确。

54. A

【解析】母题23·因果型假设题

题干:①外科医生的数量比手术数量增加得快;②不开刀的药物治疗在越来越多地代替外科手术 —导致→ 近年来每个外科医生的年平均手术量下降了1/4 —导致→ 如果这种趋势持续下去,外科医生的水平就会发生大幅度下降。

A项,搭桥法,题干中的论证要想成立,必须建立"手术量"与"医生的水平"之间的关系。此项说明,如果外科医生不能以一定的最小频率做手术,医术水平就会下降,必须假设。

B项,无关选项,没有体现外科医生的手术水平。

C项,另有他因,说明外科医生水平下降的原因可能是受先前接受的训练的影响,削弱题干。

D项,不必假设,"每一个"外科医生的医术水平都有所下降,假设过度。

E项,不必假设,题干讨论的是"外科医生"的平均手术量,而不是"某些经验丰富的外科医生"的情况。

55. D

【解析】母题28·一般推论题

题干已知下列信息:

①宇宙结构曲线图是一个具有显著聚类特征的幂函数曲线。

②该曲线和许多复杂网络如互联网、社交网、生物网络等惊人地相似。

A项,无关选项,题干未提及"人脑"。

B项,与题干不符。

C项,推理过度,由题干信息②可知,宇宙结构曲线图与互联网、社交网、生物网络等惊人地相似,但说宇宙万物的演化遵循同样的规律则推理过度。

D项,由题干信息②可以推出。

E项,无关选项,题干中"研究小组用超级计算机模拟宇宙",未提及是否可以用"人脑模拟"。

四、写作

56. 论证有效性分析

【谬误分析】

①材料得出结论的依据是"春季招聘旺季的在线招聘数据",这一数据未必具有普遍的代表性。因为招聘形式除了在线招聘外,还有现场招聘;除了春季招聘外,还有其他季节的招聘。

②材料仅提供了"全国公司的招聘岗位数",并未说明这些招聘岗位中有多大比例是针对大学生的岗位,因此,难以由此断定大学生就业的供需情况。

③材料依据"销售类岗位需要的人员是最多的""科研类岗位的求职人数是最少的",就得出应聘这两类岗位的大学生更容易就业,并不妥当。就业难易要看供需的比例,而不能仅看其中一方面。

④"慢就业"现象加剧,可能是由于更多的学生选择读研深造,抑或是由于更多的学生准备沉淀一段时间后再参与招聘,不能全归因于逃避就业压力。

⑤一个人接受创业公司的offer,意味着他将去一家创业公司上班,成为该公司的职员,而不是该公司的创业者,这与"创业"不是同一概念。

⑥要想判断应届毕业生平均签约月薪的变动情况,不能仅仅依据5 000~6 000元这一区间的情况,而应该依据应届毕业生月薪的整体情况。

参考范文

大学生就业情况判断合理吗?

上述论证,试图用应届毕业生的部分数据得出2019年大学生的总体就业情况,看似有理,实则有失偏颇,分析如下:

首先,材料得出结论的依据是"春季招聘旺季的在线招聘数据",这一数据未必具有普遍的代表性。因为招聘形式除了在线招聘外,还有现场招聘;除了春季招聘外,还有其他季节的招聘。而且,有一些在学校就直接签订了就业协议的学生,可能没有进入招聘会就解决了就业问题。

其次,材料依据"销售类岗位需要的人员是最多的""科研类岗位的求职人数是最少的",就得出应聘这两类岗位的大学生更容易就业,并不妥当。就业难易要看供需的比例,而不能仅看其中一方面。假如销售类岗位的应聘者数量庞大,供过于求,反而就业会很难。

再次,从"慢就业"的比例上升,并不能得出"越来越多的应届毕业生选择逃避就业压力"的结论。可能是由于更多的学生选择读研深造、出国留学、考公务员等,也可能是由于更多的学生准备沉淀一段时间后再参与招聘,不能全归因于逃避就业压力。

又次,一个人接受创业公司的offer,意味着他将去一家创业公司上班,成为该公司的职员,而不是该公司的创业者,这与"创业"不是同一概念。

最后,要想判断应届毕业生平均签约月薪的变动情况,不能仅仅依据5 000~6 000元这一区间的情况,而应该依据应届毕业生月薪的整体情况。

综上所述,上述论证存在诸多逻辑问题,难以得出2019年大学生的总体就业情况。

57. 论说文

做好预案，控制风险

美国政府的一纸销售禁令，让中兴陷入了前所未有的财务危机，而同为中国高科技企业的华为，在面临美国更为严厉的制裁时，却因为"备胎"的存在而仍可保持正常的经营。此类情形在当前经济背景下时有发生，而安然度过危机的公司无不有一个共同点——在危机发生前就已经做好了完备的应急预案。

市场竞争激烈，做好应急预案的企业才能更好地生存。在当前经济一体化的背景下，市场范围在不断扩大，企业间的距离也随之不断减小，因而公司、国家之间的利益冲突也变得前所未有的频繁。而处在竞争中的各方，为了追逐更高的利益，难免会使出极端手段，像美国这种公然动用国家力量来打击一家民营企业的行为，绝不会是最后一次。因此，在外部环境发生剧变时，有应急预案的企业可以更从容地应对危机，进而在激烈的竞争中存活。

市场纷争的核心即利益的争夺，而做好预案的本质实为控制整体风险。企业成立之初，是为了追求自身利益最大化而存在的，而在总体利益恒定的情况下，企业势必需要侵吞他方的利益，因此企业所面临的竞争风险是全方位的。而企业若想在这种环境中生存下去，必须通过预案来防备风险，提高公司自身的应急能力。远到李经纬痛失健力宝股权，近到华为"备胎转正"，不惧封杀，无不说明了这一道理——做好风险应急预案是企业生存的基石。

做好完备的风险应急预案不只是尽早制订风险计划，更要通过大量资金、技术的持续投入，来提升公司的"硬实力"。因为竞争的胜负实质上是企业自身实力的争锋，企业依靠外包固然可以低成本地取得更高的效益，然而当核心技术受制于人时，我们又如何确保技术提供方不会为了更大的利益而断绝我们的生存发展之路呢？

古语常云："未雨绸缪，方能有备无患。"讲的正是这样的道理。当前的市场形势宛若海上雷霆暴雨，公司如果不能提前投入，做好防范的"雨伞"，最终怕也难免"被拍打入深海"的命运。

绝密★启用前

全国硕士研究生招生考试
管理类专业学位联考综合能力试题
冲刺卷 3

(科目代码：199)

考试时间：8：30－11：30

考生注意事项

1. 答题前，考生须在试题册指定位置上填写考生姓名和考生编号；在答题卡指定位置上填写报考单位、考生姓名和考生编号，并涂写考生编号信息点。
2. 选择题的答案必须涂写在答题卡相应题号的选项上，非选择题的答案必须书写在答题卡指定位置的边框区域内。超出答题区域书写的答案无效；在草稿纸、试题册上答题无效。
3. 填(书)写部分必须使用黑色字迹签字笔或者钢笔书写，字迹工整、笔迹清楚；涂写部分必须使用2B铅笔填涂。
4. 考试结束，将答题卡和试题册按规定交回。

考生编号													
考生姓名													

一、**问题求解**：第 1～15 小题，每小题 3 分，共 45 分。下列每题给出的 A、B、C、D、E 五个选项中，只有一项是符合试题要求的。请在答题卡上将所选项的字母涂黑。

1. 烧杯中盛有一定浓度的某种溶液，现向烧杯中加入一定质量的溶质，溶液浓度变为 20%，再向烧杯中加入等量的溶质，溶液浓度变为 25%，第三次加入等量溶质，溶液的浓度变为( ).
   A. 26.7% B. 27% C. 28.2% D. 29.4% E. 30%

2. 已知一个圆柱的侧面展开图是一个正方形，则这个圆柱的表面积与侧面积之比是( ).
   A. $\dfrac{1+2\pi}{2\pi}$ B. $\dfrac{1+4\pi}{4\pi}$ C. $\dfrac{1+2\pi}{\pi}$ D. $\dfrac{1+4\pi}{2\pi}$ E. $\dfrac{1+3\pi}{2\pi}$

3. 甲、乙两人在不同的两个城市，同一日两人开车前往对方城市，甲、乙两人开车的速度之比为 11∶9。若甲比乙提前 1 小时出发，乙出发 6 小时后两人相遇；若两人同时出发，则 6.5 小时后，两人还需行驶 5 千米才能相遇．甲、乙所在的城市相距( )千米．
   A. 240 B. 350 C. 425 D. 575 E. 655

4. 已知数列 $\{a_n\}$ 的通项公式为 $a_n=2^n$，数列 $\{b_n\}$ 的通项公式为 $b_n=3n+2$，若数列 $\{a_n\}$ 和 $\{b_n\}$ 的公共项按顺序组成数列 $\{c_n\}$，则数列 $\{c_n\}$ 的前三项之和为( ).
   A. 98 B. 126 C. 148 D. 168 E. 218

5. 在直角三角形 ABC 中，斜边 $c=5$，直角边 a，b 是方程 $x^2-(2k+3)x+k^2+3k+2=0$ 的两个实数根，则三角形 ABC 的面积为( ).
   A. 5 B. 6 C. 7 D. 8 E. 9

6. 如图 3-1 所示，阴影部分面积占长方形 A 面积的 $\dfrac{4}{9}$，占长方形 B 面积的 $\dfrac{3}{7}$，则 A、B 两个长方形空白面积之比为( ).
   A. $\dfrac{15}{16}$ B. $\dfrac{16}{15}$
   C. $\dfrac{7}{8}$ D. $\dfrac{8}{9}$
   E. $\dfrac{4}{5}$

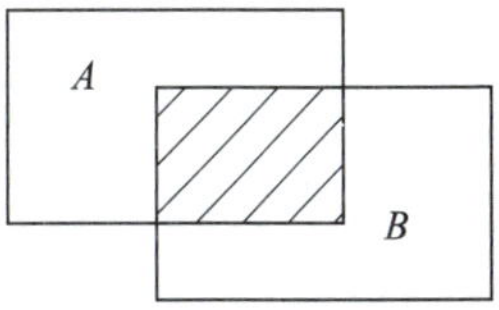

   图 3-1

7. 已知 $A=\{(x,y)\mid x^2+y^2=1\}$，$B=\{(x,y)\mid (x-5)^2+(y-5)^2=4\}$，则 $A\cap B$ 等于( ).
   A. $\varnothing$ B. $\{(0,0)\}$
   C. $\{(0,0),(5,5)\}$ D. $\{(5,5)\}$
   E. $\{(1,1)\}$

8. 甲、乙两辆车分别从 A、B 两城同时出发前往对方城市，两车匀速前进，在离 A 城 50 公里处第一次相遇，相遇后两车继续保持原速度行进，到达目的地后立即返回，又在距离 B 城 60 公里处第二次相遇，则 A、B 两城相距( )公里．
   A. 60 B. 80 C. 90 D. 120 E. 150

9. 若 $x^2+y^2+z^2-4x-6y-8z=-29$，则 $\dfrac{x^2-z^2}{xy-yz}=$( ).
   A. $\dfrac{1}{2}$ B. 1 C. $\dfrac{3}{2}$ D. 2 E. 3

10. 如果多项式 $f(x)=x^3+mx^2+nx-6$ 有一次因式 $x+1$ 和 $x-2$，那么另外一个一次因式是（   ）.

   A. $x-3$　　B. $x+3$　　C. $x-\dfrac{3}{2}$　　D. $2x+3$　　E. $x+4$

11. 设关于 x 的方程 $ax^2+(a-8)x+a^2=0$，有两个不相等的实数根 x_1、x_2，且 $x_1<1<x_2$，那么实数 a 的取值范围是（   ）.

   A. $(-\infty, -4] \cup (0, 2)$ 　　　　　　B. $(-2, 0) \cup (4, +\infty)$

   C. $(-\infty, -2) \cup (0, 4)$ 　　　　　　D. $(-\infty, -4) \cup [0, 2)$

   E. $(-\infty, -4) \cup (0, 2)$

12. 已知 40 个凳子中有 34 个圆凳子和 6 个方凳子，现从中任意取出 4 个，至少有 1 个方凳子的概率为（   ）.

   A. 0.372　　B. 0.474　　C. 0.493　　D. 0.507　　E. 0.663

13. 将 5 封不同的信件投入四个邮筒．若每个邮筒至少有 1 封信件，则不同的投递方法共有（   ）种．

   A. 240　　B. 200　　C. 180　　D. 150　　E. 100

14. 圆 $(x-2)^2+(y+1)^2=9$ 中所有长度为 2 的弦的中点的轨迹方程是（   ）.

   A. $(x-2)^2+(y+1)^2=8$　　　　　　B. $x^2+y^2=8$

   C. $(x+2)^2+(y-1)^2=8$　　　　　　D. $(x-2)^2+(y+1)^2=4$

   E. $(x+2)^2+(y-1)^2=4$

15. 设 m，n 是实数，且 $\dfrac{1}{1+m}-\dfrac{1}{1+n}=\dfrac{1}{n-m}$，则 $\dfrac{1+n}{1+m}=$（   ）.

   A. $\sqrt{3}+1$　　　　　　B. $\dfrac{1\pm\sqrt{2}}{2}$　　　　　　C. ± 2

   D. $\dfrac{3\pm\sqrt{5}}{2}$　　　　　　E. $\dfrac{3-\sqrt{5}}{2}$

二、**条件充分性判断**：第 16~25 小题，每小题 3 分，共 30 分。要求判断每题给出的条件（1）和条件（2）能否充分支持题干所陈述的结论。A、B、C、D、E 五个选项为判断结果，请选择一项符合试题要求的判断，在答题卡上将所选项的字母涂黑。

   A. 条件(1)充分，但条件(2)不充分．

   B. 条件(2)充分，但条件(1)不充分．

   C. 条件(1)和条件(2)单独都不充分，但条件(1)和条件(2)联合起来充分．

   D. 条件(1)充分，条件(2)也充分．

   E. 条件(1)和条件(2)单独都不充分，条件(1)和条件(2)联合起来也不充分．

16. 四位数 n 的各位数字之和为 12．

   (1) 它被 153 除余 75．

   (2) 它被 154 除余 40．

17. 设 $\{a_n\}$ 是等差数列，则能确定数列 $\{a_n\}$．

   (1) $a_1+a_2=0$．

   (2) $a_1 a_2=-1$．

18. 某人忘记了保险柜的密码，他经过回忆，准确确认密码最多只有 N 种可能，若他逐次尝试，那么三次以内(包括三次)能够打开保险柜的概率为 0.6.

(1) $N=5$.

(2) $N=4$.

19. 关于 x 的方程 $\frac{a}{2}x^2+x-(a^2+2)=0$ 和 $\frac{a}{2}x^2-x-(a^2-2)=0$ 有非零公共根.

(1) $a=0$.

(2) $a=2$.

20. 方程 $m|x|-x-m=0(m>0, m\neq 1)$ 有两个不同的解.

(1) $m<1$.

(2) $m>1$.

21. 某校从高三年级参加期末考试的学生中抽出 60 名，其成绩(均为整数)的频率分布直方图如图 3-2 所示．从成绩是 80 分以上(包括 80 分)的学生中选 m 名，则他们在不同分数段的概率为 $\frac{5}{17}$.

(1) $m=1$.

(2) $m=2$.

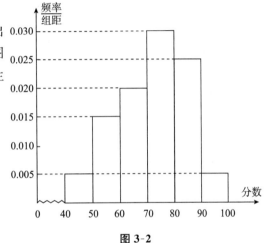

图 3-2

22. $\frac{2x-3xy-2y}{x-2xy-y}=3$.

(1) $\frac{1}{x}-\frac{1}{y}=3(x\neq 0, y\neq 0)$.

(2) $\frac{1}{y}-\frac{1}{x}=3(x\neq 0, y\neq 0)$.

23. $P=\frac{15}{16}$.

(1) 5 封信随机投进甲、乙两个空信箱中，两个信箱都有信的概率为 P.

(2) 6 个运动队中有两个强队，将 6 个队任意分为两组(每组 3 队)进行比赛，则这两个强队被分到同一组的概率是 P.

24. 从两张 50 元，三张 20 元，五张 10 元共十张钞票中任取五张，票面的总值小于 n 元的可能取法共有 $\frac{1}{2}C_{10}^5$ 种．

(1) $n=100$.

(2) $n=110$.

25. 若动点 $P(x, y)$ 在某一区域上取值，有 $\frac{y}{x+2}$ 的最大值为 $\frac{\sqrt{3}}{3}$.

(1) 点 P 在 $x^2+y^2=1$ 上及其内部取值．

(2) 点 P 在 $(x-1)^2+(y-4)^2=1$ 上及其内部取值．

三、逻辑推理：第 26～55 小题，每小题 2 分，共 60 分。下列每题给出的 A、B、C、D、E 五个选项中，只有一项是符合试题要求的。请在答题卡上将所选项的字母涂黑。

26. 在一项实验中，让 80 名焦虑程度不同的女性完成同样的字母识别任务，同时在她们头上放置电极，观察大脑活动。结果表明，焦虑程度高的女性在完成任务时脑电活动更复杂，更容易出错。实验者由此得出结论：女性的焦虑程度影响完成任务的质量。

    以下哪项如果为真，最能反驳上述结论？

    A. 焦虑程度高的女性与其他女性相比在实验前对任务不熟悉。

    B. 女性焦虑时，大脑会受到各种思绪的干扰而无法专注。

    C. 女性焦虑容易引起强迫症、广泛性焦虑等心理问题。

    D. 有研究显示，焦虑和大脑反应错误率是正相关的。

    E. 现代社会，男性焦虑比女性焦虑更为普遍。

27. 格陵兰岛是地球上最大的岛屿，形成于 38 亿年前，大部分地区被冰雪覆盖。有大量远古的岩石化石埋藏在格陵兰岛地下，它们的排列就像是一个整齐的堤坝，也被称为蛇纹石。通过这些蛇纹石，人们可以断定格陵兰岛在远古时期可能是一块海底大陆。

    补充以下哪项作为前提可以得出上述结论？

    A. 格陵兰岛是一个由高耸的山脉、庞大的蓝绿色冰山、壮丽的峡湾和贫瘠裸露的岩石组成的地区。

    B. 这些蛇纹石化石的年代和特征与伊苏亚地区发现的一致，而后者曾是一片海底大陆。

    C. 蛇纹石中碳的形状呈现出生物组织特有的管状和洋葱型结构，类似于早期的海洋微生物。

    D. 由于大陆板块的运动才创造出了许多新的大陆，在板块运动发生之前，地球上绝大部分地区是一片汪洋大海。

    E. 蛇纹石是两个大陆板块在运动中相互碰撞时挤压海底大陆而形成的一种岩石。

28. 某次会议讨论期间，甲、乙、丙、丁、戊被安排在一张圆桌前进行讨论，圆桌边放着标有 1～5 号的 5 张座椅(未必按顺序排列)。实际讨论时，甲、乙、丙、丁、戊 5 人均未按顺序坐在 1～5 号的座椅上，已知：

    (1)甲坐在 1 号座椅右边第 2 张座椅上。

    (2)乙坐在 5 号座椅左边第 2 张座椅上。

    (3)丙坐在 3 号座椅左边第 1 张座椅上。

    (4)丁坐在 2 号座椅左边第 1 张座椅上。

    如果丙坐在 1 号座椅上，则可知甲坐的是哪个座椅？

    A. 2 号。 B. 3 号。 C. 4 号。

    D. 5 号。 E. 无法得知。

29. 青少年的犯罪行为大多是因为法制意识的缺失，但也有的仅是因为个人道德败坏。当然，很多不理智的过激行为往往是二者结合的结果。无论如何，青少年的犯罪行为都给社会和家庭带来了伤害。

    如果上述断定为真，以下哪一项不可能为真？

    A. 有的行为缺失法制意识，但不是青少年的犯罪行为。

    B. 所有仅是个人道德败坏的行为，都不是青少年的犯罪行为。

C. 有的法制意识缺失的行为给社会和家庭带来了伤害。

D. 有的行为虽然具有法制意识，但仍给社会和家庭带来了伤害。

E. 有些青少年的犯罪行为，既不是因为法制意识的缺失，也不是因为个人道德败坏，而是有其他原因。

30. 一个传动变速箱有1~6号齿轮受电脑程序控制，自动啮合传动。这些齿轮在传动中的程序是：

①如果1号转动，那么2号转动，但是5号停。

②如果2号或者5号转动，则4号停。

③3号和4号可以同时转动，不能同时停。

④只有6号转动，5号才停。

现在1号转动了，则同时转动的3个齿轮是以下哪项？

A. 2号、4号和6号。　　　　　　　　B. 2号、3号和6号。

C. 3号、4号和2号。　　　　　　　　D. 4号、3号和5号。

E. 3号、4号和6号。

31. 俏色指的是一种利用玉的天然色泽进行雕刻的工艺。这种工艺原来被认为最早始于明代中期，然而，在商代晚期的妇好墓中出土了一件俏色玉龟，工匠用玉的深色部分做了龟的背壳，用白玉部分做了龟的头尾和四肢。这件文物表明，俏色工艺最早始于商代晚期。

以下哪一项陈述是上述论证的结论所依赖的假设？

A. 俏色是比镂空这种透雕工艺更古老的雕刻工艺。

B. 妇好墓中的俏色玉龟不是更古老的朝代留传下来的。

C. 因势象形是俏色和根雕这两种工艺的共同特征。

D. 周武王打败商纣王时，从殷都带回了许多商代玉器。

E. 妇好墓中的青铜器色泽良好，保存完整。

32. 没有一个宗教命题能够通过观察或实验而被验证为真。所以，无法知道任何宗教命题的真实性。

为了合乎逻辑地推出上述结论，需要假设下面哪项为前提？

A. 如果一个命题能够通过观察或实验被证明为真，则其真实性是可以知道的。

B. 只凭观察或实验无法证明任何命题的真实性。

C. 要知道一个命题的真实性，需要通过观察或实验证明它为真。

D. 人们通过信仰来认定宗教命题的真实性。

E. 宗教既不能被证实也不能被证伪。

33. 舌头是否能卷起来是由父母双方的基因决定的。只要父母双方任意一个人有卷舌头的基因，那么他们的孩子就具有这种特征。小王的舌头能卷起来，但是他的母亲没有卷舌头的基因，下列哪个选项必然正确？

A. 小王的父亲没有卷舌头的基因。

B. 小王的父亲有卷舌头的基因。

C. 小王的父亲和母亲均有卷舌头的基因。

D. 小王的父亲和母亲均没有卷舌头的基因。

E. 以上选项都不一定对。

34. 吃胶质奶糖可能导致蛀牙。胶质奶糖粘在牙齿上的时间越长，则引起蛀牙的风险越大。吃巧克力可能导致蛀牙。同样，巧克力粘在牙齿上的时间越长，则引起蛀牙的风险越大。因为巧克力粘在牙齿上的时间比胶质奶糖短,因此,对于引起蛀牙来说,吃胶质奶糖比吃巧克力的风险更大。

以下哪项对上述论证的评价最为恰当?

A. 上述论证成立。

B. 上述论证有漏洞,因为它没有区分胶质奶糖和巧克力的不同类型。

C. 上述论证有漏洞,因为它不当地假设,只有吃含糖食品才会导致蛀牙。

D. 上述论证有漏洞,这一漏洞也出现在以下的推理中:海拔高度的增高会导致空气的稀薄。一个城市海拔越高,空气越稀薄。西宁的海拔比西安高,因此,西宁的空气比西安稀薄。

E. 上述论证有漏洞,这一漏洞也出现在以下的推理中:火灾和地震都会造成生命和财产的损失。火灾或地震持续的时间越长,造成的损失越大。因为地震持续的时间比火灾短,因此,火灾造成的损失比地震大。

35. 宇宙中穿过地球运行轨道的大行星有1 000多颗。虽然一颗行星与地球碰撞的概率极小,但人类仍必须尽其所能以减小这种概率,因为如果这种碰撞一旦发生,对地球的危害将是灾难性的。避免这种灾难的最好方法是使行星的运行轨道发生一定的偏斜。而要使行星的运行轨道发生偏斜,唯一的方法是使用储存在空间站中的核武器对行星进行袭击。

从上述断定能推出以下哪项结论?

Ⅰ. 人类应当在空间站中储存核武器。

Ⅱ. 在防止空间灾难方面,核技术是唯一有效的技术。

Ⅲ. 在地球的发展史上,已出现过多次地球与行星的碰撞。

A. 仅仅Ⅰ。　　　　　　B. 仅仅Ⅱ。　　　　　　C. 仅仅Ⅲ。

D. 仅仅Ⅰ和Ⅱ。　　　　E. Ⅰ、Ⅱ和Ⅲ。

36. 美国最近一次的民意测验结果表明,公众以80%VS17%反对放松现行的空气污染法规,而且,没有一个主要公众阶层想放松环境法。这次投票的结果显示出立法者将通过投票支持更新空气洁净法,可以在不疏远任何有影响力的特殊利益集团的同时对公众意愿作出回应。

下面哪条信息对评价上面陈述的逻辑性最有用?

A. 被定义为主要公众阶层的群体和被定义为有特殊利益集团的群体。

B. 现行的联邦环境法的有效期限和州规定的空气污染法的期限。

C. 更新空气洁净法对反对和支持放松环境法规的人可能带来的经济影响。

D. 作者希望通过引用民意测验的结果来施加影响的人是哪些人。

E. 在调查中对调查的问题选择不做回答的人数的百分比。

37～38题基于以下题干:

5个MBA学员:F、G、H、J和K以及4个MPAcc学员:Q、R、S和T进行联谊活动。这些学员将被分为第1组、第2组和第3组,每组3人且满足以下条件:

(1)每组至少有1个MPAcc学员。

(2)F和J在同一组。

(3)G和T不在同一组。

(4)H和R不在同一组。

(5)H和T都不在第2组。

37. 若F在第1组，则下面哪一项可能正确？
    A. G和K在第3组。　　B. Q和S在第2组。　　C. J和S在第2组。
    D. K和R在第1组。　　E. H和R在第3组。

38. 若G是第1组中唯一的MBA学员，则下面哪一项一定正确？
    A. F在第3组。　　B. K在第3组。　　C. Q在第2组。
    D. K在第1组。　　E. J在第3组。

39. 植物必须先开花，才能产生种子。有两种龙蒿——俄罗斯龙蒿和法国龙蒿，它们看起来非常相似，俄罗斯龙蒿开花而法国龙蒿不开花，但是俄罗斯龙蒿的叶子却没有那种使法国龙蒿成为理想的调味品的独特香味。

    从以上论述中一定能推出以下哪项结论？
    A. 作为观赏植物，法国龙蒿比俄罗斯龙蒿更令人喜爱。
    B. 俄罗斯龙蒿的花可能没有香味。
    C. 由龙蒿种子长出的植物不是法国龙蒿。
    D. 除了俄罗斯龙蒿和法国龙蒿外，没有其他种类的龙蒿。
    E. 植物的香味只能通过叶子散发。

40. 碎片化时代人们的注意力很难持久。让用户在邮件页面停留更长时间已经成为营销者不断努力的方向。随着富媒体化的逐步流行，邮件逐步从单一静态向动态转变，个性化邮件的特性也逐步凸显。GIF(动态图片、动画)制作简单，兼容性强，在邮件中可以增加视觉冲击力。因此，在邮件中插入GIF，更能吸引用户的目光，增加用户的点击率。

    以下哪项如果为真，则最能支持上述结论？
    A. 如果针对特定用户群而制作个性化营销邮件，那么销售机会会增加20%。
    B. 过去没有插入GIF的个性化营销邮件，也为很多企业带来了成功。
    C. 20世纪70年代出生的人习惯于电子邮件的静态界面，不喜欢花里胡哨的东西。
    D. 插入GIF的个性化营销邮件，比普通发送的邮件给企业带来的收入多18倍。
    E. 在邮件中插入GIF在技术上较难实现。

41. 开车斗气、胡乱变线、强行超车等"路怒症"是一种被称为间歇性暴发性障碍(IED)的心理疾病。有研究发现，IED患者弓形虫检测呈阳性的比例是非IED患者的2倍。研究者认为，弓形虫感染有可能是导致包括"路怒症"在内的IED心理疾病的罪魁祸首。

    以下哪项如果为真，则无法支持研究者的观点？
    A. 感染了弓形虫的老鼠往往更大胆、更敢于冒险，也因此更容易被猫抓到。
    B. 弓形虫使大脑中控制威胁反应的神经元受到过度刺激，易引发攻击行为。
    C. 对弓形虫检测呈阳性的IED患者施以抗虫感染治疗之后，冲动行为减少。
    D. 弓形虫是猫身上的一种原生动物寄生虫，但猫是比较温顺的动物。
    E. 感染弓形虫后会使大脑中产生囊肿，而这种囊肿与人的冲动行为有关。

42. 由于一种新的电池装置技术的出现，手机在几分钟内充满电很快就会变成现实。这种新装置是一种超级电容器，它储存电流的方式是通过让带电离子聚集到多孔材料表面，而非像传统电池那样通过化学反应储存这些离子。因此这种超级电容器能在几分钟内储满电。研究人员认为这种装置技术将会替代传统电池。

以下哪项如果为真,则不能支持上述结论?

A. 超级电容器能够储存大量电能,保证长时间正常运行。

B. 超级电容器能循环使用数百万次,相比之下传统电池只能使用数千次。

C. 超级电容器可嵌入汽车底盘为汽车提供动力,可更方便地进行无线充电。

D. 超级电容器充电时所耗电能比传统电池少90%,但供电时间比后者长10倍。

E. 超级电容器轻便耐用,相同电容下重量是传统电池的20%。

43. 在过去的几十年中,位于加拿大南部和美国北部的多草湿地被广泛地排水和开发,而这些地方对鸭子、鹅、天鹅及其他绝大多数水禽的筑巢和孵化是必不可少的。北美这一地区鸭类的数目在此期间显著下降,而天鹅和鹅的数目却未受明显的影响。

下面哪一项如果正确,则最有助于解释上面提到的差异?

A. 在被开发的地区对禁止捕猎水鸟的禁令比野生土地更容易被强化。

B. 大多数鹅类、天鹅筑巢和孵化的地区是在比鸭类更靠北的地方,那里至今还未被开发。

C. 已经被开发利用的土地很少能够提供适合于水鸟的食物。

D. 鹅类和天鹅的数目在干旱期减少,因为此时可供孵化的地点越来越少。

E. 因为鹅类和天鹅比鸭类更大,所以它们在被开发的土地上更难以找到安全的筑巢点。

44. 某网购平台发布了一份网购调研报告,分析亚洲女性的网购特点。分析显示,当代亚洲女性在网购服饰、化妆品方面的决定权为88%,在网购家居用品方面的决定权为85%。研究者由此认为,那些喜爱网购的亚洲女性在家庭中拥有更大的控制权。

以下哪项如果为真,则最能反驳上述结论?

A. 喜爱网购的亚洲女性的网购支出只占其家庭消费支出的25%。

B. 亚洲女性中,习惯上网购物的人数只占女性总人数的30%左右。

C. 亚洲女性在购买贵重商品时往往会与丈夫商量,共同决定。

D. 一些亚洲女性经济不独立,对家庭收入没有贡献。

E. 亚洲女性在购物时往往只考虑产品的价格。

45. 野生大熊猫的数量正在迅速减少。因此,为了保护该物种,应把现存的野生大熊猫捕捉起来,并放到世界各地的动物园里去。

以下哪项如果正确,将对上述结论提出最严重的质疑?

A. 野生大熊猫在关起来时通常会比在野生栖身地时生下更多的幼仔。

B. 在动物园中刚生下来的大熊猫不容易死于传染病,但是野生大熊猫很可能死于这些疾病。

C. 在野生大熊猫的栖息地以外,很难弄到足够数量的竹子,这是大熊猫唯一的食物。

D. 动物园里的大熊猫和野生大熊猫后代中能够活到成年的个体数量相当。

E. 动物园的圈养使北极狐数量有了极大的提高。

46. 教师节那天,小白、小黄、小蓝和小紫手里分别拿着不同颜色的花在校园里相遇。小白一看大家手里的花,思索了一会儿,就高兴地宣布她发现的规律:

(1)四种花的颜色和她们的四个姓恰好相同,但每个人手里花的颜色与自己的姓并不相同。

(2)如果将她手中的花与小黄交换,或与小蓝交换,或将小蓝手中的花与小紫交换,那么,每人手里花的颜色和自己的姓仍然不同。

根据以上陈述,可以推断小白、小黄、小蓝和小紫最初手里花的颜色分别是:

A. 白、黄、蓝、紫。 B. 紫、蓝、黄、白。

C. 黄、白、紫、蓝。 D. 蓝、紫、白、黄。

E. 紫、黄、蓝、白。

47. 某大型晚会的导演组在对节目进行终审时，有六个节目尚未确定是否通过，这六个节目分别是歌曲 A、歌曲 B、相声 C、相声 D、舞蹈 E 和魔术 F。综合考虑各种因素，导演组确定了如下方案：

①歌曲 A 和歌曲 B 至少要通过一个。

②如果相声 C 不能通过或相声 D 不能通过，则歌曲 A 也不能通过。

③如果相声 C 不能通过，那么魔术 F 也不能通过。

④只有舞蹈 E 通过，歌曲 B 才能通过。

如果导演组最终确定舞蹈 E 不能通过，则以下哪项必然为真？

A. 无法确定魔术 F 是否能通过。

B. 歌曲 A 不能通过。

C. 无法确定两个相声节目是否能通过。

D. 歌曲 B 能通过。

E. 相声 D 不能通过。

48. 一位哲学家来到一个陌生的城市，正值深夜，他欲到智慧酒店去住宿。当他来到一个十字路口时，没有发现任何路标，只发现在可去的路上有三个木牌，他知道去酒店的路和木牌上的真话都是唯一的。

向东的木牌上写着：此路通向智慧酒店。

向南的木牌上写着：此路不通向智慧酒店。

向北的木牌上写着：那两个牌子的话都为真。

哲学家径直走到智慧酒店，他走的路是哪一条？

A. 向东的路。 B. 向南的路。 C. 向北的路。

D. 向西的路。 E. 无法判断。

49. 四个学生甲、乙、丙、丁住在同一个宿舍，他们当中有一位在玩《和平精英》，一位在玩《王者荣耀》，一位在玩《第五人格》，另一位在看《老吕逻辑》。已知下列条件：

(1)乙不在玩《和平精英》，也不在看《老吕逻辑》。

(2)甲不在玩《第五人格》，也不在玩《和平精英》。

(3)如果乙不在玩《第五人格》，那么丙不在玩《和平精英》。

(4)丁不在看《老吕逻辑》，也不在玩《和平精英》。

如果以上信息为真，则能推出以下哪项？

A. 丁在玩《第五人格》。

B. 丙在看《老吕逻辑》。

C. 甲在看《老吕逻辑》。

D. 丙在玩《王者荣耀》。

E. 乙在玩《王者荣耀》。

50. 电学工程师已多次重申，最好的晶体管扩音机与最好的电子管扩音机在通常测量评价扩音机的音乐再现质量方面的性能是一样的。因此那些坚持认为录制的音乐在最好的电子管扩音机里播放时要比在最好的晶体管扩音机里播放时听起来好的音乐爱好者，一定是在想象他们声称的听到的质量上的差异。

下面哪一项如果正确，则最能严重地削弱上述论证？

A. 许多人仅凭耳听不能区分正在播放的音乐是在好的晶体管扩音机里播放还是在好的电子管扩音机里播放。

B. 电子管扩音机的音乐再现质量的变化范围要比晶体管扩音机的大。

C. 有些重要的决定音乐听起来怎么样的特性不能被测量出来。

D. 当放出相同的音量时，晶体管扩音机比电子管扩音机的体积小，用电少且产生的热量少。

E. 在试验室里通常测定的用以评价扩音机的音乐再现质量的特性方面，有些电子管扩音机明显地比晶体管扩音机好。

51. 今年联赛决赛的最后4支队伍是甲、乙、丙和丁。其中N与T分别为甲队和丁队的主教练。有人指出，甲队此前每次夺得该项桂冠的赛季都曾战胜过T教练所在的球队；过去4年间，丁队在N教练的指导下，每隔一年都能夺得该项桂冠，而去年丁队没有夺冠。

以下哪项如果为真，则与上述表述相矛盾？

A. T教练可能执教过丁队。

B. N教练去年曾执教丁队。

C. 甲队曾4次夺得该项冠军。

D. 丁队前年未获得该项冠军。

E. T教练没有执教过甲队。

52. 在一种插花艺术中，对色彩有如下要求：①或者使用橙黄，或者使用墨绿；②如果使用橙黄，则不能使用天蓝；③只有使用天蓝，才能使用铁青；④墨绿和铁青只使用一种。

由此可见，在这种插花艺术中色彩的使用应满足：

A. 不使用橙黄，使用铁青。

B. 不使用墨绿，使用天蓝。

C. 不使用墨绿，使用铁青。

D. 不使用天蓝，使用橙黄。

E. 不使用铁青，使用墨绿。

53. 甲、乙、丙、丁4个人玩游戏，在每张纸上写出1～9中的一个数字，然后叠起来，每人从中抽取2张，然后报出两数的关系，由此猜出剩下没有人拿的那个数字是多少。已知：

(1)甲说他手里的两数相加为10。

(2)乙说他手里的两数相减为1。

(3)丙说他手里的两数之积为24。

(4)丁说他手里的两数之商为3。

由此他们4个人都猜出了剩下没有人拿的那个数字，这个数字是：

A. 5。　　　　B. 6。　　　　C. 7。　　　　D. 8。　　　　E. 9。

54. 张教授：如果医院都是私人企业，都要靠利润才能维持的话，那么，主要用于教学和科研的医科大学附属医院就要关门了，因为办这样的医院的费用是极高的。

李研究员：我不同意你的看法。医科大学附属医院所提供的医学上的挑战性课题吸引了大批最优秀的医师，这使得这样的医院能够有效地处理许多疑难病症。

以下哪项如果为真，则能够最强有力地支持李研究员对张教授的反驳？

A. 在医科大学附属医院工作的医师要求较高的工资。

B. 疑难病症的诊治要收取高价。

C. 现在的医科大学附属医院的病人死亡率要高于以前。

D. 医科大学附属医院的病人死亡率要高于普通医院。

E. 现在的医师都趋于高度专业化，"万金油"式的医师尽管很需要，但越来越难找。

55. 有研究者认为，有些人罹患哮喘病是由于情绪问题。焦虑、抑郁和愤怒等消极情绪，可促使机体释放组织胺等物质，从而引发哮喘病。但是，反对者认为，迷走神经兴奋性的提高和交感神经反应性的降低才是引发哮喘病的原因，与患者的情绪问题无关。

以下哪项如果为真，则最能削弱反对者的观点？

A. 现代医学已经证实，消极情绪也可诱发身体疾病。

B. 哮喘病发作会造成患者情绪焦虑、抑郁和愤怒等。

C. 焦虑、抑郁和愤怒等消极情绪是现代人的普遍问题。

D. 消极情绪会提高患者迷走神经的兴奋性并降低交感神经的反应性。

E. 现代人往往忽视自己的情绪，心理免疫下降。

四、写作：第56～57小题，共65分。其中论证有效性分析30分，论说文35分。请答在答题纸相应的位置上。

56. 论证有效性分析：分析下述论证中存在的缺陷和漏洞，选择若干要点，写一篇600字左右的文章，对该论证的有效性进行分析和评论。（论证有效性分析的一般要点是：概念特别是核心概念的界定和使用是否准确并前后一致，有无各种明显的逻辑错误，论证的论据是否成立并支持结论，结论成立的条件是否充分等。）

我认为，理性的人应该拒绝网上购物。理由如下：

首先，网上购物容易上瘾。网上购物稍不注意克制，就容易超出自己所需。如此购物，家里就会堆积不少用不到的网购物品。这些物品长期囤积不用就等于是垃圾。如今房价居高不下，你却用一平方米几万元甚至十几万元的房子来存放垃圾，得不偿失。另外，这些网购商品以及其包装箱都长期不同程度地释放出有害的物质污染空气，有害无利！

其次，网上购物容易上当。"买的不如卖的精"，网上购物尤其如此。因为网络环境下存在信息不对称的情况，再精明的消费者也难免经常上当。而实体店明码标价，顾客现场挑选，这就大大降低了上当的风险。

再次，网上商品质量低劣。由于信息不对称，在网上购物的消费者喜欢购买低价商品，这就使质量好的高价商品失去了存活空间，形成劣币驱逐良币的后果。如此一来，消费者又怎么能从网上买到质量有保证的商品呢？

最后，网上购物还存在其他劣势和风险。比如，货物运输途中的损坏风险，网上付款的金融风险，产品退换、维修的售后服务风险等。如果采用当面交易，那么就不存在这些风险了。

总之，如果你确实需要网上购物，那么应该理性选择有信誉的大平台、好评度高的商家。当然，最好尽量减少网上购物。

57. 论说文：根据下述材料，写一篇 700 字左右的论说文，题目自拟。

今年全国"两会"的会场中矿泉水瓶上多了一个环保小标签，印着中英文的"给水瓶做记号，并请喝完"的标语。参会委员们可以用笔在这个绿色标签上写下自己的名字，也可以用指甲直接划出标记。喝不完的矿泉水鼓励饮用者带走。

答案速查

一、问题求解
1～5 DAEDB 6～10 AACDB 11～15 ECAAD

二、条件充分性判断
16～20 CEADB 21～25 BBABA

三、逻辑推理
26～30 AECBB 31～35 BCEEA 36～40 ABBCD
41～45 DCBAC 46～50 BACCC 51～55 DECBD

四、写作
略

答案详解

一、问题求解

1. D

【解析】母题 96·溶液问题

设第一次添加溶质后溶液的质量为 100，其中含有的溶质为 20，每次加入的溶质质量为 x.

第二次添加溶质后浓度为 $\dfrac{20+x}{100+x}=25\%$，解得 $x=\dfrac{20}{3}$.

第三次添加溶质后浓度为 $\dfrac{20+2x}{100+2x}=\dfrac{20+2\times\dfrac{20}{3}}{100+2\times\dfrac{20}{3}}\approx 29.4\%$.

2. A

【解析】母题 59·空间几何体问题

设圆柱的底面半径为 r，高为 h，由圆柱侧面展开图是正方形可知，圆柱的高等于底面周长，则 $h=2\pi r$，由此可得

$$S_{表面积}=2\pi r^2+h^2=2\pi r^2+(2\pi r)^2=2\pi r^2(1+2\pi),\ S_{侧面积}=h^2=(2\pi r)^2=4\pi^2 r^2.$$

则 $\dfrac{S_{表面积}}{S_{侧面积}}=\dfrac{2\pi r^2(1+2\pi)}{4\pi^2 r^2}=\dfrac{1+2\pi}{2\pi}$.

3. E

【解析】母题 98·行程问题

设甲的速度为 $v_甲$ 千米/小时，乙的速度为 $v_乙$ 千米/小时，两城相距 s 千米. 根据题意，得

$$\begin{cases} v_甲=\dfrac{11}{9}v_乙, \\ s=7v_甲+6v_乙, \\ s-5=6.5(v_甲+v_乙), \end{cases} \text{解得 } s=655.$$

所以，甲、乙所在的城市相距 655 千米．

【快速得分法】设甲的速度为 $11x$ 千米/小时，乙的速度为 $9x$ 千米/小时，两城相距 s 千米，根据题意，得

$$\begin{cases} s=7\times 11x+6\times 9x, \\ s-5=6.5(11x+9x), \end{cases}$$

解得 $x=5$，$s=655$．

4. D

【解析】母题 52·等差数列与等比数列综合题

令 $2^m=3n+2$，即 $n=\dfrac{2^m-2}{3}$，且需满足 m，n 为正整数．

穷举可知：

当 $m=3$ 时，$n=2$，此时 $a_3=b_2=8$．

当 $m=5$ 时，$n=10$，此时 $a_5=b_{10}=32$．

当 $m=7$ 时，$n=42$，此时 $a_7=b_{42}=128$．

故数列 $\{c_n\}$ 的前三项为 8，32，128，其和为 $8+32+128=168$．

【快速得分法】数列 $\{a_n\}$：2，4，8，16，32，64，128…，依次代入 $\{b_n\}$ 检验，$\{b_n\}$ 是从 5 开始的，即从 8 开始查验，满足条件的前三项为 8，32，128，则数列 $\{c_n\}$ 的前三项和为 $8+32+128=168$．

5. B

【解析】母题 36·韦达定理问题

由韦达定理得：① $a+b=2k+3$，② $ab=k^2+3k+2$．

在直角三角形 ABC 中，利用勾股定理得 $a^2+b^2=c^2=25$，即 $(a+b)^2-2ab=25$，将①②代入该式得 $(2k+3)^2-2(k^2+3k+2)=25$，解得 $k=2$ 或 -5．

当 $k=-5$ 时，方程为 $x^2+7x+12=0$，此时 $\Delta=49-48>0$，计算结果为 $x_1=-3$，$x_2=-4$，与 a，b 是三角形的直角边不符，应舍去，所以 k 只能为 2．

故三角形 ABC 的面积 $S=\dfrac{1}{2}ab=\dfrac{1}{2}(k^2+3k+2)=6$．

6. A

【解析】母题 58·阴影部分面积

由题干可知，长方形 A 面积的 $\dfrac{4}{9}$ 与长方形 B 面积的 $\dfrac{3}{7}$ 相等，则长方形 A 的面积与长方形 B 的面积的比为 27∶28，所以，A、B 两个长方形空白面积之比为 $\dfrac{\dfrac{5}{9}\times 27}{\dfrac{4}{7}\times 28}=\dfrac{15}{16}$．

7. A

【解析】母题 64·圆与圆的位置关系

集合 A、B 分别表示两个圆，方程分别为 $x^2+y^2=1$ 和 $(x-5)^2+(y-5)^2=4$，半径分别为 1 和 2．两圆的圆心距为 $d=\sqrt{(5-0)^2+(5-0)^2}=5\sqrt{2}>1+2$，故两圆相离，没有交点．所以 $A\cap B$ 为空集．

8. C

【解析】母题 98·行程问题

设 A、B 两城相距 s 公里，甲车速度为 $v_甲$ 公里/小时，乙车速度为 $v_乙$ 公里/小时．

两车速度保持不变，行驶时间相同，故有

$$\frac{v_甲}{v_乙}=\frac{\frac{s_甲}{t}}{\frac{s_乙}{t}}=\frac{s_甲}{s_乙}=\frac{50}{s-50}=\frac{s-50+60}{50+s-60},$$

解得 $s=90$．

9. D

【解析】母题 15·非负性问题

$x^2+y^2+z^2-4x-6y-8z=-29$ 等价于 $(x-2)^2+(y-3)^2+(z-4)^2=0$；

由非负性，可得 $x=2$，$y=3$，$z=4$，所以

$$\frac{x^2-z^2}{xy-yz}=\frac{(x+z)(x-z)}{(x-z)y}=\frac{(x+z)}{y}=2.$$

10. B

【解析】母题 20·因式分解

设另一个一次因式为 $ax+b$．

原式的最高次项等于各因式的最高次项之积，故有 $a=1$；

原式的常数项等于各因式的常数项之积，故有 $1\times(-2)\times b=-6$，解得 $b=3$．

所以，另外一个一次因式为 $x+3$．

11. E

【解析】母题 37·根的分布问题

当 $a>0$ 时，抛物线开口向上；

由 $x_1<1<x_2$ 得，$f(1)=a+a-8+a^2<0$，解得 $-4<a<2$，又因为 $a>0$，故 $a\in(0,2)$．

当 $a<0$ 时，抛物线开口向下；

由 $x_1<1<x_2$ 得，$f(1)=a+a-8+a^2>0$，解得 $a<-4$ 或 $a>2$，又因为 $a<0$，故 $a\in(-\infty,-4)$．

综上，所以实数 a 的取值范围是 $(-\infty,-4)\cup(0,2)$．

12. C

【解析】母题 86·袋中取球模型

正难则反．取出的 4 个全是圆凳子的概率为 $\frac{C_{34}^4}{C_{40}^4}$．所以，至少有 1 个方凳子的概率为 $1-\frac{C_{34}^4}{C_{40}^4}\approx 0.493$．

13. A

【解析】母题 75·不同元素的分组与分配

先分组，每个邮筒至少有 1 封信，则一定有 2 封信为一组投到一个邮筒内，剩余 3 封信各为一组，共有 C_5^2 种可能；

再分配，将 4 组信全排列，共有 A_4^4 种可能．

由分步乘法原理得，不同的投递方法共有 $C_5^2 A_4^4=240$（种）．

14. A

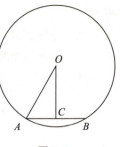

图 3-3

【解析】母题 63·直线与圆的位置关系

如图 3-3 所示，设圆心为 O，半径为 r，弦为 AB，弦的中点为 C，连接 OA、OC，过弦（非直径）的中点与圆心的连线垂直于这条弦，则 $OC \perp AB$.

在直角三角形 OAC 中，$OC^2 = OA^2 - AC^2 = r^2 - \left(\dfrac{AB}{2}\right)^2 = 9 - 1 = 8$，故 $OC = 2\sqrt{2}$.

因此，圆中所有长度为 2 的弦的中点与圆心 O 的距离均为 $2\sqrt{2}$，其轨迹构成一个以 O 为圆心，以 $2\sqrt{2}$ 为半径的圆，方程为 $(x-2)^2 + (y+1)^2 = 8$.

15. D

【解析】母题 29·其他分式的化简求值

设 $1+m = x$，$1+n = y$，则 $\dfrac{1}{1+m} - \dfrac{1}{1+n} = \dfrac{1}{n-m}$ 可化为 $\dfrac{1}{x} - \dfrac{1}{y} = \dfrac{1}{y-x}$.

将上式通分，可得

$$\dfrac{y-x}{xy} = \dfrac{1}{y-x} \Rightarrow (y-x)^2 = xy \Rightarrow x^2 + y^2 - 3xy = 0,$$

由题干知，$x = 1+m$ 为分母，故 $x \neq 0$，将上式两边同除以 x^2，化简得 $\left(\dfrac{y}{x}\right)^2 - 3\left(\dfrac{y}{x}\right) + 1 = 0$.

令 $\dfrac{y}{x} = k$，可得 $k^2 - 3k + 1 = 0$，解得 $k = \dfrac{3 \pm \sqrt{5}}{2}$.

综上所述，$\dfrac{1+n}{1+m} = \dfrac{y}{x} = k = \dfrac{3 \pm \sqrt{5}}{2}$.

二、条件充分性判断

16. C

【解析】母题 2·带余除法问题

两个条件显然单独都不充分，故需要联立.

由条件(1)和条件(2)可得 $\begin{cases} n = 153k_1 + 75, \\ n = 154k_2 + 40. \end{cases}$

此时，$n = 153k_1 + 75 = 154k_2 + 40 = 153k_2 + k_2 + 40$.

故有 $\begin{cases} k_1 = k_2, \\ 75 = k_2 + 40, \end{cases}$ 解得 $k_1 = k_2 = 35$，$n = 153 \times 35 + 75 = 5\,430$.

n 的各位数字之和为 $5 + 4 + 3 + 0 = 12$，故联立两个条件充分.

17. E

【解析】母题 44·等差数列基本问题

显然两个条件单独都不充分，故考虑联立.

由 $\begin{cases} a_1 + a_2 = 0, \\ a_1 a_2 = -1, \end{cases}$ 解得 $\begin{cases} a_1 = 1, \\ a_2 = -1 \end{cases}$ 或 $\begin{cases} a_1 = -1, \\ a_2 = 1. \end{cases}$

无法确定数列 $\{a_n\}$，即联立两个条件也不充分.

18. A

【解析】母题 82·古典概型

条件(1)：正难则反，三次以内未打开保险柜，即前三次在 4 个错误密码中选择，为 C_4^3；前三次选密码的总情况为 C_5^3，则三次以内打开保险柜的概率 $P=1-\dfrac{C_4^3}{C_5^3}=0.6$，故条件(1)充分.

条件(2)：同理，三次以内打开保险柜的概率 $P=1-\dfrac{C_3^3}{C_4^3}=0.75$，故条件(2)不充分.

19. D

【解析】母题 33·一元二次函数的基本题型

条件(1)：把 $a=0$ 分别代入两个方程，均得 $x=2$，故两个方程有非零公共根，条件(1)充分.

条件(2)：把 $a=2$ 代入第一个方程，得 $x^2+x-6=0$，解得 $x=-3$ 或 2；

把 $a=2$ 代入第二个方程，得 $x^2-x-2=0$，解得 $x=-1$ 或 2.

因此两个方程有非零公共根，条件(2)充分.

20. B

【解析】母题 13·求解绝对值方程和不等式

由已知条件可得，方程若有两个解，必为 1 正 1 负.

当 x 为正根时，即 $x>0$，则有 $m|x|-x-m=mx-x-m=(m-1)x-m=0$.

由此可得 $x=\dfrac{m}{m-1}>0$，由于 $m>0$，则 $m-1>0$，即 $m>1$.

当 x 为负根时，即 $x<0$，则有 $m|x|-x-m=-mx-x-m=-(m+1)x-m=0$.

由此可得 $x=-\dfrac{m}{m+1}<0$，当 $m>0$ 时恒成立.

二者求交集得 $m>1$.

故条件(1)不充分，条件(2)充分.

21. B

【解析】母题 70·数据的图表分析

$80\sim 90$ 与 $90\sim 100$ 分数段的人数分别有 $60\times 10\times 0.025=15$(名)，$60\times 10\times 0.005=3$(名).

条件(1)：当 $m=1$ 时，只有一名学生，这一人必然在同一分数段，则在不同分数段的概率为 0，故条件(1)不充分.

条件(2)：当 $m=2$ 时，要使他们在不同分数段，应在 $80\sim 90$ 和 $90\sim 100$ 分数段各选 1 名，即 $C_{15}^1 C_3^1$；从 80 分以上的学生中选 2 名，有 C_{18}^2 种情况，故 2 名学生在不同分数段的概率为 $\dfrac{C_{15}^1 C_3^1}{C_{18}^2}=\dfrac{5}{17}$，条件(2)充分.

22. B

【解析】母题 29·其他分式的化简求值

由两个条件均可知，$x\neq 0$，$y\neq 0$，故 $xy\neq 0$，分子分母同时除以 xy，得

$$\dfrac{2x-3xy-2y}{x-2xy-y}=\dfrac{2\dfrac{1}{y}-3-2\dfrac{1}{x}}{\dfrac{1}{y}-2-\dfrac{1}{x}}=\dfrac{2\left(\dfrac{1}{y}-\dfrac{1}{x}\right)-3}{\left(\dfrac{1}{y}-\dfrac{1}{x}\right)-2}=3\text{，解得 }\dfrac{1}{y}-\dfrac{1}{x}=3.$$

故条件(1)不充分，条件(2)充分.

23. A

【解析】 母题 82·古典概型

条件(1)：5 封信随机投入甲，乙两个空信箱中，有 2^5 种方法．若一个信箱中没有信，则只有把信全放进甲信箱和全放进乙信箱两种情况，故所求概率为 $1-\dfrac{2}{2^5}=\dfrac{15}{16}$，故条件(1)充分．

条件(2)：从余下的 4 支球队中选一支和 2 支强队分在一组 $C_2^2 C_4^1$，余下 3 队在一组 C_3^3，故 2 个强队被分在同一组的分法有 $C_2^2 C_4^1 C_3^3$ 种情况．

6 个队任意分成 2 组，均匀分配，考虑消序，有 $\dfrac{C_6^3 C_3^3}{A_2^2}$ 种情况．

故所求概率 $P=\dfrac{C_2^2 C_4^1 C_3^3}{\dfrac{C_6^3 C_3^3}{A_2^2}}=\dfrac{2}{5}$，故条件(2)不充分．

24. B

【解析】 母题 71·排列组合的基本问题

已知，$\dfrac{1}{2}C_{10}^5=126$.

条件(1)：满足情况的票面总值共有 50，60，70，80，90 五种．

① 50 元：10＋10＋10＋10＋10＝50，共有 $C_5^5=1$（种）；

② 60 元：20＋10＋10＋10＋10＝60，共有 $C_3^1 C_5^4=15$（种）；

③ 70 元：20＋20＋10＋10＋10＝70，共有 $C_3^2 C_5^3=30$（种）；

④ 80 元：20＋20＋20＋10＋10＝80，共有 $C_3^3 C_5^2=10$（种）；

⑤ 90 元：50＋10＋10＋10＋10＝90，共有 $C_2^1 C_5^4=10$（种）．

所以，共有 1＋15＋30＋10＋10＝66（种），故条件(1)不充分．

条件(2)：比条件(1)多了票面总值为 100 元的情况．

⑥ 100 元：50＋20＋10＋10＋10＝100，共有 $C_2^1 C_3^1 C_5^3=60$（种）．

所以，共有 66＋60＝126（种），故条件(2)充分．

25. A

【解析】 母题 69·解析几何最值问题

由于 $\dfrac{y}{x+2}=\dfrac{y-0}{x-(-2)}$，其几何意义为连接动点 $P(x,y)$ 与定点 $(-2,0)$ 所形成的直线的斜率．

设过点 $(-2,0)$ 的直线方程为 $y=k(x+2)$，即 $kx-y+2k=0$．

画图易知，当直线和圆相切时，$k=\dfrac{y}{x+2}$ 取到最值，此时圆心到直线的距离等于半径．

条件(1)：圆心 $(0,0)$ 到直线的距离等于半径 1，则有 $\dfrac{|2k|}{\sqrt{k^2+1}}=1$，解得 $k=\pm\dfrac{\sqrt{3}}{3}$．因此 $\dfrac{y}{x+2}=\dfrac{y-0}{x-(-2)}$ 的最大值为 $\dfrac{\sqrt{3}}{3}$，故条件(1)充分．

条件(2)：画图易知，连接 $(-2,0)$ 与圆心 $(1,4)$，所形成的直线斜率为 $\dfrac{4}{3}$，大于 $\dfrac{\sqrt{3}}{3}$．此时并非斜率的最大值，故斜率的最大值大于 $\dfrac{\sqrt{3}}{3}$，故条件(2)不充分．

三、逻辑推理

26. A

【解析】母题 16・因果型削弱题

题干：女性的焦虑程度高 —导致→ 完成任务的质量差。

A项，另有他因，说明是因为对任务不熟悉才导致完成任务的质量差。

B项，支持题干，说明焦虑会影响思考。

C项，说明女性焦虑有恶果，但与完成任务无关，无关选项。

D项，支持题干，说明越焦虑越容易出错。

E项，无关选项，题干不涉及男性与女性的比较。

27. E

【解析】母题 19・论证型支持题

题干：格陵兰岛地下埋藏着蛇纹石 —证明→ 格陵兰岛在远古时期可能是一块海底大陆。

A项，无关选项，题干讨论的是格陵兰岛的形成，不是目前的状况。

B项，将这些蛇纹石与伊苏亚地区发现的蛇纹石进行类比，但这两个类比对象的相似之处仅仅在于"年代相似"，因此，这个类比未必能得出"格陵兰岛在远古时期是一块海底大陆"的结论，支持力度较弱。

C项，说明蛇纹石中"碳的形状"类似于"早期的海洋微生物"，这可能仅仅是一种形状上的相似，不代表蛇纹石存在于海底。

D项，地球上绝大部分地区是海洋，不代表格陵兰岛原先是海洋，且选项与"蛇纹石"无关。

E项，搭桥法，将"蛇纹石"与"海底大陆"之间建立联系，由此可证明结论。

28. C

【解析】母题 37・方位题

题干已知下列信息：

(1)甲坐在1号座椅右边第2张座椅上。

(2)乙坐在5号座椅左边第2张座椅上。

(3)丙坐在3号座椅左边第1张座椅上。

(4)丁坐在2号座椅左边第1张座椅上。

(5)丙坐在1号座椅上。

根据题干信息(3)、(5)、(1)可得下图3-4：

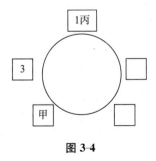

图 3-4

故甲不能坐在1号和3号座椅上。
①假设甲坐在2号座椅上,根据题干信息(4)可知,丁坐在3号座椅上。根据题干信息(2)可知,乙没有合适的座椅可以坐,不符合题干。
②假设甲坐在4号座椅上,根据题干信息(4)可得图3-5:

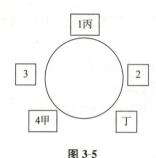

图3-5

故丁坐在5号座椅上,根据题干信息(2)可知,乙坐在3号座椅上,那么戊坐在2号座椅上,符合题干。
③假设甲坐在5号座椅上,那么根据题干信息(2)可知,乙坐在1号座椅上,与题干信息(5)冲突,不符合题干。
故C项正确。

29. B

【解析】母题5·箭头的串联
将题干信息整理如下:
①有的青少年的犯罪行为→法制意识的缺失。
②有的青少年的犯罪行为→个人道德败坏。
③有的不理智的过激行为→法制意识的缺失∧个人道德败坏。
④青少年的犯罪行为→给社会和家庭带来了伤害。
由题干信息①、④得:⑤有的法制意识的缺失→青少年的犯罪行为→给社会和家庭带来了伤害。
由题干信息②、④得:⑥有的个人道德败坏→青少年的犯罪行为→给社会和家庭带来了伤害。
A项,有的法制意识的缺失不是青少年的犯罪行为,与题干信息⑤为下反对关系,可真可假。
B项,所有个人道德败坏,都不是青少年的犯罪行为,是题干信息⑥的矛盾命题,为假。
C项,有的法制意识的缺失的行为,给社会和家庭带来了伤害,由题干信息⑤知为真。
D项,有的有法制意识的行为给社会和家庭带来了伤害,由题干信息⑤知,没有箭头指向,可真可假。
E项,由题干无法确定是否有"其他原因",可真可假。

30. B

【解析】母题5·箭头的串联
将题干信息形式化:
①1→2∧¬5。
②2∨5→¬4。
③¬(¬3∧4),等价于:3∨4,又等价于:¬4→3。
④¬5→6。
⑤1。

由题干信息⑤、①、④可知：1→2∧¬5→6，故2号转动，5号停，6号转动。

由题干信息⑤、①、②、③可知：1→2→¬4→3，故4号停，3号转动。

综上所述，同时转动的三个齿轮为：2号、3号、6号。

故B项正确。

31. B

【解析】母题22·论证型假设题

题干：商代晚期的妇好墓中出土了一件俏色玉龟 —证明→ 俏色工艺最早始于商代晚期。

B项，必须假设，取非法，否则俏色工艺始于更古老的朝代。

其余各项均为无关选项。

32. C

【解析】母题22·论证型假设题与搭桥法

题干：不能被验证为真，因此，无法知道其真实性。

搭桥法：不能被验证为真→无法知道其真实性，等价于：知道其真实性→能够被验证为真，故C项正确。

A项，能够被验证为真→知道其真实性，混淆充分必要条件。

其余各项显然不正确。

33. E

【解析】母题1·充分与必要

将题干信息形式化：父亲能卷舌头∨母亲能卷舌头→孩子能卷舌头。

由箭头指向原则可知，"孩子能卷舌头"后面无箭头指向，无法推出任何信息，因此，无法断定其父母的情况。

故正确答案为E项。

34. E

【解析】母题30·评论逻辑漏洞

前提：①吃胶质奶糖和巧克力都可能导致蛀牙。

②胶质奶糖或巧克力粘在牙齿上的时间越长，则引起蛀牙的风险越大。

③巧克力粘在牙齿上的时间比胶质奶糖短。

结论：对于引起蛀牙来说，吃胶质奶糖比吃巧克力的风险更大。

题干的论证漏洞在于前提是对吃胶质奶糖这一事件进行内部比较或者对吃巧克力这一事件进行内部比较，而结论是对吃巧克力和吃胶质奶糖这两件事进行比较，故E项评价准确。

A项，显然评价不恰当。

B项，评价不恰当，题干没有涉及胶质奶糖和巧克力的类型。

C项，评价不恰当，题干并未假设只有吃含糖食品才会导致蛀牙。

D项，评价不恰当，此项论证的是海拔高度与空气稀薄程度的比较，不存在漏洞。

E项，评价恰当，此项论证的前提是对火灾或者地震的内部比较，结论是对地震和火灾两种情况的比较。

35. A

【解析】母题 28·一般推论题

题干：

①避免空间灾难的最好方法是使行星的运行轨道发生一定的偏斜。

②使行星的运行轨道发生偏斜的唯一方法是使用储存在空间站中的核武器对行星进行袭击。

Ⅰ项，显然可以推出。

Ⅱ项，不正确，因为核技术是避免行星撞击地球的唯一方法，不代表它是"防止空间灾难"的唯一方法。

Ⅲ项，题干的背景是尽其所能来减小行星与地球碰撞的概率，并没有提及是否已经发生碰撞。

故 A 项正确。

36. A

【解析】母题 33·评价题

题干：没有一个主要公众阶层想放松环境法 —证明→ 立法者可以在不疏远任何有影响力的特殊利益集团的同时对公众意愿作出回应。

题干隐含的假设是"主要公众阶层"的想法与"有影响力的特殊利益集团"的想法不冲突，即 A 项对评价题题干陈述的逻辑性最有用，搭桥法。

其余各项均为无关选项。

37. B

【解析】母题 40·复杂匹配与题组

根据题干可知，这些学员被分成 3 组，每组 3 人，每组至少有 1 个 MPAcc 学员，所以 MPAcc 学员按 1、1、2 分组，那么 MBA 学员应该按 2、2、1 分组。

根据条件(2)可知，若 F 在第 1 组，那么 J 也在第 1 组。故排除 C 项。

又知第 1 组最多只能有 2 位 MBA 学员，故 H 不在第 1 组。再由条件(5)可知，H 也不在第 2 组，故 H 只能在第 3 组。

A 项，若 G 和 K 在第 3 组，由于 H 也在第 3 组，违反条件(1)。

D 项，若 K 和 R 在第 1 组，则第 1 组有 F、J、K、R 共 4 人，不成立。

E 项，显然违反条件(4)。

故 B 项正确。

38. B

【解析】母题 40·复杂匹配与题组

因为 G 是第 1 组中唯一的 MBA 学员，根据条件(5)可知，H 在第 3 组。

由条件(2)可知，F、J 都在第 2 组。

由于 MBA 学员按 2、2、1 分组，故 K 在第 3 组。

故 B 项正确。

39. C

【解析】母题 28·一般推论题

将题干信息形式化：

①种子→开花，等价于：不开花→无种子。

②俄罗斯龙蒿→开花。

③法国龙蒿→不开花,等价于:开花→不是法国龙蒿。

④俄罗斯龙蒿的叶子没有那种使法国龙蒿成为理想的调味品的独特香味。

将题干信息①、③串联可得:<u>种子→开花→不是法国龙蒿</u>,故 C 项为真。

A 项,不能推出,题干没有对两种龙蒿令人喜爱的程度进行比较。

B 项,不能推出,题干只提到两种龙蒿叶子的香味,没有涉及花的香味。

D 项,不能推出,题干只提到俄罗斯龙蒿和法国龙蒿,但并不代表不存在其他种类的龙蒿。

E 项,不能推出,太过于绝对化。

40. D

【解析】母题 20·猜结果型支持题

题干:GIF 制作简单,兼容性强,在邮件中可以增加视觉冲击力 $\xrightarrow[\text{推测}]{}$ 在邮件中插入 GIF,更能吸引用户的目光,增加用户的点击率。

A 项,转移论题,题干讨论的是"在邮件中插入 GIF",并非"个性化营销邮件"。

B 项,无关选项,由"过去"没有插入 GIF 的个性化营销邮件也取得过成功,无法判断插入 GIF 后会不会有更大的成功。

C 项,削弱题干,说明在邮件中插入 GIF 不会吸引某一类人的目光。

D 项,提供对比实验,说明在邮件中插入 GIF 确实能给企业带来更多的收入,支持题干的结论。

E 项,在邮件中插入 GIF 在技术上较难实现,略削弱题干但力度不大,因为也可能可以实现。

41. D

【解析】母题 20·因果型支持题(求异法)

研究者使用<u>求异法</u>得出观点:弓形虫感染有可能是导致包括"路怒症"在内的 IED 心理疾病的罪魁祸首。

A 项,说明弓形虫感染让老鼠变得大胆,类比支持题干中研究者的观点。

B 项,说明弓形虫是引发攻击行为的原因,可以支持题干中研究者的观点。

C 项,无因无果,说明在实施了抗虫感染治疗后冲动行为减少,可以支持题干中研究者的观点。

D 项,<u>有因无果</u>,说明猫感染了弓形虫但是没有引发攻击行为,削弱题干中研究者的观点。

E 项,补充论据,说明弓形虫感染与人的冲动行为有关,可以支持题干中研究者的观点。

42. C

【解析】母题 19·论证型支持题

题干:由于一种新的电池装置技术的出现,手机在几分钟内充满电很快就会变成现实 $\xrightarrow[\text{证明}]{}$ 超级电容器将会替代传统电池。

A、B、D、E 项从储存电能大、循环使用次数多、充电耗电少、供电时间长、轻便耐用等方面说明了超级电容器相比传统电池的优势,可以支持题干的结论。

C 项,说明超级电容器为汽车带来了便利,不涉及相比传统电池的优势,无关选项。

故本题正确答案为 C 项。

43. B

【解析】母题 26·解释现象

待解释的现象：被广泛地排水和开发的多草湿地对鸭子、鹅、天鹅及其他绝大多数水禽的筑巢和孵化是必不可少的，但是鸭类的数目在此期间显著下降，而天鹅和鹅的数目却未受明显的影响。

A项，不能解释，禁止捕猎水鸟对鸭类、鹅、天鹅起到的作用是等同的，不会造成题干中的差异。

B项，可以解释，说明鹅类、天鹅筑巢和孵化的地区未被开发，而鸭类筑巢和孵化的地区被开发了，所以鸭类数目受影响。

C项，不能解释，食物问题对鸭类、鹅、天鹅起到的作用是等同的，不会造成题干中的差异。

D项，不能解释，此项说明鹅类和天鹅数目应受到影响，加剧了题干的差异。

E项，不能解释，此项说明鹅类和天鹅数目应受到影响，加剧了题干的差异。

44. A

【解析】母题15·论证型削弱题

题干：当代亚洲女性在网购服饰、化妆品方面的决定权为88%，在网购家居用品方面的决定权为85% $\xrightarrow{证明}$ 那些喜爱网购的亚洲女性在家庭中拥有更大的控制权。

A项，网购支出仅占家庭消费支出的25%，占比较小，女性仅通过控制网购支出起不到在家庭中拥有更大的控制权的作用，即<u>题干的论据不充分</u>，削弱题干。

B项，题干讨论的对象是"喜爱网购的亚洲女性"，而非全体女性，无关选项。

C项，无法得知贵重物品是否网购，以及其所占的比重，不能削弱。

D项，无关选项，经济是否独立与其在家庭中的控制权无关。

E项，无关选项。

45. C

【解析】母题17·措施目的型削弱题

题干：野生大熊猫的数量正在迅速减少 $\xrightarrow{导致}$ 应把现存的野生大熊猫捕捉起来，并放到世界各地的动物园里去 $\xrightarrow{以求}$ 保护该物种。

A、B项，支持题干，说明该项措施有助于增加大熊猫的数量，从而说明大熊猫在动物园的优势。

C项，在野生大熊猫的栖息地以外(动物园)，很难弄到大熊猫唯一的食物(竹子)，说明该措施会使大熊猫面临食物危机，可能会造成大熊猫数量的进一步减少，削弱力度大。

D项，说明在动物园里养熊猫不足以提高大熊猫的数量，但也不至于使其减少，削弱力度小。

E项，无关选项。

46. B

【解析】母题40·复杂匹配与题组

根据题干条件(1)、(2)可知，小白最初手里的花不是白色、黄色、蓝色，故小白最初手里的花是紫色的。

同理，小蓝最初手里的花不是紫色、蓝色、白色的，故小蓝最初手里的花是黄色的。

由此可知，小黄最初手里的花是蓝色的，小紫最初手里的花是白色的。

故B项正确。

47. A

【解析】母题5·箭头的串联

将题干信息符号化：
①歌曲 A∨歌曲 B=￢歌曲 B→歌曲 A。
②￢相声 C∨￢相声 D=￢歌曲 A=歌曲 A→相声 C∧相声 D。
③￢相声 C→￢魔术 F。
④歌曲 B→舞蹈 E=￢舞蹈 E→￢歌曲 B。
⑤￢舞蹈 E。
将题干信息⑤、④、①、②串联得：￢舞蹈 E→￢歌曲 B→歌曲 A→相声 C∧相声 D，即歌曲 A 能通过，歌曲 B 不能通过，相声 C 能通过，相声 D 能通过，舞蹈 E 不能通过，魔术 F 是否能通过无法确定。
故 A 项正确。

48. C

【解析】母题 39·简单匹配题
题干已知下列信息：
①向东的路通向智慧酒店。
②向南的路不通向智慧酒店。
③前两句话为真。
④去酒店的路和木牌上的真话都是唯一的。
⑤可去的路为向东、向南和向北。
假设题干信息③为真，则题干信息①、②也为真，则不符合题干信息④，故题干信息③为假，即题干信息①、②一真一假。
假设题干信息①为真、题干信息②为假，那么得出，向东的路通向智慧酒店，向南的路也通向智慧酒店，不符合题干信息④，假设错误。故题干信息①为假、题干信息②为真，即向东的路不通向智慧酒店，向南的路不通向智慧酒店。
根据题干信息⑤可知，向北的路为通向智慧酒店的路。
故 C 项正确。

49. C

【解析】母题 39·简单匹配题
题干已知下列条件：
①四个学生甲、乙、丙、丁中有一位在玩《和平精英》，一位在玩《王者荣耀》，一位在玩《第五人格》，另一位在看《老吕逻辑》。
②乙不在玩《和平精英》，也不在看《老吕逻辑》。
③甲不在玩《第五人格》，也不在玩《和平精英》。
④￢乙在玩《第五人格》→丙在玩《和平精英》。
⑤丁不在看《老吕逻辑》，也不在玩《和平精英》。
由条件①、②、③、⑤可知，丙在玩《和平精英》。
由条件④可知，乙在玩《第五人格》。
由条件⑤可知，丁在玩《王者荣耀》，那么甲在看《老吕逻辑》。
故 C 项正确。

50. C

【解析】母题15·论证型削弱题

题干：最好的晶体管扩音机与最好的电子管扩音机在通常测量评价扩音机的音乐再现质量方面的性能是一样的 —证明→ 音乐爱好者认为最好的电子管扩音机播放音乐更好听仅仅是他们的想象。

A项，仅凭耳听不能区分正在播放的音乐是在好的晶体管扩音机里播放还是在好的电子管扩音机里播放，这说明题干中音质的差异不是事实而是想象，支持题干。

B项，题干只比较"最好的晶体管扩音机与最好的电子管扩音机音乐再现质量方面的性能"，音乐再现质量的变化范围与这一比较无关。

C项，说明音乐爱好者听到了不能被检测出来的特性，削弱题干。

D项，无关选项，题干只比较音效，没有比较"用电量"和"热量"。

E项，"有些"电子管扩音机的情况与"最好的晶体管扩音机"的情况无关，不能削弱。

51. D

【解析】母题39·简单匹配题

题干已知下列信息：

①今年决赛中，N是甲队的主教练。

②今年决赛中，T是丁队的主教练。

③甲队此前每次夺得该项桂冠的赛季都曾战胜过T教练所在的球队。

④过去4年间，丁队在N教练的指导下，每隔一年就能夺得冠军。

⑤去年丁队没有夺冠。

根据题干信息④、⑤可知，丁队前年夺冠了，故本题正确答案为D项。

其余各项与题干均不矛盾。

52. E

【解析】母题5·箭头的串联

将题干信息整理如下：

①橙黄∨墨绿。

②橙黄→¬天蓝。

③铁青→天蓝。

④墨绿∨铁青。

由题干信息④可知，墨绿和铁青只能且必须使用其中一种。

假设使用铁青，则不使用墨绿，那么，由题干信息③可知，使用天蓝，由题干信息②可知，不使用橙黄，由题干信息①可知，使用墨绿，矛盾。

因此，使用墨绿，不使用铁青。

故E项正确。

53. C

【解析】母题38·数字推理题

题干已知下列信息：

(1)甲说他手里的两数相加为10，则甲拿的可能是1和9，2和8，3和7，4和6。

(2)乙说他手里的两数相减为1。

(3)丙说他手里的两数之积为24,则丙拿的可能是3和8,4和6。

(4)丁说他手里的两数之商为3,则丁拿的可能是1和3,2和6,3和9。

若丙拿的是3和8,那么丁拿的是2和6,因此,甲拿的1和9,剩余的数字为4、5、7,则乙拿的是4和5,剩下没人拿的数字则为7。

若丙拿的是4和6,那么分为两种情况:①若丁拿的是1和3,则甲拿的是2和8,剩余的数字为5、7、9,则乙拿的数字不满足题干要求。②若丁拿的是3和9,则甲拿的是2和8,剩余的数字为1、5、7,同上,乙拿的数字不满足题干要求。

故正确答案为C项。

54. B

【解析】母题15·论证型削弱题

张教授:主要用于教学和科研的医科大学附属医院的费用是极高的,因此,若医院都是私人企业,都要靠利润才能维持的话,这样的医院就要关门了。

李研究员:医科大学附属医院能够有效地处理许多疑难病症,因此,这样的医院不会关门。

A项,说明医师要求的工资高,那么医院的利润会减少,支持张教授。

B项,说明医科大学附属医院处理疑难病症能获取更多利润,支持李研究员。

其余各项均为无关选项。

55. D

【解析】母题16·因果型削弱题

反对者的观点:迷走神经兴奋性的提高和交感神经反应性的降低才是引发哮喘病的原因,与患者的情绪问题无关。

A项,"身体疾病"与"哮喘病"不是同一概念,转移论题。

B项,题干讨论的是引发哮喘病的原因,而非哮喘病发作的结果,无关选项。

C项,无关选项,"消极情绪是普遍存在的问题"不代表"消极情绪是引发哮喘病的原因"。

D项,说明消极情绪会提高患者迷走神经的兴奋性并降低交感神经的反应性,从而引发哮喘病,削弱题干中反对者的观点"哮喘病与患者的情绪问题无关"。

E项,无关选项。

四、写作

56. 论证有效性分析

【谬误分析】

①网上购物与线下购物的区别在于购物方式的不同,前者通过网络,后者通过实体店铺,使人上瘾的可能并非购物方式而是购物本身。

②材料认为"网上购物稍不注意克制,就容易超出自己所需""家里就会堆积不少用不到的网购物品",但这一观点缺少论据支持。

③"网购商品以及其包装箱都长期不同程度地释放出有害的物质污染空气"缺少论据支持,而且,即使这些商品确实存在污染,那也是商品本身存在问题,而不是购物方式的问题。

④材料的一些论证依赖于"网络环境下存在信息不对称的情况"这个前提,但随着网购评价体系

的完善,消费者能看到商品的评价,反而增加了网购的透明度。而线下购物因为无法看到商品的评价,也存在信息不对称的情况。因此,无法由这一点断定网上购物不如线下购物。

⑤由"信息不对称"这一前提,最多只能推断出"有一些"消费者喜欢购买低价商品,但并不能推断所有消费者都是如此。因此,"劣币驱逐良币"的后果未必会出现。

⑥网上购物确实存在一些劣势和风险,但材料仅看到网上购物不足的一面,却没有看到网上购物给大家带来的便利,所以其结论难以让人信服。而且,当面交易也有其不足的一面。

⑦材料认为,如果确实需要网上购物,应该理性选择有信誉的大平台、选择好评度高的商家,与前文对网上购物一概否定的态度自相矛盾。

理性的人应该拒绝网上购物吗?

上述材料试图用一系列论述,从而得出"理性的人应该拒绝网上购物"的结论。看似有理,实则有失偏颇,分析如下:

首先,材料通过"网上购物容易上瘾"论证"理性的人应该拒绝网上购物"。难道线下购物就不存在"上瘾致使物品囤积"的问题吗?网上购物与线下购物的区别在于购物方式的不同,前者通过网络,后者通过实体店铺,很可能使人上瘾的并非购物方式而是购物本身。

其次,"网购商品以及其包装箱都长期不同程度地释放出有害的物质污染空气"缺少论据支持,而且,即使这些商品确实存在污染,那也是商品本身存在问题,而不是购物方式的问题。

再次,材料中的一些论证依赖于"网络环境下存在信息不对称的情况"这个前提,但随着网购评价体系的完善,消费者能看到商品的评价,反而增加了网购的透明度。而线下购物因为无法看到商品的评价,也存在信息不对称的情况。因此,无法由这一点断定网上购物不如线下购物。

然后,价格的高低并不直接说明质量的高低,线上和线下市场都不乏以次充好、低买高卖的现象,但同时也有不少物美价廉的商品,怎能说"消费者喜欢低价商品使得质量好的商品失去存活空间了呢?"

最后,尽管网络交易存在损坏风险、金融风险和售后服务风险等,那当面交易就不存在这些风险了吗?显然不是。当面交易也需要配送、支付和售后服务,这些过程或多或少都存在着风险。进一步说,有劣势、有风险的事情就要全盘否定吗?网络购物存在风险的同时,也给人们的生活带来了便利。

所以,上述论证存在诸多逻辑问题,难以得出"理性的人应该拒绝网上购物"的结论。

57. 论说文

用合理方法来践行环保

　　当前我国经济迅猛发展，但是在此过程中，资源浪费和环境破坏也随之成为不可忽视的问题，而全国"两会"上的一个"小标签"，却轻松地解决了会议用水的浪费问题，这给了我们一个启示：应当用合理有效的方法来践行环保。

　　践行环保可以给我们带来更大的远期利益。为践行环保，企业需要进行设备更新、改革生产流程等，这些行为看似增加了企业的运营成本，但是从长期来看，这些行为不仅仅是为了节约资源以保护环境，更是为企业增加了"品牌价值"——这些环保行为可以帮助企业建立一个更具社会责任感的正面形象，而这种形象又使得消费者也更愿意去选择该企业的产品，长此以往便形成了"企业价值增加—客户认同提升"的良性循环，更有利于企业在激烈的市场中进行差异化竞争，进而取得更大的经济利益。

　　如果不去践行环保，则有可能会导致"公共地悲剧"。经济学上有一个著名的"公共地悲剧"理论，指的是有限的资源注定因自由使用和不受限的要求而被过度剥削。由于每一个个体都企求扩大自身可使用的资源，最终就会因资源有限而引发冲突，进而损害所有人的利益。而整个地球环境实质上就是一个我们全人类所共有的资源，浪费资源、乱排乱放固然使得个人或企业的利益得到了部分满足，但这种行为所产生的代价却是由全人类共同承担的，干净的水土资源是有限的，而全人类的不环保的行为却是持续发生的。长此以往，如果我们不能践行环保，那地球毁灭将不再是故事而是事实。

　　因此，我们应当运用合理的方法来践行环保。公司治理不可"一刀切"，环境保护也不应当"简单粗暴"，因为严刑处理不环保行为有可能会适得其反。两会上的"小标签"之所以起到了作用，是因为其用正向引导的方式给予了参会者解决方法。同样的，国家其实也可以制定有关环保的鼓励性政策，例如给予环保企业相应的减税政策，并且通过建立示范企业的途径扶持更多企业用合理有效的方法来践行环保。

　　"小标签"可以解决"大问题"，而如果社会中的每一个个体和企业都能以合理的方法来践行环保，环保问题将不再是问题。

绝密★启用前

全国硕士研究生招生考试
管理类专业学位联考综合能力试题
冲刺卷 4

(科目代码：199)

考试时间：8：30—11：30

考生注意事项

1. 答题前，考生须在试题册指定位置上填写考生姓名和考生编号；在答题卡指定位置上填写报考单位、考生姓名和考生编号，并涂写考生编号信息点。
2. 选择题的答案必须涂写在答题卡相应题号的选项上，非选择题的答案必须书写在答题卡指定位置的边框区域内。超出答题区域书写的答案无效；在草稿纸、试题册上答题无效。
3. 填(书)写部分必须使用黑色字迹签字笔或者钢笔书写，字迹工整、笔迹清楚；涂写部分必须使用2B铅笔填涂。
4. 考试结束，将答题卡和试题册按规定交回。

考生编号														
考生姓名														

一、**问题求解**：第 1～15 小题，每小题 3 分，共 45 分。下列每题给出的 A、B、C、D、E 五个选项中，只有一项是符合试题要求的。请在答题卡上将所选项的字母涂黑。

1. 某玩具商城最近开展了一波大促销活动，该商场将一套最受欢迎的遥控飞机按原价提高 50%，在此基础上再进行七折优惠，在该方案下，每售出一套可获利 125 元．已知该遥控飞机的进价为 400 元，那么按该方案售出一套遥控飞机比按原价售出（　　）．
   A. 多赚 20 元　　B. 多赚 25 元　　C. 少赚 20 元　　D. 多赚 30 元　　E. 多赚 35 元

2. 已知 $2\log_5 6 \cdot \log_6 12 \cdot \log_{12} 6 \cdot \log_{36} P = 3$，则 $P = $（　　）．
   A. 25　　B. 36　　C. 125　　D. 144　　E. 150

3. 某工程队修一段路，共长 5 600 米，已知好天气时每天能修 1 000 米，坏天气时每天修 600 米．若平均每天修 700 米，则这几天中坏天气有（　　）天．
   A. 3　　B. 4　　C. 5　　D. 6　　E. 7

4. 一次足球比赛，采用积分制，胜一场得 9 分，平局得 5 分，负一场得 2 分．某队共比赛 10 场，且胜、负、平都有，共得 61 分，那么该队最多胜（　　）场．
   A. 2　　B. 3　　C. 4　　D. 5　　E. 6

5. 设 a，b，c 是三个不同的正实数．若 $\dfrac{b}{a} = \dfrac{c}{a+b} = \dfrac{a-c}{b}$，则有（　　）．
   A. $2a = b$　　B. $2b = c$　　C. $2a = c$　　D. $3b = 2c$　　E. $3a = 2b$

6. 等差数列 $\{a_n\}$ 的前 m 项和为 20，前 $3m$ 项和为 150，则它的前 $2m$ 项和为（　　）．
   A. 60　　B. 70　　C. 80　　D. 90　　E. 100

7. 已知实数 a 满足 $a + \sqrt{a^2} + \sqrt[3]{(-a)^3} = 1$，则 $|a-1| + |a+1| =$（　　）．
   A. 0　　B. 1　　C. 2　　D. 3　　E. 4

8. 已知 x 为正整数，且 $6x^2 - 19x - 7$ 的值为质数，则这个质数为（　　）．
   A. 2　　B. 7　　C. 11　　D. 13　　E. 17

9. 已知直线 l 与圆 $(x-1)^2 + (y-a)^2 = 1$ 相切，且过点 $A(-1, 0)$，$B(0, 2)$，则 $a =$（　　）．
   A. $4 \pm \sqrt{5}$　　B. $4 + \sqrt{5}$　　C. $4 - \sqrt{5}$　　D. $-4 \pm \sqrt{5}$　　E. $-4 + \sqrt{5}$

10. 某网店规定，购买的商品重量在 10 kg 以内免邮费，超过 10 kg 的部分，每千克附加商品总价的 1.5%．已知某位客户购买了 20 kg 的商品，共付了 30 元快递费，则该客户购买的商品总价为（　　）元．
    A. 140　　B. 160　　C. 180　　D. 200　　E. 220

11. x_1，x_2 是方程 $6x^2 - 7x + a = 0$ 的两个实数根，若 $\dfrac{x_1}{x_2^2}$，$\dfrac{x_2}{x_1^2}$ 的几何平均值是 $\sqrt{3}$，则 a 的值是（　　）．
    A. -1　　B. 0　　C. 1　　D. 2　　E. 3

12. 等差数列 $\{a_n\}$ 的前 n 项和为 S_n，若 $a_1 = 3$，$S_3 = 15$，则 $a_6 = $（　　）．
    A. 12　　B. 13　　C. 14　　D. 15　　E. 16

13. 已知 m,n 均是非负数，$\sqrt{3}$ 是 3^m 与 3^n 的等比中项，则 $\dfrac{1}{m}+\dfrac{1}{n}$ 的最小值为（   ）．

    A. 2   B. 4   C. 5   D. 6   E. 7

14. 一枚质地均匀的色子，六个面的点数分别为 1，2，3，4，5，6，先后抛掷两次，设第一次正面朝上的点数为 a，第二次正面朝上的点数为 b，则 $2a=b$ 的概率为（   ）．

    A. $\dfrac{1}{12}$ B. $\dfrac{1}{9}$ C. $\dfrac{1}{6}$ D. $\dfrac{1}{18}$ E. $\dfrac{5}{12}$

15. 3 名同学去看电影，已知 3 人坐在同一排，一排共有 7 个座位，则 3 名同学两两均不相邻的坐法共有（   ）种．

    A. 30   B. 44   C. 50   D. 56   E. 60

二、**条件充分性判断**：第 16～25 小题，每小题 3 分，共 30 分。要求判断每题给出的条件（1）和条件（2）能否充分支持题干所陈述的结论。A、B、C、D、E 五个选项为判断结果，请选择一项符合试题要求的判断，在答题卡上将所选项的字母涂黑。

   A. 条件(1)充分，但条件(2)不充分．

   B. 条件(2)充分，但条件(1)不充分．

   C. 条件(1)和条件(2)单独都不充分，但条件(1)和条件(2)联合起来充分．

   D. 条件(1)充分，条件(2)也充分．

   E. 条件(1)和条件(2)单独都不充分，条件(1)和条件(2)联合起来也不充分．

16. 两圆柱的侧面积相等，则体积之比为 2：1．

    (1) 底面半径分别为 8 和 4．

    (2) 底面半径之比为 2：1．

17. 某工厂现有工人 3 500 人，预计两年后工人数量将增加 4.8%，那么该工厂现有男性工人 1 500 人．

    (1) 男性工人将增加 6%，女性工人将增加 3.2%．

    (2) 男性工人将增加 4%，女性工人将增加 5.4%．

18. 已知数列 $\{a_n\}$ 是等差数列（$d\neq 0$），且有 $a_1=25$，$S_{17}=S_9$，那么 $S_T=169$．

    (1) $T=13$．

    (2) 数列 $\{a_n\}$ 的前 n 项和的最大值为 S_T．

19. 点 $M(x,y)$ 的坐标满足 $|x+y|<|x-y|$．

    (1) 点 M 在第二象限．

    (2) 点 M 在第三象限．

20. 某车间共有 7 名员工，现需从男员工中挑出 2 人，女员工中挑出 1 人参加运动会，分别参加 100 米、200 米、跳高三种项目，则共有 120 种不同选法．

    (1) 男员工共有 3 人．

    (2) 女员工共有 3 人．

21. 直线 l：$2mx-y-8m-3=0$ 和圆 C：$(x-3)^2+(y+6)^2=25$ 相交．

    (1) $m>0$．

    (2) $m<0$．

22. $|x+1|\leqslant 3$．

    (1) $|x+2|\leqslant 3$．

    (2) $|x-1|\leqslant 2$．

23. $\dfrac{a^3}{a^6+1}=\dfrac{1}{18}$．

    (1) $a^2-3a+1=0$．

    (2) $a^2+3a+1=0$．

24. 现有 6 套不同的衣服，分给三个人，则共有 90 种分法．

    (1) 三个人每人分两套．

    (2) 一人分得四套，另外两人每人一套．

25. 一个袋子中含有若干个只有颜色不同的小球，有放回地取球，每次取一个球．若定义一个函数
    $a_n=\begin{cases}1,\text{第 }n\text{ 次取到白球，}\\-1,\text{第 }n\text{ 次取到黑球，}\end{cases}$ 数列 $\{a_n\}$ 的前 n 项和为 S_n，则 $S_6=2$ 的概率为 $\dfrac{20}{243}$．

    (1) 袋中有 2 黑 1 白共 3 个小球．

    (2) 袋中有 1 黑 2 白共 3 个小球．

三、逻辑推理：第 26～55 小题，每小题 2 分，共 60 分。下列每题给出的 A、B、C、D、E 五个选项中，只有一项是符合试题要求的。请在答题卡上将所选项的字母涂黑。

26. 卫计委的官员们对××县狂犬病疫情有以下断定：

    (1) 该县所有的狗都得了狂犬病。

    (2) 该县有些斑点狗得了狂犬病。

    (3) 该县有些狗得了狂犬病。

    (4) 该县有些狗没得狂犬病。

    其实上述断定中只有两个与事实相符。根据如上情况，能得出以下哪些结论？

    Ⅰ．该县的狗都是斑点狗。

    Ⅱ．该县没有斑点狗得狂犬病。

    Ⅲ．该县的斑点狗都得了狂犬病。

    Ⅳ．有的狗得了狂犬病。

    Ⅴ．有的狗没得狂犬病。

    A. 只有Ⅰ。 　　　　　　　　B. 只有Ⅱ。 　　　　　　　　C. 只有Ⅱ、Ⅳ和Ⅴ。

    D. 只有Ⅰ和Ⅱ。 　　　　　　E. Ⅰ、Ⅱ、Ⅲ和Ⅳ都可能为真。

27. 只要待在学术界，小说家就不能变伟大。学院生活的磨炼所积累起来的观察和分析能力，对小说家非常有用。但是，只有沉浸在日常生活中，才能靠直觉把握生活的种种情感，而学院生活显然与之不相容。

以下哪项陈述是上述论证所依赖的假设？

A. 伟大的小说家都有观察和分析能力。

B. 对日常生活中情感的把握不可能只通过观察和分析来获得。

C. 没有对日常生活中情感的直觉把握，小说家就不能成就其伟大。

D. 伴随着对生活的投入和理智地观察，这会使小说家变得伟大。

E. 小说家不能成就其伟大，是因为没有对日常生活中情感的直觉把握。

28. 在过去两年中，有5架F717飞机坠毁。针对F717飞机存在设计问题的说法，该飞机制造商反驳说：调查表明，每一次事故都是由飞行员操作失误造成的。

飞机制造商的上述反驳基于以下哪一项假设？

A. 飞机坠毁的原因是复杂多样的，还需要更多证据。

B. 调查人员能够分辨出，飞机坠毁是由于设计方面的错误，还是由于制造方面的缺陷。

C. 有关F717飞机设计有问题的说法并没有明确指出任何具体的设计错误。

D. 过去两年间，商业飞行的空难事故并不都是由飞行员操作失误造成的。

E. 在F717飞机的设计中，不存在任何会导致飞行员操作失误的设计缺陷。

29. 一家石油公司进行了一项关于石油泄漏对环境影响的调查，并得出结论：石油泄漏区域水鸟的存活率为95%。这项对水鸟的调查委托给了最近一次石油泄漏地区附近的一家动物医院，据调查称，受污染的20只水鸟中只有1只死掉了。

如果以下陈述为真，则哪一项将对该调查的结论提出最严重的质疑？

A. 许多幸存的被污染的水鸟受到严重伤害。

B. 大部分受影响的水鸟是被浮在水面上的石油所污染的。

C. 极少数受污染的水鸟在再次被石油污染后被重新送回动物医院。

D. 石油泄漏区域内几乎所有受伤的水鸟都被送到了动物医院。

E. 只有那些看起来还能活下去的受污染的水鸟才会被送进动物医院。

30. 有调查显示，部分学生缺乏创造力。研究者认为，具有创造力的孩子在幼年时都比较淘气，而在一些家庭中，小孩子如果淘气就会被家长严厉呵斥，这导致他们只能乖乖听话，创造力就有所下降。

这项调查最能支持的论断是：

A. 幼年是创造力发展的关键时期。

B. 教育方式会影响孩子创造力的发展。

C. 幼年听话的孩子长大之后可能缺乏创造力。

D. 有些家长对小孩子的淘气倾向于采取比较严厉的态度。

E. 创造力的发展很大程度上源于个体所投身的某个知识领域的状态。

31. 有一种理论认为，距今约5 000万年前，生活在马达加斯加岛上的环尾狐猴、狐蝠以及其他哺乳动物的祖先当年乘坐天然的"木筏"，来到了马达加斯加这座位于印度洋的岛屿上。根据这一理论，来自非洲大陆东南部的哺乳动物当年漂流到马达加斯加，它们利用的交通工具是大原木或者漂浮的植被。在上演漂流记前，风暴将它们卷入大海，在洋流的带动下，这些古代"难民"漂流数周，来到马达加斯加。

以下哪项如果为真，则不能支持上述漂流理论？

　　A. 5 000万年前，两个大陆板块周围的洋流曾一度向东流动，也就是流向马达加斯加。

　　B. 小型哺乳动物天生新陈代谢缓慢，能够在没有太多食物和淡水的情况下存活数周。

　　C. 在从非洲大陆东南部到达马达加斯加的动物中，没有大象、狮子等超重、超大哺乳动物。

　　D. 5 000万年前，非洲大陆和马达加斯加之间的距离与今天不同。

　　E. 5 000万年前，海上有许多可以漂浮的植被和原木。

32. 一个旅行者要去火车站，早上从旅馆出发，到达一个十字路口。十字路口分别通向东、南、西、北四个方向，四个方向上分别有饭店、旅馆、书店和火车站。书店在饭店的东北方，饭店在火车站的西北方。

该旅行者要去火车站，应当往哪个方向走？

　　A. 东。　　　　　　　　　　B. 南。　　　　　　　　　　C. 西。

　　D. 北。　　　　　　　　　　E. 由题干信息不能得知。

33. "扶贫必扶智。"让贫困地区的孩子们接受良好的教育，是扶贫开发的重要任务，也是阻断贫困代际传递的重要途径。

以下哪项最可能是上述论证的假设？

　　A. 贫困的代际传递导致教育的落后。

　　B. 富有阶层大都受过良好的教育。

　　C. 扶贫工作难，扶智工作更难。

　　D. 知识改变命运，教育成就财富。

　　E. 贫困使穷人深陷穷人思维。

34. 记者采访时的提问要具体、简洁明了，切忌空泛、笼统、不着边际。《采访技巧》一书中尖锐地剖析了"您感觉如何"等问题的弊端，认为这些提问实际上在信息获取上等于原地踏步，它使采访对象没法回答，除非用含糊不清或枯燥无味的话来应付。

如果以上信息为真，则最能推出以下哪项？

　　A. 记者采访时的提问如果具体、简洁明了，就不会给采访对象带来回答的困难。

　　B. 采访对象如果没法回答提问，说明他没有用含糊不清或枯燥无味的话来应付。

　　C. 采访对象只有用含糊不清或枯燥无味的话来应付，才能回答"您感觉如何"等问题。

　　D. 诸如"您感觉如何"这样的问题，只能使采访对象抓不住问题的要点而作泛泛的或言不由衷的回答。

　　E. 现在记者空泛的提问总是让人不知如何回答。

35. 康哥和三位女青年一起讨论情感问题。

　　冬雨说："如果我和志玲都有对象，若楠就没有对象。"

　　志玲说："如果康哥有对象，那么我就有对象。"

　　若楠说："我和冬雨都有对象。"

康哥说:"据我判断,你们说的话都是真话。"

如果以上信息皆为真,可以推出以下哪项?

A. 志玲和康哥都有对象。

B. 志玲和康哥都没有对象。

C. 志玲有对象,康哥没有对象。

D. 志玲没有对象,康哥有对象。

E. 志玲和康哥一个有对象,一个没有对象,但无法确定。

36. 有确凿的证据显示,偏头痛(严重的周期性头痛)不是由心理上的原因引起的,而是完全由生理上的原因所致。然而,数项研究结果表明那些因为偏头痛受到专业治疗的人患有标准心理尺度的焦虑症的比例比那些没经过专业治疗的偏头痛患者的高。

下面哪一项如果正确,则最能有助于解决上面论述中的明显矛盾?

A. 那些患有偏头痛的人,倾向于有患偏头痛的亲戚。

B. 那些患偏头痛的人,在情绪紧张时经常头痛。

C. 那些患有标准心理尺度的焦虑症且发作率较高的人追求专业治疗的可能性要比那些在同样尺度上发作率较低的人大。

D. 在许多有关偏头痛起因的研究中,大多数认为偏头痛是由像焦虑这样的心理因素引起的研究已被广泛宣传。

E. 不管他们的医生认为偏头痛的起因是心理方面的,还是生理方面的,大多数患有偏头痛且追求专业治疗的人在他们停止患有偏头痛后仍坚持治疗。

37. 博雅公司的总裁发现,除非从内部对公司进行改革,否则公司将面临困境。而要对公司进行改革,就必须裁减公司富余的员工。而要裁减员工,国家必须有相应的失业保险制度。所幸的是博雅公司所在的国家,其失业保险制度是健全的。

从上面的论述,可以确定以下哪项一定为真?

Ⅰ. 博雅公司裁减了员工。

Ⅱ. 博雅公司进行了改革。

Ⅲ. 博雅公司摆脱了困境。

A. 只有Ⅰ。　　　　　　　B. 只有Ⅱ和Ⅲ。　　　　　　　C. 只有Ⅰ和Ⅱ。

D. Ⅰ、Ⅱ和Ⅲ。　　　　　E. Ⅰ、Ⅱ和Ⅲ都不一定为真。

38~40题基于以下题干:

在一次魔术表演中,从7位魔术师——G、H、K、L、N、P和Q中,选择6位上场表演,表演时分成两队:1队和2队。每队有前、中、后三个位置,上场的魔术师恰好每人各占一个位置,魔术师的选择和位置安排必须符合下列条件:

(1)如果安排G或H上场,他们必须在前位。

(2)如果安排K上场,他必须在中位。

(3)如果安排L上场,他必须在1队。

(4)P和K都不能与N在同一个队。

(5)P不能与Q在同一个队。

(6)如果H在2队，则Q在1队的中位。

38. 以下哪项列出的是2队上场表演可接受的安排？

　　A. 前：H；中：P；后：K。　　　　　　B. 前：H；中：L；后：N。

　　C. 前：G；中：Q；后：P。　　　　　　D. 前：G；中：Q；后：N。

　　E. 前：H；中：Q；后：N。

39. 如果H在2队，则下列哪项列出的是1队可以接受的上场表演安排？

　　A. 前：L；中：Q；后：N。　　　　　　B. 前：G；中：K；后：N。

　　C. 前：L；中：Q；后：G。　　　　　　D. 前：G；中：K；后：L。

　　E. 前：P；中：Q；后：G。

40. 如果G在1队并且K在2队，则下列哪个魔术师一定在2队的后位？

　　A. L。　　　B. N。　　　C. P。　　　D. Q。　　　E. H。

41. 在确定慢性疲劳综合征的努力中，这种不可思议的疾病究竟属于生理性的还是属于心理性的尚未确定。病理学家做了如下试验：第一组患者被指定服用一种草药膏剂，并被告知这种膏剂是在试用过程中，其中30%的人在接受治疗三个月内得到治愈；第二组患者接受同样的草药膏剂治疗，但被告知这种膏剂已经过广泛的临床实验，被证明是有效的，结果有85%的人在同样三个月内得到治愈。由此可见，人对从疾病中能够有复原机会的信念能够影响人从病中的康复。

以下哪项如果为真，则最能对上述论证提出质疑？

A. 参加试验的患者没有一个人有过任何心理紊乱治疗的历史。

B. 如果告诉第一组患者这种草药膏剂被证明是有效的，这组人康复的比例就会和第二组一样。

C. 两组试验对象是随意从一批人中挑选出的，他们被诊断患有慢性疲劳综合征。

D. 实际情况是，第一组成员普遍比第二组成员患慢性疲劳综合征的时间长且病情重。

E. 容易上当受骗与疾病的关系被弄颠倒了。

42. 某国的科研机构跟踪研究了出生于20世纪50—70年代的1万多人的精神健康状况，其间测试了他们在13～18岁时的语言能力、空间感知能力和归纳能力。结果发现，在此期间语言能力远低于同龄人水平的青少年，成年后患精神分裂症等精神疾病的风险较高。研究人员认为，青少年期语言能力的高低将是预测成年后患精神疾病风险的重要指标。

以下哪项如果为真，则能够质疑上述观点？

A. 青少年时期激素分泌水平异常，影响大脑发育，导致语言能力发展迟缓。

B. 患精神分裂症的青少年，其归纳能力相比语言能力的发展更加缓慢。

C. 许多精神健康的脑肿瘤患者在青少年时期也经常出现语言能力发展迟缓的问题。

D. 适当的教育可显著提高青少年的语言能力，但对中老年人影响不大。

E. 青少年时期语言能力下降的人，成年后很难提高。

43. 一种非侵犯性诊断程序——磁共振造影（MRI），能被用来确认冠状动脉堵塞。与一种经常使用的侵犯性诊断程序 A 相比，磁共振造影不会对病人产生危害。因此，为了在探测冠状动脉是否堵塞时确保病人的安全，磁共振造影应在所有尝试诊断冠状动脉堵塞时取代 A 程序。

以下哪项如果为真，则最能削弱上述论证？

A. A 程序能被用来诊断冠状动脉堵塞之外的情况。

B. 磁共振造影主要是用来诊断冠状动脉堵塞的。

C. A 程序能比磁共振造影揭示更多的关于堵塞物本性的信息。

D. 磁共振造影与 A 程序一样能够确认冠状动脉堵塞。

E. 使用 A 程序时没有造成风险的一些病人不愿意使用磁共振造影。

44. 针对地球冰川的研究发现，当冰川之下的火山开始喷发后，会快速产生蒸汽流，爆炸式穿透冰层，释放灰烬进入高空，并且产生出沸石、硫化物和黏土等物质。日前人们发现，在火星表面的一些圆形平顶山丘也探测到这些矿物质，它们广泛而大量地存在。因此，人们推测火星早期是覆盖着冰原的，那里曾有过较多的火山活动。

要得到上述结论，需要补充的前提是以下哪项？

A. 近日火星侦察影像频谱仪发现，火星南极存在火山。

B. 火星地质活动不活跃，地表地貌大部分形成于远古较活跃的时期。

C. 沸石、硫化物和黏土这三类物质是仅在冰川下的火山活动后才会产生的独特物质。

D. 在火星平顶山丘的岩石中发现了某种远古细菌，说明这里很可能曾经有水源。

E. 人们对火星早期地质活动的推测尚未证实。

45. 现在有 9 个人分 3 组参加 3V3 篮球赛，他们分别是中锋老郑、老王、老张，前锋小郭、小宋、小朱，后卫勇勇、玺玺、盟盟。已知以下条件：

(1) 每组由 1 名中锋、1 名前锋、1 名后卫组成。

(2) 老王和小朱不在同一组。

(3) 勇勇和小郭不在同一组。

(4) 盟盟和老张不在同一组。

(5) 小朱和盟盟在同一组。

(6) 老张和小宋不在同一组。

根据以上已知条件，可以推断以下哪项为真？

A. 老张和小宋在同一组。　　　　　　　B. 老张和勇勇在同一组。

C. 老郑和小郭在同一组。　　　　　　　D. 老王和勇勇在同一组。

E. 老王和小郭在同一组。

46. 近期，电影《复仇者联盟 4》和《X 战警：黑凤凰》正在热映。某公司对于是否组织去观影，形成了不同的意见。有三分之一的人主张不去看电影而进行其他活动，有三分之一的人主张这两部电影都要看，有三分之一的人主张只看《X 战警：黑凤凰》而不看《复仇者联盟 4》。最后，该公司员工对以下三种意见进行表决：

① 如果去看《复仇者联盟4》，则不去看《X战警：黑凤凰》。

② 不去看《X战警：黑凤凰》，当且仅当不去看《复仇者联盟4》。

③ 或者不去看《复仇者联盟4》，或者去看《X战警：黑凤凰》。

如果表决中有超过半数的人同意某一种意见，那么该意见就算通过。以下哪一项会是表决的正确结果？

A. 三种意见都被通过。

B. 至多只有一种意见被通过。

C. 只有意见①和②被通过。

D. 只有意见①和③被通过。

E. 只有意见②和③被通过。

47. 某超市只卖两类酒：白酒和红酒。有顾客买过所有品种的白酒，也有顾客买过所有品种的红酒。以下哪项一定是真的？

A. 超市的职工也购买了本超市的酒。

B. 有顾客购买了全部品种的酒。

C. 该超市所有品种的酒都有顾客购买过。

D. 有的来超市的顾客没有购买酒。

E. 每个来超市的顾客都购买了酒。

48. 时光小区每天由保洁员收集的各住宅楼袋装垃圾通常在周三由保洁公司统一运走，每周一次。本周的垃圾很可能要到周四才被运走，因为本周一是法定节假日，保洁公司规定，如果一周中出现法定节假日，则运走垃圾的日子比常规推迟一天。

以下哪项最为恰当地概括了题干的论证所依据的方法？

A. 在似乎不相干的前提和结论之间试图建立推断关系。

B. 通过直接排除其他各种可能性，间接地推断某种结果非常可能出现。

C. 依据一般性的规则或规律来说明某种具体的情况或现象。

D. 基于某种具体的情况或现象概括出一般性的规则或规律。

E. 通过假设某种情况不存在会导致矛盾，来论证此种情况必然存在。

49. 四位运动员，每位从事一项体育运动。甲说："所有人都是篮球运动员。"乙说："我是足球运动员。"丙说："我不是篮球运动员。"丁说："有的人不是篮球运动员。"

经过调查核实，确定只有一人说了真话。那么以下哪项一定为真？

A. 所有人都是篮球运动员。

B. 所有人都不是篮球运动员。

C. 有些人不是篮球运动员。

D. 乙是篮球运动员。

E. 有的人是篮球运动员。

50. 《拯救地球》这本书极有说服力，以至每个读完这本书的人都不可能拒绝它的环保主义见解。据统计,世界环保组织上个月在全球各地散发了2 000份该书的复印本,因此,今年上个月至少有2 000人转变为环保主义者。

为使上述论证有说服力,以下哪项最不可能是这一论证的假设?

A. 不拒绝《拯救地球》一书环保主义见解的人,一定是环保主义者。

B. 环保主义者一定同意《拯救地球》一书的所有见解。

C. 上述复印本的读者在之前都不是环保主义者。

D. 上述复印本的读者中,至少有2 000人第一次阅读该书。

E. 上述复印本的统计数据是准确的。

51. 某大学考古研究会宣布,任何一个三年级以上的学生,只要对考古有兴趣并且至少选修过一门考古学相关课程,都可以参加考古挖掘实习。

以下哪项如果为真,说明上述规定没有得到贯彻?

Ⅰ. 小张是二年级学生,对考古有兴趣并且选修过两门考古学相关课程,被批准参加考古挖掘实习。

Ⅱ. 小李是三年级学生,对考古有兴趣但未选修过考古学相关课程,被批准参加考古挖掘实习。

Ⅲ. 小王是四年级学生,对考古有兴趣并且选修过两门考古学相关课程,但未被批准参加考古挖掘实习。

A. 只有Ⅰ。 B. 只有Ⅱ。 C. 只有Ⅲ。

D. 只有Ⅰ和Ⅱ。 E. Ⅰ、Ⅱ和Ⅲ。

52. 在某次模拟考试中,张珊、李思、王伍、赵柳、孙琪的成绩分列第一至第五名。已知下列条件:

①张珊的名次既不挨着李思,也不挨着王伍。

②赵柳的名次既不挨着孙琪,也不挨着王伍。

③孙琪的名次既不挨着李思,也不挨着王伍。

④张珊没有染发。

⑤染发的是排在第一名和第四名的同学。

由此可见,排在第二名的是以下哪位同学?

A. 张珊。 B. 王伍。 C. 赵柳。 D. 孙琪。 E. 李思。

53. 日前,研究人员发明了一种弹性超强的新材料,这种材料可以由1英寸被拉伸到100英寸以上,同时这一材料可以自行修复且能通过电压控制动作。因此研究者认为,利用该材料可以制成人工肌肉,替代人体肌肉,从而为那些肌肉损伤后无法恢复功能的患者带来福音。

以下哪项如果为真,则不能支持研究者的观点?

A. 该材料制成的人工肌肉在受到破坏或损伤后能立即启动修复机制,比正常肌肉的康复速度快。

B. 该材料在电刺激下会发生膨胀或收缩,具有良好的柔韧性,与正常肌肉十分接近。

C. 目前,该材料研制成的人工肌肉尚不能与人体神经很好地契合,无法实现精准抓取物体等动作。

D. 一般材料如果被破坏，需通过溶剂修复或热修复复原，而该材料在室温下就能自行恢复。

E. 该材料制成的人工肌肉比正常肌肉多承重10倍。

54. 一个城市的患者数量、医生数量和医患矛盾存在以下关系：如果患者数量多，则医患矛盾一定多，除非医生数量不少。

如果上述断定为真，则以下哪项一定为真？

A. 一个城市，如果患者数量不多，且医生数量不少，则医患矛盾一定多。

B. 一个城市，如果医患矛盾不多，则患者数量不多，且医生数量不少。

C. 一个城市，如果医患矛盾不多，则患者数量不多，或者医生数量不少。

D. 一个城市，如果医患矛盾多，则患者数量多，且医生数量少。

E. 一个城市，如果医患矛盾多，则患者数量多，或者医生数量少。

55. 在某学校的一次调查中，所有的教师都接受了调查。调查结果表明，所有男教师都是精力充沛的人。同时还发现，不爱运动的人，其精力也不充沛。让人惊奇的是，有一些男教师很害羞。

如果上面的陈述是正确的，下面哪一项也是正确的？

Ⅰ．有些害羞的人是爱运动的人。

Ⅱ．有些害羞但爱运动的人不是男教师。

Ⅲ．并非所有不爱运动的人都是男教师。

A. 仅Ⅰ。　　　　　　　B. 仅Ⅱ。　　　　　　　C. 仅Ⅲ。

D. 仅Ⅰ和Ⅲ。　　　　　E. Ⅰ、Ⅱ和Ⅲ。

四、写作：第56～57小题，共65分。其中论证有效性分析30分，论说文35分。请答在答题纸相应的位置上。

56. 论证有效性分析：分析下述论证中存在的缺陷和漏洞，选择若干要点，写一篇600字左右的文章，对该论证的有效性进行分析和评论。（论证有效性分析的一般要点是：概念特别是核心概念的界定和使用是否准确并前后一致，有无各种明显的逻辑错误，论证的论据是否成立并支持结论，结论成立的条件是否充分等。）

中华武术是我国的传统文化，是老祖宗留下来的东西。这么多年一直经久不衰，说明它是传统文化中的精华。既然是精华，就有理由被发扬光大，而发扬光大最有效的方式就是列为必修课，强制性地规定每个小学生都要学习。

我们经常看到韩国人、日本人甚至西方欧美国家的人在公园、操场练习中华武术，反观我们国家的小区，全是跳广场舞的大妈。我们忍不住担心，长此以往，中华武术可能会失传，我们的年轻人怎么做到"强身健体，防身救人"？中国很可能又沦落到"东亚病夫"任人欺负的时代。

前段时间我们市教委组织的一项调查也验证了我的担忧，调查的96%的小学生不喜欢中华武术，这说明我们必须要高度重视这个问题，立即推广武术必修课。后来市教委在我校搞改革试点，将武术课列为必修课，进一步的调查表明：参加过必修课的同学中喜欢中华武术的百分比上升至85%，成绩非常显著，说明我们必须进一步扩大试点院校范围，有步骤地扩大至全国各小学。

再说，现在小学生放学这么早，很容易在社会上沾染不良习气。利用这个时间学习中华武术，既能强身健体，又能传承国粹，还能防止学生变坏，如此一举三得的建议，希望相关领导能认真考虑，尽快推行！

57. 论说文：根据下述材料，写一篇700字左右的论说文，题目自拟。

　　假舆马者，非利足也，而致千里；假舟楫者，非能水也，而绝江河。君子生非异也，善假于物也。

——荀子《劝学》

答案速查

一、问题求解

1～5　BCDDD　　　6～10　BCDAD　　　11～15　DBBAE

二、条件充分性判断

16～20　DBDAE　　　21～25　DCADA

三、逻辑推理

26～30　CCEEC　　　31～35　DBDCB　　　36～40　CEDAC

41～45　DCCCD　　　46～50　ACCEB　　　51～55　CACCD

四、写作

略

答案详解

一、问题求解

1. B

【解析】母题 94·利润问题

设原价为 p 元，则有 $p \times 1.5 \times 0.7 = 125 + 400$，解得 $p = 500$.

由于 $525 - 500 = 25$(元)，故在促销方案下，售出一套遥控飞机比按原价售出多赚 25 元.

2. C

【解析】母题 39·指数与对数

根据换底公式有

$$2\log_5 6 \cdot \log_6 12 \cdot \log_{12} 6 \cdot \log_{36} P = 2\frac{\lg 6}{\lg 5} \cdot \frac{\lg 12}{\lg 6} \cdot \frac{\lg 6}{\lg 12} \cdot \frac{\lg P}{2\lg 6} = \frac{\lg P}{\lg 5} = \log_5 P,$$

即 $\log_5 P = 3$，解得 $P = 125$.

3. D

【解析】母题 97·工程问题

由题可知，修这段路，共工作了 $\frac{5\,600}{700} = 8$(天).

设坏天气有 x 天，则好天气有 $(8-x)$ 天．根据题意，可得

$$1\,000(8-x) + 600x = 5\,600,$$

解得 $x = 6$. 所以，这几天中坏天气有 6 天.

4. D

【解析】母题 6·整数不定方程问题

设该队胜 x 场，平 y 场，则负场为 $(10-x-y)$ 场.

根据题干可得 $9x+5y+2(10-x-y)=61$，化简得
$$7x+3y=41，即 x=\frac{41-3y}{7}.$$

又因为 x，y，$10-x-y$ 均为正整数，所以，当 $y=2$ 时，x 取得最大值 $\frac{41-6}{7}=5$.

5. D

【解析】母题 11·等比定理与合比定理

已知 $a+b\neq 0$，故可用等比定理，可得 $\frac{b}{a}=\frac{c}{a+b}=\frac{a-c}{b}=\frac{b+c+a-c}{a+a+b+b}=\frac{1}{2}$. 所以有 $\begin{cases}a=2b,\\2c=a+b,\\2a-2c=b,\end{cases}$

解得 $3a=4c=6b$，故 $3b=2c$.

6. B

【解析】母题 49·等差数列连续等长片段和

对于等差数列，S_m，$S_{2m}-S_m$，$S_{3m}-S_{2m}$ 仍是等差数列，且设 $S_{2m}=t$.
则有 $S_m=20$，$S_{2m}-S_m=t-20$，$S_{3m}-S_{2m}=150-t$.
由等差数列的中项性质得 $2(S_{2m}-S_m)=S_{3m}-S_{2m}+S_m$，即
$$2(t-20)=150-t+20,$$
解得 $t=70$，故它的前 $2m$ 项和为 70.

7. C

【解析】母题 14·绝对值的化简求值

由 $a+\sqrt{a^2}+\sqrt[3]{(-a)^3}=1$，可得 $a+|a|+(-a)=1$，即 $|a|=1$，故 $a=1$ 或 $a=-1$. 将 a 的取值代入题干，可得 $|a-1|+|a+1|=2$.

8. D

【解析】母题 4·质数与合数问题

由于 $6x^2-19x-7=(3x+1)(2x-7)$ 为质数，故 $3x+1$，$2x-7$ 的值必有一个为 1，另一个为质数．又已知 x 为正整数，则只能 $2x-7=1$，解得 $x=4$. 所以，$6x^2-19x-7=13$.

9. A

【解析】母题 63·直线与圆的位置关系

直线 l 过点 $A(-1,0)$，$B(0,2)$，利用直线的两点式方程，得 $\frac{y-0}{x-(-1)}=\frac{2-0}{0-(-1)}$，则直线 l 的方程为 $y=2x+2$. 直线 l 与圆 $(x-1)^2+(y-a)^2=1$ 相切，即圆心 $(1,a)$ 到直线 l 的距离为圆的半径，可得
$$\frac{|4-a|}{\sqrt{5}}=1，解得 a=4\pm\sqrt{5}.$$

10. D

【解析】母题 95·阶梯价格问题

设该客户购买的商品总价为 x 元，由题干得
$$1.5\%\times 10x=30，解得 x=200.$$

11. D

【解析】母题 36 · 韦达定理问题

由韦达定理可得 $x_1+x_2=\dfrac{7}{6}$，$x_1 \cdot x_2=\dfrac{a}{6}$. $\dfrac{x_1}{x_2}$，$\dfrac{x_2}{x_1}$ 的几何平均值为 $\sqrt{\dfrac{x_1}{x_2} \cdot \dfrac{x_2}{x_1}} = \dfrac{1}{\sqrt{x_1 x_2}} = \sqrt{3}$，则

有 $x_1 \cdot x_2 = \dfrac{1}{3} = \dfrac{a}{6}$，可得 $a=2$.

12. B

【解析】母题 44 · 等差数列基本问题

设数列的公差为 d，则有 $S_3 = a_1 + a_1 + d + a_1 + 2d = 3 \times 3 + 3d = 15$，解得 $d=2$.

所以 $a_6 = a_1 + 5d = 3 + 5 \times 2 = 13$.

13. B

【解析】母题 19 · 均值不等式问题

由 $\sqrt{3}$ 是 3^m 与 3^n 的等比中项可得 $(\sqrt{3})^2 = 3^m \cdot 3^n$，故 $m+n=1$. m，n 均为非负数，则有

$$\dfrac{1}{m} + \dfrac{1}{n} = \left(\dfrac{1}{m} + \dfrac{1}{n}\right)(m+n) = \dfrac{n}{m} + \dfrac{m}{n} + 2 \geqslant 2\sqrt{\dfrac{n}{m} \cdot \dfrac{m}{n}} + 2 = 4.$$

所以，$\dfrac{1}{m} + \dfrac{1}{n}$ 的最小值为 4.

14. A

【解析】母题 83 · 掷色子问题

$2a=b$ 的情况分别为 $a=1$，$b=2$；$a=2$，$b=4$；$a=3$，$b=6$，共三种情况.

所以，概率 $P = \dfrac{3}{6 \times 6} = \dfrac{1}{12}$.

15. E

【解析】母题 73 · 看电影问题

采用插空法.

先把 4 个空座位排成一排，共有 1 种排法；然后，3 名同学在 5 个空中插空且排序，共有 $A_5^3 = 60$ (种)坐法. 根据乘法原理，3 名同学两两均不相邻的坐法有 $1 \times 60 = 60$(种).

二、条件充分性判断

16. D

【解析】母题 59 · 空间几何体基本问题

设两圆柱的半径分别为 r_1、r_2，高为 h_1、h_2.

对于条件(1)，有 $\begin{cases} 2\pi r_1 h_1 = 2\pi r_2 h_2, \\ r_1 = 8, \\ r_2 = 4, \end{cases}$ 可得 $\dfrac{r_1}{r_2} = \dfrac{h_2}{h_1} = 2$.

故体积之比为 $\dfrac{\pi r_1^2 h_1}{\pi r_2^2 h_2} = \dfrac{\pi \cdot 8^2 \cdot h_1}{\pi \cdot 4^2 \cdot 2h_1} = \dfrac{2}{1}$，条件(1)充分.

对于条件(2)，有 $\begin{cases} 2\pi r_1 h_1 = 2\pi r_2 h_2, \\ r_1 = 2r_2, \end{cases}$ 可得 $\dfrac{r_1}{r_2} = \dfrac{h_2}{h_1} = 2$. 同理，条件(2)也充分.

17. B

【解析】母题 93·增长率问题

方法一：设男性工人现有 x 人，则女性工人有 $(3\,500-x)$ 人．

条件(1)：根据题干可列等式 $0.06x+0.032(3\,500-x)=3\,500\times0.048$，解得 $x=2\,000$，故条件(1)不充分．

条件(2)：根据题干可列等式 $0.04x+0.054(3\,500-x)=3\,500\times0.048$，解得 $x=1\,500$，故条件(2)充分．

方法二：十字交叉法．

条件(1)：

男： 6%　　　　1.6%　　　4
　　　　＼　　／
　　　　　4.8%　　　　　　：
　　　　／　　＼
女： 3.2%　　　　1.2%　　　3

故男性工人为 $\dfrac{4}{7}\times3\,500=2\,000$，条件(1)不充分．

条件(2)：同理，使用十字交叉法，可得男性工人为 $1\,500$ 人，条件(2)充分．

18. D

【解析】母题 46·等差数列 S_n 的最值问题

等差数列的前 n 项和公式为 $S_n=\dfrac{d}{2}n^2+\left(a_1-\dfrac{d}{2}\right)n$，图像是一条抛物线，由 $S_{17}=S_9$，可得 $n=13$ 为抛物线的对称轴，根据对称轴公式得

$$-\dfrac{b}{2a}=-\dfrac{a_1-\dfrac{d}{2}}{2\times\dfrac{d}{2}}=\dfrac{1}{2}-\dfrac{a_1}{d}=\dfrac{1}{2}-\dfrac{25}{d}=13,\ 解得\ d=-2.$$

由 $\dfrac{d}{2}<0$ 可知，抛物线开口向下，其最值处于顶点处．故数列 $\{a_n\}$ 的前 n 项和的最大值为 $S_T=S_{13}=169$．因此条件(1)和条件(2)均充分．

19. A

【解析】母题 14·三角不等式问题

条件(1)：点 $M(x,y)$ 在第二象限，有 $x<0,y>0$，根据三角不等式等号成立的条件得，当 $xy<0$ 时，$|x+y|=||x|-|y||$，$|x-y|=|x|+|y|$．

由于 $||x|-|y||<|x|+|y|$，故有 $|x+y|<|x-y|$，条件(1)充分．

条件(2)：点 $M(x,y)$ 在第三象限，有 $x<0,y<0$，根据三角不等式等号成立的条件得，当 $xy>0$ 时，$|x+y|=|x|+|y|$，$|x-y|=||x|-|y||$．

由于 $||x|-|y||<|x|+|y|$，故有 $|x+y|>|x-y|$，条件(2)不充分．

【快速得分法】特殊值法可快速求得答案．

20. E

【解析】母题 75·不同元素的分组与分配

条件(1)：男员工有 3 人，则女员工有 4 人，按要求选 3 人，即 $C_3^2 C_4^1$；之后 3 人在三种项目中任意选择为 A_3^3，故共有 $C_3^2 C_4^1 A_3^3 = 72$(种)不同选法，条件(1)不充分．

条件(2)：同理，共有 $C_4^2 C_3^1 A_3^3 = 108$(种)不同选法，条件(2)不充分．

两个条件联立，显然也不充分．

21. D

【解析】母题 63·直线与圆的位置关系 + 母题 66·过定点与曲线系

直线方程可化为 $(2x-8)m-(y+3)=0$，可知直线恒过点 $(4,-3)$．

圆 C 的圆心坐标为 $(3,-6)$，半径为 5．

两点间的距离为 $\sqrt{(4-3)^2+(-3+6)^2}=\sqrt{10}<5$，故该点在圆内．

所以，无论 m 取何值，直线都与圆相交，故两条件均充分．

22. C

【解析】母题 14·证明绝对值方程和不等式

条件(1)：由 $|x+2| \leqslant 3$ 可解得 $-5 \leqslant x \leqslant 1$，即 $-4 \leqslant x+1 \leqslant 2$，所以 $|x+1| \leqslant 4$，故条件(1)不充分．

条件(2)：由 $|x-1| \leqslant 2$ 可解得 $-1 \leqslant x \leqslant 3$，即 $0 \leqslant x+1 \leqslant 4$，所以 $|x+1| \leqslant 4$，故条件(2)不充分．

联立两个条件，对两个解集求交集，可得 $0 \leqslant x+1 \leqslant 2$，所以 $|x+1| \leqslant 2$，可推出 $|x+1| \leqslant 3$，故联立两个条件充分．

23. A

【解析】母题 27·已知 $x+\dfrac{1}{x}=a$ 或者 $x^2+ax+1=0$，求代数式的值

条件(1)：由 $a^2-3a+1=0$，易知 $a \neq 0$，可得 $a+\dfrac{1}{a}=3$，故

$$\dfrac{a^3}{a^6+1}=\dfrac{1}{a^3+\dfrac{1}{a^3}}=\dfrac{1}{\left(a+\dfrac{1}{a}\right)\left[\left(a+\dfrac{1}{a}\right)^2-3\right]}=\dfrac{1}{18}.$$

条件(2)：由 $a^2+3a+1=0$，易知 $a \neq 0$，可得 $a+\dfrac{1}{a}=-3$，故

$$\dfrac{a^3}{a^6+1}=\dfrac{1}{a^3+\dfrac{1}{a^3}}=\dfrac{1}{\left(a+\dfrac{1}{a}\right)\left[\left(a+\dfrac{1}{a}\right)^2-3\right]}=-\dfrac{1}{18}.$$

综上所述，条件(1)充分，条件(2)不充分．

24. D

【解析】母题 75·不同元素的分组与分配

条件(1)：先分组，平均分组需要消序，共有 $\dfrac{C_6^2 C_4^2 C_2^2}{A_3^3}=15$(种)分法；再分配，即 A_3^3，则共有 $15 \times A_3^3 = 90$(种)分法，故条件(1)充分．

条件(2)：先分组，后两组需要消序，共有 $\dfrac{C_6^4 C_2^1 C_1^1}{A_2^2}=15$(种)分法；再分配，即 A_3^3，则共有 $15\times A_3^3=90$(种)分法，故条件(2)也充分．

25. A

【解析】 母题86·袋中取球问题

设从袋中取一个球是黑球的概率为 P，则取一个球是白球的概率为 $1-P$．

$S_6=2$，说明取了6次球，取到了2黑4白，根据伯努利概型公式有 $P_6(2)=C_6^2\cdot P^2\cdot(1-P)^4$．

条件(1)：$P=\dfrac{2}{3}$，$P_6(2)=C_6^2\cdot P^2\cdot(1-P)^4=\dfrac{20}{243}$，故条件(1)充分．

条件(2)：$P=\dfrac{1}{3}$，$P_6(2)=C_6^2\cdot P^2\cdot(1-P)^4=\dfrac{80}{243}$，故条件(2)不充分．

三、逻辑推理

26. C

【解析】 母题12·简单命题的真假话问题

根据题干可知，断定(1)和断定(4)矛盾，必然有一真一假。

假设断定(2)为真，则断定(3)也必然为真，因为题干的断定中只有两个为真，所以断定(2)为假，断定(3)为真。

由断定(2)为假可知，该县没有斑点狗得狂犬病(即Ⅱ项为真)。

由断定(3)为真可知，有些狗得了狂犬病(即Ⅳ项为真)。

又因为断定(2)为假，所以断定(1)为假，断定(4)为真，故有的狗没得狂犬病(即Ⅴ项为真)。

故正确答案为C项。

27. C

【解析】 母题11·隐含三段论

题干的论据：靠直觉把握生活的情感→沉浸在日常生活中→¬学院生活(不待在学术界)。

题干的论点：待在学术界→不能变伟大＝变伟大→不待在学术界。

故补充前提：**伟大→靠直觉把握生活的情感**，即可串联得：伟大→靠直觉把握生活的情感→沉浸在日常生活中→¬学院生活(不待在学术界)。

因此，C项正确。

E项，干扰项。没有对日常生活中情感的直觉把握 —导致→ 小说家不能成就其伟大，但是因果关系并不一定是必然的，未必能写成箭头。

28. E

【解析】 母题22·论证型假设题与搭桥法

飞机制造商：每一次事故都是由飞行员操作失误造成的 —证明→ 坠毁的F717飞机不存在设计方面的问题。

B项，不必假设，题干中调查人员的结论是"飞行员操作失误"，与调查人员能否辨别是否是设计、制造方面的问题无关。

E 项,搭桥法,否则,事故的原因还是飞机的设计缺陷,那么飞机制造商的论证就不成立。其余各项显然不必假设。

29. E

【解析】母题 15·论证型削弱题

石油公司:动物医院调查称,受污染的 20 只水鸟中只有 1 只死掉了 ——证明→ 石油泄漏区域水鸟的存活率为 95%。

A 项,不能削弱,说明存活的水鸟受到严重伤害,但是无法削弱存活率。

B 项,无关选项。

C 项,无关选项。

D 项,支持题干,说明样本具有代表性。

E 项,可以削弱,样本没有代表性,说明样本偏向于存活可能性较高的水鸟。

30. C

【解析】母题 28·一般推论题

题干:

①部分学生缺乏创造力。

②具有创造力的孩子在幼年时都比较淘气。

③在一些家庭中,小孩子如果淘气就会被家长严厉呵斥,这导致他们只能乖乖听话,创造力就有所下降。

A 项,题干无法体现哪个年龄段是创造力发展的关键时期,无关选项。

B 项,"教育方式"范围较大,扩大了论证范围,不能推出。

C 项,根据题干②逆否可得:¬淘气→¬具有创造力,可以推出。

D 项,题干中"小孩子如果淘气就会被家长严厉呵斥"是假设性的情况,而非事实情况,不能推出。

E 项,无关选项。

31. D

【解析】母题 19·论证型支持题

漂流理论:距今约 5 000 万年前,生活在马达加斯加岛上的环尾狐猴、狐蝠以及其他哺乳动物的祖先当年乘坐天然的"木筏",来到了马达加斯加这座位于印度洋的岛屿上。

A 项,提出新论据,说明在洋流的带动下这些动物会漂向马达加斯加,可以支持题干中的漂流理论。

B 项,提出新论据,说明这些小型哺乳动物即使在漂流数周后依然可以存活,可以支持题干中的漂流理论。

C 项,如果有超重、超大的哺乳动物,那么它们不能乘坐"木筏"漂流到马达加斯加,可以支持题干中的漂流理论。

D 项,"距离不同"无法体现距离的远近,因此无法说明是否可以乘坐"木筏",不能支持题干中的漂流理论。

E 项,说明海上存在天然"木筏",可以支持题干中的漂流理论。

32. B

【解析】母题 37·方位题

将题干信息概括如下：

①书店在饭店的东北方。

②饭店在火车站的西北方。

由题干信息①可知有两种可能：

a：书店在东方，饭店在南方；b：书店在北方，饭店在西方。

由题干信息②可知有两种可能：

a：饭店在西方，火车站在南方；b：饭店在北方，火车站在东方。

结合上述信息可知，书店在北方，饭店在西方，火车站在南方，那么旅馆在东方。

故旅行者要去火车站应当往南方走，即 B 项正确。

33. D

【解析】母题 23·因果型假设题

题干论点：让贫困地区的孩子们接受良好的教育，是扶贫开发的重要任务，也是阻断贫困代际传递的重要途径。

A 项，说明贫困导致了教育的落后，因果倒置，削弱题干。

B 项，说明富有的人会加强教育，题干讨论的是接受教育是否会阻断贫困代际传递，不必假设。

C 项，题干的论证与扶智工作的难度无关，无关选项。

D 项，将"教育"与"财富"搭桥，需要假设。

E 项，无关选项，题干没有涉及穷人思维。

34. C

【解析】母题 28·一般推论题

题干："您感觉如何"等问题使采访对象没法回答，除非用含糊不清或枯燥无味的话来应付。

将题干符号化：¬（用含糊不清或枯燥无味的话来应付）→采访对象没法回答，等价于：采访对象有法回答→用含糊不清或枯燥无味的话来应付，即 C 项正确。

35. B

【解析】母题 5·箭头的串联

将题干信息符号化：

①冬雨有对象∧志玲有对象→¬若楠有对象。

②康哥有对象→志玲有对象。

③冬雨有对象∧若楠有对象。

题干信息①逆否得：④若楠有对象→¬冬雨有对象∨¬志玲有对象。

故"冬雨没有对象"和"志玲没有对象"至少发生一个。由题干信息③知，冬雨有对象，故志玲没有对象。由题干信息②逆否可得：康哥没有对象。

综上所述，冬雨有对象，若楠有对象，志玲没有对象，康哥没有对象。

故 B 项正确。

36. C

【解析】母题 26·解释现象

待解释的矛盾：偏头痛不是由心理上的原因引起的，然而，受到专业治疗的偏头痛患者比没受过专业治疗的偏头痛患者更焦虑。

A项，无关选项，题干中的现象与偏头痛患者的亲戚无关。

B项，情绪紧张时经常头痛，削弱题干中"偏头痛不是由心理上的原因引起的"这一观点，而不能解释题干中的矛盾。

C项，说明焦虑的偏头痛患者更倾向于寻求专业治疗，而不是这种焦虑引起了偏头痛。同时解释了题干中的两种看似矛盾的现象。故此项为正确答案。

D项，削弱题干中"偏头痛不是由心理上的原因引起的"这一观点，而不能解释题干中的矛盾。

E项，无关选项。

37. E

【解析】母题 5·箭头的串联

题干已知下列信息：

①¬改革→面临困境。

②改革→裁减员工。

③裁减员工→失业保险制度。

④失业保险制度。

题干信息①逆否可得：⑤¬面临困境→改革。

将题干信息⑤、②、③串联得：¬面临困境→改革→裁减员工→失业保险制度。

因为"失业保险制度"后面没有箭头指向，推不出任何命题，故Ⅰ、Ⅱ、Ⅲ项均不一定为真。

故此题正确答案为 E 项。

38. D

【解析】母题 40·复杂匹配与题组

选项排除法：

A项，不符合条件"(2)如果安排 K 上场，他必须在中位"，故排除。

B项，不符合条件"(3)如果安排 L 上场，他必须在 1 队"，故排除。

C项，不符合条件"(5)P 不能与 Q 在同一个队"，故排除。

E项，不符合条件"(6)H 与 Q 不在同一个队"，故排除。

故 D 项正确。

39. A

【解析】母题 40·复杂匹配与题组

选项排除法：

根据条件"(6)如果 H 在 2 队，则 Q 在 1 队的中位"，可排除 B 项和 D 项。

根据条件"(1)如果安排 G 上场，他必须在前位"，可排除 C 项和 E 项。

故 A 项正确。

40. C

【解析】母题40·复杂匹配与题组

选项排除法：

A项，L在2队不符合条件"(3)如果安排L上场，他必须在1队"，故排除。

B项，N在2队不符合条件"(4)K不能与N在同一个队"，故排除。

D项，Q在2队的后位，如果H在2队，则不符合条件"(6)如果H在2队，则Q在1队的中位"；如果H不在2队，则L和N在1队，P和Q在2队，不符合条件"(5)P不能与Q在同一个队"，因此Q不能在2队的后位，故排除。

E项，H在后位不符合条件(1)，故排除。

故C项正确。

41. D

【解析】母题16·因果型削弱题(求异法)

题干：

第一组：被告知这种膏剂是在试用过程中，其中30%的人得到治愈；

第二组：被告知这种膏剂已经过广泛的临床实验，被证明是有效的，结果有85%的人得到治愈；

结论：人对从疾病中能够有复原机会的信念能够影响人从病中的康复。

A项，排除他因，支持题干。

B项，支持题干。

C项，支持题干，说明样本具有代表性。

D项，另有他因，说明第一组成员在患病时间和病情上与第二组不同，削弱题干。

E项，无关选项。

42. C

【解析】母题16·因果型削弱题(求异法)

题干中的实验结论：语言能力远低于同龄人水平的青少年，成年后患精神分裂症等精神疾病的风险较高。

研究人员的观点：青少年时期语言能力的高低将是预测成年后患精神疾病风险的重要指标。

A项，此项解释了青少年语言能力发展迟缓的原因，但与题干的结论"语言能力低很可能会导致精神分裂症"无关。

B项，无关选项，题干不涉及"语言能力"与"归纳能力"的比较。

C项，说明即使青少年语言能力低，也未必说明他有患精神疾病的风险，可能是因为他得了脑肿瘤。这就说明青少年时期语言能力的高低并不是预测患精神疾病风险的重要指标，直接削弱研究人员的观点。

D项，无关选项，题干讨论的是青少年时期语言能力的高低与成年后患精神分裂症等精神疾病风险的关系，而非如何提高青少年的语言能力。

E项，无关选项。

43. C

【解析】母题15·论证型削弱题

题干：①磁共振造影(MRI)能被用来确认冠状动脉堵塞；②与 A 程序相比，磁共振造影不会对病人产生危害 —证明→ 磁共振造影应在所有尝试诊断冠状动脉堵塞时取代 A 程序 —以求→ 确保病人的安全。

A 项，无关选项，题干讨论的是"诊断冠状动脉堵塞"，与其他情况无关。

B 项，重复了题干中的论据①，不能削弱题干。

C 项，提出反面论据，说明 A 程序在揭示堵塞物本性的信息上更有优势，削弱题干。

D 项，说明磁共振造影在确认冠状动脉堵塞的作用上和 A 程序一样，但是它不会对病人产生危害，所以支持题干。

E 项，无关选项，"是否愿意"与"是否应该使用"不是同一概念。

44. C

【解析】母题 22·论证型假设题

题干：①地球冰川之下的火山开始喷发后，会产生出沸石、硫化物和黏土等物质；②在火星表面的一些圆形平顶山丘上广泛而大量地存在这些矿物质 —证明→ 火星早期是覆盖着冰原的，那里曾有过较多的火山活动。

A 项，题干推测的是火星早期的情况，此项说明的是火星近日的情况，无关选项。

B 项，火星地表地貌形成于远古时期，与火星地表地貌是否形成于火山活动无关。

C 项，搭桥法，说明只要发现"沸石、硫化物和黏土"这三类物质，一定能证明存在冰川下的火山活动。

D 项，无关选项，题干没有涉及远古细菌和水源。

E 项，诉诸无知。

45. D

【解析】母题 40·复杂匹配与题组

由条件(2)、(4)、(5)可知，小朱和盟盟在同一组，且他们不与老王、老张在同一组，故他们和老郑在同一组，即：老郑——小朱——盟盟。

由条件(3)可知，勇勇和小郭不在同一组，故勇勇和小宋在同一组。

又由条件"(6)老张和小宋不在同一组"，故老王和小宋在同一组。

故有：老王——小宋——勇勇，余下一组为：老张——小郭——玺玺。

故 D 项正确。

46. A

【解析】母题 28·一般推论题

将题干信息符号化：

三种主张：

a. 三分之一的人主张：¬《复仇者联盟 4》∧¬《X 战警：黑凤凰》。

b. 三分之一的人主张：《X 战警：黑凤凰》∧《复仇者联盟 4》。

c. 三分之一的人主张：《X 战警：黑凤凰》∧¬《复仇者联盟 4》。

三种意见：

意见①：《复仇者联盟 4》→¬《X 战警：黑凤凰》，等价于：¬《复仇者联盟 4》∨¬《X 战警：黑凤凰》。

意见②：¬《X战警：黑凤凰》↔¬《复仇者联盟4》。

意见③：¬《复仇者联盟4》∨《X战警：黑凤凰》。

意见①，主张 a、c 的人可以通过。

意见②，主张 a、b 的人可以通过。

意见③，主张 a、b、c 的人可以通过。

综上所述，三种意见都被通过。

故 A 项正确。

47. C

【解析】母题 28·一般推论题

题干已知下列信息：

①某超市只卖两类酒：白酒和红酒。

②有顾客买过所有品种的白酒。

③有顾客买过所有品种的红酒。

A 项，不能推出，题干中的顾客未指明是否包括超市的职工。

B 项，不能推出，题干中购买白酒和红酒的两类顾客不一定是同一人。

C 项，可以推出，题干指出所有品种的白酒都被顾客购买过，所有品种的红酒也被顾客购买过，即所有品种的酒都被顾客购买过。

D 项，不能推出，题干没有涉及来超市的顾客是否一定买酒了。

E 项，不能推出，题干没有涉及来超市的顾客是否一定买酒了。

48. C

【解析】母题 31·评论逻辑技法

题干：①保洁公司通常在周三统一运走袋装垃圾；②本周一是法定节假日；③如果一周中出现法定节假日，则运走垃圾的日子比常规推迟一天 ——证明→ 本周的垃圾很可能要到周四才被运走。

A 项，评价不恰当，题干中的前提和结论并非不相干。

B 项，剩余法，评价不恰当。

C 项，由一般到个别，评价恰当。

D 项，由个别到一般，评价不恰当。

E 项，反证法，评价不恰当。

49. E

【解析】母题 12·简单命题的真假话问题

由题干可知，甲与丁的话矛盾，必有一真一假。又知只有一人说了真话，故乙和丙说假话。

由丙说假话可知，丙是篮球运动员，根据"某个→有的"，可知"有的人是篮球运动员"为真，即 E 项正确。

50. B

【解析】母题 22·论证型假设题

题干：①每个读完《拯救地球》这本书的人都不可能拒绝它的环保主义见解；②世界环保组织上个月散发了 2 000 份该书的复印本 ——证明→ 今年上个月至少有 2 000 人转变为环保主义者。

A项，必须假设，搭桥法，前提为不拒绝环保主义见解，结论为环保主义者。

B项，不必假设，环保主义者只需要同意其中的环保主义见解即可，无须同意所有见解。

C项，必须假设，否则就不能得出2 000人转变为环保主义者。

D项，必须假设，否则转变为环保主义者的人数就会低于2 000人。

E项，必须假设，肯定了题干的论据。

51. C

【解析】母题6·假言命题的负命题

考古研究会：三年级以上的学生∧对考古有兴趣∧至少选修过一门考古学相关课程→可以参加考古挖掘实习。

Ⅰ项，小张是二年级学生，不符合题干的前提，不能说明题干的规定没有得到贯彻。

Ⅱ项，小李未选修过考古学相关课程，不符合题干的前提，不能说明题干的规定没有得到贯彻。

Ⅲ项，四年级学生∧对考古有兴趣∧选修过两门考古学相关课程∧¬被批准参加考古挖掘实习，与题干矛盾，说明题干的规定没有得到贯彻。

故C项正确。

52. A

【解析】母题36·排序题

由条件①、②、③可知，王伍的名次只能挨着李思，故王伍只能在第一名或者第五名。

假设王伍排在第一名，那么李思排在第二名。

由条件①、③可知，李思的名次只能挨着王伍和赵柳，赵柳排在第三名。

由条件②可知，赵柳的名次不挨着孙琪，故赵柳的名次挨着张珊，故张珊排在第四名，孙琪排在第五名。

由条件④、⑤可知，张珊不能排在第四名，故该假设与题干矛盾。

故王伍排在第五名，那么由以上所述可知，李思排在第四名，赵柳排在第三名，张珊排在第二名，孙琪排在第一名。

故A项正确。

53. C

【解析】母题21·措施目的型支持题

题干：一种弹性超强的新材料可以由1英寸被拉伸到100英寸以上，同时这一材料可以自行修复且能通过电压控制动作 ——证明→ 利用该材料可以制成人工肌肉，替代人体肌肉 ——以求→ 为那些肌肉损伤后无法恢复功能的患者带来福音。

A项，说明该材料制成的人工肌肉能在肌肉损伤后快速康复，措施能达到目的，可以支持题干中研究者的观点。

B项，说明该材料的柔韧性与正常肌肉接近，措施能达到目的，可以支持题干中研究者的观点。

C项，说明用该材料制成的人工肌肉无法正常运动，措施不可行，削弱题干中研究者的观点。

D项，说明该材料在被破坏后自行恢复上的优势，措施可行，可以支持题干中研究者的观点。

E项，说明该材料在承重上的优势，措施可行，可以支持题干中研究者的观点。

54. C

【解析】母题3·箭头＋德摩根

题干：患者数量多∧医生数量少→医患矛盾多。

上述题干的逆否命题为：医患矛盾不多→患者数量不多∨医生数量不少。

A项，¬患者数量多∧¬医生数量少→医患矛盾多，与题干不符。

B项，医患矛盾不多→患者数量不多∧医生数量不少，与题干不符。

C项，医患矛盾不多→患者数量不多∨医生数量不少，是题干的逆否命题。

D项，医患矛盾多→患者数量多∧医生数量少，与题干不符。

E项，医患矛盾多→患者数量多∨医生数量少，与题干不符。

55. D

【解析】母题5·箭头的串联

将题干信息符号化：

①男教师→精力充沛。

②¬爱运动→¬精力充沛＝精力充沛→爱运动。

③有的男教师→害羞，等价于：有的害羞→男教师。

将题干信息③、①、②串联得：④有的害羞→男教师→精力充沛→爱运动，逆否得：⑤¬爱运动的人→¬精力充沛→¬男教师。

Ⅰ项，有的害羞→爱运动，由题干信息④知此项为真。

Ⅱ项，由题干信息④知，有的害羞的男教师爱运动，即：有的害羞的爱运动的人是男教师，与此项是下反对关系，故此项可真可假。

Ⅲ项，并非所有不爱运动的人都是男教师，即有的不爱运动的人不是男教师，由题干信息⑤知此项为真。

故D项正确。

四、写作

56. 论证有效性分析

【谬误分析】

①材料认为"经久不衰的就是精华"，未必成立。存世时长并不是判断一个事物是否是精华的充分条件。比如，封建社会就存在的思想——"重男轻女"，一直延续至今，存世时间足够长，但能说这种思想是精华吗？

②材料认为，"将武术课列为必修课，强制性地规定每个小学生都要学习"是发扬光大中华武术的最有效的方式，这一观点缺少足够的论据支持。

③小区是否都是"跳广场舞的大妈"和"中华武术是否会失传"之间没有直接的因果联系，中华武术的练习者也未必一定要出现在小区的广场上。

④即使中华武术失传，也不代表中国人无法强身健体。像跆拳道、散打、拳击等体育项目，一

样能起到"健身、防身"的作用。而且，决定中国是否是"东亚病夫"的关键因素是中国的国力是否强大，而非中华武术是否会失传。

⑤由"调查的96%的小学生不喜欢中华武术"推出中华武术要列为必修课，是站不住脚的。它的隐含前提是，大多数小学生必须要喜欢中华武术，这一前提未必成立。

⑥作者所在学校参加过必修课的同学中喜欢中华武术的百分比上升至85%，并不能说明必修课会使学生喜欢中华武术的比例上升。因为在把中华武术列为必修课之前，该校喜欢中华武术的同学的比例并不清楚。如果该校同学中大多数原本就喜欢中华武术，必修课的功劳就有待商榷。

⑦小学生放学早和沾染社会不良习气之间没有必然关系。而且，学习中华武术就能防止小学生变坏吗？是否存在一种可能：小学生在学习武术之后，更容易利用武力打架，反而适得其反？

 参考范文

强制推行中华武术可行吗？

上述材料认为，中华武术应该被列为小学生必修课。然而，其论证存在多处逻辑谬误，分析如下：

首先，材料认为"经久不衰的就是精华"，未必成立。存世时长并不是判断一个事物是否是精华的充分条件。比如，封建社会就存在的思想——"重男轻女"，一直延续至今，存世时间足够长，但能说这种思想是精华吗？

其次，材料认为，"将武术课列为必修课，强制性地规定每个小学生都要学习"是发扬光大中华武术的最有效的方式，这一观点缺少足够的论据支持。

再次，作者仅凭"中国的小区里全是跳广场舞的大妈"，就认为"中华武术可能要失传"，观点过于狭隘。可能中华武术的练习者多在有专业设施的固定场馆中，而小区并不具有练习武术的条件。所以，作者只靠两眼所见就妄加推测，难免以偏概全。

又次，即使中华武术失传，也不代表中国人无法强身健体。像跆拳道、散打、拳击等体育项目，一样能起到"健身、防身"的作用。况且，决定中国是否是"东亚病夫"的关键因素是中国的国力是否强大，而非中华武术是否会失传。

最后，作者所在学校参加过必修课的同学中喜欢中华武术的百分比上升至85%，并不能说明必修课会使学生喜欢中华武术的比例上升。因为在把中华武术列为必修课之前，该校喜欢中华武术的同学的比例并不清楚。如果该校同学中大多数原本就喜欢中华武术，必修课的功劳就有待商榷。

综上所述，要想得出中华武术应该被列为小学生必修课的结论，还需进一步严谨充分的论证。

57. 论说文

善借外力

老吕写作特训营学员　丁芳芳

　　面对一片汪洋,只能望洋兴叹;设想一日千里,奈何蜗行牛步。对此种种,该当如何?借助外力即可。借助于船,就能横渡汪洋;借助于车,便可一日千里。当力所不能及时,善于借助外力,方可心想事成。

　　试问,论书法,你能与王羲之相比吗?论谱曲,你敢与贝多芬相较吗?答案如何,不言而喻。每个人都不是完美的个体,无人敢保证自己十项全能,只要是人,总会有不足与缺陷。正所谓"梅须逊雪三分白,雪却输梅一段香"是也。况且,人类本来就有自己的局限性,不能像鱼一样在水里畅游,也无法像鸟一般在空中翱翔。人总会有力所不能及之处,此时何不借助外力,实现自身无法达成的目标?

　　当人力所不能及时,一味强调依靠自身能力,只会徒劳无功。所谓:"他山之石,可以攻玉。"凡能成就大事者,无一不是善于借助他人之力的高手。汉高祖刘邦,带兵打仗,不如韩信;运筹帷幄,不如张良;治国安邦,不如萧何。可谓事事不如人,却仍成就千秋霸业,为什么?正是他懂得借众人之力。善于借助别人的优势,将其化作己有,弥补自身不足,成功便唾手可得。

　　但是,借助外力,并非一味去依赖外力。借助的外力,毕竟不是自身能力,你并不知道现在支撑你的拐杖何时会断。若一味地依赖,往往会忽略自身努力,遇事得过且过,毫无进步。当借助外力成功后,便以为所借之力,就是自身的能力,一旦失去,便会措手不及,摔得遍体鳞伤。因此,依靠自身努力,辅以外部助力,才是正道。

　　鲲鹏借巨风以腾飞万里,明月借日光以照亮黑夜。借,是短的延伸、弱的强化。善于借助外力,便可越自己无法越过之坎,成自己无法成就之事。

绝密★启用前

全国硕士研究生招生考试
管理类专业学位联考综合能力试题
冲刺卷 5

（科目代码：199）

考试时间：8：30—11：30

考生注意事项

1. 答题前，考生须在试题册指定位置上填写考生姓名和考生编号；在答题卡指定位置上填写报考单位、考生姓名和考生编号，并涂写考生编号信息点。
2. 选择题的答案必须涂写在答题卡相应题号的选项上，非选择题的答案必须书写在答题卡指定位置的边框区域内。超出答题区域书写的答案无效；在草稿纸、试题册上答题无效。
3. 填（书）写部分必须使用黑色字迹签字笔或者钢笔书写，字迹工整、笔迹清楚；涂写部分必须使用 2B 铅笔填涂。
4. 考试结束，将答题卡和试题册按规定交回。

考生编号														
考生姓名														

一、问题求解：第 1～15 小题，每小题 3 分，共 45 分。下列每题给出的 A、B、C、D、E 五个选项中，只有一项是符合试题要求的。请在答题卡上将所选项的字母涂黑。

1. 当 $x=2$ 时，$\dfrac{1}{1-x}+\dfrac{1}{1+x}+\dfrac{2}{1+x^2}+\dfrac{4}{1+x^4}=($)．

    A. $\dfrac{8}{255}$　　B. $-\dfrac{32}{255}$　　C. $-\dfrac{16}{255}$　　D. $\dfrac{2}{255}$　　E. $-\dfrac{8}{255}$

2. 一个水池下边缘开有一小口，出水速度固定，现要使用水泵往水池打水．已知使用 3 台水泵同时打水，需要 8 小时将水池注满；用 4 台水泵同时打水，需要 4 小时将水池注满；若要 2 小时将水池注满，则需要同时使用(   )台水泵打水．

    A. 5　　B. 6　　C. 7　　D. 8　　E. 9

3. 小明周末参加了学校组织的野营，现已知，早上小明以 5 千米/小时的速度从学校赶往集合地点；野营结束后，又以 10 千米/小时的速度原路返回学校．那么小明在这次往返过程中的平均速度为(   )千米/小时．

    A. $\dfrac{20}{3}$　　B. 7　　C. 5　　D. $\dfrac{24}{5}$　　E. $\dfrac{13}{2}$

4. 甲烧杯中有 200 g 浓度为 25% 的酒精溶液，乙烧杯中有 500 g 浓度为 16% 的酒精溶液，现在往两个烧杯中加入等量的水，使两个酒精溶液的浓度一样，则要加入(   )g 水．

    A. 180　　B. 240　　C. 300　　D. 360　　E. 400

5. 如图 5-1 所示，三角形 ABC 的面积是 24，且 $BE=2EC$，D，F 分别是 AB，CD 的中点，那么阴影部分的面积是(   )．

    A. 6
    B. 7
    C. 8
    D. 9
    E. 10

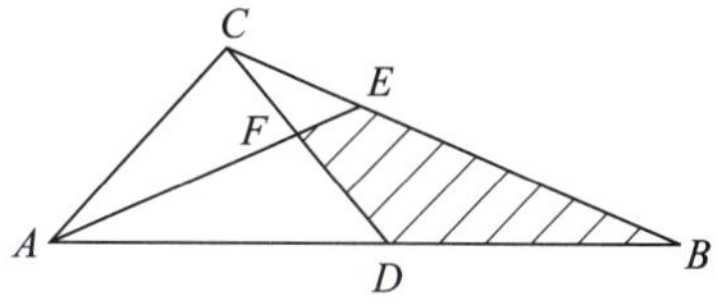

    图 5-1

6. 若一元二次方程 $ax^2+bx+c=0(a\neq 0)$ 的一个根是另一个根的两倍，则 a,b,c 之间的关系为(   )．

    A. $4b^2=9c$　　B. $4b^2=9ac$　　C. $b^2=8ac$　　D. $4b^2=7ac$　　E. $2b^2=9ac$

7. 数列 $\{a_n\}$ 是首项为 1 的正项数列，且 $(n+1)a_{n+1}^2-na_n^2+a_{n+1}a_n=0$，则 $a_{99}=$(   )．

    A. $\dfrac{1}{100}$　　B. $\dfrac{1}{99}$　　C. 0　　D. 99　　E. 100

8. 从 4 名男生 3 名女生中选择 4 人参加老吕暑假集训营，若这 4 个人中既有男生又有女生，则不同的选法有(   )种．

    A. 120　　B. 70　　C. 69　　D. 35　　E. 34

9. 若在圆 $(x-a)^2+(y-a)^2=4$ 上，总存在不同的两点到原点的距离等于 1，则实数 a 的取值范围是(   )．

    A. $\left[\dfrac{\sqrt{2}}{2},\dfrac{3\sqrt{2}}{2}\right]$

    B. $\left[-\dfrac{3\sqrt{2}}{2},-\dfrac{\sqrt{2}}{2}\right]$

    C. $\left[-\dfrac{3\sqrt{2}}{2},-\dfrac{\sqrt{2}}{2}\right]\cup\left[\dfrac{\sqrt{2}}{2},\dfrac{3\sqrt{2}}{2}\right]$

    D. $\left(-\dfrac{3\sqrt{2}}{2},-\dfrac{\sqrt{2}}{2}\right)\cup\left(\dfrac{\sqrt{2}}{2},\dfrac{3\sqrt{2}}{2}\right)$

    E. $\left[0,\dfrac{\sqrt{2}}{2}\right]$

10. 多项式 $x^3-3mx+2n$ 能被 $x^2+2ax+a^2$ 整除，则( ).

    A. $m^3=-n^2$ B. $m^3=n^2$ C. $n^3=-m^2$ D. $n^3=m^2$ E. $m=n$

11. 有 J、J、Q、Q、K、K 六张扑克牌，将其排成两行三列．要求每行的扑克牌字母不一样，每列的扑克牌字母也不一样，则不同的排列方法共有( )种．

    A. 12   B. 15   C. 16   D. 18   E. 20

12. 如图 5-2 所示，某城市的街区由 12 个全等的矩形区组成，其中实线表示马路．从 A 走到 B 的最短路径有( )种．

    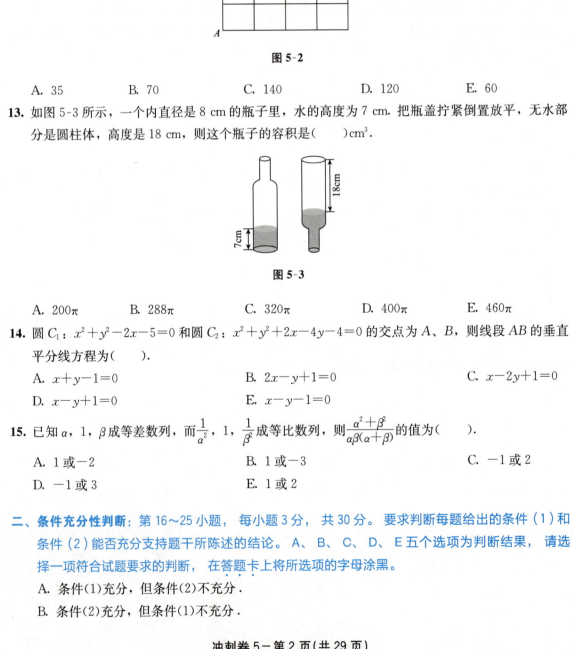

    图 5-2

    A. 35   B. 70   C. 140   D. 120   E. 60

13. 如图 5-3 所示，一个内直径是 8 cm 的瓶子里，水的高度为 7 cm. 把瓶盖拧紧倒置放平，无水部分是圆柱体，高度是 18 cm，则这个瓶子的容积是( )cm³．

    图 5-3

    A. 200π B. 288π C. 320π D. 400π E. 460π

14. 圆 $C_1: x^2+y^2-2x-5=0$ 和圆 $C_2: x^2+y^2+2x-4y-4=0$ 的交点为 A、B，则线段 AB 的垂直平分线方程为( ).

    A. $x+y-1=0$ B. $2x-y+1=0$ C. $x-2y+1=0$
    D. $x-y+1=0$ E. $x-y-1=0$

15. 已知 α，1，β 成等差数列，而 $\dfrac{1}{\alpha^2}$，1，$\dfrac{1}{\beta^2}$ 成等比数列，则 $\dfrac{\alpha^2+\beta^2}{\alpha\beta(\alpha+\beta)}$ 的值为( ).

    A. 1 或 −2   B. 1 或 −3   C. −1 或 2
    D. −1 或 3   E. 1 或 2

二、条件充分性判断：第 16~25 小题，每小题 3 分，共 30 分。要求判断每题给出的条件（1）和条件（2）能否充分支持题干所陈述的结论。A、B、C、D、E 五个选项为判断结果，请选择一项符合试题要求的判断，在答题卡上将所选项的字母涂黑。

A. 条件(1)充分，但条件(2)不充分．
B. 条件(2)充分，但条件(1)不充分．

C. 条件(1)和条件(2)单独都不充分，但条件(1)和条件(2)联合起来充分．
D. 条件(1)充分，条件(2)也充分．
E. 条件(1)和条件(2)单独都不充分，条件(1)和条件(2)联合起来也不充分．

16. 某种股票经历两次价格变动，价格保持不变．
    (1)第一天跌了 20%，第二天上涨 20%．
    (2)第一天跌了 20%，第二天上涨 25%．

17. 若 $a, b \in \mathbf{R}$，则 $|a-b|+|a+b|<2$ 成立．
    (1) $|a| \leqslant 1$．
    (2) $|b| \leqslant 1$．

18. 在等比数列 $\{a_n\}$ 中，$(a_4+a_5+a_6):(a_1+a_2+a_3)=8:1$．
    (1) $a_2=6$，$a_5=48$．
    (2)公比 $q=2$．

19. 已知 $a>0$，$b>0$，则有 $\dfrac{1}{a}+\dfrac{1}{b}=4$．
    (1) a，b 的算术平均值为 6，比例中项为 $\sqrt{3}$．
    (2) a^2，b^2 的算术平均值为 7，几何平均值为 1．

20. 已知二次函数 $f(x)=ax^2+bx+c$，则方程 $f(x)=0$ 有两个不同的根．
    (1) $a+c=0$．
    (2) $a+b+c=0$．

21. 甲、乙两名特工共同破解一台保险箱的密码，则能够成功破解的概率为 $\dfrac{2}{3}$．
    (1)甲能够成功破解的概率为 $\dfrac{1}{4}$，乙能够成功破解的概率为 $\dfrac{1}{3}$．
    (2)甲能够成功破解的概率为 $\dfrac{1}{3}$，乙能够成功破解的概率为 $\dfrac{1}{2}$．

22. 点 A 在圆 $(x-1)^2+(y-2)^2=2$ 上，则过 A 点的切线的斜率为 -1．
    (1) A 点的坐标为 $(2,3)$．
    (2) A 点的坐标为 $(1, 2+\sqrt{2})$．

23. 该三角形是直角三角形．
    (1)一个三角形周长为 $12\sqrt{3}$，一边长为 $3\sqrt{3}$，其他两边之差为 $\sqrt{3}$．
    (2)三边之比为 $3:4:5$．

24. 直线 $ax+by-c=0$ 被圆 $x^2+y^2=1$ 截得的弦长为 $\sqrt{2}$．
    (1) $a^2+b^2-2c^2=0$．
    (2) $a+b=c$．

25. 已知 a, b, c, d 成等比数列，则有 $ad=-2$．
    (1)曲线 $y=x^2-2x+3$ 的顶点是 (b, c)．
    (2)曲线 $y=x^2+2x+3$ 的顶点是 (b, c)．

三、**逻辑推理**：第 26～55 小题，每小题 2 分，共 60 分。下列每题给出的 A、B、C、D、E 五个选项中，只有一项是符合试题要求的。请在答题卡上将所选项的字母涂黑。

26. 某校决定从张珊、李思、王伍、赵柳、孙琪中保送一个或几个人去北大读研。辅导员建议：
    ①如果保送张珊，那么必须保送李思并且不能保送王伍。
    ②如果保送李思或者保送王伍，则不能保送赵柳。
    ③不能既不保送孙琪也不保送赵柳。
    经讨论，该校确认张珊必须要保送，则以下哪项指出了其他的保送人员？

    A. 李思和孙琪。　　　　　　B. 李思和赵柳。　　　　　　C. 孙琪和王伍。
    D. 赵柳和王伍。　　　　　　E. 赵柳和孙琪。

27. 仿制药物和拥有商标的原创药物在活性成分上既相同又等量，因为仿制药物就是用以替代拥有商标的原创药物的。但是，仿制药物有时候在服用该药的病人身上所体现出来的效果，和拥有商标的原创药物相比，又存在着一些重要的不同之处。
    下面哪项如果为真，最有助于解释上文中所体现出来的矛盾？

    A. 当拥有商标的原创药物的专利到期后，中国法律允许在不进一步研究该药物活性成分功效的情况下生产该药的仿制药物。
    B. 因为一些医生对该种药物的仿制药物的剂量不熟悉，因此他们只开某种药物的拥有商标的原创药物的处方。
    C. 药物中没有活性的成分和填充物能够影响该药物有效成分被吸收的速率和在血液中浓度的分布情况，仿制药物和原创药物各自所含有的填充物和没有活性的成分相互之间有很大的不同。
    D. 由于仿制药物的生产者无须为该药物的研究开发进行投资，因此它们的产品能够以较低的价格出售。
    E. 和年轻人的身体相比，更可能经常使用处方药的老年人的身体对药物剂量的微小改变所引致的反应显得更敏感。

28. 甲、乙、丙、丁四人商量周末出游。
    甲说：乙去，我就肯定去。
    乙说：丙去，我就不去。
    丙说：无论丁去不去，我都去。
    丁说：甲、乙中至少有一人去，我就去。
    如果他们四人说的都是真话，则以下哪项推论可能是正确的？

    A. 乙、丙两个人去了。　　　　　　B. 甲一个人去了。
    C. 甲、丙、丁三个人去了。　　　　D. 四个人都去了。
    E. 四个人都不去。

29. 有一位研究者称，在数学方面女性和男性一样有才能。但是她们的才能之所以未被充分发挥出来，是因为社会期望她们在其他更多的方面表现出自己的能力。
    以下哪项是该研究者的一个假设？

    A. 数学能力比其他方面的能力更重要。
    B. 数学能力不及其他方面的能力重要。
    C. 妇女在总体上比男性更有才能。

D. 妇女在总体上不比男性更有才能。

E. 妇女倾向于趋同社会对她们的期望。

30. 复活节岛是位于太平洋上的一座孤岛。在报道中,复活节岛文明的衰落常作为一个警世故事,讲述人类肆意采伐棕榈树林,致使肥沃的土壤流失,最终导致岛中食物短缺,文明自此衰落。然而近日有专家提出,复活节岛文明的衰落与树木砍伐并无必然联系。

以下哪项如果为真,则最能支持上述专家的观点?

A. 大约公元1200年,岛上居民开始砍伐棕榈树,用于建造木船,运送大型石质雕像。

B. 考古发现,当岛上最后的树木(棕榈树)被砍伐完之后,仍有大量原住民生活着,其农业耕作的水平没有下降。

C. 花粉分析表明,早在公元800年,森林的毁灭就已经开始,岛屿地层中的大棕榈树和其他树木的花粉越来越少。

D. 1772年荷兰殖民者开始登陆复活节岛,并对当地居民进行奴役,那时岛上的土著人口是4 000人,到1875年时仅有200人。

E. 岛上森林的肆意砍伐引发了沙尘暴,从而使致死疾病泛滥。

31. 研究显示,约200万年前,人类开始使用石器处理食物,例如切肉和捣碎植物。与此同时,人类逐渐演化形成较小的牙齿和脸型,以及更弱的咀嚼肌和咬力。因此研究者推测,工具的使用减弱了咀嚼的力量,从而导致人类脸型的变化。

以下哪项如果为真,则最能削弱上述研究者的观点?

A. 对与人类较为接近的灵长类动物进行研究,发现它们白天有一半时间用于咀嚼,它们的口腔肌肉非常发达、脸型也较大。

B. 200万年前人类食物类型发生了变化,这加速了人类脸型的变化。

C. 在利用石器处理食物后,越来越多的食物经过了程度更高的处理,变得易于咀嚼。

D. 早期人类进化出较小的咀嚼结构,这一过程使其他变化成为可能,比如大脑体积的增大。

E. 早期肉类和工具的使用使人类演化出较小的咀嚼结构。

32. 喵喵是一位体育爱好者,有一天,他去逛迪卡侬。在迪卡侬的橱窗里摆放着3双不同的运动鞋。

喵喵通过观察后发现:

(1)篮球鞋右边的2双鞋中至少有1双是足球鞋。

(2)足球鞋左边的2双鞋中至少有1双是足球鞋。

(3)红色鞋左边的2双鞋中至少有1双是黑色的。

(4)黑色鞋右边的2双鞋中至少有1双是白色的。

那么,以下哪项正确地指出了这3双鞋从左向右的陈列?

A. 黑色篮球鞋、白色篮球鞋、白色足球鞋。

B. 白色篮球鞋、白色足球鞋、红色足球鞋。

C. 红色篮球鞋、红色足球鞋、黑色足球鞋。

D. 黑色篮球鞋、白色足球鞋、红色足球鞋。

E. 黑色足球鞋、白色篮球鞋、红色足球鞋。

33. 每次核聚变都会发射出中子。为了检验一项关于太阳内部核聚变频繁程度的假设,物理学家们计算了在太阳核聚变假设正确的条件下,每年会产生的中子数。他们再从这一点出发,计算出在地球某一特定地点应该经过的中子数。事实上，检测到经过该地点的中子数要比预计的少得多，看起来这一事实证明了该假设是错误的，除非有以下哪项？

A. 物理学家们应用了另一种方法来估计可能到达该地点的中子数，结果验证了他们最初的估计。

B. 关于太阳核聚变反应频率还存在着其他几种竞争性假设。

C. 太阳内部没有足够的能量来破坏它释放出的中子。

D. 用来检测中子数的方法仅发现了约不足10%的通过该地区的中子。

E. 其他星球核聚变反应所发射出的中子也到达了地球。

34. 在观察地球的气候类型和周期为11年的太阳黑子的活动长达36年以后，科学家们发现，在影响地球气候的风的类型变换之前，太阳黑子活动非常频繁。有人得出结论认为气象学家可以利用这一信息来改善天气预报。

以下哪项如果正确，则能最严重地削弱以上论证？

A. 现在的天气预报要比36年前详细得多。

B. 科学家们可以确定，太阳黑子活动直接影响地球的气候。

C. 气象学家们以前就可以利用太阳黑子活动以外的其他证据来预测现在可根据太阳黑子活动来预测的气候状况。

D. 科学家们尚未确定为什么太阳黑子活动会遵循11年的周期。

E. 已经可以确定，可预测的风的类型产生了可预测的气候类型。

35. 北京农业大学的教授在河北省推广柿树剪枝技术时，为了说服当地的群众，教授把一块柿树园一劈为二，除自然条件相同外，其他的条件包括施肥、灭虫、浇水、除草等都相同，不同的是：其中一块柿树园剪枝，而另一块不剪枝。到收获季节，剪枝的一块柿树园的产量比不剪枝的多三成以上。这下农民信服了，先进的剪枝技术很快推广开来。

以下哪一项与北京农业大学教授所用的方法相同？

A. 某班同学一半学英语，另一半学日语。学期结束时，学英语的同学的成绩比学日语的同学的成绩好。这说明，该班学英语的能力要强。

B. 某部队的一支球队参加排球比赛，另一支球队参加篮球比赛。比赛结束后，篮球队拿到了冠军，而排球队只拿到第四名。看来，该部队应大力开展篮球运动。

C. 某班同学在讨论中，一部分同学认为真理有阶级性，另一部分同学认为真理没有阶级性。后来从报纸上了解到，真理是没有阶级性的。

D. 蛆是不是由肉变成的，多年来人们对此迷惑不解。1668年，意大利医生雷地把相同的肉放在两个容器内，一个容器封闭，另一个容器敞开。结果，敞开的容器内肉里生蛆，而封闭的容器内肉里没有生蛆。他宣布，蛆并不是肉变的。

E. 经常从事体育运动的人，体质普遍较好。由此看来，必须提倡体育锻炼。

36. 宝宝、贝贝、聪聪每人有两个外号，每两个人的外号都不相同。人们有时以数学博士、短跑健将、跳高冠军、小画家、大作家和歌唱家称呼他们，此外：

①数学博士夸跳高冠军跳得高。

②跳高冠军和大作家常与宝宝一起看电影。

③短跑健将请小画家画贺年卡。

④数学博士和小画家关系很好。

⑤贝贝向大作家借过书。

⑥聪聪下象棋常赢贝贝和小画家。

以下各项除了哪一项外都一定为真？

A. 宝宝的两个外号分别是小画家和歌唱家。 B. 贝贝的外号不是数学博士。

C. 聪聪的两个外号并非是数学博士和小画家。 D. 宝宝的外号不是跳高冠军。

E. 聪聪的外号是短跑健将。

37. 阿尔茨海默病是一种较为严重的疾病，4号基因突变曾被认为是阿尔茨海默病的一项致病因素。但近期有科学家提出导致这一复杂疾病的病因可能很简单，就是一些能引起脑部感染的微生物，如 HSV－1 病毒。

以下哪项如果为真，则最能支持上述科学家的观点？

A. 携带4号突变基因同时感染了 HSV－1 病毒的人群罹患阿尔茨海默病的概率会比单独具有此类突变基因的群体高2倍。

B. 当大鼠脑部受到 HSV－1 感染时，携带4号突变基因的大鼠产生的病毒DNA是正常大鼠的14倍。

C. 有些携带4号突变基因的患者使用抗病毒药物治疗后，其病情有所好转。

D. 在一些健康老年人的大脑中也存在着 HSV－1 病毒。

E. 4号基因突变是引发老年病的重要原因。

38. 有些未受过大学教育的人成了优秀作家，而更多的优秀作家是受过大学教育的。优秀作家都是敏感而富有想象力的人，只有敏感而富有想象力的人才能写出打动人心的作品。

如果以上陈述为真，则以下哪一项陈述也一定为真？

A. 只有优秀作家才能写出打动人心的作品。

B. 有些敏感而富有想象力的作家不是优秀作家。

C. 能写出打动人心作品的作家都是优秀作家。

D. 有些敏感而富有想象力的作家未受过大学教育。

E. 受过大学教育的人是敏感而富有想象力的人。

39. 在海滩旅游胜地的浅海游泳区的外延，设置渔网以保护在海水中游泳的度假者免遭鲨鱼的攻击的措施，一直受到环境保护人员的指责，因为设置的渔网每年不必要地杀死了成千上万的海生动物。然而，最近环境保护人员发现，埋在游泳区外延海底的通电电缆能够让鲨鱼远离该区域，同时对游泳者和海洋生物没有造成危害。因此，该海滩旅游胜地通过实施在海底设置通电电缆而不是设置渔网的措施，可以既保持海滩旅游业的发展，又能解决那些环境保护人员所关心的问题。

下面哪一项如果为真，则能最严重地削弱上文中的推理？

A. 许多从来就没有看见鲨鱼曾经在附近水域出现过的海滩旅游胜地，没有计划要设置这种通电电缆。

B. 尽管大多数人宣称害怕鲨鱼，但是那些被看到有鲨鱼出没的海滩旅游胜地的旅游业只受到了轻微的损害。

C. 大多数旅游者不会到那些他们不能亲眼看见，但拥有实实在在的保护他们在海滩浅海游泳区游泳时免遭鲨鱼攻击的保护性屏障的海滩旅游胜地游玩。

D. 在海底埋通电电缆不是唯一的得到环境保护人员准许而又能够成功地无伤害驱逐鲨鱼的创新措施。

E. 掩埋在浅海海底的电缆里通过的电流将驱逐许多种类的海鱼,但是对那些许多海滩旅游胜地用以吸引游客眼球的海生动物不产生驱逐作用。

40. 像"××集团举行周年庆典,您的手机号码被抽中获得了10万元大奖"这类并不高明的手机诈骗短信,即使经媒体曝光后仍然一再出现。职业骗子宁肯使用低劣的诈骗短信,也不去设计一些更具欺骗性、更易让人上当的短信,只能说明骗子太笨、太不敬业了。

以下陈述如果为真,则哪一项能最强有力地反驳上述结论?

A. 骗子一定是聪明的,否则不可能骗得了别人。

B. 骗子行骗时会想方设法不引起警察的注意。

C. 如果一种骗术毫无作用,骗子早就将它淘汰了。

D. 骗子使用这样的短信"钓取"可能上当的人,他们希望一开始就将聪明人过滤掉。

E. 有的骗子会使用更加高明的手段。

41~42题基于以下题干:

张珊、李思、王伍、赵柳、孙琪五位同学准备报考MBA。他们各自准备报考北大、清华、人大三所学校中的一所。已知下列条件:

(1)王伍和孙琪报考的学校互不相同。

(2)张珊和赵柳报考同一所学校。

(3)李思或者报考北大或者报考清华。

(4)如果王伍报考人大,则张珊和他一起报考。

(5)没有一位同学独自报考了某一所学校。

41. 根据以上信息,可以推断以下哪一项可能正确?

A. 张珊、李思、王伍报考清华,赵柳和孙琪报考人大。

B. 张珊、李思、王伍、赵柳报考北大,孙琪报考人大。

C. 张珊、王伍、赵柳报考清华,李思和孙琪报考北大。

D. 张珊、赵柳、孙琪报考北大,李思和王伍报考人大。

E. 张珊、李思、王伍报考北大,赵柳和孙琪报考人大。

42. 若张珊和孙琪报考了同一所学校,则以下哪项可能正确?

A. 张珊和李思报考了同一所学校。　　B. 李思和赵柳报考了同一所学校。

C. 王伍报考了人大。　　D. 王伍报考了清华。

E. 李思和王伍报考了不同的学校。

43. 美国食品和药物管理局(FDA)在市场中引入了新的治疗药剂。新治疗药剂在提高美国人的健康水平方面起了非常关键的作用。那些在学校、政府研究团体内的人的职责是从事长期的研究,以图发现新的治疗药剂,并对它们进行临床验证。而使实验室里的新发现比较容易地转移到市场上是FDA的作用和职责。新的、重要的治疗方法只有在转移之后才能有助于病人。

下面哪一项陈述可从上述段落中推出?

A. FDA有责任确保任何销售到市场上的治疗药剂在当时都处于受控状态。

B. 在新的治疗药剂到达市场之前,它们不能帮助病人。

C. 研究团体有职责对新药进行特别长期的测试,而FDA却没有这样的责任。

D. FDA应该更紧密地与研究者合作以确保治疗药剂的质量不会下降。

E. 如果一种新的医药发现已从实验室转移到了市场上，那么它将有助于病人。

44. 人们普遍认为，保持乐观心态会促进健康。但一项对 7 万名 50 岁左右的女性进行的长达十年的追踪研究发现，长期保持乐观心态的被试者与心态悲观的被试者在死亡率上并没有差异。研究者据此认为，心态乐观与否与健康没有关系。

以下哪项如果为真，则最能质疑研究者的结论？

A. 在这项研究的被试者中心态悲观的人更多患有慢性疾病，虽然尚未严重到致命的程度。
B. 与悲观的人相比，乐观的人患病后会更积极主动地治疗。
C. 乐观的人往往对身体不会特别关注，有时一些致命性疾病无法及早发现。
D. 女性更善于维持和谐的人际关系，而良好的人际关系有助于健康。
E. 我们的幸福感很大程度上取决于身体是否健康。

45. 自 20 世纪 50 年代以来，全球每年平均暴发的大型龙卷风的次数从 10 次左右上升至 15 次。与此同时，人类活动激增，全球气候明显变暖，有人据此认为，气候变暖导致龙卷风暴发的次数增加。

以下哪项如果为真，则不能削弱上述结论？

A. 龙卷风的类型多样，全球变暖后，小型龙卷风出现的次数并没有明显的变化。
B. 气候温暖是龙卷风形成的一个必要条件，几乎所有龙卷风的形成都与当地较高的温度有关。
C. 尽管全球变暖，龙卷风依然最多地发生在美国的中西部地区，其他地区的龙卷风现象并不多见。
D. 龙卷风是雷暴天气（即伴有雷击和闪电的局地对流性天气）的产物，只要在雷雨天气下出现极强的空气对流，就容易发生龙卷风。
E. 调查显示，有些地区随着龙卷风的暴发，气温急剧升高。

46. 一项关于研究青少年吸烟的调查显示，追踪那些吸烟的青少年的精神健康，一年之后，那些吸烟的青少年患抑郁症的人数是那些不吸烟的青少年患抑郁症的 4 倍。因此，吸烟后的尼古丁可以改变大脑的化学机制，从而导致青少年患抑郁症。

以下选项如果正确，则哪一项最能支持上述论证？

A. 相对于那些不抑郁的人，那些在研究最开始就抑郁的参与者更不会成为吸烟者。
B. 研究没有区分那些偶尔吸烟和重度吸烟的人。
C. 研究中的参与者中很少有人是朋友或者亲属关系。
D. 某些参与者在一年的研究中表现了一段时间的抑郁。
E. 研究人员没有跟踪这些青少年的酒精摄入量。

47. 张教授：除非所有的驾驶员都必然遵守交通规则，否则有些驾车导致的纠纷可能难以避免。
    李研究员：我不同意你的看法。

以下哪一项确切地表达了张教授的看法？

A. 除非所有的驾驶员都必然遵守交通规则，否则所有驾车导致的纠纷必然可以避免。
B. 或者所有驾车导致的纠纷必然可以避免，或者所有的驾驶员都必然遵守交通规则。
C. 有的驾车导致的纠纷可能难以避免，但是所有的驾驶员都必然遵守交通规则。
D. 只有并非所有的驾驶员都必然遵守交通规则，才会使所有驾车导致的纠纷必然可以避免。
E. 或者并非所有驾车导致的纠纷必然可以避免，或者所有的驾驶员都必然遵守交通规则。

48. 某企业最近开发出一种体积很小的洗碗机。该公司总经理向新闻界介绍该产品的时候说:"这种洗碗机有出口欧美市场的前景,因为西方国家的单身家庭越来越多,而这种体积小、价格低的洗碗机最适合于低收入家庭。"

下列哪项陈述有利于反驳上述观点?

Ⅰ.洗碗机在国内市场的销售前景很好。

Ⅱ.单身家庭并不一定是收入低的家庭。

Ⅲ.双亲家庭一般需要大洗碗机。

A. 仅Ⅰ。　　　　　　　　B. 仅Ⅱ。　　　　　　　　C. 仅Ⅰ和Ⅱ。

D. 仅Ⅲ。　　　　　　　　E. 仅Ⅱ和Ⅲ。

49. 某公司准备举办趣味运动会,对于运动会采用何种形式,甲、乙、丙三人意见如下:

甲:如果采用托球跑、两人三足跑,那么单腿斗鸡和螃蟹赛跑不能都采用。

乙:如果单腿斗鸡和螃蟹赛跑不都采用,那就采用托球跑和两人三足跑。

丙:托球跑和两人三足跑不都采用。

上述三人的意见只有一个人的意见与最后结果相符合,则最后的结果是以下哪项?

A. 采用托球跑、两人三足跑,也采用单腿斗鸡和螃蟹赛跑。

B. 采用托球跑、两人三足跑,不采用单腿斗鸡和螃蟹赛跑。

C. 采用托球跑、两人三足跑和单腿斗鸡,不采用螃蟹赛跑。

D. 采用单腿斗鸡和螃蟹赛跑,不采用托球跑、两人三足跑。

E. 不采用托球跑、两人三足跑,也不采用单腿斗鸡和螃蟹赛跑。

50. 普里兰的人口普查数据表明,当地 30 多岁未婚男性的人数是当地 30 多岁未婚女性人数的 10 倍。这些男性都想结婚,但是很显然,除非他们多数与普里兰以外的女性结婚,否则除去一小部分外,大多数还会是独身。

以上论述依据下面哪个假设?

A. 女性比男性更容易离开普里兰。

B. 30 多岁的女性比同年龄的男性更趋向于独身。

C. 普里兰的男性不大可能和相差几岁的女性结婚。

D. 绝大部分未婚的普里兰的男性都不愿和外地女性结婚。

E. 普里兰市的离婚率很高。

51. 赵、钱、孙 3 人是同一家公司的员工,他们的未婚妻周、吴、郑也都是这家公司的职员。知情者介绍说:"周的未婚夫是钱的好友,并在 3 个男子中最年轻;孙的年龄比郑的未婚夫大。"

依据该知情者提供的情况,我们可以推出 3 对准夫妻是以下哪项?

A. 赵和周,钱和吴,孙和郑。　　　　　　B. 赵和吴,钱和周,孙和郑。

C. 赵和郑,钱和吴,孙和周。　　　　　　D. 赵和郑,钱和周,孙和吴。

E. 赵和周,钱和郑,孙和吴。

52. 得 W 急性病的患者,其血液中的脂肪含量平均水平低于正常人的水平。然而,大多数医生却认为降低血液中的脂肪含量是预防 W 这种急性病的有效方法。

以下哪项如果为真,则能对上文中看似自相矛盾的观点做出最适当的解释?

A. 给实验中的动物注射大量的人造脂肪会产生得 W 急性病的某些症状,尽管 W 这种病实际上还没有产生。

B. 只有当导致 W 急性病的介质从患者的血液中吸收大量的脂肪时，W 病才会从慢性转为急性。

C. 得 W 病的患者血液中的脂肪含量水平在对脂肪的吸收进行限制的饮食结构中，其变化是异常缓慢的。

D. 血液中的脂肪含量水平过高会导致其他与 W 同样严重的疾病。

E. W 急性病有可能使患者血液中的脂肪含量降低。

53. 已知下列案情：

①只有破获 003 号案件，才能确认张珊、李思、王伍三人都是罪犯。

②003 号案件没有被破获。

③如果张珊不是罪犯，则张珊的供词是真的，而张珊说李思不是罪犯。

④如果李思不是罪犯，则李思的供词是真的，而李思说自己与王伍是好朋友。

⑤现查明王伍根本不认识李思。

根据以上案情，可以推断以下哪一项为真？

A. 三人都是罪犯。

B. 三人都不是罪犯。

C. 张珊、李思是罪犯，王伍不是罪犯。

D. 张珊、李思是罪犯，王伍不能确定。

E. 张珊、王伍不能确定，李思是罪犯。

54. 汉武大学有男同学参加了反对贸易战示威。除非汉武大学有同学参加了反对贸易战示威，否则任何同学都能申请奖学金。汉武大学的女同学不能申请奖学金。

如果上述断定都为真，则以下哪项据此不能断定真假？

Ⅰ. 汉武大学的男同学都没有参加反对贸易战示威。

Ⅱ. 汉武大学所有男同学都不能申请奖学金。

Ⅲ. 汉武大学的女同学都参加了反对贸易战示威。

A. 只有Ⅰ。　　　　　　　B. 只有Ⅱ。　　　　　　　C. 只有Ⅲ。

D. Ⅱ和Ⅲ。　　　　　　　E. Ⅰ、Ⅱ和Ⅲ。

55. 张老师将文房四宝装在一个有四层抽屉的柜子里，让学生猜笔、墨、纸、砚分别在哪一层。按照笔、墨、纸、砚的顺序，小李猜测文房四宝分别依次装在第一、第二、第三和第四层；小王猜测文房四宝分别依次装在第一、第三、第四和第二层；小赵猜测文房四宝分别依次装在第四、第三、第一和第二层；而小杨猜测文房四宝分别依次装在第四、第二、第三和第一层。张老师说，小赵一个都没有猜对，小李和小王各猜对了一个，而小杨猜对了两个。

如果以上陈述为真，则以下哪项也一定是真的？

A. 第一层抽屉里装的是墨。

B. 第一层抽屉里装的是纸。

C. 第二层抽屉里装的是纸。

D. 第三层抽屉里装的不是笔。

E. 第四层抽屉里装的不是砚。

四、写作：第56～57小题，共65分。其中论证有效性分析30分，论说文35分。请答在答题纸相应的位置上。

56. 论证有效性分析：分析下述论证中存在的缺陷和漏洞，选择若干要点，写一篇600字左右的文章，对该论证的有效性进行分析和评论。（论证有效性分析的一般要点是：概念特别是核心概念的界定和使用是否准确并前后一致，有无各种明显的逻辑错误，论证的论据是否成立并支持结论，结论成立的条件是否充分等。）

日前，曾姓女星大闹首都机场曾一度成为热点话题。在国家严令规定关于公民边检规范的情况下，她不仅藐视相关规定，在其微博上大放厥词，大有一种"我是明星，我怕谁"的态度，还在网上披露民警的个人信息及照片，这是对民警身心造成严重影响的侵权行为。当然，曾姓女星最终的结果大家也是可想而知，与警察作对就是与全中国人民作对，她的星途也算是画上了一个"圆满"的句号。

曾姓女星事件虽然已经有了结果，可笔者却陷入了沉思：到底是什么原因让这些明星产生了莫名的自豪感，有勇气在微博上对粉丝大肆辱骂、对政府大放厥词呢？

笔者认为，所谓明星，放在古代就是所谓的"戏子"，只是为了博人一笑，丝毫没有尊严；放在现代也只是一名公民，顶多是一名人人都认识的公民罢了。明星存在的价值完全取决于观众对其的喜爱程度，简而言之，观众爱他（她），那么他（她）的收入会更多；观众厌他（她），那么他（她）的收入就会更少。因此，明星区别于常人的仅仅是获得收入的方式不同，而绝非违法犯罪、煽动社会情绪的特权。但是，最近的"柯某吸毒"和"范某事件"说明这种违法乱纪的现象在明星群体中十分普遍。

因此，明星这个职业所拥有的受人追捧的权利应该与其所承担的责任挂钩，普通人也没必要盲目地去追逐星途。咱们普通人要认清楚"明星"只是一个职业，是广大老百姓所赋予的职业，虽然那些明星不必像古代那样祈求我们这些衣食父母，但是起码的尊重是必须的，因为天底下没有一个人愿意花钱求你虐。

由此可见，下一次还有哪个明星敢仗着自己的名气站在人民的对立面时，请想一想，到底是谁能让你们吃饱喝足？在大众给了你们光荣和金钱的同时，请照顾好大众的情绪、维护好国家的尊严。

57. 论说文：根据下述材料，写一篇700字左右的论说文，题目自拟。

一位商人买下了一块晶莹剔透、大如蛋黄的钻石，他请专家检验，专家大加赞赏，但为钻石中有道裂纹表示惋惜，并说："如果沿着裂纹切割成两块，能使钻石增值，只是一旦失败，损失就大了。"怎样切割这块钻石呢？

后来，一位技艺高超的老切割师答应试试，他设计了周密的切割方案，然后指导年轻的徒弟动手操作。当着商人的面，徒弟一下子就把钻石切成了两块。商人问老切割师为什么不自己动手，老切割师说："我提供了计划，但我老了，不如徒弟执行得好，好的计划得有好的执行才能取得理想的效果。"

答案速查

一、问题求解
1~5　EBACE　　　　6~10　EBEDB　　　　11~15　AADAB

二、条件充分性判断
16~20　BEDDA　　　21~25　BADAB

三、逻辑推理
26~30　ACCEB　　　31~35　BDDCD　　　36~40　EADCD
41~45　CDBAB　　　46~50　AEBAC　　　51~55　EBCDE

四、写作
略

答案详解

一、问题求解

1. E

【解析】母题 9·实数的运算技巧

$$\frac{1}{1-x}+\frac{1}{1+x}+\frac{2}{1+x^2}+\frac{4}{1+x^4}$$

$$=\frac{2}{1-x^2}+\frac{2}{1+x^2}+\frac{4}{1+x^4}$$

$$=\frac{4}{1-x^4}+\frac{4}{1+x^4}$$

$$=\frac{8}{1-x^8}.$$

故当 $x=2$ 时，$\frac{1}{1-x}+\frac{1}{1+x}+\frac{2}{1+x^2}+\frac{4}{1+x^4}=\frac{8}{1-x^8}=-\frac{8}{255}.$

【快速得分法】将 2 直接代入原式可快速求解.

2. B

【解析】母题 97·工程问题

设每台水泵每小时的注水量为 x，出水口每小时的出水量为 y，水池的容量为 1.

则由题意得 $\begin{cases}1=4(4x-y),\\ 1=8(3x-y),\end{cases}$ 解得 $\begin{cases}x=\dfrac{1}{8},\\ y=\dfrac{1}{4}.\end{cases}$

设需要 z 台水泵可以 2 小时注满水池，则 $2\times\left(\dfrac{1}{8}z-\dfrac{1}{4}\right)=1$，解得 $z=6.$

所以需要 6 台水泵.

3. A

【解析】 母题98·行程问题

设学校到集合地点的总路程为 s 千米.

平均速度 $=\dfrac{\text{总路程}}{\text{总时间}}=\dfrac{2s}{\dfrac{s}{5}+\dfrac{s}{10}}=\dfrac{20}{3}$ 千米/小时.

【快速得分法】 等路程的平均速度 $v=\dfrac{2v_1v_2}{v_1+v_2}=\dfrac{2\times 5\times 10}{5+10}=\dfrac{100}{15}=\dfrac{20}{3}$（千米/小时）.

4. C

【解析】 母题96·溶液问题

设加入 x g 水, 可使两个酒精溶液的浓度一样, 则由题干得

$$\dfrac{200\times 25\%}{200+x}=\dfrac{500\times 16\%}{500+x},$$

解得 $x=300$. 则需加入 300g 水, 可使甲、乙酒精浓度一样.

5. E

【解析】 母题58·阴影部分面积

方法一: 如图 5-4 所示, 连接 DE.

由于 D 是 AB 的中点, 则 $S_{\triangle ADC}=S_{\triangle CDB}=\dfrac{1}{2}S_{\triangle ABC}=\dfrac{1}{2}\times 24=12$.

又因为 $BE=2EC$, 则 $S_{\triangle DEB}=2S_{\triangle DEC}$. 可得 $S_{\triangle DEB}=8$, $S_{\triangle DEC}=4$.

已知 F 是 CD 的中点, 则 $S_{\triangle DEF}=\dfrac{1}{2}S_{\triangle DEC}=2$. 故

$$S_{\text{阴影}}=S_{\triangle DEF}+S_{\triangle DEB}=2+8=10.$$

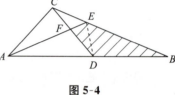

图 5-4

方法二: 由于 D 是 AB 的中点, 则 $S_{\triangle ADC}=S_{\triangle CDB}=\dfrac{1}{2}S_{\triangle ABC}=\dfrac{1}{2}\times 24=12$.

已知 F 是 CD 的中点, 则 $S_{\triangle AFC}=S_{\triangle AFD}=\dfrac{1}{2}S_{\triangle ADC}=\dfrac{1}{2}\times 12=6$.

又由 $BE=2EC$, 可得 $S_{\triangle ABE}=\dfrac{2}{3}S_{\triangle ABC}=\dfrac{2}{3}\times 24=16$. 故

$$S_{\text{阴影}}=S_{\triangle ABE}-S_{\triangle AFD}=16-6=10.$$

6. E

【解析】 母题36·韦达定理问题

设一元二次方程的两个根分别为 x_1, x_2, 不妨设 $x_2=2x_1$, 由韦达定理可知

$$x_1+x_2=3x_1=-\dfrac{b}{a}, \quad x_1x_2=2x_1^2=\dfrac{c}{a}.$$

因此 $x_1^2=\dfrac{b^2}{9a^2}=\dfrac{c}{2a}$, 即有 $2b^2=9ac$.

7. B

【解析】 母题54·数列的递推公式问题

方法一:

$$(n+1)a_{n+1}^2-na_n^2+a_{n+1}a_n$$

$$=na_{n+1}^2-na_n^2+a_{n+1}^2+a_{n+1}a_n$$
$$=n(a_{n+1}+a_n)(a_{n+1}-a_n)+a_{n+1}(a_{n+1}+a_n)$$
$$=(a_{n+1}+a_n)[n(a_{n+1}-a_n)+a_{n+1}]$$
$$=(a_{n+1}+a_n)[(n+1)a_{n+1}-na_n]$$
$$=0.$$

方法二：对 $(n+1)a_{n+1}^2-na_n^2+a_{n+1}a_n=0$ 使用十字相乘法（如图 5-5 所示）．故有 $(a_{n+1}+a_n)[(n+1)a_{n+1}-na_n]=0$．

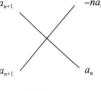

图 5-5

由 $\{a_n\}$ 为正项数列，可知 $a_{n+1}+a_n\neq 0$，故 $(n+1)a_{n+1}-na_n=0$，即

$$\frac{a_{n+1}}{a_n}=\frac{n}{n+1}.$$

使用叠乘法，则有

$$a_n=\frac{a_n}{a_{n-1}}\times\frac{a_{n-1}}{a_{n-2}}\times\cdots\times\frac{a_3}{a_2}\times\frac{a_2}{a_1}\times a_1=\frac{n-1}{n}\times\frac{n-2}{n-1}\times\cdots\times\frac{2}{3}\times\frac{1}{2}\times 1=\frac{1}{n}.$$

故 $a_{99}=\frac{1}{99}$．

8. E

【解析】母题 75·不同元素的分配问题

正难则反．根据题意，先在 7 个人中任选 4 人，再减去只有男生的情况即可．故不同的选法有 $C_7^4-C_4^4=35-1=34$（种）．

9. D

【解析】母题 62·点与圆的位置关系

方法一：由题可知，圆的圆心为 (a,a)，半径为 2.

当圆心到原点的距离为 3 时，圆上恰有 1 个点到原点的距离为 1，如下图 5-6 所示．

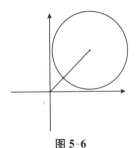

图 5-6

当圆心到原点的距离为 1 时，圆上恰有 1 个点到原点的距离为 1，如下图 5-7 所示．

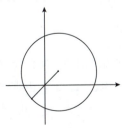

图 5-7

故，当圆心到原点的距离大于 1 小于 3 时，圆上有 2 个点到原点的距离为 1，即 $1<\sqrt{(a-0)^2+(a-0)^2}<3$，解得 $a\in\left(-\dfrac{3\sqrt{2}}{2},-\dfrac{\sqrt{2}}{2}\right)\cup\left(\dfrac{\sqrt{2}}{2},\dfrac{3\sqrt{2}}{2}\right)$.

方法二：设圆 $(x-a)^2+(y-a)^2=4$ 为 C_1，圆心为 (a,a)，半径 $r_1=2$.

寻找到原点距离为 1 的点，即可以作圆 C_2：$x^2+y^2=1$.

画图易知，只有当圆 C_1 与圆 C_2 相交时，有两个交点. 这两点即为所求的圆 C_1 上到原点距离为 1 的两点.

由两圆相交，可知 $|r_1-r_2|<\sqrt{a^2+a^2}<|r_1+r_2|$，解得 $a\in\left(-\dfrac{3\sqrt{2}}{2},-\dfrac{\sqrt{2}}{2}\right)\cup\left(\dfrac{\sqrt{2}}{2},\dfrac{3\sqrt{2}}{2}\right)$.

10. B

【解析】母题 25·整式的除法

使用待定系数法，设 $x^3-3mx+2n=(x^2+2ax+a^2)(x+b)$，展开得
$$x^3-3mx+2n=x^3+(2a+b)x^2+(2ab+a^2)x+a^2b.$$

由对应项相等，可得
$$\begin{cases}2a+b=0,\\2ab+a^2=-3m,\\a^2b=2n,\end{cases}\text{解得}\begin{cases}m=a^2,\\n=-a^3.\end{cases}$$

故有 $m^3=n^2$.

11. A

【解析】母题 79·不对号入座问题

第一排的顺序为 J、Q、K 的全排列，共有 A_3^3 种.

假设第一排顺序为 J、Q、K，则相对应的第二排只可能为 Q、K、J 或 K、J、Q，共 2 种可能（也可以直接用不对号入座的结论：3 人不对号入座有 2 种方法）.

所以，不同的排列方法共有 $2A_3^3=12$(种).

12. A

【解析】母题 71·排列组合的基本问题

从 A 点到 B 点的最短路径需要经过 7 步，其中 4 步向右走，3 步向上走.

故从 7 步中任选 4 步向右，余下 3 步向上即可，最短路径一共有 $C_7^4C_3^3=35$(种).

13. D

【解析】母题 59·立体几何基本问题

瓶子的容积＝水的体积＋无水部分体积＝$\pi\times4^2\times7+\pi\times4^2\times18=400\pi(\text{cm}^3)$.

14. A

【解析】母题 64·圆与圆的位置关系

由题可知，线段 AB 的垂直平分线即为两圆圆心所在的直线.

圆 C_1 的圆心为 $(1,0)$，圆 C_2 的圆心为 $(-1,2)$，由直线的两点式方程可得
$$\dfrac{y-0}{x-1}=\dfrac{2-0}{-1-1},$$

整理，得 $x+y-1=0$.

15. B

【解析】母题 52·等差数列与等比数列综合题

因为 α,1,β 成等差数列,所以由等差数列中项公式得,$\alpha+\beta=2$.

因为 $\dfrac{1}{\alpha^2}$,1,$\dfrac{1}{\beta^2}$ 成等比数列,由等比数列中项公式得 $\dfrac{1}{\alpha^2\beta^2}=1$,则 $\alpha\beta=1$ 或 $\alpha\beta=-1$.

综上,可得 $\dfrac{\alpha^2+\beta^2}{\alpha\beta(\alpha+\beta)}=\dfrac{(\alpha+\beta)^2-2\alpha\beta}{\alpha\beta(\alpha+\beta)}=1$ 或 -3.

二、条件充分性判断

16. B

【解析】母题 93·增长率问题

设股票原价为 x.

条件(1):变动后的价格为 $x(1-20\%)(1+20\%)=0.96x$,故条件(1)不充分.

条件(2):变动后的价格为 $x(1-20\%)(1+25\%)=x$,故条件(2)充分.

17. E

【解析】母题 14·证明绝对值方程和不等式

显然条件(1)和条件(2)单独都不充分,故考虑联立.

举反例. 令 $a=1$,$b=1$,原式 $=|1-1|+|1+1|=2$,不满足题干.

故两个条件单独不充分,联立也不充分.

18. D

【解析】母题 47·等比数列基本问题

$(a_4+a_5+a_6):(a_1+a_2+a_3)=(a_1q^3+a_2q^3+a_3q^3):(a_1+a_2+a_3)=q^3:1=8:1$.

条件(1):$q^3=\dfrac{a_5}{a_2}=8$,条件(1)充分.

条件(2):$q^3=2^3=8$,条件(2)也充分.

19. D

【解析】母题 18·平均值与方差

条件(1):已知 $a+b=12$,$ab=3$,则 $\dfrac{1}{a}+\dfrac{1}{b}=\dfrac{a+b}{ab}=4$,条件(1)充分.

条件(2):已知 $a^2+b^2=14$,$\sqrt{a^2b^2}=1$,由于 $a>0$,$b>0$,故 $ab=1$,则 $(a+b)^2=a^2+b^2+2ab=16$,$a+b=4$.

所以 $\dfrac{1}{a}+\dfrac{1}{b}=\dfrac{a+b}{ab}=4$,条件(2)也充分.

20. A

【解析】母题 35·根的判别式问题

由于 $f(x)$ 为二次函数,可知 $a\neq 0$. 若方程 $f(x)=0$ 有两个不同的根,则 $\Delta=b^2-4ac>0$.

条件(1):$a+c=0\Rightarrow a=-c$,且 $a\neq 0$. 则 $\Delta=b^2-4ac=b^2+4a^2>0$,条件(1)充分.

条件(2):$a+b+c=0\Rightarrow b=-a-c$. 此时 $\Delta=b^2-4ac=(-a-c)^2-4ac=(a-c)^2\geqslant 0$,无法得出 $\Delta>0$ 的结论. 条件(2)不充分.

21. B

【解析】母题87·独立事件的概率

由题可知，甲、乙两人破解密码相互独立，且只有两人均破解失败才算失败．

条件(1)：密码能够被破解的概率为 $P=1-\left(1-\dfrac{1}{4}\right)\left(1-\dfrac{1}{3}\right)=\dfrac{1}{2}$，故条件(1)不充分．

条件(2)：密码能够被破解的概率为 $P=1-\left(1-\dfrac{1}{3}\right)\left(1-\dfrac{1}{2}\right)=\dfrac{2}{3}$，故条件(2)充分．

22. A

【解析】母题63·直线与圆的位置关系

过圆 $(x-a)^2+(y-b)^2=r^2$ 上一点 (x_0, y_0) 的切线为 $(x_0-a)(x-a)+(y_0-b)(y-b)=r^2$．

应用到本题中 $a=1, b=2, r^2=2$．

条件(1)：切线为 $(2-1)(x-1)+(3-2)(y-2)=2$，整理得 $x+y-5=0$，斜率为 -1，条件(1)充分．

条件(2)：切线为 $(1-1)(x-1)+(2+\sqrt{2}-2)(y-2)=2$，整理得 $y=2+\sqrt{2}$，斜率为 0，条件(2)不充分．

23. D

【解析】母题24·三角形形状判断问题

条件(1)：设三角形三边长分别为 a, b, c，则周长为 $a+b+c=12\sqrt{3}$，不妨设其中一边为 $a=3\sqrt{3}$，另外两边 $c-b=\sqrt{3}$．

则有三边长 $a=3\sqrt{3}, b=4\sqrt{3}, c=5\sqrt{3}$，此时 $c^2=a^2+b^2$，满足勾股定理，所以该三角形是直角三角形，条件(1)充分．

条件(2)：若三边之比为 $3:4:5$，则满足勾股定理，所以该三角形也是直角三角形，条件(2)充分．

24. A

【解析】母题63·直线与圆的位置关系＋母题60·点与直线的位置关系

设 d 为圆心到直线的距离，直线被圆截得的弦长为 $2\sqrt{r^2-d^2}=\sqrt{2}$，解得 $d=\dfrac{\sqrt{2}}{2}$．

由点到直线的距离公式得 $\dfrac{|a\cdot 0+b\cdot 0-c|}{\sqrt{a^2+b^2}}=\dfrac{\sqrt{2}}{2}$，整理得 $a^2+b^2-2c^2=0$．

故条件(1)充分，条件(2)不充分．

25. B

【解析】母题53·数列与函数、方程综合题

条件(1)：曲线 $y=x^2-2x+3$ 的顶点为 $(1, 2)$，则 $b=1, c=2$．又因为 a, b, c, d 成等比数列，所以有 $ad=bc=2$．故条件(1)不充分．

条件(2)：曲线 $y=x^2+2x+3$ 的顶点为 $(-1, 2)$，则 $b=-1, c=2$．又因为 a, b, c, d 成等比数列，所以 $ad=bc=-2$．故条件(2)充分．

三、逻辑推理

26. A

【解析】母题5·箭头的串联

将题干信息符号化：

①张珊→李思∧¬王伍。

②李思∨王伍→¬赵柳。

③¬(¬孙琪∧¬赵柳)＝孙琪∨赵柳。

④张珊。

将题干信息④、①、②、③串联得：张珊→李思→¬赵柳→孙琪，故李思和孙琪跟着张珊一起被保送去北大读研。

故 A 项正确。

27. C

【解析】母题 26·解释现象

待解释的矛盾：仿制药物和拥有商标的原创药物在活性成分上既相同又等量，但是，仿制药物的效果和原创药物相比，又存在着一些重要的不同之处。

A 项，无关选项。

B 项，无关选项，医生给病人开的是原创药物还是仿制药物，与这两种药物的效果无关。

C 项，说明两种药物各自所含有的没有活性的成分和填充物的不同，影响了药物的效果，可以解释题干中的矛盾。

D 项，无关选项。

E 项，题干没有涉及年轻人和老年人在使用效果上的对比，无关选项。

28. C

【解析】母题 5·箭头的串联

将题干信息符号化：

①乙→甲。

②丙→¬乙。

③丙。

④甲∨乙→丁。

由题干信息②、③可知，丙去，乙不去。甲、丁不能确定。

A 项，由"乙不去"可知此项为假。

B 项，由"丙去"可知此项为假。

C 项，由题干可知"乙不去，丙去"，又由题干信息④知，若甲去，丁也去，故此项可能为真。

D 项，由"乙不去"可知此项为假。

E 项，由"丙去"可知此项为假。

29. E

【解析】母题 23·因果型假设题

题干：社会期望女性在其他更多的方面表现出自己的能力 —导致→ 女性的数学才能没有被充分发挥出来。

A、B 项，无关选项，题干不涉及数学能力与其他方面能力的比较。

C、D 项，无关选项，题干中仅涉及女性与男性在数学方面的才能比较，没有涉及总体上才能的比较。

E项，必须假设，说明社会期望的确会对女性产生影响。

30. B

【解析】母题20·因果型支持题

专家的观点：复活节岛文明的衰落与树木砍伐并无必然联系。

A项，此项只表明了岛上居民砍伐树木的用途，但未指明这与文明衰落有关，无关选项。

B项，说明岛上居民砍伐完全部树木后并没有影响其生活，补充论据支持专家的观点。

C项，此项只表明了森林的毁灭，但未指明这与文明衰落有关，无关选项。

D项，说明是荷兰的殖民统治导致了岛上"土著人口"的下降，但土著人口下降未必能证明岛上"总人口"的下降和文明的衰落，因此不能算另有他因，支持力度弱。

E项，说明森林的砍伐是文明衰落的原因，削弱专家的观点。

31. B

【解析】母题16·因果型削弱题

研究者的观点：工具的使用减弱了咀嚼的力量 —导致→ 人类脸型的变化。

A项，说明灵长类动物咀嚼时间长，脸型大，支持题干。

B项，另有他因，说明是食物类型的变化导致了人类脸型的变化，削弱题干。

C项，说明是石器的使用导致了咀嚼能力的下降，支持题干。

D项，无关选项，题干没有涉及大脑体积的增大。

E项，说明工具的使用改变了咀嚼结构，支持题干。

32. D

【解析】母题36·排序题

由(1)知：最左边的鞋是篮球鞋，右边2双至少有1双是足球鞋。

由(2)知：最右边的鞋是足球鞋，左边2双至少有1双是足球鞋。

故3双鞋从左到右依次为：篮球鞋、足球鞋、足球鞋。

由(3)知，最右边的鞋是红色鞋，左边2双至少有1双是黑色鞋。

由(4)知，最左边的鞋是黑色鞋，右边2双至少有1双是白色鞋。

故3双鞋从左到右依次为：黑色鞋、白色鞋、红色鞋。

综上所述，从左到右排列为：黑色篮球鞋、白色足球鞋、红色足球鞋，故D项正确。

33. D

【解析】母题15·论证型削弱题

题干中的假设：通过检测经过地球上某一特定地点的中子数，来检验太阳内部核聚变频繁程度。

题干中的事实：检测到经过该地点的中子数，比这一假设预计的数量少得多。

题干中的问题：看起来这一事实证明了该假设是错误的，除非以下哪项？

即要削弱"题干中的假设是错误的"这一结论。

A项，支持题干中"该假设是错误的"，用另一种方法对到达地球某一地点的中子数所作的估计是正确的，这就说明了题干中的估计方法是错误的。

B项，说明还存在其他假设，那么题干中的假设有可能是错误的。

C项，排除中子被太阳破坏的可能，说明如果题干中的假设正确的话，应该是可以检测到相应的中子数的，因而有助于说明题干中的假设错误。

D 项,说明之所以检测到的中子数少,是因为检测方法有问题,而不是假设错误,是正确的选项。

E 项,说明检测到的到达地球的中子中包含来自其他星球核聚变所发射出的中子,那么来自太阳核聚变产生的中子比检测到的还少,更能证明假设错误。

34. C

【解析】母题 15·论证型削弱题

题干:在影响地球气候的风的类型变换之前,太阳黑子活动频繁 ——证明→ 可通过对太阳黑子活动的预测来改善天气预报。

A 项,无关选项,题干不存在现在的天气预报与 36 年前的天气预报之间的比较。

B 项,支持题干,说明太阳黑子活动和天气变化存在关系。

C 项,太阳黑子活动能够预测的气候状况,以前已经通过其他手段进行预测了,说明新发现不能为天气预报带来更多的帮助,削弱题干。

D 项,无关选项。

E 项,支持题干,说明通过观测太阳黑子对风的影响,确实能预测气候。

35. D

【解析】母题 35·论证逻辑型结构相似题

题干采用求异法,在相同的自然条件下,以及施肥、灭虫、浇水、除草等条件也相同的情况下,剪枝的一块柿树园的产量比不剪枝的多三成以上,得出剪枝是柿树园产量高的原因。

D 项,把相同的肉放在两个容器内,一个容器封闭,另一个容器敞开,进行对比实验,从而探求生蛆的原因,也是使用求异法,与题干相同。

其余各项的论证方法均与题干不同。

36. E

【解析】母题 40·复杂匹配与题组

题干已知下列信息:

①数学博士不是跳高冠军。

②跳高冠军、大作家、宝宝是三个人。

③短跑健将不是小画家。

④数学博士不是小画家。

⑤贝贝不是大作家。

⑥聪聪、贝贝、小画家是三个人。

由题干信息⑥可知,小画家是宝宝。

由题干信息②、③、④可知,宝宝不是大作家、跳高冠军、短跑健将、数学博士,故宝宝还是歌唱家。

由题干信息⑤可知,贝贝也不是大作家,故聪聪是大作家。

由题干信息②可知,聪聪也不是跳高冠军,故贝贝是跳高冠军。

由题干信息①可知,贝贝也不是数学博士,故聪聪是数学博士。

因此,贝贝还是短跑健将。

综上所述,三人的外号情况见表 5-1:

表 5-1

人名＼外号	数学博士	短跑健将	跳高冠军	小画家	大作家	歌唱家
宝宝	×	×	×	√	×	√
贝贝	×	√	√	×	×	×
聪聪	√	×	×	×	√	×

故此题正确答案为 E 项。

37. A

【解析】母题 20·因果型支持题

题干：能引起脑部感染的微生物，如 HSV－1 病毒 ——导致——→ 阿尔茨海默病。

A 项，求异法，有因有果，说明 HSV－1 病毒会提高罹患阿尔茨海默病的概率，支持题干的观点。

B 项，转移论题，"病毒 DNA"与"阿尔茨海默病"不是同一概念。

C 项，选项说明的是携带 4 号突变基因的患者的治疗，并非引起的疾病，无关选项。

D 项，有因无果，说明一些老年人大脑中存在 HSV－1 病毒但没有患阿尔茨海默病，削弱题干。

E 项，"老年病"不等同于"阿尔茨海默病"，无关选项。

38. D

【解析】母题 5·箭头的串联

题干：

①有的未受过大学教育的人→优秀作家。

②更多的优秀作家→受过大学教育。

③优秀作家→敏感而富有想象力的人。

④写出打动人心的作品→敏感而富有想象力的人。

将题干①和③串联可得：有的未受过大学教育的人→优秀作家→敏感而富有想象力的人，等价于：有的敏感而富有想象力的人→未受过大学教育，因此，D 项为正确选项。

其余各项均不正确。

39. C

【解析】母题 17·措施目的型削弱题

题干：通过实施在海底设置通电电缆而不是设置渔网的措施，可以既保持海滩旅游业的发展，又能解决那些环境保护人员所关心的问题。

A 项，此项只能说明那些没有鲨鱼出没的区域不必要采取题干中的措施，但无法说明有鲨鱼出没的海域的情况，不能削弱。

B 项，"轻微的损害"也是损害，不能削弱。

C 项，说明旅游者不会到设置通电电缆的地方游玩，措施达不到"保证海滩旅游业的发展"的目的，可以削弱。

D 项，不能削弱，是否是"唯一"措施和其所起的作用无关。

E 项，不能削弱，题干中措施的目的是驱逐鲨鱼，不是别的鱼类。

40. **D**

【解析】母题 16·因果型削弱题(找原因型)

题干：职业骗子宁肯使用低劣的诈骗短信，也不去设计一些更具欺骗性、更易让人上当的短信（结果）$\xrightarrow{\text{证明}}$ 骗子太笨、太不敬业了（原因）。

A 项，如果骗子不聪明，就骗不了别人。这是一个假言命题，无法断定事实上骗子是否聪明，因此，此项不能削弱题干。

B 项，无关选项，题干不涉及是否引起警察注意的问题。

C 项，一种骗术毫无作用→淘汰，等价于：没淘汰→此种骗术并非毫无作用。题干中的骗术没被淘汰，说明它并非毫无作用。即，有可能短信诈骗有一些用处，但用处并不大，因此，并不影响题干认为骗子应该用"更具欺骗性、更易使人上当"的骗术。

D 项，说明骗子用诈骗短信不是因为自己笨、不敬业，而是因为这样可以过滤那些聪明人。另有他因，削弱题干。

E 项，有的骗子会使用其他的高明手段，不能反驳题干中的骗子使用的诈骗短信的手段是低劣的。

41. **C**

【解析】母题 40·复杂匹配与题组

采用选项排除法。

A 项，不满足题干条件(2)。

B 项，不满足题干条件(5)。

C 项，满足题干条件。

D 项，不满足题干条件(3)。

E 项，不满足题干条件(2)。

42. **D**

【解析】母题 40·复杂匹配与题组

由本题条件"张珊和孙琪报考同一所学校"，再结合条件(2)可知，张珊、赵柳、孙琪报考同一所学校。

由条件(5)可知，李思、王伍报考了同一所学校。

由条件(3)可知，李思、王伍报考了北大或者清华。

故 D 项可能正确。

43. **B**

【解析】母题 28·一般推论题

题干：

①美国食品和药物管理局(FDA)在市场中引入了新的治疗药剂。

②新治疗药剂在提高美国人的健康水平方面起了非常关键的作用。

③那些在学校、政府研究团体内的人的职责是从事长期的研究，以图发现新的治疗药剂，并对它们进行临床验证。

④使实验室里的新发现比较容易地转移到市场上是 FDA 的作用和职责。

⑤新的、重要的治疗方法只有在转移之后才能有助于病人。

A 项，"负责转移"和"确保受控"不是一个概念，不能推出。

B项，是题干⑤的逆否命题，可以推出。

C项，题干没有涉及药物的长期测试，不能推出。

D项，题干不涉及药剂的质量，不能推出。

E项，根据箭头的指向原则，不能由题干⑤推出。

44. A

【解析】母题16·因果型削弱题（求异法）

题干：长期保持乐观心态的被试者与心态悲观的被试者在死亡率上并没有差异 —证明→ 心态乐观与否与健康没有关系。

A项，说明心态悲观的人比乐观的人更多地患有慢性疾病，影响身体健康，提出反面论据，削弱题干。

B项，不能削弱题干。第一，乐观与悲观的人是否都会患病不明确；第二，乐观的人"主动地治疗"后是否恢复健康不明确。

C项，说明有些人因为乐观影响了致命性疾病的发现，但悲观是不是有更坏的影响不明确，故此项削弱力度小。

D项，题干没有涉及性别与人际关系，更没有涉及人际关系对健康的影响，无关选项。

E项，题干没有涉及幸福感，无关选项。

45. B

【解析】母题16·因果型削弱题

题干：全球每年平均暴发的大型龙卷风的次数从10次左右上升至15次。与此同时，人类活动激增，全球气候明显变暖 —证明→ 气候变暖导致龙卷风暴发的次数增加。

A项，说明全球变暖没有使小型龙卷风出现的次数增加，提出反面论据，削弱题干。

B项，说明气候温暖与龙卷风的形成有关，支持题干。

C项，有因无果，说明虽然全球变暖，但有的地区的龙卷风并不常见，削弱题干。

D项，另有他因，说明是雷暴天气导致了龙卷风，削弱题干。

E项，因果倒置，说明龙卷风的暴发是气候变暖的原因，削弱题干。

46. A

【解析】母题20·因果型支持题（求异法）

论据：吸烟的青少年患抑郁症的人数是那些不吸烟的青少年患抑郁症的4倍。

结论：吸烟后的尼古丁可以改变大脑的化学机制，从而导致青少年患抑郁症。

A项，并非因果倒置，说明抑郁不会导致吸烟，可以支持题干的论证。

B项，无关选项，题干比较的是"吸烟"与"不吸烟"，并非吸烟的程度。

C项，无关选项。

D项，不能得知抑郁者是否吸烟。

E项，无关选项。

47. E

【解析】母题6·假言命题的负命题

张教授：¬(所有的驾驶员都必然遵守交通规则)→有些驾车导致的纠纷可能难以避免，等价于：有的驾驶员可能不遵守交通规则→有些驾车导致的纠纷可能难以避免，等价于：所有的驾驶员都必然遵守交通规则∨有些驾车导致的纠纷可能难以避免，还等价于：所有的驾驶员都必然遵守交通规则∨并非所有驾车导致的纠纷必然可以避免。

故 E 项确切地表达了张教授的看法。

48. B

【解析】母题 16·因果型削弱题

题干：西方国家的单身家庭越来越多，而这种体积小、价格低的洗碗机最适合于低收入家庭 —导致→ 体积很小的洗碗机有出口欧美市场的前景。

Ⅰ项，无关选项，题干不涉及国内市场。

Ⅱ项，说明洗碗机价格低的优势可能在单身家庭中无法体现，可以削弱。

Ⅲ项，无关选项，题干不涉及"双亲家庭"。

故此题正确答案为 B 项。

49. A

【解析】母题 8·复言命题的真假话问题

题干信息如下：

设："托球跑∧两人三足跑"为事件 A，"单腿斗鸡∧螃蟹赛跑"为事件 B。

则：

甲：A→¬B，等价于：¬A∨¬B。

乙：¬B→A，等价于：A∨B。

丙：¬A。

假设丙说的话为真，那么甲说的话也为真，与题干"只有一个人的意见与最后结果相符合"矛盾。故丙的话为假，故有事件 A 为真。

由事件 A 为真可知，乙的话为真，因此，甲的话也为假。故有：¬A∨¬B 为假，可得 A∧B 为真，即：托球跑∧两人三足跑∧单腿斗鸡∧螃蟹赛跑，为真。

故 A 项正确。

50. C

【解析】母题 22·论证型假设题

题干：普里兰当地 30 多岁未婚男性的人数是当地 30 多岁未婚女性人数的 10 倍 —证明→ 除非他们多数与普里兰以外的女性结婚，否则除去一小部外，大多数还会是独身。

C 项，必须假设，如果当地男性愿意与相差几岁的女性结婚的话，他们无须和普里兰以外的女性结婚，依然可以不用独身。

其余各项均不必假设。

51. E

【解析】母题 40·复杂匹配与题组

题干已知下列信息：

①周的未婚夫是钱的好友。

②周的未婚夫在 3 个男子中最年轻。

③孙的年龄比郑的未婚夫大。

由题干信息①可知，周的未婚夫不是钱。

由题干信息②、③可知，周的未婚夫不是孙。故周的未婚夫是赵。

由题干信息③可知，郑的未婚夫不是孙，故郑的未婚夫是钱，那么吴的未婚夫是孙。

故 E 项正确。

52. B

【解析】母题 26·解释现象

待解释的现象：得 W 急性病的患者血液中的脂肪含量平均水平低于正常人的水平，但医生却认为降低血液中的脂肪含量是预防 W 这种急性病的有效方法。

A 项，指出提高血液中人造脂肪含量会出现得 W 急性病的某些症状，但是不知道降低是否能够预防，不能解释。

B 项，指出当介质从患者血液中吸收大量脂肪时，W 这种病才会由慢性变为急性，说明降低脂肪含量有效，可以解释。

C 项，无关选项，题干不涉及患者血液中的脂肪含量水平变化的快慢情况。

D 项，无关选项，题干不涉及"其他严重的疾病"。

E 项，指出题干中的医生因果倒置，可以削弱医生的观点，但不能解释医生的观点。

53. C

【解析】母题 5·箭头的串联

题干已知下列信息：

①张珊是罪犯 ∧ 李思是罪犯 ∧ 王伍是罪犯 → 破获 003 号案件。

②¬破获 003 号案件。

③¬张珊是罪犯 → ¬李思是罪犯 ≡ 李思是罪犯 → 张珊是罪犯。

④¬李思是罪犯 → 李思与王伍是好朋友 ≡ ¬李思与王伍是好朋友 → 李思是罪犯。

⑤¬李思与王伍是好朋友。

将题干信息⑤、④、③串联得：¬李思与王伍是好朋友 → 李思是罪犯 → 张珊是罪犯。

故：由"¬李思与王伍是好朋友"，可知：⑥张珊是罪犯 ∧ 李思是罪犯。

将题干信息②、①串联得：⑦¬破获 003 号案件 → ¬张珊是罪犯 ∨ ¬李思是罪犯 ∨ ¬王伍是罪犯。

由题干信息⑥、⑦可得：¬王伍是罪犯。

故 C 项正确。

54. D

【解析】母题 5·箭头的串联＋母题 9·对当关系

题干已知下列信息：

①汉武大学有男同学参加反对贸易战示威。

②除非汉武大学有同学参加了反对贸易战示威，否则任何同学都能申请奖学金。即：¬有的同学参加了反对贸易战示威 → 任何同学都能申请奖学金，等价于：所有同学没参加反对贸易战示威 → 任何同学都能申请奖学金，逆否得：有的同学不能申请奖学金 → 有的同学参加了反对贸易战示威。

③汉武大学的女同学不能申请奖学金。

由题干信息②、③可知，④女同学不能申请奖学金 → 有的同学不能申请奖学金 → 有的同学参加反对贸易战示威。

I 项，与题干信息①矛盾，为假。

Ⅱ项，由题干信息无法判断此项的真假。

Ⅲ项，由题干信息④知，可真可假。

故此题正确答案为D项。

55. E

【解析】母题40·复杂匹配与题组

题干已知下列信息，如表5-2所示：

表5-2

项目\姓名	笔	墨	纸	砚	猜对数
小李	一	二	三	四	1
小王	一	三	四	二	1
小赵	四	三	一	二	0
小杨	四	二	三	一	2

由于"小赵一个都没猜对"，所以，与小赵猜的相同的均是错的，可知表5-3：

表5-3

项目\姓名	笔	墨	纸	砚	猜对数
小李	一	二	三	四	1
小王	一	三(×)	四	二(×)	1
小赵	四(×)	三(×)	一(×)	二(×)	0
小杨	四(×)	二	三	一	2

由于"小王猜对一个"，假设他认为"笔在第一层"为真，则小李猜"笔在第一层"也为真。

又由于"小李猜对一个"，所以小李猜的"墨在第二层，纸在第三层"均为假，那么小杨把笔、墨、纸都猜错了，与"小杨猜对两个"矛盾，故"笔在第一层"为假，所以"纸在第四层"为真。

综上，可得表5-4：

表5-4

项目\姓名	笔	墨	纸	砚	猜对数
小李	一(×)	二	三(×)	四	1
小王	一(×)	三(×)	四(√)	二(×)	1
小赵	四(×)	三(×)	一(×)	二(×)	0
小杨	四(×)	二	三(×)	一	2

由于小杨猜对两个，故墨在第二层，砚在第一层。

综上所述，砚在第一层，墨在第二层，笔在第三层，纸在第四层。

故E项正确。

四、写作

56. 论证有效性分析

【谬误分析】

①"与警察作对"不代表"与全中国人民作对"，警察只是中国人民的一部分，警察虽然拥有人民

赋予的执法权,但二者并不等价。

②将明星称为"戏子",有失妥当。古代的"戏子"是一种蔑视性称呼,主要是指戏曲艺人。而现代的明星涵盖歌手、演员、主持人和演奏家等多种职业,所以明星和"戏子"并不等同。

③同样是公民,有人是官员、有人是科学家、有人是军人、有人是警察、有人是工人、有人是农民,这些职业都有自己的独特性。明星也是一样,不能因为明星是公民,就否定了明星的独特性。

④观众对其的喜爱程度确实是影响明星收入和明星价值的重要因素之一,但并不是唯一因素。明星的价值也并不能简单地通过收入来衡量,如今许多明星自愿用自己的影响力助力公益活动,虽然没有获得收入,但不能说其行为没有价值。

⑤"'柯某吸毒'和'范某事件'"仅仅是个例,并不能说明这种违法乱纪的现象在明星群体中"十分普遍"。

⑥明星也是一种职业,所有职业不分高低贵贱,董事长和服务员都值得被尊重。所以,不能因为"我"是"衣食父母"就要求明星"尊重"甚至"祈求"。

⑦金钱不代表正义,人人需要遵纪守法,明星也不例外,但这并不是因为大众给了明星荣光和金钱。

有失偏颇的论证

上述材料通过曾姓女星大闹首都机场的事件,试图探寻"何种原因致使明星藐视相关规定、公然违规",然而在其论证过程中存在诸多逻辑漏洞,现分析如下:

首先,"与警察作对"不代表"与全中国人民作对",警察只是中国人民的一部分,警察虽然拥有人民赋予的执法权,但二者并不等价。

其次,将明星称为"戏子",有失妥当。古代的"戏子"是一种蔑视性称呼,主要是指戏曲艺人。而现代的明星涵盖歌手、演员、主持人和演奏家等多种职业,所以明星和"戏子"并不等同。况且,材料认为"戏子只是为了博人一笑,丝毫没有尊严",未免过于狭隘。我国京剧表演艺术家梅兰芳,发展和提高了京剧旦角的演唱和表演艺术,形成"梅派"。梅兰芳先生不仅受人尊敬,还将永载戏剧史册。

再次,观众的偏好确实在一定程度上能反映明星存在的价值,但并不唯一。譬如,为演艺事业作出的贡献、为艺术传承作出的努力,这同样具有价值。进一步说,明星存在的价值并不能简单地通过收入来衡量,如今许多明星自愿用自己的影响力助力公益活动,虽然没有获得收入,但能说其行为没有价值吗?显然不能。

而且,"'柯某吸毒'和'范某事件'"仅仅是个例,并不能说明这种违法乱纪的现象在明星群体中"十分普遍"。按照材料的逻辑,A班有两名同学考试成绩不及格,就能说明A班同学考试成绩不及格的现象十分普遍吗?这显然不妥。

所以,上述材料中存在诸多逻辑问题,对有关明星的问题我们仍需正确理性地看待。

57. 论说文

计划重在执行

老吕学员　KKW

　　老切割师设计了周密的切割方案,年轻的徒弟完成了完美的切割操作,实现了钻石的增值。可见,好的执行使得计划能够达到理想的效果,因此,设计计划重在执行。

　　计划是为了明确目标,而只有真正采取行动才能实现这一目标。对于企业,制定长远的战略有助于其发展壮大,但实际执行才是成功的根本保障。阿里巴巴首先明确了其横向及纵向一体化的发展战略,然后在几年内,陆续投资并购了十余家不同领域的公司,为其带来了大量的客户。正是阿里巴巴良好的执行力,使其市场占有率大大提高,在实现战略目标的同时获得了丰厚的利润。

　　言之易,行之难。实际上,有了好的计划却没有执行的情况数不胜数。有人制订了每天的学习计划,却不按时完成;有人制订了减肥计划,却从来不会管住嘴或是迈开腿。时间一长,这些看似完美的计划就会被搁置在一旁,或干脆不了了之,过一段时间又会制订新的计划,执行力的缺乏开启了这一恶性循环,最终导致一事无成。

　　既然已经制订了好的计划,为什么许多人不能执行呢?首先,计划的执行需要一定的时间,需要耐心与毅力,且一般不会产生立竿见影的效果,所以许多人因为惰性难以坚持。其次,坚持完成了计划却没有得到任何好处,就会缺乏执行的动力。尤其在企业中,完成了任务与出错甚至未完成别无二致,没有任何适当的激励,必然就会降低员工的积极性。

　　执行计划的过程虽然可能是艰难的、有风险的,但应着眼于完成计划后的长远利益。年轻的徒弟将钻石切割后使其增值,为商人带来了利益;员工在工作中积极完成各项任务,必然会增加以后升职加薪的可能性;企业努力探索实现战略目标的方法,能够增强其竞争力,以实现更大的利润。所以,执行后的好处显而易见。

　　"与其临渊羡鱼,不如退而结网。"将计划付诸行动,方能达到理想的效果。

绝密★启用前

全国硕士研究生招生考试
管理类专业学位联考综合能力试题
冲刺卷 6

(科目代码：199)

考试时间：8：30—11：30

考生注意事项

1. 答题前，考生须在试题册指定位置上填写考生姓名和考生编号；在答题卡指定位置上填写报考单位、考生姓名和考生编号，并涂写考生编号信息点。
2. 选择题的答案必须涂写在答题卡相应题号的选项上，非选择题的答案必须书写在答题卡指定位置的边框区域内。超出答题区域书写的答案无效；在草稿纸、试题册上答题无效。
3. 填（书）写部分必须使用黑色字迹签字笔或者钢笔书写，字迹工整、笔迹清楚；涂写部分必须使用2B铅笔填涂。
4. 考试结束，将答题卡和试题册按规定交回。

考生编号															
考生姓名															

一、**问题求解**：第1～15小题，每小题3分，共45分。下列每题给出的A、B、C、D、E五个选项中，只有一项是符合试题要求的。请在答题卡上将所选项的字母涂黑。

1. 已知 $(x+3)^2+|3x+y+m|=0$，其中 y 为负数，则 m 的取值范围是( )．
   A. $m=9$ B. $m<9$ C. $m>-9$ D. $m<-9$ E. $m>9$

2. 对某学院的学生调查得知，有一半的人考取了计算机二级证，有40%的学生拥有驾驶证，考取会计从业资格证的占所有学生的83%，至少考取两个证的学生占59%，拥有三个证的学生占23%，那么三种证都没拿到的同学占( )．
   A. 12% B. 11% C. 10% D. 9% E. 8%

3. 已知数列 $\{a_n\}$ 为等差数列，且 $a_3+a_{12}=8$，则数列 $\{a_n\}$ 的前14项和 $S_{14}=$( )．
   A. 36 B. 48 C. 56 D. 64 E. 72

4. 某种玩具去年的进价比今年便宜12%，商店两年都采用20%的利润定价，今年每售出一件这种玩具比去年多赚24元，则去年玩具的定价为( )元．
   A. 1 000 B. 1 056 C. 1 148 D. 1 256 E. 1 278

5. 一段公路，如果交给甲、乙两支工程队共同修建，那么6天后还剩 $\frac{1}{6}$ 没有完成；如果交给甲、乙两支工程队单独修建，那么甲单独完成 $\frac{1}{3}$ 长度的时间与乙单独完成全部任务所需的时间的一半相等．那么，甲工程队单独修建这条公路比乙工程队单独修建这条公路多耗费( )天．
   A. 10 B. 9 C. 8 D. 7 E. 6

6. 已知 $\frac{1}{1\times3}+\frac{1}{3\times5}+\cdots+\frac{1}{(2n-1)(2n+1)}=\frac{1\,024}{2\,049}$，则 $n=$( )．
   A. 1 023 B. 1 024 C. 1 025 D. 2 049 E. 2 050

7. 如图6-1所示，大正方形的边长为6厘米，小正方形的边长为4厘米，则阴影部分的面积为( )平方厘米． 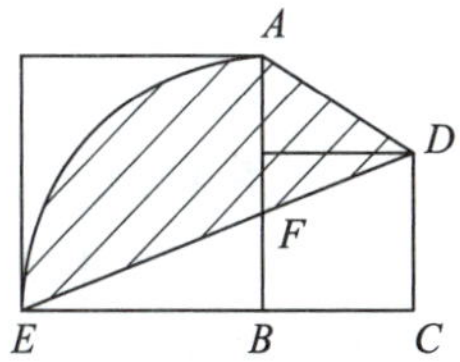
   A. 4π
   B. 6π
   C. 9π
   D. $6\pi-2$
   E. $9\pi-2$

   图6-1

8. 直线 $2x-y+m=0$ 向右平移一个单位后，与圆 $x^2+y^2-2x+4y=0$ 相切，则 m 的值为( )．
   A. 2或-8   B. 3或-7   C. 4或-6
   D. 1或-9   E. 5或-5

9. 已知方程 $x^3-4x^2+4x-1=0$ 的根分别为 $x_1=1$，x_2，x_3，则 $\frac{x_3}{x_2}+\frac{x_2}{x_3}=$( )．
   A. 0 B. 1 C. 3 D. 7 E. 9

10. 已知集合 $A=\{(x,y)|y\geq x-1\}$，$B=\{(x,y)|x^2+y^2\leq 9\}$．先后抛掷两枚色子，第一枚出现的点数记为 a，第二枚出现的点数记为 b，则 (a,b) 属于集合 $A\cap B$ 的概率为（　　）．

   A. $\dfrac{1}{18}$ B. $\dfrac{1}{12}$ C. $\dfrac{1}{9}$ D. $\dfrac{5}{18}$ E. $\dfrac{1}{6}$

11. 数列 $\{a_n\}$ 中，首项 $a_1=3$，$a_n-a_{n+1}=5a_na_{n+1}$，则 $a_n=$（　　）．

   A. $\dfrac{6}{2n+1}$ B. $2n+1$ C. $\dfrac{6}{3n-1}$ D. $5n-2$ E. $\dfrac{3}{15n-14}$

12. 现有一瓶未开封的白酒，已知酒瓶重量与白酒重量之比为 $1:4$，喝掉一部分白酒后，剩下的总重量（白酒加酒瓶的重量）是原来总重量的 60%，则剩下白酒的重量与开封前白酒的重量之比为（　　）．

   A. $\dfrac{1}{2}$ B. $\dfrac{1}{3}$ C. $\dfrac{1}{4}$ D. $\dfrac{2}{5}$ E. $\dfrac{3}{5}$

13. 某宿舍 6 名同学去吃自助餐，但该餐馆每桌只能坐 4 人，如果他们坐成两桌（不考虑同一桌内部的顺序），则这 6 名同学不同的坐法共有（　　）种．

   A. 30   B. 40   C. 50   D. 60   E. 70

14. 两个球体容器，若将大球中的 $\dfrac{2}{5}$ 溶液倒入小球中，正好可装满小球，那么大球与小球半径之比为（　　）．

   A. $5:3$ B. $\sqrt[3]{5}:\sqrt[3]{2}$ C. $8:3$ D. $3:1$ E. $\sqrt[3]{20}:\sqrt[3]{5}$

15. 一辆客车从 A 地开往 B 地，每小时行驶 65 千米，同时，一辆货车从 B 地开往 A 地，每小时行驶 60 千米．一段时间后，两车在距离 A，B 两地中点 20 千米处相遇，则相遇时两车各行驶了（　　）千米．

   A. 520，480   B. 520，500   C. 480，440   D. 540，500   E. 530，490

二、条件充分性判断：第 16～25 小题，每小题 3 分，共 30 分。要求判断每题给出的条件（1）和条件（2）能否充分支持题干所陈述的结论。A、B、C、D、E 五个选项为判断结果，请选择一项符合试题要求的判断，在答题卡上将所选项的字母涂黑。

   A. 条件(1)充分，但条件(2)不充分．
   B. 条件(2)充分，但条件(1)不充分．
   C. 条件(1)和条件(2)单独都不充分，但条件(1)和条件(2)联合起来充分．
   D. 条件(1)充分，条件(2)也充分．
   E. 条件(1)和条件(2)单独都不充分，条件(1)和条件(2)联合起来也不充分．

16. 甲瓶装纯盐酸 20 kg，乙瓶装水 60 kg，分别从两瓶中各取出等量溶液 x kg 倒入对方瓶中，然后再从两瓶中各取出 x kg 倒入对方瓶中，则甲乙两瓶盐酸浓度相等．

   (1) $x=15$．
   (2) $x=12$．

17. 将 4 个不同口味的蛋糕分给甲、乙、丙三人，则不同的分法有 24 种．

   (1) 每人至少分 1 个．
   (2) 甲恰好分到 1 个．

18. $P = \frac{3}{4}$.

(1) 现有 5 个红球，3 个白球，2 个绿球，除颜色外完全相同，若从中任取 3 个，则至少有 2 个颜色相同的概率为 P。

(2) 现有 5 个红球，4 个白球，1 个绿球，除颜色外完全相同，若从中任取 3 个，则至少有 2 个颜色相同的概率为 P。

19. 一元二次方程 $x^2 + bx + c = 0$ 的两个根为一正一负。

(1) $c < 0$。

(2) $b^2 - 4c > 0$。

20. 实数 k 的取值范围是 $(-\infty, 2) \cup (5, +\infty)$。

(1) 关于 x 的方程 $kx + 2 = 5x + k$ 的根是非负实数。

(2) 抛物线 $y = x^2 - 2kx + (7k - 10)$ 位于 x 轴上方。

21. 设 A、B 为随机事件，$A = B$ 成立。

(1) $P(\overline{A}B) = 0$。

(2) $P(A\overline{B}) = 0$。

22. 直线 l 与直线 $y = 3x + 1$ 关于直线 $x + y = 0$ 对称。

(1) 直线 l 的方程为 $3x - y - 1 = 0$。

(2) 直线 l 的方程为 $x - 3y + 1 = 0$。

23. 等差数列 $\{a_n\}$ 的前 n 项和为 S_n，则有 $a_3 = 2$。

(1) $S_3 = 3$，$S_9 = 36$。

(2) $a_1 = \frac{1}{2}$，$S_2 = a_3$。

24. $A = 10$。

(1) 在数字 1，2，3 与符号 "+"，"−" 总共 5 个元素的所有全排列中，任意两个数字都不相邻的全排列个数是 A。

(2) 将 4 个颜色互不相同的球全部放入编号为 1 和 2 的两个盒子里，使得放入每个盒子里的球的个数不小于该盒子的编号，则不同的放球方法有 A 种。

25. 设 $f(x) = ax^2 + bx + c$，能确定 $\frac{f(-1)}{f(1)} = -3$。

(1) 对任意的 x 有 $f(x+1) = f(1-x)$。

(2) 函数 $f(x)$ 的图像过点 $(2, 0)$。

三、逻辑推理：第 26~55 小题，每小题 2 分，共 60 分。下列每题给出的 A、B、C、D、E 五个选项中，只有一项是符合试题要求的。请在答题卡上将所选项的字母涂黑。

26. 除非能保证四个小时的睡眠，否则大脑将不能得到很好的休息；除非大脑得到很好的休息，否则第二天大部分人都会感觉到精神疲劳。

如果上述断定为真，以下哪项也一定为真？

A. 只要大脑得到充分休息，就能消除精神疲劳。

B. 大部分人的精神疲劳源于睡眠不足。

C. 或者大脑得到充分休息，或者第二天能消除精神疲劳。

D. 如果大脑得到了很好的休息，则必定保证了四个小时的睡眠。

E. 如果你只睡三个小时，那么第二天一定会精神疲劳。

27. 在两个试验大棚内种上相同数量的茄子苗，只给第一个大棚施加肥料甲，但不给第二个大棚施加。第一个大棚产出1 200公斤茄子，第二个大棚产出900公斤茄子。除了水以外，没有向这两个大棚施加任何其他东西，故必定是肥料甲导致了第一个大棚有较高的茄子产量。

如果以下陈述为真，则哪一项最严重地削弱了上面的论证？

A. 少量的肥料甲从第一个大棚渗入第二个大棚。

B. 在两个大棚中种植了相同品种的茄子苗。

C. 两个大棚的土质和日照量有所不同。

D. 第三个大棚施加肥料乙，没有施加肥料甲，产出1 000公斤茄子。

E. 第一个大棚用的肥料是过期肥料。

28. 针对某种溃疡最常用的一种疗法可在6个月内将44％的患者的溃疡完全治愈。针对这种溃疡的一种新疗法在6个月的试验中使治疗的80％的患者的溃疡取得了明显改善，61％的患者的溃疡得到了痊愈。由于该试验只选取了那些病情比较严重的溃疡患者，因此这种新疗法显然在疗效方面比最常用的疗法更显著。

对下列哪一项的回答能最有效地对上文论述做出评价？

A. 这两种疗法使用的方法有何不同？

B. 这两种疗法的使用成本是否存在很大差别？

C. 在6个月中以最常用疗法治疗的该种溃疡的患者中，有多大比例取得了明显改善？

D. 这种溃疡如果不进行治疗的话，病情显著恶化的速度有多快？

E. 在参加6个月的新疗法试验的患者中，有多大比例的人对康复的比例不满意？

29. 张老师的班里有60个学生，男、女生各一半。有40个学生喜欢数学，有50个学生喜欢语文。

如果上述陈述为真，那么以下哪项可能是真的？

Ⅰ. 20个男生喜欢数学而不喜欢语文。

Ⅱ. 20个喜欢语文的男生不喜欢数学。

Ⅲ. 30个喜欢语文的女生不喜欢数学。

A. 仅仅Ⅰ。　　　　　　B. 仅仅Ⅱ。　　　　　　C. 仅仅Ⅲ。

D. 仅Ⅰ和Ⅱ。　　　　　E. Ⅰ、Ⅱ和Ⅲ。

30. 在建筑设计工作中，如果它对公众的使用来说是既美观又实用的话，那么它必然是不惹眼的，即与周围环境是和谐的。现代的建筑师由于受利己主义的干扰而违背了这一原则，使他们的设计工作染上了很强的个性色彩，创造出来的建筑不是不惹眼的。

如果上述命题为真，那么以下哪个选项可能为真？

A. 某些建筑虽然美观实用，但与周围环境并不和谐。

B. 某些染上很强个性色彩的建筑设计是美观而实用的。

C. 某些染上很强个性色彩的建筑设计与周围环境是和谐的。

D. 与周围环境和谐的建筑设计可能是既美观又实用的。

E. 某些惹眼的建筑设计美观而实用。

31. 目前俄罗斯在远东地区的耕地使用率不足50%，俄罗斯经济发展部有意向亚太国家长期出租农业用地。该部认为：如果没有外国资本和劳动力注入，俄罗斯靠自己的力量将无法实现远东地区的振兴。但是，如果外国资本和劳动力进入远东地区，该地区有可能被外国移民"异化"。
如果俄罗斯经济发展部的判断是正确的，则以下哪一项陈述一定为真？
    A. 如果俄罗斯把外国资本和劳动力引进远东地区，该地区将实现振兴。
    B. 如果俄罗斯靠自己的力量能实现远东地区的振兴，该地区就不会被外国移民"异化"。
    C. 如果俄罗斯在将外国资本和劳动力引进远东地区的同时不断完善各项制度，该地区就不会被外国移民"异化"。
    D. 如果不靠自己的力量又要实现远东地区的振兴，俄罗斯将面临该地区可能被外国移民"异化"的问题。
    E. 俄罗斯将面临被外国移民"异化"的问题。

32. 爬行动物不是两栖动物，两栖动物都是卵生的。所以，凡是卵生的动物都不是爬行动物。
以下哪项在结构上和题干最为类似？
    A. 商品都是有使用价值的，貂皮大衣是有使用价值的。所以，貂皮大衣是商品。
    B. 考试不及格就会补考，补考的学生不能参加三好学生评选。所以，所有不能参加三好学生评选的都曾经考试不及格。
    C. 所有说粤语的人都不是广东人。因为广东人不是香港人，而香港人都说粤语。
    D. 过渡溺爱孩子会导致孩子经常哭闹，经常哭闹都有肠胃问题。所以，孩子的肠胃问题可能是由家长溺爱孩子造成的。
    E. 香港人不说普通话，台湾人都说普通话。所以，所有台湾人都不是香港人。

33. 德国一水族馆的章鱼保罗在2010年世界杯期间名声大噪，它通过选择国旗，准确预测了8场比赛的胜负，被称为"章鱼帝"。以至于有这样的说法：人算不如天算，贝利(球王)不如海鲜(章鱼)。
下面各项都构成对章鱼保罗预测能力的质疑，除了：
    A. 章鱼是一种极其聪明的海洋动物，有相当发达的大脑，还是逃生高手。
    B. 在2008年欧洲杯决赛前，章鱼保罗预测德国队胜出，结果却是西班牙队赢得冠军。
    C. 在西班牙队与荷兰队决赛前，章鱼保罗选择的西班牙国旗图案类似于它爱吃的食物：三条大虾加一只螃蟹。
    D. 在德国队和加纳队比赛前，章鱼保罗预测德国队获胜，因为加纳国旗上有一颗五角星让章鱼觉得危险，而选择了德国国旗。
    E. 章鱼保罗对国旗的选择实际上是人为控制的。

34～35题基于以下题干：
张教授：在中国，韩语不应当作为外国语，因为中国的朝鲜族人都把韩语作为日常语言。
李研究员：你的说法不能成立。因为依照你的说法，在美国，法语和西班牙语也不应当作为外语，因为相当一部分美国人把法语或西班牙语作为日常语言。

34. 以下哪项最为准确地概括了张教授和李研究员争论的焦点？
    A. 在中国，韩语是否应当作为外语？
    B. 中国的朝鲜族人是否把韩语作为日常语言？
    C. 一个国家的母语是否应当只限于一种？

D. 一种语言被作为外语的标准是什么？

E. 在美国，法语和西班牙语是否应当作为外语？

35. 以下哪项最为准确地概括了李研究员的反驳所运用的方法？

A. 指出一个与对方的论据相矛盾的事实。

B. 对对方论据的真实性提出质疑。

C. 举出一个反例直接反驳对方的一般性结论。

D. 对对方的论据提出一个不同的解释。

E. 从对方的论据得出一个不能接受的结论。

36. 高塔公司是一家占用几栋办公楼的公司，正在考虑在它所有的办公楼内都安装节能灯泡，这种节能灯泡与目前正在使用的传统灯泡相比能发出同样多的光，但所需的电量仅是传统灯泡的一半，并且这种节能灯泡的寿命比传统灯泡大大加长。因此，在旧灯泡坏掉的时候换上这种节能灯泡，高塔公司可以大大降低其总体照明的成本。

下列哪一项如果正确，则最能支持题干的论证？

A. 如果广泛地采用这种节能灯泡，这是非常可能的，那么新灯泡的产量就会大大增加，从而使其价格与那些传统灯泡相当。

B. 为高塔公司提供电力的公共事业公司向其最大的客户们提供折扣。

C. 高塔公司最近签订了一份合同，要再占用一栋小的办公楼。

D. 高塔公司发起了一项活动，鼓励其员工每次在离开房间时关灯。

E. 生产这种节能灯泡的公司对灯泡中使用的革新技术取得了专利，因此它享有生产新灯泡的独家权利。

37. 老年人经常会患由血脂高导致的一些慢性病，对此人们的态度时常走极端：一是完全不理会，食所欲食；一是过度敏感，完全拒绝所有油分、肉类，反而出现营养不足、失衡问题。

根据以上信息，可以推出以下哪项？

A. 老年人身体普遍虚弱，应该注意多吃点高营养的食物补身体。

B. 保持身体健康，须注意饮食的合理搭配，"过"和"不及"都是不可取的。

C. 老年人血脂升高很容易导致心血管疾病，应该避免食用含脂类食物。

D. 人到老年，难免会有一些慢性疾病，既不能忽视也不能过分关注。

E. 老年慢性病是无法避免的。

38. 《冰与火之歌》第八季上映前，几位影迷对剧情作了如下猜测：

张珊说：只要雪诺和夜王能活下来，三傻就不能活下来。

李思说：除非龙母不能活下来，否则夜王能活下来。

王伍说：雪诺和三傻都能活下来。

该片上映后，发现上述断定都是真的，那么以下哪项也一定是真的？

A. 夜王和龙母都能活下来。

B. 并非或者夜王能活下来或者龙母能活下来。

C. 夜王能活下来但龙母不能活下来。

D. 夜王不能活下来但龙母能活下来。

E. 不能确定到底谁能活下来。

39. 甲、乙、丙、丁、戊、己是一个家族的兄弟姐妹。已知：甲是男孩，有 3 个姐姐；乙有一个哥哥和一个弟弟；丙是女孩，有一个姐姐和一个妹妹；丁的年龄在所有人当中是最大的；戊是女孩，但是她没有妹妹；己既没有弟弟也没有妹妹。

    从以上叙述中，可以推出以下哪项结论？

    A. 己是女孩且年龄最小。

    B. 丁是女孩。

    C. 6 个兄弟姐妹中女孩的数量多于男孩的数量。

    D. 甲在 6 个兄弟姐妹中排行第三。

    E. 乙在 6 个兄弟姐妹中排行第二。

40. 在世界总人口中，男、女比例相当，但黄种人大大多于黑种人，在除黄种人和黑种人以外其他肤色的人种中，男性比例大于女性。

    如果上述断定为真，则可推出以下哪项也是真的？

    Ⅰ. 黄种人女性多于黑种人男性。

    Ⅱ. 黄种人男性多于黑种人女性。

    Ⅲ. 黄种人女性多于黑种人女性。

    A. 仅仅Ⅰ。   B. 仅仅Ⅱ。   C. 仅仅Ⅲ。

    D. 仅仅Ⅰ和Ⅱ。   E. Ⅰ、Ⅱ和Ⅲ。

41. M 公司的最新产品成本是如此之低，以至于公司不大可能在出售产品时不增加公司通常允许赚取的成本加价，因为潜在的客户可能完全不能相信这么便宜的东西会真好使。但 M 公司的信誉是建立在仅包括合理的边际利润的公平价格基础上的。

    以上论述如果正确，则能最强有力地支持下面哪个选项？

    A. M 公司在试图为其最新产品定价、使价格能在不损害公司信誉的前提下促进销售时会遇到困难。

    B. 尽管售出的每件产品利润很小，但通过大规模的销售，M 公司仍取得了巨大的年利润。

    C. M 公司在为其最新产品计算生产成本时犯了计算错误。

    D. M 公司的最新产品将要执行的任务是其他制造成本更低的设备也能胜任的。

    E. M 公司的生产程序的设计和该公司制造的产品一样具有新颖之处。

42. 永久型赛马场的休闲用骑乘设施每年都要拆卸一次，供独立顾问们进行安全检查。流动型赛马场每个月迁移一次，所以可以在长达几年的时间里逃过安全检查网及独立检查。因此，在流动型赛马场骑马比在永久型赛马场骑马更加危险。

    下列关于流动型赛马场的陈述如果是正确的，则哪一项最能削弱上面的论述？

    A. 在每次迁移前，管理员们都拆卸其骑乘设施，检查并修复潜在的危险源，如磨损的滚珠轴承。

    B. 它们的经理们拥有的用于安全方面及维护骑乘设施的资金要少于永久型赛马场的经理们。

    C. 由于它们可用迁徙以寻找新的顾客，建立安全方面的良好信誉对于他们而言不是特别重要。

    D. 在它们迁移时，赛马场无法接收到来自它们的骑乘设施生产商的设备回收通知。

    E. 骑乘设施的管理员们经常忽视骑乘设施管理的操作指南。

43. 公司董事会决定调整公司的经理层，现有 A、B、C、D、E、F、G 共 7 个合格人选，可供董事会挑选 4 名进入新组建的经理层，如何选定此 4 人，公司人力资源部门经过充分调查论证，已形成下列意见：

(1)如果选了A，最好也同时选B，即让A和B一起进入经理层。

(2)如果决定C不进入经理层，那么最好选D进入经理层。

(3)如果A不进入经理层，而让C进入经理层，那么最好让E进入经理层。

(4)最好不让E和F同时进入经理层。

(5)最好让F成为新班子的总经理。

根据以上意见，理想的人选方案是以下哪项？

A. F、A、B、E。　　　B. F、D、E、C。　　　C. F、C、E、A。
D. F、C、B、D。　　　E. F、D、B、A。

44. 低收入家庭通常无力提供所需的儿童抚养费用。一项政府计划想给低收入家庭退还他们所支付的收入税，每个低于4岁的儿童1 000美元。这一计划使所有的有4岁以下儿童的低收入家庭能获得比本来可支付的更多的儿童资助。

下面哪项如果正确，则能最严重地对该计划可使所有低收入家庭获得更多的儿童资助的说法提出质疑？

A. 有4岁以下儿童的普通家庭每年花费1 000美元以上用于抚养儿童。

B. 一些父母一方有空照顾4岁以下儿童的低收入家庭也许不愿意把他们的收入税的退还款用于抚养儿童。

C. 许多有4岁以下孩子的低收入家庭不支付收入税，因为他们总的收入很低，尚未达到纳税标准。

D. 退还收入税导致的政府收入的降低使得其他政府计划的削减，如对高等教育的补助——成为必要。

E. 过去20年来收入税显著增加了，减少了低收入家庭可用于抚养儿童的资金。

45. 《符号逻辑》杂志刊载：在智能研究中，机器学习、人机交流的核心需求是对语用语言符号化。把语用的自然语言翻译成符号，机器认读后能完成学习，并可把发现的科学定理反馈给人类，实现人机交流。

以下哪项最可能是上述陈述所支持的？

A. 智能机的发现能力超过人类的发现能力。

B. 智能机的发现能力不可能超过人类的发现能力。

C. 人机交流已经基本实现。

D. 人机交流有对语用语言符号化的需求。

E. 智能机将加快科学发现的进程。

46～48题基于以下题干：

某办公室有王莉、李明和丁勇3名工作人员，本周有分别涉及网络、财务、管理、人事和教育的5项工作需要他们完成。关于任务安排，需要满足下列条件：

①每人均需至少完成其中的一项工作，一项工作只能由一人完成。

②人事和管理工作都不是由王莉完成的。

③如果人事工作由丁勇完成，那么财务工作由李明完成。

④完成教育工作的人至少还需完成一项其他工作。

到了周末，3人顺利地完成了上述5项工作。

46. 如果李明只完成5项工作中的一项，那么包括该工作的所有可能性是以下哪项？
    A. 人事、财务。
    B. 人事、管理、财务。
    C. 人事、网络。
    D. 财务。
    E. 教育、财务。

47. 以下哪项中的工作不可能均由李明完成？
    A. 教育、人事、财务。
    B. 教育、人事、网络。
    C. 教育、管理、财务。
    D. 教育、管理、网络。
    E. 教育、财务。

48. 如果管理工作和网络工作是由同一个人完成的，则以下哪项是可能的？
    A. 教育工作是由李明完成的。
    B. 财务工作是由丁勇完成的。
    C. 管理工作是由李明完成的。
    D. 人事工作是由丁勇完成的。
    E. 王莉只需完成教育工作。

49. 期末考试结束后，哲学系教务员对全系学生的考试成绩进行了汇总，得出了关于成绩优秀、良好、及格学生的分布结果，以作为评选三好学生和奖学金的参考依据。后来又有几位因病请假的学生补考。
    以下哪项结论不可能被这几位学生补考所产生的结果推翻？
    A. 全系有36％的学生成绩优秀，52％的学生成绩良好。
    B. 全系至多有15位学生各科成绩全部优秀，至少有61位学生的各科成绩良好。
    C. 全系至少有15位学生成绩全部优秀，至少有9位学生的各科成绩在70分以下。
    D. 全系女学生的平均成绩要高于男学生的平均成绩。
    E. 全系男学生的平均成绩要高于女学生的平均成绩。

50. 在一次体育课上，20名学生进行了箭靶射击测试。随后，这些学生上了两天的射箭技能培训课，之后又重新进行了测试，他们的准确率提高了30％。该结果表明，培训课对于提高人们的射靶准确率是十分有效的。
    下列哪个选项如果为真，最能支持上述论述？
    A. 这些学生都是出色的田径运动员，出色的田径运动员一般都善于射靶。
    B. 第一次测试是作为第二次测试的演习阶段。
    C. 人们射箭的准确性和他们的视觉敏锐度有很大关系。
    D. 只有少数从事射箭运动的人才能掌握精湛的射靶技艺。
    E. 另一组学生也进行了箭靶射击测试，但没有进行培训，他们的准确度没有得到提高。

51. 卫星旅行社组织了美国、中国香港、中国台湾、新加坡等地的旅游者参加中华环视旅行活动。其中有些人游览中国西部，而有些人游览中国东北，所有游览中国东北的人都游览中国西部，而所有没有游览中国西部的人都是新加坡人。
    以上陈述最能支持以下哪项结论？
    A. 有些新加坡人游览中国东北。
    B. 有些新加坡人游览中国西部。
    C. 所有的新加坡人都游览中国东北。
    D. 有些新加坡人没有游览中国东北。
    E. 有些游览中国西部的人没有游览中国东北。

52. 加利福尼亚的消费者在寻求个人贷款时可借助的银行比美国其他州少，银行间竞争的缺乏解释了为什么加利福尼亚的个人贷款利率高于美国其他州。

以下哪项如果正确，则最能显著地削弱以上结论？

A. 因为要支付相对高的工资来吸引胜任的员工，加利福尼亚的银行为他们提供许多服务，因而向储户收取的费用比其他地方银行高。

B. 个人贷款比银行做的其他种类贷款如住房按揭贷款风险大。

C. 因为加利福尼亚的银行存款和美国其他地区银行存款都受相同的保险保障，它们的安全性并不比其他地区的银行存款差。

D. 加利福尼亚的消费者不能归还私人贷款的比率比美国其他地区低。

E. 加利福尼亚的银行向储户支付的利率比美国其他地区的银行低，因此，在加利福尼亚吸收储户的竞争较少。

53. 在我国，交强险是保险公司自主选择的险种。自 2006 年推出以来，只有 2008 年小幅赢利，其余年份均为亏损，且亏损额逐年加大，2011 年全国交强险实际经营亏损达 92 亿元。奇怪的是，目前巨额亏损下的交强险依然是各保险公司争抢的业务。

如果以下陈述为真，则哪一项最好地解释了保险公司争抢交强险业务的奇怪现象？

A. 2011 年，36 家承担交强险的公司中有 3 家公司在这个险种上是赢利的。

B. 在交强险赔付中，有些车辆赔付过高，部分不该赔付的案例被判赔付。

C. 拖拉机享受惠农政策，许多地方将"运输车辆"登记为"拖拉机"，从而享受低税率。

D. 商业车险利润丰厚，车主通常不会将交强险和商业车险分别投保两家公司。

E. 有的保险公司经营交强险会得到国家补贴。

54～55 题基于以下题干：

某学院在开学之初，利用 4 天时间开设了哲学、逻辑、数学、统计、宗教、历史和艺术 7 门课程让学生试听。每天上午、下午各一门。除一门课程可以开设两次之外，其他课程均不重复。这 4 天的课程设置还须满足以下条件：

(1) 艺术课程至少有一次安排在第 3 天。
(2) 数学课程只能安排在逻辑课程的次日。
(3) 第 1 天或第 2 天至少有一天安排统计课程。
(4) 哲学课程与数学课程或艺术课程安排在同一天。
(5) 开设两次的课程不能安排在同一天，也不能安排在第 3 天，其中一次要安排在第 4 天。

54. 以下哪门课程安排在任意一天都有可能？

A. 数学。 B. 宗教。 C. 统计。
D. 艺术。 E. 艺术和宗教。

55. 以下哪门课程不能开设两次？

A. 哲学。 B. 逻辑。 C. 统计。
D. 历史。 E. 以上课程都可以开设两次。

四、写作：第 56~57 小题，共 65 分。其中论证有效性分析 30 分，论说文 35 分。请答在答题纸相应的位置上。

56. 论证有效性分析：分析下述论证中存在的缺陷和漏洞，选择若干要点，写一篇 600 字左右的文章，对该论证的有效性进行分析和评论。(论证有效性分析的一般要点是：概念特别是核心概念的界定和使用是否准确并前后一致，有无各种明显的逻辑错误，论证的论据是否成立并支持结论，结论成立的条件是否充分等。)

　　网络上的专家都在谈"学历不等于能力，更不等于成功"。我要反其道而行之，告诉大家：学历就是能力，有了学历就能成功。

　　一个人在社会上生存，除耕种田地外，无非从事两种职业：一种是自己当老板，另一种是给老板打工。这两种职业无所谓优劣，你都可以把它们当作事业并获得成功。

　　前一种职业，除了需要个人能力之外，还需要有优质的人际关系，关系越广，你成功的概率就越高。在这里，个人的成功与否与社会关系资源的多少、质量高低成正比。正如当年比尔·盖茨之所以辍学去创业并获得成功，就是因为他父母的人际关系，他母亲是 IBM 的董事，是她给儿子促成了第一单生意。

　　后一种职业，需要的是你的老板给你搭建平台，平台越大，你施展才能的舞台就越大，你成功的概率就越高。在这里，个人的成功与否与单位的平台大小成正比。"打工皇帝"唐骏，是中国著名的职业经理人，他的成功就主要与微软公司给他提供的平台有关。

　　作为一个年轻人，在还是一无所有的时候，如何能够进入一个拥有优质资源的圈子进而拥有平台和人际关系呢？"学历"是对未来你将拥有资源的国家证明。你毕业的学校越好，你的学历越高，证明你的能力就越高，也说明你在未来将拥有更多的资源，人家也更愿意与你交往。说得俗气一点就是，有了学历之后，你的档次提高了，就可以在高层次上搭建关系网络。

　　对于我们普通人来说，应试能力就是最大的素质，所以，没有通过应试，也就无所谓素质了。

57. 论说文：根据下述材料，写一篇 700 字左右的论说文，题目自拟。

　　以汤止沸，沸乃不止，诚知其本，则去火而已矣。

——《淮南子·精神训》

答案速查

一、问题求解

1~5　EDCBE　　　　6~10　BCBDC　　　　11~15　EACBA

二、条件充分性判断

16~20　ACAAE　　　21~25　CBABC

三、逻辑推理

26~30　DCCBD　　　31~35　DCAAE　　　36~40　ADBBA
41~45　AAECD　　　46~50　ADACE　　　51~55　DADBA

四、写作

略

答案详解

一、问题求解

1. E

【解析】母题15·非负性问题

因为

$$(x+3)^2+|3x+y+m|=0 \Rightarrow \begin{cases} x+3=0, \\ 3x+y+m=0 \end{cases} \Rightarrow y=9-m.$$

又因为 y 为负数，所以 $9-m<0$，$m>9$.

2. D

【解析】母题30·集合问题

设总共有100名学生，则至少考取两个证的学生有59名，拥有三个证的学生有23名，故恰好拥有2个证的学生有 $59-23=36$(名).

此外，考取计算机证的学生有50名，有驾驶证的学生有40名，考取会计从业资格证的学生有83名，故由三集合容斥原理可得，有证的学生为 $50+40+83-36-2\times23=91$(名).

所以，三种证都没拿到的学生为 $100-91=9$(名)，占比为9%.

3. C

【解析】母题44·等差数列基本问题

根据等差数列前 n 项和公式及下标和定理，可知 $S_{14}=\dfrac{14(a_1+a_{14})}{2}=\dfrac{14(a_3+a_{12})}{2}=56$.

4. B

【解析】母题94·利润问题

设今年的进价为 x 元，由题干可得

$$20\%x - 20\% \times (1-12\%)x = 24,$$

解得 $x=1\,000$. 所以，去年玩具的定价为 $1\,000 \times (1-12\%)(1+20\%) = 1\,056$（元）.

5. E

【解析】母题97·工程问题

令工程总量为1，设甲、乙两个工程队修建完成这条公路分别需要 x 天、y 天，由题干得

$$\begin{cases} 6\left(\dfrac{1}{x}+\dfrac{1}{y}\right)=1-\dfrac{1}{6}, \\ \dfrac{x}{3}=\dfrac{y}{2}, \end{cases} \text{解得} \begin{cases} x=18, \\ y=12. \end{cases}$$

所以，$x-y=18-12=6$（天）. 故甲工程队单独修建这条公路比乙工程队单独修建这条公路多耗费6天.

6. B

【解析】母题9·实数的运算技巧

题干为多个分数求和，可使用裂项相消法．

$$\dfrac{1}{1 \times 3}+\dfrac{1}{3 \times 5}+\cdots+\dfrac{1}{(2n-1)(2n+1)}$$

$$=\dfrac{1}{2}\left[\left(1-\dfrac{1}{3}\right)+\left(\dfrac{1}{3}-\dfrac{1}{5}\right)+\cdots+\left(\dfrac{1}{2n-1}-\dfrac{1}{2n+1}\right)\right]$$

$$=\dfrac{1}{2}\left(1-\dfrac{1}{2n+1}\right)$$

$$=\dfrac{n}{2n+1}.$$

由题干可知，$\dfrac{n}{2n+1}=\dfrac{1\,024}{2\,049}$，解得 $n=1\,024$.

7. C

【解析】母题58·阴影部分面积问题

$S_{\triangle CDE}=\dfrac{1}{2} \times (EB+BC) \times CD = \dfrac{1}{2} \times (6+4) \times 4 = 20$（平方厘米）.

$S_{梯形ABCD}=\dfrac{(AB+CD) \times BC}{2}=\dfrac{1}{2} \times (6+4) \times 4 = 20$（平方厘米）.

由此可得 $S_{\triangle CDE}=S_{梯形ABCD}$，即 $S_{\triangle BEF}+S_{梯形FBCD}=S_{\triangle ADF}+S_{梯形FBCD}$，得 $S_{\triangle BEF}=S_{\triangle ADF}$.

故 $S_{阴影部分}=S_{扇形ABE}=\dfrac{1}{4}\pi \cdot 6^2 = 9\pi$（平方厘米）.

8. B

【解析】母题63·直线与圆的位置关系

由平移的原则"左加右减"可知，直线 $2x-y+m=0$ 右移一个单位的方程为 $2(x-1)-y+m=0$，即 $2x-y+m-2=0$.

圆的方程可化为 $(x-1)^2+(y+2)^2=5$，圆心为 $(1,-2)$，半径为 $\sqrt{5}$.

平移后的直线与圆相切，故圆心到直线的距离等于半径，则有

$$\frac{|2-(-2)+m-2|}{\sqrt{2^2+(-1)^2}}=\sqrt{5},\text{解得 }m=3\text{ 或}-7.$$

9. D

【解析】母题 36·韦达定理问题

将原方程化简为

$$x^3-4x^2+4x-1=0,$$
$$(x^3-1)-(4x^2-4x)=0,$$
$$(x-1)(x^2+x+1)-4x(x-1)=0,$$
$$(x-1)(x^2-3x+1)=0.$$

可知 x_2，x_3 是方程 $x^2-3x+1=0$ 的根，由韦达定理可知 $x_2+x_3=3$，$x_2x_3=1$. 故

$$\frac{x_3}{x_2}+\frac{x_2}{x_3}=\frac{x_2^2+x_3^2}{x_2x_3}=\frac{(x_2+x_3)^2-2x_2x_3}{x_2x_3}=\frac{(x_2+x_3)^2}{x_2x_3}-2=7.$$

10. C

【解析】母题 82·古典概型问题

使用穷举法，由题干可知 $a,b\in\{1,2,3,4,5,6\}$，共有 $6\times6=36$(种)可能.

若 a,b 属于 $A\cap B$，则需要满足 $\begin{cases}b\geqslant a-1,\\ a^2+b^2\leqslant 9,\end{cases}$ 共有 $(1,1)$、$(2,1)$、$(1,2)$、$(2,2)$ 四种可能.

故概率为 $\dfrac{4}{36}=\dfrac{1}{9}$.

11. E

【解析】母题 54·数列的递推公式问题

由 $a_n-a_{n+1}=5a_na_{n+1}$，可得 $\dfrac{1}{a_{n+1}}-\dfrac{1}{a_n}=5$. 所以 $\left\{\dfrac{1}{a_n}\right\}$ 是一个首项为 $\dfrac{1}{3}$、公差为 5 的等差数列，其通项公式为 $\dfrac{1}{a_n}=\dfrac{1}{3}+(n-1)\times 5=5n-\dfrac{14}{3}=\dfrac{15n-14}{3}$，故 $a_n=\dfrac{3}{15n-14}$.

12. A

【解析】母题 96·溶液问题

设酒瓶的重量为 x，原来白酒的重量为 y，则有 $y=4x$.

喝掉一部分白酒后，剩余的白酒和原来白酒的重量之比为

$$\frac{60\%(x+y)-x}{y}=\frac{60\%(x+4x)-x}{4x}=\frac{1}{2}.$$

【快速得分法】赋值法.

设酒瓶的重量为 1 斤，原来白酒的重量为 4 斤，喝掉一部分白酒后，剩下的总重量为 3 斤. 则喝掉 2 斤白酒余下 2 斤白酒，剩下白酒的重量和原来白酒的重量比为 $\dfrac{1}{2}$.

13. C

【解析】母题 75·不同元素的分组与分配

将 6 人分成两组，共有两种分法：

① 一组 4 人另一组 2 人，即 $C_6^4 C_2^2 = 15$（种）；再将两组人分到两张桌子上，即 A_2^2，故有 $15 \times A_2^2 = 30$（种）坐法；

② 两组均为 3 人，平均分组，需消序，即 $\dfrac{C_6^3 C_3^3}{A_2^2} = 10$（种）；再将两组人分到两张桌子上，即 A_2^2，故有 $10 \times A_2^2 = 20$（种）坐法.

所以，一共有 $30 + 20 = 50$（种）坐法.

14. B

【解析】母题 59·立体几何基本问题

由题干可知，$\dfrac{V_{\text{大}}}{V_{\text{小}}} = \dfrac{1}{\frac{2}{5}} = \dfrac{5}{2} = \dfrac{\frac{4}{3}\pi r_{\text{大}}^3}{\frac{4}{3}\pi r_{\text{小}}^3}$，则 $\left(\dfrac{r_{\text{大}}}{r_{\text{小}}}\right)^3 = \dfrac{5}{2}$. 所以，$\dfrac{r_{\text{大}}}{r_{\text{小}}} = \sqrt[3]{\dfrac{5}{2}} = \dfrac{\sqrt[3]{5}}{\sqrt[3]{2}}$.

15. A

【解析】母题 98·行程问题

由题可知，客车的速度快于货车的速度，且两车相遇时距离中点 20 千米，则客车比货车多行驶 40 千米.

在相遇问题中，路程差＝速度差×时间，故相遇时两车行驶的时间 $t = \dfrac{40}{65-60} = 8$（小时）.

所以，相遇时客车行驶 $65 \times 8 = 520$（千米），货车行驶 $60 \times 8 = 480$（千米）.

二、条件充分性判断

16. A

【解析】母题 96·溶液问题

方法一：根据题意，甲乙两瓶盐酸浓度相等，则有

$$\dfrac{\left(20-x-\dfrac{20-x}{20}\cdot x+\dfrac{x}{60}\cdot x\right)}{20} = \dfrac{\left(x+\dfrac{20-x}{20}\cdot x-\dfrac{x}{60}\cdot x\right)}{60},$$

整理得 $x^2 - 30x + 225 = 0$，解得 $x = 15$.

故条件(1)充分，条件(2)不充分.

方法二：两次交换后，甲乙两瓶盐酸的浓度相等，此时将甲乙混合，浓度不变，为 $\dfrac{20}{20+60} = \dfrac{1}{4}$.

由此可知，甲瓶中的盐酸最后剩下 5 kg，乙瓶中的盐酸剩下 15 kg.

条件(1)：当 $x=15$ 时，第一次交换使得甲乙浓度相等，此后再交换浓度也不会改变，故条件(1)充分．

条件(2)：第一次交换后，甲的盐酸剩余 8 kg，乙的盐酸为 12 kg，此时浓度不相等．

再次交换，相当于甲的盐酸要交换出去 $8\times\dfrac{12}{20}=\dfrac{24}{5}$(kg)；乙的盐酸要交换出去 $12\times\dfrac{1}{5}=\dfrac{12}{5}$(kg)．

此时甲的盐酸为 $8-\dfrac{24}{5}+\dfrac{12}{5}\neq 5$，故两次交换后，甲乙浓度不相等，条件(2)不充分．

17. C

【解析】母题 75·不同元素的分组与分配

条件(1)：每人至少分 1 个，则先选出 2 个蛋糕为一组，即 C_4^2；再将三组蛋糕分给甲、乙、丙三人，为 A_3^3，由乘法原理得，共有 $C_4^2 A_3^3=36$(种)，条件(1)不充分．

条件(2)：甲恰好分到 1 个，则先从 4 个蛋糕中选 1 个给甲，为 C_4^1；剩下的 3 个蛋糕都有两种选择，由乘法原理得，共有 $C_4^1 2^3=32$(种)，条件(2)不充分．

两个条件联立，甲恰好分到 1 个，剩下 3 个分给两个人，每人至少 1 个，共有 $C_4^1 C_3^2 A_2^2=24$(种)分法，故两个条件联立充分．

18. A

【解析】母题 86·袋中取球问题

条件(1)：3 个球中至少有 2 个颜色相同的对立事件为 3 个球的颜色都不相同，则概率为 $P=1-\dfrac{C_5^1 C_3^1 C_2^1}{C_{10}^3}=\dfrac{3}{4}$，故条件(1)充分．

条件(2)：3 个球中至少有 2 个颜色相同的对立事件为 3 个球的颜色都不相同，则概率为 $P=1-\dfrac{C_5^1 C_4^1 C_1^1}{C_{10}^3}=\dfrac{5}{6}$，故条件(2)不充分．

19. A

【解析】母题 37·根的分布问题

一元二次方程 $ax^2+bx+c=0$ 的根一正一负，只要满足 $x_1 x_2<0 \Leftrightarrow ac<0$ 即可．

条件(1)：$c<0$，则 b^2-4c 必然大于 0，且 $ac=c<0$，两个根一正一负，条件(1)充分．

条件(2)：$b^2-4c>0$ 只能证明方程有两个不相等的实根，但是无法确定是否为一正一负，故条件(2)不充分．

20. E

【解析】母题 33·一元二次函数、方程和不等式的基本问题

条件(1)：$kx+2=5x+k \Rightarrow (k-5)x=k-2$，若方程有根，则 $k\neq 5$，故 $x=\dfrac{k-2}{k-5}$．

由 $x\geqslant 0 \Rightarrow (k-2)(k-5)\geqslant 0$，且 $k\neq 5$，得 $k>5$ 或 $k\leqslant 2$，故条件(1)不充分．

条件(2)：抛物线位于 x 轴上方，即 $y>0$ 恒成立，得 $\Delta=4k^2-4(7k-10)<0 \Rightarrow 2<k<5$，故条件(2)不充分．

两个条件联立也不充分．

21. C

【解析】母题 30·集合(事件)的运算

条件(1)：$P(\overline{A}B)=0$，即 $\overline{A}$ 与 B 不相交，故有 $B \subseteq A$，如图 6-2 所示，
故条件(1)单独不充分．

条件(2)：$P(A\overline{B})=0$，同理可得 $A \subseteq B$，故条件(2)单独不充分．

两个条件联立可得，$B \subseteq A$ 且 $A \subseteq B$，故 $A=B$ 成立．

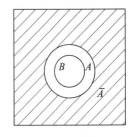

图 6-2

22. B

【解析】母题 68·对称问题

由定理：曲线 $f(x, y)=0$ 关于直线 $x+y+c=0$ 的对称曲线为 $f(-y-c, -x-c)=0$．

可得 $y=3x+1$ 关于直线 $x+y=0$ 的对称直线为 $-x=-3y+1$，即 $x-3y+1=0$．

故条件(1)不充分，条件(2)充分．

23. A

【解析】母题 44·等差数列基本问题

条件(1)：联立 $\begin{cases} S_3=3a_1+3d=3, \\ S_9=9a_1+36d=36, \end{cases}$ 可解得 $a_1=0$，$d=1$，所以 $a_3=a_1+2d=2$，条件(1)充分．

条件(2)：由 $S_2=a_3$ 可得，$2a_1+d=a_1+2d$，故 $a_1=d=\dfrac{1}{2}$，从而 $a_3=a_1+2d=\dfrac{3}{2}$，条件(2)不充分．

24. B

【解析】母题 72·排队问题＋母题 75·不同元素的分配问题

条件(1)：使用插空法，先排三个数字有 A_3^3 种，再在 3 个数字中间的两个空里放上"＋"，"－"，有 A_2^2 种，故由乘法原理得共有 $A_3^3 A_2^2=12$(种)，条件(1)不充分．

条件(2)：有两种方法．

第一种：1 号盒从 4 个球中任选 2 个球 C_4^2，余下两个球放入 2 号盒 C_2^2，故有 $C_4^2 C_2^2=6$(种)放法；

第二种：1 号盒从 4 个球中任选 1 个球 C_4^1，余下三个球放入 2 号盒 C_3^3，故有 $C_4^1 C_3^3=4$(种)放法．

故由分类加法原理得，总共有 $6+4=10$(种)放法，条件(2)充分．

25. C

【解析】母题 33·一元二次函数的基本问题

条件(1)：由 $f(x+1)=f(1-x)$ 可知，$\dfrac{(x+1)+(1-x)}{2}$ 是函数 $f(x)=ax^2+bx+c$ 图像的对称轴，即对称轴为 $x=1$，得 $\dfrac{b}{-2a}=1$，$\dfrac{f(-1)}{f(1)}=\dfrac{a-b+c}{a+b+c}=\dfrac{3a+c}{-a+c}$，不能确定 c 和 a 的关系，故条件(1)不充分．

条件(2)：将 $(2, 0)$ 代入方程，可得 $4a+2b+c=0$，显然也不充分．

联立两个条件，得 $\begin{cases} \dfrac{b}{-2a}=1, \\ 4a+2b+c=0, \end{cases}$ 解得 $\begin{cases} c=0, \\ b=-2a. \end{cases}$ 故 $f(x)=ax^2+bx+c=ax^2-2ax$．

所以 $\dfrac{f(-1)}{f(1)} = \dfrac{a \cdot (-1)^2 - 2a \cdot (-1)}{a \cdot 1^2 - 2a \cdot 1} = \dfrac{3a}{-a} = -3$，故两个条件联立充分．

三、逻辑推理

26. D

【解析】母题5·箭头的串联

将题干信息符号化：

①¬保证四个小时的睡眠→¬大脑得到很好的休息。

②¬大脑得到很好的休息→第二天大部分人都会感觉到精神疲劳。

将题干信息①、②串联得：¬保证四个小时的睡眠→¬大脑得到很好的休息→第二天大部分人都会感觉到精神疲劳，逆否得：¬第二天大部分人都会感觉到精神疲劳→大脑得到很好的休息→保证四个小时的睡眠。

A项，大脑得到充分休息→消除精神疲劳＝精神疲劳→¬大脑得到充分休息，根据题干信息②可知，可真可假。

B项，大脑得不到很好的休息会让大部分人感觉到精神疲劳，但大部分人感觉到精神疲劳的原因未必是大脑得不到休息，可能是其他原因，不能推出。

C项，大脑得到充分休息∨第二天能消除精神疲劳，等价于：¬大脑得到很好的休息→¬第二天精神疲劳，不能推出。

D项，大脑得到很好的休息→保证四个小时的睡眠，能够推出。

E项，题干说的是"大部分人"，不是"所有人"，不能推出。

27. C

【解析】母题16·因果型削弱题

题干使用求异法：

第一个大棚施加肥料甲：产出1 200公斤茄子；

第二个大棚不施加肥料甲：产出900公斤茄子；

故：肥料甲导致了第一个大棚有较高的茄子产量。

A项，肥料甲渗入第二个大棚，会导致实验缺乏对比性，但是由"少量"可知削弱力度弱。

B项，排除他因，支持题干。

C项，另有他因，可以削弱，说明是土质和日照量的不同导致了两个大棚的茄子产量的差异。

D项，无关选项，题干未提及肥料乙。

E项，如果过期肥料都起到了作用，那么不过期的肥料可能作用更大，不能削弱题干。

28. C

【解析】母题33·评价题

最常用的疗法：在6个月内将44%的患者的溃疡完全治愈。

新疗法：在6个月内使80%的患者的溃疡取得了明显改善，61%的患者的溃疡得到了痊愈。

因此：新疗法疗效更显著。

衡量疗效有两个标准：改善和治愈。但题干中仅比较了治愈的数据，缺少最常用的疗法的改善数据，因此，C项的数据对于评价题干的论证最为重要。

其余各项均为无关选项。

29. B

【解析】母题38·数字推理题

题干：①张老师的班里有60个学生，男生30个，女生30个。

②40个学生喜欢数学。

③50个学生喜欢语文。

若Ⅰ项为真，那么喜欢语文的人最多有40个，不符合题干③，故Ⅰ项为假。

若Ⅱ项为真，那么喜欢数学的人最多有40个，符合题干，故Ⅱ项可能为真。

若Ⅲ项为真，那么喜欢数学的人最多有30个，不符合题干②，故Ⅲ项为假。

故B项正确。

30. D

【解析】母题5·箭头的串联

题干：①在建筑设计工作中，如果它对公众的使用来说是既美观又实用的话，那么它必然是不惹眼的，即与周围环境是和谐的。此句符号化可得：美观∧实用→¬惹眼(和谐)。

②现代的建筑师的设计工作染上了很强的个性色彩，创造出来的建筑不是不惹眼的。此句符号化可得：个性→惹眼。

将题干①、②串联得：③美观∧实用→¬惹眼(和谐)→¬个性，逆否得：④个性→惹眼(不和谐)→¬美观∨¬实用。

A项，美观∧实用∧不和谐，与题干①矛盾，为假。

B项，个性→美观∧实用，与题干④矛盾，为假。

C项，个性∧和谐，与题干④矛盾，为假。

D项，由题干①知，可能为真。

E项，由题干④知，惹眼→¬美观∨¬实用，故此项为假。

31. D

【解析】母题7·二难推理

将题干信息形式化：

①¬外国资本和劳动力注入→¬振兴=振兴→外国资本和劳动力注入。

②外国资本和劳动力注入→"异化"。

将题干信息①、②串联得：③振兴→外国资本和劳动力注入→"异化"。

A项，外国资本和劳动力注入→振兴，根据题干信息③可知，无此箭头指向，可真可假。

B项，振兴→¬"异化"，根据题干信息③可知，为假。

C项，外国资本和劳动力注入∧完善各项制度→¬"异化"，题干未涉及"完善各项制度"，可真可假。

D项，振兴→可能"异化"，根据题干信息③可知，为真。

E项，根据题干信息③振兴→"异化"=¬振兴∨"异化"，可真可假。

32. C

【解析】母题34·形式逻辑型结构相似题

题干：A→￢B，B→C，所以，C→￢A。

A项，A→B，C→B，所以，C→A，与题干的推理结构不同。

B项，￢A→B，B→C，所以，￢C→￢A，与题干的推理结构不同。

C项，注意此项论点在前，论据在后，可调整语序为：因为广东人不是香港人，而香港人都说粤语。所以，所有说粤语的人都不是广东人。A→￢B，B→C，所以，C→￢A，与题干的推理结构相同。

D项，A→B，B→C，所以，C→A，与题干的推理结构不同。

E项，A→￢B，C→B，所以，C→￢A，与题干的推理结构不同。

33. A

【解析】母题15·论证型削弱题

题干：章鱼保罗通过选择国旗，准确预测了8场比赛的胜负 $\xrightarrow{证明}$ 人算不如天算，贝利(球王)不如海鲜(章鱼)。

A项，指出章鱼是聪明的，那么章鱼保罗有可能有预测能力，略支持题干。

B项，可以质疑，指出章鱼保罗的预测失败，质疑了题干中章鱼保罗的预测能力。

C项，可以质疑，说明另有其他原因(西班牙国旗图案类似于它爱吃的食物)导致了章鱼保罗的预测成功。

D项，可以质疑，说明另有其他原因(加纳国旗上有一颗五角星让章鱼觉得危险)导致了章鱼保罗的预测成功。

E项，可以质疑，说明不是章鱼保罗自身有预测能力。

34. A

【解析】母题32·争论焦点题

张教授认为："在中国，韩语不应当作为外国语。"并给出了自己的理由。

而李研究员举了一个类似的例子，而这一例子的结论是让人无法接受的(归谬法)，从而反驳了张教授的观点。

故两个人争论的焦点是：在中国，韩语是否应当作为外国语，故A项正确。

B项，李研究员没有提及，违反双方表态原则。

C项，双方均未提及，违反双方表态原则。

D项，张教授认为韩语不应当作为外语，并给出了一个标准："中国的朝鲜族都把韩语作为日常语言"。但是，李研究员并未提出另外一种标准。因此，两人并未争论一种语言被作为外语的标准到底是什么。

E项，张教授没有提及，违反双方表态原则。

35. E

【解析】母题31·评论逻辑技法

李研究员先假设张教授的结论正确，然后以此推出一个令人不能接受的结论，从而得出该结论不能成立，即归谬法，故E项正确。

36. A

【解析】母题21·措施目的型支持题

题干：传统灯泡与节能灯泡相比所需电量大、寿命短 —导致→ 在旧灯泡坏掉的时候换上节能灯泡 —以求→ 大大降低高塔公司总体照明的成本。

A项，要想衡量传统灯泡和节能灯泡哪个更省钱，不仅要衡量用电量，还要衡量购买灯泡的价格，因此，如果A项为真，那么在节能灯泡的价格与传统灯泡相当的情况下，用节能灯泡的总成本要低于传统灯泡，可以支持题干。

其余各项均与灯泡的价格无关，无关选项，不能支持题干的论证。

37. D

【解析】母题28•一般推论题

题干：老年人经常会患由血脂高导致的一些慢性病，对此人们的态度时常走极端：一是完全不理会，一是过度敏感。

也就是说对于老年人慢性病，过于忽视和过于关注都是不好的，因此D项为真。

A项，无关选项，题干并未提及。

B项，干扰项，题干中虽然涉及了饮食问题，但是题干讨论的核心是对于老年人慢性病的态度，而不是饮食的合理搭配。

C项，题干并未提及心血管疾病。

E项，题干并未提及，属于过度推理。

38. B

【解析】母题3•箭头＋德摩根

题干已知下列信息：

①雪诺∧夜王→￢三傻，等价于：三傻→￢雪诺∨￢夜王。

②龙母→夜王。

③雪诺∧三傻。

题干信息①等价于：￢三傻∨￢雪诺∨￢夜王，故有：雪诺∧三傻→￢夜王。

结合题干信息③可知：￢夜王。

由题干信息②逆否得：￢夜王→￢龙母，故有：￢龙母。

B项，并非或者夜王能活下来或者龙母能活下来，等价于：￢夜王∧￢龙母，为真。

其余各项均有误。

39. B

【解析】母题36•排序题

方法一：

根据题干"己既没有弟弟也没有妹妹"可知，己是最小的。戊是女孩，没有妹妹，所以戊是女孩中最小的，故己是男孩。

甲是男孩，且有3个姐姐，所以甲最多排行第四；如果甲排行第五，前四个里面一定有乙，不满足"乙有一个哥哥"这一条件，因此甲只能排第四。

故乙排行第五，哥哥是甲，弟弟是己。

因为戊没有妹妹，所以戊排行第三；因为"丙是女孩，有一个姐姐和一个妹妹"，所以丙排行第二；丁排行第一，是女孩。故B项正确。

方法二：选项排除法。

根据题干"乙有一个哥哥和一个弟弟"和"丙是女孩，有一个姐姐和一个妹妹"可知，6人中至少有3个女生。

由"甲是男孩，有3个姐姐"可知，甲前面有3个女孩，最多排行第四，排除D项。

由"乙有一个哥哥和一个弟弟"可知，乙排行第五，排除E项。再结合"戊是女孩，但是她没有妹妹"可知，乙是男孩，所以6人中有3男3女，排除C项。

根据题干"己既没有弟弟也没有妹妹"可知，己是最小的。戊是女孩，没有妹妹，所以戊是女孩中最小的，故己是男孩。排除A项。

故B项正确。

40. A

【解析】母题38·数字推理题

题干：①黄种人男性＋黑种人男性＋其他男性＝黄种人女性＋黑种人女性＋其他女性。

②黄种人男性＋黄种人女性＞黑种人男性＋黑种人女性。

③其他男性＞其他女性。

由题干①、③可知，④黄种人女性＋黑种人女性＞黄种人男性＋黑种人男性。

题干②、④相加得：黄种人男性＋黄种人女性＋黄种人女性＋黑种人女性＞黑种人男性＋黑种人女性＋黄种人男性＋黑种人男性，化简得：黄种人女性＞黑种人男性。

故A项正确。

41. A

【解析】母题5·箭头的串联

题干有以下信息：

①给新产品定低价(合理边际利润)→客户不相信。

②信誉→合理边际利润。

将题干信息①、②串联得：信誉→合理边际利润→客户不相信。

即如果M公司想维护其信誉，就要给新产品定低价，这会使客户不相信这一产品而给销售带来困难。故A项正确。

42. A

【解析】母题16·因果型削弱题

题干采用求异法：

永久型赛马场：每年都对骑乘设施拆卸一次进行安全检查；

流动型赛马场：每个月迁移一次，可以在长达几年的时间里逃过安全检查；

因此，在流动型赛马场骑马比在永久型赛马场骑马更加危险。

A项，提供新论据，说明流动型赛马场的安全检查比永久型赛马场更频繁，削弱题干。

B项，流动型赛马场用于安全方面的资金少，支持题干。

C项，流动型赛马场没有必要在意安全方面的信誉，支持题干。

D项，流动型赛马场可能会错过设备回收通知，从而带来安全隐患，支持题干。

E项，显然支持题干。

43. E

【解析】母题 5·箭头的串联＋母题 7·二难推理

将题干信息符号化：

①A→B。

②￢C→D。

③￢A∧C→E，等价于：￢E→A∨￢C。

④￢(E∧F)，等价于：￢E∨￢F，又等价于：F→￢E。

⑤F。

将题干信息⑤、④、③串联得，F→￢E→A∨￢C，即 E 不能入选，排除 A、B、C 项。A 应该入选，排除 D 项。

由 E 不能入选，可知 A∨￢C，再结合题干信息①、②，由二难推理得：B∨D。

故 E 项符合题干，正确。

44. C

【解析】母题 17·措施目的型削弱题

题干：低收入家庭通常无力提供所需的儿童抚养费用——导致→计划退还低收入家庭所支付的收入税——以求→帮助低收入家庭抚养儿童。

A 项，无关选项，题干讨论的是低收入家庭而不是"普通家庭"。

B 项，"一些""也许"是弱化词，削弱力度不够。

C 项，此项说明许多低收入家庭没有交纳收入税，因此也就拿不到"退还的收入税"，题干的措施无效，可以削弱。

D 项，措施有副作用，但一般情况下措施都会有副作用，只要副作用没有大到弊大于利的程度，该措施仍然是可被采纳的，故此项削弱力度弱。

E 项，支持题干，说明有必要实施该计划。

45. D

【解析】母题 28·一般推论题

题干：

①在智能研究中，机器学习、人机交流的核心需求是对语用语言符号化。

②把语用的自然语言翻译成符号，机器认读后能完成学习，并可把发现的科学定理反馈给人类，实现人机交流。

A、B 项，题干没有对智能机的发现能力与人类的发现能力进行比较，不能推出。

C 项，题干没有对人机交流是否实现进行断定，不能推出。

D 项，由题干①可以推出。

E 项，题干没有涉及智能机能否加快科学发现的进程，不能推出。

46. A

【解析】母题 40·复杂匹配与题组

A 项，人事和财务两项工作均能由李明完成，符合题干要求。

B 项，若李明只从事管理工作，根据条件②可知，丁勇须完成人事工作，再根据条件③可知，李明还应完成财务工作,不符合题干要求。

C项,若李明只从事网络工作,根据条件②可知,丁勇须完成人事工作,再根据条件③可知,李明还应完成财务工作,不符合题干要求。

D项,李明还可以独立完成人事工作,不是所有可能性。

E项,根据条件④可知,李明还需完成另一项工作,不符合题干要求。

47. D

【解析】母题40·复杂匹配与题组

D项,如果教育、管理、网络工作均由李明完成,根据条件②可知,人事工作须由丁勇完成,根据条件③可知,李明还应完成财务工作,那么没有工作须由王莉完成,不符合条件①。故此项中的三项工作不可能均由李明完成。

其余各项中的工作均可能由李明完成。

48. A

【解析】母题40·复杂匹配与题组

题干条件:⑤管理工作和网络工作是由同一个人完成的。

根据条件①、②、④、⑤可知,王莉只能完成财务工作或者完成教育、财务工作。

A项,若教育工作由李明完成,那么王莉完成财务工作。若管理工作和网络工作由李明完成,则丁勇完成人事工作,不符合条件③;若管理工作和网络工作由丁勇完成,则李明完成人事工作、教育工作,符合题干条件。

B项,根据上述分析可知,财务工作由王莉完成,此项不符合题干条件。

C项,若管理工作由李明完成,那么李明完成管理工作和网络工作。根据条件②可知,丁勇须完成人事工作,再根据条件③可知,李明还应完成财务工作,那么王莉只需完成教育工作,不符合条件④。

D项,由条件③可知,若丁勇完成人事工作,则财务工作应该由李明完成,不符合题干条件。

E项,由条件④可知,王莉不能只完成教育工作,不符合题干条件。

49. C

【解析】母题38·数字推理题

C项不可能被推翻,即使补考后有更多的学生成绩全部优秀或在70分以下,也不能推翻"至少"有15位学生成绩全部优秀,"至少"有9位学生的各科成绩在70分以下。

其余各项均有可能被这几位学生补考所产生的结果推翻。

50. E

【解析】母题20·因果型支持题(求异法)

题干:学生上了两天的射箭技能培训课后准确率提高了30% ——证明→ 培训课对于提高人们的射靶准确率是十分有效的。

A项,无关选项,无法体现学生在上培训课前后的差异。

B项,另有他因,有可能是因为演习阶段的成绩低于正式测试,所以导致题干中测试结果的差异,削弱题干。

C项,无关选项,无法体现学生在上培训课前后的差异。

D 项，无关选项，无法体现学生在上培训课前后的差异。

E 项，无因无果，没有上培训课，射靶准确率没有提高，提供对照组来支持题干。

51. D

【解析】母题 5·箭头的串联

题干中有以下信息：

①有些人游览中国西部。

②有些人游览中国东北。

③游览中国东北→游览中国西部＝没有游览中国西部→没有游览中国东北。

④没有游览中国西部→新加坡人。

由题干信息④可得：有的没有游览中国西部→新加坡人＝有的新加坡人→没有游览中国西部。

再与题干信息③串联得：有的新加坡人→没有游览中国西部→没有游览中国东北。

故 D 项，"有些新加坡人没有游览中国东北"为真。

其余各项均不正确。

52. A

【解析】母题 16·因果型削弱题

题干：加利福尼亚的银行之间缺乏竞争 —导致→ 个人贷款利率高于美国其他州。

A 项，另有他因，指出导致加利福尼亚的个人贷款利率更高是有其他原因，削弱题干。

B 项，无关选项，题干的论证与"风险"无关。

C 项，无关选项，题干的论证与"安全性"无关。

D 项，排除他因，排除消费者不能归还私人贷款的比率高导致当地个人贷款利率高的可能性，支持题干。

E 项，无关选项，"吸收储户"的竞争情况与"个人贷款"的竞争情况不同。

53. D

【解析】母题 26·解释现象

待解释的现象：目前巨额亏损下的交强险依然是各保险公司争抢的业务。

A 项，不能解释，经营交强险业务的公司赢利的少而亏损的多，因此，该业务不应该是被争抢的业务。

B 项，加剧矛盾，部分不该赔付的案例被判赔付，保险公司亏本赔付也要争抢业务的行为不合理。

C 项，不能解释，拖拉机享受惠农政策，与保险公司的行为无关。

D 项，可以解释，因为商业车险与交强险捆绑，而商业车险利润丰厚，足以抵消保险公司的损失。

E 项，可以解释，但"有的"力度弱。

54. B

【解析】母题 40·复杂匹配与题组

根据题干条件(2)可知，数学课程不能安排在第 1 天，故排除 A 项。

根据题干条件(3)可知，统计课程须安排在第 1 天或者第 2 天。若统计课程安排两次的话，根据题干条件(5)可知,第二次须安排在第 4 天。故排除 C 项。

根据题干条件(1)、(5)可知,艺术课程只能开设一次,所以只安排在第 3 天。故排除 D、E 项。故 B 项正确。

55. A

【解析】母题 40·复杂匹配与题组

根据题干条件(1)、(4)、(5)可知,若哲学课程和艺术课程安排在同一天,那么哲学课程不能开设两次;若哲学课程和数学课程安排在同一天,除非数学课程安排两次,哲学课程才能安排两次,显然不能有两门课程安排两次。故哲学课程不能开设两次。

四、写作

56. 论证有效性分析

【谬误分析】

①材料将职业划分为自己当老板和给老板打工两种,有失偏颇。因为除此之外,还有许多自由职业者,比如作家。

②社会关系资源的数量和质量的确与个人的成功与否有关,但未必成正比。影响个人成功的因素有很多,比如时代的机遇、个人的能力和平台的优势,等等。

③材料将比尔·盖茨的成功简单地归因为其父母的人际关系,有些极端。人际关系并非成功的唯一条件,比如刘备的儿子阿斗人际关系不可谓不广,家里还有皇位继承,一样没有取得事业的成功。

④"平台越大,施展才能的舞台就越大,成功的概率就越高",过于绝对。大平台往往意味着更多的人参与竞争,意味着很大可能被淘汰。可以看到,在大平台、大公司终生碌碌无为的人也有很多。

⑤唐骏的例子未必有普遍的代表性。而且,平台也仅是他成功的因素之一,而非唯一因素。

⑥学历高不代表能力高,高分低能者并不少见。同时,学历高也不代表社会关系资源好。比如,同样是北大毕业,有人能利用上好的校友资源,有人却不能。

⑦应试能力确实重要,但是并不能决定一个人能力的全部。

参考范文

学历就是能力吗?

上述材料通过一系列论证,试图说明"学历就是能力,有了学历就能成功"。其论证过程中存在诸多漏洞,分析如下:

首先,社会关系资源的数量和质量的确与个人的成功与否有关,但未必成正比。譬如,马云在成立阿里巴巴之前,他只是一个多次创业失败的英语教师。而且,影响个人成功的因素有很多,比如时代的机遇、个人的能力和平台的优势,等等。

其次,材料将比尔·盖茨的成功简单地归因为其父母的人际关系,有些极端。人际关系并非成功的唯一条件,比如刘备的儿子阿斗人际关系不可谓不广,家里还有皇位继承,一样没有取得事业的成功。

再次，不可否认，大平台的确能提供更多的机会，从而提高成功的概率，但二者不一定成正比，个人的能力、时代的机遇也是决定成败的关键因素。正如材料中提及的唐骏，如果仅因平台大使其走向成功，那微软公司的员工不就都应该走向成功吗？然而事实并非如此。

而且，学历高不代表能力高，高分低能者并不少见。同时，学历高也不代表社会关系资源好。比如，同样是北大毕业，有人能利用上好的校友资源，有人却不能。

最后，"没有通过应试，也就无所谓素质了"，过于绝对。的确，应试能力确实是人的重要能力之一，但并不是一个人能力的全部。想象力、记忆力、观察力、组织能力、沟通能力、领导能力、创新能力、适应能力等都影响一个人的素质。

综上所述，"学历就是能力，有了学历就能成功"的结论有失偏颇，让人难以信服。

57. 论说文

参考范文

扬汤止沸，不如釜底抽薪

老吕学员　杨旭

"以汤止沸，沸乃不止，诚知其本，则去火而已矣。"以汤止沸只能治标，釜底抽薪才能治本。因此，"治标"切不可取，"治本"才是良策。

"本"乃是问题之根本，从根源上解决问题，才是真正有效的措施。企业亦是如此，苹果公司之所以能取得成功，其根本原因就是它了解到产品的本质是创新，对每一代产品都有所改变，最终成功地吸引了消费者。相反，很多治标不治本的方法只能缓解危机的发生，并不能有效地解决问题。洋务运动便是最好的例子，它的改革坚持不触碰封建主义体制，而只是学习西方的一些先进技术来维护封建主义，最终这场重在"治标"的运动以失败而告终，也就不足为奇了。所以，"治标"不如"治本"，"治本"才是根本。

然而，在生活中，大多数人却坚持以"治标"而不"治本"的策略行事。其实道理很简单，"治本"往往要付出巨大的代价，而其成果并不能立刻见效。试想，若洋务运动把改革的关键对准封建主义，其改革的难度也必然陡然提升。所以，大多数人就望而却步了。而且，苹果公司创新的战略，也并不是一天两天就能见效的，甚至可能是劳而无获的。所以，急功近利的人便更关注能"立竿见影"的"标"。

可是，把表面的问题解决了，真的是圆满结束了吗？其实不然。虽然"治标"有可能会带来短暂的安稳，但其恶果也是你难以承受的。从长远来看，那些看似解决了的危机终将爆发，并且随着时间的累积，它所积蓄的破坏力也越强，你所付出的成本也越大。实际上，"治本"看似困难，实则其收获却远远高于其投资。它不仅可以杜绝问题的再次发生，还可以免去你的后顾之忧。因此，又何乐而不为呢？

古人云："射人先射马，擒贼先擒王。"治标不如先治本。

绝密★启用前

全国硕士研究生招生考试
管理类专业学位联考综合能力试题
冲刺卷 7

（科目代码：199）

考试时间：8:30—11:30

考生注意事项

1. 答题前，考生须在试题册指定位置上填写考生姓名和考生编号；在答题卡指定位置上填写报考单位、考生姓名和考生编号，并涂写考生编号信息点。
2. 选择题的答案必须涂写在答题卡相应题号的选项上，非选择题的答案必须书写在答题卡指定位置的边框区域内。超出答题区域书写的答案无效；在草稿纸、试题册上答题无效。
3. 填（书）写部分必须使用黑色字迹签字笔或者钢笔书写，字迹工整、笔迹清楚；涂写部分必须使用2B铅笔填涂。
4. 考试结束，将答题卡和试题册按规定交回。

考生编号															
考生姓名															

一、问题求解：第1～15小题，每小题3分，共45分。下列每题给出的A、B、C、D、E五个选项中，只有一项是符合试题要求的。请在答题卡上将所选项的字母涂黑。

1. 一项工程，由甲队单独做需要30天完成，甲、乙两队合作需要20天完成，甲、丙两队合作需要10天完成．若这项工程由甲、乙两队合作5天后，转由乙、丙两队合作共同完成，则完成这项工程共需要（　　）天．
   A. 9　　　　B. 10　　　　C. 12　　　　D. 13　　　　E. 14

2. 商店中一种衣服的进价为40元，若标价为60元，则一个月可以卖出300件，在此基础上标价每增加1元，则每月少售出10件，则标价为（　　）元时，可使利润最大．
   A. 62　　　　B. 64　　　　C. 65　　　　D. 67　　　　E. 68

3. 不等式 $\sqrt{\log_{\frac{1}{2}} x + 1} < \log_{\frac{1}{2}} x - 1$ 的解集为（　　）．
   A. $\left(0, \frac{1}{8}\right)$　　B. $\left(0, \frac{1}{4}\right)$　　C. $(1, 4)$　　D. $(2, 4)$　　E. $\left(\frac{1}{8}, \frac{1}{2}\right)$

4. 甲、乙两车车速之比为5：3，A、B两地相距 m 千米，两车同时从 A 地出发，同向匀速行驶．甲车到 B 地即刻返回，在离 B 地相当于全程的 $\frac{1}{4}$ 处，与乙车相遇，两车是午后3时相遇的，而发车时间是上午7时，则甲车往返 A，B 两地需要（　　）小时．
   A. 15　　　　B. 13.8　　　　C. 13　　　　D. 12.8　　　　E. 12

5. 若多项式 $f(x) = x^3 + px^2 + qx + 6$ 含有一次因式 $x+1$ 和 $\frac{x-3}{2}$，则 $\frac{p}{q} =$（　　）．
   A. -4　　　　B. -8　　　　C. -9　　　　D. 9　　　　E. 10

6. 一个房间内有凳子和椅子若干个，每个凳子有3条腿，每把椅子有4条腿，当他们全部被坐上后，共有43条腿，其中包括每个人的两条腿，则椅子加凳子共有（　　）个．
   A. 6　　　　B. 7　　　　C. 8　　　　D. 9　　　　E. 10

7. 在圆 $x^2 + y^2 = 4$ 上，与直线 $4x + 3y - 12 = 0$ 距离最小的点的坐标是（　　）．
   A. $\left(\frac{6}{5}, \frac{8}{5}\right)$　　　　B. $\left(\frac{8}{5}, \frac{6}{5}\right)$　　　　C. $\left(-\frac{8}{5}, \frac{6}{5}\right)$
   D. $\left(\frac{8}{5}, -\frac{6}{5}\right)$　　　　E. $(1, 1)$

8. 已知两圆 $x^2 + y^2 = 10$ 和 $(x-1)^2 + (y-3)^2 = 20$ 相交于 A，B 两点，则以下点（　　）在直线 AB 上．
   A. $(1, 3)$　　B. $(3, 1)$　　C. $(0, 1)$　　D. $(0, -1)$　　E. $(-3, 1)$

9. 某车间共有5位男组长，4位女组长，要求从中选出3位去不同的城市出差，每个城市1人．要求这3位组长男、女都有，则不同的选派方案共有（　　）．
   A. 210种　　B. 240种　　C. 420种　　D. 480种　　E. 630种

10. 已知等差数列 $\{a_n\}$ 和 $\{b_n\}$ 的前 n 项和分别为 S_n 和 T_n，且 $\frac{S_n}{T_n} = \frac{5n+3}{3n+16}$，则 $\frac{a_7}{b_7} =$（　　）．
    A. $\frac{48}{39}$　　　　B. $\frac{58}{47}$　　　　C. $\frac{68}{55}$
    D. $\frac{36}{25}$　　　　E. $\frac{72}{57}$

11. 把两个完全一样的长方体木块拼成一个大长方体,有三种拼法,所得到的大长方体的表面积比原来两个小长方体的表面积之和分别减少了160平方厘米、54平方厘米、30平方厘米,那么每个小长方体的体积是( ).

   A. 180 立方厘米　　　　B. 150 立方厘米　　　　C. 360 立方厘米

   D. 480 立方厘米　　　　E. 720 立方厘米

12. 已知实数 $a \neq b$,且满足 $(a+1)^2=3-3(a+1)$,$3(b+1)=3-(b+1)^2$,则 $b\sqrt{\dfrac{b}{a}}+a\sqrt{\dfrac{a}{b}}=$ ( ).

   A. -2　　　B. -13　　　C. 13　　　D. -23　　　E. 23

13. 已知 m 是不为零的整数,关于 x 的二次方程 $mx^2-(m-1)x+1=0$ 有有理根,则 m 的值等于( ).

   A. -1　　　B. 1　　　C. 2　　　D. 4　　　E. 6

14. 已知动点 P 在边长为 2 的正方形 $ABCD$ 的边上沿着 $A \to B \to C \to D$ 运动,x 表示点 P 由点 A 出发所经过的路程,y 表示 $\triangle APD$ 的面积,则 y 与 x 的函数关系图像大致为( ).

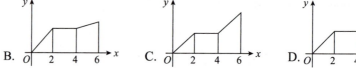

   E. 以上选项均不正确

15. 现有16张不同颜色的卡片,其中红色、黄色、蓝色和绿色卡片各4张. 从中任取3张,要求这3张卡片不能是同一种颜色,且红色卡片至多只有1张,不同的取法为( )种.

   A. 232　　　B. 252　　　C. 472　　　D. 484　　　E. 506

二、条件充分性判断: 第 16～25 小题,每小题 3 分,共 30 分。要求判断每题给出的条件(1)和条件(2)能否充分支持题干所陈述的结论。A、B、C、D、E 五个选项为判断结果,请选择一项符合试题要求的判断,在答题卡上将所选项的字母涂黑。

   A. 条件(1)充分,但条件(2)不充分.

   B. 条件(2)充分,但条件(1)不充分.

   C. 条件(1)和条件(2)单独都不充分,但条件(1)和条件(2)联合起来充分.

   D. 条件(1)充分,条件(2)也充分.

   E. 条件(1)和条件(2)单独都不充分,条件(1)和条件(2)联合起来也不充分.

16. 事件 A 和事件 B 相互独立,事件 A 和事件 B 同时发生的概率为 $\dfrac{1}{6}$.

   (1) 事件 A 和事件 B 至少发生一个的概率为 $\dfrac{5}{6}$.

   (2) 事件 A 和事件 B 仅有一个发生的概率为 $\dfrac{2}{3}$.

17. 当 $x \neq -1$ 且 $x \neq -2$ 时，有 $\dfrac{x-1}{x^2+3x+2} = \dfrac{m}{x+1} + \dfrac{n}{x+2}$.

   (1) $m=2$，$n=-3$.

   (2) $m=-2$，$n=3$.

18. 方程 $4x^2-4(m-1)x+m^2=7$ 的两根之差的绝对值大于 2.

   (1) $-1<m<1$.

   (2) $m<-2$.

19. 直线在 y 轴上的截距是 -1.

   (1) 直线经过点 $(1,0)$ 且被圆 $x^2+y^2-4x-2y+3=0$ 截得的弦长为 $2\sqrt{2}$.

   (2) 直线经过点 $(1,0)$ 且与圆 $x^2+y^2-4x-2y+3=0$ 相切.

20. 要使不等式 $|1-x|+|1+x|>a$ 的解集为 R.

   (1) $a>3$.

   (2) $2 \leq a<3$.

21. 数列 $\{a_n\}$ 为等差数列，首项 $a_1=13$、公差 $d<0$，则当 $n=7$ 时，S_n 取得最大值.

   (1) $d=-2$.

   (2) $S_5=S_9$.

22. $f(x)$ 被 $(x-1)(x-2)$ 除的余式为 $2x+1$.

   (1) 多项式 $f(x)$ 被 $x-1$ 除的余式为 3.

   (2) 多项式 $f(x)$ 被 $x-2$ 除的余式为 5.

23. 四名优秀学生 A、B、C、D 被保送去甲、乙、丙三所学校，则不同的保送方案有 24 种.

   (1) 每所学校至少一名.

   (2) A 不能去甲学校.

24. 实数 m，n 满足 $|m|(m-2n)>m|m-2n|$.

   (1) $\dfrac{m}{2}>n$.

   (2) $m<0$.

25. 仓库运来含水量为 90% 的一种水果 100 千克，一星期后再测发现含水量降低了，现在这批水果的总重量是 80 千克.

   (1) 含水量变为 87.5%.

   (2) 含水量降低了 12.5%.

三、**逻辑推理**：第 26～55 小题，每小题 2 分，共 60 分。下列每题给出的 A、B、C、D、E 五个选项中，只有一项是符合试题要求的。请在答题卡上将所选项的字母涂黑。

26. 甲、乙、丙、丁四位考生进入面试，他们的家长对面试结果分别作了以下的猜测：

   甲父："乙能通过。"

   乙父："丙能通过。"

   丙母："甲或者乙能通过。"

   丁母："乙或者丙能通过。"

其中只有一人猜对了。

根据以上陈述，可以推知以下哪项断定是假的？

A. 丙母猜对了。　　　　　　B. 丁母猜错了。　　　　　　C. 甲没有通过。

D. 乙没有通过。　　　　　　E. 丙没有通过。

27. 研究人员在正常的海水和包含两倍二氧化碳浓度的海水中分别培育了某种鱼苗。鱼苗长大后被放入一个迷宫。每当遇到障碍物时，在正常海水中孵化的鱼都会选择正确的方向避开。然而那些在二氧化碳浓度高的环境中孵化的鱼却会随机地选择向左转或向右转，这样，这种鱼遇到天敌时生存机会减少。因此，研究人员认为在二氧化碳浓度高的环境中孵化的鱼，生存能力将会减弱。

以下哪项如果为真，则不能支持该项结论？

A. 人类燃烧化石燃料产生的二氧化碳大约有三分之一都被地球上的海洋吸收了，这使得海水逐渐酸化，会软化海洋生物的外壳和骨骼。

B. 在二氧化碳含量高的海洋区域，氧气含量较低。氧气少使海洋生物呼吸困难，觅食、躲避掠食者以及繁衍后代也变得更加困难。

C. 二氧化碳是很多海洋植物的重要营养物质，它们在日光照射下把叶子吸收的二氧化碳和根部输送来的水分转变为糖、淀粉以及氧气。

D. 将小丑鱼幼鱼放在二氧化碳浓度较高的海水中饲养，并播放天敌发出的声音，结果这组小鱼听不到声音。

E. 将鳕鱼幼鱼分别放在正常海水和二氧化碳浓度较高的海水中饲养，结果发现，在二氧化碳浓度高的水中的幼鱼体质远远比不上正常海水中的幼鱼。

28. 汉武大学 MBA 教育中心组织学员赴欧洲游学。其中有些人游览法国，而有些人游览西班牙，所有游览西班牙的人都游览法国，而所有没有游览法国的人都是湖南人。

上述陈述最能支持以下哪项结论？

A. 有些湖南人游览西班牙。

B. 有些湖南人游览法国。

C. 所有的湖南人都游览西班牙。

D. 有些湖南人没有游览西班牙。

E. 有些游览法国的人没有游览西班牙。

29. 日本有机蔬菜的认证条件非常苛刻，要求种植有机蔬菜的土地 3 年以内没有使用过任何农药、化肥。日本有机蔬菜的售价只比普通蔬菜高 20％～30％。而在中国，有机蔬菜的价格是普通蔬菜的数倍甚至 10 倍。这说明，中国的有机蔬菜种植业是暴利行业。

以下哪项陈述是上述结论需要假设的？

A. 日本普通蔬菜的价格没有偏高。

B. 中国人对食品安全的普遍担忧导致有机蔬菜供不应求。

C. 中国的有机蔬菜不比日本有机蔬菜的种植成本高。

D. 中国普通蔬菜的价格是完全市场化的，其利润率是正常的。

E. 中国有机蔬菜的质量不比日本好。

30. 室外音乐会的组织者宣布，明天的音乐会将如期举行，除非预报了坏天气或预售票卖得太少。如果音乐会被取消，将给已买票的人退款。尽管预售票已经卖得足够多，但仍有一些已买了票的人得到退款，这一定是预报了坏天气的缘故。

下列哪项是该论述中含有的推理错误？

A. 该推理认为如果一个原因本身足以导致一个结果，那么导致这个结果的原因只能是它。

B. 该推理将已知需要两个前提条件才能成立的结论建立在仅与这两个条件中的一个有关系的论据的基础上。

C. 该推理解释说其中一事件是由另一事件引起的，即使这两起事件都是由第三起未知事件引起的。

D. 该推理把某一事件缺少一项发生的条件的证据当作了该事件不会发生的结论性证据。

E. 该推理试图证明该结论的证据，实际上削弱了该结论。

31～32题基于以下题干：

某中学派出7位学生参加中学运动会，分别为：G、H、L、M、U、W、Z，分别参加跳高和铅球两个项目。每人恰好只参加一个项目，且满足以下条件：

(1)如果G参加跳高，则H参加铅球。

(2)如果L参加跳高，则M和U参加铅球。

(3)W参加的项目与Z不同。

(4)U参加的项目与G不同。

(5)如果Z参加跳高，则H也参加跳高。

31. 最多有几个学生一起参加跳高项目？

　　A. 2个。　　　　B. 3个。　　　　C. 4个。　　　　D. 5个。　　　　E. 6个。

32. 如果M和W都参加跳高项目，则以下哪项可以为真？

　　A. G和L都参加跳高。　　　　　　　　B. G和U都参加铅球。

　　C. W和Z都参加铅球。　　　　　　　　D. L和U都参加铅球。

　　E. M和L都参加跳高。

33. 一只食量大的母牛一天需要被喂食10次以上，否则这只母牛就会患病。而如果一只公牛食量大并且一天被喂食10次以上，那么这只公牛就不会患病。

根据以上陈述，可以推断以下哪项为真？

A. 一只食量小的公牛患病了，这只公牛一定没有被一天喂食10次以上。

B. 一只食量大的母牛患病了，这只母牛一定没有被一天喂食10次以上。

C. 一只食量小的母牛没有患病，这只母牛一定被一天喂食10次以上。

D. 一只食量大的公牛没有患病，这只公牛一定被一天喂食10次以上。

E. 食量大的公牛患病，说明没有在一天被喂食10次以上。

34. 张老师在教育她的学生时说道："不吃得苦中苦，怎成人上人？"她的学生王晓虎说："您说谎，我爷爷吃了一辈子的苦，怎么没有成为人上人呢？"

王晓虎的话最适合反驳以下哪项？

A. 如果想成为人上人，就必须吃得苦中苦。

B. 如果吃得苦中苦，就可以成为人上人。

C. 只有吃得苦中苦，才能成为人上人。

D. 即使吃得苦中苦，也可能成不了人上人。

E. 即使成为人上人，也不是因为吃了苦中苦。

35. 某市实行人才强市战略，2016年从国内外引进各类优秀人才1 000名，其中，管理类人才361人，非管理类不具有博士学位的人才250人，国外引进的非管理类人才206人，国内引进的具有博士学位的人才252人。

    根据以上陈述，可以得出：

    A. 国内引进的具有博士学位的管理类人才少于70人。

    B. 国内引进的具有博士学位的管理类人才多于70人。

    C. 国外引进的具有博士学位的管理类人才少于70人。

    D. 国外引进的具有博士学位的管理类人才多于70人。

    E. 国内引进的具有博士学位的非管理类人才少于70人。

36. 朱元璋可以算是中国历史上最勤奋的皇帝之一，据记载，在洪武十七年——公元1384年9月14日到21日共8天的时间里，朱元璋共受理正式文件1 666件，处理官方事务3 391件。用实际行动证明了自己的遗诏"朕膺天命三十有一年，忧危积心，日勤不怠"。然而，即使是天下最勤奋的皇帝，也不可能处理完天下所有的事务。

    以下哪个选项，最符合上述题干中的论述？

    A. 处理完天下所有事务的人必定是天下最勤奋的皇帝。

    B. 天下最勤奋的皇帝不一定能处理完天下所有的事务。

    C. 天下最勤奋的皇帝有可能处理完天下所有的事务。

    D. 天下最勤奋的皇帝必定处理不完天下所有的事务。

    E. 不勤奋的皇帝连很少的事务都处理不完。

37. 有人说，工作的时候，我们要将重要事务放在主要位置，重要事务是必要条件，关系着一件事情成功与否，重要的事务没做好，一定不成功。但是，细节也是很重要的，细节是成功的充分条件，同样也与一件事情成功与否相关。一个成功的人是能够协调好重要事务与细节的关系的。

    如果以上信息为真，则能推出以下哪项？

    A. 成功并不代表着所有细节都处理好了。

    B. 如果不成功则说明重要事务没有做好。

    C. 成功的前提条件是既要做好重要事务，又要处理好细节。

    D. 虽然处理好了细节，但没做好重要事务，也不一定成功。

    E. 如果一个人做好了所有的重要事务，那么他一定会成功。

38. 一对中子星碰撞后抛出的碎片不仅合成了金、银等稳定元素，还合成了大量放射性元素，它们会衰变、裂变，释放出大量能量，将碎片自身加热，使其发光，最亮时虽然没有超新星那么亮，却可以达到新星亮度的一千倍左右，因此被称为千新星。2017年8月，天文学家首次观测到双中子星并合前后发出的引力波，并在大约10小时后发现了中子星碎片形成的千新星现象，从而彻底证实了中子星并合可以合成大量重元素这个猜想。

由此可以推出以下哪项？

A. 超新星比新星更亮。

B. 引力波可以释放大量能量。

C. 千新星中含有大量的金、银元素。

D. 宇宙中的重元素都是由中子星碰撞后产生的。

E. 千新星的亮度保持不变。

39. 近年来，有犯罪前科并在三年内"二进宫"的人数逐年上升。有专家认为，其数量递增可能是由于我们的教育、改造体制存在缺陷，所以应当改革。我们需要一种既能帮助刑满释放人员融入社会又能监督他们的措施。

对以下哪个问题的回答，与评价该专家的观点不相干？

A. 刑满释放人员走出监狱的大门后是否无法就业，除重操旧业外别无选择？

B. 父母在监狱服刑的孩子的数量是不是多于父母已刑满释放的孩子的数量？

C. 在刑满释放之后，有关部门是否永久剥夺了曾犯重罪的人的投票权？

D. 政府是否在住房、就业等方面采取措施以帮助有犯罪前科的人重返社会？

E. 刑满释放人员走出监狱的大门后是否受到家庭和社会的歧视？

40. 孔子非常懂得饮食和养生的道理，《论语·乡党》就列出了很多"食"和"不食"的主张，比如"不时不食"，意思是不要吃反季节蔬菜。

以下哪项陈述是上述解释所必须依赖的假设？

A. 孔子在饮食方面的要求很高。

B. 孔子生活的时代既有当季蔬菜，也有反季节蔬菜。

C. 我们可以选择吃当季蔬菜，还是吃反季节蔬菜。

D. 饮食不仅滋养人的身体，还塑造人的心灵。

E. 当季的蔬菜符合自然规律。

41. 在众声喧哗中，尽可能打捞那些沉没的声音，是社会管理者的应尽之责。以政府之力，维护弱势人群的表达权，使他们的利益能够通过制度化、规范化渠道正常表达，这是构建和谐社会的关键所在。只有这样，才能让"说话""发声"不仅是表达诉求的基本手段，更成为培育健康社会心态的重要环节，成为社会长治久安的坚实基础。

以下哪项陈述如果为真，将最为有力地支持上述论证？

A. 有些弱势者缺医少药，甚至得不到温饱。

B. 弱势者是社会中"沉默的大多数"，一旦真正发怒，其力量足以颠覆整个国家机器。

C. 有些弱势者的诉求长期得不到表达和满足，容易患各种心理疾病。

D. 甚至像美国这样的国家，也有很多食不果腹、居无定所的弱势者。

E. 有些弱势者的声音难以表达。

42. 天津许云鹤一案：许云鹤在驾车行驶途中，遇王老太翻越马路中心护栏，后王老太倒地受伤，许云鹤把她扶起。王老太坚称是许云鹤将她撞伤。经司法鉴定，许云鹤的车没有撞到她。法院一审认为，许云鹤见到王老太时离她仅四五米远，她摔倒定然是由于受到许云鹤的车惊吓，判决许云鹤承担40%的责任，赔偿王老太108 606元。

以下哪项陈述最为恰当地指出了该案一审中的纰漏之处？

 A. 法院的推理悖于常理：王老太违章翻越马路护栏，应该预期到机动车道上有车，而受惊吓通常是看到未预期的事物。

 B. 该判决违背传统道德：像"南京彭宇案"一样，会使大众不敢向受伤者伸出援助之手。

 C. 该判决没有弄清事实，证据严重不足，有可能王老太先摔倒，许云鹤才开车过来。

 D. 该判决颠倒了原因和结果。

 E. 王老太摔倒可能是其他原因所致。

43. 在某班级中，L同学比X同学个子矮，Y同学比L同学个子矮，但M同学比Y同学个子矮，所以，Y同学比J同学个子矮。

 必须增加以下哪一项陈述做前提，才能合乎逻辑地推出上述结论？

 A. J同学比L同学个子高。   B. X同学比J同学个子高。

 C. L同学比J同学个子高。   D. J同学比M同学个子高。

 E. J同学与M同学一样高。

44. 某城市有5个公园，分别为人民公园、解放公园、中山公园、平安公园、泉城公园，它们由南至北基本在一条直线上，同时已知下列条件：

 (1)解放公园与平安公园相邻并且在平安公园的北边。

 (2)泉城公园和人民公园相邻。

 (3)中山公园在解放公园的北边。

 根据以上线索，可以推断五个公园由北至南的顺序可以是：

 A. 人民公园、中山公园、泉城公园、解放公园、平安公园。

 B. 解放公园、平安公园、泉城公园、人民公园、中山公园。

 C. 中山公园、人民公园、泉城公园、解放公园、平安公园。

 D. 中山公园、平安公园、解放公园、人民公园、泉城公园。

 E. 解放公园、平安公园、中山公园、泉城公园、人民公园。

45. 英国医生约翰·斯诺的"污水理论"开启了流行病学研究的历史。1854年，伦敦爆发了大规模的霍乱，约翰·斯诺发现，大多数死亡病例都曾经饮用同一个水泵汲取的水，而使用其他水泵或水井的人最初都没有感染霍乱。后经调查发现，下水道的废水污染了那个水泵，从而引发了霍乱。

 以下哪一项是约翰·斯诺的推理没有运用的方法或原则？

 A. 在被研究现象出现的各个场合都存在的因素很可能是该现象的原因。

 B. 在被研究现象不出现的各个场合都不出现的因素很可能不是该现象的原因。

 C. 当被研究现象变化时，同步发生量变的那个因素很可能是该现象的原因。

 D. 在被研究现象出现的场合与该现象不出现的场合之间的差异很可能是该现象的原因。

 E. 通过归纳多个研究对象的特点，得出一般性结论。

46. 尼禄是公元1世纪的罗马皇帝，每一位罗马皇帝都喝葡萄酒，且只用锡壶和锡高脚酒杯喝酒。无论是谁，只要使用锡器皿去饮酒，哪怕只用过一次，也会导致中毒，而中毒总是导致精神错乱。

 如果以上陈述都是真的，则以下哪项陈述也一定为真？

A. 那些精神错乱的人至少用过一次锡器皿去饮葡萄酒。
B. 不管他别的方面怎么样，罗马皇帝肯定是精神错乱的。
C. 使用锡器皿是罗马皇帝的特权。
D. 在罗马王朝的臣民中，中毒是一种常见现象。
E. 在罗马王朝的臣民中，精神错乱是一种常见现象。

47. 仙客来是一种著名的观赏花卉，在气候炎热的地带很难生长。在干旱的地区很难种植水稻。在某个国家的大部分地区，或者仙客来很容易生长，或者很容易种植水稻。

如果以上陈述为真，则以下哪一项陈述一定为假？
A. 如果一个地区炎热，那么一定不干旱。
B. 这个国家大部分地区的气候是寒冷的。
C. 这个国家的某些地区既不炎热也不干旱。
D. 在这个国家里不可能种植仙客来。
E. 这个国家有一半的地区既干旱又炎热。

48～49题基于以下题干：

赵、钱、孙、李、周、吴、郑、王8个人参加了100米竞赛。比赛结果是：
(1)钱、孙、李3人中钱最快，李最慢。
(2)吴的名次为赵、孙名次的平均数。
(3)吴比周高4个名次。
(4)郑是第4名。
(5)赵比孙跑得快。

48. 根据以上信息，可以判断吴一定是第几名？
A. 2。　　　　B. 3。　　　　C. 5。　　　　D. 6。　　　　E. 7。

49. 如果李不是最后一名，那么下面排列正确的一项是：
A. 钱、赵、李、郑、孙、吴、周、王。
B. 钱、赵、吴、郑、李、孙、周、王。
C. 赵、钱、吴、郑、孙、王、周、李。
D. 赵、钱、吴、郑、李、周、王。
E. 赵、李、吴、郑、孙、钱、周、王。

50. 污水处理要消耗大量电力。美国某大学的研究人员最近开发出一项新的微生物电池技术，使污水产出电力的效率比原来提高了10～50倍。运用这项技术，污水处理厂不仅可以实现电力自给，还可将多余的电力出售。可以期待，一旦这项技术投入商业运作，企业对污水处理的态度会变得积极主动，从而减轻污水排放引发的环境污染。

对以下哪个问题的回答与对上述判断的评估最具相关性？
A. 采用这种方式进行污水处理的技术转让和设备成本会不会很高？
B. 这种技术能否有效地处理化工厂污水中的重金属？
C. 这种污水处理方式会不会因释放甲烷而造成空气污染？
D. 环保部门是否会加大对企业排污情况的监管？

E. 这种微生物电池技术是否自主创新？

51. 营养学家：宣传任何一种保健品能治病都是骗人的。但是，对于饮食不规律的人群来说，服用某些保健品是必要的。

    如果接受该营养学家的看法，则必须接受以下哪一项陈述？

    A. 对于饮食不规律的人群来说，有的保健品是能治病的。

    B. 已经生病的人不应服用保健品，因为保健品不能治病。

    C. 并不是所有的人都有必要服用保健品。

    D. 对于饮食规律的人群来说，服用任何保健品都是不必要的。

    E. 有些保健品是某些人有必要服用的。

52. 目前我国有3种转基因水稻正等待商业化种植审批，每种至少涉及5～12项国外专利；有5种转基因水稻正处于研发过程中，每种至少涉及10项国外专利。有专家认为，水稻是我国的主要粮食作物，如果我国允许转基因水稻商业化种植，国家对主要粮食作物的控制权就可能受到威胁。

    以下哪项陈述如果为真，将最为有力地支持该专家的观点？

    A. 转基因水稻的优势在于抵抗特定的害虫，但我国的水稻很少有这些害虫。

    B. 目前还没有任何一种转基因水稻能超出我国超级稻、杂交稻等品种的产量和品质。

    C. 美国引入转基因种子后，玉米、棉花、大豆等种子的价格大幅上涨。

    D. 转基因水稻对人类是否有害，还需要经过长期大量的实验。

    E. 如果我国商业化种植转基因水稻，国外专利持有人就会禁止我国农民保留种子，迫使他们每个播种季都高价购买种子。

53. 2012年9月，欧盟对中国光伏电池发起反倾销调查。一旦欧盟决定对中国光伏产品设限，中国将失去占总销量60%以上的欧洲市场。如果中国光伏产品失去欧洲市场，中国光伏企业将大量减产并影响数十万员工的就业。不过，一位中国官员表示："欧盟若对中国光伏产品设限，将搬起石头砸自己的脚。"

    如果以下陈述为真，则哪一项将给中国官员的断言以最强的支持？

    A. 太阳能产业关乎欧盟的能源安全，俄罗斯与乌克兰的天然气争端曾经殃及欧盟各国。

    B. 欧盟若将优质低价的中国光伏产品挡在门外，欧洲太阳能消费者将因此付出更高的成本。

    C. 中国光伏产业从欧洲大量购买原材料和设备，带动了欧盟大批光伏上下游企业的发展。

    D. 目前欧洲债务问题继续恶化，德国希望争取中国为解决欧债危机提供更多的帮助。

    E. 并不是所有的欧盟国家都支持欧盟对中国的光伏产品设限。

54. 英国石油公司在墨西哥湾的油井发生爆裂，大量原油泄漏。该公司立即并持续使用化学分散剂来分解浮油。美国众议院能源和环境委员会主席埃德·写基对化学分散剂的安全性提出了严重质疑。国家食品和药物管理局的回应是："化学分散剂是安全的，因为没有任何报告显示这种化学品进入海产品食物链并威胁到公众的健康。"

    以下哪项是对上述回应的最恰当描述？

    A. 国家食品和药物管理局的回应是正确的。

    B. 国家食品和药物管理局的回应有漏洞，因为他们没有分析化学分散剂的特性，并以此为依据推出结论。

C. 国家食品和药物管理局的回应有漏洞，因为他们的回应无法从根本上重塑民众对墨西哥湾食品安全的信心。

D. 国家食品和药物管理局的回应有漏洞，因为他们没有找到化学分散剂不能进入海产品食物链的充分证据。

E. 国家食品和药物管理局的回应有漏洞，因为他们把没有证据证明某种情况的存在，当作有充分证据证明某种情况不存在。

55. 在某个航班的全体乘务员中，飞机驾驶员、副驾驶员和飞行工程师分别是余味、张刚和王飞中的某一位。已知：副驾驶员是个独生子，钱挣得最少；王飞与张刚的姐姐结了婚，钱挣得比驾驶员多。

从以上陈述可以推出下面哪一个选项为真？

A. 王飞是飞行工程师，张刚是驾驶员。

B. 余味是副驾驶员，王飞是驾驶员。

C. 余味是驾驶员，张刚是飞行工程师。

D. 张刚是驾驶员，余味是飞行工程师。

E. 余味是飞行工程师，王飞是驾驶员。

四、写作：第 56～57 小题，共 65 分。其中论证有效性分析 30 分，论说文 35 分。请答在答题纸相应的位置上。

56. 论证有效性分析：分析下述论证中存在的缺陷和漏洞，选择若干要点，写一篇 600 字左右的文章，对该论证的有效性进行分析和评论。（论证有效性分析的一般要点是：概念特别是核心概念的界定和使用是否准确并前后一致，有无各种明显的逻辑错误，论证的论据是否成立并支持结论，结论成立的条件是否充分等。）

　　2019 年 6 月 6 日工信部正式向四大运营商颁发 5G 商用牌照，比市场预期提前了整整半年。这是见证历史的一刻，就在这一刻，万物互联的信息社会正式来临！从这一刻起，中国将引领全球发展！

　　美国之所以不惜借举国之力打击和封杀华为，目的就是阻挠中国在 5G 领域的领先。特朗普万万没想到的是，高压反而激发了中华民族的无穷斗志，中国人越挫越勇，百折不挠！5G 领域，不仅见证着中国在通信领域的突飞猛进，更意味着中国将有望颠覆以美国为主导的世界格局！

　　众所周知，科技是第一生产力，而 5G 对生产力的解放，远超人类的想象。5G 技术最直接的体现是支持增强移动宽带和低时延高可靠物联网，网络速度和质量大幅提高，而网络质量会推动数字经济的发展水平，数字经济的发展水平高会大幅度提高生产效率进而解放生产力，促使中国成为发达国家。

　　5G 技术对华为更是一大利好消息。5G 通信基站的建设，预估市场规模将达到 8 000 亿元人民币，将使华为增加 8 000 亿元的收入，比华为 2018 年一年的收入还要高，这会进一步巩固华为作为全球电信设备老大的行业地位，并使得中国在通信领域遥遥领先。

　　因为 5G 技术的发展，远程手术、虚拟现实、高清网络直播、自动驾驶这些只有在科幻片中才出现的技术，很快会成为现实，我们每一天都将感受到 5G 带来的便利和迅速。5G 岂止是改变生活，更是颠覆生活！

57. 论说文：根据下述材料，写一篇700字左右的论说文，题目自拟。

美国马瑟公司总裁奥格尔维先生，在一次董事会时，在每位与会者的桌上都放了一个俄罗斯套娃。"大家都打开看看吧，那就是你们自己！"奥格尔维说。董事们很吃惊，疑惑地打开了眼前的玩具，展现在眼前的是一个更小的同类型玩具，再打开这个玩具，里面还有一个更小的同类型玩具……当他们打开最后一层时，发现玩具娃娃身上有一张纸条，上面写着：……

答案速查

一、问题求解
1~5 ECADA   6~10 CBECC   11~15 ADEDC

二、条件充分性判断
16~20 CBDAE   21~25 DCCCA

三、逻辑推理
26~30 CCDAA   31~35 CDEBA   36~40 DAABB
41~45 BAACC   46~50 BEBDA   51~55 EECEA

四、写作
略

答案详解

一、问题求解

1. E

【解析】母题97·工程问题

令总工程量为1,则甲队的工作效率为 $\frac{1}{30}$,设乙队的工作效率为 x,丙队的工作效率为 y,根据题意得

$$\begin{cases} 20 \times \left(\frac{1}{30}+x\right)=1, \\ 10 \times \left(\frac{1}{30}+y\right)=1, \end{cases} 解得 \begin{cases} x=\frac{1}{60}, \\ y=\frac{1}{15}. \end{cases}$$

设乙、丙两队合作 t 天,根据题意得

$$5 \times \left(\frac{1}{30}+\frac{1}{60}\right)+\left(\frac{1}{60}+\frac{1}{15}\right) \cdot t=1,$$

解得 $t=9$. 所以完成这项工程共需要 $9+5=14$(天).

2. C

【解析】母题100·最值问题

设在60元的基础上涨价 x 元时可使利润最大,利润为

$$y=(20+x)(300-10x)=-10x^2+100x+6\,000,$$

开口向下的一元二次函数,最大值取在顶点处,即当 $x=-\frac{b}{2a}=5$ 时,y 取得最大值,即标价为65元时,利润最大.

3. A

【解析】母题 42·根式方程和根式不等式＋母题 39·指数与对数

设 $t=\log_{\frac{1}{2}}x$，则有

$$\sqrt{t+1}<t-1 \Rightarrow \begin{cases} t+1\geqslant 0, \\ t-1\geqslant 0, \\ t+1<(t-1)^2 \end{cases} \Rightarrow \begin{cases} t\geqslant -1, \\ t\geqslant 1, \\ t<0 \text{ 或 } t>3, \end{cases}$$

所以 $t>3$，即 $\log_{\frac{1}{2}}x>3$，解得 $0<x<\dfrac{1}{8}$.

【快速得分法】此题可以使用选项代入法迅速求解．

4. D

【解析】母题 98·行程问题

方法一：

从发车到相遇，甲车走的路程为 $\dfrac{5m}{4}$ 千米，乙车走的路程为 $\dfrac{3m}{4}$ 千米，故两车路程之差为 $\dfrac{m}{2}$ 千米，所用时间为 $t=15-7=8$（小时）．

设甲车速度为 $5v$，乙车速度为 $3v$，由时间×速度之差＝路程之差可得，$8(5v-3v)=\dfrac{m}{2}$，解得 $v=\dfrac{m}{32}$. 故甲车往返两地所需要的时间为 $t=\dfrac{2m}{5v}=\dfrac{2m}{5\cdot\dfrac{m}{32}}=12.8$（小时）.

方法二：

甲行驶 $\dfrac{5m}{4}$ 用时 8 小时，乙行驶 $\dfrac{3m}{4}$ 用时 8 小时．甲乙速度之比为 $5:3$，即相同的路程，甲乙所需的时间之比为 $3:5$，故甲再行驶 $\dfrac{3m}{4}$ 需用时 $8\times\dfrac{3}{5}=4.8$（小时）. 往返共 $2m$ 的路程，需要 $8+4.8=12.8$（小时）.

5. A

【解析】母题 25·整式除法与余式定理

根据因式定理，一个多项式 $f(x)$ 有一次因式 $ax-b$，则有 $f\left(\dfrac{b}{a}\right)=0$，可得

$$\begin{cases} f(-1)=-1+p-q+6=0, \\ f(3)=27+9p+3q+6=0, \end{cases}$$

解得 $\begin{cases} p=-4, \\ q=1. \end{cases}$ 故 $\dfrac{p}{q}=-4$.

6. C

【解析】母题 6·整数不定方程问题

设有 x 个凳子，y 把椅子．坐上人后，每个凳子共有 5 条腿，每把椅子共有 6 条腿，则有

$$5x+6y=43, \text{整理得 } x=\dfrac{43-6y}{5},$$

由于 x,y 均为整数，所以只有当 $x=5,y=3$ 时，上式才成立．

故椅子加凳子共有 8 个．

7. B

【解析】母题 63·直线与圆的位置关系

显然，直线和圆相离，故过圆心作垂直于 $4x+3y-12=0$ 的直线，求该直线与圆的交点即可找到所求点．

该直线过圆心 $(0,0)$，斜率与 $4x+3y-12=0$ 的斜率乘积为 -1，故该直线为 $y=\dfrac{3}{4}x$，代入方程 $x^2+y^2=4$ 中，解得 $\begin{cases}x=\dfrac{8}{5},\\y=\dfrac{6}{5}\end{cases}$ 或 $\begin{cases}x=-\dfrac{8}{5},\\y=-\dfrac{6}{5}.\end{cases}$

画图易知，与直线距离最小的点的坐标是 $\left(\dfrac{8}{5},\dfrac{6}{5}\right)$．

8. E

【解析】母题 66·过定点与曲线系

$(x-1)^2+(y-3)^2=20$ 可化为 $x^2-2x+1+y^2-6y+9=20$．

又因为 $x^2+y^2=10$，则两式相减，可得 $-2x-6y=0$，故由两圆交点 AB 所构成的直线方程为 $x+3y=0$．

将各选项代入，可知点 $(-3,1)$ 在直线 AB 上．

9. C

【解析】母题 75·不同元素的分组与分配

正难则反．

根据题意，任选 3 人出差的全部方案为 A_9^3；若 3 位都是男组长，则为 A_5^3；若 3 位都是女组长，则为 A_4^3，故男女均有的选派方案有 $A_9^3-A_5^3-A_4^3=420$（种）．

10. C

【解析】母题 45·两等差数列相同的奇数项和之比问题

等差数列 $\{a_n\}$ 和 $\{b_n\}$ 的前 $2k-1$ 项和分别用 S_{2k-1} 和 T_{2k-1} 表示，则 $\dfrac{a_k}{b_k}=\dfrac{S_{2k-1}}{T_{2k-1}}$．

由题意，易知 $\dfrac{a_7}{b_7}=\dfrac{S_{13}}{T_{13}}=\dfrac{5\times 13+3}{3\times 13+16}=\dfrac{68}{55}$．

11. A

【解析】母题 59·空间几何体基本问题

两个长方体拼接，减少的表面积为 2 倍的接触面面积．

设小长方体的长、宽、高分别为 a 厘米、b 厘米、c 厘米，可知 $\begin{cases}ab=80,\\bc=27,\\ac=15,\end{cases}$ 则小长方体的体积为

$$V=abc=\sqrt{(abc)^2}=\sqrt{80\times 27\times 15}=180（立方厘米）．$$

12. D

【解析】母题 36·韦达定理问题

化简 $(a+1)^2=3-3(a+1)$ 可得 $a^2+5a+1=0$；

化简 $3(b+1)=3-(b+1)^2$ 可得 $b^2+5b+1=0$．

又因为 $a\neq b$，故 a，b 为方程 $x^2+5x+1=0$ 的两根，根据韦达定理有 $a+b=-5$，$ab=1$．故 a，b 均为负数，且 $a^2+b^2=(a+b)^2-2ab=25-2=23$，则

$$b\sqrt{\frac{b}{a}}+a\sqrt{\frac{a}{b}}=b\sqrt{\frac{ab}{a^2}}+a\sqrt{\frac{ab}{b^2}}=-\frac{b}{a}\sqrt{ab}-\frac{a}{b}\sqrt{ab}=-\frac{(a^2+b^2)\sqrt{ab}}{ab}=-23.$$

13. E

【解析】母题 37·根的分布问题

方程 $mx^2-(m-1)x+1=0$ 的两根 $x_{1,2}=\dfrac{(m-1)\pm\sqrt{(m-1)^2-4m}}{2m}$ 为有理根，故判别式 Δ 需能开方，即 $\Delta=(m-1)^2-4m=m^2-6m+1=p^2(p$ 为有理数$)$，代入选项，只有 $m=6$ 成立．

14. D

【解析】母题 67·面积问题＋母题 99·图像与图表问题

P 点由 A 运动到 B 的过程中，AD 不变，AD 对应的高 AP 递增，故 $\triangle APD$ 的面积递增；

由 B 运动到 C 的过程中，AD 不变，AD 对应的高 AB 固定，故 $\triangle APD$ 的面积不变；

由 C 运动到 D 的过程中，AD 不变，AD 对应的高 DP 递减，故 $\triangle APD$ 的面积递减．

因此，y 随着 x 的增加，先增加再不变，最后减少．

15. C

【解析】母题 71·排列组合的基本问题

分两种情况进行讨论：

①不取红色卡片，除红色外，任意抽取 3 张卡片，有 C_{12}^3 种取法；若 3 张均为同色，则可能同为黄色、蓝色、绿色，即 $3C_4^3$．故 3 张卡片不同色的取法有 $C_{12}^3-3C_4^3=208$(种)．

②选 1 张红色卡片，红色卡片只能抽取 1 张，为 C_4^1；此时已经可以保证 3 张不同色，故在除红色以外的 12 张卡片中任取 2 张，为 C_{12}^2，由乘法原理得，共有 $C_4^1C_{12}^2=264$(种)取法．

由分类加法原理得，不同的取法共有 $208+264=472$(种)．

二、条件充分性判断

16. C

【解析】母题 87·独立事件

两条件明显单独都不充分，考虑联立．

条件(1)中，事件 A 和事件 B 至少发生一个的情况包括两种情况：①事件 A 和事件 B 仅有一个发生；②事件 A 和事件 B 同时发生．

结合条件(2)可知，事件 A 和事件 B 同时发生的概率为 $P(AB)=\dfrac{5}{6}-\dfrac{2}{3}=\dfrac{1}{6}$．故两个条件联立充分．

17. B

【解析】母题 40·分式方程及其增根

化简原式，得

$$\frac{x-1}{x^2+3x+2}=\frac{x-1}{(x+1)(x+2)}=\frac{m(x+2)+n(x+1)}{(x+1)(x+2)},$$

故 $x-1=m(x+2)+n(x+1)=(m+n)x+2m+n$.

当 $\begin{cases} m+n=1, \\ 2m+n=-1 \end{cases}$ 时，等式成立，解得 $m=-2$，$n=3$.

故条件(1)不充分，条件(2)充分．

18. D

【解析】母题 36·韦达定理问题

方程 $4x^2-4(m-1)x+m^2=7$ 有两个不同的根，则 $\Delta=16(m-1)^2-16(m^2-7)>0$，解得 $m<4$. 设方程的两根为 x_1，x_2，由韦达定理可知

$$|x_1-x_2|=\sqrt{(x_1-x_2)^2}=\sqrt{(x_1+x_2)^2-4x_1x_2}=\sqrt{(m-1)^2-(m^2-7)}>2,$$

解得 $m<2$.

两集合取交集，得 $m<2$，故两个条件都充分．

19. A

【解析】母题 63·直线与圆的位置关系

条件(1)：圆的方程可化为 $(x-2)^2+(y-1)^2=2$，半径为 $\sqrt{2}$.

直线被圆截得的弦长为 $2\sqrt{2}$，等于直径，故直线过圆心 $(2,1)$，又因为直线经过点 $(1,0)$，则由直线的两点式方程可得 $y=x-1$，其在 y 轴上的截距为 -1，故条件(1)充分．

条件(2)：点 $(1,0)$ 在圆上，圆心 $(2,1)$ 与点 $(1,0)$ 所在直线方程的斜率为 $\dfrac{1-0}{2-1}=1$，故过点 $(1,0)$ 且与圆相切的直线的斜率为 -1，解得直线方程为 $y=-x+1$，其在 y 轴上的截距为 1，故条件(2)不充分．

20. E

【解析】母题 14·绝对值的化简求值与证明

由三角不等式可知，$y=|1-x|+|1+x|\geqslant|1-x+1+x|=2$，故 $y\geqslant 2$，由 $|1-x|+|1+x|>a$ 恒成立，可得 y 的最小值大于 a，即 $a<2$.

条件(1)和条件(2)显然都不充分；两条件矛盾，故联立也不充分．

21. D

【解析】母题 46·等差数列前 n 项和的最值

条件(1)：由 $a_n=a_1+(n-1)d=13+(n-1)\times(-2)=15-2n$，得 $a_7=1$，$a_8=-1$. 所以当 $n=7$ 时，S_n 取得最大值，条件(1)充分．

条件(2)：由 $a_1+\cdots+a_5=a_1+\cdots+a_9$，可得 $a_6+\cdots+a_9=0$，得 $a_7+a_8=0$，又因为 $d<0$，所以 $a_7>0$，$a_8<0$，S_7 取得最大值，条件(2)也充分．

【快速得分法】条件(2)可以把 S_n 看作一元二次函数，则其对称轴为 $\dfrac{5+9}{2}=7$，故 S_7 取得最大值，条件(2)充分．

22. C

【解析】母题 25·整式除法与余式定理

显然条件(1)和条件(2)单独都不能使结论成立，联立之．

设 $f(x)=(x-1)(x-2)g(x)+ax+b$，根据余式定理：由条件(1)，得 $f(1)=a+b=3$；由条件

(2)，得 $f(2)=2a+b=5$.

联立方程，解得 $a=2$，$b=1$，则余式为 $2x+1$，故两个条件联立起来充分．

23. C

【解析】母题 75·不同元素的分组与分配

条件(1)：显然有一个学校有两名学生，先选出两人为一组，剩下两人各成一组，再进行排序，即 $C_4^2 A_3^3=36$(种)情况，条件(1)不充分．

条件(2)：A 不能去甲学校，故 A 有 2 种选择，其余人都有 3 种选择，由乘法原理得，共有 $2\times 3^3=54$(种)情况，条件(2)不充分．

考虑联立条件(1)和条件(2)，则可将每个学校至少一名学生的情况，减去 A 在甲学校的情况．
而 A 在甲学校分两种：

①A 与另一人在甲学校，其余两人去另外两所学校，即 $C_3^1 A_2^2=6$(种)情况；

②A 单独在甲学校，从余下的三人中选出两人为一组，与剩下一人进行排序，即 $C_3^2 A_2^2=6$(种)情况．

故不同的保送方案有 $36-6-6=24$(种)，两个条件联立充分．

24. C

【解析】母题 14·证明绝对值不等式

条件(1)：举反例，令 $m=0$，$n=-1$，无法推出题干，条件(1)不充分．

条件(2)：举反例，令 $m-2n=0$，且 $m<0$，无法推出题干，条件(2)不充分．

联立两条件得 $\begin{cases} m<0, \\ m-2n>0, \end{cases}$ 即不等式左边大于 0，右边小于 0，不等式成立，两个条件联立充分．

25. A

【解析】母题 96·溶液问题

由含水量为 90%，可得果肉质量为 10 千克．

故当总质量为 80 千克时，含水量为 $\dfrac{80-10}{80}\times 100\%=87.5\%$．条件(1)显然充分．

条件(2)：含水量降低了 12.5%，则含水量为 $90\%\times(1-12.5\%)=78.75\%$，条件(2)不充分．

三、逻辑推理

26. C

【解析】母题 8·复言命题的真假话问题

将题干信息形式化：

甲父：乙。

乙父：丙。

丙母：甲∨乙。

丁母：乙∨丙。

如果甲父说的对，那么丙母和丁母说的都对，与题干"只有一人猜对"矛盾；如果乙父说的对，那么丁母说的也对，与题干"只有一人猜对"矛盾．

故甲父和乙父说的都是错的。

因此，乙和丙都没有通过面试，所以丁母猜错了，故只有丙母猜对，乙没有通过面试，所以甲通过了面试。

故本题正确答案为C项。

27. C

【解析】母题20·因果型支持题（求异法）

题干使用求异法：

低二氧化碳浓度的环境中孵化的鱼：正确避开障碍物；

高二氧化碳浓度的环境中孵化的鱼：随机转向；

因此，高二氧化碳浓度的环境中孵化的鱼，生存能力将会减弱。

C项，二氧化碳有好处，削弱题干。

其余各项均从某个方面说明了二氧化碳有坏处，支持题干。

28. D

【解析】母题5·箭头的串联

题干已知下列信息：

①有些人游览法国。

②有些人游览西班牙。

③游览西班牙→游览法国，等价于：¬游览法国→¬游览西班牙。

④没有游览法国→湖南人。

由题干信息④可得：有的湖南人→¬游览法国。

与题干信息③串联得：有的湖南人→¬游览法国→¬游览西班牙。

故 D 项正确。

29. A

【解析】母题22·论证型假设题

题干：日本有机蔬菜的价格只比普通蔬菜高 20%~30%，中国有机蔬菜的价格是普通蔬菜的数倍甚至 10 倍 ——证明→ 中国有机蔬菜种植业是暴利行业。

题干涉及"有机蔬菜"与"普通蔬菜"的比较，中国有机蔬菜的价格是普通蔬菜的数倍甚至 10 倍，不一定是因为有机蔬菜的价格高，可能是普通蔬菜的价格低。同理，日本有机蔬菜的价格只比普通蔬菜高 20%~30%，不一定是因为有机蔬菜的价格低，可能是普通蔬菜的价格高。故 A 项必须假设。

B项，无关选项。

C项，不必假设，因为即使中国有机蔬菜的种植成本高一些，但由于价格太高，也可能是暴利的。

D项，无关选项。

E项，无关选项，题干只比较价格，没有比较质量。

30. A

【解析】母题30·评论逻辑漏洞

音乐会的组织者宣布：

①¬（预报坏天气∨预售票卖得太少）→音乐会举行。

②¬音乐会举行→退款。

可见，音乐会如果没有举行，就会退款。但"退款"后面没有箭头，说明已知"退款"并不能确定一定是因为"音乐会没有举行"，也可能是别的原因，故 A 项正确。

31. C

【解析】母题 40·复杂匹配与题组

将题干条件符号化：

(1)G 跳高→H 铅球＝G 铅球∨H 铅球。

(2)L 跳高→M 铅球∧U 铅球＝L 铅球∨(M 铅球∧U 铅球)。

(3)W 参加的项目与 Z 不同。

(4)U 参加的项目与 G 不同。

(5)Z 跳高→H 跳高。

由题干条件(1)可知，G 与 H 至少有一位参加铅球项目。

由题干条件(2)可知，L 参加铅球项目或者 M、U 都参加铅球项目。

由题干条件(3)可知，W 与 Z 恰有一位参加铅球项目。

由题干条件(4)可知，G 与 U 恰有一位参加铅球项目。

若使参加跳高项目的人数最多，则 G 参加铅球项目，H、U 参加跳高项目；L 参加铅球项目，M 和 U 参加跳高项目；W 参加铅球项目，Z 参加跳高项目。故最多有 4 个学生参加跳高项目。

32. D

【解析】母题 40·复杂匹配与题组

使用选项排除法：

根据题干条件(2)可知，M 跳高→L 铅球，排除 A、E 项。

根据题干条件(3)可知，W 跳高→Z 铅球。

根据题干条件(4)可知，U 参加的项目与 G 不同，排除 B 项。

由题干条件"W 参加跳高项目"，排除 C 项。

故 D 项正确。

33. E

【解析】母题 3·箭头＋德摩根

将题干信息符号化：

①食量大的母牛：¬被喂食 10 次以上→患病。

②食量大的公牛：被喂食 10 次以上→¬患病。

E 项，食量大的公牛：患病→¬被喂食 10 次以上，是题干信息②的逆否命题，为真。

A、B、C、D 项均不能确定推出。

34. B

【解析】母题 6·假言命题的负命题

张老师：¬吃得苦中苦→¬人上人。

王晓虎：吃得苦中苦∧¬人上人，与"吃得苦中苦→人上人"矛盾，故王晓虎反驳的是 B 项。

35. A

【解析】 母题 38·数字推理题

方法一：

国内博士管理类人才＝国内博士人才－国内博士非管理类人才

＝252－(博士非管理类人才－国外博士非管理类人才)

＝252－[(非管理类人才－非管理类非博士人才)－(国外非管理类人才－国外非博士非管理类人才)]

＝252－(国内非管理类人才－国内非博士非管理类人才)

＝252－(639－206)＋国内非博士非管理类人才

＝252－433＋国内非博士非管理类人才

＝国内非博士非管理类人才－181。

因为国内非博士非管理类人才≤非博士非管理类人才＝250，故国内博士管理类人才≤250－181＝69，

故 A 项正确。

方法二：表格法。

非管理类人才＝总人才－管理类人才＝1 000－361＝639(人)，故有表 7-1：

表 7-1

人

总人数 1 000	管理类 361	非管理类 639
博士		639－250＝389
非博士		250

又有表 7-2、7-3：

表 7-2

人

非管理类 639	国外 206	国内 639－206＝433
博士	a	b
非博士	c	d

表 7-3

人

管理类 361	国外	国内
博士	m	n
非博士	p	q

又有：国内引进的具有博士学位的人才 252 人，即 $b+n=252$。

又有：$b+d=433$。

故有：$n=252-b=252-(433-d)=d-181$。

因为国内非博士非管理类人才 d≤非博士非管理类人才＝250，故国内博士管理类人才≤250－181＝69。

故 A 项正确。

36. D

【解析】母题10·替换法解简单命题的负命题

题干：天下最勤奋的皇帝也不可能处理完天下所有的事务。

等价于：天下最勤奋的皇帝也必然有事务处理不完。

即：天下最勤奋的皇帝必然处理不完天下所有的事务，D项正确。

37. A

【解析】母题1·充分与必要

将题干信息符号化：

①成功→做好重要事务。

②处理好细节→成功。

③成功的人→协调好重要事务与细节的关系。

将题干信息②、①串联得：④处理好细节→成功→做好重要事务。

A项，由题干信息④可知，"成功"后面没有箭头指向"处理好细节"，故"成功并不代表着所有细节都处理好了"正确。

B项，题干信息①逆否得：¬做好重要事务→¬成功，"¬成功"后面没有箭头指向，故不能推出此项。

C项，由题干信息①、②可知，"成功"的前提条件是"做好重要事务"，故不能推出此项。

D项，由题干信息②可知，"处理好细节"就一定可以"成功"，故此项错误。

E项，由题干信息①可知，"做好重要事务"后面没有箭头指向，故不能推出此项。

38. A

【解析】题型28·一般推论题

A项，题干指出"千新星虽然没有超新星那么亮，却可以达到新星亮度的一千倍左右"，说明超新星比新星亮，可以推出。

B项，题干指出"还合成了大量放射性元素，它们会衰变、裂变，释放出大量能量"，未提及引力波是否释放能量，不能推出。

C项，题干指出"一对中子星碰撞后抛出的碎片合成了金、银元素"，但是不能证明千新星中含有金、银元素，不能推出。

D项，题干指出"天文学家证实了中子星并合可以合成大量重元素"，但是不代表宇宙中的重元素"都是"中子星碰撞后产生的，不能推出。

E项，题干指出千新星最亮时没有超新星亮，但是不确定其亮度是否不变，故此项不能推出。

39. B

【解析】母题33·评价题

专家的观点：①有犯罪前科并在三年内"二进宫"的人数逐年上升，可能是由于我们的教育、改造体制存在缺陷，所以应当改革。

②我们需要一种既能帮助刑满释放人员融入社会又能监督他们的措施。

A项，如果回答为"是"，说明确实需要帮助刑满释放人员就业，则支持专家的观点，否则，削弱专家的观点。

B项，无关选项，题干说的是刑满释放人员，此项说的是在监狱服刑人员和刑满释放人员的孩子的情况。

C项，如果回答为"是"，说明确实需要帮助刑满释放人员获得投票权，则支持专家的观点，否则，削弱专家的观点。

D项，如果回答为"否"，说明刑满释放人员确实需要在重返社会中获得帮助，则支持专家的观点，否则，削弱专家的观点。

E项，如果回答为"是"，说明确实需要帮助刑满释放人员，则支持专家的观点，否则，削弱专家的观点。

40. B

【解析】母题 24·措施目的型假设题

题干：孔子建议不要吃反季节蔬菜，因此，孔子非常懂得饮食和养生的道理。

B项，必须假设，措施可行，是上述解释成立的必要前提。

C项，不必假设，孔子讨论的是他自己所处的时代，而不是我们的时代。

A、D、E项均不必假设。

41. B

【解析】母题 19·论证型支持题

题干：政府应该维护弱势人群的表达权。

A项，无关选项，题干不关注弱势者的"温饱"问题。

B项，补充新论据，进一步解释了为什么要维护弱势人群的表达权。

C项，可以支持，但力度很弱，题干主要从弱势者的声音对国家的影响层面来论证其观点。

D项，无关选项。

E项，支持题干，说明政府有维护弱势人群表达权的必要，但是"有些"力度稍弱。

42. A

【解析】母题 30·评论逻辑漏洞

法院一审：受到许云鹤的车惊吓 —导致→ 王老太摔倒。

A项，此项如果为真，则说明王老太不可能受到许云鹤的惊吓，否因削弱。

B项，诉诸情感。

C项，诉诸无知。

D项，指出法院的判决因果倒置，但法院的判决并没有犯这一逻辑错误。

E项，诉诸无知。

43. A

【解析】母题 36·排序题

题干中的条件：L<X，Y<L，M<Y，即 M<Y<L<X。

题干中的结论：Y<J。

A项，J>L，再结合题干条件 Y<L，可得 Y<J，成立。

B项，X>J，再结合题干条件 Y<X，据此无法判断 Y 和 J 的关系。

C项，L>J，再结合题干条件Y<L，据此无法判断Y和J的关系。

D项，J>M，再结合题干条件M<Y，据此无法判断Y和J的关系。

E项，J=M，再结合题干条件M<Y，可得Y>J，与结论相反。

44. C

【解析】母题37·方位题

采用选项排除法：

根据题干条件(1)，排除D项。

根据题干条件(2)，排除A项。

根据题干条件(3)，排除B、E项。

故C项正确。

45. C

【解析】母题31·评论逻辑技法

约翰·斯诺发现：

场合1：大多数饮用同一个水泵汲取的水的人，感染霍乱死亡。

场合2：使用其他水泵或者水井的人，没有感染霍乱。

A项，指出约翰·斯诺采用求同法比较感染霍乱的人，得出他们死亡的原因是饮用同一个水泵汲取的水。

B项，指出约翰·斯诺采用求同法比较没有感染霍乱的人，得出这些人没有感染霍乱的原因是饮用其他水泵或者水井的水。

C项，共变法，题干不涉及量变的问题，故此项是约翰·斯诺的推理没有运用的方法。

D项，指出约翰·斯诺采用求异法比较感染霍乱的人和没有感染霍乱的人，得出霍乱产生的原因就是饮用了被废水污染了的那个水泵的水。

E项，求同法和求异法等求因果的五种方法又叫归纳五法，因此，也可以说约翰·斯诺用了归纳法。

46. B

【解析】母题5·箭头的串联

将题干信息形式化：

①罗马皇帝→用锡壶和锡高脚酒杯喝酒。

②用锡器皿喝酒→中毒。

③中毒→精神错乱。

将题干信息①、②、③串联可得：罗马皇帝→用锡壶和锡高脚酒杯喝酒→中毒→精神错乱。

因此，B项为正确选项，其余各项均不一定为真。

47. E

【解析】母题7·二难推理

将题干信息形式化：

①炎热→仙客来难生长，等价于：仙客来容易生长→¬炎热。

②干旱→水稻难种植，等价于：水稻容易种植→¬干旱。

③在某个国家的大部分地区：仙客来容易生长∨水稻容易种植。

根据二难推理可知，某个国家的大部分地区：¬炎热∨¬干旱，其矛盾命题为：炎热∧干旱故 E 项一定为假。

48. B

【解析】母题 36·排序题

由题干条件(3)可知：吴可能是第 1、2、3、4 名。

由题干条件(4)可排除吴是第 4 名的可能。

再由题干条件(2)可知，吴的名次必须是赵、孙名次的平均数，排除第 1 名的可能。即吴的名次可能是 $\dfrac{1+3}{2}=2$，$\dfrac{1+5}{2}=\dfrac{2+4}{2}=3$。

根据题干条件"(5)赵比孙跑得快"，再结合题干条件(2)可知，赵比吴跑得快，吴比孙跑得快。

再由题干条件(1)可知，钱比孙跑得快，故至少有 3 人比孙跑得快，所以孙不可能在前 3 名，而只有当赵是第 1 名、孙是第 3 名时，吴才能是第 2 名，故吴不能是第 2 名，因此吴是第 3 名。

49. D

【解析】母题 36·排序题

结合上题可知，郑是第 4 名，吴是第 3 名。

根据题干条件(2)、(4)、(5)可知，赵是第 1 名，孙是第 5 名。

再根据题干条件(1)可知，钱是第 2 名。

再根据题干条件(3)可知，周是第 7 名。

因为李不是最后一名，因此最后一名是王。

故比赛结果从高到低为：赵、钱、吴、郑、孙、李、周、王。

故 D 项正确。

50. A

【解析】母题 33·评价题

题干：一旦这项污水处理技术投入商业运作，企业对污水处理的态度会变得积极主动，从而减轻污水排放引发的环境污染。

A 项，如果进行污水处理的技术转让和设备成本很高，企业出于成本考虑可能不会积极地处理污水；反之，则企业会积极地处理污水。因此，此项对评估的影响最大。

其余各项对评估的影响均不如 A 项大。

51. E

【解析】母题 9·对当关系

题干：

①保健品能治病都是骗人的。

②对于饮食不规律的人群来说，服用某些保健品是必要的。

A 项，与题干①矛盾。

B 项，无关选项，题干仅涉及"饮食不规律的人群"。

C 项，不必接受，此项等价于"有的人没有必要服用保健品"，与题干②为下反对关系，不影响题干的成立性。

D 项，无关选项，题干仅涉及"饮食不规律的人群"。

E 项，必须接受，若此项为假，则所有人都不需要服用保健品，题干②就无法成立了。

52. E

【解析】母题 20·因果型支持题

论据：①我国的转基因水稻涉及国外专利；②水稻是我国的主要粮食作物。

结论：如果我国允许转基因水稻商业化种植，国家对主要粮食作物的控制权就可能受到威胁。

E 项，解释了论据①为何会导致"国家对主要粮食作物的控制权可能受到威胁"的观点，支持题干。

其余各项均为无关选项。

53. C

【解析】母题 19·论证型支持题

中国官员：欧盟若对中国光伏产品设限，将搬起石头砸自己的脚。

A 项，无关选项，"太阳能产业"与"光伏产品"不是同一概念，"天然气"与"光伏"也不是同一概念。

B 项，支持力度弱，此项说明欧盟若对中国光伏产品设限，欧洲消费者购买光伏产品的成本将会增加，但造成的恶劣影响不如 C 项。

C 项，支持题干，说明欧盟若对中国光伏产品设限，欧盟大批光伏上下游企业的发展会受到影响。

D 项，无关选项，题干不涉及"欧债危机"。

E 项，无关选项，有的欧盟国家的观点如何不影响中国官员论点的成立性。

54. E

【解析】母题 30·评论逻辑漏洞

国家食品和药物管理局：化学分散剂是安全的，因为没有任何报告显示这种化学品进入海产品食物链并威胁到公众的健康。

国家食品和药物管理局的回应犯了 诉诸无知 的逻辑错误，即把没有证据证明该化学品有危害当作证据来证明它没有危害。

故正确答案为 E 项。

55. A

【解析】母题 40·复杂匹配与题组

题干：

①副驾驶员是个独生子，钱挣得最少。

②王飞与张刚的姐姐结了婚，钱挣得比驾驶员多。

由题干②可知，王飞不是驾驶员，再由题干①、②可知，王飞不是副驾驶员，因此，王飞是飞行工程师。

由题干②可知，张刚有姐姐，结合题干①可知，张刚不是副驾驶员，因此，张刚是驾驶员。

故 余味是副驾驶员。

所以，A 项正确。

四、写作

56. 论证有效性分析

【谬误分析】

①在未知其他国家 5G 的发展情况下，仅凭借颁发 5G 商用牌照比市场预期提前了半年，就断定中国将引领全球发展，这过于乐观。

②5G领域的发展，即使能够说明中国在通信领域的突飞猛进，也未必能够说明"中国将有望颠覆以美国为主导的世界格局"。因为综合国力是受多方面因素影响的，经济、教育、科技、文化、体育、军事等方面对它均有影响。

③5G技术对经济发展的推动作用到底有多大，是否能推动中国成为发达国家，需要更多的证据证明。

④"5G通信基站的建设，预估市场规模将达到8 000亿元人民币"，不能证明"华为将增加8 000亿元的收入"。这一论证成立的前提是，在5G通信基站的建设方面，华为没有竞争对手，市场将被华为垄断，事实上未必如此。

⑤"华为将增加8 000亿元的收入"，这是否能够使它保持行业老大的地位，还要看竞争对手的发展情况。中国在通信领域是否领先，也不能仅看华为的情况。

⑥5G技术并不是"远程手术、虚拟现实、高清网络直播、自动驾驶"等技术发展的充分条件，比如远程手术的实现，除了依赖网络外，也依赖医学的发展。

 参考范文

5G将颠覆生活吗？

上述材料通过对5G技术的全方位阐述，试图说明"5G不仅改变生活，更将颠覆生活"，然而其论证存在诸多漏洞，现分析如下：

首先，在未知其他国家5G的发展情况下，仅凭借颁发5G商用牌照比市场预期提前了半年，就断定中国将引领全球发展，这未免有些乐观。况且，即便四大运营商比市场预期提前半年获得5G商用牌照，也不排除技术尚未成熟，被其他国家迎头追上的可能，又如何引领全球发展？

其次，5G领域的发展，即使能够说明中国在通信领域的突飞猛进，也未必能够说明"中国将有望颠覆以美国为主导的世界格局"。因为综合国力是受多方面因素影响的，经济、教育、科技、文化、体育、军事等方面对它均有影响。

再次，"5G通信基站的建设，预估市场规模将达到8 000亿元人民币"，不能证明"华为将增加8 000亿元的收入"。这一论证成立的前提是，在5G通信基站的建设方面，华为没有竞争对手，市场将被华为垄断，事实上未必如此。而且，即使华为增加了8 000亿元的收入，这是否能够使它保持行业老大的地位，还要看竞争对手的发展情况。中国在通信领域是否领先，也不能仅看华为的情况。

最后，5G技术并不是"远程手术、虚拟现实、高清网络直播、自动驾驶"等技术发展的充分条件，比如远程手术的实现，除了依赖网络外，也依赖医学的发展。

综上所述，5G是否能使中国引领全球发展，5G能否颠覆生活，还需进一步论证才能得出结论。

57. 论说文

人才任用，切莫"套娃"

老吕写作特训营学员　小　越

　　人人皆知人才可贵，可真正能做到赏识人才、重用人才的管理者却并不多见。人才任用中，我们常见"套娃现象"。

　　什么是"套娃现象"？

　　第一，能力比我强的我不用，专用那些平平凡凡甚至庸庸碌碌的下属。他们害怕下属能力比自己强，害怕下属功高震主，从而威胁到自己的饭碗。结果人越招越差，组织就失去了竞争力。

　　第二，个性与我相异的我不用，专用与我气味相投甚至唯命是从的下属。那些有才华而且有个性、能创新的人才，被他们认为"不听话"，必除之而后快。结果真正的人才不断流失，留下的只是一群"马屁精"。

　　要解决"套娃现象"，无非做到两点：

　　首先，要敢于任用比自己优秀的人才。"尺有所短，寸有所长。"管理者也不可能是全才，面对自己所用的人才在很多方面比自己突出，某些领域的见识、能力和威望甚至超过了自己，特别是双方意见不一致而事实证明自己错了的时候，是妒忌打击还是点赞笑纳，考量的正是管理者的胸襟和远见。刘邦曾用三个"吾不如"表达对张良、萧何、韩信三位人才的赞赏，他容人所长、用人所长的风格与智慧，使得他集聚了各种不同类型的优秀人才，成就了统一大业。

　　其次，要敢于任用与自己不同的人才。每个人在成长过程中会逐渐形成自己独有的阅历、专长、性格、价值观念和思维方式等，特别是在前沿领域学习成长的各类人才，一般都比较有个性，特别是想法、看法甚至做法往往标新立异，但只要他的确有才华，我们就应该包容他、鼓励他、任用他。第二次世界大战时期，艾森豪威尔经常顶撞麦克阿瑟，麦克阿瑟的妻子建议把他撤职，麦克阿瑟则说："人才难用有作用，奴才好用没有用。"所以，把有个性的人才看成是难得的财富，倍加珍惜，才能让人才归心，为我所用。

　　孙中山先生曾说："治国经邦，人才为急。"而用人之道，则在于纳贤用长，切莫"套娃"！

绝密★启用前

全国硕士研究生招生考试
管理类专业学位联考综合能力试题
冲刺卷 8

（科目代码：199）

考试时间：8：30—11：30

考生注意事项

1. 答题前，考生须在试题册指定位置上填写考生姓名和考生编号；在答题卡指定位置上填写报考单位、考生姓名和考生编号，并涂写考生编号信息点。
2. 选择题的答案必须涂写在答题卡相应题号的选项上，非选择题的答案必须书写在答题卡指定位置的边框区域内。超出答题区域书写的答案无效；在草稿纸、试题册上答题无效。
3. 填（书）写部分必须使用黑色字迹签字笔或者钢笔书写，字迹工整、笔迹清楚；涂写部分必须使用 2B 铅笔填涂。
4. 考试结束，将答题卡和试题册按规定交回。

考生编号															
考生姓名															

一、**问题求解**：第1～15小题，每小题3分，共45分。下列每题给出的A、B、C、D、E五个选项中，只有一项是符合试题要求的。请在答题卡上将所选项的字母涂黑。

1. 某种商品按原价出售，每件利润是成本的 $\frac{1}{3}$，后来打9折出售，每天的销售量翻了一番。打折后，该商品每天总利润比打折前增加了(　　)．

   A. 15％　　　　B. 20％　　　　C. 25％　　　　D. 30％　　　　E. 35％

2. 已知数列 $\{a_n\}$ 中，$a_1=1$，$a_n=\frac{2S_n^2}{2S_n-1}(n\geq 2)$，则 $S_{100}=(\quad)$．

   A. $\frac{1}{179}$　　　B. $\frac{1}{198}$　　　C. $\frac{1}{209}$　　　D. $\frac{1}{219}$　　　E. $\frac{1}{199}$

3. 一批啤酒共有540件，现全部放入甲、乙两个仓库，若将甲仓库中的10％运送至乙仓库，此时两仓库内的存货相等，则一开始甲仓库比乙仓库多(　　)件．

   A. 60　　　　B. 50　　　　C. 45　　　　D. 40　　　　E. 30

4. 若有 $m>1$，$n>1$，且 $\lg\left(\frac{m+n}{2}\right)=\lg m+\lg n$，则 $\lg(2m-1)+\lg(2n-1)=(\quad)$．

   A. 1　　　　B. 0　　　　C. -1　　　　D. 2　　　　E. 3

5. A，B两地相距160千米，一辆公共汽车从A地驶出开往B地，2小时后，一辆小汽车从A地驶出开往B地．小汽车每小时比公共汽车快80千米，结果小汽车比公共汽车早40分钟到达B地，则小汽车和公共汽车的速度分别为(　　)(单位：千米/小时)．

   A. 115，30　　　　　　　　B. 135，55　　　　　　　　C. 105，25

   D. 120，40　　　　　　　　E. 以上选项均不正确

6. 两类不同的甜点均有4种不同的口味，每种口味1盘，共有8盘．现将其排成一排，则右边的4盘恰好属于同一类甜点的概率为(　　)．

   A. $\frac{19}{54}$　　　B. $\frac{35}{54}$　　　C. $\frac{38}{54}$　　　D. $\frac{1}{9}$　　　E. $\frac{1}{35}$

7. 设等差数列 $\{a_n\}$ 的前 n 项和为 S_n，如果 $a_2=9$，$S_4=40$，则常数 c 为(　　)时，数列 $\sqrt{S_n+c}$ 成等差数列．

   A. 4　　　　B. 9　　　　C. 4或9　　　　D. 3　　　　E. 8

8. 方程 $|2x+5|+|2x-1|=6$ 的整数解的个数为(　　)．

   A. 0　　　　B. 1　　　　C. 3　　　　D. 4　　　　E. 5

9. 三位教师分配到7个班级任教，若两人各教2个班，另外一人教3个班，则分配方法共有(　　)种．

   A. 1 260　　　B. 630　　　C. 540　　　D. 360　　　E. 160

10. 直线 $x-2y+m=0$ 向左平移一个单位后，与圆 C：$x^2+y^2+2x-4y=0$ 相切，则 m 的值为(　　)．

    A. -9或1　　　　　　　B. -9或-1　　　　　　C. 9或-1

    D. $\frac{1}{9}$或-1　　　　　　E. 9或1

11. 已知 $x \in \mathbf{R}$，若 $(1-2x)^{2009}=a_0+a_1x+a_2x^2+\cdots+a_{2009}x^{2009}$，则 $(a_0+a_1)+(a_0+a_2)+(a_0+a_3)+\cdots+(a_0+a_{2009})=($ ）．

   A. 2 007　　　　　　　　B. 2 008　　　　　　　　C. 2 009

   D. 2 010　　　　　　　　E. 2 011

12. 一根长 80 厘米、宽和高都是 10 厘米的长方体钢材，从钢材的一端锯下一个最大的正方体后，它的表面积减少了（　　）平方厘米．

   A. 300　　　　　　　　B. 400　　　　　　　　C. 360

   D. 480　　　　　　　　E. 500

13. 从黄瓜、白菜、油菜、扁豆 4 种蔬菜品种中选取出 3 种，分别种在不同土质的 3 块土地上，其中黄瓜必须种植，不同的种植方法共有（　　）．

   A. 24 种　　　　　　　　B. 18 种　　　　　　　　C. 16 种

   D. 14 种　　　　　　　　E. 12 种

14. 某公司有员工 1 000 人，2009 年人均年产值为 12 万元，计划 2010 年产值比 2009 年增长 10%，而 2010 年 1 月份和 2 月份因部分员工被抽去做市场调研，所以产值与 2009 年相同．要完成 2010 年的任务，从 3 月份起，人均月产值比 2009 年增长（　　）．

   A. 12%　　　　　　　　B. 13%　　　　　　　　C. 14%

   D. 20%　　　　　　　　E. 以上选项均不正确

15. 设 $a>0, c>b>0$，则（　　）．

   A. $\dfrac{a+b}{2a+b}>\dfrac{a+c}{2a+c}$　　　　B. $\dfrac{a+b}{2a+b}=\dfrac{a+c}{2a+c}$　　　　C. $\dfrac{a+b}{2a+b}<\dfrac{a+c}{2a+c}$

   D. $\dfrac{a+b}{2a+b}\geqslant\dfrac{a+c}{2a+c}$　　　　E. 以上选项均不正确

二、**条件充分性判断**：第 16～25 小题，每小题 3 分，共 30 分。要求判断每题给出的条件（1）和条件（2）能否充分支持题干所陈述的结论。A、B、C、D、E 五个选项为判断结果，请选择一项符合试题要求的判断，在答题卡上将所选项的字母涂黑。

   A. 条件(1)充分，但条件(2)不充分．

   B. 条件(2)充分，但条件(1)不充分．

   C. 条件(1)和条件(2)单独都不充分，但条件(1)和条件(2)联合起来充分．

   D. 条件(1)充分，条件(2)也充分．

   E. 条件(1)和条件(2)单独都不充分，条件(1)和条件(2)联合起来也不充分．

16. 要使 $3x^2+(m-5)x+m^2-m-2=0$ 的两根分别满足：$0<x_1<1, 1<x_2<2$.

   (1) $-2<m<0$.

   (2) $-3<m<-\dfrac{3}{2}$.

17. 已知数列 $\{a_n\}$ 为等比数列，则 a_{11} 的值可唯一确定．

   (1) $a_1 a_9=64$.

   (2) $a_3+a_7=20$.

18. 甲、乙两名跳高运动员试跳 2 m 高度，成功的概率分别为 0.7、0.6，且每次试跳成功与否相互之间没有影响，则 $P=0.88$.

    (1) 甲试跳 3 次，第 3 次才成功的概率为 P.

    (2) 甲、乙两人在第 1 次试跳中至少有一人成功的概率为 P.

19. 一件工作，甲做 3 小时后，由乙接着做，还需要 21 小时才可完成.

    (1) 甲先做 6 小时，乙接着做 12 小时可以完成.

    (2) 甲先做 8 小时，乙接着做 6 小时可以完成.

20. 某企业今年上半年人均利税比去年同期增长了 50%.

    (1) 某企业今年上半年利税额比去年同期增加了 40%，而员工人数比去年同期减少了 20%.

    (2) 某企业今年上半年利税额比去年同期减少了 10%，而员工人数比去年同期减少了 40%.

21. $\dfrac{3n}{5}$ 是整数.

    (1) $m=\sqrt{5}+1$，$m+\dfrac{1}{m}$ 的整数部分是 n.

    (2) n 为整数，且 $\dfrac{17n}{5}$ 是整数.

22. 如图 8-1 所示，图中阴影部分面积为 32.

    (1) 正方形边长为 16.

    (2) 正方形边长为 8.

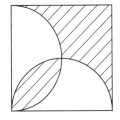

图 8-1

23. 已知 $abc\neq 0$，则 $\dfrac{ab+1}{b}=1$.

    (1) $b+\dfrac{1}{c}=1$.

    (2) $c+\dfrac{1}{a}=1$.

24. 数列 $\left\{\dfrac{S_n}{n}\right\}$ 是公比为 2 的等比数列.

    (1) 数列 $\{a_n\}$ 满足 $a_1=1$.

    (2) 数列 $\{a_n\}$ 满足 $a_{n+1}=\dfrac{n+2}{n}S_n$.

25. 直线 $y=ax+2$ 与直线 $y=3x-b$ 关于直线 $y=x$ 对称.

    (1) $a=\dfrac{1}{3}$，$b=-6$.

    (2) $a=\dfrac{1}{3}$，$b=6$.

三、逻辑推理：第 26~55 小题，每小题 2 分，共 60 分。下列每题给出的 A、B、C、D、E 五个选项中，只有一项是符合试题要求的。请在答题卡上将所选项的字母涂黑。

26. 由于量子理论的结论违反直观，有些科学家对这一理论持不同看法。尽管他们试图严格地表明量子理论的断言是不精确的（即试图严格地证伪它），但是发现，其误差在通常可接受的统计范围之内。量子理论的这些结果不同于与它相竞争的理论的结果，这表明接受量子理论是合理的。

以下哪一项原则最有助于表明上述推理的合理性？

    A. 一个理论在被试图严格地证伪之前不应当被认为是合理的。

    B. 只有一个理论的断言没有被实验所证伪，才可以接受这个理论。

    C. 如果一个科学理论中违反直观的结论比与它相竞争的理论少，那么应该接受这个理论。

    D. 如果试图严格地证伪一个理论，但该理论经受住了所有的考验，那么应该接受它。

    E. 许多理论在被完全接受之前，都经历了漫长的被质疑的路程。

27. 历史的真实不等于真实的历史，鲁迅说《史记》是"史家之绝唱，无韵之离骚"。好的史学作品必须突破那层僵化的历史真实观，直接触及历史人物的灵魂，写出历史的本质真实来。

    以下哪项陈述是上述论证所依赖的假设？

    A. 好的史学作品既忠实地报道历史事实，又生动地刻画人物的灵魂。

    B. 仅仅忠实地记述历史事实的史学作品不是好的史学作品。

    C. 在所有史学作品中，只有《史记》是好的史学作品。

    D. 只是生动地刻画历史人物的灵魂，没有报道历史事实的作品不是史学作品。

    E. 史学作品必须像《史记》一样具有文学性。

28. 有的足球运动员不会说英语，但所有的足球运动员都喜欢看美剧。

    如果以上陈述为真，则以下哪项也一定为真？

    A. 有些喜欢看美剧的人会说英语。

    B. 有些会说英语的人不喜欢看美剧。

    C. 有些喜欢看美剧的人不会说英语。

    D. 有些会说英语的人喜欢看美剧。

    E. 所有不会说英语的人都不喜欢看美剧。

29. 一般来讲，某种产品价格上涨会导致其销量减少，除非价格上涨的同时伴随着该产品质量的改进。在中国，外国品牌的葡萄酒是一个例外。很多外国品牌的葡萄酒价格上涨往往导致其销量增长，尽管那些品牌的葡萄酒的质量并没有什么改变。

    如果以下陈述为真，则哪一项最好地解释了上述反常现象？

    A. 许多消费者在决定购买哪种葡萄酒时，依据大众媒体所刊登的广告。

    B. 定期购买葡萄酒的人对葡萄酒的品牌有固定的偏好。

    C. 有的消费者消费能力很强，不在乎价格。

    D. 葡萄酒零售商和生产者可以通过价格折扣来暂时增加某种葡萄酒的销量。

    E. 消费者往往根据葡萄酒的价格来判断葡萄酒的质量。

30. 关于如何界定"裸官"，2010年发布的相关《暂行规定》明确了以下3类国家工作人员为"裸官"：配偶、子女均已移居国(境)外的；没有子女，配偶已移居国(境)外的；没有配偶，子女均已移居国(境)外的。2014年中组部下发的相关《管理办法》规定：配偶已移居国(境)外的，或者没有配偶，子女均已移居国(境)外的国家工作人员均为"裸官"。

    以下哪一项陈述与上述两个文件的规定是相符的？

    A. 根据《管理办法》，只有子女均已移居国(境)外的国家工作人员才是"裸官"。

    B. 对于既有配偶也有子女的国家工作人员来说，两个文件的规定是相同的。

C. 根据《暂行规定》，只要某国家工作人员的配偶已移居国(境)外，他(她)就是"裸官"。

D. 对于只有配偶没有子女的国家工作人员来说，两个文件的规定是相同的。

E. 对于既没有配偶也没有子女的国家工作人员来说，两个文件的规定是相同的。

31. 某中学自 2010 年起试行学生行为评价体系。最近，校学生处调查了学生对该评价体系的满意程度。数据显示：得分高的学生对该评价体系的满意度都很高。学生处由此得出结论：表现好的学生对这个评价体系都很满意。

根据以上论述可以推知，该校学生处的结论基于以下哪一项假设？

A. 得分低的学生对该评价体系普遍不满意。

B. 表现好的学生都是得分高的学生。

C. 并不是所有得分低的学生对该评价体系都不满意。

D. 得分高的学生受到该评价体系的激励，自觉改进了自己的行为方式。

E. 有的得分高的学生表现好。

32. 公司总裁认为，起诉程序应当允许起诉人和被告选择有助于他们解决问题的调解人，起诉的费用很大，而调解人有可能解决其中的大部分问题。然而，公司人力资源部所提的建议却是，在起诉进程的后期再开始调解，可这几乎就没有什么效果。

以下哪项陈述如果为真，则能最强有力地支持公司总裁对人力资源部提议的批评？

A. 许多争论在没有调解人的情况下已经被解决了。

B. 那些提出起诉的人是不讲道理的，而且会拒绝听从调解人的意见。

C. 调解过程本身也会花掉和当前进行的起诉程序一样多的时间。

D. 随着法庭辩论的进行，对手间的态度会趋于强硬，使得相互妥协变得不大可能。

E. 调解的时机需根据具体案件的具体事宜进行判断。

33. 中国人民银行宣布，自 2013 年 7 月 20 日起全面放开金融机构贷款利率管制。然而，只有存款利率上限放开，才能真正实现利率市场化。如果政府不主动放弃自己的支配力，市场力量就难以发挥作用。一旦存款利率上限放开，银行间就会展开利率大战，导致金融风险上升。如果金融风险上升，则需要建立存款保险制度。

如果以上陈述为真，则以下哪项陈述也一定为真？

A. 随着改革的深入，中国迟早会真正实现利率市场化。

B. 只有建立存款保险制度，中国才能真正实现利率市场化。

C. 只要政府主动放弃自己的支配力，市场力量就可以发挥作用。

D. 只要建立起存款保险制度，就能有效地避免金融风险。

E. 如果有了存款保险制度，就能实现利率市场化。

34. 某省政法委综合治理办公室副主任的妻子陈某在省委大院门口被 6 名便衣警察殴打 16 分钟，造成脑震荡，几十处软组织挫伤，左脚功能障碍，自主神经系紊乱。相关公安局领导说"打错了"，表示道歉。

下面各项都是该公安局领导说的话所隐含的意思，除了：

A. 公安干警负有打击犯罪之责，打人是难免的。

B. 如果那些公安干警打的是一般群众，就没什么错。

C. 公安干警不能打领导干部家属，特别是省委大院领导的家属。

D. 打官员的妻子是误伤，本意不是想打官员的妻子。

E. 即使是罪犯，她也只应受到法律的制裁，而不应受到侮辱和殴打。

35. 政治家："那些声称去年全年消费物价涨幅低于3％的经济学家是错误的。显然，他们最近根本没去任何地方买过东西。汽油价格在去年一年中涨了10％，我乘车的费用涨了12％，报纸价格涨了15％，清洁剂价格涨了15％，面包价格涨了50％。"

政治家的上述论证最容易受到批评，因为：

A. 它指责经济学家的品德，而不是针对他们的论证进行反驳。

B. 它使用了一个不具有代表性的小样本作为证据。

C. 它试图通过诉诸感情的方式来达到说服的目的。

D. 它错误地表明，所提到的那些经济学家不是消费价格领域的专家。

E. 它错误地把两个不具有相似性的事物进行了类比。

36. 干旱和森林大火导致俄罗斯今年粮食歉收，国内粮价快速上涨。要想维持国内粮食价格稳定，俄罗斯必须禁止粮食出口。如果政府禁止粮食出口，俄罗斯的出口商将避免损失，因为他们此前在低价位时签署出口合同，若在粮价大幅上涨时履行合同，将会亏本。但是，如果俄罗斯政府禁止出口粮食，俄罗斯奋斗多年才获得的国际市场将被美国和法国所占有。

如果以上陈述为真，则以下哪项陈述也一定为真？

A. 如果俄罗斯今年不遭遇干旱和森林大火，俄罗斯政府就不会禁止粮食出口。

B. 如果今年俄罗斯维持国内粮食价格稳定，就会失去它的国际粮食市场。

C. 俄罗斯粮食出口商为避免损失会积极游说政府，促使其制定粮食出口禁令。

D. 如果俄罗斯禁止粮食出口，其国内的粮食价格就不会继续上涨。

E. 如果国际市场将被美国和法国所占有，说明俄罗斯禁止了粮食出口。

37～39题基于以下题干：

6位教授F、G、H、J、K、L，将评审马、任、孙、吴博士的论文4篇。评审须遵守以下原则：

(1)每位教授只评审一篇博士论文。

(2)每篇博士论文至少有一位教授评审。

(3)H与F评审同一篇博士论文。

(4)L只与其他教授中的一位同评审一篇博士论文。

(5)G评审马博士的论文。

(6)J评审马博士或吴博士的论文。

(7)H不评审吴博士的论文。

37. 如果K不评审孙博士的论文，那么以下哪项一定是真的？

A. L评审马博士的论文。   B. L评审孙博士的论文。

C. F和H评审任博士的论文。   D. F和H评审孙博士的论文。

E. G评审任博士的论文。

38. 以下哪项可能是真的？

A. F和G评审马博士的论文。

B. F 和 L 评审吴博士的论文。

C. K 评审吴博士的论文并且 L 评审马博士的论文。

D. L 评审任博士的论文并且 F 评审孙博士的论文。

E. F 评审吴博士的论文。

39. 以下哪项不可能是真的？

A. L 和 G 评审马博士的论文。　　　　　　B. L 和 K 评审马博士的论文。

C. L 和 K 评审任博士的论文。　　　　　　D. L 和 K 评审孙博士的论文。

E. L 和 J 评审吴博士的论文。

40. 伯劳鸟长相美丽可爱，然而却性情凶猛，有"雀中猛禽"之称。常立于高处俯视，伺机而动，捕捉昆虫、蛙、蜥蜴、小鸟和鼠类等，有把尸体插在棘刺上撕食的习性，有时不全吃掉，用这种方式储存食物，因此英文中也称其为"butcher birds"。然而这几年，伯劳鸟数量逐年减少，有人认为，这是因为随着人类城市的扩建、牧场的机械化耕种，伯劳鸟赖以栖息的草原越来越少。

以下哪项如果为真，则最能削弱以上观点？

A. 伯劳鸟有着很强的母性，当有蛇之类的动物想攻击它的巢穴时，伯劳鸟会拼命保护它的幼鸟。

B. 产于美国圣克利门蒂岛的伯劳鸟属濒危动物，产于坦桑尼亚乌卢古鲁山的乌卢古鲁丛伯劳也已濒临绝种的危险。

C. 百灵鸟是草原上的一种代表性鸟类，其数量没有明显的减少。

D. 杀虫剂的大量使用导致伯劳鸟赖以为食的昆虫、蛙等食物剧减少。

E. 人口数量的急剧增加，使得人类的栖息地越来越大，以前一些没有人类生存的草原也出现了人类的身影。

41. 经济的良性循环是指不过分依靠政府的投资，靠自身的力量来实现社会总供给和社会总需求的基本平衡，实现经济增长。近几年，我国之所以会出现经济稳定增长的态势，是靠政府加大投资实现的。

如果以上陈述为真，则最能支持以下哪项结论？

A. 只靠经济自身所产生的投资势头和消费势头就能实现经济的良性循环。

B. 经济的良性循环是实现社会总供给与总需求基本平衡的先决条件。

C. 如果过分依靠政府的投资，经济状况就会进行恶性循环。

D. 近年来，我国的经济增长率一直保持在7%以上。

E. 某一时期的经济稳定增长不意味着这一时期的经济已经转入良性循环。

42. 具有听觉的不足 6 个月的婴儿能迅速分辨相似的语音，不仅仅是那些抚养这些婴儿的人使用的语言的声音。而年轻人只能迅速地分辨他们经常使用的语言的声音。人们知道，生理上的听觉能力在婴儿期开始退化。所以，在婴儿与年轻人之间观察到的辨别听觉上相似语音能力的这种差别是由于听觉的生理退化所导致的。

以下哪项最能指出上述论证所存在的逻辑漏洞？

A. 设立了一个荒谬的截止点，即年龄低于 6 个月的婴儿能分辨听觉上相似的语音。

B. 没有解释用来衡量两个完全不同的人群的能力的程序。

C. 忽视了这样一个事实，即某些类型的语音会在几乎所有的语言中出现。

D. 假定对作为整体的一群人共有的特征是真实的，对这个整体中的任何一个个体来说也是真实的。

E. 把可以作为对观察到的差别的一种解释当作对这种差别的充足解释。

43. 一项研究表明，吃芹菜有助于抑制好斗情绪。151名女性接受了调查。在称自己经常吃芹菜的女性中，95%称自己很少有好斗情绪，或者很少被彻底激怒。在不经常吃芹菜的女性中，53%称自己经常有焦虑、愤怒和好斗的情绪。

以下陈述都能削弱上述的结论，除了：

A. 那些经常吃芹菜的女性更注意健身，而健身消耗掉大量体能，十分疲惫，抑制了好斗情绪。

B. 女性受访者易受暗示且更愿意合作，会有意无意地配合研究者，按他们所希望的方向去回答问题。

C. 像安慰剂有疗效一样，吃芹菜会抑制好斗情绪的说法激发了女性受访者的一系列心理和精神活动，让她们感觉不那么好斗了。

D. 芹菜具有平肝清热、除烦消肿、解毒宣肺、健胃利血、降低血压、健脑镇静之功效。

E. 该调查得到了一家蔬菜销售公司的资助。

44. 在石器附近的沙地中发现了一些已经成为化石的动物骨骼，上面布满了划痕，但并不是牙印。当用类似石器的工具磨划这些骨头时，所产生的划痕和化石里的划痕很相似。因此，也许对于那些目前已成为化石的动物们，在它们活着时，人们已经开始使用石器来对付它们了。

以下哪项如果为真，则最能反驳上述观点？

A. 有划痕的化石骨骼不如附近发现的有牙印的化石骨骼古老。

B. 踩在埋有骨头的沙子上，在骨头上产生的划痕和化石上的划痕相似。

C. 在化石骨骼没有划痕的地区附近发现了石器。

D. 石器非常坚硬，以至于动物骨骼很难在上面留下划痕。

E. 现代的显微镜可以清晰地分辨牙印和其他划痕的区别。

45. 2013年伊始，北京就遭遇了持续多日的灰霾天气，空气污染引发的"北京咳"成为人们热议的话题之一。为了破解灰霾困境，有专家建议：从公交车、出租车和市政公用车辆开始，用电动车代替燃油车，以后再逐步推广到其他社会车辆。

如果以下陈述为真，则哪一项最为有力地质疑了上述专家的建议？

A. 从车辆购置和使用成本看，目前电动车相对于燃油车没有竞争优势。

B. 对英美两国电动车减排效果的研究表明，使用煤电的电动车总体上会导致更多的污染物排放。

C. 北京的电动车使用的是煤电，电动车用电会增加周边供电省份的电煤消耗和颗粒物排放，从而导致灰霾天气。

D. 治理大气环境污染是一项复杂的工程，单一的治理措施很难奏效。

E. 使用电动车对于改善北京交通的拥堵情况也有较好的效果。

46. "万物生长靠太阳"，这是多少年来人们从实际生活中总结出来的一个公认的事实。然而，近年来科学家们通过研究发现：月球对地球的影响远远大于太阳；孕育地球生命的力量，来自月球而非太阳。

以下哪项不能作为上述论断的证据?

A. 在月照下,植物生长快且长得好,月照特别是对几厘米高、发芽不久的植物如向日葵、玉米等最有利。

B. 当花枝因损伤而出现严重伤口时,月光能清除伤口中那些不能再生长的纤维组织,加快新陈代谢,使伤口愈合。

C. 植物只有靠太阳光才能进行光合作用,动物也只有在阳光下才能茁壮成长。

D. 月球在地球形成之初,影响地球产生了一个巨大磁场,屏蔽来自太空的宇宙射线对地球的侵袭。

E. 科学家在太平洋加拉帕戈斯群岛附近的深海海底,发现并采集了红色的蠕虫、张开着壳的蛤、白色的蟹等,这可能与月照有关。

47. 某班准备开展元旦联欢活动,倡导男生与女生互选组成节目小组,要求每个女生只能选1位男生,而每位男生只能在选他的女生中选择1~2位组队。现有男生甲、乙、丙3人面对张、王、李、赵4位女生,已知:

(1)张、王2人中至少有1人选择甲。

(2)王、李、赵3人中至少有2人选择乙。

(3)张、李2人中至少有1人选择丙。

事后得知,互选顺利完成,每个女生均按自己心愿选到了男生,而每位男生也按要求选到了女生。

根据以上信息,可以得出以下哪项?

A. 男生甲选到了张。　　　　　　　　B. 男生乙选到了赵。

C. 男生丙选到了李。　　　　　　　　D. 男生甲选到了王。

E. 男生乙选到了王。

48. 银行的信用卡章程规定:凡使用密码进行的交易,均视为持卡人本人所为。这意味着,只要信用卡被盗刷时使用了密码,银行均视为持卡人本人所为,对所发生的损失概不负责。因此,为了使自己的信用卡更安全,应当不设密码。

如果以下陈述为真,都能削弱上述结论,除了:

A. 有关专家认为信用卡不设密码更安全,但专家的话也不一定全对。

B. 犯罪分子伪造设有密码的信用卡时,必须另行设法获取其密码才能盗刷成功。

C. 信用卡遗失时,信用卡的密码能够有效阻止他人刷卡交易。

D. 盗刷的案件中,如果信用卡未设密码,法院通常认定卡主有一定过错,需承担部分损失。

E. 如果信用卡没有密码,信用卡丢失后更容易被盗刷。

49~50题基于以下题干:

某医院的外科病区有甲、乙、丙、丁、戊5位护士,她们负责病区1、2、3、4、5、6、7号共7间病房的日常护理工作,每间病房只由1位护士来护理,每位护士至少护理1间病房。在多年的护理过程中,她们已经形成特定的护理习惯和经验。已知下列条件:

(1)甲护理1、2号两间病房,不护理其他病房。

(2)乙和丙都不护理6号病房。

(3)如果丁护理6号病房,则乙护理3号病房。
(4)如果丙护理4号病房,则乙护理6号病房。
(5)戊只护理7号病房。

49. 根据以上信息,可以得出以下哪项?
    A. 乙护理3号病房。
    B. 丙护理4号病房。
    C. 丁护理4号病房。
    D. 乙护理4号病房。
    E. 丁护理5号病房。

50. 如果丁只护理1间病房,则得不出以下哪项?
    A. 乙护理3号病房。
    B. 丙护理5号病房。
    C. 丁护理6号病房。
    D. 乙护理4号病房。
    E. 乙护理5号病房。

51. 由于全球金融危机,一家大型公司决定裁员25%。最终,它撤销了占员工总数25%的三个部门,再也没有聘用新员工。但实际结果是,该公司员工总数仅仅减少了15%。
    以下哪项陈述如果为真,则能很好地解释预计裁员率和实际裁员率之间的差异?
    A. 被撤销部门的一些员工有资格提前退休,并且他们最后都选择了退休。
    B. 因为公司并未雇佣新员工,未被撤销部门之间的正常摩擦导致该公司继续裁员。
    C. 未被撤销部门的员工不得不更卖力工作,以弥补撤销三个部门所带来的损失。
    D. 三个部门被撤销后,它们的一些优秀员工被重新分派到该公司的其他部门工作。
    E. 未被撤销部门的员工,有很多人因为待遇问题辞职。

52. 销售专家认为,在一个不再扩张的市场中,一个公司最佳的销售策略就是追求最大的市场份额,而达到目标的最佳方式就是做一些能突出竞争对手缺点的比较广告。在国内萧条的奶粉市场中,A牌奶粉与B牌奶粉进行了两年的比较广告战,相互指责对方产品对婴儿的健康造成有害影响。然而,这些广告战并没有使各自的市场份额增大,反而使很多人不再购买任何品牌的国产奶粉。
    以上陈述能最强有力地支持下面哪一个结论?
    A. 不应该在一个正在扩张或可能扩张的市场中使用比较广告。
    B. 比较广告冒有使它们的目标市场不是扩张而是收缩的风险。
    C. 比较广告不会产生任何长期效益,除非消费者能很容易地判断那些广告的正确性。
    D. 如果一个公司的产品比其竞争对手产品的质量明显高出一筹的话,比较广告在任何情况下都能增加该公司产品的市场份额。
    E. 比较广告不是市场营销的有效手段。

53. 甲、乙、丙、丁四人涉嫌某案被传讯。
    甲说:"作案者是乙。"
    乙说:"作案者是甲。"
    丙说:"作案者不是我。"
    丁说:"作案者在我们四人中。"
    如果四人中有且只有一个说真话,则以下哪项断定成立?
    A. 作案者是甲。

B. 作案者是乙。

C. 作案者是丙。

D. 甲、乙、丙、丁四人都不是作案者。

E. 题干中的条件不足以断定谁是作案者。

54. 在2019年的男子篮球世界杯上，如果美国男篮能够进入半决赛，同时韩国男篮小组赛失利，则中国男篮无法夺冠。

如果以上命题为真，再加上以下哪项前提，可以得出结论：美国男篮没有进入半决赛？

A. 韩国男篮和中国男篮都小组赛失利了。

B. 韩国男篮小组赛失利，并且中国男篮没有夺冠。

C. 韩国男篮和美国男篮至少有一支没有进入半决赛。

D. 韩国男篮小组赛失利并且中国男篮夺冠。

E. 韩国男篮小组赛失利。

55. 在2019年劳伦斯杯"中国最佳教练、运动员"的评选活动中，评委要在得票最多的四位当选人中确定两对教练、运动员分别获一等奖和二等奖。这四位当选人中，一位是上海的女运动员，一位是北京的男运动员，一位是广州的女教练，一位是武汉的男教练。不论在一等奖还是在二等奖中，评委都不希望出现男运动员和女教练配对的情况。

以下哪项是评委所不希望出现的结果？

A. 获一等奖的一对中，一位是北京运动员；获二等奖的一对中，一位是女教练。

B. 获一等奖的一对中，一位是上海运动员；获二等奖的一对中，一位是女教练。

C. 获一等奖的一对中，一位是男教练；获二等奖的一对中，一位是女运动员。

D. 获二等奖的一对中，一位是男运动员，另一位是武汉教练。

E. 获一等奖的一对中，一位是上海运动员，另一位是广州教练。

四、写作：第56～57小题，共65分。其中论证有效性分析30分，论说文35分。请答在答题纸相应的位置上。

56. 论证有效性分析：分析下述论证中存在的缺陷和漏洞，选择若干要点，写一篇600字左右的文章，对该论证的有效性进行分析和评论。（论证有效性分析的一般要点是：概念特别是核心概念的界定和使用是否准确并前后一致，有无各种明显的逻辑错误，论证的论据是否成立并支持结论，结论成立的条件是否充分等。）

2016年10月18日上午，备受关注的某明星离婚案官司与名誉权纠纷案，在北京市朝阳区人民法院召开庭前会议，引发大批媒体和群众围观。作为影视明星，把家事当公事，拿炒作家丑来扩大社会影响，实在令人不齿。

常言道："家丑不可外扬。"普通人尚且明白这个道理，作为影视明星更应明白。发生家庭婚变，一般人都会低调处理。而某些影视明星却把家丑发布在微博上，利用家丑来宣传自己，真是毁人"三观"。

不难看出，从高调公布妻子出轨到索赔精神损失费，目的无非是最大限度地维护自己的利益，但这种行为却把妻子置于难以在社会上立足的地步。这种丝毫不念旧情，眼里只有利益的炒作行为,动机并不高尚。

而且,这场本来很正常的婚变,竟带火了其执导的影片,使其未映先火。可见,沸沸扬扬的离婚事件,不过是为了公司利益而精心策划的一出闹剧。现在,炒作甚至已经成了明星的主要宣传手段。发行一首歌、一部电影要炒,结婚生子要炒,可连离婚这样的家丑都要炒一炒,令人十分不齿。

常言道:"学好千日不足,学坏一日有余。"近年来,频现的明星丑闻在公众思想上造成的负面影响当然是不可低估的。仅在2017年第一季度,我国就有95.82万对夫妻离婚,这说明我国的离婚率已经居高不下。这一次对家丑的炒作,不可避免地给公众婚姻关系的维护带来了新的挑战。

57. 论说文:根据下述材料,写一篇700字左右的论说文,题目自拟。

圣人千虑,必有一失;愚人千虑,必有一得。

——《晏子春秋》

答案速查

一、问题求解
1～5　BEABD　　6～10　EBCBC　　11～15　ABBAC

二、条件充分性判断
16～20　CEBCB　　21～25　BBCCB

三、逻辑推理
26～30　DBCED　　31～35　BDBEB　　36～40　BDDBD
41～45　EEDBC　　46～50　CBAAE　　51～55　DBEDB

四、写作
略

答案详解

一、问题求解

1. B

【解析】母题94·利润问题

设原销售量为1，成本为1，则原售价为 $1+\dfrac{1}{3}=\dfrac{4}{3}$，总利润为 $\dfrac{1}{3}$；

打九折后的价格为 $\dfrac{4}{3}\times 90\%=1.2$，打折后的单件利润为 $1.2-1=0.2$，打折后销售量为2，总利润为 $2\times 0.2=0.4$.

故打折后比打折前的利润增加百分比为 $\dfrac{0.4-\dfrac{1}{3}}{\dfrac{1}{3}}\times 100\%=20\%$.

2. E

【解析】母题54·数列的递推公式问题

当 $n\geqslant 2$ 时，$\dfrac{2S_n^2}{2S_n-1}=a_n=S_n-S_{n-1}$，则

$$2S_n^2=(2S_n-1)(S_n-S_{n-1})=2S_n^2-2S_nS_{n-1}-S_n+S_{n-1},$$

所以 $2S_nS_{n-1}=S_{n-1}-S_n$，即 $\dfrac{1}{S_n}-\dfrac{1}{S_{n-1}}=2$.

故数列 $\left\{\dfrac{1}{S_n}\right\}$ 是首项为 $\dfrac{1}{S_1}=\dfrac{1}{a_1}=1$、公差为2的等差数列，则

$$\dfrac{1}{S_n}=\dfrac{1}{S_1}+(n-1)\times 2=2n-1,$$

故 $S_n = \dfrac{1}{2n-1}$，所以 $S_{100} = \dfrac{1}{199}$.

3. A

【解析】母题 90 · 简单算术问题

设一开始甲仓库中有 x 件，乙仓库中有 $(540-x)$ 件，根据题意，可得
$$x - \dfrac{1}{10}x = 540 - x + \dfrac{1}{10}x,$$

解得 $x=300$，则甲仓库有 300 件，乙仓库有 $540-300=240$（件），所以一开始甲仓库比乙仓库多 $300-240=60$（件）.

4. B

【解析】母题 39 · 指数与对数

由对数公式，可知 $\lg\left(\dfrac{m+n}{2}\right) = \lg m + \lg n = \lg(mn)$，故 $\dfrac{m+n}{2} = mn$，所以有
$$\lg(2m-1) + \lg(2n-1) = \lg(2m-1)(2n-1) = \lg(4mn - 2m - 2n + 1) = \lg 1 = 0.$$

5. D

【解析】母题 98 · 行程问题

设公共汽车的速度为 x 千米/小时，则小汽车的速度为 $(x+80)$ 千米/小时，由时间关系可知
$$\dfrac{160}{x} = \dfrac{160}{x+80} + 2 + \dfrac{2}{3},$$

解得 $x=40$.

故公共汽车的速度为 40 千米/小时，小汽车的速度为 $x+80=40+80=120$（千米/小时）.

6. E

【解析】母题 75 · 不同元素的分配问题

从两类甜点中任选一类放在右边，有 2 种情况；将右边 4 种口味的甜点全排列，为 A_4^4；再将另外一类甜点的 4 种口味放到左边，全排列，为 A_4^4. 故右边的 4 盘恰好属于同一类甜点的概率为
$$P = \dfrac{2A_4^4 A_4^4}{A_8^8} = \dfrac{1}{35}.$$

7. B

【解析】母题 44 · 等差数列基本问题

由题意，得
$$\begin{cases} a_2 = a_1 + d = 9, \\ S_4 = 4a_1 + \dfrac{4 \times 3}{2}d = 40, \end{cases} \text{解得} \begin{cases} a_1 = 7, \\ d = 2, \end{cases}$$

则 $S_n = na_1 + \dfrac{n(n-1)}{2}d = 7n + \dfrac{n(n-1)}{2} \times 2 = n^2 + 6n.$

等差数列的通项公式形如一个一元一次函数，故若使数列 $\sqrt{n^2+6n+c}$ 为等差数列，需要将 $\sqrt{n^2+6n+c}$ 转变为 $\sqrt{(n+c')^2}$ 的形式，所以 $c=9$.

8. C

【解析】母题 13 · 求解绝对值方程和不等式

方法一：当 $-5 \leqslant 2x \leqslant 1$ 时，$f(x)=|2x+5|+|2x-1|=2x+5+1-2x=6$. 又因为 $2x$ 为偶数，所以 $2x$ 可能的取值有 -4，-2，0，所以 x 的取值为 -2，-1，0.

所以，方程 $|2x+5|+|2x-1|=6$ 的整数解的个数为 3.

方法二：画出 $f(x)=|2x+5|+|2x-1|$ 的图像，如图 8-2 所示．

显然当 $-\dfrac{5}{2} \leqslant x \leqslant \dfrac{1}{2}$ 且 $x \in \mathbf{Z}$ 时，符合题干，即 x 有 -2，-1，0，三个整数解．

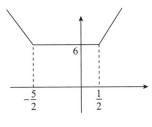

图 8-2

9. B

【解析】母题 75·不同元素的分配问题

第一步：分组，将 7 个班分成数量为 2、2、3 的三组，前两组均匀且小组无名字，需要消序，即 $\dfrac{C_7^2 C_5^2 C_3^3}{A_2^2}$；

第二步：分配，将三组班级分给三位教师，即 A_3^3.

故分配方法共有 $\dfrac{C_7^2 C_5^2 C_3^3}{A_2^2} A_3^3 = 630$（种）．

10. C

【解析】母题 63·直线与圆的位置关系

依据平移原则"左加右减"得，向左平移一个单位后，直线的方程为 $x+1-2y+m=0$.

圆 C 可表示为 $(x+1)^2+(y-2)^2=5$，圆心为 $(-1,2)$，半径为 $\sqrt{5}$.

当平移后的直线与圆相切时，圆心到直线的距离为半径，故 $\dfrac{|m-4|}{\sqrt{5}}=\sqrt{5}$，解得 $m=9$ 或 -1.

11. A

【解析】母题 22·待定系数法与多项式的系数

由题意可得

$$\begin{cases} x=1 \Rightarrow -1 = a_0+a_1+a_2+\cdots+a_{2\,009}, \\ x=0 \Rightarrow 1 = a_0, \end{cases}$$

则有

$$(a_0+a_1)+(a_0+a_2)+(a_0+a_3)+\cdots+(a_0+a_{2\,009})$$
$$=2\,008a_0+(a_0+a_1+\cdots+a_{2\,009})$$
$$=2\,007.$$

12. B

【解析】母题 59·空间几何体问题

由题意可知，能锯下的最大正方体的边长为10厘米，即剩下长方体的长、宽、高分别为70厘米、10厘米、10厘米．

由此可知，表面积减少的是4个边长为10厘米的正方形的面积，即 $4\times10^2=400$（平方厘米）．

13. B

【解析】母题75·不同元素的分配问题

从白菜、油菜、扁豆中选2种，即 C_3^2；3种菜分给3块地，即 A_3^3．

故不同的种植方法共有 $C_3^2 A_3^3 = 18$（种）．

14. A

【解析】母题90·简单算术问题

设2010年3月起，人均月产值比2009年增长 x，由题干可得，2009年的人均月产值为1万元，故每月总产值为1 000万元，则有

$$1\,000\times12\times(1+10\%)=1\,000\times2+(1+x)\times10\times1\,000,$$

解得 $x=12\%$．

15. C

【解析】母题31·不等式的性质与证明不等式

使用比差法：

$$\frac{a+b}{2a+b}-\frac{a+c}{2a+c}$$

$$=\frac{(a+b)(2a+c)-(a+c)(2a+b)}{(2a+b)(2a+c)}$$

$$=\frac{2a^2+ac+2ab+bc-2a^2-ab-2ac-bc}{(2a+b)(2a+c)}$$

$$=\frac{ab-ac}{(2a+b)(2a+c)}$$

$$=\frac{a(b-c)}{(2a+b)(2a+c)}<0,$$

故 $\dfrac{a+b}{2a+b}<\dfrac{a+c}{2a+c}$．

【快速得分法】使用特殊值法可快速得解．

二、条件充分性判断

16. C

【解析】母题37·根的分布问题

设 $f(x)=3x^2+(m-5)x+m^2-m-2$，抛物线的开口向上，画图易知，得

$$\begin{cases} f(0)=m^2-m-2=(m-2)(m+1)>0, \\ f(1)=3+(m-5)+m^2-m-2=(m-2)(m+2)<0, \\ f(2)=12+2(m-5)+m^2-m-2=m(m+1)>0, \end{cases}$$

解得 $-2<m<-1$．

故条件(1)和条件(2)均不充分，联立得 $-2<m<-\dfrac{3}{2}$，此范围在 $(-2,-1)$ 内，故可推出结

论，因此联立两个条件充分．

17. E

【解析】母题47·等比数列基本问题

条件(1)：$a_1a_9=a_1^2q^8=64$，有两个未知数，不能确定$a_{11}=a_1q^{10}$的值，故条件(1)不充分．

条件(2)：$a_3+a_7=a_1q^2+a_1q^6=20$，有两个未知数，亦不能确定$a_{11}=a_1q^{10}$的值，故条件(2)不充分．

条件(1)和条件(2)联立，可得$a_1a_9=a_3a_7=64$，$a_3+a_7=20$.

解得$\begin{cases}a_3=4,\\a_7=16\end{cases}$或$\begin{cases}a_3=16,\\a_7=4,\end{cases}$但不能唯一确定数列$\{a_n\}$，则$a_{11}$的值也不能唯一确定，故联立两个条件亦不充分．

18. B

【解析】母题87·独立事件

条件(1)：$P=(1-0.7)^2\times0.7=0.063$，故条件(1)不充分．

条件(2)：甲、乙两人在第1次试跳中均不成功的概率为$(1-0.7)(1-0.6)$．故至少一人成功的概率为$P=1-(1-0.7)(1-0.6)=0.88$，故条件(2)充分．

19. C

【解析】母题97·工程问题

显然条件(1)和条件(2)单独都不充分，故考虑联立．

方法一：可设甲、乙的效率分别为x、y，总工作量为1，根据题意，可得

$$\begin{cases}6x+12y=1,\\8x+6y=1,\end{cases}解得\begin{cases}x=\dfrac{1}{10},\\y=\dfrac{1}{30}.\end{cases}$$

则甲先做3小时后，剩余任务为$\dfrac{7}{10}$，乙需要工作$\dfrac{7}{10}\div\dfrac{1}{30}=21$(小时)，故联立两个条件充分．

方法二：甲乙的效率是不变的，由条件(1)和条件(2)对比可知，甲每多做1个小时，乙可以少做3个小时．由此可知，若甲少做三个小时，则乙需要多做9个小时，为$12+9=21$(小时)．故联立两个条件充分．

20. B

【解析】母题93·增长率问题

赋值法．

设去年上半年利税额为100，员工人数为100人，则人均利税为1．

由条件(1)可知，今年上半年利税额为140，今年员工人数为80人，人均利税为$\dfrac{140}{80}=1.75$，增长了75%，故条件(1)不充分．

由条件(2)可知，今年上半年利税额为90，今年员工人数为60人，人均利税为$\dfrac{90}{60}=1.5$，增长了50%，故条件(2)充分．

21. B

【解析】母题7·无理数的整数和小数部分＋母题1·整除问题

条件(1)：$m+\dfrac{1}{m}=\sqrt{5}+1+\dfrac{1}{\sqrt{5}+1}=\dfrac{5\sqrt{5}+3}{4}\approx 3.5$，$n$ 为其整数部分，故 $n=3$，$\dfrac{3n}{5}=\dfrac{9}{5}$ 不是整数，故条件(1)不充分．

条件(2)：由 $n,\dfrac{17n}{5}$ 是整数，可知 n 能被 5 整除，故 $\dfrac{3n}{5}$ 是整数，条件(2)充分．

22. B

【解析】母题58·阴影部分面积

设正方形边长为 x，如图8-3所示，作辅助线，连接正方形对角线，易知阴影部分面积为正方形面积的一半，即 $S=\dfrac{1}{2}x^2=32$，解得 $x=8$．

故条件(1)不充分，条件(2)充分．

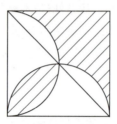

图 8-3

23. C

【解析】母题29·分式的化简求值问题

题干等价于 $ab+1=b$．

显然条件(1)和条件(2)单独都不充分，故考虑联立．

由条件(2)可知 $c=1-\dfrac{1}{a}$，将其代入条件(1)，可得

$$b+\dfrac{1}{1-\dfrac{1}{a}}=1\Rightarrow b+\dfrac{a}{a-1}=1\Rightarrow (a-1)b+a=a-1\Rightarrow ab+1=b.$$

故两个条件联立起来充分．

24. C

【解析】母题54·数列的递推公式问题

条件(1)：显然不充分．

条件(2)：由 $a_{n+1}=S_{n+1}-S_n$ 及 $a_{n+1}=\dfrac{n+2}{n}S_n$，可得

$$nS_{n+1}-nS_n=(n+2)S_n,\ 即\ \dfrac{S_{n+1}}{n+1}=2\dfrac{S_n}{n},$$

但不能排除该等比数列首项为 0 的情况，故条件(2)亦不充分．

在条件(2)的基础上联立条件(1)，$a_1=1$，排除首项为 0 的情况，则数列 $\left\{\dfrac{S_n}{n}\right\}$ 是公比为 2 的等比

数列，故条件(1)和条件(2)联立起来充分．

25. B

【解析】母题 68·直线对称问题

方法一：首先在直线 $y=ax+2$ 上取一点 $(0,2)$，它关于直线 $y=x$ 的对称点为 $(2,0)$，又因为该点位于直线 $y=3x-b$ 上，所以 $b=6$；

在直线 $y=3x-6$ 上取一点 $(0,-6)$，它关于直线 $y=x$ 的对称点为 $(-6,0)$，又因为该点位于直线 $y=ax+2$ 上，所以 $a=\dfrac{1}{3}$．

故条件(1)不充分，条件(2)充分．

方法二：由关于特殊直线对称的技巧可知，$y=ax+2$ 关于 $y=x$ 对称的直线为 $x=ay+2$，即 $y=\dfrac{1}{a}x-\dfrac{2}{a}$．由 $y=\dfrac{1}{a}x-\dfrac{2}{a}=3x-b$ 可知，$a=\dfrac{1}{3}$，$b=6$．

故条件(1)不充分，条件(2)充分．

三、逻辑推理

26. D

【解析】母题 19·论证型支持题

题干：有的科学家试图证伪量子理论，但发现其误差在可接受的统计范围内，这说明接受量子理论是合理的。

A 项，说明量子理论不应该被接受，削弱题干。

B 项，接受这个理论→没有被实验所证伪，混淆了充分必要条件，不能支持题干。

C 项，题干中"量子理论的这些结果不同于与它相竞争的理论的结果"，指的是量子理论的误差在可接受范围内，而不是"违反直观的结论"是多还是少，无关选项。

D 项，搭桥法，支持题干。

E 项，无关选项。

27. B

【解析】母题 22·论证型假设题

题干：好的史学作品必须突破那层僵化的历史真实观，直接触及历史人物的灵魂，写出历史的本质真实来。

A 项，不是题干中的假设，因为题干指出好的史学作品必须"突破"那层僵化的历史真实观，与此项中的"忠实地报道历史事实"不符。

B 项，运用"取非法"，B 项必须假设，因为如果忠实地记述历史事实的史学作品就是好的史学作品，那么就会推翻题干中对好的史学作品的定义。

C、D、E 项显然是无关选项。

28. C

【解析】母题 5·箭头的串联

将题干信息形式化：

①有的足球运动员→¬英语，根据"有的"互换原则，可得：有的¬英语→足球运动员。

②足球运动员→美剧。

将题干信息①、②串联得：有的￢英语→足球运动员→美剧。

即：有的美剧→￢英语，即有些喜欢看美剧的人不会说英语，C项正确。

其余各项均不一定为真。

29. E

【解析】母题26·解释现象

待解释的现象：在质量不变的情况下，外国品牌的葡萄酒价格上涨而销量却增长。

A项，若要此项解释题干，必须得有一个前提：这些葡萄酒价格上涨的同时伴随着广告策略的改变。但我们无法从此项中确认此前提，因此，此项不能很好地解释题干。

B、C项，用个别消费者的情况做解释，解释力度弱。

D项，价格折扣实际上是变相降价，因而无法解释葡萄酒"价格上涨而销量却增长"。

E项，消费者认为价格越高质量越好，可以解释。

30. D

【解析】母题28·一般推论题

《暂行规定》规定"裸官"有3类：①配偶、子女均已移居国（境）外的国家工作人员。②没有子女，配偶已移居国（境）外的国家工作人员。③没有配偶，子女均已移居国（境）外的国家工作人员。

《管理办法》规定"裸官"为：配偶已移居国（境）外的，或者没有配偶，子女均已移居国（境）外的国家工作人员。

A项，不符合《管理办法》，"配偶已移居国（境）外的"也是"裸官"，此项错误。

B项，对于既有配偶也有子女的国家工作人员来说，《暂行规定》规定"配偶、子女均已移居国（境）外的"是"裸官"；《管理办法》规定"配偶已移居国（境）外的"是"裸官"。故二者的规定不一致。此项错误。

C项，根据《暂行规定》，即使配偶已移居国（境）外，如果他的子女仍在国内，就不是"裸官"。此项错误。

D项，对于只有配偶没有子女的国家工作人员来说，两个文件都规定若配偶移居国（境）外的就是"裸官"，故两个文件的规定一致，此项正确。

E项，两个文件均没有对此规定，此项错误。

31. B

【解析】母题22·论证型假设题

题干："得分高"的学生对该评价体系的满意度都很高 ——证明→ "表现好"的学生对这个评价体系都很满意。

B项，必须假设，搭桥法，建立"表现好的学生"和"得分高的学生"的联系。

其余各项显然均不必假设。

32. D

【解析】母题19·论证型支持题

人力资源部：在起诉进程的后期再开始调解。

公司总裁：调解人有可能解决其中的大部分问题，如果在起诉进程的后期再开始调解，就几乎没有什么效果。

A项，无关选项，此项说明许多争论不需要调解，不涉及起诉后期的调解是否有效。

B项，削弱总裁"调解人有可能解决其中的大部分问题"这一观点。

C项，无关选项，题干不涉及调解和起诉所用时间的比较。

D项，说明起诉后期再开始调解使得调解难度增大，支持公司总裁的观点。

E项，诉诸无知。

33. B

【解析】母题5·箭头的串联

将题干信息形式化：

①实现利率市场化→存款利率上限放开。

②¬政府主动放弃支配力→¬市场力量发挥作用。

③存款利率上限放开→利率大战→金融风险上升。

④金融风险上升→建立存款保险制度。

将题干信息①、③、④串联可得：实现利率市场化→存款利率上限放开→利率大战→金融风险上升→建立存款保险制度，故有：实现利率市场化→建立存款保险制度，即B项正确。

34. E

【解析】母题28·一般推论题

题干中，相关公安局领导说"打错了"，"打错了"加了引号，说明他不认为打人是错的，打领导的家属是打错人了。所以，A、B、C、D项都是公安局领导暗含的意思。

E项表明所有人都不该打，而不只是领导的家属不该打，与公安局领导的意思不符。

故本题正确答案为E项。

35. B

【解析】母题30·评论逻辑漏洞

政治家：汽油价格在去年一年中涨了10%，乘车的费用涨了12%，报纸价格涨了15%，清洁剂价格涨了15%，面包价格涨了50% $\xrightarrow{证明}$ 那些声称去年全年消费物价涨幅低于3%的经济学家是错误的。

政治家通过部分产品价格的涨幅，推断所有产品价格的涨幅，样本没有代表性，故B项正确。

A项，诉诸人格。

C项，诉诸情感。

D项，诉诸权威。

E项，不当类比。

36. B

【解析】母题5·箭头的串联

将题干信息形式化：

①干旱和森林大火 —导致→ 粮食歉收∧国内粮价快速上涨。

②想维持国内粮食价格稳定→禁止粮食出口。

③禁止粮食出口→俄罗斯的出口商将避免损失。

④禁止粮食出口→国际市场将被美国和法国所占有。

将题干信息②、③串联得：⑤想维持国内粮食价格稳定→禁止粮食出口→俄罗斯的出口商将避免损失。

将题干信息②、④串联得：⑥想维持国内粮食价格稳定→禁止粮食出口→国际市场将被美国和法国所占有。

A项，不能推出，可真可假。

B项，想维持国内粮食价格稳定→失去它的国际粮食市场(即国际市场将被美国和法国所占有)，由题干信息⑥可知，此项为真。

C项，推理过度。

D项，无箭头指向，可真可假。

E项，无箭头指向，可真可假。

37. D

【解析】母题40·复杂匹配与题组

根据题干条件(1)和(2)可知，6位教授分成4组评审4篇博士论文，且只有2篇博士论文存在2位教授评审。

由题干条件(3)和(4)可知，H和F一组，L和另一位教授一组，因此，G、J、K这3位教授两两不能同组。

根据题干条件(5)和(6)及"K不评审孙博士的论文"，即这3位教授都不评审孙博士的论文可知，H和F评审孙博士的论文。

故正确答案为D项。

38. D

【解析】母题40·复杂匹配与题组

选项排除法：

由上题分析可知，只有2篇博士论文存在2位教授评审。

A项，根据题干条件(3)可知，F不能与G同组评审，排除。

B项，根据题干条件(3)可知，F不能与L同组评审，排除。

C项，由上题分析可知G、J、K这3位教授两两不能同组，由题干条件(5)和(6)可知，J评审吴博士的论文，故K不能评审吴博士的论文，排除。

E项，根据题干条件(3)和(7)可知，F不能评审吴博士的论文，排除。

故正确答案为D项。

39. B

【解析】母题40·复杂匹配与题组

根据上题的分析可知，因为L只能与G、K、J中的任一位同组，但G、K、J三位教授两两不能同组。已知 G 评审马博士的论文,那么 K 不能评审马博士的论文。

故正确答案为 B 项,其余各项均有可能为真。

40. D

【解析】母题 16·因果型削弱题

题干:人类城市的扩建、牧场的机械化耕种 —导致→ 伯劳鸟赖以栖息的草原越来越少 —导致→ 伯劳鸟数量逐年减少。

A、B 项,无关选项。

C 项,有因无果,但百灵鸟是另外一种鸟类,与伯劳鸟的情况未必相同,削弱力度弱。

D 项,另有他因,是杀虫剂的大量使用导致伯劳鸟数量减少,削弱题干。

E 项,支持题干,说明人类的栖息地的扩大确实入侵了草原。

41. E

【解析】母题 28·一般推论题

题干:

①经济的良性循环不能过分依靠政府的投资。

②我国近几年的经济稳定增长,靠的是政府的投资。

这说明,我国近几年的经济稳定增长,并不满足经济良性循环的要求,故 E 项正确。

A、C 项推理过度,B、D 项为无关选项。

42. E

【解析】母题 30·评论逻辑漏洞

题干中观察到人们生理上的听觉能力在婴儿期开始退化,因此认为这是造成婴儿与年轻人在辨别听觉上相似语音能力差别的唯一因素,其实还可能存在别的影响因素,故 E 项正确。

43. D

【解析】母题 16·因果型削弱题

题干使用求异法:

吃芹菜:95%不好斗;

不吃芹菜:53%好斗;

————————————

证明:吃芹菜有助于抑制好斗情绪。

A 项,指出是健身抑制了好斗情绪,另有他因,可以削弱。

B 项,指出实验数据不准确,可以削弱。

C 项,指出是心理因素作用导致的好斗情绪被抑制,而不是芹菜,另有他因,可以削弱。

D 项,解释了芹菜有助于抑制好斗情绪的原因,支持题干。

E 项,调查机构不中立,可以削弱。

44. B

【解析】母题 16·因果型削弱题

题干:已经成为化石的动物骨骼上的划痕是当时的人类用石器所划。

A 项,无关选项,题干不涉及化石骨骼时间长短的比较。

B项，另有他因，说明骨骼上的划痕可能是被踩所致，可以削弱。

C项，无关选项，题干仅仅是在求证这些化石骨骼上出现划痕的原因，但并不代表有石器的地区一定会在骨骼上留下划痕。

D项，无关选项，题干讨论的是骨骼上的划痕，不是石器上的划痕。

E项，支持题干。

45. C

【解析】母题17·措施目的型削弱题

题干：北京遭遇灰霾天气，空气污染引发"北京咳"（原因）——导致——用电动车代替燃油车（措施）——以求——减少灰霾（目的）。

A项，措施没有优势，削弱力度小。

B项，仅由此项无法确定北京的电动车是否使用煤电，因此，此项削弱力度小。

C项，说明措施达不到目的，削弱力度最大。

D项，可以削弱题干，但削弱力度比C项小。

E项，措施还有其他作用，支持题干。

46. C

【解析】母题19·论证型支持题

题干：月球对地球的影响远远大于太阳；孕育地球生命的力量，来自月球而非太阳。

A、B、D、E项均为题干提供了论据，支持题干的观点。

C项，说明了太阳的作用大，削弱题干。

47. B

【解析】母题40·复杂匹配与题组

将题干信息整理如下图8-4所示：

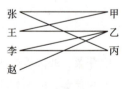

图8-4

由上图可知，张选择的是甲∨丙，王选择的是甲∨乙，李选择的是乙∨丙，因为赵在3位男生中只选择了乙，根据题干"每个女生均按自己心愿选到了男生"，可得：赵选择的是乙。

且题干中已知"每位男生也按要求选到了女生"，故乙选到的一定是赵。其余的不一定。

故B项正确。

48. A

【解析】母题17·措施目的型削弱题

题干：只要信用卡被盗刷时使用了密码，银行均视为持卡人本人所为，对所发生的损失概不负责——证明——不设密码，自己的信用卡会更安全。

A项，诉诸无知。

B项，可以削弱，犯罪分子伪造设有密码的信用卡时，如果不能获取密码就无法盗刷，说明还是设密码更安全。

C项，可以削弱，说明设了密码的信用卡在遗失时更不容易被盗刷。

D项，可以削弱，说明不设密码有坏处，会使卡主承担损失，因此还是应该设置密码。

E项，可以削弱，说明不设密码更容易被盗刷，因此还是应该设置密码。

49. A

【解析】母题40·复杂匹配与题组

使用表格法，将题干中的已知信息整理如表 8-1 所示：

表 8-1

护士\病房	1号	2号	3号	4号	5号	6号	7号
甲	√	√	×	×	×	×	×
乙	×	×				×	×
丙	×	×				×	
丁	×	×					×
戊	×	×	×	×	×	×	√

"每间病房只由1位护士来护理"，根据上表可知丁护理6号病房。

由条件(3)知，乙护理3号病房。

由条件(2)知，乙不护理6号病房。

由条件(4)逆否可得：丙不护理4号病房。

综上所述，如表 8-2 所示：

表 8-2

护士\病房	1号	2号	3号	4号	5号	6号	7号
甲	√	√	×	×	×	×	×
乙	×	×	√			×	×
丙	×	×	×	×	√	×	
丁	×	×	×			√	×
戊	×	×	×	×	×	×	√

因此，A项"乙护理3号病房"为真。

50. E

【解析】母题40·复杂匹配与题组

结合上题分析和本题条件可知，丁只护理6号病房。故可得表 8-3：

表 8-3

护士\病房	1	2	3	4	5	6	7
甲	√	√	×	×	×	×	×
乙	×	×	√	√	×	×	×
丙	×	×	×	×	√	×	×
丁	×	×	×	×	×	√	×
戊	×	×	×	×	×	×	√

因此，E 项"乙护理 5 号病房"为假。

51. D

【解析】母题 27 • 解释数量关系

待解释的矛盾：一家大型公司撤销了占员工总数 25% 的三个部门，且再也没有聘用新员工，但实际结果是，该公司员工总数仅仅减少了 15%。

A 项，不能解释，员工提前退休也属于员工数量的减少，因此不能解释题干中的矛盾。

B 项，"公司继续裁员"的话，员工总数减少应该大于 25%，加剧了题干中的矛盾。

C 项，无关选项，此项不涉及员工数量的增减。

D 项，可以解释，三个部门被撤销，但并没有裁掉三个部门的所有员工，这样就解释了题干中的矛盾。

E 项，不能解释，未被撤销的部门的员工辞职了，那么实际减员人数应该更多才对，加剧了题干中的矛盾。

52. B

【解析】母题 29 • 概括结论题

题干中列举了一个例证：A 牌奶粉与 B 牌奶粉进行了两年的比较广告战，反而缩小了各自的市场份额，说明比较广告战有可能缩小目标市场，故 B 项正确。

A 项，无关选项，题干中说的是"不再扩张的市场"。

C 项，无关选项，题干的论证不涉及消费者是否能判断广告的正确性。

D 项，"任何情况下"，过于绝对。

E 项，推理过度。

53. E

【解析】母题 12 • 简单命题的真假话问题

将题干信息形式化可得：

① 乙。

② 甲。

③ ¬ 丙。

④ 有人作案。

若题干信息①或②为真，则题干信息④必然为真，不符合题干"四人中有且只有一个说真话"，故题干信息①、②均为假。

若题干信息③为真，因为四人中只有一人说真话，故题干信息④必然为假，则四个人没人作案。此时题干信息①、②、④为假，题干信息③为真，满足仅有一人说真话的条件。

若题干信息③为假，则丙作案，故题干信息④为真，此时题干信息①、②、③为假，题干信息④为真，也满足仅有一人说真话的条件。

故无法确定谁是作案者，即 E 项正确。

54. D

【解析】母题 5·箭头的串联

题干：美国男篮进入半决赛∧韩国男篮小组赛失利→¬中国男篮夺冠。

等价于：¬（美国男篮进入半决赛∧韩国男篮小组赛失利）∨¬中国男篮夺冠；

等价于：¬美国男篮进入半决赛∨¬韩国男篮小组赛失利∨¬中国男篮夺冠；

等价于：韩国男篮小组赛失利∧中国男篮夺冠→¬美国男篮进入半决赛。

故 D 项正确。

55. B

【解析】母题 39·简单匹配题

采用选项排除法。

B 项，根据题干可知，获一等奖的一对中，有一位是上海的女运动员；获二等奖的一对中，有一位是广州的女教练。故获一等奖的教练为武汉的男教练，获二等奖的运动员为北京的男运动员，即出现了男运动员和女教练配对的情况，故不满足题干。

其余各项均满足题干。

四、写作

56. 论证有效性分析

【谬误分析】

①把家丑发布在微博上就一定是利用家丑来宣传自己吗？就不能是单纯地想宣泄不满吗？普通人也常常发个微博吐槽一下，明星就不可以吗？

②普通人离婚没有人会过多关注，而影视明星是公众人物，生活有一定的"公开性"，所以，即使影视明星本人不公布离婚，也会有娱乐记者、好事网民去挖掘这件事。所以，不能因为普通人"家丑不可外扬"就断定影视明星也应如此。

③面对妻子出轨，丈夫索赔精神损失费是一种合理诉求，并不是"将妻子置于难以在社会上立足的地步"的原因。妻子难以在社会上立足的真正原因在于其出轨这一行为本身不被公众接受。

④不能仅仅因为该明星执导的影片未映先火，就断定其离婚是炒作。要断定影片大热的真正原因是影片质量好，还是因为观众喜爱该明星，抑或是离婚事件的影响，还需要更多、更直接的论据。

⑤很多明星会进行炒作，无法说明该明星的离婚事件也是炒作。难道很多企业生产假冒伪劣产品，就能证明你所在的企业也生产假冒伪劣产品吗？

⑥"2017 年第一季度，我国就有 95.82 万对夫妻离婚"，无法说明"我国的离婚率已经居高不下"。首先，仅使用 1 个季度的样本，时间上未必具有代表性；其次，仅知道离婚者数量，无法计算离婚率是高还是低。

⑦一对夫妻相处如何、是否离婚,有很多复杂多变的影响因素。认为一个明星离婚就能挑战中国的婚姻关系,未免过于牵强。

参考范文

明星靠炒作家丑令人不齿吗?

上述材料通过一系列分析,认为"某明星故意炒作家丑,对社会造成不良影响,使得社会离婚率居高不下"。但是,该论证在论证方法、推理过程中都存在诸多不妥之处,分析如下:

首先,明星作为公众人物,一举一动都暴露在公众、媒体镜头前,该明星即使未将此事在微博上公开发布,恐怕也会引起大量关注。而且,把家丑发布在微博上就一定是利用家丑来宣传自己吗?普通人也常常会发个微博吐槽一下,明星就不行吗?

其次,妻子出轨在先,丈夫要求精神赔偿就是把妻子置于难以在社会上立足的地步吗?婚姻本身追求的是一种契约精神,妻子出轨恐怕才是将自己置于难以在社会上立足的地步的原因。而且,对此要求一定的精神赔偿也是基于婚姻法的合理诉求,怎么就成了"最大限度地维护自己的利益,丝毫不念旧情,眼里只有利益的炒作行为"呢?

再次,材料认为"婚变带火了该明星执导的影片,离婚事件是为利益而策划的闹剧",未免过于绝对。该明星执导的影片大热,很可能是由于该影片质量本身就高,并非是所谓"炒作"带来的结果。

最后,2017年第一季度我国离婚数量增多,就一定与该明星的离婚案有关吗?很可能是受到社会经济发展、文化思潮变革的影响。而且,离婚数量增多,不代表离婚率就一定会上升,离婚率还受到结婚数量、人口数量的影响。

综上所述,材料的论证存在诸多逻辑漏洞,令人难以信服。

57. 论说文

参考范文

尺有所短,寸有所长

老吕助教 徐艺菲

《晏子春秋》有言:"圣人千虑,必有一失;愚人千虑,必有一得。"说的是聪明人有疏漏之处,而愚笨人也有可取之处。正所谓:"尺有所短,寸有所长。"

每个人都有自己的长处,正如"水行莫如用舟,陆行莫如用车。"昔日孟尝君善于用人,广招贤士,有门客三千,且"各怀绝技"。有多谋善辩,辅助政治事业的苏代;有怪人面目,颇具深远眼光的冯谖。而这些门客不仅在危机时刻救他性命,更是助力孟尝君活跃于战国时期的政治舞台。如今毛泽东知人善任,发现人才,重用"斗胆直陈,胸怀韬略"的粟裕，才取得淮海战役的巨大胜利。"术业有专攻"是好事，但不要因为自己有过人之处就目中无人。

每个人也有自己的短处，正如"人有所优，固有所劣；人有所工，固有所拙。"唐代名将李光弼，在"安史之乱"中力挽狂澜，"战功推为中兴第一"，远在郭子仪之上。但其为人颇有个性，困于口舌，不能以忠自明，"奄侍内构，遂陷嫌隙"，结果君臣关系每况愈下，人际关系大败亏输，终没有郭子仪那样的好名分。只是人非圣贤，孰能无过？不要因为自己有不及人之处便妄自菲薄。"尺有所短，寸有所长。"即便是再聪明的人也有他生疏的领域，而再愚笨的人也会有一技之长。没有人是完美的，也不可能是完美的。正如西施貌美，却常蹙眉；诸葛多智，惜败岐山；关羽义绝，华容释曹。而对于自己的长短处，我们应正确看待，既不骄傲，也无须自卑。大概人生就是这样，瑕瑜互见，长短并存。

诗人卢梅坡在《雪梅》里说过："梅须逊雪三分白，雪却输梅一段香。"其实人也是如此，各有所长，也各有所短。

绝密★启用前

全国硕士研究生招生考试
管理类专业学位联考综合能力试题
冲刺卷 9

(科目代码：199)

考试时间：8：30－11：30

考生注意事项

1. 答题前，考生须在试题册指定位置上填写考生姓名和考生编号；在答题卡指定位置上填写报考单位、考生姓名和考生编号，并涂写考生编号信息点。
2. 选择题的答案必须涂写在答题卡相应题号的选项上，非选择题的答案必须书写在答题卡指定位置的边框区域内。超出答题区域书写的答案无效；在草稿纸、试题册上答题无效。
3. 填(书)写部分必须使用黑色字迹签字笔或者钢笔书写，字迹工整、笔迹清楚；涂写部分必须使用 2B 铅笔填涂。
4. 考试结束，将答题卡和试题册按规定交回。

考生编号															
考生姓名															

一、问题求解：第1~15小题，每小题3分，共45分。下列每题给出的A、B、C、D、E五个选项中，只有一项是符合试题要求的。请在答题卡上将所选项的字母涂黑。

1. $|x-5|+|x-6|+|x-7|+|x-8|$ 的最小值为（　　）．

   A. 0　　B. 1　　C. 2　　D. 3　　E. 4

2. 益群精品店以每件21元的价格购进一批商品，该商品可以自行定价，若每件商品售价x元，则可卖出$(350-10x)$件，但物价局限定每件商品的利润不得超过20%，商店计划要盈利400元，需要进货量和定价分别为（　　）（单位：件，元）．

   A. 100，25　　　　　　　　B. 40，31　　　　　　　　C. 70，28

   D. 100，25 或 40，31　　　E. 40，31 或 70，28

3. 甲、乙两人从相距180千米的两地同时出发，相向而行，1小时48分钟后相遇．如果甲比乙早出发40分钟，那么在乙出发1小时30分钟后相遇．那么甲、乙两人每小时各走（　　）千米．

   A. 40，50　　　　　　　　B. 45，55　　　　　　　　C. 50，40

   D. 55，45　　　　　　　　E. 以上选项均不正确

4. 对一切 $x \in (-\infty, +\infty)$ 恒有 $x^2+(2m+1)x+m+2>0$，则满足条件的所有整数 m 之和为（　　）．

   A. 2　　B. -2　　C. 1　　D. 0　　E. -1

5. 曲线 $x^2-2x+y^2-3=0$ 上的点到直线 $3x+4y+5=0$ 的最长距离是（　　）．

   A. $\dfrac{19}{5}$　　B. 4　　C. 5　　D. $\dfrac{18}{5}$　　E. 6

6. 由数字1，2，3，4，5构成的没有重复数字的五位数，其中小于50 000的偶数有（　　）个．

   A. 27　　B. 36　　C. 40　　D. 50　　E. 66

7. 已知 $A(-3, 8)$ 和 $B(2, 2)$，在 x 轴上有一点 M，使得 $AM+BM$ 为最短，那么点 M 的坐标为（　　）．

   A. $(-1, 0)$　　　　B. $(1, 0)$　　　　C. $\left(\dfrac{22}{5}, 0\right)$

   D. $\left(0, \dfrac{22}{5}\right)$　　　　E. $(0, 1)$

8. 某啤酒生产商在甲分厂有存货2 000吨，在乙分厂有存货2 500吨，现由于乙分厂改建，需要把存货运往甲分厂，已知每天能够运送100吨，则（　　）天后甲分厂的存货是乙分厂的两倍．

   A. 5　　　　　　　　B. 7　　　　　　　　C. 8

   D. 9　　　　　　　　E. 10

9. 口袋内装有100个大小相同的红球、白球和黑球，其中红球有45个，从口袋中摸出一个球，摸出白球的概率是0.23，则摸出黑球的概率是（　　）．

   A. 0.31　　B. 0.32　　C. 0.33　　D. 0.36　　E. 0.38

10. 已知圆的方程 $x^2+y^2-6x-8y=0$，设该圆过点$(3, 5)$的最长弦和最短弦分别为AC和BD，则四边形$ABCD$的面积为（　　）．

    A. $20\sqrt{6}$　　　　B. $10\sqrt{6}$　　　　C. $20\sqrt{3}$

    D. $10\sqrt{3}$　　　　E. $5\sqrt{6}$

11. 若实数 m，n，p 满足 $m^2+n^2+p^2=5$，则 $(m-n)^2+(n-p)^2+(p-m)^2$ 的最大值是( ).

A. 30   B. 25   C. 20   D. 15   E. 10

12. 如果 $(1+\sqrt{3})^2=a+b\sqrt{3}(a,b$ 为有理数$)$，那么 $a+b$ 等于( ).

A. 4   B. 5   C. 6   D. 10   E. 8

13. 某学生参加一次选拔考试，有 5 道题，每题 10 分．已知他解每道题的正确率均为 $\frac{3}{5}$，若 40 分为最低分数线，则该学生通过选拔的概率是( ).

A. $\frac{1}{3125}$ B. $\frac{1}{90}$ C. $\frac{4}{3125}$ D. $\frac{6}{3125}$ E. $\frac{1053}{3125}$

14. $|2x-11|=|x-3|+|x-8|$ 的解集为( ).

A. $3<x<8$ B. $x\leqslant 3$ C. $x\geqslant 8$

D. $x<3$ 或 $x>8$ E. $x\leqslant 3$ 或 $x\geqslant 8$

15. 等差数列 $\{a_n\}$ 的第 m 项 $a_m=\frac{1}{n}$，第 n 项 $a_n=\frac{1}{m}$，且 $m\neq n$，则 $a_1+a_2+\cdots+a_{mn}=$( ).

A. $mn+1$ B. $\frac{1}{2}(mn+1)$ C. $mn-1$

D. $\frac{1}{2}(mn-1)$ E. $mn+2$

二、条件充分性判断：第 16～25 小题，每小题 3 分，共 30 分。要求判断每题给出的条件（1）和条件（2）能否充分支持题干所陈述的结论。A、B、C、D、E 五个选项为判断结果，请选择一项符合试题要求的判断，在答题卡上将所选项的字母涂黑。

A. 条件(1)充分，但条件(2)不充分．

B. 条件(2)充分，但条件(1)不充分．

C. 条件(1)和条件(2)单独都不充分，但条件(1)和条件(2)联合起来充分．

D. 条件(1)充分，条件(2)也充分．

E. 条件(1)和条件(2)单独都不充分，条件(1)和条件(2)联合起来也不充分．

16. 在某次考试中，只有两个问题，一个班级里两题都答对的学生的百分比为 60%．

(1)该班级有 75% 的学生答对了第一题，65% 的学生答对了第二题．

(2)该班级有 20% 的学生两个题都没答对．

17. $\log_{(2x-1)}(x^2-x+1)<0$.

(1)$x\in(-1,1)$.

(2)$x\in(2,3)$.

18. 一个等差数列的前 12 项和为 354，则公差 $d=5$.

(1)前 12 项中偶数项之和与奇数项之和的比是 32:27.

(2)$a_1=2$.

19. 甲、乙两人各进行一次独立射击，至少有 1 人击中目标的概率为 0.88.

(1)在一次射击中，甲击中目标的概率为 0.6，乙击中目标的概率为 0.7.

(2)在一次射击中，甲、乙击中目标的概率都是 0.6.

20. 甲、乙两地相距 6 千米,某人从甲地步行去乙地,则他走后一半路程用了 42.5 分钟.

    (1)前一半时间平均每分钟行 80 米,后一半时间平均每分钟行 70 米.

    (2)前一半路程速度为 80 米/分钟,全程平均速度为 75 米/分钟.

21. 如图 9-1 所示,AB 为圆 O 的切线,B 为切点,则 $OB=3$.

    (1)$\angle A = 30°$.

    (2)$AO = 6$.

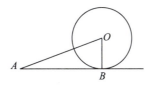

图 9-1

22. 等式 $\dfrac{a-b}{b-c} = \dfrac{a}{c}$ 成立.

    (1)a,b,c 互不相等,且它们的倒数成等差数列.

    (2)a,b,c 互不相等,且 $a:b = 1 : \dfrac{2n}{m+n}$,$b:c = \dfrac{2m}{m+n} : 1$.

23. $k=1$ 或 4.

    (1)已知直线 $l_1:(k-3)x+(5-k)y+1=0$ 与 $l_2:2(k-3)x-2y+3=0$ 垂直.

    (2)已知直线 $l_1:(k-3)x+(4-k)y+1=0$ 与 $l_2:2(k-3)x-2y+3=0$ 平行.

24. 一个圆柱体的侧面积和高都分别扩大到原来的若干倍,则底面半径一定扩大到原来的 4 倍.

    (1)侧面积扩大到原来的 8 倍,而高扩大到 2 倍.

    (2)侧面积扩大到原来的 4 倍,高也扩大到 4 倍.

25. $\dfrac{a}{|a|} + \dfrac{b}{|b|} + \dfrac{|c|}{c} = 1$.

    (1)$abc > 0$.

    (2)$abc < 0$.

三、逻辑推理:第 26~55 小题,每小题 2 分,共 60 分。下列每题给出的 A、B、C、D、E 五个选项中,只有一项是符合试题要求的。请在答题卡上将所选项的字母涂黑。

26. 研究表明,阿司匹林具有防止心脏病突发的功能。这一成果一经确认,研究者立即以论文形式向某权威医学杂志投稿。不过,一篇论文从收稿到发表,至少需要 3 个月。如果这一论文一收到就被发表,那么,这 3 个月中死于心脏病突发的患者很可能挽回生命。

    以下哪项如果为真,则最能削弱上述论证?

    A. 上述医学杂志加班加点,以尽快发表该论文。

    B. 有学者对上述关于阿司匹林的研究结论提出了不同意见。

    C. 经常服用阿司匹林容易导致胃溃疡。

    D. 一篇论文的收、审、排、印需要时间,不可能一收到就被发表。

    E. 阿司匹林只有连续服用 8 个月,才能产生防止心脏病突发的效果。

27. 尝试考虑三个数：0.9、1、1.1，后一个数与它前一个数的差只有0.1。若让每个数与自身连乘10次，0.9变成了0.31，1仍然是1，1.1变成了2.85，它是0.31的近10倍，1的近3倍。差距就是这样产生的！

从以上陈述不能合理地引出下面哪一个结论？

A. 失之毫厘，差之千里。

B. 细节决定成败，性格决定命运。

C. 微小差别的不断累积和放大，可以产生巨大的差别。

D. 每个人都必须当心生命过程中的每一步：小胜有可能积成大胜，小过有可能铸成大错。

E. 每天领先一点，就可能造就极大的胜势；反之，就可能落后很多。

28. 经济学家：美国的个人所得税是累进税，税法极其复杂。想诚实纳税的人经常因理解错误而出现申报错误；而故意避税的人总能找到税法的漏洞。一般而言，避税空间的大小与税制的复杂程度成正比，避税能力的高低与纳税人的收入水平成正比。复杂税制造成的避税空间大多会被富人利用，使得累进税达不到税法规定的累进程度，其调节分配的功能也大大弱化。

如果以下陈述为真，则哪一项对经济学家的上述论证提供了最强有力的支持？

A. 在申报纳税时，美国有60％的人需要雇请专业人士代理申报，有22％的人需要用报税软件帮助计算。

B. 美国人在1981年就提出了"废除累进税率，实行单一税率"的设想。

C. 1988年至2006年，美国最富人群的收入占全国收入的比重从15％上升为22％，但他们的平均税率却从24％下降到22.8％。

D. 2011年9月17日美国爆发了"占领华尔街运动"，示威者声称代表美国99％的民众抗议金融业的贪婪腐败及社会不公。

E. 哈佛大学的史密斯教授认为，使用单一税率更容易避免富人避税。

29. 有一家权威民意调查机构，在世界范围内对"9·11"恐怖袭击事件的发生原因进行调查，结果发现：40％的人认为是由美国不公正的外交政策造成的，55％的人认为是由于伊斯兰文明与西方文明的冲突，23％的人认为是由于恐怖分子的邪恶本性，19％的人没有表示意见。

以下哪项最能合理地解释上述看似矛盾的陈述？

A. 调查样本的抽取不是随机的，因而不具有代表性。

B. 有的被调查者后来改变了自己的观点。

C. 有不少被调查者认为，"9·11"恐怖袭击发生的原因不是单一的，而是复合的。

D. 调查结果的计算出现技术性差错。

E. 在调查范围外还有人认为是由飞机的失误造成此次袭击。

30. 如果一定能在法律上支持安乐死，那么执行安乐死的主体行为者就要具备剥夺人生命的权利。事实上，法律对这样的权利是无法保障的。

如果以上陈述为真，则以下哪项也必定是真的？

A. 通过立法手段支持安乐死是不可能的。

B. 立法要经过法定程序确定是否支持安乐死。

C. 只要在法律上支持安乐死，安乐死就能够实行。

D. 如果在法律上不支持安乐死，安乐死就不能够实行。

E. 通过立法支持安乐死的可能性不大。

31. 土耳其自 1987 年申请加入欧盟，直到目前双方仍在进行艰难的谈判。从战略上考虑，欧盟需要土耳其，如果断然对土耳其说"不"，欧盟将会在安全、司法、能源等方面失去与土耳其的合作。但是，如果土耳其加入欧盟，则会给欧盟带来文化宗教观不协调、经济补贴负担沉重、移民大量涌入、冲击就业市场等一系列问题。

以下哪项结论可以从上面的陈述中推出？

A. 经过艰苦的谈判，土耳其会加入欧盟。

B. 如果土耳其达到了欧盟设定的政治、经济等入盟标准，它就能够加入欧盟。

C. 欧盟或者得到与土耳其的全面合作，或者完全避免土耳其加入欧盟而带来的麻烦。

D. 土耳其只有 3% 的国土在欧洲，多数欧洲人不承认土耳其是欧洲国家。

E. 从长远看，欧盟不能既得到与土耳其的全面合作，又完全避免土耳其加入欧盟而带来的困难问题。

32. 趋同是不同种类的生物为适应同一环境而各自发育形成一个或多个相似体貌特征的过程。鱼龙和鱼之间的相似性就是趋同的例证。鱼龙是海生爬行动物，与鱼不属于同一个纲。为了适应海洋环境，鱼龙使自身体貌特征与鱼类的体貌特征趋于一致。最引人注意的是，鱼龙像鱼一样具有鳍。

如果以上陈述为真，则以下哪一项是上面陈述的合理推论？

A. 栖居于同一环境的同一类生物的成员，其体貌特征一定完全相同。

B. 鱼龙和鱼从生物学上来讲，是近亲。

C. 一种生物发育出与其他种类生物相似的体貌特征，完全是它们适应生存环境的结果。

D. 同一类生物成员一定具有一个或多个使它们与其他种类生物相区别的体貌特征。

E. 不能仅因为一个生物与某类生物的成员有相似的体貌特征就把它们归为一类。

33. 反核活动家：关闭这座核电站是反核事业的胜利，它表明核工业部门很迟才肯承认他们不能安全运作核电站的事实。

核电站经理：它并不表明这样的事实。从非核资源可以得到便宜的电力，再加上强制性的安全检查和安全维修，使继续经营这座核电站变得很不经济。因此，关闭这座核电站不是出于安全考虑，而是出于经济方面的考虑。

该经理的论证是有缺陷的，因为：

A. 它不承认电力公司现在可能相信核电站是不安全的，即使关闭这座核电站不是出于安全考虑。

B. 它忽略了这样的可能性：除了经济原因外，关闭这座核电站可能还有其他原因。

C. 它忽略了这样的可能性：从中可以得到便宜电力的那些资源本身也可能有安全问题。

D. 它把关闭这座核电站对公众意味着什么的问题错误地当成关闭这座核电站的理由是什么的问题。

E. 它把采取安全预防措施导致的费用上升看作单纯的经济因素。

34~36题基于以下题干：

某街道综合治理委员会共有6名委员：F、G、H、I、M和P。其中每一位委员，在综合治理委员会下属的3个分委会中，至少要担任其中一个分委会的委员。每个分委会由3位不同的委员组成。已知以下条件：

① 6名委员中有一位分别担任3个分委会的委员。
② F不和G在同一个分委会任委员。
③ H不和I在同一个分委会任委员。

34. 根据以上论述可以推知，以下哪项陈述可能为真?

A. F在3个分委会任委员。
B. H在3个分委会任委员。
C. G在3个分委会任委员。
D. I任职的分委会中有P。
E. H、P、I在同一个分委会任委员。

35. 如果在M任职的分委会中有I，则以下哪项陈述可能为真?

A. M是每一个分委会的委员。
B. I分别在2个分委会任委员。
C. 在P任职的分委会中都有I。
D. F和M在同一个分委会任委员。
E. G在3个分委会任委员。

36. 根据以上论述可以推知，以下哪项陈述必然为真?

A. F或G有一个分别是3个分委会的委员。
B. H或I有一个分别是3个分委会的委员。
C. P或M只有一个在分委会中任委员。
D. 有一个委员恰好在2个分委会中任委员。
E. M在3个分委会中任委员。

37. 通过对南非考古遗址中蛋壳碎片的氨基酸的分解进行分析，可以得知20万年以上的遗址的确切年代。因为氨基酸的分解在寒冷的地区较慢，所以在一些寒冷的地区，这种技术可用于鉴别在100万年左右的考古遗址。

上文的论述为以下哪一个结论提供了最强的支持?

A. 最古老的遗址不是在南非，而是在其他寒冷的地区。
B. 蛋壳中可被测量的氨基酸的分解不会出现在其他的一些遗迹上。
C. 如果遗址所在地的气候在被测量的年限范围内有大幅度的波动，那么这种技术就可能出现较大的偏差。
D. 经过了20万年的寒冷气候，一个蛋壳碎片中的1/5的氨基酸已经分解，并且不适合再做鉴别使用。
E. 在温暖的气候条件下更容易发现古遗迹中的蛋壳碎片。

38. 张山、李思和王武参加篮球比赛，一共出场4次。

张山说："我出场2次，李思和王武每人出场1次。"
李思说："我出场3次，张山出场1次，王武没出场。"
王武说："我出场2次，张山出场2次，李思没出场。"

接着，张山说："李思说谎了。"

李思说："王武说谎了。"

王武说："张山和李思都说谎了。"

已知，说真话的人前后两句说的都是真话，说假话的人前后两句说的都是假话，则以下哪项为真?

A. 张山出场2次，李思出场1次，王武出场1次。

B. 张山出场1次，李思出场3次，王武出场0次。

C. 张山出场1次，李思出场2次，王武出场1次。

D. 张山出场1次，李思出场1次，王武出场2次。

E. 张山出场2次，李思出场2次，王武出场0次。

39. 有些语词所指的东西看不见、摸不着，孩子大都很难表达清楚这些语词的意思，但这并不妨碍他们用这些语词传递自己真实的感觉或情绪。这说明，理解一个语词并不非得能表达它的意思。

以下哪项如果成立，最能加强上述论证?

A. 很难做到的事，并不意味着实际上做不到。

B. 能够准确表达一个词语的人一定理解这个词的意思。

C. 传递感觉、情绪的语词的意思一般难以表达清楚。

D. 能够恰当地运用一个语词传递某种信息的人一定理解这个词的意思。

E. 孩子对语词的理解和表达能力比成人弱。

40. 研究人员发现，抑郁症会影响患者视觉系统感知黑白对比的能力，从而使患者所看到的世界是"灰色的"。研究人员利用视网膜电图技术对抑郁症患者感知黑白对比的能力进行测量，其结果显示：无论患者是否正在服用抗抑郁药物，其视网膜感知黑白对比的能力都明显弱于健康者；并且，症状越严重的患者感知黑白对比的能力越弱。

研究人员在得出其结论时，没有使用下面哪一项中的方法?

A. 基于某些测试数据作出归纳概括。

B. 利用了抑郁症状与患者感知黑白对比能力之间的共变关系。

C. 通过对比测试，发现抑郁症患者与健康者感知黑白对比能力的差异。

D. 先提出一个猜测性假说，然后用实验数据去证实或证伪这个假说。

E. 用实验去证实一个结论。

41. 2009年哥本哈根气候大会的主题是：全球变暖。关于此主题科学家中有两派对立的观点，"气候变暖派"认为，1900年以来地球变暖完全是由人类排放温室气体所致的。只要二氧化碳的浓度继续增加，地球就会继续变暖；两极冰川融化会使海平面上升，一些岛屿将被海水淹没。"气候周期派"认为，地球气候主要由太阳活动决定，全球气候变暖已经停止，目前正处于向"寒冷期"转变的过程中。

如果以下陈述为真，都可以支持"气候周期派"的观点，除了：

A. 1998年以来全球平均气温没有继续上升。

B. 从2009年年末到2010年年初，南半球暴雨成灾，洪水泛滥。

C. 去年冬季，从西欧到北美，从印度到尼泊尔，北半球受到创纪录的寒流或大雪的侵袭。

D. 位于澳大利亚东北海域的大堡礁被认为将被海水淹没，但它的面积目前正在扩大。

E. 在植物花粉含量的变化中，有两种花粉含量相互消长，分别是适合寒冷气候的松树花粉含量和适合温暖气候的栎树花粉含量，两者呈现出周期性变化。

42. 大学作为教育事业，属于非经济行业，其产出难以用货币指标、实物指标测定，故大学排名不像企业排名那样容易。大学排名还必须以成熟的市场经济体制、稳定的制度为前提，必须有公认的公证排名机构等。在我国，大学排名的前提条件远不具备，公认的大学排名机构还未产生。因此，我国目前不宜进行大学排名。

以下哪一项不构成对上述论证的反驳？

A. 大学排名对学校声誉和考生报考有很大影响。

B. 大学排名与成熟的市场经济制度之间没有那么紧密的关系。

C. 企业排名也不容易，并且也不尽准确，仅具参考价值。

D. 公认的排名机构只能从排名实践中产生。

E. 大学排名与稳定的制度之间没有那么紧密的关系。

43. 山西醋产业协会某前副会长称："在市面上销售的山西老陈醋中，只有5%是不加添加剂的真正意义上的山西老陈醋。"中国调味品协会某副会长就此事件接受记者采访时说："只要是按国家标准加添加剂，都没有安全问题。有些企业强调自己未加添加剂，这对按正常标准加添加剂的企业来说是不公平的。"

以下哪项陈述能够从该调味品协会副会长的话中合乎逻辑地推出？

A. 为了保证公平性，企业或者不应该生产高于国家标准的产品，或者要对产品质量高于国家标准的事实秘而不宣。

B. 要想促进行业的技术创新，就应当提高行业的国家标准。

C. 某个行业的国家标准定得太高，不利于该行业的良性发展。

D. 如果不按国家标准加添加剂，就会有安全问题。

E. 未加添加剂的山西老陈醋对消费者来说更加安全。

44. 《圣经·马太福音》中有这样一句话："……凡有的，还要加给他，叫他多余；没有的，连他所有的也要夺过来。"有人用"马太效应"这一术语去指下面的社会心理现象：科学家荣誉越高，越容易得到新荣誉，成果越少，越难创造新成果。"马太效应"造成各种社会资源（如研究基金、荣誉性职位）向少数科学家集中。由此可知，出类拔萃的科学家总是少数的，他们对科学技术发展所作出的贡献比一般科学家大得多。

为使上述论证成立，需要补充下面哪一项假设？

A. 有些出类拔萃的科学家，其成就生前未得到承认。

B. 科学奖励制度在实施时也常出错，甚至诺贝尔奖有时也颁发给了不合格的人。

C. 在绝大多数情形下，对科学家所做的奖励是有充分根据的，合情合理。

D. 张爱玲说过："出名要趁早。"这一说法很有智慧，是对"马太效应"的隐含表达。

E. 一般科学家的数量很多，贡献之和要大于出类拔萃的科学家。

45. 许多报纸有两种版面——免费的网络版和花钱订阅的印刷版。报纸上网使得印刷版的读者迅速流失，而网络版的广告收入有限，报纸经济收益大幅下挫。如果不上网，报纸的影响力会大大下降。如果对网络版收费，很多读者可能会流转到其他网站。要让读者心甘情愿地掏腰包，报纸必须提供优质的、独家的内容。

如果以上陈述为真，则以下哪项陈述也一定为真？

A. 如果对网络版报纸收费，则一部分读者会重新订阅印刷版。

B. 只有提供优质的、独家的内容，报纸才会有良好的经济收益。

C. 只要报纸具有优质的、独家的内容，即使不上网，也能造成巨大的影响力。

D. 随着越来越多的人通过网络接收信息，印刷版的报纸将逐渐退出历史舞台。

E. 网络版报纸的广告收入有限，对网络版收费，读者又会流转到其他网站，所以网络版报纸将逐渐退出历史舞台。

46. P(polyhedosis)核病毒可以通过杀死吉卜赛蛾的幼虫从而有助于控制该蛾的数目。这种病毒一直存活于幼虫身上，但每隔六七年才能杀死大部分幼虫，从而大大降低吉卜赛蛾的数目。科学家们认为，这种通常处于潜伏状态的病毒，只有当幼虫受到生理上的压抑时才会被激活。

如果上文中科学家所说的是正确的，则下面哪种情况最有可能把这种病毒激活？

A. 在吉卜赛蛾泛滥成灾的地区，天气由干旱转变为正常降雨。

B. 连续两年被吉卜赛蛾侵袭的树木，树叶脱落的情况日益加剧。

C. 寄生的黄蜂和苍蝇对各类幼虫的捕食。

D. 由于吉卜赛蛾的数量过多而导致的食物严重短缺。

E. 在温度较高的环境中，病毒的活性有所提高。

47. 所谓动态稳定中的"动态"，天然地就包含了异见，包含了反对。只有能够包容异见和反对的稳定，才是真正的动态稳定，也才是可持续的和健康的稳定。邓小平一直主张，要尊重和支持人民的宣泄权利。只要处置得当，就可化"危"为"机"。

如果以上陈述为真，则以下哪项陈述也一定为真？

A. 如果处置不当，则会转"机"为"危"。

B. 倘若化"危"为"机"，说明处置得当。

C. 如果包容异见和反对，则会达成真正的动态稳定。

D. 如果不能包容异见和反对，则不能达成真正的动态稳定。

E. 除非处置得当，否则化"危"为"机"。

48. 资本的特性是追求利润。2004年上半年我国物价上涨的幅度超过了银行存款的利率。1—7月份，居民收入持续增加，但居民储蓄存款增幅持续下滑，7月外流存款达1 000亿元左右，同时定期存款在全部存款中的比重不断下降。

以下哪项如果为真，则最能够解释这达1 000亿元储蓄资金中大部分资金的流向？

A. 由于预期物价持续上涨，许多居民的资金只能存活期，以便随时购买自己所需的商品。

B. 由于预期银行利率将上调，许多居民的资金只能存活期，准备利率上调后改为定期。

C. 由于国家控制贷款规模，广大民营企业资金吃紧，民间借贷活跃，借贷利息已远远高于银行存款利率。

D. 由于银行存款利率太低，许多居民考虑是否买股票或是基金。

E. 一些保守的居民，仍然希望把钱存在银行里以回避风险。

49. 法学家：《中华人民共和国刑法修正案（八）（草案）》规定：对75周岁以上的老人不适用死刑，这一修改引起不小的争议。有人说，如果这样规定，一些犯罪集团可能会专门雇佣75岁以上的老人去犯罪。我认为，这种说法不能成立。按照这种逻辑，不满18岁的人不判处死刑，一些犯罪集团也会专门雇佣不满18岁的人去犯罪，我们是否应当判处不满18岁的人死刑呢？

上面的论证使用了以下哪一种论证技巧？

A. 通过表明一个观点不符合已知的事实，来论证这个观点为假。

B. 通过表明一个观点缺乏事实的支持，来论证这个观点不能成立。

C. 通过假设一个观点为正确会导致明显荒谬的结论，来论证这个观点是错误的。

D. 通过表明一个观点违反公认的一般性准则，来论证这个观点是错误的。

E. 通过表明一个现象的成立，归纳概括一个一般规律。

50. 哥白尼的天体系统理论优于托勒密的理论，而且它刚被提出来时就比后者更好，尽管当时所有的观测结果都与这两个理论相符合。托勒密认为星体围绕地球高速旋转，哥白尼认为这是不可能的，他正确地提出了一个较为简单的理论，即地球围绕地轴旋转。

以上论述与下面哪项中所陈述的一般原则最相吻合？

A. 在对相互竞争的科学理论进行选择时，应当把简单性作为唯一的决定因素。

B. 在其他方面都相同的情况下，两个相互竞争的理论中较为简单的那个在科学上更重要。

C. 在其他方面都相同的情况下，两个相互竞争的理论中较为复杂的那个是较差的。

D. 如果一个理论看起来是真的，另一个理论看起来是假的，那么，两者中看起来是真的那个理论更好。

E. 在对相互竞争的科学理论进行选择时，后提出来的理论要优于先提出来的理论。

51. 有不少医疗或科研机构号称能够通过基因测试疾病。某官方调查机构向4家不同的基因测试公司递送了5个人的DNA样本。对于同一受检者患前列腺癌的风险，一家公司称他的风险高于平均水平，另一家公司则称他的风险低于平均水平，其他两家公司都说他的风险处于平均水平。其中一家公司告知另外一位装有心脏起搏器的受检者，他患心脏病的概率很低。

如果以上陈述为真，则引申出下面哪一项结论最为合理？

A. 4家公司的检测结论不相吻合，或与真实情况不符。

B. 基因检测技术还很不成熟，不宜过早投入市场运作。

C. 这些公司把不成熟的技术投入市场运作，涉嫌商业欺诈。

D. 检测结果迥异，是因为每家公司所使用的分析方法不同。

E. 装有心脏起搏器的人不一定患有心脏病。

52. 长期以来，哮喘灵被认为是治疗哮喘速效药中最有效的一种。然而，2002年在西南地区所进行的研究发现，在被观察的哮喘病人中，有1/5的人在服用该药后产生了严重的副作用。一些医生据此认为，应该禁止使用哮喘灵作为治疗哮喘的药物。

以下哪项如果为真，则最能严重地削弱上述论证的结论？

A. 在哮喘灵最常用于治疗哮喘的西南地区，由哮喘而导致死亡的人数近几年增加了。

B. 在被观察的那些服用哮喘灵的病人中，许多人以前从未服用过这种药。

C. 尽管哮喘灵越来越受关注，西南地区的许多医生仍然给哮喘患者开这种药。

D. 哮喘灵使某些人的哮喘病加重是因为它能破坏心脏组织。

E. 在被观察的那些服用哮喘灵的病人中，只有那些胆固醇含量极高的患者服用后才产生副作用。

53～55题基于以下题干：

某校有7名优秀的学生G、H、L、M、U、W和Z。暑假期间，学校将派他们去英国和美国考察。该校只有这7名学生参加这次活动，每人恰好去这两个国家中的一个，考虑到每个学生的特长，这次活动必须满足以下条件：

(1)如果G去英国，则H去美国。

(2)如果L去英国，则M和U都去美国。

(3)W所去的国家与Z所去的国家不同。

(4)U所去的国家与G所去的国家不同。

(5)如果Z去英国，则H也去英国。

53. 以下哪两个人不能一同去美国？
    A. H和W。
    B. G和W。
    C. G和H。
    D. M和U。
    E. H和Z。

54. 最多可以有几个学生一起去英国？
    A. 2个。
    B. 3个。
    C. 4个。
    D. 5个。
    E. 6个。

55. 如果M和W都去英国，则以下哪一项可以为真？
    A. G和L都去英国。
    B. G和U都去美国。
    C. H和Z都去英国。
    D. L和U都去美国。
    E. Z和L都去英国。

四、写作：第56～57小题，共65分。其中论证有效性分析30分，论说文35分。请答在答题纸相应的位置上。

56. **论证有效性分析**：分析下述论证中存在的缺陷和漏洞，选择若干要点，写一篇600字左右的文章，对该论证的有效性进行分析和评论。（论证有效性分析的一般要点是：概念特别是核心概念的界定和使用是否准确并前后一致，有无各种明显的逻辑错误，论证的论据是否成立并支持结论，结论成立的条件是否充分等。）

中华文明是世界最古老的文明之一，古代中国有过辉煌的发明创造，为人类进步作出了重要贡献。但在过去500年间，中国在发明创造方面乏善可陈。根据英国学者杰克·查罗纳的统计，从旧石器时代到公元2008年之间产生了1 001项改变世界的重大发明，其中中国有30项，占3%。这30项全部出现在公元1500年之前，占公元1500年前全球163项重大发明的18.4%。在此之后500多年，全世界838项重大发明中，没有一项来自中国。以汽车产业为例，从1900年到1981年间，汽车产业有600多项重要创新，但这些创新没有一项是中国人做出的。

美国物理学家吉奥福莱·维斯特等人发现，人类的发明创造与人口的关系遵循正5/4指数缩放规则：如果一个城市的人口是另一个城市的10倍，那么，发明创造总量是后者的10的四分之五次方，即17.8倍。以此来看，中国对世界发明创新的贡献与中国的人口规模太不成比例。例如，中国人口是瑞士的165倍。按照指数缩放规则，中国的发明创造应该是瑞士的591倍。但实际情况是，近代500年里，中国在发明创新方面连瑞士的一个零头也达不到。中国人民银行印刷人民币使用的防伪油墨是瑞士的技术，中国生产的面粉有60%～70%是由瑞士布勒公司的机器加工的。

问题出在哪里？难道是中国人的基因有问题吗？显然不是！否则，我们就没有办法解释古代中国的辉煌。显然问题出在我们的体制和制度缺少对自由的足够包容上。

举一个例子，1440年，德国企业家约翰内斯·古腾堡发明了活字印刷机。印刷机使得书籍和阅读普及开来，由此人们对眼镜的需求出现了爆发式的增长，并掀起了一场光学技术的革命。1590年，荷兰眼镜制造商把几个镜片摞在一起放到一个圆筒里，发现透过玻璃所观察的物件被放大，由此发明了显微镜。英国科学家罗伯特·胡克用显微镜发现了细胞，引起了科学和医学的一场革命，并由此导致人类预期寿命的大幅度延长。

我们可以设想一下：如果当初古腾堡的印刷机被禁止使用，那么，阅读就不会普及开来，人们对眼镜的需求就不会那么大，显微镜和望远镜就不会被发明出来，微生物学就不会创立，我们就不可能喝上消毒牛奶，人类的预期寿命也不会从30多岁延长到70多岁，更不要幻想探索宇宙空间了。

所以，创造力依赖于自由！只有自由，才能使中国人的企业家精神和创造力得到充分发挥，使中国变成一个创新型国家。

57. 论说文：根据下述材料，写一篇700字左右的论说文，题目自拟。

仁者见之谓之仁，智者见之谓之智。

——《周易·系辞上》

答案速查

一、问题求解
1～5　EABDD　　6～10　BBEBA　　11～15　DCEEB

二、条件充分性判断
16～20　CEDAD　　21～25　CDAAE

三、逻辑推理
26～30　EBCCE　　31～35　EEEDB　　36～40　DCBDD
41～45　BAACB　　46～50　DDCCC　　51～55　BEACD

四、写作
略

答案详解

一、问题求解

1. E

【解析】母题17·绝对值的最值问题

方法一：画图易知，当 $x \in [6, 7]$ 时，$|x-5|+|x-6|+|x-7|+|x-8|$ 取得最小值．

此时，所求绝对值的最小值为 $x-5+x-6+7-x+8-x=4$．

方法二：形如 $y=A|x-a| \pm B|x-b| \pm C|x-c| \pm D|x-d|$ 的绝对值问题，若定义域为全体实数，则最值一定取在令各绝对值内的式子为零时的 x 值处，分别取 $x=5, x=6, x=7, x=8$，可得 y 的最小值为 4．

2. A

【解析】母题94·利润问题

根据题意，得

$$(x-21)(350-10x)=400，$$

解得 $x_1=25$，$x_2=31$．

因为 $21 \times (1+20\%)=25.2$（元），由题意知商品定价不能超过 25.2 元，所以 $x_2=31$ 不符合题意，舍去．

故定价为 25 元，进货量为 $350-10x=350-10 \times 25=100$（件）．

3. B

【解析】母题98·行程问题

方法一：

设甲、乙两人的速度分别为 x 千米/小时、y 千米/小时．根据相向而行，时间×速度和＝总路

程，可得

$$\begin{cases} \left(1+\dfrac{48}{60}\right)(x+y)=180, \\ \dfrac{40}{60}x+\left(1+\dfrac{30}{60}\right)(x+y)=180, \end{cases}$$

解得 $x=45$，$y=55$.

方法二：

由题意可知，甲40分钟所走的路程刚好等于甲、乙18分钟所走的路程．

设甲、乙两人的速度分别为 x 千米/小时、y 千米/小时．根据题意，可得

$$\begin{cases} \dfrac{40}{60}x=\dfrac{18}{60}(x+y), \\ \dfrac{40}{60}x+\left(1+\dfrac{30}{60}\right)(x+y)=180, \end{cases}$$

由此可得 $4x=180\Rightarrow x=45$，$y=55$.

【快速得分法】甲40分钟所走的路程刚好等于甲、乙18分钟所走的路程，由 $\dfrac{40}{60}x=\dfrac{18}{60}(x+y)$ 可求得 $\dfrac{x}{y}=\dfrac{9}{11}$，由此选择 B.

4. D

【解析】母题38·一元二次不等式的恒成立问题

由题意，可得函数图像与 x 轴无交点，故 $\Delta=(2m+1)^2-4(m+2)<0$，解得 $m^2<\dfrac{7}{4}$.

又因为 $m\in \mathbf{Z}$，故 m 可取 -1、0、1，即满足条件的所有整数 m 之和为 0.

5. D

【解析】母题63·直线与圆的位置关系

曲线 $x^2-2x+y^2-3=0$ 可化为 $(x-1)^2+y^2=4$，即该曲线是以 $(1,0)$ 为圆心，以 2 为半径的圆．

由点到直线的距离公式可得，该圆心 $(1,0)$ 到直线 $3x+4y+5=0$ 的距离 $d=\dfrac{|3\times 1+4\times 0+5|}{\sqrt{3^2+4^2}}=\dfrac{8}{5}$，

画图易知，曲线上的点到直线的最长距离是 $\dfrac{8}{5}+2=\dfrac{18}{5}$.

6. B

【解析】母题74·数字问题

先选个位数，在2、4中选择，共有 C_2^1 种可能；再选万位数，除5和选走的偶数外还有3个数，共有 C_3^1 种可能；最后剩余的3个数字进行全排列，有 A_3^3 种可能.

由分步乘法原理可得，小于50 000的偶数共有 $C_2^1 C_3^1 A_3^3=36$（个）.

7. B

【解析】母题68·对称问题

点 $A(-3,8)$ 和点 $B(2,2)$ 在 x 轴的同侧，欲使 $AM+BM$ 为最短，即要作点 $A(-3,8)$ 关于 x 轴的对称点 $A'(-3,-8)$，则直线 $A'B$ 与 x 轴的交点即为所求点 M，设 M 点坐标为 $(a,0)$，由三

点共线可得 $\dfrac{2+8}{2+3}=\dfrac{2-0}{2-a}\Rightarrow a=1$，故 M 点坐标为 $(1,0)$.

8. E

【解析】母题 90·简单算术问题

设 x 天后甲分厂的存货是乙分厂的两倍，由题干得
$$2\cdot(2\,500-100x)=2\,000+100x,$$
解得 $x=10$，故 10 天后甲分厂存货量是乙分厂的两倍.

9. B

【解析】母题 82·古典概型

摸出红球的概率 $P_{红}=\dfrac{45}{100}=0.45$，故摸出黑球的概率 $P_{黑}=1-0.45-0.23=0.32$.

10. A

【解析】母题 67·面积问题

由题意可得，过点 $E(3,5)$ 的最长弦即直径，最短弦即为与直径相垂直的弦，如图 9-2 所示.

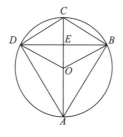

图 9-2

圆的方程 $x^2+y^2-6x-8y=0$ 化为标准方程为 $(x-3)^2+(y-4)^2=25$，圆心坐标为 $O(3,4)$. 又因为 $E(3,5)$，故可知 $OE=1$.

在 $Rt\triangle OBE$ 中，由勾股定理可得 $BE=2\sqrt{6}\Rightarrow BD=4\sqrt{6}$.

故有 $S_{四边形ABCD}=\dfrac{1}{2}AC\cdot BD=\dfrac{1}{2}\times10\times4\sqrt{6}=20\sqrt{6}$.

11. D

【解析】母题 23·代数式的最值问题

化简原式，有
$$(m-n)^2+(n-p)^2+(p-m)^2=2(m^2+n^2+p^2)-(2mn+2np+2pm)$$
$$=3(m^2+n^2+p^2)-(m^2+n^2+p^2+2mn+2np+2pm)$$
$$=3(m^2+n^2+p^2)-(m+n+p)^2,$$

显然，要取得最大值，仅需要令 $m+n+p=0$ 即可.

故原式最大值为 $3(m^2+n^2+p^2)=15$.

12. C

【解析】母题 8·有理数与无理数的运算

$(1+\sqrt{3})^2=4+2\sqrt{3}=a+b\sqrt{3}$，所以 $a=4$，$b=2$，故 $a+b=6$.

13. E

【解析】母题 88・伯努利概型

该学生通过选拔,可分为两种情况:

① 答对 4 道题目,其概率为 $P_1 = C_5^4 \times \left(\dfrac{3}{5}\right)^4 \times \left(1 - \dfrac{3}{5}\right)$;

② 答对 5 道题目,其概率为 $P_2 = \left(\dfrac{3}{5}\right)^5$.

因此该学生通过选拔的概率 $P = \left(\dfrac{3}{5}\right)^5 + C_5^4 \times \left(\dfrac{3}{5}\right)^4 \times \left(1 - \dfrac{3}{5}\right) = \dfrac{1\,053}{3\,125}$.

14. E

【解析】母题 14・三角不等式

由题干得 $|2x-11| = |x-3+x-8|$,根据三角不等式有 $|x-3+x-8| \leqslant |x-3| + |x-8|$.

由三角不等式等号成立的条件,得 $(x-3)(x-8) \geqslant 0$,解得 $x \leqslant 3$ 或 $x \geqslant 8$.

15. B

【解析】母题 44・等差数列基本问题

根据等差数列的通项公式,可得

$$a_m = a_1 + (m-1)d = \dfrac{1}{n}, \quad a_n = a_1 + (n-1)d = \dfrac{1}{m},$$

两式相减,得 $d = \dfrac{1}{mn}$,$a_1 = \dfrac{1}{mn}$,故由等差数列前 n 项和公式得

$$a_1 + a_2 + \cdots + a_{mn} = S_{mn} = mna_1 + \dfrac{mn(mn-1)}{2}d = \dfrac{1}{2}(mn+1).$$

【快速得分法】 令 $m=1$,$n=2$,则有 $a_1 = \dfrac{1}{2}$,$a_2 = 1$,故有 $a_1 + a_2 + \cdots + a_{mn} = S_2 = \dfrac{1}{2} + 1 = \dfrac{3}{2}$.

验证各选项可知选 B.

二、条件充分性判断

16. C

【解析】母题 30・集合应用题

条件(1):不知是否有人均未答对,故无法推出结论,条件(1)不充分.

条件(2):显然不充分.

故考虑联立,可假设共有 100 名学生.由条件(2)可知,共有 80 名学生至少答对一题.

由二集合容斥原理可得,这 80 人中两题均答对的学生为 $75 + 65 - 80 = 60$(名),占比为 60%,故联立两个条件充分.

17. E

【解析】母题 39・指数与对数 + 母题 32・简单方程和不等式

题干若要成立,显然,根据对数定义域及单调性,应分为如下两种情况:

① $\begin{cases} 0 < 2x-1 < 1, \\ x^2 - x + 1 > 1, \end{cases}$ 解集为空集;

② $\begin{cases} 2x-1>1, \\ 0<x^2-x+1<1, \end{cases}$ 解集为空集.

题干恒不成立,故条件(1)和条件(2)均不充分且联立也不充分.

18. D

【解析】母题 50·奇数项和与偶数项和

条件(1):$S_{12}=a_1+a_2+\cdots+a_{12}=S_{偶数}+S_{奇数}=354$.

因为 $S_{偶数}:S_{奇数}=32:27$,令 $S_{偶数}=32k$,$S_{奇数}=27k$,可得 $59k=354$,解得 $k=6$.

故由 $S_{偶数}-S_{奇数}=6d=5k=30$,可得 $d=5$,条件(1)充分.

条件(2):$S_{12}=6(a_1+a_{12})=354$,可得 $a_1+a_{12}=59$.

又因为 $a_1=2$,故 $a_{12}=57$,则公差 $d=\dfrac{a_{12}-a_1}{11}=5$,条件(2)充分.

19. A

【解析】母题 87·独立事件

条件(1):正难则反,至少有 1 人击中目标的反面为两人均未击中目标,则概率为

$$P=1-(1-0.6)\times(1-0.7)=0.88,$$

故条件(1)充分.

条件(2):同理,至少有 1 人击中目标的概率 $P=1-(1-0.6)^2=0.84$,故条件(2)不充分.

20. D

【解析】母题 98·行程问题

条件(1):设走一半的时间是 t 分钟,则 $80t+70t=6\,000$,解方程得 $t=40$.

因为 $80\times40=3\,200$(米),大于一半路程 $3\,000$ 米,故前一半路程的速度都是 80 米/分钟,所用时间为 $\dfrac{3\,000}{80}=37.5$(分钟);后一半路程所用时间是 $40\times2-37.5=42.5$(分钟),故条件(1)充分.

条件(2):总时间 $t=\dfrac{6\,000}{75}=80$(分钟),前一半路程所用时间为 $t_{前}=\dfrac{3\,000}{80}=37.5$(分钟);故后一半路程所用时间为 $80-37.5=42.5$(分钟),条件(2)充分.

21. C

【解析】母题 56·三角形及其他基本图形问题 + 母题 63·直线与圆的位置关系.

两个条件单独显然都不充分,考虑联立,可知 $OB=\dfrac{1}{2}AO=3$,故联立两个条件充分.

22. D

【解析】母题 29·其他整式化简求值问题

题干等价于 $ac-bc=ab-ac$,即 $2ac=b(a+c)$.

条件(1):可知 $\dfrac{2}{b}=\dfrac{1}{a}+\dfrac{1}{c}$,化简得 $2ac=b(a+c)$,故条件(1)充分.

条件(2):可知 $a:b=1:\dfrac{2n}{m+n}=m:\dfrac{2mn}{m+n}$,同理,$b:c=\dfrac{2mn}{m+n}:n$,则

$$a:b:c=m:\frac{2mn}{m+n}:n=(m^2+mn):2mn:(n^2+mn),$$

代入题干成立，故条件(2)也充分．

23. A

【解析】母题 61·直线与直线的位置关系

条件(1)：若直线 $A_1x+B_1y+C_1=0$ 与 $A_2x+B_2y+C_2=0$ 垂直，则 $A_1A_2+B_1B_2=0$．故本题由 l_1 与 l_2 垂直，可得 $2(k-3)^2-2(5-k)=0$，整理得 $k^2-5k+4=0$，解得 $k=1$ 或 4，条件(1)充分．

条件(2)：两条直线平行，可分如下两种情况进行讨论．

① 当 $k-3=0$ 时，两直线的方程分别为 $y=-1$ 和 $y=\frac{3}{2}$，显然两直线平行；

② 当 $k-3\neq 0$ 时，由 $\frac{k-3}{2(k-3)}=\frac{4-k}{-2}\neq\frac{1}{3}$，可得 $k=5$．

综上所述，k 的值是 3 或 5，故条件(2)不充分．

24. A

【解析】母题 59·空间几何体问题

设原来的圆柱体的底面半径和高分别为 R_1，h，变化后的底面半径为 R_2．

条件(1)：侧面积扩大到原来的 8 倍，而高扩大到 2 倍，则现在侧面积为 $8\times(2\pi R_1\cdot h)=2\pi\cdot R_2\cdot 2h$，得到 $R_2=4R_1$，则底面半径扩大到原来的 4 倍，故条件(1)充分．

条件(2)：侧面积扩大到原来的 4 倍，高也扩大到 4 倍，则现在侧面积为 $4\times(2\pi R_1\cdot h)=2\pi\cdot R_2\cdot 4h$，解得 $R_2=R_1$，则底面半径不变，故条件(2)不充分．

25. E

【解析】母题 16·自比性问题

条件(1)：$abc>0$，即 a，b，c 为两负一正或三正．

① a，b，c 为两负一正时，有 $\frac{a}{|a|}+\frac{b}{|b|}+\frac{|c|}{c}=-1$；

② a，b，c 均为正时，有 $\frac{a}{|a|}+\frac{b}{|b|}+\frac{|c|}{c}=3$．

因此，条件(1)不充分．

条件(2)：$abc<0$，即 a，b，c 为两正一负或三负．

① a，b，c 为两正一负时，有 $\frac{a}{|a|}+\frac{b}{|b|}+\frac{|c|}{c}=1$；

② a，b，c 均为负时，有 $\frac{a}{|a|}+\frac{b}{|b|}+\frac{|c|}{c}=-3$．

因此，条件(2)也不充分．

两个条件无法联立，故选 E．

【快速得分法】此题可用特殊值法快速求解．

三、逻辑推理

26. E

【解析】母题 15·论证型削弱题

题干：如果这一论文一收到就被发表，那么，这 3 个月中死于心脏病突发的患者很可能挽回生命。

A项，无关选项，题干中"论文一收到就被发表"是一种假设情况，与"医学杂志加班加点，以尽快发表该论文"无关。

B项，诉诸权威，削弱力度弱。

C项，措施有副作用，但相对于挽回生命来说，这一副作用是可以接受的，削弱力度弱。

D项，不能削弱题干，题干中"论文一收到就被发表"仅仅是一种假设。

E项，削弱题干，说明即使论文一收到就被发表，也无法迅速挽回心脏病突发的患者的生命。

27. B

【解析】母题 28·一般推论题

题干讨论的是细小差别的积累，会变成大差距。

A、C、D、E项均符合题干所讨论的内容。

B项，题干不涉及"性格"，故此项不能从题干合理地引出。

28. C

【解析】母题 19·论证型支持题

题干：避税空间的大小与税制的复杂程度成正比，避税能力的高低与纳税人的收入水平成正比 —证明→ 复杂税制造成的避税空间大多会被富人利用，使得累进税达不到税法规定的累进程度，其调节分配的功能也大大弱化。

C项，补充论据，富人的收入增加而平均税率却减少，说明累进税的调节分配功能被弱化。

其余各项均为无关选项。

29. C

【解析】母题 27·解释数量关系

题干：40％的人认为是由美国不公正的外交政策造成的，55％的人认为是由于伊斯兰文明与西方文明的冲突，23％的人认为是由于恐怖分子的邪恶本性，19％的人没有表示意见。

题干中调查的结果总比例超过100％，说明有的人认为"9·11"恐怖袭击事件发生的原因是多样的，故 C 项能够解释题干中看似矛盾的陈述。

30. E

【解析】母题 1·充分与必要

将题干信息形式化：

一定能在法律上支持安乐死→具备剥夺人生命的权利。

逆否得：不具备剥夺人生命的权利→不一定能在法律上支持安乐死，等价于：不具备剥夺人生命的权利→可能不能在法律上支持安乐死。

根据题干"法律对这样的权利是无法保障的"，即不具备剥夺人生命的权利，故可得：可能不能在法律上支持安乐死。

故 E 项为真。

31. E

【解析】母题 7·二难推理

题干使用二难推理：土耳其不加入欧盟 ∨ 土耳其加入欧盟（永真式）

↓ ↓

欧盟将失去与土耳其的合作 ∨ 给欧盟带来一系列问题

等价于：不可能(欧盟与土耳其合作 ∧ 土耳其没有给欧盟带来一系列问题)。

所以，欧盟不能既得到与土耳其的全面合作，又完全避免土耳其加入欧盟而带来的困难问题。

故 E 项为正确选项。

32. E

【解析】母题 28·一般推论题

题干：鱼龙为了适应海洋环境，使自身体貌特征与鱼类的体貌特征趋于一致——证明→趋同是不同种类的生物为适应同一环境而各自发育形成一个或多个相似体貌特征的过程。

A 项，"完全相同"过于绝对。

B 项，是不是"近亲"题干没有涉及，无关选项。

C 项，"完全"过于绝对。

D 项，"一定"过于绝对。

E 项，由于不同种类的生物为适应环境可以发育成与其他生物相似的体貌特征，所以不能因为体貌特征相似就把它们归为一类生物。

33. E

【解析】母题 30·评论逻辑漏洞

题干：①从非核资源可以得到便宜的电力，②强制性的安全检查和安全维修，使继续经营这座核电站变得很不经济——证明→关闭这座核电站不是出于安全考虑，而是出于经济方面的考虑。

显然，出于对核电站的安全考虑，才会有强制性的安全检查和安全维修，这些费用的上升不是单纯的经济因素。因此，E 项正确。

34. D

【解析】母题 40·复杂匹配与题组

由题干条件①可知，有一个人在 3 个分委会中都任职，不妨将其简称为"全委"。"全委"和其余任何一人都同在某个分委会。再根据题干条件②和③可知，F、G、H、I 都不是"全委"，故"全委"只可能是 M 和 P 中的一个。故排除 A、B、C 项。

E 项，与题干条件③矛盾，排除。

故正确答案为 D 项。

35. B

【解析】母题 40·复杂匹配与题组

根据上题分析可知，"全委"只可能是 M 和 P 中的一个，又知在 M 任职的分委会中有 I，说明 M

不可能是"全委",否则 I 也是"全委"。可得"全委"是 P,排除 E 项。

A 项,不可能为真。因为 M 不是"全委"。

C 项,不可能为真,因为 P 是"全委"。如果 C 项为真,则 I 也是"全委"。

D 项,不可能为真,否则该分委会的委员有 F、M、I 和 P 共 4 人,违反题干条件"每个分委会由 3 位不同的委员组成"。

故正确答案为 B 项。

36. D

【解析】母题 40·复杂匹配与题组

根据题意,3 个分委会,每个分委会 3 个委员,共 9 个分委会委员。6 人分任这 9 个委员。其中 1 人是"全委",任 3 个分委会委员,其余 5 人任 6 个分委会委员,因此,有且只有 1 人任 2 个分委会的委员。

故 D 项正确。

37. C

【解析】母题 28·一般推论题

题干:氨基酸的分解在寒冷的地区较慢,所以在一些寒冷的地区,这种技术可用于鉴别在 100 万年左右的考古遗址。

注意:本题是题干支持选项,而不是选项支持题干。

由题干可知,影响这一鉴别技术的关键因素在于温度,所以,如果温度出现大幅度波动,则这种技术就可能出现偏差,故 C 项正确。

其余各项均为无关选项。

38. B

【解析】母题 12·简单命题的真假话问题

假设张山的话为真,则李思说谎。故李思说"王武说谎"为假,即王武的话为真。

而王武说:"张山和李思都说谎了",与假设矛盾。

故张山的话为假,李思的话为真,王武的话为假。

由李思的话为真可知:张山出场 1 次,李思出场 3 次,王武出场 0 次。

故 B 项正确。

39. D

【解析】母题 19·论证型支持题

题干:有些语词所指的东西看不见、摸不着,孩子大都很难表达清楚这些语词的意思,但这并不妨碍他们用这些语词传递自己真实的感觉或情绪 —证明→ 理解一个语词并不非得能表达它的意思。

题干指出,孩子虽然无法"表达"清楚一些语词的意思,但他们能"使用"这些语词,这说明他们"理解"了这些语词。因此,要支持题干,需要搭桥,指出能"使用"则能"理解"。故 D 项正确。

A 项,无关选项。

B 项,题干的意思是"不能清楚表达的语词,也可以被理解",此项的意思是"能准确表达的,一定理解",与题干不同,不能支持题干。

C项,没有指出"表达""使用"与"理解"的关系,不能支持题干。

E项,题干不涉及孩子与成人的比较,无关选项。

40. D

【解析】母题31·评论逻辑技法

A项,由实验数据得到一般性结论,用的是归纳法,正确。

B项,"症状越严重的患者感知黑白对比的能力越弱"就是利用了抑郁症状与患者感知黑白对比能力之间的共变关系,共变法,正确。

C项,研究人员的结果"抑郁症患者视网膜感知黑白对比的能力都明显弱于健康者"就是对抑郁症患者与健康者感知黑白对比能力的比较,求异法,正确。

D项,研究人员没有提出假说,不正确。

E项,显然正确。

41. B

【解析】母题19·论证型支持题

"气候变暖派":1900年以来地球变暖完全是由人类排放温室气体所致。只要二氧化碳的浓度继续增加,地球就会继续变暖;两极冰川融化会使海平面上升,一些岛屿将被海水淹没。

"气候周期派":地球气候主要由太阳活动决定,全球气候变暖已经停止,目前正处于向"寒冷期"转变的过程中。

A项,可以支持,指出气温没有继续上升,支持"全球气候变暖已经停止"。

B项,无关选项,"南半球暴雨成灾,洪水泛滥"与气候变暖的关系不明确。

C项,可以支持,支持了气候周期派中"全球目前正处于向'寒冷期'转变的过程中"的观点。

D项,可以支持,指出大堡礁的面积目前正在扩大,反驳了"气候变暖派"中"一些岛屿将被海水淹没"的观点,相应地支持了"气候周期派"的观点。

E项,可以支持,说明寒冷和温暖交替出现。

42. A

【解析】母题15·论证型削弱题

题干有以下信息:

(1)大学排名不像企业排名那样容易。

(2)大学排名的前提有:①成熟的市场经济体制;②稳定的制度;③公认的公证排名机构。

(3)在我国,大学排名的前提条件远不具备,公认的大学排名机构还未产生。因此,我国目前不宜进行大学排名。

A项,无关选项,题干讨论大学排名的可行性,而此项讨论的是大学排名的影响。

B项,削弱题干中的论据①成熟的市场经济体制。

C项,削弱题干,说明不准确的排名也可以供参考。

D项,削弱题干,质疑题干信息(3),说明公认的大学排名机构可以从排名实践中产生。

E项,削弱题干中的论据②稳定的制度。

43. A

【解析】母题1·充分与必要

中国调味品协会某副会长认为：

①按国家标准加添加剂→没有安全问题。

②有些企业：未加添加剂∧强调自己未加添加剂→不公平。

由②可得：公平→加添加剂∨¬强调自己未加添加剂，故A项正确。

其余各项均不能推出。

44. C

【解析】母题22·论证型假设题

论据：

①科学家荣誉越高，越容易得到新荣誉，成果越少，越难创造新成果。

②"马太效应"造成各种社会资源(如研究基金、荣誉性职位)向少数科学家集中。

论点：出类拔萃的科学家总是少数的，他们对科学技术发展所作出的贡献比一般科学家大得多。

A项，削弱题干，说明存在未得到承认的出类拔萃的科学家。

B项，削弱题干，说明诺贝尔奖得主也未必有卓越贡献。

C项，搭桥法，说明得到荣誉和奖励越多的科学家，社会贡献就越大，必须假设。

D项，无关选项，题干的论证与"出名要趁早"无关。

E项，直接削弱题干的结论。

45. B

【解析】母题1·充分与必要

将题干信息形式化：

①不上网→报纸的影响力会大大下降。

②对网络版收费→很多读者可能会流转到其他网站。

③让读者心甘情愿地掏腰包→报纸必须提供优质的、独家的内容。

A项，对网络版收费→一部分读者会重新订阅印刷版，与题干信息②不符。

B项，报纸有良好的经济收益(即让读者心甘情愿地掏腰包)→提供优质的、独家的内容，与题干信息③相符，为真。

C项，¬上网∧能造成巨大的影响力，与题干信息①不符。

D项，推理过度，印刷版的报纸面临困难，但会不会退出历史舞台题干没有断定。

E项，推理过度，网络版的报纸面临困难，但会不会退出历史舞台题干没有断定。

46. D

【解析】母题28·一般推论题

题干：通常处于潜伏状态的病毒，只有当幼虫受到生理上的压抑时才会被激活。

D项，"食物严重短缺"会造成"幼虫生理上的压抑"，从而使病毒有可能被激活。

其余各项都和"生理上的压抑"无关。

47. D

【解析】母题1·充分与必要

将题干信息形式化：

①真正的动态稳定→包容异见和反对。

②处置得当→化"危"为"机"。

A项，￢处置得当→转"机"为"危"，可真可假。

B项，化"危"为"机"→处置得当，可真可假。

C项，包容异见和反对→达成真正的动态稳定，可真可假。

D项，￢包容异见和反对→￢达成真正的动态稳定，是题干信息①的逆否命题，为真。

E项，￢处置得当→化"危"为"机"，可真可假。

48. C

【解析】母题26·解释现象

题干：1—7月份，居民收入持续增加，但是，居民储蓄存款增幅持续下滑，7月外流存款达1 000亿元左右。

A、B项，不能解释，存款是定期还是活期，不影响存款金额。

C项，可以解释，是因为借贷利息已远远高于银行存款利率，由于追求利润使得1 000亿元储蓄资金外流。

D项，不能解释，"考虑"是否买股票或是基金不代表已经购买了股票或是基金。

E项，加剧了题干中的矛盾。

49. C

【解析】母题31·评论逻辑技法

题干使用的方法是<u>类比论证和归谬法</u>。假设对方的论证成立，构造了一个相似的论证（类比），而这个论证的结论显然是无法接受的（归谬）。

故C项正确。

50. C

【解析】母题31·评论逻辑技法

题干：哥白尼的理论较为简单 —证明→ 哥白尼的理论优于托勒密的理论。

A项，不吻合，"唯一的决定因素"太过于绝对化。

B项，干扰项，题干认为简单的理论更优，并非"更重要"。

C项，可以吻合，题干通过比较一种较为简单和一种较为复杂的理论，得出简单的理论更优，即较为复杂的那个理论较差。

D项，不吻合，题干认为哥白尼和托勒密的理论都是正确的，因此不涉及理论的真假。

E项，题干的判断标准是"简单"，而不是提出的时间。

51. B

【解析】母题 29·概括结论题

题干：基因测试疾病结果显示，4 家公司对于同一受检者得出的结果却不同，对装有心脏起搏器的受检者的判断有误。

A 项，只是陈述了实验结果，并不是题干的引申。

B 项，由题干的例证可知，基因检测技术还很不成熟，不宜过早投入市场运作，正确。

C 项，"商业欺诈"属于推理过度。

D 项，"每家公司所使用的分析方法不同"，题干没有提及。

E 项，以偏概全，此项仅是其中一家公司的基因测试结果。

52. E

【解析】母题 15·论证型削弱题

题干：在被观察的哮喘病人中，有 1/5 的人在服用该药后产生了严重的副作用 —证明→ 应该禁止使用哮喘灵作为治疗哮喘的药物。

A 项，无关选项，死亡人数是否增加与哮喘灵是否有严重的副作用无关。

B 项，无关选项，以前是否服用过哮喘灵与哮喘灵是否有严重的副作用无关。

C 项，无关选项，事实情况怎么样与应该怎么样无关。

D 项，支持题干，说明哮喘灵的副作用是破坏心脏组织。

E 项，削弱题干，说明胆固醇含量不高的患者可以服用哮喘灵，那么不应该绝对禁止哮喘灵。

53. A

【解析】母题 40·复杂匹配与题组

A 项，根据题干条件(5)可知，如果 H 去美国，则 Z 去美国，但是根据题干条件(3)可知，W 和 Z 不能去同一个国家，显然矛盾。

所以，A 项为正确选项。

54. C

【解析】母题 40·复杂匹配与题组

将题干条件形式化：

(1) G 英国 → H 美国 = H 英国 → G 美国。

(2) L 英国 → M 美国 ∧ U 美国 = M 英国 ∨ U 英国 → L 美国。

(3) W ≠ Z。

(4) U ≠ G。

(5) Z 英国 → H 英国 = H 美国 → Z 美国。

由于 H 不能既去英国又去美国，所以根据题干条件(1)和(5)可知，G 和 Z 只有一个可以去英国。如果 G 去英国，根据题干条件(1)可知，H 去美国；再根据题干条件(5)可知，Z 去美国；再根据题干条件(3)可知，W 去英国；再根据题干条件(4)可知，U 去美国。剩下 L、M 不确定。假设 L 去英国，则根据题干条件(2)可知，M 去美国，此时最多有 3 个学生(G、W、L)一起去英国；假设 M 去英国，则根据题干条件(2)可知，L 去美国，此时最多也是 3 个学生(G、W、M)一起去英国。

如果 Z 去英国，根据题干条件(5)可知，H 去英国；再根据题干条件(1)可知，G 去美国；再根据题干条件(4)可知，U 去英国；再根据题干条件(2)可知，L 去美国；再根据题干条件(3)可知，W 去美国。剩下的 M 去哪个国家都可以。故此时最多有 4 个学生(Z、H、U、M)一起去英国。

所以，最多可以有 4 个学生去英国。

故 C 项正确。

55. **D**

【解析】母题 40·复杂匹配与题组

选项排除法：

A 项，根据题干条件(2)可知，L 去英国，则 M 要去美国，与题干矛盾，不可能为真。

B 项，与题干条件"(4)U 所去的国家与 G 所去的国家不同"矛盾，不可能为真。

C 项，W 和 Z 都去英国，与题干条件"(3)W 所去的国家与 Z 所去的国家不同"矛盾，不可能为真。

E 项，根据题干条件(2)可知，L 去英国，则 M 要去美国，与题干矛盾，不可能为真。

所以，D 项正确。

四、写作

56. 论证有效性分析

【谬误分析】

①英国学者杰克·查罗纳的统计是否本着公平、公正、公开的原则？有无偏见、漏数、少记的可能？

②"改变世界的重大发明""重要创新"这些影响数量的关键词，在材料中并未清晰界定，何为改变世界？何为重大发明？何为重要创新？不得而知。

③材料认为汽车领域的 600 多项创新"没有一项是中国人做出的"，缺少论据支持。而且，汽车领域的发展情况是否具有普遍的代表性？

④"防伪油墨""面粉"等例子，无法说明"近代 500 年里，中国在发明创新方面连瑞士的一个零头也达不到"。要证明此观点，需要对两国发明创新的总量进行数据分析。

⑤排除"中国人的基因有问题"，就能断定问题是出在"我们的体制和制度缺少对自由的足够包容上"吗？材料犯了非黑即白的逻辑错误。

⑥"古腾堡发明了活字印刷机"，这可能确实助力了阅读的普及。但认为"古腾堡的印刷机被禁止使用，阅读就不会普及"则有失妥当，古腾堡的印刷机并不是阅读普及的必要条件。

⑦由"印刷机被禁止使用"推导到"不要幻想探索宇宙空间"，过于牵强，并没有论据证明这种环环相扣的推理关系真实存在。

参考范文

创新依赖于自由吗?

材料通过对中外创新发明数量的对比,认为近代中国在发明创造方面乏善可陈,是因为我们的体制和制度缺少对自由的包容,可创新真的依赖于自由吗?

首先,英国学者杰克•查罗纳在统计过程中是否本着公平、公正、公开的原则,不排除其持有偏见、漏数、少记的可能。而"改变世界的重大发明""重要创新"这些影响数量的关键词,在材料中并未清晰界定,何为改变世界?何为重大发明?何为重要创新?不得而知。

其次,正5/4指数缩放规则中的主体是"城市",作为国家的中国和瑞士未必适用。况且正5/4指数缩放规则中提及的"发明创造总量"却被后文偷换成"近代500年的发明创造总量",作者自作主张加上限定词,结论当然有悖于规则所述。所以,"中国在发明创新方面连瑞士的一个零头也达不到"的说法,自然就不足为信了。

再次,排除"中国人的基因有问题",就能断定问题是出在"我们的体制和制度缺少对自由的足够包容上"吗?显然不可。况且,在中国古代封建体制下,民众更加缺少自由,为何反而出现了影响世界的重大发明呢?

最后,"古腾堡的印刷机被禁止使用",阅读未必不会普及开来。阅读普及不是使用印刷机的充分条件,只能说两者有关联。此外,作者由"印刷机被禁止使用"推导到"不要幻想探索宇宙空间",过于牵强,并没有论据证明这种环环相扣的推理关系真实存在。

综上所述,中国人的企业家精神和创造力的充分发挥未必依赖于自由。

57. 论说文

敢于接受"异"见

老吕学员 潘昊宇

"仁者见之谓之仁,智者见之谓之智。"对于同一件事情,不同的人会有不同的看法,因此会存在诸多的"异"见。在企业日常经营中,作为管理者,要做到敢于接受"异"见。

"异"见的产生是社会发展的必然结果。随着互联网的飞快普及,网络将世界变成一个平面,"百家争鸣"的时代再次到来,价值观不同的各种观点和言论充斥在网络上,影响着人们的价值判断。在这种近乎"填鸭式"思想的浇灌下,企业管理者在作出一项管理决策时,就会产生众多不同的意见,而大多数管理者出于人性的束缚,倾向于把不一样的声音当作是一种背叛,拒绝接受"异"见。

究其原因，恐怕正是"利益"二字在作怪。一项决策诞生的背后，隐藏的是与之相关的利益集团，不同意见的发出会打乱已经制定好的利益分配计划，"为己"的本能让他们不能在利益方面做出让步。殊不知，正是这种对利益的盲目追捧让管理者迷失了方向。如果他们继续一意孤行，最终的结果只能是把企业带入深渊。

　　不可否认的是，把"股东价值最大化"作为经营目标的企业，追求利益是一件双赢的好事。但是，作为管理者，只有做到敢于接受不同的意见才能更好地实现上述目标。

　　要想避免企业被利益所捆绑，首先，在决策最终通过之前，要听取多方的意见，深入了解，取其精华，为我所用；其次，企业要建立一种反馈机制，让决策的实行成果准确、快速地到达管理者的耳中；最后，管理者也要具备一定的鉴别和取舍能力，识别出真正有效的"异"见。

　　"仁者见仁，智者见智。"管理者只有敢于接受"异"见，将仁者和智者之见中的精华为己所用，才能实现企业的持久繁荣。

绝密★启用前

全国硕士研究生招生考试
管理类专业学位联考综合能力试题
冲刺卷 10

（科目代码：199）

考试时间：8：30—11：30

考生注意事项

1. 答题前，考生须在试题册指定位置上填写考生姓名和考生编号；在答题卡指定位置上填写报考单位、考生姓名和考生编号，并涂写考生编号信息点。
2. 选择题的答案必须涂写在答题卡相应题号的选项上，非选择题的答案必须书写在答题卡指定位置的边框区域内。超出答题区域书写的答案无效；在草稿纸、试题册上答题无效。
3. 填（书）写部分必须使用黑色字迹签字笔或者钢笔书写，字迹工整、笔迹清楚；涂写部分必须使用2B铅笔填涂。
4. 考试结束，将答题卡和试题册按规定交回。

考生编号															
考生姓名															

一、问题求解：第 1～15 小题，每小题 3 分，共 45 分。下列每题给出的 A、B、C、D、E 五个选项中，只有一项是符合试题要求的。请在答题卡上将所选项的字母涂黑。

1. 若 $\dfrac{a}{b+c}=\dfrac{b}{c+a}=\dfrac{c}{a+b}=t$，则一次函数 $y=tx+t^2$ 的图像必定经过的象限是（　　）．

   A. 第一、二象限　　　　　　B. 第一、二、三象限　　　　　C. 第二、三、四象限

   D. 第三、四象限　　　　　　E. 以上选项均不正确

2. 已知方程 $f(x)=2x^3-3x^2+kx-6$ 除以 $x-2$ 的余式为 4，则 $k=$（　　）．

   A. 1　　　　B. 2　　　　C. 3　　　　D. -1　　　　E. -3

3. 如图 10-1 所示，$\triangle ABC$ 中，$\angle B=90°$，$BC=8$，$AB=6$，圆 O 内切于 $\triangle ABC$，则阴影部分的面积为（　　）．

   A. $16+2\pi$

   B. $24-2\pi$

   C. $24-4\pi$

   D. $20-4\pi$

   E. $30-4\pi$

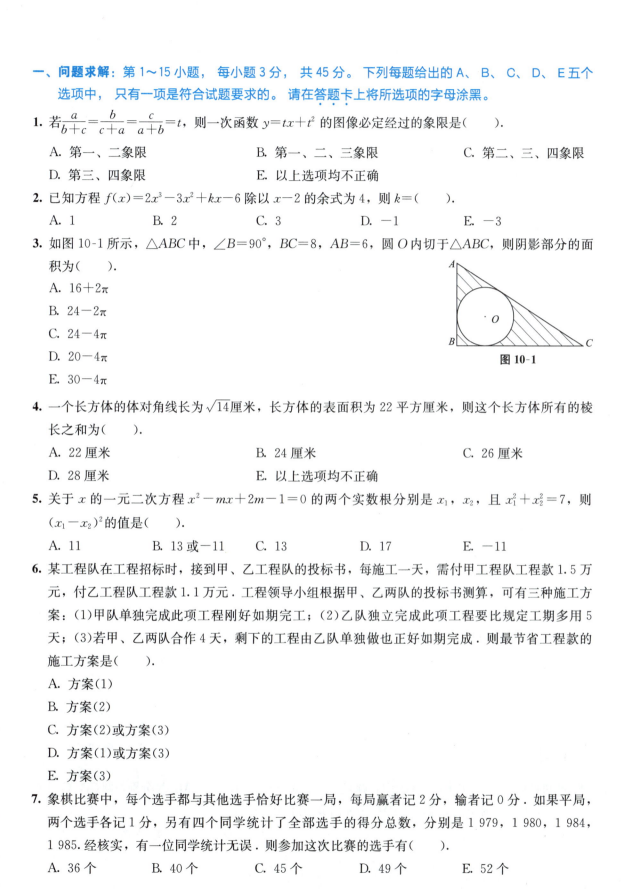

图 10-1

4. 一个长方体的体对角线长为 $\sqrt{14}$ 厘米，长方体的表面积为 22 平方厘米，则这个长方体所有的棱长之和为（　　）．

   A. 22 厘米　　　　　　B. 24 厘米　　　　　　C. 26 厘米

   D. 28 厘米　　　　　　E. 以上选项均不正确

5. 关于 x 的一元二次方程 $x^2-mx+2m-1=0$ 的两个实数根分别是 x_1，x_2，且 $x_1^2+x_2^2=7$，则 $(x_1-x_2)^2$ 的值是（　　）．

   A. 11　　　　B. 13 或 -11　　　　C. 13　　　　D. 17　　　　E. -11

6. 某工程队在工程招标时，接到甲、乙工程队的投标书，每施工一天，需付甲工程队工程款 1.5 万元，付乙工程队工程款 1.1 万元．工程领导小组根据甲、乙两队的投标书测算，可有三种施工方案：(1)甲队单独完成此项工程刚好如期完工；(2)乙队独立完成此项工程要比规定工期多用 5 天；(3)若甲、乙两队合作 4 天，剩下的工程由乙队单独做也正好如期完成．则最节省工程款的施工方案是（　　）．

   A. 方案(1)

   B. 方案(2)

   C. 方案(2)或方案(3)

   D. 方案(1)或方案(3)

   E. 方案(3)

7. 象棋比赛中，每个选手都与其他选手恰好比赛一局，每局赢者记 2 分，输者记 0 分．如果平局，两个选手各记 1 分，另有四个同学统计了全部选手的得分总数，分别是 1 979，1 980，1 984，1 985．经核实，有一位同学统计无误．则参加这次比赛的选手有（　　）．

   A. 36 个　　　　B. 40 个　　　　C. 45 个　　　　D. 49 个　　　　E. 52 个

8. 五一假期期间，甲、乙、丙三名同学报名参加一个旅游团，该旅游团共有四个景区供选择，分别为周庄，西塘，枫泾，乌镇．由于时间不足，三名同学都分别选择了三个景点游览（每名同学的选择不受其他同学的影响），已知甲同学肯定会去枫泾，则三名同学不同的选择方案共有（　　）种．

   A. 24　　　　B. 30　　　　C. 36　　　　D. 48　　　　E. 60

9. 某面粉厂有甲、乙两个仓库，今年甲仓库的存货比去年存货多 $\frac{4}{5}$，乙仓库的存货比去年少 $\frac{1}{10}$．若今年甲、乙两仓库的存货之比为 $4:1$，则今年的总存货比去年（　　）．

   A. 增加 40%　　　　B. 减少 40%　　　　C. 增加 50%

   D. 减少 50%　　　　E. 增加 150%

10. 若直线 $y=x+b$ 与曲线 $y=3-\sqrt{4x-x^2}$ 有公共点，则 b 的取值范围是（　　）．

    A. $[1-2\sqrt{2}, 1+2\sqrt{2}]$　　　　B. $[1-\sqrt{2}, 3]$　　　　C. $[-1, 1+2\sqrt{2}]$

    D. $[1-2\sqrt{2}, 3]$　　　　E. $[1+\sqrt{2}, 3]$

11. 若两个方程 $x^2+2mx+n=0$ 和 $x^2+2nx+m=0$ 只有一个公共根，则（　　）．

    A. $m=n$　　　　B. $m+n=\frac{1}{4}$　　　　C. $m+n=0$

    D. $m+n=-\frac{1}{4}$ 且 $m\neq n$　　　　E. 以上选项均不正确

12. 设 $f(x)$ 为实系数多项式，以 $x-1$ 除之余数为 7，以 $x-2$ 除之余数为 12，则 $f(x)$ 除以 x^2-3x+2 的余式为（　　）．

    A. $5x+2$　　　　B. $5x+3$　　　　C. $3x+1$

    D. $3x+2$　　　　E. $3x+5$

13. 若 $a+x^2=1\,997$，$b+x^2=1\,999$，$c+x^2=1\,998$，且 $abc=24$，则 $\frac{a}{bc}+\frac{b}{ac}+\frac{c}{ab}-\frac{1}{a}-\frac{1}{b}-\frac{1}{c}=$（　　）．

    A. $\frac{3}{8}$　　　　B. $\frac{1}{8}$　　　　C. $\frac{7}{12}$　　　　D. $\frac{5}{12}$　　　　E. 1

14. 如图10-2所示，正方形 $ABCD$ 的顶点 B 坐标为 $(5,0)$，顶点 D 在 $x^2+y^2=1$ 上运动．正方形 $ABCD$ 的面积为 S，则 S 的最大值为（　　）．

    A. 25
    B. 36
    C. 49
    D. 18
    E. $\frac{49}{2}$

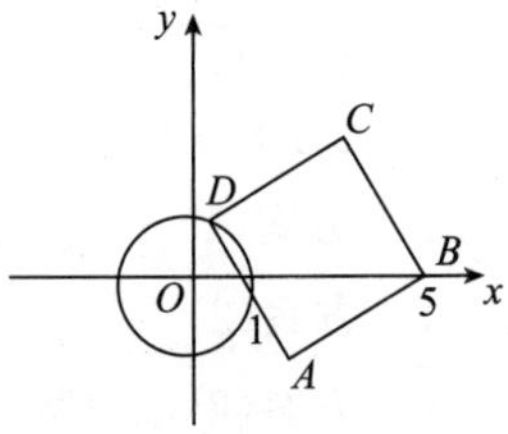

    图 10-2

15. 已知圆 $C_1:(x-2)^2+(y-3)^2=1$，圆 $C_2:(x-3)^2+(y-4)^2=9$，M，N 分别是圆 C_1，C_2 上的动点，P 为 x 轴上的动点，则 $PM+PN$ 的最小值为（　　）．

    A. $5\sqrt{2}-4$　　　　B. 3　　　　C. 4　　　　D. $3\sqrt{2}$　　　　E. $2\sqrt{3}$

二、**条件充分性判断**：第 16～25 小题，每小题 3 分，共 30 分。要求判断每题给出的条件（1）和条件（2）能否充分支持题干所陈述的结论。A、B、C、D、E 五个选项为判断结果，请选择一项符合试题要求的判断，在答题卡上将所选项的字母涂黑。

  A. 条件(1)充分，但条件(2)不充分．
  B. 条件(2)充分，但条件(1)不充分．
  C. 条件(1)和条件(2)单独都不充分，但条件(1)和条件(2)联合起来充分．
  D. 条件(1)充分，条件(2)也充分．
  E. 条件(1)和条件(2)单独都不充分，条件(1)和条件(2)联合起来也不充分．

16. 曲线 C 所围成的区域的面积为 18．
  (1)曲线 C 的方程是 $|x-2|+|y|=2$．
  (2)曲线 C 的方程是 $|x|+|y-1|=3$．

17. $x^6+\dfrac{1}{x^6}=322$．
  (1) $x+\dfrac{1}{x}=-3$．
  (2) $x+\dfrac{1}{x}=3$．

18. 已知 a,b,c 为互不相等的非零实数，则 a,b,c 成等差数列．
  (1) $(a-c)^2=-4(b+a)(c+b)$．
  (2) $(a-c)^2=4(b-a)(c-b)$．

19. 有 8 个相同的球放到 3 个不同的盒子里，共有 k 种不同的方法．
  (1) $k=28$．
  (2) $k=45$．

20. $a=b$．
  (1)样本甲 $x_1,x_2,\cdots,x_n$ 的平均数为 a．
  (2)样本乙 $x_1,x_2,\cdots,x_n,a$ 的平均数为 b．

21. 甲、乙、丙、丁 4 名同学一起去看电影，但他们 4 人需要依次排队买票，顺序未知，则 $P=0.5$．
  (1)甲同学不在队伍首、尾位置的概率为 P．
  (2)甲、乙 2 名同学不相邻的概率为 P．

22. 设甲、乙两人从同一地点出发背道而驰，1 小时后分别到达各自的终点 A，B．可以确定甲、乙的速度之比为 $3:4$．
  (1)若从原地出发互换目的地，则甲在乙到达 A 地后 35 分钟到达 B 地．
  (2)若甲从 A 地出发，经 140 分钟后到达 B 地．

23. $(m+1)^3-(m+1)(m^2-m+1)$ 能被 6 整除．
  (1) m 是负整数．
  (2) m 是自然数．

24. 设 $\{a_n\}$ 是等比数列，则 S_{10} 的值可唯一确定．
  (1) $a_5+a_6=a_7-a_5=48$．
  (2) $2a_m a_n=a_m^2+a_n^2=18$．

25. 关于 x 的一元方程 $x^4-2x^2+k=0$ 有四个相异的实根.

(1) $0<k<\dfrac{1}{2}$.

(2) $1<k<2$.

三、逻辑推理：第26～55小题，每小题2分，共60分。下列每题给出的A、B、C、D、E五个选项中，只有一项是符合试题要求的。请在答题卡上将所选项的字母涂黑。

26. 我国《个人所得税法修正案（草案）》将工薪所得的费用扣除标准由原来的1 500元/月提高到3 000元/月。当个人月收入低于3 000元时，无须纳税；高于3 000元时对减去3 000元后的收入征税。一位官员对此评论说："个人所得税起征点不宜太高，因为纳税也是公民的权利，起征点太高，就剥夺了低收入者作为纳税人的荣誉。"

以下哪项如果为真，则能对这位官员的论点提出最大的质疑？

A. 世界各国在征收个人所得税时，都是将居民基本生活费用予以税前扣除，以保证社会劳动力的再生产。

B. 个人所得税交得少也会影响低收入者作为纳税人的荣誉。

C. 个人所得税的作用之一是调节社会分配，缩小贫富差距。

D. 个人所得税占政府财政收入的比例并不高。

E. 中国的税制以商品税为主，一个人只要购买并消费商品，就向国家交了税。

27. 杰克夫妇、迈克夫妇和詹姆斯夫妇参加了复活节的舞会，舞会上没有一个男人同自己的妻子跳舞。杰克请了琳达跳舞，迈克的舞伴是詹姆斯的妻子，露丝的丈夫正和爱丽思跳舞。

那么杰克夫妇、迈克夫妇和詹姆斯夫妇分别为：

A. 杰克——爱丽思，迈克——露丝，詹姆斯——琳达。

B. 杰克——爱丽思，迈克——琳达，詹姆斯——露丝。

C. 杰克——露丝，迈克——琳达，詹姆斯——爱丽思。

D. 杰克——琳达，迈克——爱丽思，詹姆斯——露丝。

E. 杰克——琳达，迈克——露丝，詹姆斯——爱丽思。

28. 世界卫生组织报告说，全球每年有数百万人死于各种医疗事故。在任何一个国家的医院，医疗事故致死的概率不低于0.3%。因此，即使是癌症患者也不应当去医院治疗，因为去医院治疗会增加死亡的风险。

为了评估上述论证，对以下哪个问题的回答最为重要？

A. 在因医疗事故死亡的癌症患者中，即使不遭遇医疗事故但最终也会死于癌症的人占多大比例？

B. 去医院治疗的癌症患者和不去医院治疗的癌症患者的死亡率分别是多少？

C. 医疗事故致死的概率是否因医院管理水平的提高而正在下降？

D. 患者能否通过自身的努力来减少医疗事故的发生？

E. 医疗事故发生的原因是什么？

29. 因对微博如何使用的无知，某局长和某主任在微博上泄露个人隐私，暴露其不道德行为，受到有关部门的查处。有网友对他们的行为冷嘲热讽，感慨道："知识改变命运，没有知识也改变命运。"

以下哪项陈述最接近该网友所表达的意思？

A. 无论是否有知识，都会改变命运。

B. "知识就是力量"这一说法过于夸张，实际上，权力和金钱才是力量。

C. 有知识导致命运由不好向好的方向改变，没有知识导致命运由好向不好的方向改变。

D. "命运"的本义就是先天注定，它不会因有无知识而改变。

E. 官员应该努力学习网络知识。

30. 在大学里，许多温和宽厚的教师是好教师，但有些严肃且不讲情面的教师也是好教师，而所有好教师都有一个共同点：他们都是学识渊博的人。

如果以上陈述为真，则以下哪项陈述也一定为真？

A. 许多学识渊博的教师是温和宽厚的。

B. 有些学识渊博的教师是严肃且不讲情面的。

C. 所有学识渊博的教师都是好教师。

D. 有些学识渊博的教师不是好教师。

E. 所有严肃且不讲情面的教师都是好教师。

31. 《与贸易有关的知识产权协定》规定：不得仅仅因为成员国本国法律禁止某些发明的商业性实施就不授予那些发明专利权。已知 A 国是《与贸易有关的知识产权协定》的成员国。

以下哪一项陈述与上述规定不一致？

A. 从 A 国法律禁止一项发明的商业性实施推不出不能授予该项发明专利权。

B. 从 A 国法律允许授予一项发明专利权推不出允许该项发明的商业性实施。

C. 在 A 国，一种新型药品法律没有禁止，该发明的商业性实施被允许。

D. 在 A 国，一种改进枪支瞄准的发明被授予了专利权，但该发明的商业性实施被禁止。

E. 在 A 国，一种窃听装置的商业性实施是被法律禁止的，因此不允许授予其专利权。

32. 具有能够让一个乐队特别是一流乐队反复进行排练的权威，这是一个优秀指挥家的标志。这种威望不是轻而易得的，一个指挥家必须通过赢得乐队对他所追求的艺术见解的尊重才能获得这种威望。

在上文的论述过程中，作者预先假设了以下哪项陈述？

A. 优秀的指挥家在与不同的乐队合作时，对同一首作品会有不同的艺术见解。

B. 优秀的指挥家都是完美主义者，即使对一流乐队的表演，他们也从不满意。

C. 如果优秀的指挥家认为附加的排练是必须的，一流乐队总是时刻准备加班排练。

D. 即使一种艺术见解还没有被充分地表现出来，一流乐队也能够领悟这种艺术见解的优点。

E. 对非一流的乐队来说，指挥家的权威也是很重要的。

33. 某公司 30 岁以下的年轻员工中有一部分报名参加了公司在周末举办的外语培训班。该公司的部门经理一致同意在本周末开展野外拓展训练。所有报名参加外语培训班的员工都反对在本周末开展野外拓展训练。

根据以上信息，可以推出以下哪项？

A. 所有部门经理的年龄都在 30 岁以上。

B. 该公司部门经理中有人报名参加了周末的外语培训班。

C. 报名参加周末外语培训班的员工都是30岁以下的年轻人。

D. 有些30岁以下的年轻员工不是部门经理。

E. 所有30岁以下的年轻员工都做了部门经理。

34. 近年来我国房价快速攀升，政府各部门出台多项措施，以抑制房价的过快增长。但2015年第一季度全国房价仍逆势上扬。有人断言：地价上涨是房价猛涨的罪魁祸首。

以下哪项如果为真，则最能对上述断言提出质疑？

A. 2015年第一季度上海房价比去年同期增长19.1%，地价上升了6.53%。

B. 2015年第一季度北京住宅价格比去年同期增长7.2%，住宅用地价格上涨了0.37%。

C. 华远地产董事长认为，随着土地开发成本的提高，房价一定会增长。

D. 永泰开发公司董事长说："房价的暴涨是因为供应量没有跟上需求。"

E. 地价到底是不是房价上涨的原因，尚待研究。

35. 如果不设法提高低收入者的收入，社会就不稳定；假如不让民营经济的管理者得到回报，经济就上不去。面对收入与分配的两难境地，倡导"效率优先，兼顾公平"是正确的，如果听信"公平优先，兼顾效率"的主张，我国的经济就会回到"既无效率，又不公平"的年代。

以下哪项陈述是上述论证所依赖的假设？

A. 当前社会的最大问题是收入与分配的两难问题。

B. 在收入与分配的两难境地之间，还有第三条平衡的道路可走。

C. "效率与公平并重"优于"效率优先，兼顾公平"和"公平优先，兼顾效率"。

D. 倡导"效率优先，兼顾公平"不会使经济回到"既无效率，又不公平"的年代。

E. 与提高民营经济管理者的回报相比，提高低收入者的收入、维护社会稳定更重要。

36. 去年，有6 000人死于醉酒，有4 000人死于开车，但只有500人死于醉酒开车。因此，醉酒开车比单纯的醉酒或者单纯的开车更安全。

以下哪项陈述如果为真，则将最有力地削弱上述论证？

A. 不能仅从死亡绝对数量的多少判断某种行为方式的安全性。

B. 醉酒导致意识模糊，醉酒开车大大增加了酿成交通事故的危险性。

C. 醉酒开车死亡的数目已分别包含在醉酒死亡的数目和开车死亡的数目之中。

D. 相对于酒驾来说，毒驾的危险性更大。

E. 醉酒死亡的概率不到0.01%，开车死亡的概率是0.015%，醉酒开车死亡的概率是33%。

37. 现代社会中有很多人发胖，长有啤酒肚，体重严重超标，因为他们常常喝啤酒。

对以下各项问题的回答都可能质疑上述论证，除了：

A. 如果人们每天只喝啤酒，吃很少的其他食物，特别是肉食品，他们还会发胖吗？

B. 为什么美国有很多女人和孩子常喝可乐、吃炸鸡和比萨饼，其体重也严重超标？

C. 发胖的人除常喝啤酒外，是否很少进行体育锻炼？

D. 很多发胖的人也同时抽烟，能够说"抽烟导致发胖"吗？

E. 发胖的人除常喝啤酒外，是否经常食用高脂肪食品？

38. 经济学家：中国外汇储备在过去10年的快速增长是中国经济成功的标志之一。没有外汇储备的增长，就没有中国目前的国际影响力。但是，不进行外汇储备投资，就不会有外汇储备的增长。

外汇储备投资面临风险是正常的，只要投资寻求收益，就要承担风险。

以下哪项陈述能从这位经济学家的论述中合乎逻辑地推出？

A. 如果能够承担风险，就会有外汇储备的增长。

B. 如果不进行外汇储备投资，就不用承担风险。

C. 只要进行外汇储备投资，中国就能具有国际影响力。

D. 中国具有目前的国际影响力，是因为中国承担了投资风险。

E. 如果进行科学投资，中国具有当前的国际影响力，不见得必须承担风险。

39. 在某餐馆中，所有的菜或属于川菜系或属于粤菜系，张先生的菜中有川菜，因此张先生的菜中没有粤菜。

以下哪项最能增强上述论证？

A. 餐馆规定，点粤菜就不能点川菜，反之亦然。

B. 餐馆规定，如果点了川菜，可以不点粤菜，但点了粤菜，一定也要点川菜。

C. 张先生是四川人，只喜欢川菜。

D. 张先生是广东人，他喜欢粤菜。

E. 张先生是四川人，最不喜欢粤菜。

40. 在 P 市，尽管骑自行车进行娱乐的人数显著上升，但最近一份来自 P 市交通部门的报告显示，涉及自行车的事故已经连续三年呈现下降趋势。

下列哪一项如果在过去三年中是正确的，则能最好地解释上面事实中明显的矛盾？

A. P 市的娱乐部门没收了被遗弃的自行车，并向任何感兴趣的 P 市居民拍卖出售。

B. P 市不断增加的汽车和公共交通一直是近来不断增加的汽车事故的主要原因。

C. 由于骑自行车进行娱乐的当地人不断增加，许多外地的自行车爱好者也在 P 市骑自行车。

D. P 市的警察部门向骑自行车的人们颁布了更加严厉的交通法规，开始要求骑自行车进行娱乐的人要通过一项自行车安全课程。

E. P 市的交通部门取消了一项规定，该规定要求所有的自行车每年都要进行检查和注册。

41. 历史并非清白之手编织的网，使人堕落和道德沦丧的一切原因中，权力是最永恒、最活跃的。因此，应该设计出一些制度，限制和防范权力的滥用。

下面哪个假设能够给予上述推理最强的支持？

A. 应该设法避免使人堕落和道德沦丧。

B. 权力常常使人堕落和道德沦丧。

C. 没有权力的人就没有机会在道德上堕落。

D. 一些堕落和道德沦丧的人通常拥有很大的权力。

E. 限制和防范权力的滥用需要付出很多努力才能实现。

42. 某城市的房地产开发商只能通过向银行直接贷款或者通过预售商品房来筹集更多的开发资金。因此，如果政府不允许银行增加对房地产业的直接贷款，该市的房地产开发商将无法筹集到更多的开发资金。

以下哪个选项如果为真，则最能支持上述论证？

A. 有的房地产开发商预售商品房后携款潜逃，使得工程竣工遥遥无期。

B. 开发商无法从第三方平台取得贷款。

C. 建筑施工企业不愿意垫资施工。

D. 部分开发商销售期房后延期交房，使得很多购房者对开发商心存疑惑。

E. 中央银行取消了商品房预售制度。

43. 一项调查结果显示：78%的儿童中耳炎患者均来自二手烟家庭。研究人员表示，二手烟环境会增加空气中的不健康颗粒，其中包括尼古丁和其他有毒物质。与居住在无烟环境中的孩子相比，居住在二手烟环境中的孩子患中耳炎的概率更大。因此，医学专家表示，父母等家人吸烟是造成儿童罹患中耳炎的重要原因。

以下哪项如果为真，则最能削弱上述论证？

A. 调查还显示，无烟家庭的比率呈逐年上升的趋势。

B. 研究证明，二手烟家庭中儿童中耳炎的治愈率较高。

C. 门诊数据显示，儿童中耳炎就诊人数下降了 4.6%。

D. 在这次调查的人群中，只有 20% 的儿童来自无烟家庭。

E. 成年中耳炎患者来自二手烟家庭的比例只有 30%。

44. 由于猪肉的季节性短缺，为了保证学生摄入足够的蛋白质，学校伙食科决定购用鱼类代替猪肉作为学生所需的蛋白质的主要副食品来源。尽管猪肉的每公斤单价平均要比鱼类贵，但是，为了使学生所摄入的蛋白质不低于食用猪肉时的标准，学校伙食科需要支付更多的钱来购买主要副食品。

以下哪项最能合理地解释以上陈述？

A. 学校伙食科的财务管理存在漏洞。　　B. 学校将支出更多的学生伙食补贴。

C. 有些鱼类的单价要比猪肉贵。　　　　D. 每千克鱼类的蛋白质含量要低于猪肉。

E. 每千克猪肉的蛋白质含量要低于鱼类。

45. 美国计划在捷克建立一个雷达基地，将它与波兰境内的导弹基地构成一个导弹防护罩，用以对付伊朗的导弹袭击。为此美国与捷克在 2008 年先后签署了两个军事协议。捷克官员认为，签署协议可以使捷克联合北约盟友，借助最好的技术设备，确保本国的安全。

以下哪项陈述如果为真，则能够对捷克官员的断言提出最大的质疑？

A. 根据捷克与美国的协议，美国对其在捷克境内的基地有指导权和管理权。

B. 捷克大部分民众反对美国在捷克建立反导雷达基地。

C. 捷克大部分民众认为美国在捷克建立反导雷达基地将严重损害当地民众的安全和利益。

D. 在捷克与美国签署有关雷达基地协议的当天，俄罗斯声称，俄罗斯的导弹将瞄准该基地。

E. 捷克与美国签署协议后，美国会为捷克提供大量新式武器。

46. 在获得诺贝尔文学奖后，马尔克斯居然还能写出《一场事先张扬的人命案》这样一个叙述紧凑、引人入胜的故事，一部真正的悲剧作品，实在令人吃惊。

上述评论所依赖的假设是：

A. 马尔克斯在获得诺贝尔文学奖之前，写出了许多优秀的作品。

B. 作家在获得诺贝尔文学奖之后，他的所有作品都会令人惊讶。

C. 马尔克斯在获得诺贝尔文学奖之后，所写的作品仍然相当引人入胜。

D. 作家在获得诺贝尔文学奖之后，几乎不能再写出引人入胜的作品。

E. 作家在获得诺贝尔文学奖之前，可以写出引人入胜的作品。

47. 在日前的总统选举中民主党派候选人大获全胜，国内知名分析家认为这倒不是代表人们多么看好该候选人，而是与上一个五年共和党派执政期间该国中产阶级的大量工作流失有很大关系。在 2013 年到 2016 年期间，公共部门减少的就业总量多于私人部门增加的就业总量。然而共和党派也一直提供数据辩称，在 2013 年和 2016 年该国的失业率相同。

    如果两派公布的数据都属实，则下面哪一项关于该国的陈述一定是正确的？

    A. 该国在 2016 年的劳动力数量少于 2013 年。

    B. 从 2013 年到 2016 年间，对已有工作的竞争加强了。

    C. 该国的总就业数量从 2013 年到 2016 年有所增加。

    D. 在 2013 年和 2016 年被统计为失业的人数量相等。

    E. 2016 年，在私人部门求职的人比在公共部门求职的人多。

48. 某饭局上有四个商人在谈生意，他们分别是上海人、浙江人、广东人和福建人。他们做的生意分别是服装加工、服装批发和服装零售。其中：

    (1) 福建人单独做服装批发。

    (2) 广东人不做服装加工。

    (3) 上海人和另外某人同做一种生意。

    (4) 浙江人不和上海人同做一种生意。

    (5) 每个人只做一种生意。

    由以上条件可以推出上海人所做的生意是：

    A. 服装加工。　　　　　　　　　　　　B. 服装批发。

    C. 服装零售。　　　　　　　　　　　　D. 和广东人不做同一种生意。

    E. 无法确定。

49. 对山东省和江苏省的每亩粮食产量进行的一次为期 10 年的对比分析结果表明，当仅以种植面积比较时，江苏省的产量是山东省的 72%。但当对农业总面积(包括种植面积和休耕面积)进行比较时，江苏省的产量是山东省的 118%。

    根据以上信息，关于山东省和江苏省在这 10 年间的农业情况，下面哪项能被最可靠地推断出来？

    A. 山东省农业总面积中休耕地的比例要大于江苏省。

    B. 山东省休耕地面积多于耕地面积。

    C. 江苏省闲置的可用农业面积要比山东省少。

    D. 江苏省的耕地面积多于休耕地面积。

    E. 江苏省生产的粮食要比山东省多。

50. 分手不仅令人心理痛苦，还可能造成身体疼痛。美国研究人员征募的 40 名志愿者，他们在过去半年中被迫与配偶分手，至今依然相当介意遭人拒绝。研究人员借助功能性磁共振成像技术观察志愿者的大脑活动，结果发现他们对分手等社会拒绝行为产生反应的大脑部位与对躯体疼痛产生反应的部位重合。因此，分手这类社会拒绝行为会引起他们的躯体疼痛。

    上述论证如果正确，则以下哪项必须假设？

A. 个体对于疼痛的感受与社会应激事件有密切关系。
B. 功能性磁共振技术是目前进行大脑定位的常用方法。
C. 个体情绪等心理过程的改变能影响其生理反应。
D. 生理反应与心理反应可以通过大脑产生关联。
E. 生理上的痛苦总是通过心理活动来体现的。

51. 有专家认为，一个人心理健康是他行为得体的前提，行为得体又是与人和谐相处的基础。能与人和谐相处，就证明这个人的心理品质足够好。

以下哪项最不符合专家的观点？

A. 一个心理不健康的人不能与人和谐相处。
B. 一个行为不得体的人不能与人和谐相处。
C. 一个心理健康并且行为得体的人能与人和谐相处。
D. 能与人和谐相处的人，他的行为就是得体的。
E. 心理品质不足够好的人不能与人和谐相处。

52～54题基于以下题干：

一座塑料大棚中有6块大小相同的长方形菜池，按照从左到右的顺序依次排列为：1、2、3、4、5和6号。而且1号与6号不相邻。大棚中恰好需要种6种蔬菜：Q、L、H、X、S和Y。每块菜池只能种植其中的一种。种植安排必须符合以下条件：

①Q在H左侧的某一块菜池中种植。
②X种植在1号或6号菜池。
③3号菜池种植Y或S。
④L紧挨着S的右侧种植。

52. 如果S种植在偶数号的菜池中，则以下哪项陈述必然为真？

A. L紧挨着S左侧种植。　　B. H紧挨着S左侧种植。
C. Y紧挨着S左侧种植。　　D. X紧挨着S左侧种植。
E. H紧挨着Q左侧种植。

53. 如果S和Q种植在奇数号的菜池中，则以下哪项陈述可能为真？

A. H种植在1号菜池。　　B. Y种植在2号菜池。
C. H种植在4号菜池。　　D. L种植在5号菜池。
E. L种植在1号菜池。

54. 以下哪项陈述不可能为真？

A. Y种植在X右侧的某一块菜池中。　　B. X紧挨着Y的左侧种植。
C. S种植在Q左侧的某一块菜池中。　　D. H紧挨着X的右侧种植。
E. H紧挨着Q的右侧种植。

55. 任何一片水域能否保持生机，主要取决于它是否有能力保持一定量的溶解于其中的氧气。如果倒进水中的只是少量的污物，鱼类一般不会受到影响，水中的细菌仍能发挥作用，分解污物，因为该片水域能从空气和水中植物那里很快使氧气的消耗得到恢复。

以下哪项最可能是上述陈述的一个结论？

A. 充足的水中植物即可使水域保持生机。
B. 氧气在细菌分解污物的过程中被消耗。
C. 细菌在分解污物的过程中可以产生氧气。
D. 水中植物可以通过分解污物产生新的氧气。
E. 充足的水中植物不能使水域保持生机。

四、写作：第 56～57 小题，共 65 分。其中论证有效性分析 30 分，论说文 35 分。请答在答题纸相应的位置上。

56. 论证有效性分析：分析下述论证中存在的缺陷和漏洞，选择若干要点，写一篇 600 字左右的文章，对该论证的有效性进行分析和评论。（论证有效性分析的一般要点是：概念特别是核心概念的界定和使用是否准确并前后一致，有无各种明显的逻辑错误，论证的论据是否成立并支持结论，结论成立的条件是否充分等。）

近日深圳、广州地铁率先推出了"女性专用车厢"，为频频遭受"咸猪手"的女性乘客提供乘车便利和安全空间。这一举措看似是对女性的关爱，实则恰恰是女权的惨败。

在广州和深圳试行的"女性专用车厢"里，女性乘客寥寥无几，却有近 6 成男性乘客无视"女性优先"几个大字，站在女性车厢里气定神闲。既然如此，"女性专用车厢"对女性的关爱从何体现？

设置"女性专用车厢"这一举措显然没能切中女性乘客真正的痛点，让乘坐地铁出行的女同胞最头疼的"咸猪手"，也并不能靠设置"女性专用车厢"来解决。治安混乱，所以晚上别出门了；侵犯频发，所以以后穿多点；色狼太多，所以设个女性专区。这些恰恰不是对女性的关爱，而是对恶势力的妥协。

在女权主义盛行的美国，地铁上也从未出现过所谓的"女性专用车厢"。不仅是美国，世界上大多数国家也没有采取这一举措，难道这些国家的女性就没有被关爱吗？

再说，为什么仅仅设置"女性专用车厢"，不设置"男性专用车厢"呢？这难道不是对男性的歧视吗？又如何体现"男女平等"呢？

其实，不只是"女性专用车厢"，类似这种所谓"关爱"女性的政策和改变还有很多，甚至到了可笑和暗含歧视的地步。比如，女性专用停车位比标准停车位宽出 50 厘米，这不是在保护女性，而是在嘲笑女司机的开车技术。

所以，"女性专用车厢"不但不应该被提倡，反而应该尽早取缔，只有这样，才能真正实现男女平等，实现女权主义者的诉求。

57. 论说文：根据下述材料，写一篇 700 字左右的论说文，题目自拟。

穷则变，变则通，通则久。

——《易经》

答案速查

一、问题求解

　　1~5　ACCBC　　　　6~10　BCDCD　　　　11~15　DABDA

二、条件充分性判断

　　16~20　BDBBC　　　21~25　DDDAA

三、逻辑推理

　　26~30　EBBCB　　　31~35　EDDBD　　　36~40　EBDAD

　　41~45　BEDDD　　　46~50　DACAD　　　51~55　CCBDB

四、写作

　　略

答案详解

一、问题求解

1. A

【解析】母题 11·等比定理与合比定理

方法一：设 k 法.

设 $\dfrac{b+c}{a}=\dfrac{a+c}{b}=\dfrac{a+b}{c}=k \Rightarrow b+c=ak$，$a+c=bk$，$a+b=ck$.

三个式子相加，可得 $(2-k)(a+b+c)=0$，则 $k=2$ 或 $a+b+c=0$.

当 $a+b+c=0$ 时，代入 $\dfrac{b+c}{a}=k$ 有 $\dfrac{-a}{a}=k=-1$. 所以 k 的值为 2 或 -1.

又因为 $t=\dfrac{1}{k}$，所以 $t=\dfrac{1}{2}$ 或 -1.

方法二：等比定理法.

欲使用等比定理，先判断分母之和是否为 0，故分两类讨论：

① 当 $a+b+c=0$ 时，$b+c=-a$，代入题干，可知 $t=-1$；

② 当 $a+b+c\neq 0$ 时，由等比定理，可知

$$\dfrac{a}{b+c}=\dfrac{b}{c+a}=\dfrac{c}{a+b}=\dfrac{a+b+c}{b+c+c+a+a+b}=\dfrac{a+b+c}{2(a+b+c)}=\dfrac{1}{2}=t,$$

综上，$t=\dfrac{1}{2}$ 或 -1.

当 $t=\dfrac{1}{2}$ 时，$y=\dfrac{1}{2}x+\dfrac{1}{4}$，图像过第一、二、三象限；

当 $t=-1$ 时，$y=-x+1$，图像过第一、二、四象限.

所以该函数图像一定过第一、二象限.

2. C

【解析】母题 25·整式的除法与余式定理

由余式定理,可得 $f(x)$ 除以 $ax-b$,除式 $ax-b=0$ 时,被除式等于除式,即 $f\left(\dfrac{b}{a}\right)=$ 余式. 故本题中,将 $x=2$ 代入方程,可得 $f(2)=16-12+2k-6=4$,解得 $k=3$.

3. C

【解析】母题 58·阴影部分面积

设内切圆的半径为 x,各部分线段长度如图 10-3 所示,由勾股定理知 $AC=10$,则有
$$(6-x)+(8-x)=10,解得 x=2.$$
所以,$S_{阴影}=S_{\triangle ABC}-S_{圆}=\dfrac{6\times 8}{2}-\pi\times 2^2=24-4\pi$.

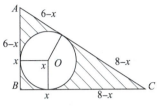

图 10-3

4. B

【解析】母题 59·空间几何体问题

设此长方体的长、宽、高分别是 a 厘米,b 厘米,c 厘米,根据题意,可得 $\begin{cases} a^2+b^2+c^2=14, \\ ab+bc+ac=11. \end{cases}$

故这个长方体所有的棱长之和为
$$4(a+b+c)=4\sqrt{(a+b+c)^2}$$
$$=4\sqrt{a^2+b^2+c^2+2ab+2bc+2ac}$$
$$=4\sqrt{14+2\times 11}$$
$$=24(厘米).$$

5. C

【解析】母题 36·韦达定理问题

由题干可知,方程有实根,故 $\Delta=m^2-4(2m-1)=m^2-8m+4\geqslant 0$.

由韦达定理,可知 $x_1+x_2=m$,$x_1x_2=2m-1$,故
$$x_1^2+x_2^2=(x_1+x_2)^2-2x_1x_2=m^2-2(2m-1)=7,$$
解得 $m_1=5(\Delta<0,舍去)$,$m_2=-1$,故有
$$(x_1-x_2)^2=(x_1+x_2)^2-4x_1x_2=1+12=13.$$

6. B

【解析】母题 97·工程问题

令总工程量为 1,设此项工程预期完工需要 x 天,则由题意可知,甲队工作效率为 $\dfrac{1}{x}$,乙队工作效率为 $\dfrac{1}{x+5}$.

方案(3)中,甲队工作 4 天,乙队工作 x 天正好如期完工,可得

$$4\frac{1}{x}+x\frac{1}{x+5}=1, 解得 x=20.$$

方案(1)：工程款为 $1.5x=1.5\times 20=30$(万元)；

方案(2)：工程款为 $1.1\times(20+5)=27.5$(万元)；

方案(3)：工程款为 $4\times(1.5+1.1)+(20-4)\times 1.1=28$(万元).

所以方案(2)最节省工程款.

7. C

【解析】母题6·整数不定方程问题＋母题71·排列组合的基本问题

假设有 n 名选手，则共有 $C_n^2=\frac{n(n-1)}{2}$ 场比赛，由于每场比赛共得2分，则总分应为 $n(n-1)$. 相邻两自然数乘积的末位数字只能是0，2，6，因此总分只能是1980. 由 $n(n-1)=1980$，可解得 $n_1=45$，$n_2=-44$(舍去)，则参加比赛的选手有45个.

8. D

【解析】母题71·排列组合的基本问题

甲同学在除枫泾外的其他3个景点选2个，有 C_3^2 种选择；乙、丙两名同学分别在4个景点选3个，均有 C_4^3 种选择.

由于甲、乙、丙三名同学的选择是相互独立的，故由乘法原理得，三名同学不同的选择方案共有 $C_3^2 C_4^3 C_4^3 = 48$(种).

9. C

【解析】母题93·增长率问题

设去年甲仓库有存货 x，乙仓库有存货 y，则由题干，得 $\frac{1.8x}{0.9y}=\frac{4}{1}$，解得 $x=2y$.

故可知 $\frac{1.8x+0.9y}{x+y}=\frac{3.6y+0.9y}{2y+y}=\frac{3}{2}$，$\left(\frac{3-2}{2}\right)\times 100\%=50\%$，所以，今年甲、乙仓库的总存货比去年增加50%.

【**快速得分法**】赋值法.

设今年甲仓库有存货4，乙仓库有存货1，则去年甲仓库有存货 $\frac{4}{1+\frac{4}{5}}=\frac{20}{9}$，乙仓库有存货 $\frac{1}{1-\frac{1}{10}}=\frac{10}{9}$，

$\frac{4+1}{\frac{20}{9}+\frac{10}{9}}\times 100\%=150\%$，故今年的总存货比去年增加50%.

10. D

【解析】母题63·直线和圆的位置关系

$y=3-\sqrt{4x-x^2} \Rightarrow (x-2)^2+(y-3)^2=4(y\leqslant 3)$，由题意可得图像，如图10-4所示.

设 l_1，l_2 为直线 $y=x+b$ 与半圆有交点时的临界线，则直线 l_1 过点 $(0,3)$，可得 $b=3$；

直线 l_2 与圆相切，则圆心 $(2,3)$ 到直线 $y=x+b$ 的距离等于半径，即

$$d=\frac{|2-3+b|}{\sqrt{2}}=2.$$

解得 $b=1+2\sqrt{2}$ 或 $b=1-2\sqrt{2}$，其中 $b=1+2\sqrt{2}>3$(舍).

综上，当直线 $y=x+b$ 界于 l_1 和 l_2 之间时，与半圆有交点，此时 $b\in[1-2\sqrt{2},3]$.

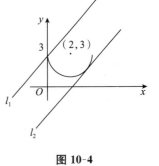

图 10-4

11. D

【解析】母题 33·一元二次函数的基本题型

要保证两方程只有一个公共根，故两方程系数不能相同，即 $m\neq n$.

由题意可得 $x^2+2mx+n=x^2+2nx+m$ 有解，即为 $x=\dfrac{m-n}{2(m-n)}=\dfrac{1}{2}$，

将其代入方程，可得 $m+n=-\dfrac{1}{4}$.

12. A

【解析】母题 25·整式的除法与余式定理

令 $f(x)=(x^2-3x+2)g(x)+r(x)$，又因为 $x^2-3x+2=(x-1)(x-2)$，由余式定理可得
$$f(1)=r(1)=7,\ f(2)=r(2)=12.$$
将五个选项分别代入，发现 A 项符合，故选 A.

13. B

【解析】母题 29·其他整式化简求值问题

由 $a+x^2=1\,997$，$b+x^2=1\,999$，$c+x^2=1\,998$，三式分别相减可得
$$b-a=2,\ b-c=1,\ c-a=1.$$

方法一：

因为 $abc=24$，故
$$\dfrac{a}{bc}+\dfrac{b}{ac}+\dfrac{c}{ab}-\dfrac{1}{a}-\dfrac{1}{b}-\dfrac{1}{c}=\dfrac{a^2+b^2+c^2-ab-ac-bc}{abc}$$
$$=\dfrac{(a-b)^2+(b-c)^2+(c-a)^2}{2abc}$$
$$=\dfrac{1}{8}.$$

方法二：

因为 $abc=24$，故解方程组 $\begin{cases}b-c=1,\\ c-a=1,\\ abc=24,\end{cases}$ 解得 $\begin{cases}a=2,\\ b=4,\\ c=3.\end{cases}$

将其代入所求式子，可得
$$\dfrac{a}{bc}+\dfrac{b}{ac}+\dfrac{c}{ab}-\dfrac{1}{a}-\dfrac{1}{b}-\dfrac{1}{c}=\dfrac{1}{8}.$$

14. D

【解析】母题 69·解析几何最值问题

方法一：由题意可知，DB 是正方形 $ABCD$ 的对角线，当 D 点运动到 $(-1,0)$ 时，DB 最长，为 $1+5=6$. 此时，正方形 $ABCD$ 的面积 S 最大，边长为 $\dfrac{6}{\sqrt{2}}=3\sqrt{2}$. 正方形 $ABCD$ 的面积

$$S=(3\sqrt{2})^2=18.$$

方法二：正方形的面积＝边长的平方＝$\frac{1}{2}×$对角线的平方，故正方形对角线的平方与面积成正比．所以，当对角线最长时，正方形 $ABCD$ 的面积 S 最大．

本题中，当 D 点运动到 $(-1,0)$ 时，DB 最长，为 $5+1=6$．正方形 $ABCD$ 的面积 $S=\frac{1}{2}×6^2=18$．此时，面积达到最大．

15. A

【解析】母题 69·解析几何最值问题

如图 10-5 所示，作圆 C_1 关于 x 轴的对称圆 C_1'：$(x-2)^2+(y+3)^2=1$，连接 $C_1'C_2$ 交 x 轴于 P，交圆 C_2 于 N，交圆 C_1' 于 M'，连接 C_1P 交圆 C_1 于 M．

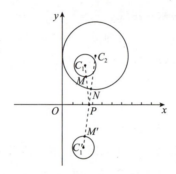

图 10-5

此时 $PM+PN$ 有最小值，且 $PM+PN=PM'+PN$，其值为

$$M'N=C_1'C_2-1-3=\sqrt{[4-(-3)]^2+(3-2)^2}-4=5\sqrt{2}-4.$$

二、条件充分性判断

16. B

【解析】母题 67·解析几何中的面积问题＋母题 65·图像的判断

画图易知，$|x-a|+|y-b|=c$ 的图像是以 (a,b) 为中心、对角线为 $2c$ 的正方形．

条件(1)：$|x-2|+|y|=2$ 所围成的区域的图像是以 $(2,0)$ 为中心、对角线为 4 的正方形，故其面积为 $(2\sqrt{2})^2=8\neq 18$，条件(1)不充分．

条件(2)：$|x|+|y-1|=3$ 所围成的区域的图像是以 $(0,1)$ 为中心、对角线为 6 的正方形，故其面积为 $(3\sqrt{2})^2=18$，条件(2)充分．

【快速得分法】直接利用母题技巧：$|Ax-a|+|By-b|=C$，当 $A=B$ 时，函数图像为正方形，面积为 $S=\frac{2C^2}{AB}$ 求解即可．

17. D

【解析】母题 27·形如 $x+\frac{1}{x}$ 的问题

设 $x+\frac{1}{x}=a$，有 $x^2+\frac{1}{x^2}=a^2-2$，且 $x^4+\frac{1}{x^4}=(a^2-2)^2-2$．

根据立方和公式，有

$$x^6+\frac{1}{x^6}=(x^2)^3+\left(\frac{1}{x^2}\right)^3=\left(x^2+\frac{1}{x^2}\right)\left(x^4-1+\frac{1}{x^4}\right)=(a^2-2)[(a^2-2)^2-2-1].$$

将条件(1)和条件(2)代入，均充分．

18. B

【解析】母题 44・等差数列基本问题

条件(1)：由 $(a-c)^2=-4(b+a)(c+b)$，可得
$$a^2+c^2-2ac+4bc+4ac+4ab+4b^2=0,$$
$$(a+c)^2+4b(a+c)+4b^2=0,$$
$$(a+c+2b)^2=0,$$

故 $a+c=-2b$，所以，a,b,c 不成等差数列，条件(1)不充分．

条件(2)：由 $(a-c)^2=4(b-a)(c-b)$，可得
$$a^2+c^2-2ac-4bc+4ac-4ab+4b^2=0,$$
$$(a+c)^2-4b(a+c)+4b^2=0,$$
$$(a+c-2b)^2=0,$$

故 $a+c=2b$，所以，a,b,c 成等差数列，条件(2)充分．

19. B

【解析】母题 76・相同元素的分配问题

因为题干并未提及是否可以是空盒，即每个盒子至少分到 0 个球，采用增加元素法，增加 3 个元素，则题干等价于 11 个球放入 3 个盒子，且每个盒子均不可以为空．根据挡板法可知，共有 $C_{10}^2=45$(种)可能．故条件(1)不充分，条件(2)充分．

20. C

【解析】母题 18・平均值问题

显然条件(1)和条件(2)单独都不充分，故考虑联立．

由条件(1)可得 $x_1+x_2+\cdots+x_n=na$；

由条件(2)可得 $b=\dfrac{x_1+x_2+\cdots+x_n+a}{n+1}=\dfrac{na+a}{n+1}=a.$

故联立两个条件充分．

21. D

【解析】母题 72・排队问题

条件(1)：甲不在队首、队尾，则在中间两个位置选一个，为 C_2^1，剩下 3 人全排列，A_3^3．故
$$P=\frac{C_2^1 A_3^3}{A_4^4}=\frac{1}{2}=0.5,$$

条件(1)充分．

条件(2)：插空法．丙丁全排列，为 A_2^2；甲乙在丙丁之间形成的 3 个空中插空，为 A_3^2，故
$$P=\frac{A_2^2 A_3^2}{A_4^4}=\frac{1}{2}=0.5,$$

条件(2)充分．

22. D

【解析】母题 98·行程问题

设甲、乙的速度分别为 x 千米/小时、y 千米/小时.

1小时后分别到达各自的终点A,B,则A,B之间的距离为$(x+y)$千米.

条件(1):$\dfrac{y \cdot 1}{x} - \dfrac{x \cdot 1}{y} = \dfrac{35}{60} = \dfrac{7}{12}$,令 $m = \dfrac{x}{y}$,则 $\dfrac{1}{m} - m = \dfrac{7}{12}$,整理得 $m^2 + \dfrac{7}{12}m - 1 = 0$,解得 $m_1 = \dfrac{3}{4}$,$m_2 = -\dfrac{4}{3}$(舍去),所以 $\dfrac{x}{y} = \dfrac{3}{4}$,条件(1)充分.

条件(2):甲的速度保持不变,故两次路程之比等于时间之比,由此可知

$$\dfrac{140}{60} = \dfrac{x+y}{x},$$

得 $\dfrac{x}{y} = \dfrac{3}{4}$,条件(2)充分.

23. D

【解析】母题 1·整除问题

因为 $(m+1)^3 - (m+1)(m^2 - m + 1) = 3m(m+1)$.

当 m 为整数时,$m(m+1)$ 一定是偶数,则可以被2整除,又因为原式一定能被3整除,故原式能被6整除. 显然,条件(1)和条件(2)都充分.

24. A

【解析】母题 47·等比数列基本问题

条件(1):由条件易知 $q^2 \neq 1$,原式可化为 $\begin{cases} a_1(q^4 + q^5) = 48, \\ a_1(q^6 - q^4) = 48, \end{cases}$ 解得 $a_1 = 1$,$q = 2$.

故 S_{10} 的值可唯一确定,条件(1)充分.

条件(2):原式可化为 $\begin{cases} a_m a_n = 9, \\ a_m^2 + a_n^2 = 18, \end{cases}$ 解得 $a_m = a_n = 3$ 或 $a_m = a_n = -3$.

故 S_{10} 的值不能唯一确定,条件(2)不充分.

25. A

【解析】母题 37·根的分布问题

令 $t = x^2$,$t > 0$,所以原方程化为 $t^2 - 2t + k = 0$.

原方程有四个相异实根,即 $t^2 - 2t + k = 0$ 有两个不相等的正实根,所以有

$$\begin{cases} \Delta = 4 - 4k > 0, \\ t_1 + t_2 = 2 > 0, \\ t_1 t_2 = k > 0, \end{cases} \text{解得 } 0 < k < 1.$$

因为 $0 < k < \dfrac{1}{2}$ 在 $0 < k < 1$ 范围内,故条件(1)充分,同理,条件(2)不充分.

三、逻辑推理

26. E

【解析】母题 15·论证型削弱题

题干：纳税也是公民的权利，起征点太高，就剥夺了低收入者作为纳税人的荣誉 —证明→ 个人所得税起征点不宜太高。

A项，诉诸众人，世界各国怎么征税不代表我国就要这样征税，每个国家都有自己的国情。

B项，支持题干，支持"起征点太高，就剥夺了低收入者作为纳税人的荣誉"。

C项，无关选项，个人所得税的作用与官员的观点无关。

D项，无关选项。

E项，可以削弱，说明即使不交个人所得税，只要购买并消费商品，照样是纳税人。

27. B

【解析】母题40·复杂匹配与题组

由"杰克请了琳达跳舞"可知，杰克不是琳达的丈夫。

再由"露丝的丈夫正和爱丽思跳舞"可知，这个人不是杰克，即杰克不是露丝的丈夫。

故杰克是爱丽思的丈夫，他正在与琳达跳舞。

再由"迈克的舞伴(不是琳达)是詹姆斯的妻子(不是爱丽思)"可知，詹姆斯的妻子是露丝。

故夫妻关系为：杰克——爱丽思，迈克——琳达，詹姆斯——露丝，即B项正确。

28. B

【解析】母题33·评价题

题干：在任何一个国家的医院，医疗事故致死的概率不低于0.3% —证明→ 即使是癌症患者也不应当去医院治疗，因为去医院治疗会增加死亡的风险。

A项，无关选项，"不遭遇医疗事故但最终也会死于癌症的人的比例"与"因为医疗事故而致死的概率"无关。

B项，使用<u>求异法</u>，若去医院治疗的癌症患者的死亡率低于不去医院治疗的癌症患者的死亡率，则削弱题干；反之，则支持题干。故B项对评估上述论证最为重要。

C、D、E项，均为无关选项。

29. C

【解析】母题29·概括结论题

网友："知识改变命运，没有知识也改变命运。"<u>网友前后所说的"改变"并非同一概念</u>，第一个"改变"是指由不好变好，而第二个"改变"是指由好变不好，故C项正确。

A项，不正确，没有指出题干中两个"改变"的区别。

B项，无关选项，题干中没有提到权力和金钱。

D项，不正确，与网友表达的意思相反。

E项，推理过度。

30. B

【解析】母题5·箭头的串联＋母题9·对当关系

将题干信息形式化：

①许多温和宽厚的教师→好教师。

②有的严肃∧不讲情面的教师→好教师。

③好教师→学识渊博。

将题干信息①、③串联得：<u>许多温和宽厚的教师→好教师→学识渊博</u>。

将题干信息②、③串联得：<u>有的严肃∧不讲情面的教师→好教师→学识渊博</u>。

A项，可真可假，许多温和宽厚的教师→学识渊博，"许多"可以推"有的"，"有的"不能推"许多"，因此题干可以得出"有的学识渊博的教师是温和宽厚的"。

B项，有的严肃∧不讲情面的教师→学识渊博，运用"有的互换原则"，可得"有的学识渊博→严肃∧不讲情面的教师"，为真。

C项，不能推出，题干中"所有的好教师都是学识渊博的人"，不能得出"所有学识渊博的教师都是好教师"。

D项，可真可假，题干得出"有的学识渊博的教师是好教师"为真，与"有些学识渊博的教师不是好教师"是下反对关系，因此，可真可假。

E项，可真可假，"有的严肃且不讲情面的教师是好教师"为真，无法断定"所有严肃且不讲情面的教师都是好教师"的真假。

31. E

【解析】母题6·假言命题的负命题

题干：<u>不得仅仅因为法律禁止，就不授予那些发明专利权</u>。

E项，法律禁止，所以，不授予那些发明专利权，与题干矛盾。

其余各项均与题干不矛盾。

32. D

【解析】母题24·措施目的型假设题

题干中有两个关键信息：

①优秀指挥家具有能够让一流乐队反复进行排练的权威。

②这种权威必须通过赢得乐队对他所追求的艺术见解的尊重才能获得。

两者出现了矛盾，艺术见解只有通过反复排练才能被充分表现出来，如果一个指挥家在没有指挥乐队反复排练前，怎样才能让乐队了解并尊重其艺术见解呢？这就需要搭桥，即必须假设：即使一种艺术见解还没有被充分地表现出来，一流乐队也能够领悟这种艺术见解的优点。故 D 项正确。

33. D

【解析】母题5·箭头的串联

将题干信息形式化：

①有些 30 岁以下的员工→参加外语培训班。

②部门经理→￢同意野外拓展＝同意野外拓展→￢部门经理。

③参加外语培训班→￢同意野外拓展。

将题干信息①、③、②串联可得：<u>有些 30 岁以下的员工→参加外语培训班→￢同意野外拓展→￢部门经理</u>。

故有：有些 30 岁以下的年轻员工不是部门经理，D项正确。

34. B

【解析】母题16·因果型削弱题

题干：地价上涨 —导致→ 房价猛涨。

A项，不能削弱，房价增长19.1%，地价上升了6.53%，说明房价的增长可能与地价上升有关。

B项，可以削弱，住宅用地价格增长率远远低于住宅价格增长率，不能说明二者之间存在直接的关系。

C、D项，诉诸权威。

E项，诉诸无知。

35. D

【解析】母题22·论证型假设题

题干：倡导"效率优先，兼顾公平"是正确的，如果听信"公平优先，兼顾效率"的主张，我国的经济就会回到"既无效率，又不公平"的年代。

A项，"最大问题"，过于绝对化，不必假设。

B项，无关选项，题干未涉及"第三条平衡的道路"。

C项，无关选项，题干未提及"效率与公平并重"。

D项，必须假设，否则，如果"效率优先，兼顾公平"也会使经济回到"既无效率，又不公平"的年代，那么就无法说明倡导"效率优先，兼顾公平"是正确的。

E项，无关选项，题干不涉及提高民营经济管理者的回报和提高低收入者的收入、维护社会稳定之间的比较。

36. E

【解析】母题15·论证型削弱题

题干：有6 000人死于醉酒，有4 000人死于开车，但只有500人死于醉酒开车 —证明→ 醉酒开车比单纯的醉酒或者单纯的开车更安全。

A项，诉诸无知。

B项，可以削弱题干，但力度不如E项。

C项，此项指出了题干论证中的一个逻辑漏洞，但并不能使题干的结论不成立。

D项，无关选项，出现了与题干无关的新比较。

E项，要比较哪种开车方式更安全，仅比较死亡人数没有意义，还要比较死亡概率。此项指出醉酒开车死亡的概率远大于醉酒死亡和开车死亡的概率，有力地削弱了题干。

37. B

【解析】母题16·因果型削弱题

题干：常常喝啤酒 —导致→ 发胖。

A项，可以削弱，如果只喝啤酒，他们不会发胖，则削弱题干。

B项，不能削弱，喝可乐、吃炸鸡等可以使人发胖，并不排斥喝啤酒也会使人发胖。

C项，可以削弱，如果他们是缺乏体育锻炼，则削弱题干，另有他因。

D项，可以削弱，存在其他共变因素"抽烟"，指出有共变关系的未必有因果联系。

E项，可以削弱，如果他们经常食用高脂肪食品，则削弱题干，另有他因。

38. D

【解析】母题5·箭头的串联

将题干信息形式化：

①¬外汇储备增长→¬国际影响力＝国际影响力→外汇储备增长。

②¬外汇储备投资→¬外汇储备增长＝外汇储备增长→外汇储备投资。

③外汇储备投资→承担风险。

将题干信息①、②、③串联得：国际影响力→外汇储备增长→外汇储备投资→承担风险，逆否得：¬承担风险→¬外汇储备投资→¬外汇储备增长→¬国际影响力。

故有：中国目前的国际影响力→承担风险，即D项正确。

其余各项均不正确。

39. A

【解析】母题1·充分与必要

题干中的前提：川菜∨粤菜。

题干中的结论：川菜→¬粤菜。

A项，粤菜→¬川菜，等价于：川菜→¬粤菜，使题干的结论成立，正确。

B项，"可以不点"不代表"一定不点"，故无法推出题干的结论。

C、D、E项均为无关选项，因为"喜欢"或者"不喜欢"与是否点菜无关。

40. D

【解析】母题26·解释现象

题干中的矛盾：骑自行车进行娱乐的人数显著上升，但是涉及自行车的事故却一直在下降。

A项，无关选项。

B项，无关选项，题干讨论的是自行车的事故，并未涉及汽车事故。

C项，增加了更多的自行车爱好者，事故应该增加，加剧题干矛盾。

D项，通过严厉的交通法规，增强了骑自行车的人的安全意识，可以解释题干中的矛盾。

E项，取消所有自行车每年的检查和注册会增加交通事故，加剧题干矛盾。

41. B

【解析】母题21·措施目的型支持题

题干：权力使人堕落和道德沦丧 —导致→ 应该设计出一些制度 —以求→ 限制和防范权力的滥用。

A项，说明应该设法避免使人堕落和道德沦丧，但无法确定这种堕落和道德沦丧是否与权力有关，因此，支持力度弱。

B项，措施有必要，权力确实使人堕落和道德沦丧，支持题干。否则，如果权力不会使人堕落和道德沦丧，那就没有必要限制和防范权力的滥用。

C项，无关选项，题干讨论的是有权力的人，而此项讨论的是没有权力的人。

D项，例证法，指出了"一些人"的例子，但"一些"的力度不如B项中的"常常"。

E项，不能支持题干。

42. E

【解析】母题 5·箭头的串联

题干：筹集更多的开发资金→银行贷款∨预售商品房，等价于：不能银行贷款∧不能预售商品房→无法筹集到更多的开发资金。

题干说，政府不允许银行贷款，所以只需要补充"不能预售商品房"，即可得到题干中"无法筹集到更多的开发资金"的结论，故 E 项正确。

其余各项均不正确。

43. D

【解析】母题 16·因果型削弱题(百分比对比型)

调查中的儿童中耳炎患者：78%的儿童来自二手烟家庭。

D 项，所有被调查儿童：80%的儿童来自吸烟家庭(只有 20%的儿童来自无烟家庭)。

根据求异法可知 D 项削弱"父母等家人吸烟是造成儿童罹患中耳炎的重要原因"。

其余各项均为无关选项。

44. D

【解析】母题 26·解释现象

待解释的矛盾：尽管猪肉的每公斤单价平均要比鱼类贵，但是，为了使学生所摄入的蛋白质不低于食用猪肉时的标准，学校伙食科需要支付更多的钱来购买主要副食品。

猪肉的单价比鱼类贵，但是要摄入等量的蛋白质，学校伙食科需要支付更多的钱买鱼肉，说明学校要买更多的鱼肉，那么就可以得出单位鱼肉的蛋白质含量比猪肉低。

故 D 项正确。

45. D

【解析】母题 17·措施目的型削弱题

捷克官员：签署协议可以使捷克联合北约盟友，借助最好的技术设备，确保本国的安全。

A 项，无关选项。

B、C 项，大部分民众反对签署协议，不代表此措施达不到保护本国安全的目的，诉诸众人。

D 项，可以削弱，说明签署协议会威胁到捷克的安全，措施达不到目的。

E 项，支持题干，说明签署协议会拥有更多的武器，以保障本国的安全。

46. D

【解析】母题 22·论证型假设题

题干：在获得诺贝尔文学奖后，马尔克斯居然还能写出引人入胜的故事，实在令人吃惊。

说明作家在获得诺贝尔文学奖后，应该写不出引人入胜的故事，故 D 项必须假设。

其余各项均不必假设。

47. A

【解析】母题 28·一般推论题

题干有以下信息：

①在 2013 年到 2016 年期间，公共部门减少的就业总量多于私人部门增加的就业总量。

②在 2013 年和 2016 年该国的失业率相同。

A项，失业率相同，说明就业率相同，就业人数减少，那么总劳动力人数减少，可以推出。

B项，无关选项，题干不涉及已有工作的竞争。

C项，与题干信息①矛盾。

D项，与题干信息①矛盾。

E项，无关选项，题干不涉及"求职人数"。

48. C

【解析】母题40·复杂匹配与题组

由题干条件(1)、(2)、(5)知，广东人不做服装批发，也不做服装加工，故广东人做服装零售。

由题干条件(3)知，上海人和另外某人做同一种生意，由题干条件(1)知，此人不是福建人，由题干条件(4)知，此人不是浙江人，故此人一定是广东人。

故上海人和广东人都做服装零售，即C项正确。

49. A

【解析】母题38·数字推理题

由题干可知：

(1) $\dfrac{江苏省粮食总产量}{江苏省种植面积} : \dfrac{山东省粮食总产量}{山东省种植面积} = 72\%$。

(2) $\dfrac{江苏省粮食总产量}{江苏省农业总面积} : \dfrac{山东省粮食总产量}{山东省农业总面积} = 118\%$。

$\dfrac{(2)}{(1)} = \dfrac{江苏省种植面积}{江苏省农业总面积} : \dfrac{山东省种植面积}{山东省农业总面积} = \dfrac{118}{72}$。

故：江苏省农业总面积中种植地的比例大于山东省。

反之，山东省农业总面积中休耕地的比例大于江苏省。

故 A 项正确。

50. D

【解析】题型22·论证型假设题

题干：研究人员借助功能性磁共振成像技术观察志愿者的大脑活动，结果发现他们对分手等社会拒绝行为产生反应的大脑部位与对躯体疼痛产生反应的部位重合 —证明→ 分手这类社会拒绝行为会引起他们的躯体疼痛。

研究人员通过"大脑部位"的反应判断志愿者有"躯体疼痛"，因此，必须搭桥，建立这两者的关联性，故 D 项必须假设。

A项，偷换概念，题干只讨论"分手这类社会拒绝行为"，而不是本项中的"社会应激事件"。

B项，无关选项。

C项，不必假设，题干中研究人员的结论是通过大脑作为媒介，将生理反应与心理反应关联起来，不必假设心理过程的改变影响其生理反应。

E项，假设过度，题干中的论证只需论证分手等心理活动与生理上的疼痛具备相关性即可，不需要假设生理痛苦"总是"通过心理活动来体现。

51. C

【解析】母题 5 · 箭头的串联

题干有以下断定：

①行为得体→心理健康。

②与人和谐相处→行为得体。

③与人和谐相处→心理品质足够好。

将题干断定②和①串联得：<u>与人和谐相处→行为得体→心理健康</u>，逆否得：<u>¬心理健康→¬行为得体→¬与人和谐相处</u>。

故 A、B、D 项为真，C 项可真可假。

由题干断定③逆否可知：心理品质不足够好→¬与人和谐相处，故 E 项为真。

故本题正确答案为 C 项。

52. C

【解析】母题 37 · 方位题

以序号为依据，将题干条件化为不等式：

①Q<H。②X 种植在 1 号或 6 号菜池中。③3 号菜池种植 Y 或 S。④S<L，且二者相邻。

因为 S 种植在偶数号菜池中，则根据题干条件③可得，Y 必然种植在 3 号菜池中。

又由题干条件④可得：S 不能种植在 2 号和 6 号菜池中，则 S 必然种植在 4 号菜池中，故 L 种植在 5 号菜池中。

故 C 项正确。

53. B

【解析】母题 37 · 方位题

根据题干条件①可知，H 不可能种植在 1 号菜池中，故排除 A 项。

根据题干条件④和"S 种植在奇数号的菜池中"可知，L 必然种植在偶数号的菜池中，故排除 D、E 项。

若 C 项为真，则 H 种植在 4 号菜池中，再根据题干条件④可知，S 不种植在 3 号菜池中。则 S 可种植在 1 号或 5 号菜池中，若 S 种植在 1 号菜池中，则 L 种植在 2 号菜池中，根据题干条件③，Y 必然种植在 3 号菜池中，则 Q 必然种植在 5 号菜池中，与题干条件①矛盾。若 S 种植在 5 号菜池中，则 L 种植在 6 号菜池中。因为 Y 必然种植在 3 号菜池中，所以 Q 只能种植在 1 号菜池中，则与题干条件②相违背。因此，排除 C 项。故正确答案为 B 项。

54. D

【解析】母题 37 · 方位题

根据题干条件②可知，X 只能种植在 1 号或 6 号菜池中，若 X 种植在 6 号菜池中，则 D 项显然不能为真。若 X 种植在 1 号菜池中，若 D 项为真，则 H 种植在 2 号菜池中，无法满足题干条件①。因此，D 项不可能为真。

例如，在满足题干要求的情况下，X 种植在 1 号菜池中，Y 种植在 2 号菜池中，S 种植在 3 号菜池中，L 种植在 4 号菜池中，Q 种植在 5 号菜池中，H 种植在 6 号菜池中。A、B、C、E 项均可能为真。

55. B

【解析】母题29·概括结论题

题干：

①任何一片水域，能否保持生机，主要取决于它是否有能力保持一定量的溶解于其中的氧气。

②如果倒进水中的只是少量的污物，鱼类一般不会受到影响，水中的细菌仍能发挥作用，分解污物，因为该片水域能从空气和水中植物那里很快使氧气的消耗得到恢复。

A项，由题干②可知，水域能从空气和水中植物那里获得氧气，所以，不能推出仅有充足的水中植物即可使水域保持生机。

B项，由题干②可知，在细菌分解污物的过程中会有氧气消耗，可以推出。

C项，不符合题干②，不能推出。

D项，由题干只能推出水中植物可以产生新的氧气，但是这些氧气如何产生不能推出。

E项，不能推出。

四、写作

56. 论证有效性分析

【谬误分析】

①6成男性乘客无视"女性优先"，强占"女性专用车厢"，只能说明一些男性道德低下，政府恐怕还需要出台相应配套措施来惩治这种不良行为，以保证"女性专用车厢"这一举措得以落实。无法证明"女性专用车厢"这一举措本身缺乏对女性的关爱。

②因"咸猪手"的存在而设置"女性专用车厢"，并非文中所说的"对恶势力的妥协"。"对恶势力的妥协"应该是对这一现象不闻不问，不采取任何措施。"女性专用车厢"体现的正是对恶势力的抵抗，对弱势群体的保护，正如公交车上设置的"老弱病残专座"。

③美国等世界上大多数国家未采取"女性专用车厢"的举措，不代表这一行动就不是关爱女性的举动。各国国情不同，关爱女性的方式也有很多，别的国家未采取这样的方式，不见得这种方式不好。

④"女性专用车厢"的出现是为了解决女性频频遭受"咸猪手"的问题，而男性未受此种问题的干扰，所以不必专门设置"男性专用车厢"。而且，真正的"男女平等"指的是帮助生理结构上更为弱小的女性，使得男女有同样的生存权利、发展权利，而非男女处处一样。

⑤女性专用停车位的设置在于帮助那些方向感、车感不太好的女性，方便她们进行停车，这难道不是一种关爱女性的行为吗？政府采取的许多政策，比如无障碍卫生间、盲道、爱心专座，等等，其实都是从关爱的角度出发的。

⑥"女性专用车厢"并非实现男女平等的障碍，取缔"女性专用车厢"恐怕也无助于实现男女平等。

参考范文

"女性专用车厢"是女权的惨败吗?

上述材料通过一系列分析,试图得出"'女性专用车厢'是女权的惨败"这一结论。但是,其论证存在诸多不妥之处,分析如下:

首先,6成男性乘客强占"女性专用车厢",只能说明一些男性道德低下,政府恐怕还需要出台相应配套措施来惩治这种不良行为。而且,"女性专用车厢"内男性乘客多、女性乘客少就一定是这一举措不合理吗?指示牌醒目吗?地铁宣传到位吗?很有可能大多数乘客根本不知道有这项举措。

其次,设置"女性专用车厢"就是对恶势力的妥协吗?未必。"对恶势力的妥协"是对这一现象不闻不问、不采取任何措施。而现在政府专门设置"女性专用车厢"试图来阻止这一现象的发生,不正是在关爱女性吗?难道公交车上专门设置"老弱病残孕专座"也是对"不让座"这种行为的妥协吗?

再次,材料试图用"美国等世界上大多数国家未设置女性专用车厢"来证明这种举措是不合理的,未免有诉诸权威的嫌疑。各国国情不同,关爱女性的方式也有很多种,别的国家未采取这样的方式,很可能是因为有更加适合他们自己国情的方式,不见得这种方式在我国就是不好的。

最后,材料认为"设置女性专用停车位,不是关爱女性,是嘲笑女性开车技术",这显然有失妥当。女性与男性相比,由于生理差异,其车感、方向感确实可能稍弱于男性,这就使得她们在使用标准停车位时,需要花费更多的时间和精力。为此,设置专门停车位,怎么会是歧视呢?照这样说,公共洗手间里的无障碍卫生间也是用来嘲笑残障人士了?

综上所述,材料的论证存在诸多逻辑漏洞,难以得出"'女性专用车厢'是女权的惨败"这一结论。

57. 论说文

参考范文

另辟蹊径,才能柳暗花明

老吕写作特训营学员 丁芳芳

古人云:"穷则变,变则通,通则久。"的确,当我们面临"山重水复疑无路"的困境时,一味坚持往往是行不通的,只有放弃固执,适时变通,另辟蹊径,才能"柳暗花明"。

所谓:"变或可存,不变则削",故而坚持成就人生,但人生却要不得一味地坚持。当处事遇到阻碍,过度的坚持,往往会变成毫无意义的固执。项羽自刎乌江,宁死不过江东,正是不懂变通，徒有匹夫之勇；而太史公司马迁，在遭受腐刑之后，本该血溅墙头，可他适时变通，放弃轻生念头，转而发愤著书，终成"史家之绝唱"。同样是被逼到了绝境，司马迁懂得变通而项羽不懂，孰成孰败，自有公论。因此，盲目的固执，只会使人进入一个两难境地，又何必"不撞南墙不回头"呢？

况且，任何事物都是不断变化的，变则通，不变则亡。俗话说："条条大路通罗马。"成功的道路不止一条，适时的变通，才可以在"此路不通"的情况下，找到新的途径，通过其他方式走向成功。刘翔的成功不就正好证明了这一点吗？如果他没有放弃跳高，转向110米跨栏，哪里还有后来突破世界纪录的"飞人"？恐怕，只是一个默默无闻的跳高运动员罢了。可见，灵活的变通，往往会让事情变得豁然开朗，又何必"一条道走到黑"呢？

当然，变通并不是遇到困难就立即放弃，而是当坚持努力仍然无法解决困难时的适当放弃。当执着于既定目标却陷入困境、朝着一个方向努力却找不到解决方法时，通过变通让困难变得易于克服，更有利于自己的发展。这样的变通才是真正意义上的变通。否则，只是把变通当成是逃避困难、投机取巧的借口而已。所以，变通是在坚持过后的思变，知晓此路不通，才另寻出路。

"水随形而方圆，人随势而变通"，与其在南墙上撞得头破血流，还不如另辟蹊径，迎来"柳暗花明"。

绝密★启用前

全国硕士研究生招生考试
管理类专业学位联考综合能力试题
冲刺卷 11

（科目代码：199）

考试时间：8：30—11：30

考生注意事项

1. 答题前，考生须在试题册指定位置上填写考生姓名和考生编号；在答题卡指定位置上填写报考单位、考生姓名和考生编号，并涂写考生编号信息点。
2. 选择题的答案必须涂写在答题卡相应题号的选项上，非选择题的答案必须书写在答题卡指定位置的边框区域内。超出答题区域书写的答案无效；在草稿纸、试题册上答题无效。
3. 填（书）写部分必须使用黑色字迹签字笔或者钢笔书写，字迹工整、笔迹清楚；涂写部分必须使用2B铅笔填涂。
4. 考试结束，将答题卡和试题册按规定交回。

考生编号															
考生姓名															

一、**问题求解**：第1~15小题，每小题3分，共45分。下列每题给出的A、B、C、D、E五个选项中，只有一项是符合试题要求的。请在答题卡上将所选项的字母涂黑。

1. 甲、乙、丙三车同时从A地出发到B地去．甲、乙两车速度分别是60千米/小时和48千米/小时，有一辆卡车同时从B地迎面开来，分别在他们出发后6小时、7小时、8小时先后与甲、乙、丙三车相遇，则丙车的速度为( )．
   A. 35千米/小时   B. 39千米/小时   C. 40千米/小时
   D. 55千米/小时   E. 63千米/小时

2. 不等式 $\dfrac{(x-2)(5-x)^3(x+3)^2}{x+\sqrt{2}}>0$ 的解集是( )．
   A. $(2,5)$ B. $(-\infty,-\sqrt{2})$ C. $(-\sqrt{2},2)$
   D. $(-\infty,3)\cup(2,5)$ E. $(-\infty,-3)\cup(-3,-\sqrt{2})\cup(2,5)$

3. 4只小猴吃桃，第1只猴吃的是其他猴吃的 $\dfrac{1}{3}$，第2只猴吃的是其他猴吃的 $\dfrac{1}{4}$，第3只猴吃的是其他猴吃的 $\dfrac{1}{5}$，第4只猴将剩下的46个桃全吃了，则4只猴子共吃了( )桃．
   A. 80个   B. 60个   C. 120个   D. 150个   E. 175个

4. 甲、乙两同学投掷一枚色子，用字母 $p、q$ 分别表示两人各投掷一次的点数．满足关于 x 的方程 $x^2+px+q=0$ 没有实数解的概率为( )．
   A. $\dfrac{19}{36}$ B. $\dfrac{7}{36}$ C. $\dfrac{5}{36}$ D. $\dfrac{1}{36}$ E. $\dfrac{17}{36}$

5. 已知 $x>0$，函数 $y=\dfrac{4}{x}+2x^2$ 的最小值是( )．
   A. 6   B. 8   C. $3\sqrt{3}$ D. $3\sqrt[3]{3}$ E. 9

6. 如图11-1所示，有大、小两个正方形，边长分别为12和10，则阴影部分的面积为( )．
   A. 30
   B. 36
   C. 40
   D. 50
   E. 60

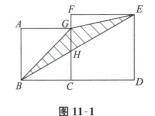

图 11-1

7. 已知 $a=\dfrac{1}{1-\sqrt{2}}$，$b=\dfrac{1}{1+\sqrt{2}}$，则 $a^3b+ab^3=$( )．
   A. 2   B. 3   C. 4   D. 5   E. -6

8. 某工程队按照原来施工方案工作4天后采用新的施工方案，由于新的施工方案效率比原来提高50%，因此比计划提前1天完成．如果用原来的施工方案完成200米后就改用新的施工方案，那么可以比原计划提前2天完成．则原计划每天完成( )米，用( )天完工．
   A. 100, 14   B. 150, 10   C. 200, 7
   D. 250, 6   E. 300, 5

9. 甲、乙两个圆柱体容器，底面积之比为 5∶3，甲容器水深 20 厘米，乙容器水深 10 厘米，再往两个容器中注入同样多的水，使得两个容器的水深相等，这时水深为( ).

   A. 15 厘米　　B. 20 厘米　　C. 35 厘米　　D. 40 厘米　　E. 42 厘米

10. 2 名旅客随机住进甲、乙、丙、丁、戊 5 个房间，一个房间可以住多人，则甲、乙两个房间没有住人的概率为( ).

    A. $\dfrac{1}{2}$　　B. $\dfrac{1}{3}$　　C. $\dfrac{2}{5}$　　D. $\dfrac{6}{25}$　　E. $\dfrac{9}{25}$

11. 如果圆 $(x-a)^2+(y-b)^2=1$ 的圆心在第三象限，那么直线 $ax+by-1=0$ 一定不经过( ).

    A. 第一象限　　　　B. 第二象限　　　　C. 第三象限
    D. 第四象限　　　　E. 以上选项均不正确

12. 位于坐标原点的一个质点 Q 按下列规则移动：质点每次移动一个单位，移动的方向为向上或向右，并且向上、向右移动的概率都是 $\dfrac{1}{2}$．质点 Q 移动五次后位于点 $(2,3)$ 的概率是( ).

    A. $\left(\dfrac{1}{2}\right)^2$　　　　B. $C_5^2\left(\dfrac{1}{2}\right)^5$　　　　C. $C_5^4\left(\dfrac{1}{2}\right)^5$
    D. $C_5^2 C_5^3\left(\dfrac{1}{2}\right)^5$　　　　E. 以上选项均不正确

13. 设 a,b,c 是 $\triangle ABC$ 的三边长，二次函数 $y=\left(a-\dfrac{b}{2}\right)x^2-cx-a-\dfrac{b}{2}$ 在 $x=1$ 时取最小值 $-\dfrac{8}{5}b$，则 $\triangle ABC$ 是( ).

    A. 等腰非等边三角形　　B. 锐角非等边三角形　　C. 钝角三角形
    D. 直角三角形　　　　　E. 等边三角形

14. 某服装店因搬迁，店内商品八折销售．苗苗买了一件衣服用去 52 元，已知衣服原来按期望盈利 30% 定价，那么该店利润率是( ).

    A. 2%　　B. 4%　　C. 6%　　D. 10%　　E. 12%

15. 若不等式 $(a^2-3a+2)x^2+(a-1)x+2>0$ 的解集为所有实数，则 a 的取值范围为( ).

    A. $a<1$ 或 $a>2$　　　　B. $a<1$ 或 $a>\dfrac{15}{7}$　　　　C. $1<a<\dfrac{15}{7}$
    D. $1\leqslant a<\dfrac{15}{7}$　　　　E. $a\leqslant 1$ 或 $a>\dfrac{15}{7}$

二、**条件充分性判断**：第 16～25 小题，每小题 3 分，共 30 分。要求判断每题给出的条件（1）和条件（2）能否充分支持题干所陈述的结论。A、B、C、D、E 五个选项为判断结果，请选择一项符合试题要求的判断，在答题卡上将所选项的字母涂黑。

　　A. 条件(1)充分，但条件(2)不充分．
　　B. 条件(2)充分，但条件(1)不充分．
　　C. 条件(1)和条件(2)单独都不充分，但条件(1)和条件(2)联合起来充分．
　　D. 条件(1)充分，条件(2)也充分．
　　E. 条件(1)和条件(2)单独都不充分，条件(1)和条件(2)联合起来也不充分．

16. 有一个等腰梯形，则该梯形的面积为32.

(1)梯形的中位线为8，高为4.

(2)梯形的周长为26，下底比上底长6，腰比高长1.

17. $a_1^2+a_2^2+\cdots+a_n^2=\dfrac{1}{3}(4^n-1)$.

(1)数列$\{a_n\}$的通项公式为$a_n=2^n$.

(2)数列$\{a_n\}$的前n项和$S_n=2^n-1$.

18. $a=3$.

(1)设$f(x)=|x+1|+|x+a|$，其图像关于直线$x=1$对称.

(2)设$f(x)=3+\sqrt{1-(x+2-a)^2}$，其图像关于直线$x=1$对称.

19. 不同的安排方法共有450种.

(1)6名旅客安排到3个房间.

(2)每个房间至少安排1名旅客.

20. $N=144$.

(1)从1到7这7个自然数中，任取3个奇数，2个偶数，则能组成N个无重复数字的五位数.

(2)从1到7这7个自然数中，任取3个奇数，2个偶数，其中2个偶数相邻且位于3个奇数之前，则能组成N个无重复数字的五位数.

21. 已知$|a|=5-x$，$|b|=x-2$，则$|b-a|\leqslant m$.

(1)$m=2$.

(2)$m=3$.

22. 某人乘出租车从甲地到乙地支付车费17.2元，设此人从甲地到乙地经过的路程为x千米，则x的最大值为11.

(1)出租车的起步价6元(即行驶距离不超过3千米需付6元车费).

(2)出租车行驶超过3千米后，每增加1千米加收1.4元(不足1千米按1千米计).

23. $a=1$.

(1)直线l_1：$(2+a)x+y=3$与直线l_2：$ax+(a-4)y=3$相互垂直.

(2)直线$6x+8y+11=0$被圆O：$x^2+y^2+2ax+a^2-1=0$所截得的弦长为$\sqrt{3}$.

24. 甲火车长92米，乙火车长84米. 若两车相向而行，相遇后经过1.5秒两车错过；若同向而行，相遇后经过6秒两车错过.

(1)甲火车的速度为46米/秒.

(2)乙火车的速度为42米/秒.

25. 圆柱的表面积与球的表面积的比是3∶2.

(1)轴截面是正方形的圆柱的高与球的直径相等.

(2)侧面展开图是正方形的圆柱的高与球的直径相等.

三、**逻辑推理**：第 26~55 小题，每小题 2 分，共 60 分。下列每题给出的 A、B、C、D、E 五个选项中，只有一项是符合试题要求的。请在答题卡上将所选项的字母涂黑。

26. 哲学家："我存在，所以我思考。如果我不思考，那么我不存在。如果我思考，那么人生就意味着虚无缥缈。"

若把"人生并不意味着虚无缥缈"补充到上述论证中，那么这位哲学家还能得出什么结论？

   A. 我存在。 B. 我不存在且我思考。 C. 我思考。
   D. 我不思考且我存在。 E. 我不存在且我不思考。

27. 为了在今天的社会中成功，你必须有大学文凭。对此持怀疑态度的人认为，有许多人高中都没有上完，但他们却很成功。不过，这种成功只是表面的，因为没有大学文凭，一个人是不会获得真正成功的。

以下哪项最能说明上述论证中所存在的漏洞？

   A. 基于大多数人都会相信这个结论的假设而得出这个结论。
   B. 没有考虑到与所断言的反例存在的情形。
   C. 假设了它所要证明的结论。
   D. 将一种相互关联错认为一种因果联系。
   E. 从与个别的案例有关的论据中推出一个高度概括的结论。

28. 旧式的美国汽车被认为是空气的严重污染者，美国所有的州都要求这种车通过尾气排放标准检查，不合格的车辆将被禁止使用，其车主会被要求购买新车驾驶。所以，这种旧式美国汽车对全球大气污染的危害在未来将会消失。

以下哪项如果为真，则能够对上述论证构成最严重的质疑？

   A. 我们不可能把一个州或一个国家的空气分隔开来，因为空气污染是个全球问题。
   B. 由于技术的革新，现在的新车开旧后不会像以前的旧车那样造成严重的空气污染。
   C. 在非常兴旺的旧车市场上，旧式的美国汽车被出口到没有尾气排放限制的国家。
   D. 在美国，要求汽车通过尾气检查的法令在个别州的执行情况不是尽如人意。
   E. 尽管旧式汽车被停止使用，但空气污染仍然会因为汽车总数的增加而加重。

29. 如果联盟决定在所有入境口岸对从 W 国进口的产品实行 100% 的检测，那么 W 国的食品将经常出现违规；如果 W 国的食品经常出现违规，那么联盟将提醒各成员国采取相应的措施；如果联盟提醒成员国采取相应的措施，那么联盟的民众将反应强烈；如果联盟的民众反应强烈，那么联盟将决定在所有的入境口岸对从 W 国进口的产品实行 100% 的检测；如果联盟决定在所有的入境口岸对从 W 国进口的产品实行 100% 的检测，那么联盟的民众不会反应强烈。

以下哪项可以从以上陈述中合乎逻辑地推出？

   A. 联盟不会提醒各成员国采取相应的措施。
   B. W 国的食品将经常出现违规。
   C. 联盟的民众将反应强烈。
   D. 联盟将决定在所有入境口岸对从 W 国进口的产品实行 100% 的检测。
   E. 联盟的民众将反应强烈或者 W 国的食品将经常出现违规。

30. 在过去五年里，新商品房的平均价格每平方米增加了25%。在同期的平均家庭预算中，购买商品房的费用所占的比例保持不变。所以，在过去五年里，平均家庭预算也一定增加了25%。

以下哪项关于过去五年情况的陈述是上面的论述所依赖的假设？

A. 平均每个家庭所购买的新商品房的面积保持不变。

B. 用于食品和子女教育方面的费用在每个家庭预算中所占的比例保持不变。

C. 在全国范围内用来购买新商品房的费用的总量增加了25%。

D. 所有与住房有关的花费在每个家庭预算中所占的比例保持不变。

E. 过去五年，除了住房以外的其他产品的价格平均增长了25%。

31. 根据过去10年中所做的4项主要调查得出的结论是：以高于85%的同龄儿童的体重作为肥胖的标准，北京城区肥胖儿童的数量一直在持续上升。

如果上述调查中的发现是正确的，据此可以得出以下哪项结论？

A. 10年来，北京城区儿童的运动量越来越少。

B. 10年来，北京城区不肥胖儿童的数量也在持续上升。

C. 10年来，北京城区肥胖儿童的数量也在持续减少。

D. 北京城区儿童发胖的可能性随其年龄的增长而变大。

E. 10年来，北京城区儿童的营养过剩情况越来越严重。

32. 某个智能研究所目前只有三种实验机器人A、B和C。A不能识别颜色，B不能识别形状，C既不能识别颜色也不能识别形状。智能研究所的大多数实验室里都要做识别颜色和识别形状的实验。

如果以上陈述为真，则以下哪项陈述一定为假？

A. 有的实验室里三种机器人都有。   B. 半数实验室里只有机器人A和B。

C. 这个智能研究所正在开发新的实验机器人。   D. 半数实验室里只有机器人A和C。

E. 有的实验室还做其他实验。

33. 在一场NBA总决赛中，勇士队教练科尔有如下要求：或者不使用三角进攻战术，或者使用跑轰战术；如果使用普林斯顿战术，则不能使用三角进攻战术；只有使用普林斯顿战术，才能使用跑轰战术。

如果以上信息为真，那么以下哪项也一定是真的？

A. 使用普林斯顿战术。   B. 使用跑轰战术。

C. 不使用普林斯顿战术。   D. 不使用跑轰战术。

E. 不使用三角进攻战术。

34. 美国的医院以前主要依靠从付款的病人那里取得的收入来弥补未付款治疗的损失。几乎所有付款的病人现在都依靠政府或私人的医疗保险来支付医院账单。最近，保险公司一直把他们为投保病人的治疗所进行的支付限制在等于或低于真实费用的水平。

下面哪个结论是以上的信息最能支持的？

A. 虽然技术的进步已经使富人能够享受昂贵的医疗程序，但是这些医疗程序却在低收入病人的支付能力以外。

B. 如果医院不能找到方法增加额外收入以此来补偿未付款治疗的损失，他们就必须或者拒绝为某些人治疗，或者接收下来并蒙受损失。

C. 一些病人收入高于一定水平而没有资格参加政府医疗保险，但他们的收入水平负担不起医院治疗的私人保险。

D. 如果医院降低其提供治疗的成本，保险公司会保持现有的偿款水平，从而为未付款治疗提供更多资金。

E. 尽管以往慈善捐款为医院提供了一些支持，这些捐款现在却在降低。

35～36题基于以下题干：

有6个不同国籍的人，他们的名字分别为：A、B、C、D、E和F；他们的国籍分别是：美国、德国、英国、法国、俄罗斯和意大利(名字顺序与国籍顺序不一定一致)。现已知下列条件：

(1) A和美国人是医生。

(2) E和俄罗斯人是教师。

(3) C和德国人是技师。

(4) B和F曾经当过兵，而德国人从没当过兵。

(5) 法国人比A年龄大，意大利人比C年龄大。

(6) B同美国人下周要到英国去旅行，C同法国人下周要到瑞士去度假。

35. 由上述条件可以确定德国人是：
   A. A。   B. B。   C. C。   D. D。   E. E。

36. 由上述条件可以确定美国人是：
   A. B。   B. C。   C. D。   D. E。   E. F。

37. 在两块试验菜圃里每块种上相同数量的西红柿苗，给第一块菜圃加入镁盐，但不给第二块加。第一块菜圃产出了20磅西红柿，第二块菜圃产出了10磅西红柿。因为除了水以外，没有向这两块菜圃加入其他任何东西，第一块菜圃较高的产量必然是由于镁盐。

下面哪项如果正确，则能最严重地削弱以上论证？

A. 少量的镁盐从第一块菜圃渗入了第二块菜圃。

B. 第三块菜圃加入了一种高氮肥料，但没有加镁盐，产出了15磅西红柿。

C. 在每块菜圃中以相同份额种植了四种不同的西红柿。

D. 有些与西红柿竞争生长的野草不能忍受土壤里大量的镁盐。

E. 这两块试验菜圃的土质和日照量不同。

38. 开展国际营销的企业一旦在某国外市场建立了一套广泛的销售网络并取得销售的显著增长，就应该在国外市场上采取与本国类似的营销策略。因此，在开创初期，或在才建立了销售代表处的国外市场上，需采取与本国不同的营销策略。

以下哪项如果为真，则最能支持上述结论？

A. 国外市场与本国市场上的销售网络可以完全相同。

B. 广泛的销售网络要优于不发达的销售网络。

C. 某些国家的经济比其他国家发展迅速。

D. 比较起来，大型的国外市场比小型的更能适应本国的营销策略。

E. 研究市场营销必须充分考虑不同市场上广告的适应能力。

39. 在某次中非合作论坛上，一共有120名正式代表出席。其中，男性代表共75人，非洲代表共55人，中国男性代表共35人。

根据以上陈述，以下哪项关于参加会议的人员情况一定为真？

Ⅰ．非洲男性代表共45人。
Ⅱ．中国女性代表共30人。
Ⅲ．非洲女性代表共15人。

A. 只有Ⅰ。　　　　　　B. 只有Ⅱ。　　　　　　C. 只有Ⅱ和Ⅲ。
D. 只有Ⅰ和Ⅲ。　　　　E. Ⅰ和Ⅱ、Ⅲ。

40. 东莨菪碱是一种莨菪烷型生物碱，它存在于茄科植物中，分子式是$C_{17}H_{21}NO_4$。1892年由E.施密特首先从东莨菪中分离出来。东莨菪碱的作用与阿托品相似，其散瞳及抑制腺体分泌的作用比阿托品强。东莨菪碱可用于阻断副交感神经，也可用作中枢神经系统抑制剂。东莨菪碱的一些病理作用类似颠茄碱，但作用较强且较短暂。此外，东莨菪碱还有扩张毛细血管、改善微循环以及抗晕船、晕车等作用。

如果以上信息为真，则最能推出以下哪项？

A. 东莨菪碱在茄科植物中的分布最为广泛。
B. 1892年之后，开始出现一些贩毒分子用东莨菪碱来麻醉和控制自己的敌人。
C. 颠茄碱可以阻断副交感神经，也可用作中枢神经系统抑制剂。
D. 东莨菪碱主要用来阻断副交感神经和用作中枢神经系统抑制剂。
E. 阿托品的散瞳及抑制腺体分泌的作用不如东莨菪碱强。

41. 尽管对包办酒席的机构的卫生检查程序比对普通饭店的检查更严格这是一个事实，但是上报到市卫生部门的食物中毒案例更多的是由包办酒席服务的服务部门引起的，而不是由饭店的饭菜引起的。

以下哪项如果为真，则最能解释上述论证中明显的矛盾现象？

A. 在任何给出的时间段里，在饭店里吃饭的人比参加包办酒席的人多很多。
B. 包办酒席的机构知道他们将服务的人数，因此比饭店更不可能提供剩饭这种食物中毒的主要来源。
C. 很多饭店除了提供个人饭菜之外，也提供包办酒席的服务。
D. 人们不易将其所吃过的一顿饭与之后的疾病联系起来，除非这疾病袭击了一些互相有交流的人。
E. 人们觉得包办酒席的机构提供的饭菜比饭店的饭菜味道更好。

42. 2012年，东山市的肝病发生率很高，与此同时，该城市的人口死亡率也很高。因此，一定是肝病的高发导致人口死亡率很高。

下列哪一项能削弱上述论证？

Ⅰ．2015年，东山市的肝病发生率依然很高，但是人口死亡率降下来了。
Ⅱ．肝病的高发导致了许多人滥用药品，而滥用药品是导致很多人死亡的真正原因。
Ⅲ．东山市因吸毒引发的死亡是东山市人口高死亡率的主要原因。

A. 仅Ⅰ。　　　　　　　B. 仅Ⅱ。　　　　　　　C. 仅Ⅲ。
D. 仅Ⅰ、Ⅲ。　　　　　E. Ⅰ、Ⅱ和Ⅲ。

43. 三位男生、两位女生参加数学奥林匹克竞赛，并且有人获奖。五人做了如下猜测：

男生甲："获奖者或者是我，或者是男生丙。"

男生乙："不是女生戊，否则是男生丙。"

男生丙："如果不是女生丁，那么就是男生乙。"

女生丁："既不是我，也不是男生乙。"

女生戊："既不是男生丙，也不是男生甲。"

看到获奖名单后发现，五人中只有两个人没猜错，则以下哪项一定为真？

   A. 男生甲获奖。   B. 男生乙获奖。   C. 男生丙获奖。
   D. 女生丁获奖。   E. 女生戊获奖。

44. 某日，F 夫妇邀请了 3 对夫妇来吃饭，他们分别是 G 夫妇、H 夫妇和 T 夫妇。用餐时，他们 8 人均匀地坐在一张圆桌旁，且只有一对夫妇是被隔开的，现已知：

Ⅰ. F 太太对面的人是坐在 G 先生左边的先生。

Ⅱ. H 太太左边的人是坐在 T 先生对面的一位女士。

Ⅲ. T 先生右边的人是位女士，她坐在 F 先生左边第 2 个位置上的女士的对面。

请问：哪对夫妇在安排座位时被隔开了？

   A. F 夫妇。   B. G 夫妇。   C. H 夫妇。   D. T 夫妇。   E. 无法确定。

45. 已知以下三个断定成立：

①如果李思在英国攻读法学学位，那么就可以在英国的法学杂志上看到他的文章。

②只有获得全额奖学金并获得英国的签证，李思才去英国攻读法学学位。

③没有在英国的法学杂志上看到李思的文章。

则下面哪项无法确定真假？

Ⅰ. 李思没有获得全额奖学金。

Ⅱ. 李思没有获得英国签证。

Ⅲ. 李思没有去英国攻读法学学位。

   A. 只有Ⅰ。   B. 只有Ⅱ。   C. 只有Ⅲ。
   D. Ⅰ和Ⅱ。   E. Ⅰ、Ⅱ和Ⅲ都不必定为真。

46. 某专家：今年 7 月，美国房利美和房地美（简称"两房"）从纽约证券交易所退市，持有巨额"两房"债券的中国能否安全地收回投资？我认为，美国政府不会对"两房"坐视不管。2008 年次贷危机最严重时，美国政府曾向"两房"提供了 2 000 亿美元资金。只要美国主权信用等级不被降低，"两房"债券的价格就不会受其股价太大的影响。

以下哪项陈述如果为真，则将对这位专家的观点构成最严重的质疑？

   A. "两房"债券并没有得到美国政府的信用担保。

   B. "两房"今年第一季度亏损 211 亿美元，第二季度房地美亏损 60 亿美元。

   C. 中国没有投资"两房"股票，目前"两房"退市对其债券尚未造成负面影响。

   D. "两房"股价分别从最高时的 80 多美元和 140 多美元跌到目前 1 美元以下，"两房"已到了接近破产的边缘。

   E. "两房"股价如果下跌，可以等其涨价时再收回投资。

47. 深圳和香港SARS联合攻关小组在2003年5月23日宣布，SARS病毒溯源研究获得重要进展，科研人员成功地对从当地野生动物交易市场随机抽取的六只果子狸的粪便样本中分离出SARS样病毒基因进行了全序列测定，分析显示，这种SARS样病毒与人类SARS病毒有99％以上的同源性。因此，果子狸SARS样病毒是人类SARS病毒的前体，果子狸SARS病毒传到人身上，基因发生变异并被传播开，最终酿成了中国2003年从香港、广东省为首发地区向全国蔓延的全国性的SARS传染病突发性灾难。

以下各项如果为真，都有力地削弱了上文中的推理，除了：

A. 该研究用的所有果子狸样本只来自攻关小组的当地野生动物交易市场，而没有考虑在广东省之外的其他地区的动物身上该病毒的样本情况。

B. 该研究结果只是提供了证据说明SARS病毒的出现与野生动物可能有关联性，由于所有动物被推出市场出售前，接受饲养期间均有机会感染病毒，加上市场为节约成本通常会统一喂养这些动物，因此，不能排除病毒是由人传给动物的可能性。

C. 该研究没有考虑病毒由动物传给动物的可能性，因为某一动物身上的病毒，也可能是在该动物进食它的猎物时被感染上的。

D. 农业部动物病毒疫情调查组研究成果表明，果子狸排出的粪便中的SARS病毒含量极其稀少，不足以令人类感染上该病毒。

E. 世界卫生组织动物病毒疫情调查研究院研究表明，SARS病毒可以在人类之外的生物生存。

48～49题基于以下题干：

恰好有6名运动员——赵、钱、孙、李、周和吴参加射击比赛。比赛中获得前4名的运动员各发一个奖牌以示奖励。所有与这6名运动员相关的信息如下：

①每一名运动员不是市队的就是省队的，但不可能都是。
②这6名运动员中有2名是女性，有4名是男性。
③裁判给2名女运动员都颁了奖，其中恰好有1名是省队的。
④恰好有1名省队的运动员赢得了奖牌。
⑤赵和孙在李的前面，李在钱和周的前面。
⑥赵和孙是市队的运动员。
⑦李和吴是省队的运动员。

48. 下面哪一项完整且准确地列出了所有可能是市队的运动员？

A. 赵、钱。　　　　　　　B. 赵、孙。　　　　　　　C. 赵、钱、孙。
D. 赵、钱、孙、周。　　　E. 赵、孙、周。

49. 下面哪一句话不可能正确？

A. 女性市队队员得第2名。　　　　B. 女性省队队员得第2名。
C. 女性省队队员得第3名。　　　　D. 男性市队队员得第4名。
E. 女性市队队员得第4名。

50. 张珊说，作为一个医生，她知道没有一个医生喜欢写诗，而绝大多数医生都擅长外科手术。因此，至少有些喜欢写诗的人不擅长外科手术。

以下哪项是对张珊的推理的最恰当评价？

A. 张珊的推理是正确的。

B. 张珊的推理不正确，因为事实上有医生喜欢写诗。

C. 张珊的推理不正确，因为从"绝大多数医生都擅长外科手术"，推不出"擅长外科手术的都是医生"。

D. 张珊的推理不正确，因为合乎逻辑的结论是"喜欢写诗的人都不擅长外科手术"，而不应当弱化为"至少有些喜欢写诗的人不擅长外科手术"。

E. 张珊的推理不正确，因为写诗与外科手术无关。

51. 近些年来，西方舆论界流行一种论调，认为来自中国的巨大需求造成了石油、粮食、钢铁等原材料价格暴涨。

如果以下哪项陈述为真，则能够对上述论点提出最大的质疑？

A. 由于农业技术特别是杂交水稻的推广，中国已经极大地提高了农作物产量。

B. 今年7—9月间，来自中国的需求仍在增长，但国际市场的石油价格重挫近三分之一。

C. 美国的大投资家囤积居奇，大量购买石油产品和石油期货。

D. 随着印度经济的发展，其国人对粮食产品的需求日渐增加。

E. 由于粮食价格不断上涨，世界粮食安全已受到严重威胁。

52. 很多人认为网恋不靠谱。芝加哥大学的一个研究小组对1.9万名在2005—2012年间结婚的美国人进行在线调查后发现，超过三分之一的人是通过约会网站或Facebook等社交网络与其配偶认识的；这些被调查对象总的离婚率远低于平均离婚率。这项调查表明，网恋在成就稳定的婚姻方面是很靠谱的。

如果以下陈述为真，则哪一项能最有力地质疑上述结论？

A. 仍遵循传统的线下约会方式的人，不是年龄特别大就是特别年轻。

B. 该项研究背后的资助者是某家约会网站。

C. 被调查对象的结婚时间比较短。

D. 与网恋相比，工作联系、朋友介绍、就读同一所学校是觅得配偶更为常见的途径。

E. 网恋后离婚的家庭与传统婚恋后离婚的家庭相比，离婚原因并不相同。

53～54题基于以下题干：

张珊、李思、王伍、赵柳、白起、朱八6位运动员，只有进入选拔赛才能进入决赛。6位队员之间的进决赛配置有如下规律：

①如果李思进入选拔赛，则王伍也进入选拔赛。

②只有朱八进入选拔赛，王伍才进入选拔赛。

③张珊进入选拔赛。

④除非白起进入选拔赛，否则张珊不进入决赛。

⑤或者赵柳进入选拔赛，或者白起不进入决赛。

53. 以下哪项可能为真？

A. 只有张珊、王伍和赵柳进入选拔赛。 B. 只有张珊、王伍和白起进入选拔赛。

C. 只有李思和另外1位队员进入选拔赛。 D. 只有李思和另外2位队员进入选拔赛。

E. 只有李思和另外3位队员进入选拔赛。

54. 如果赵柳未进入选拔赛，则以下哪项一定为真？

    A. 白起未进入选拔赛。
    B. 白起进入选拔赛，但未进入决赛。
    C. 张珊进入选拔赛，但白起未进入决赛。
    D. 张珊进入决赛，但白起未进入决赛。
    E. 张珊进入决赛。

55. 从道义上讲，人们不能对他们无法控制的事情负责。因此，他们也不应该在道义上对这类事情的不可避免的后果负责。要确定成年人能否控制他们接受的治疗是困难的，因此在某些情况下要想知道成年人是否对他们被治疗的方式承担某些道义上的责任也是困难的。然而，每个人有时的行为方式，就如同婴儿接受治疗一样是不可避免的。婴儿很明显是不能控制这些行为的，所以，他们在道义上不对他们接受的治疗负责。

    任何一个作出以上声明的人在逻辑上会进一步作出下面哪项声明？

    A. 婴儿在道义上从来不应该对他们的行为负责。
    B. 存在一些常见的行为，不管谁表现了这些行为，都不应该负道义上的责任。
    C. 那些声称他们不能控制他们接受的治疗的成年人通常不应该对他们如此被治疗负全部责任。
    D. 如果某个行为在某个人的控制之中，那么这个人就应当对这个行为的后果负道义上的责任。
    E. 没有一个成年人应该对他的每一个行为都负道义上的责任。

四、写作：第56～57小题，共65分。其中论证有效性分析30分，论说文35分。请答在答题纸相应的位置上。

56. 论证有效性分析：分析下述论证中存在的缺陷和漏洞，选择若干要点，写一篇600字左右的文章，对该论证的有效性进行分析和评论。（论证有效性分析的一般要点是：概念特别是核心概念的界定和使用是否准确并前后一致，有无各种明显的逻辑错误，论证的论据是否成立并支持结论，结论成立的条件是否充分等。）

    2017年6月7日9时17分，温州华侨中学高考考点，一位考生迟到了17分钟。按照考场规则：迟到15分钟不得进入考场参加当次科目考试，所以该考生被拒绝进入考场。2分钟的迟到付出了无法考试的代价，值得同情。

    第一，考生仅仅比规定时间迟到了2分钟，就被拒绝入场，太过绝情。违反了规则确实要付出代价，但迟到考生因为自己的迟到，已经损失了一定的做题时间，也就是付出了相应的代价，没有必要取消他的考试资格。再说，迟到一两分钟不是严重的错误，但考生却要为此付出可能会影响一生的代价，过于严重。

    第二，有网友表示，他在英国监考时，如果有考生迟到，也会让考生进考场考试。如果迟到得太久，有时会为他另外开设考场让考生参加考试。既然这样的制度在英国可行，为什么我们不能借鉴？

    第三，规则也需要一定的温度，需要兼顾人情。比如，今年多地都出台规定，允许忘记带准考证的考生先进入考场考试，只要在考试结束前由家人把准考证送到考场即可；还有的考点，可为考生提供现场打印准考证等服务。按规定，考生必须带准考证，既然在这一点上可以通融，为什么在迟到这一点上无法通融？

    第四，为什么规定迟到15分钟以后不能进考场？这一时间为什么不是16分钟、17分钟或者 20 分钟？如果规定迟到 20 分钟后不能进考场，那么上述新闻中的考生就不会因为迟到 17 分钟而承担无法考试的代价。

第五，有人认为让高考迟到者进考场违背公平原则，有作弊的嫌疑。那么，可以在考生进考场时做严格的检查，避免其作弊的可能性即可，没有必要不让其考试。

看看考场外痛哭流涕的考生和为了孩子能进考场而下跪的母亲吧，只要你还有一点点良知，你也会怀着同情心说一声，放过那个迟到的孩子吧。最后我想说，我们的高考制度还是太僵化了，如果一年能安排两次甚至三次高考，相信也不会出现高考生因迟到而痛哭的场面。

57. 论说文：根据下述材料，写一篇 700 字左右的论说文，题目自拟。

若每个人都是一杯 50 摄氏度的水，难道几个人加起来能超过 50 摄氏度？为什么要互利共赢？人各有志，你的合作伙伴可能很快就成了你的绊脚石，或是你的对手。

答案速查

一、问题求解
1~5 BECEA　　6~10 DECCE　　11~15 ABDBE

二、条件充分性判断
16~20 DBBEB　　21~25 BCCEA

三、逻辑推理
26~30 ECCAA　　31~35 BDEBD　　36~40 EEDCE
41~45 DEECD　　46~50 AEDBC　　51~55 BCECE

四、写作
略

答案详解

一、问题求解

1. B

【解析】母题98·行程问题

两车相向而行,相遇时,时间×速度和＝AB总路程.

设丙车的速度为 x 千米/小时,卡车的速度为 y 千米/小时,根据题意,得
$$6(60+y)=7(48+y)=8(x+y),$$

根据第一个等式可解得 $y=24$,代入第二个等式可得 $x=39$,即丙车的速度为39千米/小时.

2. E

【解析】母题41·穿线法解分式不等式

不等式 $\dfrac{(x-2)(5-x)^3(x+3)^2}{x+\sqrt{2}}>0$ 等价于 $(x-2)(x-5)^3(x+3)^2(x+\sqrt{2})<0.$

由"奇穿偶不穿"的原则,可得不等式的解集为 $(-\infty,-3)\cup(-3,-\sqrt{2})\cup(2,5).$

3. C

【解析】母题90·简单算术问题

第1只猴吃的是其他猴吃的 $\dfrac{1}{3}$,即将第1只猴吃的看作1份,其他猴吃了3份,即第1只猴吃了全部的 $\dfrac{1}{4}$.同理可得第2、3只猴吃了全部的 $\dfrac{1}{5}$,$\dfrac{1}{6}$.

进而可知,全部的桃有 $\dfrac{46}{1-\dfrac{1}{4}-\dfrac{1}{5}-\dfrac{1}{6}}=120$(个).

4. E

【解析】母题83·掷色子问题

使题干方程没有实数解，需要满足 $\Delta=p^2-4q<0$，共有17种情况：

当 $p=1$ 时，$q=6,5,4,3,2,1$；

当 $p=2$ 时，$q=6,5,4,3,2$；

当 $p=3$ 时，$q=6,5,4,3$；

当 $p=4$ 时，$q=6,5$.

又知两人投掷色子共有36种可能情况，故所求概率为 $\dfrac{17}{36}$.

5. A

【解析】母题19·均值不等式

根据均值不等式，有 $y=\dfrac{4}{x}+2x^2=\dfrac{2}{x}+\dfrac{2}{x}+2x^2\geqslant 3\cdot\sqrt[3]{\dfrac{2}{x}\cdot\dfrac{2}{x}\cdot 2x^2}=6$，且当 $\dfrac{2}{x}=2x^2$，即 $x=1$ 时，上式等号成立，y 的最小值是 6.

6. D

【解析】母题58·阴影部分面积

由题意知，$\triangle BCH$ 与 $\triangle BDE$ 相似，则 $\dfrac{BC}{BD}=\dfrac{CH}{DE}$，解得 $CH=\dfrac{60}{11}$，$HG=CG-CH=\dfrac{50}{11}$. 所以阴影部分的面积为

$$S_{\text{阴影}}=S_{\triangle EHG}+S_{\triangle BHG}=\dfrac{1}{2}HG\cdot EF+\dfrac{1}{2}HG\cdot BC=50.$$

7. E

【解析】母题29·其他整式化简求值

已知 $a=\dfrac{1}{1-\sqrt{2}}=-(1+\sqrt{2})$，$b=\dfrac{1}{1+\sqrt{2}}=\sqrt{2}-1$，则

$$\begin{aligned}a^3b+ab^3&=ab(a^2+b^2)\\&=ab[(a+b)^2-2ab]\\&=-(1+\sqrt{2})(\sqrt{2}-1)[(-2)^2+2(1+\sqrt{2})(\sqrt{2}-1)]\\&=-6.\end{aligned}$$

8. C

【解析】母题97·工程问题

设原计划每天完成 a 米，用 x 天完成，由于新的施工方案效率提高50%，则每天完成 $\dfrac{3}{2}a$ 米．

根据旧方案施工4天后的剩余工作量一定，可得

$$(x-4)a=\dfrac{3}{2}a(x-5)，\text{解得 }x=7.$$

又由总工作量为 $7a=200+\dfrac{3}{2}a\left(7-2-\dfrac{200}{a}\right)$，解得 $a=200$.

故原计划每天完成200米，用7天完工．

【快速得分法】情况1：效率提高50%，故旧、新方案的效率比为2∶3，剩余工程量旧、新方案所花费时间比为3∶2.

由工程提前1天完成可知，对于剩余工程量，旧方案还需3天完成，新方案只需2天完成，故原计划需要7天完成.

情况2：用原来的施工方案完成200米后就改用新的施工方案，则由工程提前2天完成可知，旧方案还需6天完成，新方案只需4天完成，原计划施工7天，故已施工的200米为1天的工作量.

综上可知，原计划每天完成200米，用7天完工.

9. C

【解析】母题59·立体几何问题

由于甲、乙两个容器的底面积之比为5∶3，向两个容器中注入同样多的水，则注入的水的高度之比为3∶5；设向两个容器分别注入的水的高度为$3x$厘米、$5x$厘米，由甲、乙水深相等可得
$$20+3x=10+5x,$$
解得$x=5$. 此时水深为$20+3x=35$(厘米).

10. E

【解析】母题82·古典概型

由题干可知，2名旅客各有5种选择，根据乘法原理，共有5^2种选择；甲、乙房间不能住人，则每人剩下3种选择，共3^2种. 故甲、乙两个房间没有住人的概率为$P=\dfrac{3^2}{5^2}=\dfrac{9}{25}$.

11. A

【解析】母题65·图像的判断

由圆$(x-a)^2+(y-b)^2=1$，得到圆心坐标为(a,b). 因为圆心在第三象限，所以$a<0$，$b<0$.

因为直线方程可化为$y=-\dfrac{a}{b}x+\dfrac{1}{b}$，故$-\dfrac{a}{b}<0$，$\dfrac{1}{b}<0$，则直线一定不经过第一象限.

12. B

【解析】母题88·伯努利概型

依题意得，若质点Q移动五次后位于点$(2,3)$，则必然向右移动了两次，向上移动了三次，故概率$P=C_5^2\times\left(\dfrac{1}{2}\right)^2\times\left(\dfrac{1}{2}\right)^3=C_5^2\times\left(\dfrac{1}{2}\right)^5$.

13. D

【解析】母题24·三角形的形状判断问题＋母题34·一元二次函数求最值

由题意可得
$$\begin{cases}-\dfrac{-c}{2\left(a-\dfrac{b}{2}\right)}=1,\\ a-\dfrac{b}{2}-c-a-\dfrac{b}{2}=-\dfrac{8}{5}b,\end{cases}即\begin{cases}b+c=2a,\\ c=\dfrac{3}{5}b,\end{cases}$$

可得$c=\dfrac{3}{5}b$，$a=\dfrac{4}{5}b$.

因此 $a^2+c^2=b^2$，故 $\triangle ABC$ 是直角三角形．

14. B

【解析】母题 94·利润问题

设衣服的成本为 x，则原来的定价为 $1.3x$．商品按八折销售，则定价变为 $1.3x\times 0.8=1.04x$，

则该店利润率为 $\dfrac{1.04x-x}{x}\times 100\%=4\%$．

15. E

【解析】母题 38·一元二次不等式的恒成立问题

本题应分为以下两种情况讨论：

①二次项系数为 0，则有 $a^2-3a+2=0$，解得 $a=1$ 或 $a=2$．

当 $a=1$ 时，有 $2>0$，恒成立；

当 $a=2$ 时，有 $x+2>0$，不恒成立．

②二次项系数不为 0，则有 $\begin{cases} a^2-3a+2>0, \\ \Delta=(a-1)^2-8(a^2-3a+2)<0, \end{cases}$ 解得 $a<1$ 或 $a>\dfrac{15}{7}$．

综上所述，a 的取值范围为 $a\leqslant 1$ 或 $a>\dfrac{15}{7}$．

二、条件充分性判断

16. D

【解析】母题 56·三角形及其他基本图形问题

条件(1)：梯形的中位线平行于底边，其长度为上底与下底和的一半，所以梯形的面积为 $S=4\times 8=32$，故条件(1)充分．

条件(2)：设梯形的高为 x，则梯形的腰为 $x+1$，则有 $x^2+3^2=(x+1)^2$，解得 $x=4$．

故梯形的高为 4，腰为 5．所以，梯形的面积为 $S=\dfrac{1}{2}\times 4\times (26-2\times 5)=32$，故条件(2)也充分．

17. B

【解析】母题 47·等比数列基本问题

条件(1)：$a_n^2=(2^n)^2=4^n$．

所以 $a_1^2+a_2^2+\cdots+a_n^2=4^1+4^2+\cdots+4^n=\dfrac{4}{3}(4^n-1)$，故条件(1)不充分．

条件(2)：当 $n\geqslant 2$ 时，有 $a_n=S_n-S_{n-1}=2^n-1-2^{n-1}+1=2^{n-1}$．

当 $n=1$ 时，有 $a_1=S_1=2^1-1=1=2^{1-1}$，所以数列 $\{a_n\}$ 的通项公式为 $a_n=2^{n-1}$．故 $a_n^2=(2^{n-1})^2=4^{n-1}$．

所以，$a_1^2+a_2^2+\cdots+a_n^2=4^0+4^1+\cdots+4^{n-1}=\dfrac{1}{3}(4^n-1)$，故条件(2)充分．

18. B

【解析】母题 65·图像的判断

条件(1)：由图像关于直线 $x=1$ 对称可知 $f(-1)=f(3)$，故 $|a-1|=4+|3+a|$．将 $a=3$ 代入等式不成立，故条件(1)不充分．

条件(2)：$f(x)=3+\sqrt{1-(x+2-a)^2}$，将 $f(x)$ 用 y 代替，整理得 $(x-a+2)^2+(y-3)^2=1$，

其中 $y \geqslant 3$，图像是圆的上半部分，其关于直线 $x=1$ 对称，说明圆心在直线 $x=1$ 上，故圆心 $(a-2, 3)$ 应该为 $(1, 3)$，即 $a-2=1$，则 $a=3$，条件(2)充分．

19. E

【解析】母题 75·不同元素的分配问题

条件(1)：显然共有 $3^6=729$(种)安排方法，故条件(1)不充分．

条件(2)：单独显然不充分．

故考虑联立，可分为如下三种情况：

① 先把 6 名旅客分成 1,1,4 共 3 组，前 2 组需要消序，故有 $C_6^4 \times \dfrac{C_2^1 C_1^1}{A_2^2}$ 种分法；

再分配到 3 个房间，有 A_3^3 种情况；

由分步乘法原理可得，共有 $\left(C_6^4 \times \dfrac{C_2^1 C_1^1}{A_2^2}\right) \times A_3^3 = 90$(种)安排方法．

② 先把 6 名旅客分成 1,2,3 共 3 组，有 $C_6^1 C_5^2 C_3^3$ 种分法；

再分配到 3 个房间，有 A_3^3 种情况；

由分步乘法原理可得，共有 $(C_6^1 C_5^2 C_3^3) \times A_3^3 = 360$(种)安排方法．

③ 先把 6 名旅客分成 2,2,2 共 3 组，需要消序，有 $\dfrac{C_6^2 C_4^2 C_2^2}{A_3^3}$ 种分法；

再分配到 3 个房间，有 A_3^3 种情况；

由分步乘法原理可得，共有 $\left(\dfrac{C_6^2 C_4^2 C_2^2}{A_3^3}\right) \times A_3^3 = 90$(种)安排方法．

故不同的安排方法共有 $90+360+90=540$(种)．条件(1)和条件(2)联立也不充分．

20. B

【解析】母题 74·数字问题

条件(1)：第一步，取数，共有 $C_4^3 C_3^2=12$(种)；第二步，将取出的数全排列，共有 $A_5^5=120$(种)．

所以，$N=12 \times 120=1\,440$，故条件(1)不充分．

条件(2)：第一步，取数，共有 $C_4^3 C_3^2=12$(种)；第二步，将取出的数按要求排列，共有 $A_2^2 A_3^3=12$(种)可能．

所以，$N=12 \times 12=144$，故条件(2)充分．

21. B

【解析】母题 14·证明绝对值方程和不等式

由三角不等式，可得 $||b|-|a|| \leqslant |b-a| \leqslant |b|+|a|=3$．

故 $|b-a| \leqslant 3$，因此条件(2)充分，条件(1)不充分．

22. C

【解析】母题 95·阶梯价格问题

两个条件显然单独都不充分，考虑联立．

因支付车费为 17.2 元，所以 x 肯定大于 3，故有 $1.4(x-3)+6 \leqslant 17.2$，解得 $x \leqslant 11$，可求出 x 的最大值为 11．

故条件(1)和条件(2)联立起来充分．

23. C

【解析】母题61·直线与直线的位置关系＋母题63·直线与圆的位置关系

条件(1)：由两直线垂直可得
$$A_1A_2+B_1B_2=(2+a)a+a-4=0,$$
解得 $a=1$ 或 $a=-4$，则条件(1)不充分.

条件(2)：圆的方程可化为 $(x+a)^2+y^2=1$，则圆的半径为1，圆心为 $(-a,0)$.

圆心到直线的距离为 $\sqrt{1^2-\left(\frac{\sqrt{3}}{2}\right)^2}=\frac{1}{2}$. 又因为 $d=\frac{|6\times(-a)+11|}{\sqrt{6^2+8^2}}=\frac{1}{2}$，解得 $a=1$ 或 $a=\frac{8}{3}$，

则条件(2)也不充分.

所以，联立两个条件，若使条件(1)和条件(2)都成立，a 只能为1，因此两个条件联立充分.

24. E

【解析】母题98·行程问题

显然条件(1)和条件(2)单独都不充分，故考虑联立.

两车相向而行时速度和为 $(46+42)$ 米/秒，同向而行时速度差为 $(46-42)$ 米/秒，所以相向而行错过的时间 $t_1=\frac{176}{46+42}=2$(秒)，同向而行错过的时间 $t_2=\frac{176}{46-42}=44$(秒).

故两个条件联立也不充分.

25. A

【解析】母题59·立体几何问题

设圆柱的底面半径为 R_1，圆柱的高为 h，球的半径为 R_2.

条件(1)：轴截面是正方形的圆柱的高与球的直径相等，则 $h=2R_1=2R_2$，即 $R_1=R_2$.

圆柱的表面积为 $2\pi R_1^2+2\pi R_1(2R_1)=6\pi R_1^2$；球的表面积为 $4\pi R_2^2=4\pi R_1^2$.

圆柱的表面积与球的表面积的比为 $\frac{6\pi R_1^2}{4\pi R_1^2}=\frac{3}{2}$，故条件(1)充分.

条件(2)：侧面展开图是正方形的圆柱的高与球的直径相等，则 $h=2\pi R_1=2R_2$，即 $R_2=\pi R_1$.

圆柱的表面积为 $2\pi R_1^2+2\pi R_1(2\pi R_1)=4\pi^2 R_1^2+2\pi R_1^2$.

球的表面积为 $4\pi R_2^2=4\pi(\pi R_1)^2=4\pi^3 R_1^2$.

圆柱的表面积与球的表面积的比为 $\frac{4\pi^2 R_1^2+2\pi R_1^2}{4\pi^3 R_1^2}=\frac{2\pi+1}{2\pi^2}$，故条件(2)不充分.

【快速得分法】此题使用特殊值法可快速求解.

三、逻辑推理

26. E

【解析】母题5·箭头的串联

将题干信息符号化：

①¬思考→¬存在。

②思考→人生就意味着虚无缥缈。

将题干信息②逆否得：¬人生就意味着虚无缥缈→¬思考，再与题干信息①串联可得：¬人生

就意味着虚无缥缈→¬思考→存在，即：¬人生就意味着虚无缥缈→存在∧¬思考。
故 E 项正确。

27. C

【解析】母题 30·评论逻辑漏洞

题干：没有读完大学的成功只是表面的，因为没有大学文凭，一个人是不会获得真正成功的。

题干犯了循环论证的逻辑错误，即 C 项正确。

28. C

【解析】母题 15·论证型削弱题

题干："美国所有的州"禁止使用不合格的车辆 —证明→ 旧式美国汽车对"全球"大气污染的危害在未来将会消失。

A 项，仅说明空气污染是个全球问题，但未说明这种污染是否会因为美国的措施而得到解决。

B 项，无关选项，出现和题干无关的新比较。

C 项，美国"所有的州"禁止使用不合格的车辆，这些车辆会被出口到没有尾气排放限制的国家，从而污染空气，削弱题干。

D 项，可能在个别州依然存在旧式美国汽车造成的大气污染，可以削弱题干，但削弱力度不如 C 项。

E 项，无关选项，题干讨论的是"旧式美国汽车"是否依然造成空气污染，而不是讨论空气污染是否加重。

29. A

【解析】母题 7·二难推理

将题干信息形式化：

①100%的检测→违规。

②违规→采取相应措施。

③采取相应措施→民众反应强烈。

④民众反应强烈→100%的检测。

⑤100%的检测→¬民众反应强烈。

将题干信息④逆否得：¬100%的检测→¬民众反应强烈。

结合题干信息⑤可知，必有：¬民众反应强烈。

将题干信息①、②、③串联可得：100%的检测→违规→采取相应措施→民众反应强烈，逆否得：¬民众反应强烈→¬采取相应措施→¬违规→¬100%的检测。

故 A 项"联盟不会提醒各成员国采取相应的措施"为真。

30. A

【解析】母题 25·数字型假设题

题干：①新商品房的平均价格每平方米增加了 25%，②在同期的平均家庭预算中，购买商品房的费用所占的比例保持不变 —证明→ 平均家庭预算也一定增加了 25%。

商品房费用＝平均每平方米的价格×面积。

因此，要想得出题干的结论，必须得有"平均每个家庭所购买的新商品房的面积保持不变"，故 A 项必须假设。

其余各项均为无关选项。

31. B

【解析】母题 38·数字推理题

题干：肥胖儿童数量＝儿童总数量×15％。

肥胖儿童的数量一直在持续上升，可知儿童总数量持续上升。

不肥胖儿童的数量＝儿童总数量×85％，因为儿童总数量持续上升，所以不肥胖儿童的数量也在持续上升，故 B 项正确。

其余各项均不正确。

32. D

【解析】母题 28·一般推论题

题干：

①A 不能识别颜色，B 不能识别形状，C 既不能识别颜色也不能识别形状。

②智能研究所的大多数实验室里都要做识别颜色和识别形状的实验。

D 项，一定为假。因为 A 和 C 都不能识别颜色，所以如果半数实验室里只有 A 和 C 两种机器人，那么这些实验室无法做关于识别颜色的实验，与题干②矛盾。

A 项可能为真。一种情况：有的实验室不做识别颜色和识别形状的实验，所以这三种机器人都可以在该实验室；另一种情况：有的实验室要做识别颜色和识别形状的实验，而有可能 A 识别形状，B 识别颜色，从而可以完成识别颜色和识别形状的实验，C 此时什么也不做，但是存在于此实验室中。

B 项，可能为真。有可能 A 识别形状，B 识别颜色，从而可以完成识别颜色和识别形状的实验。

C、E 项可能为真。因为可能智能研究所的实验室还需要做其他实验，故需要开发新的实验机器人。

33. E

【解析】母题 7·二难推理

题干有以下信息：

①¬三角进攻战术∨跑轰战术，等价于：三角进攻战术→跑轰战术。

②普林斯顿战术→¬三角进攻战术。

③跑轰战术→普林斯顿战术。

由题干信息①、③串联得：④三角进攻战术→普林斯顿战术。

由题干信息②逆否得：⑤三角进攻战术→¬普林斯顿战术。

根据二难推理公式，由题干信息④、⑤可知，¬三角进攻战术，即 E 项正确。

34. B

【解析】母题 29·概括结论题

题干：

①美国的医院以前主要依靠从付款的病人那里取得的收入来弥补未付款治疗的损失。

②几乎所有付款的病人现在都依靠政府或私人的医疗保险来支付医院账单。

③最近，保险公司一直把他们为投保病人的治疗所进行的支付限制在等于或低于真实费用的水平。

根据题干①和②可知，付款病人依靠政府或保险支付的医院账单中包含了未付款病人的费用，故付款病人支付的比实际费用要高。又由题干③可知，最近付款病人的医院账单中不再包含未付款病人的费用。如果没有别的方式弥补未付款治疗的损失，医院就会蒙受损失。因此，B项正确。

A、C、E项均为无关选项。

D项推理过度。

35. D

【解析】母题40·复杂匹配与题组

根据题干条件(3)可知，德国人是技师，且德国人不是C。

根据题干条件(1)可知，德国人不是A。

根据题干条件(2)可知，德国人不是E。

根据题干条件(4)可知，德国人不是B和F。

因此，德国人是D。

36. E

【解析】母题40·复杂匹配与题组

根据题干条件(1)可知，A不是美国人，且美国人是医生。

根据题干条件(2)、(3)可知，E和C不是美国人。

根据题干条件(6)可知，B不是美国人。

根据上一题结论可知，D不是美国人。

因此，美国人是F。

37. E

【解析】母题16·因果型削弱题（求异法）

题干使用求异法：

第一块菜圃加入镁盐：产量高；

第二块菜圃没加镁盐：产量低；

故：第一块菜圃较高的产量必然是由于镁盐。

使用求异法，要保证没有其他差异因素影响实验结果，而E项说明这两块菜圃还有其他区别，土质和日照量的不同影响了实验结果，故削弱题干。

其余各项均不能削弱题干。

38. D

【解析】母题19·论证型支持题

题干：开展国际营销的企业一旦在某国外市场建立了一套广泛的销售网络并取得销售的显著增长，就应该在国外市场上采取与本国类似的营销策略────→在开创初期，或在才建立了销售代表处的国外市场上，需采取与本国不同的营销策略。
证明

A项，题干讨论的是"营销策略"，而不是"销售网络"是否相同。

B项，无关选项，题干不涉及对两种不同销售网络的比较。

C项，无关选项，题干不涉及对两种国家的比较。

D项，支持题干，说明规模小的国外市场不能更好地适应本国的营销策略，因此要采取与本国不同的营销策略。

E项，无关选项，题干涉及的是"营销策略"而不仅仅是"广告"。

39. C

【解析】母题 38·数字推理题

Ⅰ项，非洲男性代表人数＝男性代表总人数－中国男性代表人数＝75－35＝40（人）。

Ⅱ项，中国女性代表人数＝代表总人数－非洲代表总人数－中国男性代表人数＝120－55－35＝30（人）。

Ⅲ项，非洲女性代表人数＝非洲代表总人数－非洲男性代表人数＝55－(75－35)＝15（人）。

综上，正确答案为C项。

40. E

【解析】母题 28·一般推论题

A项，由题干可知，东莨菪碱存在于茄科植物中，但并不确定是否"最为广泛"，不能推出。

B项，无关选项，题干不涉及"贩毒分子"。

C项，由题干可知，东莨菪碱的"一些病理作用"类似颠茄碱，但无法确定这些病理作用是不是此项中的"阻断副交感神经"，不能推出。

D项，东莨菪碱具有阻断副交感神经和用作中枢神经系统抑制剂的作用，但不确定这是不是东莨菪碱的"主要作用"，不能推出。

E项，由题干信息"东莨菪碱的作用与阿托品相似，其散瞳及抑制腺体分泌的作用比阿托品强"可知，此项为真。

41. D

【解析】母题 26·解释现象

题干的矛盾现象：包办酒席的机构的卫生检查程序更严格，但是，有更多的食物中毒案例。

A项，在饭店吃饭的人比参加包办酒席的人更多，加剧了题干的矛盾。

B项，说明更多的中毒案例不应该是由包办酒席的服务部门提供剩菜引起的，加剧了题干的矛盾。

C项，饭店也提供包办酒席的服务，无法解释题干的矛盾现象。

D项，吃酒席的人会互相交流，如果出现食物中毒，他们之间相互都会知道，很明显会想到是酒席中的食物有问题；而饭店中同时吃饭的人互不认识，即使出现食物中毒，也不易通过交流发现饭店的食物有问题，可以解释题干的矛盾现象。

E项，饭菜味道是否好，与是否会食物中毒无关。

42. E

【解析】母题 16·因果型削弱题

题干：肝病的高发 —导致→ 人口死亡率很高。

Ⅰ项，有因无果，说明肝病发病率高，但人口死亡率低，可以削弱。

Ⅱ项,另有他因,说明滥用药品是导致人口死亡率高的原因,可以削弱。

Ⅲ项,另有他因,说明吸毒是导致人口死亡率高的原因,可以削弱。

故E项正确。

43. E

【解析】母题8·复言命题的真假话问题

题干有以下信息:

①男生甲∨男生丙。

②女生戊→男生丙。

③¬女生丁→男生乙。

④¬女生丁∧¬男生乙。

⑤¬男生丙∧¬男生甲。

⑥以上5个中只有2个为真。

由以上题干信息可知,①和⑤为矛盾命题,③和④为矛盾命题,均为一真一假,又由⑥可知,②为假,即¬(女生戊→男生丙)=女生戊∧¬男生丙。

故E项正确。

44. C

【解析】母题40·复杂匹配与题组

根据题干Ⅱ、Ⅲ可得图11-2:

图 11-2

假设位置1坐的是F太太,不符合条件Ⅰ"F太太对面坐的是位先生",假设不成立。

假设位置4坐的是F太太,那么由条件Ⅰ可知,位置7坐的是G先生,位置8坐的是H先生,那么H夫妇的座位被隔开了,符合题干。

假设位置6坐的是F太太,由条件Ⅰ可知,位置1坐的应该是G先生,与上图矛盾,不符合题干。

假设位置7坐的是F太太,由条件Ⅰ可知,位置2坐的应该是G先生,与上图矛盾,不符合题干。

假设位置8坐的是F太太,由条件Ⅰ可知,位置3坐的应该是G先生,与上图矛盾,不符合题干。

故在安排座位时被隔开的只能是H夫妇,即C项正确。

45. D

【解析】母题6·假言命题的负命题

题干有以下信息：

①攻读法学学位→看到文章，等价于：￢看到文章→￢攻读法学学位。

②攻读法学学位→获得全额奖学金∧获得英国签证。

③￢看到文章。

由题干信息③、①可知，￢攻读法学学位，故Ⅲ项为真。

由箭头的指向原则可知，Ⅰ、Ⅱ项可真可假。

故D项正确。

46. A

【解析】母题15·论证型削弱题

专家的观点：美国主权信用等级不被降低→"两房"债券的价格不会受其股价太大的影响。

A项，反驳了专家的隐含假设，如果"两房"债券并没有得到美国政府的信用担保，那么美国主权信用等级是否降低与"两房"债券的价格是否受其股价的影响无关。

其余各项均与题干中专家的观点无关。

47. E

【解析】母题15·论证型削弱题

题干：果子狸SARS样病毒与人类SARS病毒有99％以上的同源性 ——证明→ 果子狸SARS样病毒是人类SARS病毒的前体，果子狸SARS病毒传到人身上，基因发生变异并被传播开，最终酿成了中国2003年从香港、广东省为首发地区向全国蔓延的全国性的SARS传染病突发性灾难。

A项，说明样本抽取的范围不够广，可以削弱。

B项，因果倒置，说明病毒可能是由人传给动物的，不是动物传给人的。

C项，说明果子狸SARS病毒是由其他动物传染给它的，削弱了果子狸SARS样病毒是人类SARS病毒的前体的结论。

D项，提出反面论据，说明果子狸排出的病毒不会传染给人类，可以削弱。

E项，说明除人类外的生物也可能感染SARS病毒，支持题干。

48. D

【解析】母题36·排序题

题干有以下信息：

①每一名运动员不是市队的就是省队的，但不可能都是。

②这6名运动员中有2名是女性，有4名是男性。

③裁判给2名女运动员都颁了奖，其中恰好有1名是省队的。

④恰好有1名省队的运动员赢得了奖牌。

⑤赵和孙在李的前面，李在钱和周的前面。

⑥赵和孙是市队的运动员。

⑦李和吴是省队的运动员。

⑧获得前4名的运动员各发一个奖牌。

根据题干信息③、④、⑧可知,前4名中,省队的只有1人,且为女性。

根据题干信息⑦、⑤可知,李肯定在前4名中,且是省队的,故李是女性。

根据题干信息⑤可知,赵、孙肯定在前4名中。

假设吴在前4名中,根据题干信息⑦可知,前4名中有2名省队的,不符合题干信息④,故吴不在前4名中。

因此,钱和周有1人在前4名中,根据题干信息④可知,钱和周至少有1人是市队的。

故D项正确。

49. B

【解析】母题36·排序题

根据上题分析可知,李是省队的女运动员,在前4名中。

由题干信息③、④可知,进入前4名的省队运动员只有1人,即进入前4名的省队女性运动员是李。

根据题干信息⑤可知,李的排名在第3名或者第3名以后,故女性省队运动员不可能得第2名。

故B项为正确答案。

其余各项中的话皆有可能正确。

50. C

【解析】母题30·评论逻辑漏洞

张珊的前提:

①医生→¬喜欢写诗,等价于:喜欢写诗→¬医生。

②绝大多数医生都擅长外科手术。

张珊的结论:有的喜欢写诗的人→¬擅长外科手术。

张珊的结论显然是不成立的,如果该结论要成立,必须有:¬医生→¬擅长外科手术,逆否得:擅长外科手术→医生。

故C项正确。

51. B

【解析】母题16·因果型削弱题

西方舆论界:中国的巨大需求 —导致→ 石油、粮食、钢铁等原材料价格暴涨。

A项,不能削弱,"中国提高了农作物产量"与粮食价格的关系不确定。

B项,举反例,说明中国的需求增长了,但是石油价格却下跌了,可以削弱题干论点。

C项,此项没有说明"美国大投资家对石油的囤积"与石油价格的关系,而且也无法说明"粮食、钢铁等原材料价格下跌",因此不如B项削弱力度大。

D项,此项没有说明印度对粮食的需求增加是否影响粮食价格,不能削弱。

E项,无关选项。

52. C

【解析】母题15·论证型削弱题

题干:一项调查的结果显示网恋的离婚率远低于平均离婚率 —证明→ 网恋在成就稳定的婚姻方面

是很靠谱的。

B项，调查机构不中立，可以质疑题干，但难以确定这种不中立是不是一定造成结果的不正确，故削弱力度小。

C项，直接说明调查没有代表性，他们现在没有离婚只是因为结婚时间更短而不是婚姻关系稳定，故削弱力度大。

其余各项均为无关选项。

53. E

【解析】母题5·箭头的串联

题干有以下信息：

①李思进入选拔赛→王伍进入选拔赛。

②王伍进入选拔赛→朱八进入选拔赛。

③张珊进入选拔赛。

④¬白起进入选拔赛→¬张珊进入决赛。

⑤赵柳进入选拔赛∨¬白起进入决赛。

A项，由题干信息②可知，若王伍进入选拔赛，那么朱八一定也进入选拔赛，故不满足题干。

B项，由题干信息②可知，若王伍进入选拔赛，那么朱八一定也进入选拔赛，故不满足题干。

C项，由题干信息①、②可知，若李思进入选拔赛，那么王伍、朱八一定也进入选拔赛，不满足题干。

D项，由题干信息①、②可知，若李思进入选拔赛，那么王伍、朱八一定也进入选拔赛，由题干信息③可知，张珊进入选拔赛，故不满足题干。

E项，由题干信息①、②可知，若李思进入选拔赛，那么王伍、朱八一定也进入选拔赛，由题干信息③可知，张珊进入选拔赛，故满足题干。

54. C

【解析】母题5·箭头的串联

由题干信息⑤可知，赵柳进入选拔赛∨¬白起进入决赛 = ¬赵柳进入选拔赛→¬白起进入决赛。

由题干信息③可知，张珊进入选拔赛，故C项正确。

55. E

【解析】母题28·一般推论题

题干：

①从道义上讲，人们不能对他们无法控制的事情负责。因此，他们也不应该在道义上对这类事情的不可避免的后果负责。

②要确定成年人能否控制他们接受的治疗是困难的，因此在某些情况下要想知道成年人是否对他们被治疗的方式承担某些道义上的责任也是困难的。

③每个人有时的行为方式就如同婴儿接受治疗的一种不可避免的方式一样。婴儿很明显是不能控制这些行为的，所以，他们在道义上不对他们接受的治疗负责。

A项，题干中指的是"婴儿接受治疗"，而不是婴儿的所有行为，不能推出。

B项，推论过度，题干中的前提是"对他们无法控制的事情负责的人"，而不是任何人。

C项，由题干②知，要确定成年人能否控制他们接受的治疗是困难的，因此，此项中那些"声称他们不能控制他们接受的治疗的成年人"是否真的无法控制这种治疗无法确定,因此不能断定他们"不应该负全部责任"。

D项,题干"┐控制→┐负责",选项是"控制→负责",无箭头指向,不能推出。

E项,由题干③知,每个人都有不能控制的行为,因此每个人都有其不用负责的行为。故此项为真。

四、写作

56. 论证有效性分析

【谬误分析】

①考生因为迟到已经损失了一定的做题时间,这不代表就没有必要取消他的考试资格。

②英国的监考制度不一定在中国就可行,况且,材料并未指出英国允许迟到考生进考场的考试是普遍存在还是个案。

③"允许忘记带准考证的考生先进入考场考试、为考生提供现场打印准考证的服务"这些规则外的人情和"迟到15分钟仍允许进入考场"有着本质的区别。

④即使将允许进考场的迟到时间由15分钟延长到20分钟,也无法排除仍然有人会迟到的可能。如果有人迟到了21分钟,那就要再次为他修改规则吗?

⑤在考生进考场时做严格的检查,最多只能避免考生进入考场后作弊。如果考生在开考后进考场前的这段时间作弊,这种检查就无能为力。

⑥不能因为考生痛哭流涕,就否定规则,就认为考生不必承担违反规则带来的后果。否则,触犯法律的犯罪分子们就不必受处罚,痛哭一场就好了。

⑦即使一年安排两次甚至三次高考,也未必不会出现高考生因迟到而痛哭的场面。考生是否迟到和高考的时间、次数没有关系。

参考范文

高考迟到,值得同情吗?

材料通过5点理由为迟到考生辩解,认为"高考迟到应值得同情,没必要取消考试资格",看似有理,实则存在多处逻辑漏洞。

首先,考生因为迟到已经损失了一定的做题时间,这不代表没有必要取消他的考试资格。考场明确规定迟到15分钟不得进入考场参加当次科目考试,违反规则的代价是不得参加考试,而并非是作者认为的损失做题时间。

其次,英国考生迟到仍可参加考试,不代表在中国这样的制度就是可行的。中英两国国情不同,规则的制定要适应各国经济、政治、文化发展情况。而且,该网友参加的是什么性质的监考,是和高考性质一样的考试,还是不太重要的小考?我们不得而知。

再次,"允许忘记带准考证的考生先进入考场考试、为考生提供现场打印准考证的服务"这些规则外的人情并不会有失公允,也不会给其他考生造成影响。但迟到15分钟也让进考场,却有可能影响其他考生做题或者带来其他严重后果。比如,不排除迟到考生利用这15分钟的空隙去作弊的可能。

最后，即使一年安排两次甚至三次高考，也仍有可能出现高考生因迟到而痛哭的场面。考生是否迟到和高考的次数没有必然关系。所以，这种现象是因为高考制度太僵化，还是考生自己犯错误？值得大家深思。

综上所述，材料为迟到考生的辩解难以令人信服，论证过程也不严密，存在诸多逻辑漏洞，当然得出的结论也未必成立。

57. 论说文

独木难成林

老吕写作特训营学员　钱佳慧

曹雪芹有言："单丝不成线，独木不成林。"50摄氏度的水加起来虽不能超过50摄氏度，却能减缓冷却的速度。由此可见，合作能促进互利共赢。

合作是优势互补的良方。泰戈尔说过："刀鞘保护刀的锋利，它自己则满足于它的迟钝。"诚然，人有所长，必有所短。单凭一人之力，在激烈的市场竞争中恐难保全，因而我们需要通过合作取人所长，补己所短。拥有专有技术的，可以寻求伯乐投资；富有管理才能的，可以借助平台实现价值。合作之下，各取所需，共同进步，岂不妙哉？

合作是匠心独运的秘诀。合作能将我们从琐碎的小事中解放出来，从而有助于我们在自己的领域里做到全神贯注、精益求精。专注科研的，就无须天天吊嗓子练歌；专修艺术的，也不必日日穿白大褂做实验。你专心做你的科研，我一心练我的戏剧。你疲惫了，且听我唱一曲；我生活质量的提升，恰得益于你的科研。人的精力毕竟有限，难以在多个领域都有建树，与其博而不精，不如寻求合作，明确分工，各行其责。

遗憾的是，当今社会，鹬蚌相争，独抱一腔孤勇的例子不胜枚举。人们为何不选择合作呢？究其根本，不外乎是"不想"和"不敢"。

"不想"者，为"贪"障目。在其看来，合作伙伴是前进路上的"绊脚石"，既然凭一己之长便可坐拥天下，何苦分出一杯羹呢？殊不知，没了合作伙伴，便会很快局限于自己的短板，终难逃功败垂成的厄运。且看"顺丰""菜鸟"之争，何其激烈，双方都想独霸市场，却落得两败俱伤的下场。

"不敢"者，为"险"所困。其担忧"合作伙伴将来会成为竞争对手"。的确，合作存在风险，这就警示我们在寻求合作伙伴时，要考虑全面，权衡利弊，进行理性选择。仅因有风险就放弃合作，岂非因噎废食？时代在发展，合作是共赢的必要条件。合作的机会稍纵即逝，与其患得患失，不如练就审时度势的眼光，一举抓住合作之机，成就一番事业。

"能用众力，则无敌于天下矣；能用众智，则无畏于圣人矣。"与其为"绊脚石和对手"之说忧心忡忡，不如谨慎选择合作伙伴，继而敞开胸怀，精诚合作，共创非凡未来！

绝密★启用前

全国硕士研究生招生考试
管理类专业学位联考综合能力试题
冲刺卷 12

（科目代码：199）

考试时间：8：30—11：30

考生注意事项

1. 答题前，考生须在试题册指定位置上填写考生姓名和考生编号；在答题卡指定位置上填写报考单位、考生姓名和考生编号，并涂写考生编号信息点。
2. 选择题的答案必须涂写在答题卡相应题号的选项上，非选择题的答案必须书写在答题卡指定位置的边框区域内。超出答题区域书写的答案无效；在草稿纸、试题册上答题无效。
3. 填（书）写部分必须使用黑色字迹签字笔或者钢笔书写，字迹工整、笔迹清楚；涂写部分必须使用 2B 铅笔填涂。
4. 考试结束，将答题卡和试题册按规定交回。

考生编号															
考生姓名															

一、问题求解：第 1~15 小题，每小题 3 分，共 45 分。下列每题给出的 A、B、C、D、E 五个选项中，只有一项是符合试题要求的。请在答题卡上将所选项的字母涂黑。

1. 有一条长度为 300 米的环形跑道，甲、乙两名同学同时同地同向出发，已知甲的速度为 3.5 米/秒，乙的速度为 1.5 米/秒，求甲在第 2 次追上乙时共用了（　　）秒．
   A. 240　　B. 260　　C. 280　　D. 300　　E. 350

2. 设 $x \in \mathbf{R}$，记不超过 x 的最大整数为 $[x]$，令 $\{x\} = x - [x]$，则 $\left\{\dfrac{\sqrt{5}+1}{2}\right\}$，$\left[\dfrac{\sqrt{5}+1}{2}\right]$，$\dfrac{\sqrt{5}+1}{2}$（　　）．
   A. 是等差数列但不是等比数列
   B. 是等比数列但不是等差数列
   C. 既是等差数列又是等比数列
   D. 既不是等差数列也不是等比数列
   E. 得不出任何结论

3. 一项工作，甲、乙、丙三人合作 6 小时可以完成，如果甲工作 6 小时，乙、丙合作 2 小时，可以完成这项工作的 $\dfrac{2}{3}$．如果甲、乙合作 3 小时，丙工作 6 小时，也可以完成这项工作的 $\dfrac{2}{3}$．这项工作如果由甲、丙合作，所需时间为（　　）．
   A. 6 小时　　B. 6.5 小时　　C. 7 小时　　D. 7.2 小时　　E. 8 小时

4. 若 $x^2 - 3x + 1 = 0$，那么 $x^4 + \dfrac{1}{x^4}$ 等于（　　）．
   A. 49　　B. 7　　C. 9　　D. 47　　E. 27

5. 有甲、乙、丙三项任务，甲需要 2 人承担，乙、丙各需要 1 人承担，现从 10 人中选派 4 人承担这三项任务，不同的选派方法有（　　）种．
   A. 1 260　　B. 2 025　　C. 2 520　　D. 5 040　　E. 3 600

6. 不等式 $\dfrac{8}{x} < 4x < -x^2$ 的解集中，包含（　　）个整数．
   A. 0　　B. 1　　C. 2　　D. 3　　E. 4

7. 某公司这周为新员工安排了 8 场不同的培训课，要求每名员工从中选择 4 场参加．由于其中有 3 场安排在了同一时间，因此每名员工在这 3 场中至多只能选择其中的 1 场参加．那么每名员工有（　　）种不同的培训方案．
   A. 20　　B. 30　　C. 35　　D. 42　　E. 48

8. 已知方程 $x^2 + px + q = 0$ 的两个根为 $x_1 = 1$，$x_2 = 2$，则不等式 $\dfrac{x^2 - 3x - 4}{x^2 + px + q} > 0$ 的解集为（　　）．
   A. $(-\infty, -1) \cup (1, 2)$
   B. $(-\infty, -1) \cup (4, +\infty)$
   C. $(-\infty, 4)$
   D. $(-\infty, -1) \cup (1, +\infty)$
   E. $(-\infty, -1) \cup (1, 2) \cup (4, +\infty)$

9. 因为某种产品的两种原料相继提价,所以生产者决定对产品分两次提价. 现有三种提价方案:

方案甲:第一次提价 $p\%$,第二次提价 $q\%$;

方案乙:第一次提价 $q\%$,第二次提价 $p\%$;

方案丙:第一次提价 $\frac{p+q}{2}\%$,第二次提价 $\frac{p+q}{2}\%$.

其中 $p>q>0$,比较上述三种方案,提价最多的是( ).

A. 甲 B. 乙 C. 丙 D. 一样多 E. 以上选项均不正确

10. 已知 $y=ax^2+bx$ 的图像如图 12-1 所示,则 $y=ax-b$ 的图像一定过( ).

A. 第一、二、三象限

B. 第一、二、四象限

C. 第二、三、四象限

D. 第一、三、四象限

E. 以上选项均不正确

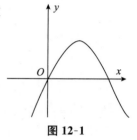

图 12-1

11. 已知 $m>1$,$n>1$,若 $m^x=n^y=2$,$m+n=2\sqrt{2}$,则 $\frac{1}{x}+\frac{1}{y}$ 的最大值为( ).

A. $\frac{1}{2}$ B. 1 C. $\frac{3}{2}$ D. 2 E. 3

12. 已知数列 $\{a_n\}$ 的前 n 项和 $S_n=n^2-9n$,第 k 项满足 $5<a_k<8$,则 $k=$( ).

A. 9 B. 8 C. 7 D. 6 E. 5

13. 为了调查某厂工人生产某种产品的能力,随机抽查了 20 位工人某天生产该产品的数量. 产品数量(件)的分组区间为 $[45,55)$,$[55,65)$,$[65,75)$,$[75,85)$,$[85,95]$,由此得到频率分布直方图如图 12-2 所示,则这 20 位工人中一天生产该产品数量在 $[55,75)$ 的人有( )位.

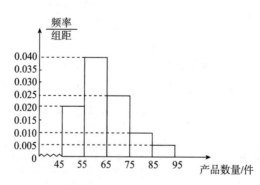

图 12-2

A. 18 B. 16 C. 15 D. 13 E. 12

14. a,b 是有理数,若方程 $x^3+ax^2-ax+b=0$ 有一个无理根 $-\sqrt{2}$,则方程的唯一有理根是( ).

A. 3 B. 2 C. -3 D. -2 E. -1

15. 已知点 $A(-2, 2)$ 及点 $B(-3, -1)$，P 是直线 $L：2x-y-1=0$ 上的一点，则 PA^2+PB^2 取得最小值时点 P 的坐标为( )．

　　A. $\left(\dfrac{1}{10}, -\dfrac{4}{5}\right)$　　B. $\left(\dfrac{1}{8}, -\dfrac{3}{4}\right)$　　C. $\left(\dfrac{1}{6}, -\dfrac{2}{3}\right)$　　D. $\left(\dfrac{1}{4}, -\dfrac{1}{2}\right)$　　E. $\left(\dfrac{1}{2}, 0\right)$

二、**条件充分性判断**：第 16～25 小题，每小题 3 分，共 30 分。要求判断每题给出的条件（1）和条件（2）能否充分支持题干所陈述的结论。A、B、C、D、E 五个选项为判断结果，请选择一项符合试题要求的判断，在答题卡上将所选项的字母涂黑。

　　A. 条件(1)充分，但条件(2)不充分．

　　B. 条件(2)充分，但条件(1)不充分．

　　C. 条件(1)和条件(2)单独都不充分，但条件(1)和条件(2)联合起来充分．

　　D. 条件(1)充分，条件(2)也充分．

　　E. 条件(1)和条件(2)单独都不充分，条件(1)和条件(2)联合起来也不充分．

16. 若 $pq \neq 1$，则 $\dfrac{2p^2+3pq+q^2}{4p^2-2pq+q^2}=\dfrac{10}{7}$．

　　(1) $2p^2+987p+3=0$．

　　(2) $3q^2+987q+2=0$．

17. 在浓度为 50% 的酒精溶液中加入若干纯酒精，再加入若干水后，得到浓度为 38% 的酒精溶液．

　　(1) 加入 300 mL 水．

　　(2) 加入 100 mL 纯酒精．

18. 幼儿园大班和中班共有 32 名男生、18 名女生，那么大班有女生 12 名．

　　(1) 已知大班男生与女生的人数之比为 5∶3．

　　(2) 中班男生与女生的人数之比为 2∶1．

19. 一个等差数列 $\{a_n\}$ 的前 n 项和 S_n 取得最大值时，n 的值是 21．

　　(1) $a_1>0$，$5a_4=3a_9$．

　　(2) $a_1>0$，$3a_4=5a_{11}$．

20. x 的解集为 $(-\infty, -1) \cup (1, +\infty)$．

　　(1) $|2x+1|+|x-2|>4$．

　　(2) $|2x-\log_2 x|<2x+|\log_2 x|$．

21. 某商场出售甲、乙、丙三种型号的电动车，第二季度乙、丙两种型号电动车的销售额比第一季度减少了 $a\%$，则 a 的值为 2．

　　(1) 甲型号电动车在第一季度的销售额占这三种型号电动车总销售额的 56%．

　　(2) 第二季度该商场电动车的总销售额比第一季度增加了 12%，且甲型号电动车的销售额比第一季度增加了 23%．

22. $\dfrac{a_2+a_6}{a_3+a_7}=\dfrac{3}{5}$．

　　(1) $\{a_n\}$ 是公差不为零的等差数列，且第 3，4，7 项构成等比数列．

　　(2) $\{a_n\}$ 是公差不为零的等差数列，且第 2，3，6 项构成等比数列．

23. 边长为1的正方形 $ABCD$ 的各边上各有点 E，F，G，H（如图12-3所示），并且 $AE=BF=CG=DH=a$，则中间的小正方形的面积为 $\frac{5}{8}$.

（1）$a=\frac{1}{4}$.

（2）$a=\frac{1}{3}$.

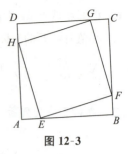

图 12-3

24. 圆 C_1 和圆 C_2 相交.

（1）圆 C_1 的半径为2，圆 C_2 的半径为3，圆 C_1 和圆 C_2 的圆心距 d 满足 $d^2-6d+5<0$.

（2）圆 C_1 和圆 C_2 有两条外公切线.

25. 已知数列 $\{a_n\}$ 的前 n 项和为 S_n，且 $S_5=3$，$S_{10}=12$，则 $S_{20}=120$.

（1）$\{a_n\}$ 是等差数列.

（2）$\{a_n\}$ 是等比数列.

三、逻辑推理：第26～55小题，每小题2分，共60分。下列每题给出的 A、B、C、D、E 五个选项中，只有一项是符合试题要求的。请在答题卡上将所选项的字母涂黑。

26. 北美的雪松有的长在悬崖上，有的长在森林里。长在悬崖上的雪松几乎无从吸取养料，不如林中雪松的十分之一高。但是，林中雪松的年头很少超过400年，而很多悬崖上雪松的年头已超过500年。

以下哪项如果为真，则最有助于解释上述两种雪松年头上的差别？

A. 雪松具有顽强的生命力，否则不能在悬崖上生长。

B. 因气候干燥，北美经常发生森林火灾，而火灾不会殃及悬崖上的雪松。

C. 悬崖上雪松的生存条件和大多数不长树木地方的生存条件类似。

D. 和高大的树木相比，较矮的树木在生长过程中消耗的养分较少。

E. 在西伯利亚地区，长在悬崖上的雪松一般也比长在森林里的雪松寿命长。

27. 某公司行政部人员手机使用情况如下：

①小王拨打过行政部所有人的电话。

②小李曾经拨打过小赵的电话，但是小赵不曾拨打过其他人的电话。

③不曾接听来自行政部其他人电话的人也就不曾拨打过其他人的电话。

如果以上信息为真，可以推出以下哪项？

A. 小赵不曾接听过来自小李的电话。

B. 小李曾经接听过来自小王的电话。

C. 行政部曾有人拨打过小王的电话。

D. 小王接听过来自行政部所有人的电话。

E. 小赵曾接听过小王的电话。

28. 有一项实验的内容是：受试者被要求从一大堆抽象的图样中识别出一个样式，然后选择另一种图样来完善这个样式。实验的结果令人吃惊，在实验中表现最出色的受试者正是那些脑神经细胞耗能最少的人。

以下哪项如果为真，则最能对以上陈述中表面上的矛盾现象作出解释？

A. 运动员在休息时的能量消耗低于一般人的能量消耗，他们更适合完成给定的完善图样的任务。

B. 较善于识别抽象样式的人具备更有效能的脑神经联系。

C. 实验中在处理抽象样式时表现最佳的受试者比表现差一点的人享受了更多的满足感。

D. 当受试者尝试识别样式时，其脑神经细胞的反应比做其他类型的推理少。

E. 最初被要求识别的样式选定后，受试者大脑消耗的能量增加。

29. 一家社会评价机构为评价人们对电视剧的喜欢程度进行了社会调查。调查表明，《延禧攻略》的收视率要超过《如懿传》的收视率，由此这家社会评价机构断言：《延禧攻略》的受欢迎程度要高于《如懿传》。

以下哪项最能反驳上述论证？

A. 收视率只是衡量电视剧受欢迎程度的一个标准。

B. 对电视剧的喜欢程度与人们受教育的程度有关。

C. 播放《延禧攻略》的电视台远远多于播放《如懿传》的电视台。

D. 喜欢《如懿传》的大多数都是中老年人。

E. 喜欢《延禧攻略》的大多数都是年轻人。

30. 政治家：大约4年前，我们党一开始执政就致力于治理通货膨胀，并成功地将消费者物价指数（CPI）的涨幅从当时的4%降到现在的1.5%。反对党在前一个4年的执政期间，CPI涨幅都超过了4%。因此，在我们党的领导下，商品的价格越来越低。

这个政治家的论证最容易受到以下哪项批评？

A. 没有详细地说明反对党的主张，而是简单地将它忽略掉了。

B. 用来支持这一结论的证据是事实上为否定这一结论提供了更多的支持。

C. 没有提到反对党执政期间是国内经济过热的时期，而现在是欧美出现经济危机的时期。

D. 没有提到这样一种可能性：反对党执行了治理通货膨胀的政策，但该政策的效果要经过一段时间才能显现。

E. 没有详细的论据来支持其结论。

31. 有红、蓝、黄、白、紫5种颜色的皮球，分别装在5个盒子里。甲、乙、丙、丁、戊5人猜测盒子里皮球的颜色。

甲：第2个盒子里的皮球是紫色的，第3个盒子里的皮球是黄色的。

乙：第2个盒子里的皮球是蓝色的，第4个盒子里的皮球是红色的。

丙：第1个盒子里的皮球是红色的，第5个盒子里的皮球是白色的。

丁：第3个盒子里的皮球是蓝色的，第4个盒子里的皮球是白色的。

戊：第2个盒子里的皮球是黄色的，第5个盒子里的皮球是紫色的。

猜完之后打开盒子发现，每人都只猜对了一种，并且每盒都有一个人猜对。由此可以推测：

A. 第1个盒子里的皮球是蓝色的。

B. 第3个盒子里的皮球不是黄色的。

C. 第4个盒子里的皮球是白色的。

D. 第 5 个盒子里的皮球是红色的。

E. 第 2 个盒子里的皮球是白色的。

32. 有人问甲、乙、丙三人的年龄。甲说："我 22 岁，比乙小 2 岁，比丙大 1 岁。"乙说："我不是年龄最小的，丙和我差 3 岁，丙 25 岁。"丙说："我比甲年龄小，甲 23 岁，乙比甲大 3 岁。"
以上每人所说的三句话中，都有一句是故意说错的，你知道三个人的年龄到底是多大吗？

A. 甲 22 岁，乙 25 岁，丙 21 岁。

B. 甲 23 岁，乙 22 岁，丙 25 岁。

C. 甲 22 岁，乙 23 岁，丙 21 岁。

D. 甲 23 岁，乙 25 岁，丙 22 岁。

E. 甲 21 岁，乙 23 岁，丙 22 岁。

33. 某汽车在传统车型的基础上新增了自动上锁装置，能保证汽车和车内财产的安全性。因此，这款自动上锁车型的销售量将大大高于传统车型。
以下哪项如果为真，则最能对上述推理提出质疑？

A. 传统车型中有一些最常用的功能并没有在新车型中体现。

B. 新车型使用者与传统车型使用者的生活环境不同。

C. 无论是装有自动上锁装置的新车型还是传统车型，使用习惯都是因人而异的。

D. 该企业生产的这款自动上锁装置获得了专利权，这是目前市面上其他汽车所不具备的。

E. 新车型与传统车型在外形上并没有什么不同。

34. 排兵布阵讲究形与势，被喻为"兵力的配合"。形是配好了的成药，放在药店里，可以直接购买使用；势是由有经验的大夫为病人开的处方，根据病情的轻重，斟酌用量，增减气味，配伍成剂。冲锋陷阵也讲究形与势，用拳法打比方，形是拳手的身高、体重和套路；势就是散打，根据对手的招式随机应变。
以下哪项陈述是对上文所说的形与势的特征的最准确概括？

A. 用兵打仗好比下棋，形是行棋的定式和棋谱；势是接对方的招，破对方的招，反应越快越好。

B. 行医是救人，用兵是杀人，很不相同。然而，排兵布阵与调配药方却有相似之处。

C. 形好比积水于千仞之山，蓄之越深，发之越猛；势好比在万仞之巅滚圆石，山越险，石越速。

D. 形是可见的、静态的、事先设置的东西；势是看不见的、动态的、因敌而设的东西。

E. 《势篇》与《形篇》是姊妹篇，是孙子兵法的军事指挥学的概说。

35. 科学家对 76 位心脏病患者进行了研究，他们分别采用"一名志愿者带一只狗前去探望病人""一名志愿者前去探望病人"以及"没有志愿者"三种方法分别测试这些病人的反应。结果发现第一种情况下病人的焦虑程度下降了 24％，第二种情况下病人的焦虑程度只下降了 10％，第三种情况下病人的焦虑程度仍保持原来的水平。因此科学家认为，狗能帮助心脏病人降低焦虑情绪。
以下哪项如果为真，最能对上述科学家的观点提出质疑？

A. 带狗和不带狗探视的试验分别选择在两个不同的时间段。

B. 在带狗的志愿者中，绝大多数喜欢并自己饲养宠物狗。

C. 在被探视的病人中，绝大多数喜欢并自己饲养宠物狗。

D. 志愿者带去探望病人的大多数狗都是性情比较温顺的。

E. 志愿者带去探望病人的大多数狗都不是性情比较温顺的。

36. 某地召开有关《红楼梦》的小型学术研讨会。与会者中，4个是北方人，3个是黑龙江人，1个是贵州人；3个是作家，2个是文学评论家，1个是教授。以上提到的是全体与会者。

    根据以上陈述，可推断参加该研讨会的最少可能有几人？最多可能有几人？

    A. 最少可能有4人，最多可能有6人。

    B. 最少可能有5人，最多可能有11人。

    C. 最少可能有6人，最多可能有14人。

    D. 最少可能有8人，最多可能有10人。

    E. 最少可能有7人，最多可能有11人。

37. 某公司内部新近设立了许多非常专门化的部门。这表明，该公司对下述问题非常感兴趣：如何以更精确的方式抓住其消费群体？

    上述推理缺少下面哪一个选项？

    A. 前提：这些新部门在以更精确的方式去抓住其消费群体。

    B. 结论：管理部门要求采取新的措施去抓住其消费群体。

    C. 前提：在设立这些新部门之前，该公司未能抓住其消费群体。

    D. 结论：该公司将作出更多的努力去抓住其消费群体。

    E. 前提：该公司之前的部门都不专业。

38. 有的外科医生是协和医科大学8年制的博士毕业生，所以，有些协和医科大学8年制的博士毕业生有着精湛的医术。

    以下哪项必须为真，才能够保证上述结论正确？

    A. 有的外科医生具有精湛的医术。

    B. 并非所有的外科医生都医术精湛。

    C. 所有医术精湛的医生都是协和医科大学8年制的博士毕业生。

    D. 所有的外科医生都具有精湛的医术。

    E. 有的外科医生不是协和医科大学的博士。

39. 我国农村的宅基地属集体所有，农民只能使用，不能买卖、出租和继承。宅基地制度保证了农民的生存权益。农民在宅基地上建造的房屋是农民的资产。如果允许农民出卖自己的房屋，则实际上允许出让宅基地的使用权。如果宅基地的使用权被别人买走，则会损害农民的生存权益。但如果不允许农民出卖自己的房屋，则侵害了农民的资产权益。

    如果以上陈述为真，则以下哪项陈述也一定为真？

    A. 农民在宅基地上建造的房屋没有产权证。

    B. 如果农民工在城市里购买了住房，则不应当再在农村老家占有宅基地。

    C. 如果不损害农民的生存权益，则会侵害农民的资产权益。

    D. 对绝大多数农民工而言，农村老家的宅基地和责任田是他们最后的生存保障。

E. 损害农民的生存权益，但不侵害农民的资产权益。

40. 小儿哮喘是儿科常见病，目前随着城市工业化环境的进展，大气污染及粉尘的加剧，该病近年来在世界范围内呈上升趋势。气管炎为我国多发的细菌感染，而小儿哮喘发病率上升的同时却伴随着气管炎在儿童中发病率的下降。但是，气管炎仍在大量侵袭成年人，尤以已婚人士为最。

下面哪一项如果正确，最能帮助解释儿童中气管炎发病率的下降？

A. 遗传因素部分决定了一个人易患气管炎的程度。

B. 在其他国家也发现了儿童疾病的增加伴随着气管炎的减少。

C. 抗生素能治疗和防止细菌感染，小儿哮喘经常被误诊为细菌感染而导致抗生素错用。

D. 儿童时期没有得过哮喘的人到成年时可能得哮喘，在这种情况下，疾病的后果一般会更加严重。

E. 那些得了气管炎的人得哮喘的危险增加了。

41～42题基于以下题干：

2016年8月7日，孙杨在里约奥运会的400米自由泳项目中以0.13秒之差遗憾失金，对此，网友评论不一。

张珊：孙杨还是没有在400米自由泳项目上夺得金牌的实力。

王伍：我不同意。孙杨只是运气不好而已，而且他在上一届奥运会400米自由泳项目中拿了金牌。

41. 以下哪项最为确切地概括了王伍的反驳所运用的方法？

A. 提出了一个新的论据质疑对方的论据。

B. 提出了一个新的论据质疑对方的观点。

C. 提出了一个反例来反驳对方的一般性结论。

D. 构造了一个和对方类似的论证，但这个论证的结论显然是不可接受的。

E. 指出对方将原因和结果倒置。

42. 以下哪项最为恰当地概括了张珊和王伍争论的焦点？

A. 孙杨是否真的优秀？

B. 孙杨是否擅长长距离游泳？

C. 一次比赛的失败能否作为评价运动员的标准？

D. 400米自由泳项目的失败是否说明孙杨运气不好？

E. 孙杨是否具有400米自由泳项目夺金的实力？

43. 文化体现在一个人如何对待自己、对待他人、对待自己所处的自然环境。在一个文化环境厚实的社会里，人懂得尊重自己——他不苟且，不苟且才有品位；人懂得尊重别人——他不霸道，不霸道才有道德；人懂得尊重自然——他不掠夺，不掠夺才有永续的生命。

下面哪一项不能从上面这段话中推出？

A. 如果一个人苟且，则他无品位。

B. 如果一个人霸道，则他无道德。

C. 如果人类掠夺自然，则不会有永续的生命。

D. 如果一个人不苟且，他可能没有品位。

E. 如果一个人无道德,则他霸道并且苟且。

44～45题基于以下题干:

在美国,医生所开的药物处方中都不包含中草药。有人说,这是因为中草药的药用价值仍然受到严重质疑。其实真正的原因不是这样的。一种药物,除非由法定机构正式批准可用于相关医学处置,否则不允许上市。一种药物要获得法定机构的批准,一般要耗费200万美元,只有专利获得者才负担得起这笔费用。虽然鉴定中草药药用价值的方法可以申请专利,但中草药本身及其使用没有专利。因此,在现有体制下,美国的医生不可能建议用中草药治病。

44. 以下哪项相关断定是上述论证所假设的?
 A. 中草药没有药用价值已经得到证明。
 B. 只有执照医生在处方中开出的药物才有疗效。
 C. 除非中草药作为一种药物合法出售,否则执照医生不可能建议用中草药治病。
 D. 中草药在美国受到质疑是由于西方社会对东方文化的偏见。
 E. 美国的医生不了解中草药。

45. 以下哪项最为准确地概括了题干的论证所使用的方法?
 A. 通过否定一个事件发生的必要条件,来断定这一事件不会发生。
 B. 通过对某一具体事例的分析来论证一个一般性的结果。
 C. 通过对某一具体事例的分析来反驳一个一般性的结果。
 D. 依据准确的数量分析来论证一个质的规定。
 E. 通过对某一结果的另一种解释来质疑一个关于此种结果之原因的断定。

46. 张珊、李思、王伍、赵柳四人分别来自山东、山西、广东、广西。已知:李思比张珊高;王伍最矮;山东人比山西人高;广东人最高;广西人比赵柳高。
 则关于四个人的籍贯,以下哪项说法正确?
 A. 张珊是山东人,李思是广东人,王伍是山西人,赵柳是广西人。
 B. 张珊是广东人,李思是广西人,王伍是山西人,赵柳是山东人。
 C. 张珊是广西人,李思是广东人,王伍是山西人,赵柳是山东人。
 D. 张珊是山西人,李思是广东人,王伍是广西人,赵柳是山东人。
 E. 张珊是广西人,李思是广东人,王伍是山西人,赵柳是山东人。

47～49题基于以下题干:

某学校给7个学生安排宿舍。这7个学生中,K和L是四年级,P和R是三年级,S、T和V是二年级。宿舍有单人间、双人间、三人间三种。同时,必须满足以下条件:
 (1)安排这7名学生的宿舍不能安排其他学生,并且必须满员,例如,三人间必须住满3人。
 (2)四年级学生都不分到三人间。
 (3)二年级学生都不分到单人间。
 (4)K和P分到同一宿舍。

47. 以下哪项安排这7名学生的房间组合不违反条件?
 A. 2个三人间和1个单人间。
 B. 3个双人间和1个单人间。

C. 1个三人间和4个单人间。

D. 2个双人间和3个单人间。

E. 1个双人间和5个单人间。

48. 如果R住单人间,则以下哪项不违反条件?

   A. 恰有1个双人间住二年级学生。

   B. L住单人间。

   C. 恰有3个单人间住学生。

   D. S和P及另外一个学生一起住三人间。

   E. P和K住1个三人间。

49. 如果T和V分别住不同的双人间,则以下哪项一定为真?

   A. 恰有1个单人间住学生。

   B. 恰有2个单人间住学生。

   C. 恰有1个三人间住学生。

   D. 恰有2个双人间住学生。

   E. 恰有3个单人间住学生。

50. 今年,华泰集团旗下的泰丰公司创下了年度销售新纪录。这令人颇感意外,因为泰丰公司的潜在市场是最小的,而且它一直是华泰集团旗下所有分公司中销售额最低的。

   以下哪一项陈述指出了以上论述存在的问题?

   A. 由于泰丰公司的潜在市场最小,它是华泰集团销售额最低的分公司并不令人感到意外。

   B. 如果今年华泰集团的总销售额上升了,则泰丰公司的销售额增加并不令人感到意外。

   C. 每个分公司的销售额是否创年度销售纪录只是该公司自我比较的结果,不需要与其他分公司比较。

   D. 如果华泰集团旗下其他分公司都创造了年度销售纪录,则泰丰公司创年度销售新纪录并不令人感到意外。

   E. 泰丰公司之所以创下年度销售新纪录,是因为管理层的工作非常努力,这种努力不应该让人感到意外。

51. 只有既打"苍蝇",又打"老虎",才能有效地铲除腐败;除非有效地铲除腐败,否则国家就不能长治久安;要进一步推进改革开放,国家必须长治久安。

   以下各项均能从题干的断定中推出,除了:

   A. 国家要长治久安,必须在反腐败中既打"苍蝇",又打"老虎"。

   B. 只要有效地铲除腐败,就能保证进一步推进改革开放。

   C. 如果只打"苍蝇",不打"老虎",就不能有效地铲除腐败。

   D. 除非国家长治久安,否则不能进一步推进改革开放。

   E. 或者铲除腐败,或者不能推进改革开放。

52. 某国际小组对从已灭绝的一种恐鸟骨骼化石中提取的DNA进行遗传物质衰变速率分析发现,虽然短DNA片段可能存在100万年,但30个或者更多碱基对序列在确定条件下的半衰期只有大约15.8万年。某位科学家据此认为,利用古代DNA再造恐龙等类似于电影《侏罗纪公园》中的故事不可能发生。

以下哪项如果为真，则最能反驳该科学家的观点？

A. 《侏罗纪公园》虽然是一部科幻电影，但也要有事实依据。

B. 上述研究的化石样本可能受到人类 DNA 的"污染"。

C. 环境因素会影响 DNA 等遗传物质的衰变速率。

D. 恐鸟与恐龙的碱基对序列排列顺序不同。

E. 该国际小组曾在考古研究中有重大发现。

53. 中秋节来临，某超市为了吸引消费者，推出了一次购物满 500 元赠送一盒月饼的促销活动。超市经理说，促销活动开始以来收银机单次进款 500 元以上的单子增加了近 30%。这表明促销活动很成功，达到了扩大市场份额的目的。

如果以下陈述为真，则哪一项最为有力地削弱了超市经理的断言？

A. 习惯于小额购物的顾客不太会受促销活动的影响。

B. 有些在活动期间一次购物满 500 元的顾客，平时购物也总是高于 500 元。

C. 促销活动中，大多数一次购物满 500 元的人是这家超市的长期顾客，他们增加单次购物的额度，却减少了购物的次数。

D. 被促销活动吸引到该超市购物的顾客在活动结束后可能不会再来了。

E. 扩大市场份额有很多其他更好的手段。

54. 心理学把人的个性分为 16 种不同的类型。据说笔迹学家依据一个人的笔迹可以判断他或她的个性类型。这种说法没有多少道理。最近有这样一个实验，要求一个笔迹学家和一个普通人依据 50 个专业工作者的笔迹来分别判断其职业，结果前者的正确率并不比后者高。

以下哪项是上述论证所必须假设的？

A. 一个人的笔迹和其个性类型有确定的对应。

B. 一个人的笔迹和其职业有确定的对应。

C. 一个人的个性类型和其职业有确定的对应。

D. 专业工作者的不同职业最多只有 16 种。

E. 人的个性的不同类型不可能有 16 种之多。

55. 某学校新来了 3 位年轻老师：蔡老师、朱老师、孙老师，他们每人分别教生物、物理、英语、政治、历史和数学 6 科中的 2 科课程。其中，已知下列条件：

(1) 物理老师和政治老师是邻居。

(2) 蔡老师在 3 人中年龄最小。

(3) 孙老师、生物老师和政治老师 3 人经常一起从学校回家。

(4) 生物老师比数学老师的年龄要大些。

(5) 在双休日，英语老师、数学老师和蔡老师 3 人经常一起打排球。

根据以上条件，可以推出朱老师教哪两个学科？

A. 历史和生物。　　　　　B. 物理和数学。　　　　　C. 英语和生物。

D. 政治和数学。　　　　　E. 英语和数学。

四、写作：第56～57小题，共65分。其中论证有效性分析30分，论说文35分。请答在答题纸相应的位置上。

56. 论证有效性分析：分析下述论证中存在的缺陷和漏洞，选择若干要点，写一篇600字左右的文章，对该论证的有效性进行分析和评论。（论证有效性分析的一般要点是：概念特别是核心概念的界定和使用是否准确并前后一致，有无各种明显的逻辑错误，论证的论据是否成立并支持结论，结论成立的条件是否充分等。）

  前段时间，微信朋友圈盛传一个叫作《这名单你认识多少？》的帖子。该帖列了两排名单：第一排列的有傅以渐、王式丹、毕沅等9人，第二排也是9人，分别是顾炎武、金圣叹、黄宗羲、吴敬梓、蒲松龄、洪秀全、袁世凯、李渔、洪升。绝大多数网友表示不认识第一排名单的人，但熟知第二排名单中90%的人。帖子最后揭晓的答案是：前者全是清朝科举状元，后者全是当时的落第秀才。这说明了什么？真正的考场其实从来就不在学校。成绩好、有学历，从来不是成功的必要条件。

  当今社会是一个更加开放、包容的社会，读书好不好、学历高不高，对成功的影响就更小了。乔布斯、比尔·盖茨、扎克伯格……他们都没有读完大学，照样成为全世界首屈一指的企业家。陶华碧没上过学、宗庆后初中毕业，但分别成就了"老干妈""娃哈哈"这样的大品牌。从二十世纪七八十年代就创业至今的大企业家们，有几个是大学毕业的？

  大学生呢？据统计，2017年高校毕业生人数达到了795万人。一下子毕业这么多大学生，连就业都困难，更不要说成为企业家了。而据2015—2016年年度《中国大学生就业创业发展报告》的统计，我国大学生的平均起薪只有3 869元，还不如快递小哥甚至搬砖民工赚得多，上学还有什么意义呢？

  更可笑的是，现在北京一套好一点的学区房的价格，居然达到了15万元左右一平方米。这样的价格，就算你是博士，干一辈子都赚不回一套学区房的钱。与其花这么多钱去换没有什么实用价值的学历，还不如把这些钱投资赚更多的钱来得实在。怪不得有一位博士吐槽"知识的无力感"。

  "读书无用论"流传了这么多年都没有消失，恰好证明了这一点：学历不等于能力，更不等于成功。

57. 论说文：根据下述材料，写一篇700字左右的论说文，题目自拟。

  海恩法则(Ohain's Law)，是德国飞机涡轮机的发明者德国人帕布斯·海恩提出的一个在航空界关于安全飞行的法则，海恩法则指出：每一起严重事故的背后，必然有29次轻微事故和300起未遂先兆以及1 000起事故隐患。

答案速查

一、问题求解

1～5 DBDDC 6～10 BCECC 11～15 BBDDA

二、条件充分性判断

16～20 CECBA 21～25 CAAAB

三、逻辑推理

26～30 BCBCB 31～35 CDADC 36～40 BADCC
41～45 BEECE 46～50 EBBAC 51～55 BDCCC

四、写作

略

答案详解

一、问题求解

1. D

【解析】母题 98·行程问题

由于跑道是环形,甲每追上乙 1 次就比乙多跑一圈,则甲在第 2 次追上乙时,比乙多跑了两圈.由于两人为同向,相对速度为两人的速度差,故所用时间为 $\dfrac{300\times 2}{3.5-1.5}=300$(秒).

2. B

【解析】母题 7·无理数的整数与小数部分

可分别求得 $\left[\dfrac{\sqrt{5}+1}{2}\right]=1$,$\left\{\dfrac{\sqrt{5}+1}{2}\right\}=\dfrac{\sqrt{5}-1}{2}$. 因为 $\dfrac{\sqrt{5}+1}{2}\times\dfrac{\sqrt{5}-1}{2}=1$,即 $\dfrac{\sqrt{5}+1}{2}\times\left\{\dfrac{\sqrt{5}+1}{2}\right\}=\left[\dfrac{\sqrt{5}+1}{2}\right]$,由等比数列的中项性质易得三者构成等比数列.

3. D

【解析】母题 97·工程问题

设总工程量为 1,甲、乙、丙的效率分别为 x、y、z,则根据题干可得

$$\begin{cases}6x+6y+6z=1,\\ 6x+2y+2z=\dfrac{2}{3},\\ 3x+3y+6z=\dfrac{2}{3},\end{cases}\text{解得}\begin{cases}x=\dfrac{1}{12},\\ y=\dfrac{1}{36},\\ z=\dfrac{1}{18}.\end{cases}$$

故甲、丙合作所需时间为 $\dfrac{1}{\dfrac{1}{12}+\dfrac{1}{18}}=7.2$(小时).

4. D

【解析】母题 27·形如 $x+\dfrac{1}{x}=a$ 的问题

求形如 $x^4+\dfrac{1}{x^4}$ 等分式的值，先将已知条件降次整理为 $x+\dfrac{1}{x}=a$ 的形式.

由 $x^2-3x+1=0$，可知 $x\neq 0$，故两边同除以 x，可得 $x+\dfrac{1}{x}=3$.

两边平方，得 $\left(x+\dfrac{1}{x}\right)^2=x^2+2+\left(\dfrac{1}{x}\right)^2=9$，故 $x^2+\dfrac{1}{x^2}=9-2=7$.

同理可得 $x^4+\dfrac{1}{x^4}=\left(x^2+\dfrac{1}{x^2}\right)^2-2=47$.

5. C

【解析】母题 71·排列组合的基本问题

先从 10 人中选出 2 人承担任务甲，即 C_{10}^2；再从余下 8 人中选出 1 人承担任务乙，即 C_8^1；最后从剩下的 7 人中选出 1 人承担任务丙，即 C_7^1. 由乘法原理可得，不同的选法有 $C_{10}^2 C_8^1 C_7^1=2\,520$(种).

6. B

【解析】母题 31·不等式的性质与证明不等式

将不等式分开求解，然后求交集.

由 $\dfrac{8}{x}<4x$，解得 $-\sqrt{2}<x<0$ 或 $x>\sqrt{2}$；

由 $4x<-x^2$，解得 $-4<x<0$.

取交集，得 $-\sqrt{2}<x<0$. 所以，解集中只包含 -1 这 1 个整数.

7. C

【解析】母题 71·排列组合的基本问题

可以分为两种情况讨论：

①同一时间的 3 场中，一场也不选择，共有 $C_3^0 C_5^4=5$(种)；

②同一时间的 3 场中，选择 1 场，共有 $C_3^1 C_5^3=30$(种).

所以，每名员工共有 35 种不同的培训方案.

8. E

【解析】母题 41·穿线法解分式不等式

已知方程 $x^2+px+q=0$ 的两个根为 $x_1=1$，$x_2=2$. 由韦达定理，可知 $\begin{cases} p=-3, \\ q=2. \end{cases}$

不等式 $\dfrac{x^2-3x-4}{x^2+px+q}>0$ 的解集即为不等式 $(x-4)(x+1)(x-1)(x-2)>0$ 的解集，用穿线法，如图 12-4 所示：

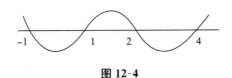

图 12-4

所以，不等式的解集为 $(-\infty, -1) \cup (1, 2) \cup (4, +\infty)$.

9. C

【解析】母题 94·利润问题＋母题 19·均值不等式

设提价前的价格为 1，那么三种方案两次提价后的价格分别是：

方案甲：$(1+p\%)(1+q\%) = 1+p\%+q\%+0.01 \times pq\%$；

方案乙：$(1+q\%)(1+p\%) = 1+p\%+q\%+0.01 \times pq\%$；

方案丙：$\left(1+\dfrac{p+q}{2}\%\right)\left(1+\dfrac{p+q}{2}\%\right) = 1+p\%+q\%+\left(\dfrac{p+q}{2}\right)^2\%$

$\qquad\qquad\qquad = 1+p\%+q\%+0.01 \times \left(\dfrac{p+q}{2}\right)^2\%$.

因为 $\left(\dfrac{p+q}{2}\right)^2\% \geqslant pq\%$，且 $p>q>0$，故"＝"不成立．

所以，方案丙提价最多．

【快速得分法】此题使用特殊值法可快速求解．

10. C

【解析】母题 65·图像的判断

根据图像可得 $a<0$，对称轴 $-\dfrac{b}{2a}>0$，得 $b>0$，故 $y=ax-b$ 的图像一定过第二、三、四象限．

11. B

【解析】母题 19·均值不等式

由 $m>1$，$n>1$，$m^x=n^y=2$，有 $x=\log_m 2$，$y=\log_n 2$，则

$$\dfrac{1}{x}+\dfrac{1}{y}=\dfrac{1}{\log_m 2}+\dfrac{1}{\log_n 2}=\log_2 m+\log_2 n=\log_2 mn \leqslant \log_2\left(\dfrac{m+n}{2}\right)^2=1.$$

故 $\dfrac{1}{x}+\dfrac{1}{y}$ 的最大值为 1．

12. B

【解析】母题 54·已知递推数列求 a_n 的问题

已知数列 $\{a_n\}$ 的前 n 项和，用 S_n-S_{n-1} 法．

$a_n=S_n-S_{n-1}=2n-10(n\geqslant 2)$，$a_1=S_1=-8$，满足上述 a_n 的通项公式．

由于 $5<a_k<8$，即 $5<2k-10<8$，且 k 为整数，可得 $k=8$．

13. D

【解析】母题 70·数据的图表分析

$[55, 75)$ 的频率为 $(0.040+0.025)\times 10=0.65$；生产量在 $[55, 75)$ 的人有 $20\times 0.65=13$（位）．

14. D

【解析】母题 8·有理数与无理数的运算＋母题 29·其他整式化简求值问题

因为$-\sqrt{2}$是方程的根,故代入方程,可得$-2\sqrt{2}+2a+\sqrt{2}a+b=0$,即$(a-2)\sqrt{2}+(2a+b)=0$,因此

$$\begin{cases}a-2=0,\\2a+b=0,\end{cases}\text{解得}\begin{cases}a=2,\\b=-4,\end{cases}$$

则方程为$x^3+2x^2-2x-4=0$,等价于$(x^2-2)(x+2)=0$,解得$x=-2$或$\pm\sqrt{2}$.
故方程的唯一有理根是-2.

15. A

【解析】母题69·解析几何中的最值问题

由$2x-y-1=0$,得$y=2x-1$,故P点的坐标可以写为$(x,2x-1)$.
由两点间的距离公式,可得

$$PA^2+PB^2=(x+2)^2+(2x-1-2)^2+(x+3)^2+(2x-1+1)^2=10x^2-2x+22,$$

故当$x=-\dfrac{b}{2a}=-\dfrac{-2}{20}=\dfrac{1}{10}$时,$PA^2+PB^2$取得最小值,故点$P$的坐标为$\left(\dfrac{1}{10},-\dfrac{4}{5}\right)$.

二、条件充分性判断

16. C

【解析】母题36·韦达定理问题

明显条件(1)和条件(2)单独都不充分,考虑联立.
由方程$3q^2+987q+2=0$易知$q\neq 0$,两边同时除以q^2,可得

$$3+\dfrac{987}{q}+\dfrac{2}{q^2}=0,\text{即}2\left(\dfrac{1}{q^2}\right)+987\left(\dfrac{1}{q}\right)+3=0,$$

又因为$2p^2+987p+3=0$,故$p,\dfrac{1}{q}$是方程$2x^2+987x+3=0$的两个根.

由韦达定理得$p\cdot\dfrac{1}{q}=\dfrac{3}{2}$,所以

$$\dfrac{2p^2+3pq+q^2}{4p^2-2pq+q^2}=\dfrac{2\left(\dfrac{p}{q}\right)^2+3\dfrac{p}{q}+1}{4\left(\dfrac{p}{q}\right)^2-2\dfrac{p}{q}+1}=\dfrac{2\times\left(\dfrac{3}{2}\right)^2+3\times\dfrac{3}{2}+1}{4\times\left(\dfrac{3}{2}\right)^2-2\times\dfrac{3}{2}+1}=\dfrac{10}{7}.$$

故两个条件联立充分.

17. E

【解析】母题96·溶液问题

由于不知道初始酒精溶液的容积,故无法求得混合溶液的容积.
所以条件(1)和条件(2)单独都不充分,联立起来也不充分.

18. C

【解析】母题92·比例问题

两条件显然单独都不充分,故考虑联立.
设大班男生数与女生数分别为$5x$名,$3x$名,中班男生数与女生数分别为$2y$名,y名.由题意,得

$$\begin{cases}5x+2y=32,\\3x+y=18,\end{cases}\text{解得}\begin{cases}x=4,\\y=6.\end{cases}$$

则大班有女生 $3x=3\times 4=12$（名），故联立两个条件充分．

19. B

【解析】母题 46·等差数列前 n 项和的最大值

条件(1)：设公差为 d，可得 $5(a_1+3d)=3(a_1+8d)$，可得 $a_1=4.5d$，由于 $a_1>0$，故 $d>0$，此时 S_n 递增，不存在最大值，故条件(1)不充分．

条件(2)：设公差为 d，同理可得 $a_1+20.5d=0$，$d<0$，故 $a_{21}=a_1+20d>0$，$a_{22}=a_1+21d<0$，可得 $n=21$ 时，S_n 取得最大值，故条件(2)充分．

20. A

【解析】母题 13·绝对值不等式

条件(1)：可以分如下几种情况讨论．

① 当 $x<-\dfrac{1}{2}$ 时，$-2x-1+2-x>4$，解得 $x<-1$；

② 当 $-\dfrac{1}{2}\leqslant x\leqslant 2$ 时，$2x+1+2-x>4$，解得 $x>1$，所以 $1<x\leqslant 2$；

③ 当 $x>2$ 时，$2x+1+x-2>4$，解得 $x>\dfrac{5}{3}$，所以 $x>2$.

综上，$x<-1$ 或 $x>1$，条件(1)充分．

条件(2)：$\log_2 x$ 定义域满足 $x>0$，所以 $2x>0$. 由三角不等式不等号成立的条件可知，要使 $|2x-\log_2 x|<2x+|\log_2 x|$ 成立，必须有 $\log_2 x>0$，即 $x>1$，条件(2)不充分．

21. C

【解析】母题 93·增长率问题

条件(1)和条件(2)显然单独都不充分，故考虑联立．

设三种型号电动车的总销售额有 10 000 元，则甲型号电动车在第一季度的销售额为 5 600 元．

第一季度乙、丙两种型号电动车的销售额为 $10\ 000-5\ 600=4\ 400$（元）．

第二季度该商场电动车的总销售额为 11 200 元．

第二季度甲型号电动车的销售额为 $5\ 600\times 1.23=6\ 888$（元）．

第二季度乙、丙两种型号电动车的销售额为 $11\ 200-6\ 888=4\ 312$（元）．

所以第二季度乙、丙两种型号电动车的销售额比第一季度减少 $\dfrac{4\ 400-4\ 312}{4\ 400}\times 100\%=2\%$，即 $a=2$，故联立两个条件充分．

22. A

【解析】母题 52·等差、等比数列综合题

由条件(1)和条件(2)均可知 $\{a_n\}$ 是等差数列，由中项公式得 $\dfrac{a_2+a_6}{a_3+a_7}=\dfrac{2a_4}{2a_5}=\dfrac{a_4}{a_5}=\dfrac{a_4}{a_4+d}=\dfrac{3}{5}$.

条件(1)：$a_4^2=a_3 a_7=(a_4-d)(a_4+3d)$，整理得 $a_4=\dfrac{3d}{2}$.

故 $\dfrac{a_4}{a_4+d}=\dfrac{\dfrac{3}{2}d}{\dfrac{3}{2}d+d}=\dfrac{3}{5}$，条件(1)充分．

条件(2)：$a_3^2 = a_2 a_6$，即 $(a_4-d)^2 = (a_4-2d)(a_4+2d)$，整理得 $a_4 = \dfrac{5}{2}d$.

故 $\dfrac{a_4}{a_4+d} = \dfrac{\dfrac{5}{2}d}{\dfrac{5}{2}d+d} = \dfrac{5}{7}$，条件(2)不充分.

23. A

【解析】母题58·求面积问题

根据题意，$S_{\triangle DHG} = S_{\triangle CGF} = S_{\triangle BFE} = S_{\triangle AEH} = \dfrac{1}{2}a(1-a)$.

故 $S_{小正方形} = S_{大正方形} - 4S_{\triangle DHG} = 1 - 4 \cdot \dfrac{1}{2}a \cdot (1-a) = \dfrac{5}{8}$，解得 $a = \dfrac{1}{4}$ 或 $a = \dfrac{3}{4}$.

故条件(1)充分，条件(2)不充分.

24. A

【解析】母题64·圆与圆的位置关系

条件(1)：由 $d^2 - 6d + 5 < 0$，解得 $1 < d < 5$，恰好大于两圆的半径之差，小于两圆的半径之和，故两圆相交，条件(1)充分.

条件(2)：如果一条直线和2个圆都相切，这条直线叫两个圆的公切线；如果两圆在公切线的同侧，称这条公切线为两圆的外公切线；如果两圆分别在公切线的两侧，称这条公切线为两圆的内公切线. 当两圆相离、外切或相交时，两圆有两条外公切线，故条件(2)不充分.

25. B

【解析】母题49·连续等长片段和

条件(1)：由 $S_5 = 3$，$S_{10} = 12$，可得 $S_{10} - S_5 = 9$，因为等差数列 $\{a_n\}$ 中，S_5，$S_{10} - S_5$，$S_{15} - S_{10}$，$S_{20} - S_{15}$ 也成等差数列，此时公差为6，所以有

$$S_{15} - S_{10} = S_{10} - S_5 + 6 = 15，S_{15} = 27，$$
$$S_{20} - S_{15} = S_{15} - S_{10} + 6 = 21，S_{20} = 48.$$

故条件(1)不充分.

条件(2)：由 $S_5 = 3$，$S_{10} = 12$，可得 $S_{10} - S_5 = 9$，因为等比数列 $\{a_n\}$ 中，S_5，$S_{10} - S_5$，$S_{15} - S_{10}$，$S_{20} - S_{15}$ 也成等比数列，此时公比为3，所以有

$$S_{15} - S_{10} = 3(S_{10} - S_5) = 27，S_{15} = 39，$$
$$S_{20} - S_{15} = 3(S_{15} - S_{10}) = 81，S_{20} = 120.$$

故条件(2)充分.

三、逻辑推理

26. B

【解析】母题26·解释现象

待解释的现象：长在悬崖上的雪松吸取的养料不如林中雪松，但是，悬崖上雪松的年头却比林中雪松的年头长。

A项，不能解释，没有对悬崖上的雪松和林中雪松进行比较。

B项，可以解释，说明林中雪松年头短是由于火灾，而悬崖上的雪松不受影响。

C项，指出悬崖上的雪松生存条件较差，加剧了题干中的矛盾。

D项，无关选项，题干涉及的是不同"地理位置"的雪松的寿命问题，与"高矮"无关。

E项，无关选项，题干与"西伯利亚地区的雪松"无关。

27. C

【解析】母题5·箭头的串联

题干有以下信息：

①小王拨打过行政部所有人的电话。

②小李拨打过小赵的电话。

③小赵没拨打过其他人的电话。

④¬接听来自行政部其他人电话→¬拨打过其他人的电话。

由题干信息④逆否得：⑤拨打过其他人的电话→接听来自行政部其他人电话。

A项，由题干信息②可知，小李拨打过小赵的电话，但是不能得知小赵是否接听过小李的电话。

B项，由题干信息①可知，小王拨打过小李的电话，但是不能得知小李是否接听过小王的电话，不能推出。

C项，由题干信息①、⑤可知，小王拨打过行政部所有人的电话→拨打过其他人的电话→接听来自行政部其他人电话，可以推出。

D项，由题干信息③可知，小王没有接听过小赵的电话，因此，小王不可能接听过行政部所有人的电话，故此项为假。

E项，由题干信息①可知，小王拨打过行政部所有人的电话，但是不能得知行政部所有人都接听了小王的电话，故也无法得知小赵是否接听过小王的电话。

28. B

【解析】母题26·解释现象

题干中的矛盾现象：按常规理解，能更出色地识别抽象样式的人应该有更多的脑神经细胞耗能，为什么实验的结果却表明在实验中表现最出色的受试者正是那些脑神经细胞耗能最少的人？

B项，说明较善于识别抽象样式的人具备更有效能的脑神经联系，这就解释了题干中存在的矛盾现象。

29. C

【解析】母题15·论证型削弱题

社会评价机构：《延禧攻略》的收视率要超过《如懿传》的收视率 —证明→ 《延禧攻略》的受欢迎程度要高于《如懿传》。

A项，虽然收视率不是衡量电视剧受欢迎程度的唯一标准，但此项肯定了收视率是衡量电视剧受欢迎程度的标准之一，支持题干。

C项，另有他因，说明《延禧攻略》收视率更高的原因是播放的电视台更多，而不是更受欢迎，削弱题干。

其余各项均为无关选项。

30. B

【解析】母题30·评论逻辑漏洞

论据：我们党执政期间CPI的涨幅从4%降低到1.5%。

结论：在我们党的领导下，商品的价格越来越低。

政治家通过CPI涨幅的降低直接得出商品价格的降低，事实上，涨幅降低，只能表示价格涨得越来越慢，但价格依然处于增长状态。因此，政治家提出的论据事实上否定了自己的结论。故B项评价正确。

31. C

【解析】母题39·简单匹配题

只有丙说"第1个盒子里的皮球是红色的"，由"每盒都有一个人猜对"可知，第1个盒子里的皮球一定是红色的。

又由"每人都只猜对了一种"可知，丙所说的"第5个盒子里的皮球是白色的"为假。

由"第1个盒子里的皮球是红色的"，得出乙所说的"第4个盒子里的皮球是红色的"为假，故"第2个盒子里的皮球是蓝色的"为真。

故戊说的"第2个盒子里的皮球是黄色的"为假，则"第5个盒子里的皮球是紫色的"为真。

故甲说的"第2个盒子里的皮球是紫色的"为假，则"第3个盒子里的皮球是黄色的"为真。

即：第1个盒子里的皮球是红色的，第2个盒子里的皮球是蓝色的，第3个盒子里的皮球是黄色的，第5个盒子里的皮球是紫色的，故第4个盒子里的皮球只能是白色的。

故C项正确。

32. D

【解析】母题39·简单匹配题

选项代入法：

将A项代入，乙有两句话错误，不符合题意，所以A项错误。

将B项代入，甲有三句话错误，丙有两句话错误，不符合题意，所以B项错误。

将C项代入，乙、丙各有两句话错误，不符合题意，所以C项错误。

将D项代入，甲、乙、丙三人各有一句话错误，符合题意。

将E项代入，甲、乙各有两句话错误，丙有三句话错误，不符合题意，所以E项错误。

故正确答案是D项。

33. A

【解析】母题16·因果型削弱题（猜结果型）

题干：自动上锁装置能保证汽车和车内财产的安全性 —推测→ 自动上锁车型的销售量将大大高于传统车型。

题干是对未来结果的一种预期，我们只要说这种预期达不到即可。

A项，说明新型汽车缺少一些最常用的功能，因此，销量未必能达到预期。

B、C项，诉诸无知。

D、E项，支持题干。

34. D

【解析】母题29·概括结论题

题干信息：

形：配好的成药，放在药店里，可以直接购买使用；拳手的身高、体重和套路。

势：由有经验的大夫为病人开的处方，根据病情的轻重，斟酌用量，增减气味，配伍成剂；散打，根据对手的招式随机应变。

A项，用下棋来比喻形与势，并非概括，不准确。

B项，说明了行医与用兵的区别与联系，不准确。

C项，用山水比喻形与势，并非概括，不准确。

D项，准确地概括了形与势的特征。

E项，无关选项。

35. C

【解析】母题16·因果型削弱题

题干：

第一种情况：一名志愿者带一只狗前去探望病人，病人的焦虑程度下降了24%；

第二种情况：一名志愿者前去探望病人，病人的焦虑程度只下降了10%；

第三种情况：没有志愿者去探望病人，病人的焦虑程度仍保持原来的水平；

结论：狗能帮助心脏病人降低焦虑情绪。

A项，因为无法断定不同时间段探视是否会影响心脏病人的焦虑程度，故此项不能削弱。

B项，无关选项，志愿者是否喜欢狗与病人无关。

C项，指出样本之间有差异，第一组病人本身喜欢狗，所以才降低了他们的焦虑情绪，削弱题干。

D、E项，无关选项，狗是否温顺与狗是否可以帮助心脏病人降低焦虑情绪无关。

36. B

【解析】母题14·概念间的关系

因为黑龙江人是北方人，故北方人一共有4个，其中包含黑龙江人。贵州人不是北方人，故按地域分，恰有5人。

作家可能既是文学评论家，又是教授，也可能每个人的职业都不重合，故按职业分，至少有3人，最多有6人。

若已知职业的至少3人，恰好是4个北方人和1个贵州人中的3个，则至少有5人。

若已知职业的最多6人，和已知地域的5人不重合，则最多有11人。

故B项正确。

37. A

【解析】母题22·论证型假设题

题干：公司内部新近设立了许多非常专门化的部门 —— 证明→ 公司关心如何以更精确的方式抓住其

消费群体。

题干显然是缺少前提，而不是缺少结论，排除 B、D 两项。

A 项，搭桥法，是必须假设的前提，否则，就不能以新近设立专门化部门作为证据证明公司对如何以更精确的方式抓住其消费群体感兴趣。

C 项，假设过度，只要公司设立新部门后，比设立新部门前能更有效地抓住其消费群体，题干的论证即可成立，并不要求设立这些新部门之前，公司的努力是完全无效的。

E 项，假设过度，只要公司设立的新部门，比之前的部门更专业即可，不要求前提：该公司之前的部门都不专业。

38. D

【解析】母题 11·隐含三段论

题干中的前提：有的外科医生→协和医科大学 8 年制的博士毕业生，等价于：有的协和医科大学 8 年制的博士毕业生→外科医生。

题干中的结论：有些协和医科大学 8 年制的博士毕业生→有着精湛的医术。

要想得出结论需补充的前提是：外科医生→有着精湛的医术。

故 D 项正确。

39. C

【解析】母题 7·二难推理

将题干信息形式化：

①允许出卖房屋→允许出让宅基地的使用权。

②允许出让宅基地的使用权→损害生存权益。

③¬允许出卖房屋→侵害资产权益。

将题干信息①、②串联可得：④允许出卖房屋→允许出让宅基地的使用权→损害生存权益。

根据二难推理，由题干信息③、④可得：损害生存权益 ∨ 侵害资产权益，等价于：¬损害生存权益→侵害资产权益，故 C 项正确。

40. C

【解析】母题 27·解释数量关系

待解释的现象：小儿哮喘发病率上升的同时却伴随着气管炎在儿童中发病率的下降。

A 项，此项只能说明遗传因素会影响气管炎的发病率，但无法说明发病率的下降，不能解释。

B 项，其他国家是否发现了类似的情况，与该情况发生的原因无关，不能解释。

C 项，小儿哮喘发病率上升使得抗生素用得更多，从而降低了气管炎的发病率，可以解释。

D 项，无关选项，题干不涉及成年以后的情况。

E 项，题干仅涉及哮喘对气管炎的影响，不涉及气管炎对哮喘的影响，不能解释。

41. B

【解析】母题 31·评论逻辑技法

张珊：孙杨没有在 400 米自由泳项目上夺得金牌的实力。

王伍：孙杨只是运气不好而已，而且他在上一届奥运会 400 米自由泳项目中拿了金牌，因此，我不同意你的观点(孙杨有夺得金牌的实力)，提出新论据，反驳了张珊的论点。

故 B 项正确。

42. E

【解析】母题 32·争论焦点题

由上题的分析可知，双方的争论焦点是孙杨是否具有夺得金牌的实力，故 E 项正确。

43. E

【解析】母题 1·充分与必要

将题干信息形式化：

①不苟且←有品位＝苟且→无品位。

②不霸道←有道德＝霸道→无道德。

③不掠夺←有永续的生命＝掠夺→不会有永续的生命。

A 项，苟且→无品位，符合题干信息①。

B 项，霸道→无道德，符合题干信息②。

C 项，掠夺→不会有永续的生命，符合题干信息③。

D 项，由题干信息①知，"不苟且"后面无箭头指向，所以"没有品位""可能"发生，正确。

E 项，无法由题干推出。

故正确答案为 E 项。

44. C

【解析】母题 5·箭头的串联＋母题 11·隐含三段论

将前提形式化：

①¬法定机构正式批准→¬允许上市。

②法定机构正式批准→耗费 200 万美元→有专利＝¬有专利→¬耗费 200 万美元→¬法定机构正式批准。

③中草药没有专利。

将③、②、①串联可得：中草药没有专利→¬耗费 200 万美元→¬法定机构正式批准→¬允许上市。

题干中的结论：不可能建议用中草药。

因此，隐含假设为：¬允许上市→不可能建议用中草药，即 C 项正确。

45. E

【解析】母题 31·评论逻辑技法

他人的观点：中草药的药用价值仍然受到严重质疑 —导致→ 美国医生所开的药物处方中都不包含中草药。

真正的原因：中草药没有专利，不允许上市。

所以，反驳方式为另有他因，即提出新的解释，故 E 项正确。

46. E

【解析】母题 36·排序题

题干已知下列信息：

①李思＞张珊。

②王伍最矮。

③山东人＞山西人。

④广东人最高。

⑤广西人＞赵柳。

由题干信息①、②知：李思＞张珊＞王伍。

由题干信息⑤广西人＞赵柳，可知赵柳不是最高的，故李思最高，李思是广东人。

由题干信息③、④知：广东人＞山东人＞山西人。

由题干信息⑤广西人＞赵柳，可知广西人不是最矮的，故山西人最矮，再结合题干信息②可知，王伍是山西人。

由题干信息⑤广西人＞赵柳，可知赵柳不是广西人，故赵柳是山东人。

故：李思——广东人，王伍——山西人，赵柳——山东人，张珊——广西人。

故 E 项正确。

47. B

【解析】母题40·复杂匹配与题组

使用选项排除法：

A项，如果有2个三人间，则四年级的2个人至少得有1个人住三人间，与"四年级学生都不分到三人间"矛盾，故排除。

B项，无矛盾，可以为真。

C项，"K和P分到同一宿舍"，所以只能分到三人间，K是四年级学生，与"四年级学生都不分到三人间"矛盾，故排除。

D项，"K和P分到同一宿舍"，占据1个双人间，则仅余1个双人间和3个单人间。二年级的学生有3人，最多只有2人住双人间，余下1人住单人间，与"二年级学生都不分到单人间"矛盾，故排除。

E项，"K和P分到同一宿舍"，占据1个双人间，其他人只能住单人间，与"二年级学生都不分到单人间"矛盾，故排除。

48. B

【解析】母题40·复杂匹配与题组

根据条件(2)、(4)可知，K和P住同一宿舍，K不住三人间，所以，K和P住双人间，排除D、E项。

又知R住单人间，K和P住双人间，故还有L、S、T和V这4人未安排。

根据条件(3)可知，S、T和V不住单人间；根据条件(2)可知，L不住三人间。故有：

情况1：S、T和V中的两人合住1个双人间，余下1人和L一起住1个双人间。

情况2：S、T和V合住三人间，L住单人间。

可排除A、C项。

根据情况2可知，L有可能住单人间，故B项正确。

49. A

【解析】母题40·复杂匹配与题组

根据条件(2)、(4)可知，K和P住同一宿舍，K不住三人间，所以，K和P住双人间。

又由T和V分别住不同的双人间可知，有3个双人间和1个单人间。

所以恰有1个单人间住学生，A项正确。

50. C

【解析】母题30·评论逻辑漏洞

题干：泰丰公司的潜在市场是最小的，而且是华泰集团旗下所有分公司中销售额最低的，因此，泰丰公司创下年度销售新纪录令人感到意外。

能否创下年度销售新纪录，是和自己的历史进行比较，而非和其他分公司进行比较，所以，C项恰当地指出了题干的逻辑漏洞。

51. B

【解析】母题5·箭头的串联

将题干信息形式化：

①铲除腐败→打"苍蝇"∧打"老虎"。

②¬铲除腐败→¬长治久安＝长治久安→铲除腐败。

③推进改革开放→长治久安。

将题干信息③、②、①串联得：推进改革开放→长治久安→铲除腐败→打"苍蝇"∧打"老虎"，

逆否得：¬打"苍蝇"∨¬打"老虎"→¬铲除腐败→¬长治久安→¬推进改革开放。

B项，"铲除腐败"后没有指向"推进改革开放"的箭头，故此项可真可假。

其余各项均可以从题干中推出。

52. D

【解析】母题15·论证型削弱题

题干：对从已灭绝的一种恐鸟骨骼化石中提取的DNA进行遗传物质衰变速率分析发现，虽然短DNA片段可能存在100万年，但30个或者更多碱基对序列在确定条件下的半衰期只有大约15.8万年 —证明→ 不可能利用古代DNA再造恐龙。

A项，在题干中，《侏罗纪公园》仅仅是为了让论点更通俗易懂所举的例子，与题干的论证的成立性无关。

B项，无法确定"受到污染"对研究结论有什么影响，故此项不能很好地削弱题干。

C项，指出环境因素会影响DNA的衰变速率，但无法确定这种影响会使衰变速率变长还是变短，故此项不能很好地削弱题干。

D项，题干论据的研究对象是"恐鸟"，而结论是对"恐龙"的预测，此项指出二者并不相同，削弱题干。

E项，诉诸权威。

53. C

【解析】母题15·论证型削弱题

题干：促销活动开始以来收银机单次进款500元以上的单子增加了近30% —— 证明 → 这次促销活动达到了扩大市场份额的目的。

A项，不能削弱题干，这次促销活动只要对部分顾客有效即可。

B项，削弱题干，但"有些"力度弱。

C项，削弱题干，顾客的购物次数减少导致购物总额并没有增加，无法扩大市场份额。

D项，削弱题干，但"可能"力度弱。

E项，无关选项，有其他手段不代表题干中的促销无效。

54. C

【解析】母题22·论证型假设题

题干：要求一个笔迹学家和一个普通人依据50个专业工作者的笔迹来分别判断其职业，结果前者的正确率并不比后者高 —— 证明 → 依据一个人的笔迹可以判断他或她的个性类型的说法没有道理。

题干的前提是依据笔迹判断职业，结论却是依据笔迹判断个性，故"一个人的个性类型和其职业有确定的对应"必须假设。故C项必须假设。

55. C

【解析】母题40·复杂匹配与题组

由条件(1)可知，物理老师和政治老师不是同一个人。

由条件(3)可知，孙老师不是生物老师和政治老师，且生物老师和政治老师也不是同一个人。

由条件(2)、(4)可知，蔡老师不是生物老师。

故朱老师一定是生物老师，排除B、D、E项。

由条件(5)可知，蔡老师不是英语老师和数学老师，且英语老师和数学老师也不是同一个人。

那么孙老师和朱老师必定一个是英语老师，一个是数学老师。

又由"蔡老师不是数学老师""朱老师一定是生物老师"，结合条件(4)可知，孙老师一定是数学老师。

综上，朱老师只能是生物老师和英语老师，即C项正确。

四、写作

56. 论证有效性分析

【谬误分析】

①成功的定义有很多种，在科举时代考上状元无疑也是一种成功，不能仅仅因为网友不认识，就否定科举状元们的成功。

②仅仅比较状元和秀才的成功人数，并不公允。每次科举中秀才的有几千人甚至几万人，而中状元的只有一个。因此，我们不应该比较成才人数，而应该比较成才率。或许，状元的成才率更高。

③乔布斯、比尔·盖茨、扎克伯格、陶华碧、宗庆后等人的成功，同样也无法对大学生和非大学生的成功率进行对比。而且，他们的成功只能说明不读大学也有人成功，无法说明读大学无法助力成功。

④二十世纪七八十年代创业的企业家们没读大学,不代表读大学无用,很可能只是因为他们当年没有条件读大学,有可能他们已经是同龄人中学历比较高的群体了。况且,并不是只有成为企业家才是成功的,成功的方式有很多种。

⑤上大学的意义不仅仅局限于赚钱,除了物质以外,更多的是个人的知识、素养、能力得到提升。

⑥大学生的起薪低,不代表以后赚得也少。与快递小哥相比,大学生的发展空间、晋升潜力要更高。

⑦北京15万元一平方米的学区房,放在全国来看仅是个例,未必有普遍的代表性。也没有论据来说明博士没钱买这样的学区房。

⑧投资具有一定的风险性,把读书的钱拿来投资,未必能有更好的回报率。

⑨"读书无用论"流传了这么多年没有消失,不代表这个言论就是正确的,例如,"传销""毒品""女子无才便是德"等现象或观念现在也没有消失,就能被认为是对的吗?

⑩材料举的各种例子,最多只能证明"学历"无用,却无法证明"读书"无用或"知识"无用。扎克伯格他们没有高的学历,不代表他们没有读书,更不代表他们没有知识。

参考范文

知识真的没用了吗?

上述材料通过一系列分析,试图得出"读书无用"这一结论。但是,该论证在论证方法、推理过程中都存在不妥之处,分析如下:

首先,成功的定义有很多种,在科举时代考上状元无疑也是一种成功,不能仅仅因为网友不认识,就否定科举状元们的成功。而且,仅仅比较状元和秀才的成功人数,并不公允。每次科举中秀才的有几千人甚至几万人,而中状元的只有一个。因此,从成才率来讲,状元的成才率也许更高。

其次,"从二十世纪七八十年代就创业至今的大企业家们,没有几个是大学毕业的大学生",可能是因为当时教育事业落后,高等教育发展不完善。不能由此证明创业成功不需要知识。况且,当今中国的一流企业百度、腾讯、小米的创办人不都是名牌大学毕业吗?

再次,大学生的起薪比快递小哥甚至搬砖民工少,不代表大学生的工资一直比他们少,可能大学生的发展前景以及晋升潜力远大于快递小哥。

再者,材料认为"花钱换学历,还不如把钱拿去投资"未免有失偏颇。花钱读书并非只是为了换回一纸文凭,也是一个学习知识、积累资源的过程。而投资也需要具备一定的理财、金融知识,如果什么都不会还硬要投资,恐怕只能将大笔资金打水漂了。

最后,材料举的各种例子,最多只能证明"学历"无用,却无法证明"读书"无用或"知识"无用。扎克伯格他们没有高的学历,不代表他们没有读书,更不代表他们没有知识。

综上所述,材料的论证存在诸多逻辑漏洞,难以得出"读书无用"这一结论。

57. 论说文

安而不忘危

老吕写作特训营学员　徐舒圆

　　海恩法则指出：每一起严重事故的背后，必然有29次轻微事故和300起未遂先兆以及1 000起事故隐患。危机往往不是汹涌的惊涛骇浪，而是潜藏在平静水面下的暗流。所以，安不可忘危。

　　古语云："安而不忘危，存而不忘亡，治而不忘乱。"居安思危，就是未雨绸缪、防微杜渐。小到一个人，大到一个国家，都不可以没有这种忧患意识。生活中，小到个人生活习惯，如合理作息、健康饮食；大到国家建设，如创新意识的培养、进取精神的保持，这些无处不体现着居安思危的道理。生于忧患，死于安乐，唯有保持忧患意识，时刻意识到自己可能会有危险，才会提早做准备，才不会在面对紧急情况时措手不及。

　　祸患常积于忽微，很多人都会忽视居安思危的重要性，认为既然从来没有发生过事故，今后也是安全的，便放松了警惕，以至于最终酿成了大祸。任何事故的发生都是安全隐患积累的必然结果，都有一个从产生隐患、酝酿发展再到偶然触发的过程，最终则是不可避免的危机。一次次的不系安全带、超载、闯红灯后的侥幸造成了车祸的"必然"；一次次的安全管理疏忽最终带来的是诸如天津爆炸、永川矿难、上海楼房倒塌等骇人听闻的重大事故。不具有忧患意识，不未雨绸缪，不防微杜渐，事故肯定会到来，不过是时间的早晚。

　　所以，居安思危并不是一句空话，危机意识也不是仅仅停在口头、落在纸上，而是应当切切实实落到实处。张瑞敏曾说："永远战战兢兢，永远如履薄冰。"未雨绸缪、防微杜渐，不是一段时间的休养生息、偶尔的健康护理，而是日复一日的规律作息；不是一次突击的安全大检查，不是为了应付所谓的安全政策，而是拧紧每一颗螺丝，抓好每一个环节的安全工作，不放松每一天的安全意识。三天打鱼，两天晒网，并不能远离危险，居安思危是一个长期的工作，需要坚持，需要毅力。

　　泾溪石险无倾覆，平流无石总沉沦。和平的岁月里，亦呼唤一颗颗居安思危的心。

绝密★启用前

全国硕士研究生招生考试
管理类专业学位联考综合能力试题
冲刺卷 13

（科目代码：199）

考试时间：8：30—11：30

考生注意事项

1. 答题前，考生须在试题册指定位置上填写考生姓名和考生编号；在答题卡指定位置上填写报考单位、考生姓名和考生编号，并涂写考生编号信息点。
2. 选择题的答案必须涂写在答题卡相应题号的选项上，非选择题的答案必须书写在答题卡指定位置的边框区域内。超出答题区域书写的答案无效；在草稿纸、试题册上答题无效。
3. 填（书）写部分必须使用黑色字迹签字笔或者钢笔书写，字迹工整、笔迹清楚；涂写部分必须使用2B铅笔填涂。
4. 考试结束，将答题卡和试题册按规定交回。

考生编号														
考生姓名														

一、**问题求解**：第 1~15 小题，每小题 3 分，共 45 分。下列每题给出的 A、B、C、D、E 五个选项中，只有一项是符合试题要求的。请在答题卡上将所选项的字母涂黑。

1. 甲、乙两人在河中游泳，先后从某处出发，以同一速度向同一方向游进．现在甲位于乙的前方，乙距起点 20 米，当乙游到甲现在的位置时，甲将游到离起点 98 米处，则甲现在离起点（　　）．
   A. 45 米　　　B. 49 米　　　C. 53 米　　　D. 59 米　　　E. 62 米

2. 设 a, b, c 是互不相等的正数，则下列不等式中不是恒成立的为（　　）．
   A. $|a-b| \leqslant |a-c|+|b-c|$
   B. $a^2 + \dfrac{1}{a^2} \geqslant a + \dfrac{1}{a}$
   C. $|a-b| + \dfrac{1}{a-b} \geqslant 2$
   D. $\sqrt{a+3} - \sqrt{a+1} < \sqrt{a+2} - \sqrt{a}$
   E. 以上选项均不正确

3. 烧杯中有若干浓度为 40% 的酒精溶液，加入 200 mL 纯酒精后，溶液浓度变为 60%，则原来烧杯中有酒精溶液（　　）mL．
   A. 400　　　　　　　　　　B. 440　　　　　　　　　　C. 480
   D. 500　　　　　　　　　　E. 550

4. 使得 $\dfrac{2}{|x-2|-1}$ 不存在的 x 是方程 $(x^2-4x+4)-a(x-2)^2=b$ 的根，则 $a+b=$（　　）．
   A. -1　　　　　　　　　　B. 0　　　　　　　　　　　C. 1
   D. 2　　　　　　　　　　　E. 以上选项均不正确

5. 已知 x 为正整数，y 和 z 均为质数，且满足 $x=yz$，$\dfrac{1}{x}+\dfrac{1}{y}=\dfrac{1}{z}$，则 x 的值是（　　）．
   A. 3　　　　　　　　　　　B. 4　　　　　　　　　　　C. 5
   D. 6　　　　　　　　　　　E. 7

6. 设等比数列 $\{a_n\}$ 的前 n 项和为 S_n，若 $S_n=8$，$S_{2n}=24$，则 $S_{5n}-S_{4n}=$（　　）．
   A. 64　　　　　　　　　　　B. 72　　　　　　　　　　　C. 128
   D. 200　　　　　　　　　　E. 256

7. 一列匀速行驶的列车，通过 450 米长的铁桥，从车头上桥到车尾下桥共用 33 秒；同一列车穿过 760 米长的隧道，整个车身在隧道内的时间是 22 秒，则该列车的长度是（　　）．
   A. 320 米　　　　　　　　　B. 480 米　　　　　　　　　C. 240 米
   D. 266 米　　　　　　　　　E. 276 米

8. 某市汽车号码由两位英文字母后面接四个数字组成，其中四个数字互不相同的牌照号码共有（　　）种．
   A. $(C_{26}^1)^2 A_{10}^4$　　　　　　B. $C_{26}^2 A_{10}^4$　　　　　　C. $(C_{26}^1)^2 10^4$
   D. $C_{26}^2 10^4$　　　　　　　　E. 以上选项均不正确

9. $1+\dfrac{3}{2}+\dfrac{5}{2^2}+\cdots+\dfrac{17}{2^8}=(\quad)$.

   A. $6-\dfrac{21}{2^8}$ B. $6-\dfrac{19}{2^8}$ C. $6-\dfrac{21}{2^9}$

   D. $6+\dfrac{19}{2^8}$ E. $6-\dfrac{19}{2^7}$

10. 一个圆柱体水桶中放有一个长方体铁块，现打开水龙头往桶中注水，20秒后水面恰好没过长方体，又过了两分钟，水桶注满．已知水桶的高度为50厘米，长方体的高为20厘米，则长方体的底面积和水桶底面积之比为(　　)．

    A. $1:3$ B. $1:2$ C. $2:3$

    D. $3:4$ E. $3:5$

11. 数列$\{a_n\}$的通项公式为$a_n=n^2+n$，则数列$\left\{\dfrac{1}{a_n}\right\}$的前10项和为(　　)．

    A. $\dfrac{175}{132}$ B. $\dfrac{10}{11}$ C. $\dfrac{132}{175}$

    D. $\dfrac{264}{175}$ E. $\dfrac{11}{10}$

12. 甲、乙两人一起去北京旅游，他们约定各自独立从故宫、颐和园、圆明园、长城、天坛5处景点中任选3处进行游览，则他们最后一个景点相同的概率是(　　)．

    A. $\dfrac{1}{36}$ B. $\dfrac{1}{9}$ C. $\dfrac{1}{25}$ D. $\dfrac{1}{5}$ E. $\dfrac{1}{10}$

13. 已知圆$C:(x-a)^2+(y-2)^2=4(a>0)$及直线$L:x-y+3=0$，当直线L被圆C截得的弦长为$2\sqrt{3}$时，$a=(\quad)$．

    A. $\sqrt{2}$ B. $2-\sqrt{2}$ C. $\sqrt{2}-1$

    D. $\sqrt{2}+1$ E. $2+\sqrt{2}$

14. 如图13-1所示，AB为半圆O的直径，C为半圆上一点，且弧AC为半圆的$\dfrac{1}{3}$，设扇形AOC，$\triangle COB$，弓形BMC的面积分别为S_1，S_2，S_3，则下列结论正确的是(　　)．

    A. $S_1=S_2$
    B. $S_1>S_3$
    C. $S_1=S_3$
    D. $S_2=S_3$
    E. $S_1<S_3$

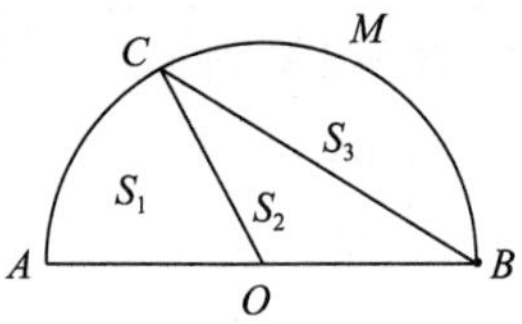

    图13-1

15. 4位同学参加某种形式的竞赛，竞赛规则规定：每位同学必须从甲、乙两道题中任选一题作答，选甲题，答对得100分，答错减100分；选乙题，答对得90分，答错减90分．若4位同学的总分为0分，则这4位同学不同的得分情况的种数是(　　)．

    A. 48   B. 36   C. 24   D. 18   E. 12

二、**条件充分性判断**：第 16～25 小题，每小题 3 分，共 30 分。要求判断每题给出的条件（1）和条件（2）能否充分支持题干所陈述的结论。A、B、C、D、E 五个选项为判断结果，请选择一项符合试题要求的判断，在答题卡上将所选项的字母涂黑。

A. 条件(1)充分，但条件(2)不充分．
B. 条件(2)充分，但条件(1)不充分．
C. 条件(1)和条件(2)单独都不充分，但条件(1)和条件(2)联合起来充分．
D. 条件(1)充分，条件(2)也充分．
E. 条件(1)和条件(2)单独都不充分，条件(1)和条件(2)联合起来也不充分．

16. $x^2-3x-18>0$.
    (1) $|2x-3|=|x+3|+|x-6|$.
    (2) $x^2-2x-15>0$.

17. $|m-n|=15$.
    (1)质数 m，n 满足 $5m+7n=129$．
    (2)设 m 和 n 为大于 0 的整数，m 和 n 的最大公约数为 15，且 $3m+2n=180$．

18. 某公司有 10 个股东，则持股最多的股东所持股份占总股份的最大百分比是 25%．
    (1)他们中任意 6 个股东所持股份的和都不少于总股份的 50%．
    (2)他们中任意 3 个股东所持股份的和都不少于总股份的 25%．

19. $|x^2-5x+6|<x^2-4$.
    (1) $x\in(3,5)$.
    (2) $x\in(10,+\infty)$.

20. 方程 $(m-1)x^2+3x-1=0$ 的两根都是正数．
    (1) $-\dfrac{5}{4}\leqslant m<2$.
    (2) $-2\leqslant m<1$.

21. 连续投掷两次色子，分别得到点数 m，n，将 m，n 作为点 P 的坐标，则点 P 落在区域 X 内(不包括边界)的概率为 0.25．
    (1) X：$(x-2)^2+(y-2)^2=4$.
    (2) X：$|x|+|y|=3$.

22. 若 $xy=-6$，那么 $xy(x+y)$ 的值可以唯一确定．
    (1) $x-y=5$.
    (2) $xy^2=18$.

23. 甲、乙、丙、丁、戊站在一排照相，则共有 24 种不同的排法．
    (1)要求甲、乙相邻．
    (2)要求丙、丁不相邻．

24. 已知实数 a，b，c，则 $(a-b)^2+(b-c)^2+(c-a)^2$ 的最大值可以确定．
    (1) $a^2+b^2+c^2=6$.
    (2) $ab+bc+ac=6$.

25. 通过点 $A(-3,3)$ 发出的光线 l 射到 x 轴上，经 x 轴反射后，反射光线所在直线恰好与圆 $x^2+y^2-4x-4y+7=0$ 相切．

(1) 光线 l 所在直线方程为 $3x+4y-3=0$．

(2) 反射光线所在的直线方程为 $4x-3y+3=0$．

三、逻辑推理：第 26～55 小题，每小题 2 分，共 60 分。下列每题给出的 A、B、C、D、E 五个选项中，只有一项是符合试题要求的。请在答题卡上将所选项的字母涂黑。

26. 只有具有足够的身高并且排球技术又好的人，才能进入国家排球队。

   如果上述命题为真，则以下哪项不可能为真？

   A. 姚明具有足够的身高，但是排球技术不好，因此没能进入国家排球队。

   B. 排球技术好，但是身高不够的曾春蕾没有进入国家排球队。

   C. 郎平具有足够的身高并且排球技术也好，但是没有进入国家排球队。

   D. 朱婷有足够的身高，球技也好，进入了国家排球队。

   E. 小四很矮并且不会打排球，但是他进入了国家排球队。

27. 新西兰奥克兰大学的研究人员与来自英国和美国的研究小组在 4 年内共同对将近 1.2 万名老人进行了 11 项调查。其中一半的老人服用钙片，而另一半的老人则服用没有药物成分的安慰剂。结果显示，前一组当中每 1 000 人中突发心肌梗死、中风甚至死亡的案例比后一组分别多 14 起、10 起和 13 起。因此服用钙片更容易诱发心肌梗死、中风和其他心血管疾病。

   以下哪项如果为真，则最能反驳上述结论？

   A. 诱发心肌梗死、中风和其他心血管疾病的因素很复杂，不能简单地归结为服用钙片。

   B. 选择服用钙片的老人大都身体较弱，并且患有程度不同的心血管疾病。

   C. 有的老人把发给他们的钙片偷偷扔掉了，并没有全都服用。

   D. 没有充分的证据证明钙片会增加患心脏病的风险。

   E. 选择服用安慰剂组的另一半老人平均年龄比服用钙片组的老人要年轻近 2 岁。

28. 经济学家：如果一个企业没有政府的帮助而能获得可接受的利润，那么它就有自生能力。如果一个企业在开放的竞争市场中没办法获得正常的利润，那么它就没有自生能力。除非一个企业有政策性负担，否则得不到政府的保护和补贴。由于国有企业拥有政府的保护和补贴，即使它没有自生能力，也能够赢利。

   如果以上陈述为真，则以下哪项陈述也一定为真？

   A. 如果一个企业没有自生能力，它就会在竞争中被淘汰。

   B. 如果一个企业有政府的保护和补贴，它就会有政策性负担。

   C. 如果一个企业有政策性负担，它就能得到政府的保护和补贴。

   D. 在开放的竞争市场中，每个企业都是有自生能力的。

   E. 如果一个企业能够获得利润，它就有自生能力。

29. 巴勒斯坦准备在 2011 年 9 月申请加入联合国，并且已经争取到 140 个国家的支持。如果美国在安理会动用否决权，阻止巴勒斯坦进入联合国，则会在整个阿拉伯世界引燃"反美"情绪；如果美国不动用否决权，则会得罪以色列并使奥巴马失去一部分支持以色列的选民。

如果以上陈述为真，则以下哪项陈述也一定为真？

A. 美国在安理会动用否决权，阻止巴勒斯坦进入联合国。

B. 美国不会得罪以色列，却会在整个阿拉伯世界引燃"反美"情绪。

C. 美国会在阿拉伯世界引燃"反美"情绪，或者奥巴马失去一部分支持以色列的选民。

D. 即使美国动用否决权，联合国大会仍打算投票表决，让巴勒斯坦成为具有国家地位的观察员。

E. 美国不会在阿拉伯世界引燃"反美"情绪，但会得罪以色列。

30. 毫无疑问，采用多媒体课件进行教学能够提高教学效果。即使课件做得过于简单，只是传统板书的"搬家"，未能真正实现多媒体的功效，也可以起到节省时间的作用。

以下哪一项陈述是上面的论证所依赖的假设？

A. 采用多媒体课件进行教学比使用传统的板书进行教学有明显的优势。

B. 将板书的内容移入课件不会降低传统的板书在教学中的功效。

C. 有些教师使用的课件过于简单，不能真正发挥多媒体的功效。

D. 用多媒体课件代替传统的板书可以节省写板书的时间。

E. 学生更乐于接受传统的板书。

31~33题基于以下题干：

过新年，小明家吃团圆饭，7个家庭成员——小明、妹妹、阿姨、爷爷、奶奶、妈妈和爸爸坐在一张长方形桌子旁边。已知下列条件：

(1)3个人坐在桌子的一边，另3个人坐在桌子的另一边，并且彼此相对，还有一个人坐在桌子的头部，没有人在桌子的尾部。

(2)妹妹总是坐在桌子两边的任一边上，且离桌头的距离最远。

(3)妈妈和阿姨相邻。

(4)阿姨和爸爸不能相邻。

(5)若爸爸不坐在桌头时，爷爷坐在桌头。

31. 下面哪一项对小明家7个家庭成员座位的安排(从妹妹开始，经桌头再到另一边)是可以接受的？

A. 妹妹、奶奶、小明、爸爸、阿姨、妈妈、爷爷。

B. 妹妹、小明、奶奶、爸爸、妈妈、阿姨、爷爷。

C. 妹妹、奶奶、爸爸、妈妈、阿姨、爷爷、小明。

D. 妹妹、爸爸、爷爷、奶奶、阿姨、妈妈、小明。

E. 妹妹、爷爷、奶奶、爸爸、阿姨、妈妈、小明。

32. 若爷爷坐在小明的对面，则奶奶必须与下面哪一个人相邻？

A. 小明。　　B. 妹妹。　　C. 阿姨。　　D. 妈妈。　　E. 爸爸。

33. 若小明坐在爸爸的对面且与阿姨相邻，则哪一个人必须坐在妹妹的对面？

A. 阿姨。　　　　　　B. 爷爷。　　　　　　C. 奶奶。

D. 妈妈。　　　　　　E. 爸爸。

34. 去年以来，北京的楼市又经历了一次下挫，但是出乎所有人意料的是，今年头几个月的房价和成交量又迅速攀升，达到了历史的最高点。有人认为：来自境外的投资性行为造成了北京房价的暴涨。

以下哪项如果为真，则最能质疑这种观点？

A. 今年7—8月，境外投资北京楼市的需求继续增加，但是北京楼市价格明显回调。

B. 虽然有户籍制度的限制，但是大量高端流动人口的购房需求还是可以通过购买高端商品房来实现的。

C. 投资北京房地产的还有很多来自国内其他地区的有钱人，他们对北京楼市的价格也起到了推波助澜的作用。

D. 对于楼市来说，投资性行为是永远不可避免的。

E. 随着北京常住人口的增加，对住房的需求呈刚性的增长。

35. 桓公："为何说寡人读的是古人的糟粕？"轮扁："依我的经验看，斫车轮，轮孔做得稍大就松滑而不坚固，做得稍小就滞涩难入。要想做得不大不小、不松不紧，必须得之于心而应之于手，有高超的技术存在其中，却无法用语言传达，我无法教给我儿子，所以，我都70岁了还得斫轮。古人已经死了，他们所不能言传的精华也跟着消失了，那么您所读的就是古人的糟粕了。"

以下哪一项陈述是轮扁的议论所依赖的假设？

A. 除了精华和糟粕外，还有其他值得阅读的内容。

B. 如果精华不能言传，读书不但无用反而会有害。

C. 高超的技术是无法通过语言传授给别人的。

D. 除了高超的技术外，其他精华也是不能言传的。

E. 古人不能言传的那些内容，都是精华。

36. 土豆线囊虫是土豆作物的一种害虫，这种线虫能在保护囊中休眠好几年，除了土豆根散发化学物质之外，它不会出来。一个已确认了相关化学物质的公司正计划把这种化学物质投放市场，让农民把它喷洒在没有种土豆的地里，这样所有出来的线虫不久就会饿死。

下面哪项如果正确，则最能支持这个公司的计划将会成功？

A. 从囊中出来的线虫能被普通杀虫剂杀死。

B. 线虫只吃土豆的根。

C. 一些通常存在于土豆根里的细菌能消化那些导致线虫从囊中出来的化学物质。

D. 试验显示，在土豆田里喷洒少量的化学物质可以使存在的9/10的线虫从囊中出来。

E. 能使线虫从囊中出来的化学物质并不是在土豆生长的所有时间都能被释放出来的。

37. 绝大多数慷慨的父母是好父母，但是一些自私自利的父母也是好父母。然而，所有好父母都有一个特征：他们都是好的听众。

如果上面段落里的所有陈述都是正确的，则下面哪一项也必然正确？

A. 所有是好的听众的父母都是好父母。

B. 一些是好的听众的父母不是好父母。

C. 绝大多数是好的听众的父母是慷慨大方的。

D. 一些是好的听众的父母是自私自利的。

E. 自私自利的父母中是好的听众的人数比慷慨的父母中的少。

38. 在对 6 岁儿童所做的小学入学综合能力测试中，全天上小太阳学前班达 9 个月的儿童平均得分 58 分，只在上午上小太阳学前班达 9 个月的儿童平均得分 52 分，只在下午上小太阳学前班达 9 个月的儿童平均得分 51 分；全天上小红花学前班达 9 个月的儿童平均得分 54 分；而那些来自低收入家庭且没有上过学前班的 6 岁儿童，在同样的小学入学综合能力测试中平均得分 32 分。在统计学上，32 分与上述其他分数之间的差距有重要的意义。

    从上面给定的数据，可以最为合理地得出下面哪项结论？

    A. 得 50 分以上的儿童可以上小学。
    B. 要作出一个合情合理的假设，还需要做更多的测试。
    C. 应该给 6 岁以下的儿童上学前班提供更多的经费支持。
    D. 是否上过学前班与小学入学前的综合能力之间有相关性。
    E. 32 分以下的同学不能入学。

39. 一次聚会上，麦吉遇到了汤姆、卡尔和乔治三个人，他想知道他们三人分别是干什么的，但三人只提供了以下信息：三人中一位是律师，一位是推销员，一位是医生；乔治比医生年龄大，汤姆和推销员不同岁，推销员比卡尔年龄小。

    根据上述信息，麦吉可以推出的结论是：

    A. 汤姆是律师，卡尔是推销员，乔治是医生。
    B. 汤姆是推销员，卡尔是医生，乔治是律师。
    C. 汤姆是医生，卡尔是律师，乔治是推销员。
    D. 汤姆是医生，卡尔是推销员，乔治是律师。
    E. 汤姆是推销员，卡尔是律师，乔治是医生。

40. 专家：上市公司的董事会通常由大股东组成，小股东因股权小不能进入董事会，因此小股东的利益很容易受到大股东的侵犯。设立独立董事制度，是希望独立董事能够代表小股东，形成对大股东的制衡。但独立董事由公司董事会聘请并支付报酬，这就形成了独立董事与公司董事会在经济上的"同盟"关系，使得独立董事很难站在小股东的立场上行使独立董事的权力。

    如果以下陈述为真，则哪一项最为有力地支持了上述专家的结论？

    A. 如果独立董事为了维护小股东的利益而与公司董事会叫板，其结果往往是被公司董事会解聘。
    B. 有些独立董事敢于维护小股东的利益诉求，尽管这样会受到很大的压力。
    C. 目前，中国上市公司的独立董事制度尚不健全。
    D. 许多退休高官担任了中国上市公司的独立董事。
    E. 有时候大股东与小股东的利益是一致的。

41～42 题基于以下题干：

一种密码只由数字 1、2、3、4、5 组成，这些数字由左至右写成，并且符合下列条件才能组成密码：

(1) 密码最短为两个数字，可以重复。

(2) 1 不能为首。

(3)如果在某一密码数字中有2,则2就得出现两次以上。

(4)3不可为最后一个数字,也不可为倒数第二个数字。

(5)如果这个密码数字中有1,那么一定有4。

(6)除非这个密码数字中有2,否则5不可能是最后一个数字。

41. 下列哪一个数字可以放在2与5后面形成一个由三个数字组成的密码?

A. 1。　　　　　　　　B. 2。　　　　　　　　C. 3。

D. 4。　　　　　　　　E. 5。

42. 1、2、3、4、5五个数字能组成几个由三个相同数字组成的密码?

A. 1个。　　　　　　　B. 2个。　　　　　　　C. 3个。

D. 4个。　　　　　　　E. 5个。

43. 一所大学有水泥楼梯,楼梯上的地毯十分破旧且严重磨损。尽管职业安全与健康管理机构数次提醒该学校,学校并未更换楼梯间已烧坏的灯泡。最近,一个叫弗瑞得的学生在楼梯地毯上绊了一跤,摔下了楼梯,造成严重脑震荡及其他伤并住院。在他出院后,仍需要后续的医疗措施并要继续吃药,还要休学一个学期。他对学校提出了诉讼。

在诉讼中,下列哪一项最可能是弗瑞得的律师提起该人身伤害赔偿案的原因?

A. 因为水泥楼梯太硬导致学生受伤。

B. 学校应对地毯状况负责。

C. 灯泡烧坏构成学校的疏忽。

D. 学生坠落的高度加剧了学生的伤势。

E. 职业安全与健康管理机构无权管理学校。

44. 中华大学城的一处3层楼房里住着3位学生孔、庄、孟,并已知下面的信息:

①3位学生来自河南、河北和山东,所学专业为物理、历史和医学。

②孟所在楼层比那个物理学专业的学生高。

③庄来自山东。

④在3楼的学生来自河南。

⑤孔不是来自河北,也不是历史系的。

下面关于3位学生所学专业、家乡以及楼层正确的一项是:

A. 1楼,孔,医学。

B. 孔,河北,物理。

C. 孟,河北,医学。

D. 2楼,庄,山东。

E. 庄,山东,物理。

45. 一些广告设计者坚持将大牌明星作为广告设计的核心,事实上许多广受欢迎的广告中都有大牌明星的出现,但是,作为一种广告设计理念,大牌明星效应有它的弱点。研究表明,许多以大牌明星为设计核心的广告,观众能清晰地记住大牌明星在其中的表现,却几乎没有人能记得广告中被推销的产品的名称,这使得人们对以大牌明星为设计核心的广告效力产生怀疑。

以下哪项陈述是上述论证所依赖的假设？

A. 以大牌明星为主的广告往往令人感到高兴，但是这类广告比严肃的广告更不容易被记住。

B. 在产品的名称设计上失败的广告不会增加产品的销量。

C. 广告的最终目标是增加被推销产品的知名度。

D. 如果启用不知名的演员参与广告，无法显示广告的高端性。

E. 一些使用不知名的演员参与的广告，能够让观众记住产品名称。

46. 长期以来，在床上抽烟是家庭火灾的主要原因。尽管在过去20年中，抽烟的人数显著下降，但死于家庭火灾的人数却没有显著减少。

如果以下陈述为真，则都有助于解释上述看似矛盾的陈述，除了：

A. 床上抽烟的人通常烟瘾很大，与那些不在床上抽烟的人相比，他们更不可能戒烟。

B. 过去20年中人口密度一直在增加，现在一次家庭火灾造成的死亡人数比20年前的多。

C. 由床上抽烟引起的火灾通常发生在房主入睡之后。

D. 与其他类型的家庭火灾相比，床上抽烟引起的家庭火灾造成的损失通常较小。

E. 现代家庭中的木质家具和家用电器等易燃物增加，更容易引起严重后果。

47. 通过检查甲虫化石，一研究小组对英国在过去2.2万年内的气温提出了到目前为止最为详尽的描述。该研究小组对现存的生物化石进行挑选，并确定了它们的生存日期。当发现在同一地方发现的几种生物的个体属于同一时间段时，现存的甲虫类生物的已知忍受温度就可以被用来确定那个地方在那段时间内的夏季的最高温度。

研究者的论述过程依赖于下面哪一项假设？

A. 甲虫忍耐温暖天气的能力比忍耐寒冷天气的能力强。

B. 在同一地方发现的不同物种的化石属于不同的时期。

C. 确定甲虫日期的方法比确定其他生物日期的方法准确。

D. 一个地方某个时期的夏季实际最高气温与在那个地方那段时间发现的每种甲虫类生物的平均最高可忍受气温相同。

E. 在过去的2.2万年的时间内，甲虫类生物的可忍受气温没有明显变化。

48. 平均每亩土地仅能生产0.4吨非转基因棉花，却能产出2.4吨转基因棉花，是非转基因棉花产量的6倍。于是，只要当非转基因棉花的价格预计比转基因棉花的价格高出6倍以上时，希望利润最大化的农民就会种植非转基因棉花而不是转基因棉花。

以上论述依据下面哪项假设？

A. 比起一亩转基因棉花，种植一亩非转基因棉花并把它拿到市场上去销售所花费的成本并不高。

B. 转基因棉花是所有作物中亩产量最高的。

C. 通过选择耕种哪种作物，农场主对这些作物的价格施加了显著的影响。

D. 农民与其他职业的人一样，希望使利润最大化。

E. 作物的价格变化很快，农民不能改变种植不同作物的面积来适应这种变化。

49. 市长：当我们4年前重组城市警察部门以节省开支时，批评者们声称重组会导致警察对市民责任心的降低，会导致犯罪的增长。警察局整理了重组那年以后的偷盗统计资料，结果表明批评者们是错误的,包括小偷小摸在内的各种偷盗报告普遍地减少了。

下列哪一项如果正确,则最能削弱市长的论述?

A. 当城市警察局被认为不负责时,偷盗的受害者不愿意向警察报告偷盗事故。

B. 市长的批评者们一般同意认为警察局关于犯罪报告的统计资料是关于犯罪率的最可靠的有效数据。

C. 在警察部门进行过类似重组的其他城市里,报告的偷盗数目在重组后一般都上升了。

D. 市长对警察系统的重组所省的钱比预期目标要少。

E. 在重组之前的4年中,与其他犯罪报告相比,各种偷盗报告的数目节节上升。

50. 经过20多年的自然保护,甘肃祁连山区野生动物的数量大大增加。活动于甘州一带的野生岩羊经常闯入牧场,侵食牧草,糟蹋草场。山丹马场放牧的羊时常被出没的狼群活活咬死。岩羊的天敌是雪豹和狼,山丹马场距甘州不过百余公里,但甘州的岩羊却未遭受狼群侵害。

以下哪项陈述如果为真,则能够最好地解释上述反常现象?

A. 在祁连山自然保护区的部分森林中,近来曾发现雪豹的踪迹。

B. 祁连山区的一些群众和环保工作者呼吁,适当开放狩猎行为,以控制岩羊的数量。

C. 现在民间没有猎枪,面对肆虐的狼群,山丹马场的职工无法有效地保护自己的羊。

D. 甘州与山丹马场之间的草原围栏、高速公路、铁路等设施阻断了野生动物的迁徙通道。

E. 甘州的岩羊与山丹马场的岩羊不是相同的品种。

51. "相对论"的创立者爱因斯坦是左撇子,发明家富兰克林和科学家牛顿是左撇子,达·芬奇、米开朗琪罗、毕加索和贝多芬也都是左撇子。这表明,创造性研究是左撇子独特的天然禀赋。

以下哪项陈述是上述论证所依赖的假设?

A. 自福特以来的美国总统,除少数几位外都是左撇子。

B. 左撇子突出的创新性研究能力并不是由教育和环境等后天因素决定的。

C. 20世纪初,中国的父母还在煞费苦心地矫正孩子惯用左手的"坏毛病"。

D. 左撇子具有一定的遗传性,例如,英国女王伊丽莎白和她的母亲都是左撇子。

E. 右撇子不具备创造性研究的天然禀赋。

52. 2005年11月,吉林省爆发了震惊全国的松花江污染事件,这件事又再次凸显了环境保护问题的严峻性。特别指出的是,此次污染事件由于松花江经黑龙江流域流经俄罗斯而变成一个地区性的事件。一国河流污染,影响邻国饮水;一国大气污染,造成邻国遭受酸雨灾害;一国二氧化碳排放过量,造成全球气候变暖,海平面上升,危及所有的国家和地区。

上述陈述最能支持以下哪项结论?

A. 环境污染已影响国与国之间的关系,可能引发国际争端。

B. 现代化进程的必然后果是环境污染,先污染,后治理,这是无法避免的。

C. 我国在经济发展的过程中,必须走可持续发展的道路。

D. 环境问题已成为区域化、国际化的问题,解决环境问题是全人类共同面对的任务。

E. 应该追究松花江污染事件背后主要领导者的责任。

53. 如果甲和乙都获得了奖学金,那么丙和丁也都能获得奖学金。然而丙没有获得奖学金。

如果上述断定都是真的,则以下哪项也一定是真的?

A. 甲和乙都没有获得奖学金,而丁很可能获得了奖学金。

B. 甲没有获得奖学金，但乙获得了奖学金。

C. 要么甲获得奖学金，要么乙获得奖学金。

D. 除非甲没有获得奖学金，否则乙没有获得奖学金。

E. 除非甲获得了奖学金，否则乙没有获得奖学金。

54. 伏案工作者长时间低头阅读、书写很容易患腰、颈椎疾病。为帮助这部分人预防和缓解腰、颈椎疾病，某单位工会为职工印发了宣传册，教大家预防和治疗腰、颈椎疾病的一些方法。

以下哪项如果为真，则最能对上述宣传册的效果提出质疑？

A. 自己预防腰、颈椎疾病不如在医院所做的专门检查。

B. 预防和缓解腰、颈椎疾病的方法因人而异。

C. 预防和治疗腰、颈椎疾病需要专业人士指导。

D. 不经常伏案工作的人也可能患腰、颈椎疾病。

E. 伏案工作者不大可能进行腰、颈椎疾病的自我预防。

55. 鹤鸵是世界上第三大的鸟类，分布于澳大利亚和新几内亚等地，为鹤鸵目鹤鸵科唯一的代表。鹤鸵的爪子异常坚硬，而且其长长的指甲就像是一把锋利的匕首，能够轻易地挖出动物的内脏。因此，鹤鸵是世界上最危险的鸟。所有的鹤鸵都会对不速之客果断出击，而所有对不速之客果断出击的鸟也为人所畏惧。

如果以上陈述为真，则以下陈述都必然为真，除了：

A. 有些鹤鸵为人所畏惧。

B. 任何不为人所畏惧的鸟不是鹤鸵。

C. 有些世界上最危险的鸟为人所畏惧。

D. 有些对不速之客果断出击的鸟是世界上最危险的鸟。

E. 有些为人所畏惧的鸟不是鹤鸵。

四、写作：第 56~57 小题，共 65 分。其中论证有效性分析 30 分，论说文 35 分。请答在答题纸相应的位置上。

56. 论证有效性分析：分析下述论证中存在的缺陷和漏洞，选择若干要点，写一篇 600 字左右的文章，对该论证的有效性进行分析和评论。（论证有效性分析的一般要点是：概念特别是核心概念的界定和使用是否准确并前后一致，有无各种明显的逻辑错误，论证的论据是否成立并支持结论，结论成立的条件是否充分等。）

从来富贵多淑女，自古纨绔少伟男，应当"穷养儿子富养女"。

富养女儿，尽可能地为她营造一个富足舒适的成长环境，从小使她对高质量的生活耳濡目染，这样培养出来的女孩子长大后会很有品位，会创造情调的生活。物质上要对她极力满足，这样以后才能嫁得好，否则就很容易经不起物质诱惑，"一块蛋糕就被骗走了"。富养的女孩，从小会被带着出入各种场合，增加阅世能力，等到花般年纪，便不易被各种浮华和虚荣所迷惑。一个没见过大世面的女孩，在纨绔子弟的糖衣炮弹下，很可能被花言巧语所击败。富养的女孩经得起诱惑，只有那些从小过够了穷日子的女孩才会不顾一切地要傍大款。

穷养儿子，要刻意使他尝试生活的艰辛，"苦其心志，劳其筋骨"，这样才能磨砺出坚强的意志。男孩将来是要奋斗的，必须让他知道钱来之不易，控制孩子的花销，不要给他太多的享受，以免惯坏他。这样长大以后他才能上奉父母，下养妻儿。而富养的儿子拥有大量的钱财，除了买回享乐、好逸恶劳、攀比之心外，还买回了囚车和监牢。

57. 论说文：根据下述材料，写一篇700字左右的论说文，题目自拟。

不入虎穴，焉得虎子。

——《后汉书·班超传》

答案速查

一、问题求解

1～5　DCACD　　　6～10　CEAAD　　　11～15　BDCEB

二、条件充分性判断

16～20　EBDDC　　　21～25　ABCAD

三、逻辑推理

26～30　EBBCD　　　31～35　BBDED　　　36～40　BDDCA

41～45　BBBEC　　　46～50　CEAAD　　　51～55　BDDEE

四、写作

略

答案详解

一、问题求解

1. D

【解析】母题98·行程问题

方法一：甲、乙速度相同，当乙游到甲现在的位置时，甲也游过相同距离.

故两人各游了 $\frac{98-20}{2}=39$（米），所以甲现在离起点是 $39+20=59$（米）.

方法二：设甲现在离起点 x 米，甲、乙速度相同，当乙游到 x 米处，甲也游过相同距离，故有 $x-20=98-x$，解得 $x=59$.

2. C

【解析】母题31·不等式的性质

A项，根据三角不等式可知 $|a-b|=|a-c-(b-c)|\leqslant|a-c|+|b-c|$ 恒成立.

B项，令 $a+\frac{1}{a}=t$，则 $a^2+\frac{1}{a^2}-\left(a+\frac{1}{a}\right)$ 等价于 $t^2-2-t=(t-2)(t+1)$，在 $t\geqslant 2$ 或 $t\leqslant -1$ 上恒大于等于0. 由均值不等式，得 $a+\frac{1}{a}=t\geqslant 2$，故 $a^2+\frac{1}{a^2}\geqslant a+\frac{1}{a}$ 恒成立.

C项，由均值不等式可知 $|a-b|+\frac{1}{a-b}\geqslant 2$ 在 $a-b>0$ 时才成立，故C项并非恒成立.

D项，$\sqrt{a+3}-\sqrt{a+1}=\frac{2}{\sqrt{a+3}+\sqrt{a+1}}$，$\sqrt{a+2}-\sqrt{a}=\frac{2}{\sqrt{a+2}+\sqrt{a}}$. 由 $\sqrt{a+3}+\sqrt{a+1}>\sqrt{a+2}+\sqrt{a}$ 可推出 $\sqrt{a+3}-\sqrt{a+1}<\sqrt{a+2}-\sqrt{a}$ 恒成立.

3. A

【解析】母题 96·溶液问题

设原来烧杯中有酒精溶液 x mL, 由题干得

$$\frac{40\%x+200}{x+200}\times 100\%=60\%,$$

解得 $x=400$.

4. C

【解析】母题 40·分式方程及其增根

根据题意，当 $\dfrac{2}{|x-2|-1}$ 不存在时，$|x-2|-1=0$，解得 $x=3$ 或 1.

将其代入方程，可得

$$\begin{cases}(3^2-4\times 3+4)-a(3-2)^2=b,\\(1^2-4\times 1+4)-a(1-2)^2=b,\end{cases}$$

解得 $a+b=1$.

5. D

【解析】母题 4·质数问题

将 $x=yz$ 代入 $\dfrac{1}{x}+\dfrac{1}{y}=\dfrac{1}{z}$，得 $\dfrac{1}{yz}+\dfrac{1}{y}=\dfrac{1}{z}$，通分得 $\dfrac{1}{yz}+\dfrac{z}{yz}=\dfrac{y}{yz}$，故有 $y-z=1$. 又因为两个质数之差为 1，只能是 2 和 3. 故 $x=yz=6$.

6. C

【解析】母题 49·等比数列连续等长片段和

由题干知，S_n，$S_{2n}-S_n$，$\cdots$，$S_{5n}-S_{4n}$ 也成等比数列.

首项 $S_n=8$，$S_{2n}-S_n=24-8=16$，故公比 $q=\dfrac{16}{8}=2$.

所以，$S_{5n}-S_{4n}=8\times 2^4=128$.

【快速得分法】此题令 $n=1$ 可迅速求解.

7. E

【解析】母题 98·行程问题

设车长为 l 米，因为匀速行驶，故有

$$v=\frac{450+l}{33}=\frac{760-l}{22},$$

解得 $l=276$.

8. A

【解析】母题 71·排列组合的基本问题

先排英文字母，字母可以重复，为 $C_{26}^1\times C_{26}^1$；再排数字，数字不能重复，为 A_{10}^4，由乘法原理可知，共有 $(C_{26}^1)^2 A_{10}^4$ 种可能.

9. A

【解析】母题9·实数的运算技巧问题

原式可写为 $1\times\left(\dfrac{1}{2}\right)^0+3\left(\dfrac{1}{2}\right)^1+5\times\left(\dfrac{1}{2}\right)^2+\cdots+17\times\left(\dfrac{1}{2}\right)^8$. 形如等差数列中的项乘以等比数列中的项,用错位相减法.

令 $S=1+\dfrac{3}{2}+\dfrac{5}{2^2}+\cdots+\dfrac{17}{2^8}$,则 $\dfrac{1}{2}S=\dfrac{1}{2}+\dfrac{3}{2^2}+\dfrac{5}{2^3}+\cdots+\dfrac{17}{2^9}$.

两式相减,可得 $\dfrac{1}{2}S=1+1+\dfrac{1}{2}+\dfrac{1}{2^2}+\dfrac{1}{2^3}+\cdots+\dfrac{1}{2^7}-\dfrac{17}{2^9}$,化简得 $S=6-\dfrac{21}{2^8}$.

10. D

【解析】母题59·立体几何基本问题

设长方体的底面积为 A 平方厘米,水桶的底面积为 B 平方厘米.

20 秒的注水量为 $V_1=(B-A)\times 20$ 立方厘米;两分钟的注水量为 $V_2=B\times(50-20)$ 立方厘米.

注水量与注水时间成正比,则

$$\dfrac{(B-A)\times 20}{B\times(50-20)}=\dfrac{20}{120},$$

解得 $\dfrac{A}{B}=\dfrac{3}{4}$.

11. B

【解析】母题9·实数的运算技巧问题

由题可知 $\dfrac{1}{a_n}=\dfrac{1}{n^2+n}=\dfrac{1}{n(n+1)}=\dfrac{1}{n}-\dfrac{1}{n+1}$,设 S_n 是数列 $\left\{\dfrac{1}{a_n}\right\}$ 的前 n 项和,则

$$S_{10}=\dfrac{1}{1\times 2}+\dfrac{1}{2\times 3}+\cdots+\dfrac{1}{10\times 11}=1-\dfrac{1}{2}+\dfrac{1}{2}-\dfrac{1}{3}+\cdots+\dfrac{1}{10}-\dfrac{1}{11}=\dfrac{10}{11}.$$

12. D

【解析】母题82·古典概型

两人任意选景点的方法共有 $A_5^3 A_5^3$ 种情况,两人最后一个景点相同的情况共有 $C_5^1 A_4^2 A_4^2$ 种.

根据古典概型公式,可知他们最后一个景点相同的概率为 $P=\dfrac{C_5^1 A_4^2 A_4^2}{A_5^3 A_5^3}=\dfrac{1}{5}$.

【快速得分法】最后一个景点相同,则该景点只能在 5 个里面任选一个,即概率为 $\dfrac{1}{5}$.

13. C

【解析】母题63·直线与圆的位置关系

由题可知,圆的半径为 $r=2$,圆心为 $(a,2)$. 因为弦长为 $2\sqrt{3}$,则圆心到直线的距离为

$$d=\sqrt{r^2-3}=1,即 \dfrac{|a-2+3|}{\sqrt{1^2+1^2}}=1,$$

解得 $a=\sqrt{2}-1$ 或 $a=-\sqrt{2}-1$. 又因为 $a>0$,故 $a=\sqrt{2}-1$.

14. E

【解析】母题58·求面积问题

设圆的半径为 r,则有

$$S_1 = \frac{1}{6}\pi r^2, \quad S_2 = \frac{\sqrt{3}}{4}r^2, \quad S_3 = \frac{1}{3}\pi r^2 - \frac{\sqrt{3}}{4}r^2.$$

另外，$2S_1 = S_2 + S_3$，$S_1 > S_2$，所以 $S_3 > S_1$，即 $S_3 > S_1 > S_2$.

【快速得分法】 S_1 显然占了半圆的三分之一，S_3 和 S_2 共占半圆的三分之二，显然 S_3 比 S_2 大，所以 S_3 大于半圆的三分之一，故 $S_3 > S_1 > S_2$.

15. B

【解析】 母题 71·排列组合的基本问题

可以分为以下 3 类：

①4 人全选甲题(得分为 100, 100, −100, −100)，即 2 人答对，2 人答错，有 $C_4^2 C_2^2 = 6$(种)情况；

②2 人选甲题且 1 对 1 错(100, −100)，2 人选乙题且 1 对 1 错(90, −90)，有 $C_4^2 \times A_2^2 \times C_2^2 \times A_2^2 = 24$(种)情况；

③4 人全选乙题，2 对 2 错，有 $C_4^2 C_2^2 = 6$(种)情况．

由加法原理可知，不同的得分情况共有 $6 + 24 + 6 = 36$(种).

二、条件充分性判断

16. E

【解析】 母题 38·一元二次不等式恒成立问题＋母题 14·三角不等式的应用

由 $x^2 - 3x - 18 > 0$，解得 $x < -3$ 或 $x > 6$.

条件(1)：根据三角不等式等号成立的条件，得 $(x+3)(x-6) \geq 0$，即 $x \leq -3$ 或 $x \geq 6$，不充分．

条件(2)：由 $x^2 - 2x - 15 > 0$，解得 $x < -3$ 或 $x > 5$，不充分．

两个条件联立，得 $x < -3$ 或 $x \geq 6$，即联立亦不充分．

17. B

【解析】 母题 4·质数问题

条件(1)：由奇偶性可得 $5m$, $7n$ 必为一奇一偶．

①若 m 为偶数，2 为质数中唯一的偶数，则 $m = 2$, $n = 17$，可推出题干；

②若 n 为偶数，2 为质数中唯一的偶数，则 $m = 23$, $n = 2$，无法推出题干．

故条件(1)不充分．

条件(2)：由题干可设 $m = 15k$, $n = 15t$(k, t 互质)，代入 $3m + 2n = 180$ 中，则有 $3k + 2t = 12$，由奇偶性可知，k 为偶数，则仅有一组整数解 $k = 2$, $t = 3$. 故 $|m - n| = |30 - 45| = 15$，条件(2)充分．

18. D

【解析】 母题 100·最值问题

条件(1)：可设股份最大者的股份为 x，其余九人股份分别为 $x_1, x_2, \cdots, x_9$，则有

$$x_1 + x_2 + x_3 + x_4 + x_5 + x_6 \geq 50\%,$$
$$x_2 + x_3 + x_4 + x_5 + x_6 + x_7 \geq 50\%,$$
$$x_3 + x_4 + x_5 + x_6 + x_7 + x_8 \geq 50\%,$$

$$x_4+x_5+x_6+x_7+x_8+x_9\geqslant 50\%,$$
$$x_5+x_6+x_7+x_8+x_9+x_1\geqslant 50\%,$$
$$x_6+x_7+x_8+x_9+x_1+x_2\geqslant 50\%,$$
$$x_7+x_8+x_9+x_1+x_2+x_3\geqslant 50\%,$$
$$x_8+x_9+x_1+x_2+x_3+x_4\geqslant 50\%,$$
$$x_9+x_1+x_2+x_3+x_4+x_5\geqslant 50\%,$$

叠加，得$6(x_1+x_2+\cdots+x_9)\geqslant 50\%\times 9$，即
$$x_1+x_2+\cdots+x_9\geqslant 75\%,$$

可得$x\leqslant 25\%$，故条件(1)充分．

条件(2)：同理，可得$x\leqslant 25\%$，条件(2)亦充分．

19. D

【解析】母题13·求解绝对值不等式

$|x^2-5x+6|<x^2-4$，即$|(x-2)(x-3)|<x^2-4$．

①当$x\geqslant 3$或$x\leqslant 2$时，有$(x-2)(x-3)\geqslant 0$，原不等式可化为
$$x^2-5x+6<x^2-4,$$

解得$x>2$，故$x\geqslant 3$．

②当$2<x<3$时，$(x-2)(x-3)<0$，原不等式可化为
$$-(x^2-5x+6)<x^2-4,$$

解得$x<\frac{1}{2}$或$x>2$，故$2<x<3$．

综上，原不等式的解集为$\{x|x>2\}$．显然，条件(1)和条件(2)均在解集的范围内，故条件(1)和条件(2)都充分．

20. C

【解析】母题37·根的分布问题

若两根均为正数，则需要满足$\Delta\geqslant 0$，$x_1+x_2>0$，$x_1x_2>0$，即
$$\begin{cases}\Delta=3^2+4(m-1)\geqslant 0,\\ -\dfrac{3}{m-1}>0,\\ -\dfrac{1}{m-1}>0.\end{cases}$$

容易解得$-\dfrac{5}{4}\leqslant m<1$，故条件(1)和条件(2)单独都不充分，但条件(1)和条件(2)联立起来充分．

21. A

【解析】母题83·掷色子问题

条件(1)：区域X内的整数点有$(1,1)$，$(1,2)$，$(1,3)$，$(2,1)$，$(2,2)$，$(2,3)$，$(3,1)$，$(3,2)$，$(3,3)$共9个点，则点P落在区域X内的概率为$\dfrac{9}{36}=0.25$，故条件(1)充分．

条件(2)：区域 X 内符合条件的整数点只有 $(1,1)$，概率为 $\dfrac{1}{36}$，故条件(2)不充分．

22. B

【解析】 母题 32·简单方程和不等式

条件(1)：联立 $xy=-6$ 和 $x-y=5$，显然可得到两组解，即 $\begin{cases} x=2, \\ y=-3 \end{cases}$ 或 $\begin{cases} x=3, \\ y=-2. \end{cases}$ 所以 $xy(x+y)$ 的值不能唯一确定，故条件(1)不充分．

条件(2)：联立 $xy=-6$ 和 $xy^2=18$，可得 $-6y=18$，解得 $y=-3$，$x=2$，所以 $xy(x+y)$ 的值能够唯一确定，故条件(2)充分．

23. C

【解析】 母题 72·排队问题

条件(1)：甲、乙相邻，用捆绑法．不同的排法有 $A_2^2 A_4^4=48$（种），故条件(1)不充分．

条件(2)：丙、丁不相邻，用插空法．不同的排法有 $A_3^3 A_4^2=72$（种），故条件(2)不充分．

两个条件联立，先将甲、乙捆绑为 1 个元素，内部排序 A_2^2；对丙、丁用插空法，为 $A_2^2 A_3^2$，由乘法原理可知，不同的排法有 $A_2^2 A_2^2 A_3^2=24$（种）．故两个条件联立起来充分．

24. A

【解析】 母题 23·代数式的最值问题

因为 $(a-b)^2+(b-c)^2+(c-a)^2=3(a^2+b^2+c^2)-(a+b+c)^2$，所以，当 $a+b+c=0$ 时，上式有最大值．

条件(1)：当 $a+b+c=0$ 时，$(a-b)^2+(b-c)^2+(c-a)^2$ 的最大值为 18，故条件(1)充分．

条件(2)：明显不充分．

25. D

【解析】 母题 68·对称问题＋母题 63·直线与圆的位置关系

条件(1)：$f(x,y)=0$ 关于 x 轴的对称方程为 $f(x,-y)=0$.

故直线 $3x+4y-3=0$ 关于 x 轴对称的直线方程为 $3x-4y-3=0$. 该直线恰好为题中的反射光线．

而圆 $(x-2)^2+(y-2)^2=1$ 的圆心 $(2,2)$ 到直线 $3x-4y-3=0$ 的距离 $d=\dfrac{|3\times 2-4\times 2-3|}{\sqrt{3^2+4^2}}=1=r$，因此反射光线与圆相切，故条件(1)充分．

条件(2)：圆 $(x-2)^2+(y-2)^2=1$ 的圆心 $(2,2)$ 到直线 $4x-3y+3=0$ 的距离 $d=\dfrac{|4\times 2-3\times 2+3|}{\sqrt{4^2+3^2}}=1=r$，因此反射光线与圆相切，故条件(2)也充分．

三、逻辑推理

26. E

【解析】 母题 3·箭头＋德摩根

将题干信息形式化：

进入国家排球队→具有足够的身高∧排球技术好=¬具有足够的身高∨¬排球技术好→¬进入国家排球队。

A项，具有足够的身高∧¬排球技术好→¬进入国家排球队，为真。

B项，¬具有足够的身高∧排球技术好→¬进入国家排球队，为真。

C项，具有足够的身高∧排球技术好→¬进入国家排球队，根据箭头指向原则，可真可假。

D项，具有足够的身高∧排球技术好→进入国家排球队，根据箭头指向原则，可真可假。

E项，小四矮∧不会打排球→进入国家排球队，不符合题干，因此E项不可能为真。

27. B

【解析】母题16·因果型削弱题

题干：

第一组：一半的老人服用钙片，突发心肌梗死、中风甚至死亡的案例多；

第二组：一半的老人服用没有药物成分的安慰剂，突发心肌梗死、中风甚至死亡的案例少；

服用钙片更容易诱发心肌梗死、中风和其他心血管疾病。

A项，诉诸无知，此项指出"不能简单地归结为服用钙片"，那么，到底是什么原因？钙片是不是原因之一？没有说明。

B项，另有他因，是因为服用钙片的老人体质较差且患有程度不同的心血管疾病，导致他们更多地出现心肌梗死、中风和其他心血管疾病，削弱题干。

C项，不能削弱，个别人的情况不影响整个实验的成立性。

D项，诉诸无知。

E项，说明服用安慰剂的老人的平均年龄比服用钙片组的老人小2岁，但是年轻2岁并不能直接减少上述病症的发病率，削弱力度弱。

28. B

【解析】母题1·充分与必要

将题干信息符号化：

①¬政府帮助∧获得利润→有自生能力。

②开放的市场∧¬获得利润→¬有自生能力。

③¬有政策性负担→¬政府的保护和补贴。

④政府的保护和补贴→获得利润。

A项，题干没有涉及"淘汰"，故可真可假。

B项，政府的保护和补贴→有政策性负担，是题干信息③的逆否命题，故为真。

C项，有政策性负担→政府的保护和补贴，可真可假。

D项，根据题干信息②，在开放的市场中没有获得利润的企业没有自生能力，故此项为假。

E项，获得利润→有自生能力，可真可假。

29. C

【解析】母题7·二难推理

题干：

①美国在安理会动用否决权→会在整个阿拉伯世界引燃"反美"情绪。

②¬美国在安理会动用否决权→使奥巴马失去一部分支持以色列的选民。

根据二难推理的公式，由题干①、②得：会在整个阿拉伯世界引燃"反美"情绪∨使奥巴马失去一部分支持以色列的选民。

因此，C项正确。

其余各项均可真可假。

30. D

【解析】母题22·论证型假设题

题干的意思是：即使多媒体课件相对于板书没有别的优势，也可以起到节省时间的作用，从而提高教学效果。

A、C项，不必假设，与"即使多媒体课件相对于板书没有别的优势，也可以起到节省时间的作用"冲突。

B项，无关选项，题干涉及的是课件的作用，而不是板书的作用。

D项，说明多媒体课件确实可以节省时间，必须假设。

E项，削弱题干，说明多媒体课件的效果不如板书。

31. B

【解析】母题37·方位题

根据"阿姨和爸爸不能相邻"，排除A、E项。

根据"若爸爸不坐在桌头时，爷爷坐在桌头"，排除C、D项。

故B项正确。

32. B

【解析】母题37·方位题

根据"爷爷坐在小明的对面"可知，爸爸坐桌头。因为"妈妈和阿姨相邻"，故桌子的一边为妈妈、阿姨、小明/爷爷，另一边为奶奶、妹妹、小明/爷爷，且奶奶必须与妹妹相邻。

故B项正确。

33. D

【解析】母题37·方位题

因为"小明与阿姨相邻"，题干已知"妈妈与阿姨相邻"，所以阿姨坐在小明和妈妈的中间。因为"小明坐在爸爸的对面"，而"妹妹坐在桌子两边离桌头最远的地方"，那么小明和爸爸坐在离桌头最近的地方，妈妈坐在离桌头最远的地方，即妈妈坐在妹妹的对面。

故D项正确。

34. E

【解析】母题16·因果型削弱题

题干：来自境外的投资性行为 →(导致) 北京房价的暴涨。

A项，题干讲的是上半年的情况，此项讲的是 7—8 月的情况，削弱力度弱。

B项，高端商品房仅是房子的一类，样本不全，削弱力度弱。

C项，国内其他地区的有钱人"也"起到了推波助澜的作用，说明除了题干中的境外投资性行为以外，还有国内有钱人的投资性行为在拉高房价，因此，不能削弱题干。

D项，无关选项。

E项，另有他因，北京房价的暴涨不是因为境外的投资性行为，而是由于本地常住人口增加，对住房的需求增大，削弱力度强。

35. D

【解析】母题 22·论证型假设题

轮扁用的类比论证：我的制作车轮的一些高超的技术，无法用语言传达给儿子。因此，古人已经死了，他们所不能言传的精华也跟着消失了，那么桓公所读的就是古人的糟粕了。

A、B项，无关选项。

C项，复述了轮扁的理由，但不是其假设。

D项，轮扁用的是类比论证，他用制作车轮的技术类比到桓公所读的书，所以，必须假定这两者能够做类比，即，除了高超的技术外，其他精华也是不能言传的。故本项必须假设。

E项，轮扁的论述只假设精华无法言传，而不假设无法言传的都是精华，故此项不必假设。

36. B

【解析】母题 21·措施目的型支持题

题干：让农民把土豆根散发的化学物质喷洒在没有种土豆的地里，吸引土豆线囊虫出来——以求饿死土豆线囊虫。

A项，无关选项，题干的方案是将土豆线囊虫饿死，而不是用杀虫剂将其杀死。

B项，如果线虫只吃土豆的根，那么将题干中的化学物质喷洒在没有种土豆的地里，线虫出来后就会被饿死，支持力度大。

C项，说明在没有种土豆的地里喷洒这种化学物质，不易被细菌消化，能更好地吸引土豆线囊虫出来，支持题干，但是无法说明"所有出来的线虫不久就会饿死"，故支持力度不如 B 项。

D项，此项无法说明在"没有种土豆"的地里喷洒这种化学物质能使更多的线虫从囊中出来，也无法说明"所有出来的线虫不久就会饿死"，故支持力度不如 B 项。

E项，无关选项，题干中的措施并不要求化学物质在"土豆生长的所有时间"都能被释放出来。

37. D

【解析】母题 5·箭头的串联

将题干信息形式化可得：

①有的慷慨的父母→好父母。

②有的自私自利的父母→好父母。

③好父母→好听众。

将题干信息②、③串联可得：有的自私自利的父母→好听众，等价于：有的好听众→自私自利的父母。

故 D 项正确。

38. D

【解析】母题 29·概括结论题

题干使用求异法：

上学前班的：小学入学综合能力测试平均得分高；

没上学前班的：小学入学综合能力测试平均得分低；

因此，是否上过学前班与小学入学前的综合能力之间有相关性。

故 D 项正确。

其余各项都不能从上面给定的数据合理地得出。

39. C

【解析】母题 39·简单匹配题

根据"汤姆和推销员不同岁，推销员比卡尔年龄小"可知，汤姆和卡尔都不是推销员，所以乔治是推销员。

故排除 A、B、D、E 项，C 项正确。

40. A

【解析】母题 19·论证型支持题

题干结论：独立董事与公司董事会在经济上有"同盟"关系，使得独立董事很难站在小股东的立场上行使独立董事的权力。

A 项，补充论据，说明独立董事如果为了小股东的利益与公司董事会叫板的后果，直接支持题干。

B 项，削弱题干，说明有些独立董事可以站在小股东的立场上行使权力。

C 项，无关选项，题干中未提及独立董事制度健全与否。

D 项，无关选项。

E 项，有同学认为本项为削弱项，但是，"有时候"大股东与小股东的利益是一致的，并不能反驳"小股东的利益很容易受到大股东的侵犯"，因此本项不能削弱题干，当然更不可能支持题干。

41. B

【解析】母题 38·数字推理题

由条件(3)可知，另外一个数字必定是 2，故 B 项正确。

42. B

【解析】母题 38·数字推理题

由条件(2)可知，不可能是 111。

由条件(4)可知，不可能是 333。

由条件(6)：¬ 这个密码数字中有 2→5 不可能是最后一个数字，逆否得：5 是最后一个数字→这个密码数字中有 2，故不可能是 555。

因此，还有两种可能：222、444。

故 B 项正确。

43. B

【解析】母题 26·解释题

题干：学校楼梯上的地毯十分破旧且严重磨损，而且学校并未更换楼梯间已烧坏的灯泡。因此，弗瑞得摔伤后提起了诉讼。

弗瑞得提起诉讼的可能原因有两个：地毯和灯泡。但题干未提及事件是不是发生在晚上，因此，地毯是更可能的原因，故 B 项正确。

其余各项均不正确。

44. E

【解析】母题 40·复杂匹配与题组

根据题干信息③、⑤可知，孔来自河南，故孟来自河北。

根据题干信息④可知，孔住在 3 楼。

根据题干信息②可知，孟住在 2 楼，故庄住在 1 楼，则庄是物理学专业。

再根据题干信息⑤可知，孔是医学专业，故孟是历史专业。

因此，可得表 13-1：

表 13-1

楼层	学生	家乡	所学专业
3	孔	河南	医学
2	孟	河北	历史
1	庄	山东	物理

故 E 项正确。

45. C

【解析】母题 22·论证型假设题

题干：观众能清晰地记住大牌明星在广告中的表现，却记不住广告中被推销的产品的名称 $\xrightarrow{\text{证明}}$ 以大牌明星为设计核心的广告效力不好。

搭桥法：观众记不住产品名称→广告效力不好，即：广告效力好→观众记住产品名称。所以，广告的效力是要扩大产品的知名度，故 C 项正确。

其余各项均为无关选项。

46. C

【解析】母题 26·解释现象

待解释的现象：在床上抽烟是家庭火灾的主要原因，抽烟的人数显著下降，但死于家庭火灾的人数却没有显著减少。

A 项，可以解释，抽烟的人数下降，但是在床上抽烟的人数没有下降。

B 项，可以解释，火灾次数少了，但是每次死亡的人数多了。

C 项，不能解释，从过去到现在由在床上抽烟引起的火灾通常都发生在房主入睡之后，而抽烟的人数显著下降，那么死于家庭火灾的人数应该减少。

D 项，可以解释，如果在床上抽烟引起的家庭火灾损失较小、很难引起死亡的话，那么在床上吸烟的人数的减少，并不能减少火灾死亡人数。

E 项，可以解释，火灾次数少了，但是后果更严重了（每次死亡的人数多了）。

47. E

【解析】母题 22·论证型假设题

题干：研究小组用"现存的甲虫类生物"的忍受温度来替代"2.2 万年内的甲虫类生物"的忍受温度。故 E 项必须假设，搭桥法。

D 项，干扰项，题干中的"现存的甲虫类生物的已知忍受温度"并不是指每种甲虫类生物的"平均最高可忍受气温"，故此项是无关选项。

其余各项显然不是题干的假设。

48. A

【解析】母题 25·数字型假设题

题干：平均每亩土地上转基因棉花产量是非转基因棉花产量的 6 倍，因此，当非转基因棉花的价格预计比转基因棉花的价格高出 6 倍以上时，希望利润最大化的农民就会种植非转基因棉花而不是转基因棉花。

$$利润 = 收入 - 成本。$$

题干中的论证只能保证农民种植非转基因棉花的收入更大，要想保证利润也更大，必须考虑成本问题，若一亩非转基因棉花拿到市场上去销售所花费的成本比一亩转基因棉花高的话，那么整个成本就会提高，导致非转基因棉花的销售并不占优势，故 A 项必须假设。

其余各项均不必假设。

49. A

【解析】母题 15·论证型削弱题

市长：重组那年以后的偷盗统计资料表明偷盗报告普遍地减少了 ——证明→ 重组城市警察部门不会导致警察对市民责任心的降低和犯罪的增长。

A 项，说明由于受害者不愿向警察报告偷盗事故，导致"偷盗报告"减少，但"偷盗"并不是真的减少了，削弱市长的论述。

B 项，犯罪报告的统计资料可靠，支持市长的论述。

C 项，"其他城市"报告的偷盗数目在重组后一般都上升了，削弱力度弱。

D 项，无关选项，题干不涉及此项中的比较。

E 项，重组前偷盗报告的数目上升，重组后减少，支持市长的论述。

50. D

【解析】母题 26·解释现象

待解释的现象：山丹马场放牧的羊时被出没的狼群活活咬死，山丹马场距甘州不过百余公里，但甘州的岩羊却未遭受狼群侵害。

A项，无关选项，题干讨论的是"狼"而不是"雪豹"。

B项，无关选项，题干的话题与"狩猎行为"无关。

C项，不能解释，在"没有猎枪"这一点上，山丹马场与甘州是相同的，无法解释为什么一个地区的羊群受到狼的侵害，而另外一个地区没有。

D项，可以解释，指出甘州的岩羊未遭受狼群侵害的原因是路段设施阻断了狼群的迁徙通道，使山丹马场附近的狼群无法到达甘州。

E项，不能解释，狼在吃羊时不会去选择品种。

51. B

【解析】母题22·论证型假设题

题干："相对论"的创立者爱因斯坦、发明家富兰克林和科学家牛顿以及达·芬奇、米开朗琪罗、毕加索和贝多芬都是左撇子 —证明→ 创造性研究是左撇子独特的天然禀赋。

A项，不必假设，题干讨论的不仅仅是"美国总统"。

B项，必须假设，如果左撇子突出的创造性研究能力是由教育和环境等后天因素决定的，那么创造性研究就不是左撇子独特的天然禀赋(排除他因)。

C项，无关选项。

D项，无关选项，题干的论证与是否遗传无关。

E项，无关选项，题干论证的是"左撇子"而不是"右撇子"。

52. D

【解析】母题29·概括结论题

题干：

①松花江污染事件由于松花江经黑龙江流域流经俄罗斯而变成一个地区性的事件。

②一国河流污染，影响邻国饮水；一国大气污染，造成邻国遭受酸雨灾害；一国二氧化碳排放过量，造成全球气候变暖，海平面上升，危及所有的国家和地区。

A项，题干不涉及是否引发国际争端，不能推出。

B项，题干不涉及污染与治理的先后顺序，不能推出。

C项，题干不涉及如何发展，不能推出。

D项，可以推出，说明一个国家、一个地区的环境问题会影响邻国甚至所有的国家和地区。

E项，题干不涉及追责问题。

53. D

【解析】母题5·箭头的串联

题干已知下列信息：

①甲获得奖学金∧乙获得奖学金→丙获得奖学金∧丁获得奖学金，等价于：¬丙获得奖学金∨¬丁获得奖学金→¬甲获得奖学金∨¬乙获得奖学金。

②¬丙获得奖学金。

故有：¬甲获得奖学金∨¬乙获得奖学金＝甲获得奖学金→¬乙获得奖学金＝乙获得奖学金→¬甲获得奖学金。

故 D 项甲获得奖学金→¬乙获得奖学金，为真。

54. E

【解析】母题 17·措施目的型削弱题

题干：伏案工作者长时间低头阅读、书写很容易患腰、颈椎疾病 —导致→ 某单位工会为职工印发了宣传册，教大家预防和治疗腰、颈椎疾病的一些方法 —以求→ 帮助这部分人预防和缓解腰、颈椎疾病。

A 项，无关选项，题干不涉及自我预防与专门检查的比较。

B 项，诉诸无知。

C 项，"需要专业人士指导"不代表"自我预防完全无效"。

D 项，无关选项，题干讨论的对象是伏案工作者。

E 项，措施达不到目的，削弱题干。

55. E

【解析】母题 9·对当关系

将题干信息形式化：

①鹤鸵→世界上最危险的鸟，可以推出：有的世界上最危险的鸟→鹤鸵。

②鹤鸵→对不速之客果断出击。

③对不速之客果断出击→为人所畏惧。

将题干信息①、②、③串联得：④有的世界上最危险的鸟→鹤鸵→对不速之客果断出击→为人所畏惧。

逆否得：⑤¬为人所畏惧→¬对不速之客果断出击→¬鹤鸵。

A 项，由题干信息④知，所有的鹤鸵都为人所畏惧，故"有些鹤鸵为人所畏惧"，为真。

B 项，由题干信息⑤知，为真。

C 项，由题干信息④知，为真。

D 项，由题干信息④知，"有些对不速之客果断出击的鸟是世界上最危险的鸟"为真。

E 项，由题干信息④知，"有的为人所畏惧的鸟是鹤鸵"，与 E 项是下反对关系，故 E 项可真可假。

四、写作

56. 论证有效性分析

【谬误分析】

①材料认为"只有物质上对她极力满足，以后才能嫁得好"，未必成立。嫁得好坏不仅与物质有关，还与女孩的性格、学识、气质等多种因素有关。况且，什么是嫁得好？是衣食无忧，还是精神富足？若是后者，则嫁得好坏未必取决于物质。

②富养的女孩，就不会被虚荣所迷惑吗？或许，这样的女孩习惯了好的物质条件，更容易爱慕

虚荣。

③富养的女孩就可以经得起诱惑？就不会去傍大款？可能她们更懂得物质条件的重要性，反而更容易去傍大款。

④从小过够了穷日子的女孩会不顾一切地傍大款？未必如此。穷孩子也可以通过自己的努力改变命运。

⑤只有让儿子尝试生活的艰辛，才能磨砺出坚强的意志？未必。磨砺意志的方式有很多，比如，体育运动就是很好的磨砺意志的方式。

⑥穷养的儿子才能上奉父母，下养妻儿？有可能正是知道钱来之不易，反而养成自私自利的习惯。

⑦同样是富养，为什么儿子就会好逸恶劳、乐于攀比，而女儿就经得起诱惑？材料缺少对这一观点的论证。

参考范文

女儿当富养，儿子须穷养？

上述材料通过一系列论证，认为应当"穷养儿子富养女"，但论证过程中存在诸多逻辑错误，现分析如下：

首先，只有物质上对她极力满足，这样以后才能嫁得好？未必，嫁得好或不好和物质上是否极力满足并无直接联系。若物质上富养女儿，那么将来可能会嫁一个拥有大量钱财的"富养儿子"，而按作者的逻辑，"富养儿子"往往会走进囚车和监牢，这也能算是嫁得好吗？况且，什么是嫁得好？是衣食无忧，还是幸福甜蜜？材料并未说明。

其次，富养的女孩经得起诱惑，不代表她们就不会去傍大款。可能正是明白和享受高质量的生活所带来的各种优待，反而更容易去傍大款。而从小过够了穷日子的女孩也未必会"不顾一切地傍大款"。穷孩子也可以通过自己的努力改变命运。

再次，只有让儿子尝试生活的艰辛，才能磨砺出坚强的意志？未必。磨砺意志的方式有很多，比如，体育运动就是很好的磨砺意志的方式。而且，穷养的儿子才能上奉父母，下养妻儿？有可能正是知道钱来之不易，反而养成自私自利的习惯。

最后，富养的儿子拥有大量的钱财，除了买回享乐、好逸恶劳、攀比之心外，还买回了囚车和监牢，这过于绝对。同样是富养，为什么儿子就会好逸恶劳、乐于攀比，而女儿就经得起诱惑？材料缺少对这一观点的论证。

综上所述，是否应当"穷养儿子富养女"，还须进一步论证。

57. 论说文

入虎穴有风险，得虎子须谨慎

老吕学员　齐小宝

"不入虎穴，焉得虎子。"《后汉书·班超传》中的这句话或许并不只像其字面意思那么简单，细细品味，才深得其意：正确评估风险，获得最大收益。

风险和收益如同藤之瓜、并蒂之莲，有风险的地方就有收益，有收益的时候也伴随着风险。风险和收益是我们每个人做每项决策时都要面对的问题，学生考研择校时的风险与收益，企业上市与否的风险与收益，国家出台某项政策的风险与收益。风险和收益总是相伴相生，相互影响。所以，想要有"得虎子"的收益，就不得不去衡量与评估"入虎穴"的风险。

正确衡量风险与收益的关系，是进一步发展的前提。在我们做每项决策之前，预测风险是必不可少的关键一步，风险的大小直接决定了做某件事的必要性，并且也影响着某项决定取得成功与失败的概率。只有正确评估风险，才能使我们及时地改变策略或是采取相应措施来规避风险，从而使自己的利益最大化。在丰田汽车召回事件中，若召回，则将面临暂时的巨额亏损；若不召回，则将面临失去消费者信任的风险。丰田公司正是在正确评估了这些风险后，毅然作出召回问题汽车的决定，反而获得了消费者的信任，也进一步发展壮大。因此"不入虎穴，焉得虎子"，不如先预测风险，再决定是否要入虎穴。

通常情况下，收益越大，风险就越大。但在如今变幻莫测的大环境下，例外也屡见不鲜，所以，这就要求我们用科学的方法来预测风险与收益。个人和企业是可以通过对自身优劣势的认识，并结合对外部环境中的机会与威胁的评估来预测风险的大小与自身应对风险能力的高低，从而决定为了某种收益而冒风险值得与否。同时，也要建立一套有效的防范与规避风险机制来保障计划的实施。

欲得虎子，先知入穴之险。想获大益，预测风险为先。

绝密★启用前

全国硕士研究生招生考试
管理类专业学位联考综合能力试题
冲刺卷 14

（科目代码：199）

考试时间：8：30－11：30

考生注意事项

1. 答题前，考生须在试题册指定位置上填写考生姓名和考生编号；在答题卡指定位置上填写报考单位、考生姓名和考生编号，并涂写考生编号信息点。
2. 选择题的答案必须涂写在答题卡相应题号的选项上，非选择题的答案必须书写在答题卡指定位置的边框区域内。超出答题区域书写的答案无效；在草稿纸、试题册上答题无效。
3. 填（书）写部分必须使用黑色字迹签字笔或者钢笔书写，字迹工整、笔迹清楚；涂写部分必须使用 2B 铅笔填涂。
4. 考试结束，将答题卡和试题册按规定交回。

考生编号														
考生姓名														

一、**问题求解**：第1～15小题，每小题3分，共45分。下列每题给出的A、B、C、D、E五个选项中，只有一项是符合试题要求的。请在答题卡上将所选项的字母涂黑。

1. 小明从家骑车去甲地，全程以速度v匀速行进，若骑行1小时后，速度变为原来的$\frac{4}{5}$，则会晚半小时到达目的地；若距离目的地还有10千米时将速度降为原来的$\frac{4}{5}$，则会晚10分钟到达目的地．小明家距离甲地（　　）千米．
   A. 25　　　　B. 28　　　　C. 30　　　　D. 40　　　　E. 45

2. 《张邱建算经》中有"百钱买百鸡"问题，即：鸡翁一，值钱五；鸡母一，值钱三；鸡雏三，值钱一；百钱买百鸡，问鸡翁、母、雏各几何？意思是说：公鸡每只5元，母鸡每只3元，雏鸡1元买3只，问花了100元买了100只鸡，则公鸡、母鸡、雏鸡各几只？那么满足题干条件的购买方式一共有（　　）．
   A. 2种　　　　B. 3种　　　　C. 4种　　　　D. 5种　　　　E. 6种

3. 已知x满足$\sqrt{x-99}+|9-3x|=3x$，求$81-x=$（　　）．
   A. 999　　　　B. 99　　　　C. -99　　　　D. -999　　　　E. 9

4. 一项任务，甲、乙、丙三人合作比甲单独完成少18天，比乙单独完成少3天，且是丙单独完成所需时间的一半，则甲、乙、丙三人合作需要（　　）天完成．
   A. 2　　　　B. 3　　　　C. $\frac{5}{2}$　　　　D. 4　　　　E. 5

5. 若x为任意实数，$|2x-3|-|2x+6|\leq Y$恒成立，则实数Y的取值范围为（　　）．
   A. $Y\leq -9$　　B. $Y<-9$　　C. $Y>9$　　D. $Y\geq 9$　　E. $Y>-9$

6. 已知关于x的方程$(a-1)x^2+2x-a-1=0$的根都是整数，那么符合条件的整数a的取值有（　　）种可能．
   A. 1　　　　B. 2　　　　C. 3　　　　D. 4　　　　E. 5

7. 某批产品共有4只次品和6只正品，每只产品均不相同，现在每次取出1只产品测试，直到4只次品全部被测出为止，则最后1只次品恰好在第5次测试时被发现的不同情况有（　　）．
   A. 576种　　B. 626种　　C. 72种　　D. 81种　　E. 124种

8. 图14-1是一个零件的直观图．下部是一个棱长为40厘米的正方体，上部是圆柱体的一半，则这个零件的体积为（　　）立方厘米．

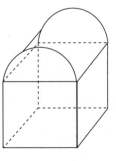

图14-1

A. $64\,000+8\,000\pi$ B. $6\,400+8\,000\pi$ C. $64\,000+7\,200\pi$
D. $64\,000+6\,800\pi$ E. $56\,000+8\,000\pi$

9. 不等式 $\left(\dfrac{5}{6}\right)^{|x+2|}>\left(\dfrac{5}{6}\right)^{|2x-1|}$ 的解集为（   ）．

   A. $x>3$ 或 $x<-\dfrac{1}{3}$ B. $-\dfrac{1}{3}<x<3$ C. $x>3$

   D. $x>4$ 或 $x<-\dfrac{1}{3}$ E. $x>-3$ 或 $x<\dfrac{1}{3}$

10. 某商品的进价为 96 元，若按照标价的 80% 出售，仍可获利 15%，则这件商品按照标价出售的利润率为（   ）．

    A. 25.2% B. 34.64% C. 38.87% D. 41.33% E. 43.75%

11. 数列 $\{a_n\}$ 中，任意连续三项和都是 20，$a_{102}=7$，$a_{1\,000}=9$，则 $a_{2\,009}+a_{2\,010}+a_{2\,011}+a_{2\,012}=$（   ）．

    A. 11 B. 13 C. 24 D. 27 E. 29

12. 已知二次函数 $y=x^2+bx+c$ 的图像与 x 轴交于 A，B 两点，其顶点为 K，若 $S_{\triangle AKB}=1$，则 b 与 c 的关系式为（   ）．

    A. $b^2-4c=4$ B. $b^2+4c=4$ C. $b^2-4c=-4$
    D. $b^2+4c=-4$ E. $b^2-4c=1$

13. 把平均值为 6 的五个数排成一排，已知前三个数的平均值为 8，后三个数的平均值为 5，则第三个数的值为（   ）．

    A. 6 B. 7 C. 8 D. 9 E. 10

14. 某工厂从 18 名员工中选取 2 人评为劳动模范，其中 5 人来自车间甲，6 人来自车间乙，7 人来自车间丙，则 2 名劳动模范不来自同一车间的概率为（   ）．

    A. $\dfrac{46}{153}$ B. $\dfrac{107}{153}$ C. $\dfrac{56}{153}$ D. $\dfrac{97}{153}$ E. $\dfrac{7}{9}$

15. 由直线 $y=x+1$ 上的一点向圆 $(x-3)^2+y^2=1$ 引切线，则切线长的最小值为（   ）．

    A. 1 B. $2\sqrt{2}$ C. $\sqrt{7}$ D. 3 E. 4

二、**条件充分性判断**：第 16～25 小题，每小题 3 分，共 30 分。要求判断每题给出的条件（1）和条件（2）能否充分支持题干所陈述的结论。A、B、C、D、E 五个选项为判断结果，请选择一项符合试题要求的判断，在答题卡上将所选项的字母涂黑。

   A. 条件(1)充分，但条件(2)不充分．

   B. 条件(2)充分，但条件(1)不充分．

   C. 条件(1)和条件(2)单独都不充分，但条件(1)和条件(2)联合起来充分．

   D. 条件(1)充分，条件(2)也充分．

   E. 条件(1)和条件(2)单独都不充分，条件(1)和条件(2)联合起来也不充分．

16. $P=\dfrac{13}{20}$．

    (1) 某篮球运动员在三分线外投篮的命中率为 $\dfrac{1}{2}$，他投球 10 次，恰好命中 3 次的概率为 P．

    (2) 甲、乙两人每次射击命中目标的概率分别为 $\dfrac{3}{4}$ 和 $\dfrac{4}{5}$，且甲、乙每次射击相互独立．若甲、乙各射击 1 次，则两人射中目标次数相等的概率为 P．

17. 在数列 $\{a_n\}$ 中, $\dfrac{a_1+a_3+a_9}{a_2+a_4+a_{10}}$ 的值唯一确定.

   (1) $\{a_n\}$ 是公差为 2 的等差数列.

   (2) $\{a_n\}$ 是公比为 2 的等比数列.

18. 圆 $x^2+y^2=4$ 上有且只有四个点到直线 $12x-5y+c=0$ 的距离为 1.

   (1) $c\in(-13,13)$.

   (2) $c\in(-13,0)$.

19. $\dfrac{m}{n}+\dfrac{n}{m}=-1$.

   (1) $\dfrac{1}{m}+\dfrac{1}{n}=\dfrac{1}{m+n}$.

   (2) $3m^2+2mn-n^2=0$.

20. 小王在某超市找到一份兼职工作，超市经理让他下周 7 天里选择 3 天前来工作，则小王共有 10 种选择方案.

   (1) 工作的 3 天不全相邻.

   (2) 工作的 3 天全不相邻.

21. 若 $y=|x-a|-|x-b|$，则 y 的最大值为 4.

   (1) $a=3$，$b=7$.

   (2) $a=-1$，$b=3$.

22. 等比数列 $\{a_n\}$ 中，$a_1=q$，公比 $|q|\neq 1$，则可以确定 $a_i=a_1a_2a_3a_4$.

   (1) $i=9$.

   (2) $i=10$.

23. 甲、乙两人参加知识竞赛，已知甲获胜的概率为 0.4，乙获胜的概率为 0.6，比赛采取 7 局 4 胜制，则最终甲选手获胜的概率为 $P=9\times 0.4^5$.

   (1) 甲输 1 局.

   (2) 甲输 2 局.

24. 设 a，b，c 为实数，则 $|a|+|b|+|c|$ 的最小值为 6.

   (1) $a+b+c=2$.

   (2) $abc=4$.

25. 如图 14-2 所示，在直角三角形 ABC 中，以点 A 为圆心作弧 DF，交 AB 于点 D，交 AC 延长线于点 F，交 BC 于点 E，则 $AC:AF=\sqrt{\pi}:2$.

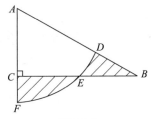

图 14-2

(1) $AC = BC$.

(2) 图中两个阴影部分面积相等．

三、逻辑推理：第 26～55 小题，每小题 2 分，共 60 分。下列每题给出的 A、B、C、D、E 五个选项中，只有一项是符合试题要求的。请在答题卡上将所选项的字母涂黑。

26～27 题基于以下题干：

在第 16 届喀山世界游泳锦标赛中，宁泽涛以 47 秒 84 夺得男子 100 米自由泳决赛冠军，获得本人首枚世锦赛金牌。对此，网友评论不一。

张珊：宁泽涛今晚只是运气好而已，他今天游了 47 秒 84，但这只是一个很一般的成绩，他去年曾经游出过 46 秒 9 的成绩。

李思：我不同意。这就像一个人以 718 分拿了高考状元，但你却说他考得不好，因为他在一次模考中曾经考过 725 分。

26. 以下哪项最为确切地概括了李思的反驳所运用的方法？
    A. 提出了一个比对方更有力的证据。
    B. 运用一个反例，质疑对方的论据。
    C. 提出了一个反例来反驳对方的一般性结论。
    D. 构造了一个和对方类似的论证，但这个论证的结论显然是不可接受的。
    E. 指出对方对所引用数据的解释有误，即使这些数据自身并非不准确。

27. 以下哪项最为恰当地概括了张珊和李思争论的焦点？
    A. 高考状元是否真的优秀？
    B. 宁泽涛是否是最优秀的运动员？
    C. 张珊论据所引用的数据是否准确？
    D. 是否应该通过历史成绩来断定运动员的大赛表现？
    E. 张珊对宁泽涛的评价是否合理？

28. 《乐记》和《系辞》中都有"天尊地卑""方以类聚，物以群分"等文句，由于《系辞》的文段写得比较自然，一气呵成，而《乐记》则显得勉强生硬，分散拖沓。所以，一定是《乐记》沿袭或引用了《系辞》的文句。

    以下哪项陈述如果为真，则能最有力地削弱上述论证的结论？
    A. 经典著作的形成通常都经历了一个由不成熟到成熟的漫长过程。
    B. 《乐记》和《系辞》都是儒家的经典著作，成书年代尚未确定。
    C. "天尊地卑"在比《系辞》更古老的《尚书》中被当作习语使用过。
    D. 《系辞》以"礼"为重来讲"天地之别"，《乐记》以"乐"为重来讲"天地之和"。
    E. 著名史学家张教授指出，要确定《乐记》是否沿袭或引用了《系辞》，需要更多证据。

29. 赵宜、李思、王武都买了新手机，手机的牌子分别是华为、小米、OPPO，他们让小刘猜他们各买的是什么牌子的手机，小刘猜道："赵宜买的是华为手机，王武买的不是 OPPO 手机，李思买的不是华为手机。"事实上，小刘的上述猜测，只对了一个。

    由上述断定可推出以下哪项结论？

A. 赵宜买的是小米手机。
B. 李思买的是 OPPO 手机。
C. 赵宜买的是 OPPO 手机。
D. 王武买的是 OPPO 手机。
E. 李思买的是小米手机。

30. S 城的人非常喜欢喝酒，经常出现酗酒闹事事件，影响了 S 城的治安环境。为了改善城市的治安环境，市政府决定：减少 S 城烈酒的产量。

以下哪项最能对市政府的决定进行质疑？

A. 影响了 S 城治安环境的不仅仅是酗酒闹事。
B. 有些喝低度酒的人也酗酒闹事。
C. S 城市场上的烈酒大多数来自其他城市。
D. S 城的经济收入主要来源于烈酒生产。
E. 喜欢喝酒是 S 城人的传统习惯。

31. 有两类恐怖故事：一类描写疯狂科学家的实验，一类讲述凶猛的怪兽。在关于怪兽的恐怖故事中，怪兽象征着主人公心理的混乱。关于疯狂科学家的恐怖故事则典型地表达了作者的感受：仅有科学知识不足以指导人类的探索活动。尽管有这些区别，但这两类恐怖故事仍具有如下共同特点：它们描述了违反自然规律的现象，它们都想使读者产生恐惧感。

如果以上陈述为真，则以下哪一项一定为真？

A. 对怪兽的所有描写都描述了违反自然规律的现象。
B. 某些运用了象征手法的故事描述了违反自然规律的现象。
C. 大部分关于疯狂科学家的故事表达了作者反科学的观点。
D. 任何种类的恐怖故事都描写了心理混乱的人物。
E. 关于科学家的故事都表达了作者对科学探索的担忧。

32. 大约 20 亿年前的太阳比现在的太阳要暗 30%。如果现在的太阳像那时的太阳一样暗淡，地球上的海洋就会完全冻结成冰。然而，有化石证据表明，早在 38 亿年前，液态水和生命就在地球上存在了。

如果以下陈述为真，则哪一项最有助于消除以上描述中明显的不一致？

A. 38 亿年前地球大气层所能保持的热量明显地多于现在大气层所能保持的热量。
B. 38 亿年前地球上出现的液态水后来又冻结了，大约在 20 亿年前才重新融化。
C. 大约 20 亿年前，一个强大的并非来自太阳的热源使得地球上大块的冰融化。
D. 有证据表明，海洋的某些区域一直冻结到比 20 亿年前更晚的时期。
E. 38 亿年前的生命更适应低温。

33. 20 世纪初的政治哲学家中不乏社会主义者和共产主义者，这类政治哲学家无一不受到罗莎·卢森堡的影响。而受罗莎·卢森堡影响的人都不主张极权主义。

如果上述断定为真，则以下哪项也一定为真？

Ⅰ．20 世纪初的社会主义政治哲学家都不主张极权主义。
Ⅱ．20 世纪初不主张极权主义的政治哲学家都受罗莎·卢森堡的影响。
Ⅲ．20 世纪初受罗莎·卢森堡影响的政治哲学家或者是社会主义者，或者是共产主义者。

A. 只有Ⅰ。 B. 只有Ⅱ。 C. 只有Ⅲ。
D. 只有Ⅰ和Ⅱ。 E. Ⅰ、Ⅱ和Ⅲ。

34. 某著名画家新近谈道："我年纪大了，却整天忙活，没时间去想死，也没心思去想。再说了，死就死呗，又不是只有我一个人死，别人都不死。李白死了，苏东坡死了，曹雪芹也死了，也没怎么样，只不过后人在读他们的作品而已。"

    从该画家的话中，只能合乎逻辑地推出下面哪个陈述？

    A. 除该画家之外的其他人也都会死。
    B. 该画家会死。
    C. 并非有的人不会死。
    D. 如果该画家会死，至少有些别的人也会死。
    E. 所有人都会死。

35. 美国斯坦福大学梅丽莎·莫尔博士在《天哪：脏话简史》一书中谈到一个有趣的现象：有些患阿尔茨海默症或中过风的病人在彻底丧失语言能力后，仍能反复说出某句脏话。这不免令人感到困惑：难道说脏话不是在说话吗？

    如果以下陈述为真，则哪一项能最好地解释上述现象？

    A. 在约 100 万个英语单词中，尽管只有十多个是脏话，但它们的使用频率非常高。
    B. 脑科学家的研究证实，人的精神能够在生理学的意义上改变身体状态。
    C. 脏话是最能表达极端情绪的词语，说脏话能减轻压力并有助于忍受疼痛。
    D. 有时候说脏话不仅是骂人，也是对情绪的发泄。
    E. 一般的词语被保存在控制自主行为和理性思考的大脑上层区域，而脏话被保存在负责情绪和本能反应的大脑下层区域。

36. 拥有一个国家的国籍，意味着就是这个国家的公民，这二者是同一个意思。有的国家允许本国公民有双重国籍，但中国的法律规定，中国公民不能拥有双重国籍。欧洲 H 国公民查尔斯拥有中国国籍。

    如果上述断定为真，则以下哪项也一定为真？

    Ⅰ．中国有关双重国籍的法律没有得到严格实施。
    Ⅱ．H 国允许本国公民有双重国籍。
    Ⅲ．H 国有关双重国籍的法律没有得到严格实施。

    A. 只有Ⅰ。 B. 只有Ⅰ和Ⅱ。 C. 只有Ⅰ和Ⅲ。
    D. 只有Ⅱ和Ⅲ。 E. Ⅰ、Ⅱ和Ⅲ。

37. 在最近召开的关于北海环境污染问题的会议上，大多数与会国都同意对流入北海的水质采取统一的质量控制，不管环境污染是否是因为某一特定流入源造成的。当然，为了避免过分僵化的控制，_____

    为完成上述段落，横线的部分补充以下哪项最为合适？

    A. 采用的任何统一控制办法都必须施行不误。
    B. 受控制的任何物质必须是确实产生环境危害的。
    C. 那些同意统一质量控制的国家是那些排放量很大的国家。

D. 那些将被控制的污染物质，目前在北海已经有了。

E. 北海已遭受的环境危害是可恢复的。

38. "老吕弟子班"有1、2、3三个班级。一次模考结束后，根据统计分数得知：小雪的成绩比2班所有人的成绩好；3班同学的成绩都比小红的成绩差；小勇的成绩比3班所有同学的成绩差；小雪、小红、小勇不在同一个班级。

如果以上断定为真，可知小雪、小红、小勇的成绩从高到低依次为：

A. 小雪、小红、小勇。

B. 小红、小勇、小雪。

C. 小勇、小雪、小红。

D. 小红、小雪、小勇。

E. 小勇、小红、小雪。

39. 在美国，企业高级主管和董事们买卖他们手里的本公司股票是很普遍的。一般来说，某种股票内部卖与买的比率低于2∶1时，股票价格会迅速上升。近些天来，虽然MEGA公司的股票价格一直在下跌，但公司的高级主管和董事们购进的股票却九倍于卖出的股票。

以上事实最能支持以下哪种预测？

A. MEGA股票内部买卖的不平衡今后还将增大。

B. MEGA股票的内部购买会马上停止。

C. MEGA股票的价格会马上上涨。

D. MEGA股票的价格会继续下降，但速度放慢。

E. MEGA股票的大部分仍将由其高级主管和董事们持有。

40. 机场候机大厅里有三位乘客坐在椅子上聊天。坐在左边座位的乘客要去法国，中间座位的乘客要去德国，右边座位的乘客要去英国。要去法国的乘客说："我们三人这次旅行的目的地恰好是我们三人的祖国，可我们每个人的目的地又不是自己的祖国。"德国人听了，无限感慨地回应说："我离开家乡很多年了，真想回去看看。"

根据题干可以推知以下哪项判断是正确的？

A. 中间座位的乘客是英国人。

B. 中间座位的乘客是法国人。

C. 德国人坐在最左边。

D. 英国人坐在最右边。

E. 最右边的乘客是法国人。

41. 信息时代，媒体的作用不仅越来越重要，而且越来越敏感。一个优秀记者，最重要的是要实事求是。优秀的记者才能得到公众的认可。优秀的记者还要充分具备刻苦无怨的敬业精神，具备启发大众正义嗅觉的理念，正是这些崇高的职业道德和能力，支撑着优秀记者"横眉冷对千夫指，俯首甘为孺子牛"。

如果以上陈述为真，则以下哪项陈述也一定为真？

A. 不如实反映社会现象的记者不会被公众接受。

B. 记者工作需要高尚的品德。

C. 优秀记者应该对社会文明有积极导向作用。

D. 所有记者都需要刻苦无怨的敬业精神。

E. 只要是优秀的记者就能得到公众的认可。

42. 张珊：尽管本地区几年来中学招生人数持续下降，但是小学招生人数却在大幅增加。因此，地区校务委员会提出建造一所新的小学。

李思：另一个方案可以是将一些中学教室临时改为小学学生教室。

下面哪项如果正确，则最有助于支持李思的可替换方案？

A. 一些中学教室不能被改造为适合小学学生使用的教室。

B. 建造一个中学的成本比建造一个小学的成本高。

C. 虽然出生率未提高，但送孩子去本地区中学的家庭数目显著增多。

D. 中学气氛可能危及小学学生的安全和自信。

E. 即使在该地区中学学生人数开始下降以前，有几个中学的教室也很少被使用。

43～45题基于以下题干：

在赛马比赛中，共有5位骑手：G、H、I、J、K，这5位骑手在各自的跑道上骑的赛马分别是5匹马之一：P、Q、R、S、T。

已知以下信息：

(1) G不是最先，就是最后到达终点。

(2) J总是先于K到达终点。

(3) H总是先于I到达终点。

(4) P总是最先到达终点。

(5) Q总是第二个到达终点。

(6) 没有并列名次出现。

43. 最多可能有几位骑手可以骑Q？

 A. 1。 B. 2。 C. 3。 D. 4。 E. 5。

44. 如果K第二个且S第四个到达终点，那么以下哪项可能为假？

 A. J骑的马是P。   B. H骑的马是T。   C. I骑的马是S。

 D. G最后到达终点。   E. K骑的马是Q。

45. 以下哪项能够充分地确定骑手和赛马的准确顺序？

 A. H骑R比I骑S领先一个名次到达终点。

 B. H骑R比K骑T领先两个名次到达终点。

 C. I骑R比K骑S领先一个名次到达终点。

 D. J骑P比K骑S领先两个名次到达终点。

 E. J骑P比H骑S领先两个名次到达终点。

46. 一位粒子物理学家开玩笑说："自1950年以来，所有的费米子都是在美国发现的，所有的玻色子都是在欧洲发现的。很遗憾，希格斯粒子是玻色子，所以，它不可能在美国被发现。"

必须补充下面哪一项假设，上述推理才能成立？

A. 即使某件事情过去一直怎样，它未来也有可能不再那样。

B. 如果 x 在过去一段时间内一直做成 y，则 x 不可能不做成 y。

C. 如果 x 在过去一段时间内一直未做成 y，则 x 不可能做成 y。

D. 如果 x 在过去一段时间内一直未做成 y，则 x 很可能做不成 y。

E. 如果 x 在过去一段时间内一直未做成 y，则 x 不可能做成 z。

47. 美国有些州的法官是通过选举产生的。选举通常需要得到利益集团的资金支持，这有可能直接或间接地影响司法公正。一项研究表明，在涉案一方是自己的竞选资助人的案件中，路易斯安那州最高法院的法官有 65% 的判决支持了竞选资助人。这说明，给予法官的竞选资助与有利于资助人的判决之间存在相关性。

以下哪项陈述最好地指出了上述论证中存在的问题？

A. 该论证不恰当地预设，在涉案一方是竞选资助人的案件中，支持资助人的判决比例不应超出 50%。

B. 该论证未能说明竞选资助的额度对判决结果的影响。

C. 该论证忽略了以下事实：在竞选资助和司法判决完全透明的情况下，媒体对司法的监督无处不在。

D. 该论证没有给出竞选资助人在所有涉案当事人中所占的比例。

E. 在涉及竞选资助人的案件中，司法公正不仅仅体现在竞选资助人是否胜诉。

48. 某俱乐部大厅门口贴着一张通知：欢迎加入俱乐部！只要你愿意，并且通过推理取得一张申请表，就可以获得会员资格了！走进大厅看到左右各有一个箱子，左边的箱子上写着一句话："申请表不在此箱中。"右边的箱子上也写着一句话："这两句话中只有一句话是真的。"

假设介入此活动的人都具有正常的思维水平，则可推出以下哪项是真的？

A. 左边箱子上的话是真的。

B. 右边箱子上的话是真的。

C. 申请表在左边的箱子里。

D. 申请表在右边的箱子里。

E. 这两句话都是假的。

49. 由于冷冻食品的过程消耗能量，因此很多人使他们的电冰箱保持半空状态，只用它们贮存购买的冷冻食品。但是半空的电冰箱经常比装满的电冰箱消耗的能量更多。

下面哪项如果是正确的，则最能解释上面描述的明显的矛盾？

A. 冰箱中使一定体积的空气保持在低于冰点的某一温度比使相同体积的冷冻食品保持该温度需要更多的能量。

B. 冰箱的门打开的次数越多，保持冰箱的正常温度所需的能量就越多。

C. 当将未冷冻的食品放入冰箱中时，冰箱内一定体积的空气的平均温度会暂时升高。

D. 通常保持冰箱半空的人可以使用比该冰箱体积小一半的冰箱，从而很大程度地削减能耗。

E. 只有当冷空气能够在冰箱的冷冻室里自由循环时，电冰箱才能有效地运行。

50. 出席学术讨论会的有 3 个足球爱好者，4 个亚洲人，2 个日本人，5 个商人。以上叙述涉及了所有晚会参加者，其中日本人不经商。那么，参加晚会的人数是：

A. 最多 14 人，最少 5 人。

B. 最多 14 人，最少 7 人。

C. 最多 12 人，最少 7 人。

D. 最多12人，最少5人。

E. 最多12人，最少8人。

51. 中国的历史上，一般都给官员比较低的薪水，这样皇帝便于控制他，因为薪水低了以后，官员肯定要贪污。皇帝就可以抓住这个把柄，想治他就治他。如果薪水高了，官员不贪污的话，皇帝就没办法治他了。

以下哪项是上述论证所依赖的假设？

A. 迫使官员贪污是皇帝控制官员最愚蠢的方法。

B. 迫使官员贪污是皇帝控制官员最廉价的方法。

C. 迫使官员贪污的皇帝是治理国家比较有效的皇帝。

D. 迫使官员贪污是皇帝控制官员最好用的方法。

E. 迫使官员贪污是皇帝控制官员的唯一方法。

52. 所有文学爱好者都爱好诗词，所有诗词爱好者对中国历史都有较深的了解。有些数学爱好者同时也爱好文学。所有痴迷于游戏机者对中国历史都不甚了解，有些未成年人痴迷于游戏机。

如果上述断定都是真的，则以下哪项也一定是真的？

A. 有些数学爱好者不了解中国历史。

B. 有些未成年人不是文学爱好者。

C. 有些数学爱好者是痴迷于游戏机者。

D. 有些痴迷于游戏机者可能爱好文学。

E. 有些文学爱好者不爱好数学。

53. 有专家建议，为盘活土地资源、有效保护耕地，让农民像城市人一样住进楼房是个不错的选择，这样就可以将农民现有的住房"叠起来"，从而节省大量土地资源。

以下哪项如果为真，则最能削弱上述专家的观点？

A. 由于农民的生产、生活习惯，他们大多表示不愿住楼房。

B. 建楼房消耗的资源与建现有的农民住房消耗的资源差不多。

C. 大部分农民表示，即使搬进楼房居住，他们也不会将现有的房子拆掉。

D. 农民住进楼房后远离田地，影响农业生产，会从效益上降低土地资源的利用。

E. 新建楼房需要消耗大量资金，这会给政府财政造成负担。

54. 在经济全球化的今天，西方的文化经典与传统仍在生存和延续。在美国，总统手按着《圣经》宣誓就职，小学生每周都要手按胸口背诵"一个在上帝庇护下的国家"的誓言。而在中国，小学生早已不再读经，也没有人手按《论语》宣誓就职，中国已成为一个几乎将文化经典与传统丧失殆尽的国家。

以下哪项陈述是上面的论证所依赖的假设？

A. 随着科学技术的突飞猛进，西方的文化经典与传统正在走向衰落。

B. 中国历史上的官员从来没有手按某一部经典宣誓就职的传统。

C. 小学生读经是一个国家和民族保持文化经典与传统的象征。

D. 一个国家和民族的文化经典与传统具有科学难以替代的作用。

E. 传统文化的丧失往往会导致一系列的社会问题，例如犯罪率提高。

55. 平均而言，今天受过教育的人的读书时间明显少于50年前受过教育的人的读书时间。但是，现在每年的图书销售册数却比50年前增加了很多。

以下各项陈述都有助于解释上述现象，除了：

A. 今天受过教育的人比50年前受过教育的人的数量大大增加。

B. 与现在相比，50年前的人们更喜欢从图书馆借阅图书。

C. 与现在相比，50年前的人们更喜欢通过大量藏书来显示其良好的教育和品位。

D. 现在的书往往比50年前的书更薄，也更容易读。

E. 随着经济能力的提高，现代人购书的经济条件更好。

四、写作：第56～57小题，共65分。其中论证有效性分析30分，论说文35分。请答在答题纸相应的位置上。

56. 论证有效性分析：分析下述论证中存在的缺陷和漏洞，选择若干要点，写一篇600字左右的文章，对该论证的有效性进行分析和评论。（论证有效性分析的一般要点是：概念特别是核心概念的界定和使用是否准确并前后一致，有无各种明显的逻辑错误，论证的论据是否成立并支持结论，结论成立的条件是否充分等。）

《半岛都市报》3月27日报道，2 617名学生购买了在线辅导老师王羽的高中物理在线直播课，扣除20%的在线平台分成后，王羽老师一小时的实际收入高达18 842元，这个薪资甚至超过当下火热的网络女主播。教师应不应该在网上开课？收入超网红合理吗？很多网友对此发表了自己的观点。

网友一认为："在线教师"网上"在线授课"，这是吃着碗里想着锅里，赚钱"得来全不费工夫"，这势必形成"磁铁效应"，让老师们把主要精力都用在"在线授课"平台上，那么老师还有心思去钻研业务吗？还能认真教好书、育好人吗？他们只是把学校的正常教学当成完成任务的例行公事，如此教学会受到影响。再说人的精力是有限的，"在线教师"网上"在线授课"赚钱，必然会种了别人田荒了自己地。

网友二认为："在线教师"是另一种"官员下海经商"，钻了空子。赚钱也要取之有道，通过"在线授课"搞有偿家教，是绝对不能允许的。教育部门应该出台有关规定，禁止教师搞"在线授课"，决不能让有偿家教从地下转入线上，危害教育事业。

网友三认为：近年来不少公办教师乱办班、乱补课，为吸引生源采取课上"留一手"、课下"多面手"的恶劣做法。看到在线辅导收入那么高，恐怕会有更多的老师坐不住，这必然会造成教育资源向网络倾斜，如果每个老师都跑去搞在线教育，课堂教育谁来做？

网友四认为：老师的本职工作是教书育人，而不是赚钱。老师把目光都盯在赢利上，就与教育的初衷背道而驰了。而且，同样付出一个小时的劳动，在线教师可以收入过万元，而学校教师的收入却很难过百元，这是不合理的。作为教师，却和靠脸蛋吃饭的网红去对比收入，未免有辱斯文。

57. 论说文：根据下述材料，写一篇700字左右的论说文，题目自拟。

一个赵国人牵了一匹马到集市上去卖，卖了三天，无人问津。他找到伯乐，要伯乐围着他的马转三圈，然后离开，离开时要三次回头看马。如果伯乐这样做，他就付给伯乐一天的工钱。伯乐照着赵国人的话做了，马很快被卖掉了，而且马价提高了10倍。

答案速查

一、问题求解

1～5　ECCAD　　　　6～10　EAAAE　　　　11～15　CADBC

二、条件充分性判断

16～20　BBDAB　　　21～25　DBBCC

三、逻辑推理

26～30　DECCC　　　31～35　BAADE　　　36～40　ABDCB

41～45　AEDBB　　　46～50　CACAC　　　51～55　EBCCC

四、写作

略

答案详解

一、问题求解

1. E

【解析】母题 98·行程问题

设小明家距离甲地 s 千米，则由计划时间＝实际时间－迟到时间，得

$$\begin{cases} \dfrac{s}{v}=\dfrac{s-v\times 1}{\frac{4}{5}v}+1-\dfrac{1}{2}, \\ \dfrac{s}{v}=\dfrac{10}{\frac{4}{5}v}+\dfrac{s-10}{v}-\dfrac{1}{6}, \end{cases}$$
解得 $\begin{cases} v=15, \\ s=45. \end{cases}$

所以，小明家距离甲地 45 千米．

2. C

【解析】母题 6·整数不定方程问题

设 x,y,z 分别表示公鸡、母鸡、雏鸡的只数，且 $0\leqslant x,y,z\leqslant 100$．

则此问题即求下列不定方程组的非负整数解．

$$\begin{cases} x+y+z=100, & ① \\ 5x+3y+\dfrac{1}{3}z=100, & ② \end{cases}$$

②×3－①，得

$$7x+4y=100, \quad ③$$

即 $y=\dfrac{100-7x}{4}$.

因为 $0\leqslant x,y,z\leqslant 100$，可解出四组整数解，即

$$\begin{cases} x=0, \\ y=25, \\ z=75 \end{cases} 或 \begin{cases} x=4, \\ y=18, \\ z=78 \end{cases} 或 \begin{cases} x=8, \\ y=11, \\ z=81 \end{cases} 或 \begin{cases} x=12, \\ y=4, \\ z=84 \end{cases}$$

故共有 4 种购买方式.

3. C

【解析】母题 15·非负性问题

从根式 $\sqrt{x-99}$ 的定义域可知，$x-99 \geqslant 0$，得 $x \geqslant 99$，所以 $9-3x < 0$，则原式可化为

$$\sqrt{x-99}+3x-9=3x, \text{即} \sqrt{x-99}=9.$$

故 $x-99=81$，$81-x=-99$.

4. A

【解析】母题 97·工程问题

令任务总量为 1，设甲、乙、丙三人合作需要 x 天完成，则由甲单独完成需要 $(18+x)$ 天，乙单独完成需要 $(x+3)$ 天，丙单独完成需要 $2x$ 天. 依据工作效率×工作时间=工作总量，得

$$\left(\frac{1}{18+x}+\frac{1}{x+3}+\frac{1}{2x}\right)x=1,$$

化简得 $x^2+7x-18=0$，解得 $x=2$，$x=-9$（舍）.

所以，甲、乙、丙三人合作需要 2 天完成.

5. D

【解析】母题 13·求解绝对值方程和不等式

利用三角不等式，可得

$$|2x-3|-|2x+6| \leqslant ||2x-3|-|2x+6|| \leqslant |2x-3-(2x+6)|=9,$$

故当 $Y \geqslant 9$ 时，原不等式恒成立.

【快速得分法】绝对值最值取拐点，当 $x=-3$ 时，绝对值部分取得最大值 9，故 $Y \geqslant 9$.

6. E

【解析】母题 37·根的分布问题

当 $a=1$ 时，方程是一个一次方程，即 $2x-2=0$，解得 $x=1$，满足题意.

当 $a \neq 1$ 时，方程的根为整数需满足

$$\begin{cases} \Delta=4+4(a^2-1)=4a^2 \geqslant 0, \text{且能开方}, \\ \text{两根之和}: \frac{-2}{a-1} \text{为整数}, \\ \text{两根之积}: -\frac{a+1}{a-1} \text{为整数}, \end{cases}$$

解出满足条件的 a 的取值有 $-1, 0, 2, 3$.

综上，符合题意的 a 的取值共有 5 种.

7. A

【解析】母题 71·排列组合的基本问题

根据题意可分两步完成：

第一步,安排第 5 次测试,由于第 5 次测试测出的是次品,即可能是 4 只次品中任意一只,故有 C_4^1 种方法;

第二步,安排前 4 次测试,将剩余 3 个次品在前 4 次测试中任选 3 次且排序为 A_4^3;剩下一次测试测出的是 6 只正品中任意一只,为 C_6^1,则在前 4 次测试中测出 3 只次品和 1 只正品的方法种数为 $A_4^3 C_6^1$.

由分步乘法原理可知,共有 $C_4^1 A_4^3 C_6^1 = 576$(种)测试方法.

8. A

【解析】母题 59·立体几何基本问题

由题知,这个零件的体积为 $40^3 + \frac{1}{2}\pi \times 20^2 \times 40 = 64\,000 + 8\,000\pi$(立方厘米).

9. A

【解析】母题 13·求解绝对值方程和不等式

若底数小于 1,则该幂函数为减函数,故由 $\left(\frac{5}{6}\right)^{|x+2|} > \left(\frac{5}{6}\right)^{|2x-1|}$ 可得 $|x+2| < |2x-1|$,

两边平方,得 $3x^2 - 8x - 3 > 0$,解得 $x > 3$ 或 $x < -\frac{1}{3}$.

10. E

【解析】母题 94·利润问题

设商品的标价为 x 元,则由题干得 $\frac{0.8x - 96}{96} \times 100\% = 15\%$,解得 $x = 138$. 则这件商品按照标价出售的利润率为 $\frac{138 - 96}{96} \times 100\% = 43.75\%$.

11. C

【解析】母题 54·递推公式问题(周期数列)

由于数列 $\{a_n\}$ 中,任意连续三项和都是 20,可知这是一个周期数列,每 3 项是一个周期.

由周期数列的性质可知 $a_{3k+1} = a_1$,$a_{3k+2} = a_2$,$a_{3k+3} = a_3$,故

$$a_{102} = a_{3 \times 34} = a_3 = 7,\ a_{1\,000} = a_{3 \times 333 + 1} = a_1 = 9.$$

又由任意连续三项和都是 20,可知 $a_2 = 20 - 7 - 9 = 4$.

故此数列为 9,4,7 的循环出现,即

$$a_{2\,009} + a_{2\,010} + a_{2\,011} + a_{2\,012} = (a_{2\,009} + a_{2\,010} + a_{2\,011}) + a_{2\,012} = 20 + a_{670 \times 3 + 2} = 20 + a_2 = 24.$$

12. A

【解析】母题 36·韦达定理问题

$\triangle AKB$ 的底为 AB,即两根之差的绝对值,$AB = |x_1 - x_2| = \sqrt{(x_1 + x_2)^2 - 4x_1 x_2}$. 由韦达定理可知,$AB = \sqrt{b^2 - 4c}$;高为顶点纵坐标的绝对值,即 $\left|\frac{4c - b^2}{4}\right|$,则由题干得

$$S_{\triangle AKB} = \frac{1}{2} AB \times \left|\frac{4c - b^2}{4}\right| = \frac{1}{2}\sqrt{b^2 - 4c} \times \frac{b^2 - 4c}{4} = 1,$$

化简,得 $b^2 - 4c = 4$.

13. D

【解析】母题18·平均值与方差

由题意知，第三个数的值为 $8 \times 3 + 5 \times 3 - 6 \times 5 = 9$.

14. B

【解析】母题82·古典概型

18人选2人共有 C_{18}^2 种选法；

2名劳动模范不来自同一车间的选法共有 $(C_5^1 C_6^1 + C_6^1 C_7^1 + C_5^1 C_7^1)$ 种.

所以，2名劳动模范不来自同一车间的概率为 $\dfrac{C_5^1 C_6^1 + C_6^1 C_7^1 + C_5^1 C_7^1}{C_{18}^2} = \dfrac{107}{153}$.

15. C

【解析】母题63·直线与圆的位置关系

切线长的最小值在当直线 $y = x + 1$ 上的点与圆心距离最小时取得．

圆心 $(3, 0)$ 到直线的距离为 $d = \dfrac{|3 - 0 + 1|}{\sqrt{2}} = 2\sqrt{2}$，又知圆的半径为 $r = 1$，故切线长的最小值为 $\sqrt{d^2 - r^2} = \sqrt{8 - 1} = \sqrt{7}$.

二、条件充分性判断

16. B

【解析】母题87·独立事件的概率＋母题88·伯努利概型

条件(1)：由伯努利概型，可得

$$P(\text{恰好命中3次}) = C_{10}^3 \left(\dfrac{1}{2}\right)^3 \left(\dfrac{1}{2}\right)^7 = \dfrac{120}{1\,024} = \dfrac{15}{128},$$

故条件(1)不充分．

条件(2)：甲、乙射击为独立事件，则

$$P(\text{两人均命中}) + P(\text{两人均命不中}) = \dfrac{3}{4} \times \dfrac{4}{5} + \dfrac{1}{4} \times \dfrac{1}{5} = \dfrac{13}{20},$$

故条件(2)充分．

17. B

【解析】母题44·等差数列基本问题＋母题47·等比数列基本问题

条件(1)：若 $\{a_n\}$ 是公差为2的等差数列，则有

$$\dfrac{a_1 + a_3 + a_9}{a_2 + a_4 + a_{10}} = \dfrac{3a_1 + 10d}{3a_1 + 13d} = \dfrac{3a_1 + 20}{3a_1 + 26},$$

其值与 a_1 有关，因此不确定，故条件(1)不充分．

条件(2)：若 $\{a_n\}$ 是公比为2的等比数列，则有

$$\dfrac{a_1 + a_3 + a_9}{a_2 + a_4 + a_{10}} = \dfrac{a_1 + a_3 + a_9}{a_1 q + a_3 q + a_9 q} = \dfrac{1}{q} = \dfrac{1}{2},$$

其值唯一确定，故条件(2)充分．

18. D

【解析】母题63·直线与圆的位置关系

由题意可得图14-3：

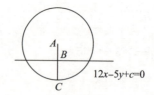

图 14-3

欲使得圆 $x^2+y^2=4$ 上有且只有四个点到直线 $12x-5y+c=0$ 的距离为 1，需 $BC>1$，即圆心到直线的距离 $d=AB<1$，由点到直线的距离公式，可得

$$d=\frac{|c|}{13}<1 \Rightarrow c \in(-13,13).$$

故条件(1)和条件(2)都充分．

【注意】 对于条件充分性判断题：

① 当条件(1)与条件(2)等价时，则条件(1)和条件(2)的充分性一致．

② 当两个条件为包含关系时，若大范围充分，则小范围也充分，若仅能求得小范围充分，则大范围不充分．本题条件(2)包含于条件(1)，条件(1)大范围充分，故条件(2)充分．

19. A

【解析】 母题 29·分式的化简求值问题

条件(1)：由 $\frac{1}{m}+\frac{1}{n}=\frac{1}{m+n}$，可得 $(m+n)\left(\frac{1}{m}+\frac{1}{n}\right)=1$，即 $2+\frac{m}{n}+\frac{n}{m}=1$，故有 $\frac{m}{n}+\frac{n}{m}=-1$，因此条件(1)充分．

条件(2)：由 $3m^2+2mn-n^2=0$，可得 $(3m-n)(m+n)=0$，解得 $\frac{m}{n}=\frac{1}{3}$ 或 $\frac{m}{n}=-1$，代入题干有 $\frac{m}{n}+\frac{n}{m} \neq -1$，故条件(2)不充分．

20. B

【解析】 母题 71·排列组合的基本问题

条件(1)：工作的 3 天全相邻的情况有 5 种，则不全相邻的情况有 $C_7^3-5=30$(种)，故条件(1)不充分．

条件(2)：工作的 3 天全不相邻使用插空法，将这 3 天随机插入由不工作的 4 天所形成的 5 个空中，共有 $C_5^3=10$(种)，故条件(2)充分．

21. D

【解析】 母题 17·绝对值的最值问题

形如 $y=|x-a|-|x-b|$ 的绝对值问题，其最大值为 $|a-b|$，将条件中的 a,b 代入，解得最大值均为 4．所以，条件(1)和条件(2)均充分．

22. B

【解析】 母题 47·等比数列基本问题

因为 $a_1=q$，所以 $a_i=a_1 a_2 a_3 a_4=q \cdot q^2 \cdot q^3 \cdot q^4=q^{10}$，公比 $|q| \neq 1$.

条件(1)：$i=9$，则 $a_i=a_9=a_1 \cdot q^8=q^9 \neq 9^{10}$，故条件(1)不充分．

条件(2)：$i=10$，则 $a_i=a_{10}=a_1 \cdot q^9=q^{10}$，故条件(2)充分．

23. B

【解析】母题 89·闯关和比赛问题

比赛问题，不一定打满 7 局，具体需对题干进行分析．

条件(1)：甲输 1 局，即总共打了 5 局，最后 1 局甲胜，前 4 局甲胜 3 局．该情况的概率为 $P=C_4^3 \times 0.4^3 \times 0.6 \times 0.4 = 6 \times 0.4^5$，故条件(1)不充分．

条件(2)：甲输 2 局，即总共打了 6 局，最后 1 局甲胜，前 5 局甲胜 3 局．该情况的概率为 $P=C_5^3 \times 0.4^3 \times 0.6^2 \times 0.4 = 9 \times 0.4^5$，故条件(2)充分．

24. C

【解析】母题 17·绝对值的最值问题

条件(1)：举反例，令 $a=b=1$，$c=0$，满足条件，但无法推出结论，不充分．

条件(2)：举反例，令 $a=b=2$，$c=1$，满足条件，但无法推出结论，不充分．

联立两个条件，设 a 最大，则 $a>0$，$b+c=2-a$，$bc=\dfrac{4}{a}$，其中 b，c 可看作是方程 $x^2+(a-2)x+\dfrac{4}{a}=0$ 的两个根，此时，根的判别式 $\Delta \geqslant 0$，有

$$(a-2)^2 - \dfrac{16}{a} \geqslant 0 \Rightarrow (a^2+4)(a-4) \geqslant 0 \Rightarrow a \geqslant 4,$$

即三个数字中最大数字的最小值是 4，则三个数字一定是一正两负，故

$$|a|+|b|+|c|=a-b-c=a-(b+c)=a-(2-a)=2a-2 \geqslant 6.$$

因此最小值为 6，条件(1)和条件(2)联立起来充分．

25. C

【解析】母题 58·阴影部分面积问题

显然两个条件单独都不充分，故联立．

因为在 $Rt\triangle ABC$ 中 $AC=BC$，则 $\angle A=\dfrac{\pi}{4}$，故 $S_{扇形ADF}=\dfrac{\pi}{8}AF^2$.

因为图中两个阴影部分的面积相等，所以设其中一个面积为 $S_{阴影}$，则有

$$S_{扇形ADF}-S_{阴影}=S_{空白}=S_{\triangle ABC}-S_{阴影}，即 S_{扇形ADF}=S_{\triangle ABC}.$$

所以 $S_{扇形ADF}=\dfrac{\pi}{8}AF^2=\dfrac{1}{2}AC^2$，故 $AC:AF=\sqrt{\pi}:2$. 因此两个条件联立充分．

三、逻辑推理

26. D

【解析】母题 31·评论逻辑技法

李思用的反驳方法是：类比＋归谬，构造了一个和对方类似的论证(类比)，但其结论显然是不可接受的(归谬)，故 D 项正确。

27. E

【解析】母题 32·争论焦点题

张珊对宁泽涛的评价是仅仅"运气好而已"，李思不同意这个观点，并构造了一个类比论证来反

驳这一观点，故两个人的争论焦点是张珊认为宁泽涛仅仅是"运气好而已"的这一评价是否合理，故 E 项正确。

A 项，仅仅是李思的观点，违反双方表态原则。

B 项，两人均未提及"最优秀的运动员"，违反双方表态原则。

C 项，李思没有对张珊所引用的数据进行质疑，违反双方表态原则。

D 项，干扰项，题干的论证仅涉及"宁泽涛"，而 D 项的论证对象是"运动员"，扩大了论证范围。

28. C

【解析】母题 15·论证型削弱题

题干中的论据：

①《乐记》和《系辞》中都有"天尊地卑""方以类聚，物以群分"等文句。

②《系辞》的文段写得比较自然，《乐记》则显得勉强生硬。

题干中的结论：一定是《乐记》沿袭或引用了《系辞》的文句。

A 项，可以削弱题干，但经典著作都经历了从不成熟到成熟的过程，不能说明不成熟的一定是更早的，削弱力度小。

C 项，指出论据①中的文句在比《系辞》更古老的《尚书》中使用过，说明不一定是《乐记》沿袭或引用了《系辞》的文句，也可能是《乐记》沿袭和引用了《尚书》的文句，故削弱题干论证的结论。

其余各项均不能削弱。

29. C

【解析】母题 39·简单匹配题

题干已知下列信息：

①赵宜买的是华为手机。

②王武买的不是 OPPO 手机。

③李思买的不是华为手机。

④上述猜测只有一个是对的。

若题干信息①为真，那么题干信息③也为真，因为只有一个猜测为真，所以题干信息①为假，即赵宜买的不是华为手机。

若题干信息②为真，题干信息③为假，那么李思买的是华为手机，王武买的是小米手机，赵宜买的是 OPPO 手机。

若题干信息③为真，题干信息②为假，那么王武买的是 OPPO 手机，李思和赵宜买的都不是华为手机，与题干矛盾。

故，赵宜买的是 OPPO 手机，王武买的是小米手机，李思买的是华为手机。

所以，C 项正确。

30. C

【解析】母题 17·措施目的型削弱题

题干：酗酒闹事影响治安环境 —导致→ 减少 S 城烈酒的产量 —以求→ 改善 S 城的治安环境。

A 项，不能削弱，影响了 S 城治安环境的"不仅仅"是酗酒闹事，说明酗酒闹事也是影响因素之一。

B 项，不能削弱，有些喝低度酒的人会酗酒闹事，不能削弱喝高度酒的人也会酗酒闹事。

C 项，措施达不到目的，说明减少 S 城烈酒的产量不能减少酗酒闹事事件，从而无法改善 S 城的治安环境。

D 项，措施有恶果，可以削弱，但削弱力度不如 C 项。

E 项，无关选项。

31. B

【解析】母题 5·箭头的串联＋母题 9·对当关系

题干：

①关于怪兽的恐怖故事→运用象征手法。

②关于疯狂科学家的恐怖故事→表达了作者的感受：仅有科学知识不足以指导人类的探索活动。

③恐怖故事→描述了违反自然规律的现象∧想使读者产生恐惧感。

根据对当关系和有的互换原则，题干信息①可推出：有的运用象征手法的故事→关于怪兽的恐怖故事。

与题干信息③串联得：有的运用象征手法的故事→关于怪兽的恐怖故事→描述了违反自然规律的现象∧想使读者产生恐惧感。所以，B 项正确。

A、D 项，"所有""任何"过于绝对，无法推出。

C 项，题干并未涉及"反科学"的观点，无法推出。

E 项，题干并未涉及"作者对科学探索的担忧"，无法推出。

32. A

【解析】母题 26·解释现象

题干：若现在的太阳和 20 亿年前的太阳一样比现在暗 30% 的话，地球上的海洋就会完全冻结成冰，但 38 亿年前地球上就有液态水了。

A 项，可以解释，说明由于 38 亿年前大气层保持的热量多，所以即使太阳比较暗，温度也可以高到使水保持液态。

B 项，只说明 38 亿年前地球上就有液态水，但没有解释原因。

C 项，无关选项，"20 亿年前"的情况无法解释为什么"38 亿年前"就有了液态水。

D 项，无关选项，海洋的某些区域一直冻结到"比 20 亿年前更晚的时期"与为什么"38 亿年前"就有了液态水无关。

E 项，无关选项，题干只要求解释为什么 38 亿年前有液态水，与 38 亿年前的生命情况无关。

33. A

【解析】母题 5·箭头的串联

将题干信息形式化：

①20 世纪初的政治哲学家中不乏社会主义者和共产主义者，等价于：20 世纪初的政治哲学家中，有的是社会主义者，有的是共产主义者，即：有的 20 世纪初的政治哲学家→社会主义者∨共产主义者。

②这类政治哲学家无一不受到罗莎·卢森堡的影响，等价于：20世纪初的社会主义政治哲学家∨20世纪初的共产主义政治哲学家→受到罗莎·卢森堡的影响。

③受罗莎·卢森堡影响的人都不主张极权主义，即：受到罗莎·卢森堡的影响→不主张极权主义。

题干信息②、③串联可得：20世纪初的社会主义政治哲学家∨20世纪初的共产主义政治哲学家→受到罗莎·卢森堡的影响→不主张极权主义。

由箭头指向原则可知，Ⅰ项为真，Ⅱ项和Ⅲ项可真可假。

故A项正确。

34. D

【解析】母题6·假言命题的负命题

画家：不是只有我一个人死，别人都不死。

等价于：并非（我死∧别人都不死）

等价于：¬我死∨¬别人都不死

等价于：我死→¬别人都不死

等价于：我死→有的人会死，故D项为真。

画家的话是个假言命题，因此不能断定A、B、C、E项的情况。

35. E

【解析】母题26·解释现象

题干中的矛盾：有些患阿尔茨海默症或中过风的病人在彻底丧失语言能力后，仍能反复说出某句脏话。

E项，可以解释，说明<u>一般的词语和脏话分别由不同的大脑区域控制</u>。即使控制一般词语的大脑区域出现问题，控制脏话的大脑区域可能仍在起作用。

其余各项均不能解释题干中的矛盾。

36. A

【解析】母题1·充分与必要＋母题9·对当关系

将题干信息形式化：

①国籍⟷公民。

②有的国家允许本国公民有双重国籍。

③所有的中国公民不能拥有双重国籍。

④H国公民查尔斯拥有中国国籍。

由题干信息④、①可知，查尔斯拥有H国和中国双重国籍，与题干信息③矛盾。因此，中国有关双重国籍的法律没有得到严格实施，故Ⅰ项为真。

H国公民查尔斯拥有中国国籍的原因有两种可能性：H国允许本国公民有双重国籍，H国有关双重国籍的法律没有得到严格实施。所以，Ⅱ、Ⅲ项都有可能为真，但不是一定为真。

故正确答案为A项。

37. B

【解析】母题29·概括结论题

题干中，横线的部分应该是一项措施，这一措施可以达到"避免过分僵化的控制"这一目的。

A 项,采用的"任何"统一控制办法都"必须"施行不误,过于绝对,会导致过分僵化的控制。

B 项,"受控制的任何物质必须是确实产生环境危害的",那就避免了不危害环境的物质被控制,从而避免了"过分僵化的控制"。

C、D、E 项均为无关选项。

38. D

【解析】母题 36·排序题

题干已知下列信息:

①小雪的成绩>2 班所有人的成绩。

②小红的成绩>3 班所有人的成绩。

③3 班所有人的成绩>小勇的成绩。

④小雪、小红、小勇不在同一个班级。

由题干信息②、③、④可知,小红和小勇都不是 3 班的同学,故小雪是 3 班的同学。

由题干信息①、②可知,小红的成绩>3 班所有人(小雪)的成绩>2 班所有人的成绩,故小红是 1 班的同学,小勇是 2 班的同学。

综上,三人的成绩从高到低依次为:小红>小雪>小勇,即 D 项正确。

39. C

【解析】母题 28·一般推论题

将题干信息形式化可得:

①股票内部卖与买的比率低于 2∶1→股票价格迅速上升。

②股票价格下跌∧高级主管和董事们购进的股票是卖出的九倍。

由题干信息②可知,股票内部卖与买的比率低于 2∶1,结合题干信息①可知,股票价格会迅速上升,故 C 项正确。

E 项,具有迷惑性,但是题干所讨论的是股票卖与买的比率,与持有量无关。

40. B

【解析】母题 37·方位题

题干已知下列信息:

①坐在左边座位的乘客要去法国。

②坐在中间座位的乘客要去德国。

③坐在右边座位的乘客要去英国。

④要去法国的乘客说:"我们三人这次旅行的目的地恰好是我们三人的祖国,可我们每个人的目的地又不是自己的祖国。"

⑤德国人听了,无限感慨地回应说:"我离开家乡很多年了,真想回去看看。"

由题干信息④、⑤知,德国人和法国人都不是去法国的人,故英国人去法国,由题干信息①知,英国人坐在左边。

因此,坐在中间座位的乘客是法国人,坐在右边座位的乘客是德国人。

由上述可得表 14-1:

表 14-1

座位	左边	中间	右边
目的地	法国	德国	英国
家乡	英国	法国	德国

故 B 项正确。

41. A

【解析】母题 5·箭头的串联

题干有以下信息：

①优秀记者→实事求是。

②公众认可→优秀记者。

③优秀的记者→刻苦无怨的敬业精神∧启发大众正义嗅觉的理念。

将题干信息②、①串联得：公众认可→优秀记者→实事求是＝¬实事求是→¬优秀记者→¬公众认可，故 A 项为真。

B、C 项，无箭头指向，可真可假。

D 项，由题干可知，"优秀记者"需要刻苦无怨的敬业精神，但无法推出"所有记者"都需要刻苦无怨的敬业精神，故可真可假。

E 项，由题干信息②可知，可真可假。

42. E

【解析】母题 21·措施目的型支持题

题干：尽管中学招生人数持续下降，但是小学招生人数却在大幅增加。

方案一(校务委员会)：建造一所新的小学。

方案二(李思)：将一些中学教室临时改为小学学生教室。

A 项，是对李思的反对意见，但是"一些"中学教室不能被改造为适合小学学生使用的教室，并不排斥还有一些中学教室可以被改造为小学教室。因此，削弱力度极弱。

B 项，无关选项，题干不涉及建造中学和建造小学的成本的比较。

C 项，显然是无关选项。

D 项，指出方案二可能对小学生产生负面影响，反对李思提出的方案。

E 项，指出方案二可行，支持李思提出的方案。

43. D

【解析】母题 36·排序题

根据题干信息"(5)Q 总是第二个到达终点"可知，骑 Q 的骑手也是第二个到达终点。

根据题干信息(1)可知，G 不会第二个到达终点，所以除了 G 以外的其他 4 位骑手都有可能会骑 Q。故正确答案为 D 项。

44. B

【解析】母题 36·排序题

因为 K 第二个到达终点，根据题干信息(2)可知，J 第一个到达终点。

根据题干信息(1)可知,G是最后一个(即第五个)到达终点。

根据题干信息(3)可知,H是第三个到达终点,I是第四个到达终点。

故骑手到达终点的顺序(由快到慢)依次为:J、K、H、I、G。

根据题干可知,赛马到达的顺序为:P第一、Q第二、S第四,其余未定。

因为骑手及其所骑的赛马到达终点的顺序须一致,所以"H骑的马是T"可能为假,故B项为正确答案。

45. B

【解析】母题36·排序题

A项,无法判断骑手G的名次。

B项,由题意可知,赛马P和Q分别是第一个和第二个到达终点,再结合此项可知,H骑R只能是第三个到达终点,K骑T是第五个到达终点,综上,G骑P是第一个到达终点,J骑Q是第二个到达终点,H骑R是第三个到达终点,I骑S是第四个到达终点,K骑T是第五个到达终点。

C项,无法判断骑手G的名次。

D项,由此无法断定I和H所骑的马是T和R中的哪一匹。

E项,由此无法断定I和H所骑的马是T和R中的哪一匹。

46. C

【解析】母题22·论证型假设题

粒子物理学家:

前提:

①1950年以来,所有的费米子都是在美国发现的。

②1950年以来,所有的玻色子都是在欧洲发现的。

③希格斯粒子是玻色子。

结论:希格斯粒子不可能在美国被发现。

C项,搭桥法,必须假设,如果美国在过去一段时间内一直未发现玻色子,那么美国不可能发现玻色子。

47. A

【解析】母题30·评论逻辑漏洞

题干:涉案一方是法官的竞选资助人的案件中有65%的判决支持了竞选资助人 ——证明→ 给予法官竞选资助与有利于资助人的判决之间存在相关性。

A项,在法院的判决中,一类人的获胜率高于50%,并不代表法官不公平,可能仅仅是因为这类人掌握了更多的证据,在公正的判决下就是应该有更高的胜诉率。因此,此项指出了题干的逻辑错误,即题干不当地假定如果竞选资助人的获胜率超过50%就说明法官不公正。

B项,无关选项,题干中未提及竞选资助的额度。

C项,无关选项,题干的论证与"媒体的监督"无关。

D项,无关选项,题干的论证只针对涉及竞选资助人的案件,与其他案件无关。

E项,司法公正"不仅仅"体现在竞选资助人是否胜诉,说明竞选资助人是否胜诉也是司法公正的评价标准之一,故此项有支持题干的含义,但支持力度不大。

48. C

【解析】母题39·简单匹配题

假设右边箱子上的话为真,那么左边箱子上的话为假,由此可知申请表在左边的箱子中。

假设右边箱子上的话为假,即两句话都为真或者都为假。若两句话都为真,那么与"右边箱子上的话为假"矛盾,故两句话都为假,即左边箱子上的话为假,那么由此可知申请表在左边的箱子中。

因此,无论右边箱子上的话为真或者为假,左边箱子上的话均为假,故申请表在左边的箱子中。

49. A

【解析】母题26·解释现象

题干中的矛盾:冷冻食品的过程消耗能量,但是半空的电冰箱比装满的电冰箱消耗的能量更多。

A项,冰箱中使一定体积的空气保持在低于冰点的某一温度比使相同体积的冷冻食品保持该温度需要更多的能量,这就说明了半空的电冰箱为何更加耗电,解释了题干中的矛盾。

其余各项均为无关选项。

50. C

【解析】母题38·数字推理题

由于日本人必然是亚洲人,故人数最多时,即为其他几个概念没有重合时,即:3(足球爱好者)+4(亚洲人)+5(商人)=12(人)。

要想人数最少,则重复的元素尽可能多,又有日本人不经商,故参加晚会的人数最少为:2(日本人)+5(商人)=7(人)。其中,足球爱好者、亚洲人与这7人重复。

故参加晚会的人数最多12人,最少7人,即C项正确。

51. E

【解析】母题22·论证型假设题

题干:官员不贪污的话,皇帝就没办法治他了。

E项,必须假设,否则,如果迫使官员贪污不是皇帝控制官员的唯一方法,那么即使官员不贪污,皇帝也有其他方法治他,与题干不符。

其余各项均不必假设。

52. B

【解析】母题5·箭头的串联

将题干信息形式化:

①爱好文学→爱好诗词,等价于:¬爱好诗词→¬爱好文学。

②爱好诗词→了解中国历史,等价于:¬了解中国历史→¬爱好诗词。

③有些数学爱好者→爱好文学。

④痴迷于游戏机→¬了解中国历史,等价于:了解中国历史→¬痴迷于游戏机。

⑤有些未成年人→痴迷于游戏机。

将题干信息⑤、④、②、①串联得:⑥有些未成年人→痴迷于游戏机→¬了解中国历史→¬爱好诗词→¬爱好文学。

故有：有些未成年人不是文学爱好者，即 B 项为真。

将题干信息③、①、②、④串联可得：有些数学爱好者→爱好文学→爱好诗词→了解中国历史→¬痴迷于游戏机。

故有：有些数学爱好者了解中国历史，即 A 项可真可假；有些数学爱好者不是痴迷于游戏机者，即 C 项可真可假。

由题干信息⑥可知，痴迷于游戏机→¬爱好文学，故 D 项为假。

由题干信息③可知，有些爱好文学→数学爱好者，故 E 项可真可假。

53. C

【解析】母题 17·措施目的型削弱题

专家：让农民住进楼房 —以求→ 节省土地资源，盘活土地资源、有效保护耕地。

C 项，直接指出即使农民搬进楼房也无法达到节省土地资源的目的，即措施达不到目的，削弱专家的观点。

A、E 项，措施有副作用，但措施的副作用必须能到弊大于利的程度才能有很强的削弱力度，故这两项的力度不如 C 项。

B 项，无关选项，题干不存在二者之间的比较。

D 项，降低土地资源利用和节省土地资源并不冲突，故不能削弱。

54. C

【解析】母题 22·论证型假设题

题干：在美国，总统和小学生都坚持以上帝名义宣誓；在中国，小学生早已不再读经，也没有人手按《论语》宣誓就职 —证明→ 中国已成为一个几乎将文化经典与传统丧失殆尽的国家。

C 项，必须假设，否则，如果小学生读经不是一个国家和民族保持文化经典与传统的象征，那么题干中的结论就不能成立了(取非法)。

其余各项均不必假设。

55. C

【解析】母题 26·解释现象

待解释的现象：今天受过教育的人的读书时间明显少于 50 年前受过教育的人的读书时间。但是，现在每年的图书销售册数却比 50 年前增加了很多。

A 项，可以解释，今天受过教育的人的数量多，因此图书的销售量增加。

B 项，可以解释，50 年前的人们喜欢从图书馆借阅图书，会导致当时的图书的销售量少。

C 项，不能解释，如果 50 年前的人们喜欢大量藏书，那么图书的销售量会比现在多，从而加剧了题干的矛盾。

D 项，可以解释，现在的书比 50 年前的薄且更容易读，说明今天的人们可以用更少的时间读完更多的书，从而解释了为什么现在的图书销售册数更多。

E 项，可以解释，说明现代人有经济能力买更多的图书。

四、写作

56. 论证有效性分析

【谬误分析】

①"在线教师"网上"在线授课"的收入并非"得来全不费工夫",也是需要付出巨大的努力才能成功。

②在线教育同样需要做教研,同样是教书育人,不能认为参与了在线教育,就无法完成教研工作、无法教书育人。

③"会种了别人田荒了自己地"的前提是在线教师有在学校里的本职工作,但是,实际上,"在线教师"可能只从事在线教育,这样就不存在因为影响本职工作而"荒了自己地"。

④如果"在线教师"没有本职工作,就无法说明他们是另一种"官员下海经商"。

⑤由"有偿家教"不合理来说明"在线授课"不合理,其前提是"在线授课"都是"有偿家教",这未必符合事实。

⑥"在线教师"网上授课存在比较激烈的竞争,不是人人都能成功,因此,王羽老师的成功无法说明其他老师也能在网上取得成功,这样的话,"每个老师都跑去搞在线教育"这一担忧就不会发生。

⑦老师赚钱,与教育的初衷并不矛盾。老师也是人,也有赚钱的权利。

⑧不能因为"在线教师"比"学校教师"的收入高,就认为这不合理,这其实是竞争的产物。比如,同样是做生意,有人赚钱也有人赔钱,难道赚钱的生意就不合理吗?

⑨老师与网红都是付出自己的劳动,获取自己的合法收益。不能因为教师与网红比对收入,就说他们"有辱斯文"。

 参考范文

教师网上开课不合理吗?

老吕学员　徐舒圆

材料试图论证"教师网上开课是不合理的"的结论,其论证过程存在诸多漏洞,分析如下:

首先,"在线教师"网上"在线授课"并不意味着"得来全不费工夫"。"网上辅导"向全社会开放,他所教授的学生数量很可能远远高出课堂中的学生数量,倘若"在线教师"不好好备课,上课效果不好,他很可能不但赚不到钱,还会遭受巨大的批评,其压力更甚于实体课堂。因此为了有更好的上课效果,在线教师也需要投入更多精力钻研业务,又怎么能说"得来全不费工夫"?

其次,"网上辅导"就一定是"危害教育事业"吗?未必如此。"网上辅导"使老师需要和更多的学生进行交流,如此一来,老师可以通过不同学生的问题来发现自己存在的教学不足,改善自己的课堂教学,为学生传授更全面的知识,这样不仅不会危害教学,很可能拓展了老师的教学思路,促进了课堂教学进步。

再次,材料认为"网上开课"收入高必然导致教育资源向网络倾斜,显然有失偏颇。教育资源包括教育费用、教育资产等,仅仅凭"网上开课"改变不了教育资源的分配。况且

"网上开课"收入高的是那些讲课效果好的老师,并不意味着所有老师都能通过"在线教育"取得高收入。

最后,教师的本职工作确实是教书育人,但教书育人的同时也可以赚钱。老师"网上开课"可以将知识传授给更多的学生,而很多学生很可能也收获了不同于课堂上老师传授的知识,这不正是教书育人吗?老师也需要生存,通过传授知识获得金钱并不违背教书育人的初衷。

综上所述,材料存在一系列漏洞,无法得出"教师网上开课是不合理的"的结论。

57. 论说文

如此"伯乐",有辱其名

老吕学员　周嘉瑜

赵人卖马,无人问津;求诸伯乐,生意火爆。这则故事中拿钱办事的"伯乐",令我唏嘘:如此"伯乐",有辱其名!

"千里马常有,而伯乐不常有",伯乐本是慧眼识宝、任人唯贤的"火眼金睛","千里马"都渴望得到伯乐的赏识,伯乐的认可也自然成为普罗大众的"风向标"。然而,倘若伯乐皆如"赵人卖马"中的假伯乐那般,我倒宁可"伯乐不常有"。

但事与愿违,如今的"假伯乐"并非"不常有",倒是"常常有"。家喻户晓的各路明星代言商品,要么广告内容虚假,要么效用夸大其实,甚至产品本身质量令人担忧,违禁成分、致癌物质不一而足……沐猴而冠的各种"砖家"口吐莲花、天花乱坠,各种"灵丹妙药"在他们的鼓吹中粉墨登场,唬得老头儿、老太太们趋之若鹜地掏钱抢购。从明星到专家,这些具有一定社会号召力的公众人物就如同"赵人卖马"中的假伯乐,利用自身的"名人效应",将未加鉴别的"好马"推向消费者,却不料这匹"马儿"根本不会跑,更可能跑得不稳而让"买马人"跌了个大跟头。

诚然,"伯乐"拿人钱财,替人广而告之,既可提高自身曝光度,也可有所收益,一举两得,无可厚非,然而这一切都建立在"责任"二字的基础之上。上述"假伯乐"对自己代言的商品,不亲身试用、鉴定真伪好坏,便不顾后果地任由其泛滥,使消费者受到蒙骗,都是因为心中缺失了"责任"二字,他们心中没有大众的利益,只有自己的利益。

殊不知,如果"伯乐"都变成只为自身利益而"推磨"的"魔鬼",不但伤害大众,必然也将反过来折煞自己,形象受损、名誉扫地、公信力再无,那么再也不会有"赵人"求诸你,更不会有消费者信任你。身为"伯乐",有多大的光环,就有多沉的责任,消费者选择相信你,就不该让他们失望,这样,才不辱"伯乐"之名。

莫做如此"假伯乐",须将责任放心间,便能名利自绽放。

绝密★启用前

全国硕士研究生招生考试
管理类专业学位联考综合能力试题
冲刺卷 15

（科目代码：199）

考试时间：8：30—11：30

考生注意事项

1. 答题前，考生须在试题册指定位置上填写考生姓名和考生编号；在答题卡指定位置上填写报考单位、考生姓名和考生编号，并涂写考生编号信息点。
2. 选择题的答案必须涂写在答题卡相应题号的选项上，非选择题的答案必须书写在答题卡指定位置的边框区域内。超出答题区域书写的答案无效；在草稿纸、试题册上答题无效。
3. 填（书）写部分必须使用黑色字迹签字笔或者钢笔书写，字迹工整、笔迹清楚；涂写部分必须使用2B铅笔填涂。
4. 考试结束，将答题卡和试题册按规定交回。

考生编号															
考生姓名															

一、问题求解：第1~15小题，每小题3分，共45分。下列每题给出的A、B、C、D、E五个选项中，只有一项是符合试题要求的。请在答题卡上将所选项的字母涂黑。

1. 某大学的学生由本科生、硕士生、博士生组成，其中博士生是硕士生的 $\frac{3}{7}$，本科生占全部学生的 $\frac{3}{4}$，已知有博士生2 100人，则该校共有学生( )人．
   A. 29 000　　B. 28 500　　C. 28 000　　D. 27 000　　E. 25 330

2. 如图15-1所示，已知跑道 A 的半径为60米，跑道 B 的半径为80米，甲、乙从圆形跑道 A、B 的交点同时出发，分别沿着 A、B 步行，若甲、乙两人的速度相等，则两人在出发后第一次相遇时，甲走了( )圈．

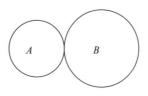

图 15-1

   A. 3　　B. 4　　C. 6　　D. 7　　E. 8

3. 数列 $\{a_n\}$ 是等差数列，已知 $a_1+a_4+a_7=27$，$a_2+a_5+a_8=20$，$a_3+a_6+a_9=$( )．
   A. 15　　B. 14　　C. 13　　D. 12　　E. 10

4. 甲、乙、丙三个烧杯中分别装有不同浓度的酒精400克，已知甲烧杯中酒精浓度为15%，乙烧杯中酒精的浓度是丙烧杯中酒精浓度的2倍．现分别从乙烧杯取40克，丙烧杯取160克酒精，倒入甲烧杯，得到的酒精浓度为14%．那么乙烧杯的酒精浓度为( )．
   A. 10%　　B. 13%　　C. 15%　　D. 20%　　E. 22%

5. 已知 $x^2-3x=-1$，则 $x^3+\frac{1}{x^3}=$( )．
   A. 9　　B. -18　　C. 24　　D. 18　　E. ±18

6. 若对于任意的 $x\in\mathbf{R}$，不等式 $kx\leqslant|x|$ 恒成立，则实数 k 的取值范围是( )．
   A. $k<-1$　　B. $|k|<1$　　C. $|k|\leqslant1$　　D. $k\geqslant1$　　E. $|k|>1$

7. 棱长为1的正方体 $ABCD-A_1B_1C_1D_1$ 的8个顶点都在球 O 的内表面上，E，F 分别是棱 AA_1，DD_1 的中点，则直线 EF 被球 O 截得的线段长为( )．
   A. $\frac{\sqrt{2}}{2}$　　B. 1　　C. $1+\frac{\sqrt{2}}{2}$　　D. $\sqrt{2}$　　E. 2

8. 过点(3,1)作圆 $(x-1)^2+y^2=1$ 的两条切线，切点分别为 A，B，则直线 AB 的方程为( )．
   A. $2x+y-3=0$　　B. $2x-y-3=0$　　C. $4x-y-3=0$
   D. $4x+y-3=0$　　E. 以上选项均不正确

9. 16人排成 4×4 方阵，现从中选3人，要求3人不在同一行也不在同一列，不同的选法有( )种．
   A. 72　　B. 96　　C. 128　　D. 144　　E. 576

10. 已知实数 x,y 满足等式 $(x-\sqrt{x^2-1997})(y-\sqrt{y^2-1997})=1997$，则 $3x^2-3y^2+2x-y-\sqrt{1997}=($).

   A. 1　　　B. -1　　　C. 0　　　D. $\sqrt{1997}$　　　E. 0 或 $-2\sqrt{1997}$

11. 一个盒子里装有 10 个小球，编号分别为 1～10，且 1～5 号为白球，6～10 号为黑球. 若从盒子中任取 2 个球，则取到的都是白球，且都是奇数的概率为( ).

   A. $\dfrac{2}{9}$　　　B. $\dfrac{1}{10}$　　　C. $\dfrac{3}{20}$　　　D. $\dfrac{1}{15}$　　　E. $\dfrac{4}{35}$

12. 若 x,y 为实数，且 $|x-3|+\sqrt{y+6}=0$，则 $\dfrac{x+y}{x}+\dfrac{x-y}{y}=($).

   A. -1　　　B. $\dfrac{3}{2}$　　　C. $\dfrac{5}{2}$　　　D. $-\dfrac{3}{2}$　　　E. $-\dfrac{5}{2}$

13. $(1+x)+(1+x)^2+(1+x)^3+\cdots+(1+x)^{10}$ 的展开式中 x^6 项的系数为( ).

   A. 300　　　B. 280　　　C. 320　　　D. 270　　　E. 330

14. 桌面上倒扣着五张扑克，反面号码分别为 5,6,7,8,9. 若从中任意抽取三张，则取到扑克的最大号码为 8 的概率为( ).

   A. $\dfrac{1}{5}$　　　B. $\dfrac{1}{4}$　　　C. $\dfrac{1}{8}$　　　D. $\dfrac{1}{3}$　　　E. $\dfrac{3}{10}$

15. 五个人参加会议，要求从左到右依次坐成一排，且甲不能在最左端，甲、乙必有一人坐在最右端，则共有( )种不同的坐法.

   A. 36　　　B. 42　　　C. 48　　　D. 50　　　E. 64

二、**条件充分性判断**：第 16～25 小题，每小题 3 分，共 30 分. 要求判断每题给出的条件（1）和条件（2）能否充分支持题干所陈述的结论. A、B、C、D、E 五个选项为判断结果，请选择一项符合试题要求的判断，在答题卡上将所选项的字母涂黑。

   A. 条件(1)充分，但条件(2)不充分.
   B. 条件(2)充分，但条件(1)不充分.
   C. 条件(1)和条件(2)单独都不充分，但条件(1)和条件(2)联合起来充分.
   D. 条件(1)充分，条件(2)也充分.
   E. 条件(1)和条件(2)单独都不充分，条件(1)和条件(2)联合起来也不充分.

16. 某种型号的手机采用打折促销的手段促销，若成本价不变，则按 7.5 折出售可获利 7.8%.
   (1)该手机按照 8 折出售，可获利 15%.
   (2)该手机按照原价出售，可获利 75%.

17. 不等式 $2\log_a(x-1)>\log_a[1+a(x-2)]$ 成立.
   (1) $0<a<1$, $1<x<2$.
   (2) $1<a<2$, $x>2$.

18. x^4+mx^2-px+2 能被 x^2+3x+2 整除.
   (1) $m=-6$, $p=3$.
   (2) $m=3$, $p=-6$.

19. 某人拿出一定资产购入甲、乙两种产品股票，其中甲股票 a 股，乙股票 b 股，则有 $\dfrac{a}{b}=\dfrac{5}{4}$.

(1)将所有资产分为等额两份,以甲股票 8 元一股、乙股票 10 元一股的价格一次性买入.

(2)若甲股票每股上涨 8%,乙股票每股下跌 10%,资产总额不变.

20. 已知 $x>0$,$y>0$,则 $\dfrac{(a+b)^2}{cd}$ 的最小值为 6.

(1)x,a,b,y 成等差数列.

(2)x,c,d,y 成等比数列.

21. $P=\dfrac{17}{36}$.

(1)把一枚六个面编号分别为 1,2,3,4,5,6 的质地均匀的正方体色子先后投掷 2 次,若两次正面朝上的编号分别为 m,n,则二次函数 $y=x^2+mx+n$ 的图像与 x 轴有两个交点的概率是 P.

(2)一个盒子里有完全相同的三个小球,球上分别标上数字 -1,1,2,随机摸出一个小球(不放回),其数字记为 p,再随机摸出另一个小球,其数字记为 q,则满足关于 x 的方程 $x^2+px+q=0$ 有实数根的概率是 P.

22. 设 a_1,a_2,a_3,a_4 是各项均不为零的等差数列,公差为 d,则 $a_1=d$.

(1)将此数列删去某一项后按照原来的顺序排列,得到的数列是等比数列.

(2)$d\ne 0$.

23. 不等式 $|x^2+2x+a|\le 1$ 无解.

(1)$a<0$.

(2)$a>2$.

24. 已知圆 C:$(x-1)^2+(y-2)^2=25$,则 n 大于 1.

(1)$k\in\mathbf{R}$,直线 $kx-y+1-k=0$ 与圆 C 的交点个数为 n.

(2)曲线 $x^2+y^2-2x-2y=2$ 与圆 C 的交点个数为 n.

25. 从 5 对夫妻中选出 4 人,则 $P=\dfrac{4}{7}$.

(1)选出的 4 人中至少有一对夫妻.

(2)选出的 4 人中恰有一对夫妻.

三、逻辑推理:第 26~55 小题,每小题 2 分,共 60 分。下列每题给出的 A、B、C、D、E 五个选项中,只有一项是符合试题要求的。请在答题卡上将所选项的字母涂黑。

26. 在人类成功登陆月球以后,下一个外太空的登陆目标应该是火星的卫星"火卫一"而不是火星。因为虽然从地球到二者的飞行时间差不多,但完成登陆探测"火卫一"所需的燃料,只是完成登陆探测火星所需的一半。

以下哪项如果为真,则最能加强上述论据的说服力?

A. 火星到"火卫一"的空间距离大于地球到月球。

B. 登陆探测火星的设备比登陆探测"火卫一"有更高的要求。

C. 由于火星引力比"火卫一"大得多,探测飞行器离开火星表面返回时要消耗比离开"火卫一"更多的燃料。

D. 飞行同样的距离,较小的飞行器消耗的燃料比较大的飞行器少得多。

E. 探测"火卫一"所获得的信息，对于人类了解火星有直接的重要价值。

27. 没有计算机能够做人类大脑所能做的一切事情，因为有些问题不能通过运行任何机械程序来解决，而计算机只能通过运行机械程序去解决问题。

    以下哪项陈述是以上论述所依赖的假设？

    A. 至少有一个问题，它能够通过运行机械程序来解决，却不能被任何人的大脑所解决。
    B. 至少有一个问题，它不能通过运行任何机械程序来解决，却能够被至少一个人的大脑所解决。
    C. 至少有一个问题，它能够通过运行任何机械程序来解决，却不能被任何人的大脑所解决。
    D. 每一个问题，若能通过运行至少一套机械程序来解决，就能被每个人的大脑所解决。
    E. 每一个问题，它不能通过运行任何机械程序来解决，却能够被至少一个人的大脑所解决。

28. 如果贯彻绝对公平，那么必然导致按劳分配。若按劳分配，将出现贫富不均。除非贫富均等，否则不能贯彻绝对公平。

    如果上述断定都是真的，那么以下哪项也一定是真的？

    A. 必须实行按劳分配。
    B. 必须实行按需分配。
    C. 必须贯彻绝对公平。
    D. 不能贯彻绝对公平。
    E. 不能实行按劳分配。

29. 北京师范大学 2017 年秋季入学的学生中有些是免费师范生。所有的免费师范生都是家境贫寒的。凡家境贫寒的学生都参加了勤工助学活动。

    如果以上陈述为真，则以下各项必然为真，除了：

    A. 2017 年秋季入学的学生中有人家境贫寒。
    B. 凡没有参加勤工助学活动的学生都不是免费师范生。
    C. 有些参加勤工助学活动的学生是 2017 年秋季入学的。
    D. 有些参加勤工助学活动的学生不是免费师范生。
    E. 有些家境贫寒的学生是 2017 年秋季入学的。

30. 某省游泳队进行了为期一个月的高原集训，集训最后一日所有队员进行了一次队内测试，几位教练预测了一下队员的成绩。

    张教练说：这次集训时间短，没人会达标。
    孙教练说：有队员会达标。
    王教练说：省运会冠军或国家队队员可达标。
    测试结束后，只有一位教练的预测是正确的。
    由此可以推出：

    A. 没有人达标。
    B. 全队都达标了。
    C. 省运会冠军达标。
    D. 国家队队员未达标。
    E. 有的队员会达标。

31. 许多成功的影视导演都是先经过几年正规的专业学习之后才开始自己的职业生涯的,尽管有相当数量的影视导演未经过正规的专业学习,是在实践中通过向同行学习而掌握技术的,但是没有一个忽视大众心理需求的影视导演能够获得成功。

如果以上陈述为真,则以下哪项陈述也必然为真?

A. 一个影视导演越重视大众的心理需求,就越有可能获得成功。

B. 没有一个在实践中通过向同行学习而掌握技术的影视导演会忽视大众的心理需求。

C. 所有不成功的影视导演都是忽视了大众的心理需求。

D. 并不是所有经过正规专业学习的影视导演都忽视大众的心理需求。

E. 有的忽视大众心理需求的影视导演获得了成功。

32. Wi-Fi 发射器会产生电磁辐射。有 5 名丹麦中学生将水芹种子分别放在有 Wi-Fi 发射器和无 Wi-Fi 发射器的房间里进行培育,12 天后发现,无 Wi-Fi 发射器房间里的种子发芽率为 95.4%,有 Wi-Fi 发射器房间里的种子发芽率为 85.3%。很多人因此而担心 Wi-Fi 辐射会影响人体健康。但多位专家认为,上述实验并不严谨,不能根据该实验断定 Wi-Fi 辐射对人体有害。

在以下断言中,除哪项外,都能支持这些专家的观点?

A. Wi-Fi 辐射对人体的影响既与其频率有关,也与 Wi-Fi 发射器与人体的距离有关。

B. 应在同一房间保持其他条件不变,在有 Wi-Fi 发射器和无 Wi-Fi 发射器的情况下重复该实验。

C. 影响种子发芽的因素有很多,丹麦中学生的实验并不能排除其他因素的干扰。

D. 应该做动物实验来判断 Wi-Fi 辐射对人体的影响,而不仅仅是植物实验。

E. 植物的健康情况与人体的健康情况存在较大差异。

33. 如果爱因斯坦的"相对论"是正确的,那么,顺时运动的物体的时速不可能超过光速。但是,量子力学预测,基本粒子超子的时速超过光速。因此,如果相对论是正确的,那么,或者量子力学的这一预测是错误的,或者超子逆时运动(返回过去)。

上述推理方式和以下哪项最为类似?

A. 有语言学家认为,现代英语起源于古代欧洲的波罗英多语,这一看法不正确。英语更可能是起源于芬兰乌戈尔语,因为英语和诸多起源于乌戈尔语的现代语种都有相似之处。

B. 如果被告实施犯罪,那么他或者有明确动机,或者精神不正常,因为只有精神不正常的人的行为才没有明确动机。心理检测的结论是该被告的精神不正常,但证据说明,该被告的行为有明确动机。因为没有理由否定证据,所以,被告有罪。

C. 现代医学断定,人的大脑在缺氧情况下只能存活几分钟。令人惊奇的是,一个目击者声称,一个巫师被深埋地下一周后仍然活着。因此,如果现代医学的这一断定没有错,那么,或者目击者所说的不是事实,或者该巫师的大脑并没有完全缺氧。

D. 拥有一个国家的国籍,意味着就是这个国家的公民。有的国家允许本国公民有双重国籍,但中国的法律规定,中国公民不能拥有双重国籍。欧洲 H 国公民查尔斯拥有中国国籍。这说明中国有关双重国籍的法律没有得到严格实施。

E. 警察办案,或者基于逻辑推理,或者基于证据。友谊花小区发生的这起谋杀案,没有发现有效的证据,所以警察只能依据逻辑推理办案。

34. 美联储一直想推出第三次量化宽松货币政策（简称 QE3），以推动美国经济复苏。如果美联储推出 QE3，则全球美元供给将再次大幅增加，各国要维护汇率稳定，就不得不购买美元资产。如果各国购买美元资产，则会加大本国通货膨胀压力。如果不想面临输入性通货膨胀，各国就要让本币升值。如果本币升值，则会抑制本国出口，导致经济滑坡。

以上陈述如果为真，则以下哪一项陈述也一定为真？

A. 如果美联储推出 QE3，其他国家若想避免本国经济滑坡，就不要购买美元资产。

B. 其他国家或者面临输入性通货膨胀的压力，或者面临经济滑坡的危险。

C. 如果其他国家没有面临输入性通货膨胀的压力，也没有本币升值，则美联储未推出 QE3。

D. 如果其他国家未遇到输入性通货膨胀的压力，就不会让本币升值。

E. 其他国家会面临输入性通货膨胀的压力。

35. 一户人家养了四只猫，它们的名字分别是甲、乙、丙、丁，其中一只猫偷吃了他家里的鱼。主人对它们进行审问，只有一只猫说真话。这四只猫的回答如下：

甲："乙是偷鱼贼。"

乙："丙是偷鱼贼。"

丙："甲或者乙是偷鱼贼。"

丁："乙或者丙是偷鱼贼。"

根据以上陈述，请确定以下哪项陈述为假？

A. 甲不是偷鱼贼。

B. 乙不是偷鱼贼。

C. 丙说真话。

D. 丁说假话。

E. 丁不是偷鱼贼。

36. 在美国作家约瑟夫·海勒的小说《第 22 条军规》中，第 22 条军规规定：仅当一个军人的精神不正常且由本人提出停止飞行的申请，才能获准停止飞行。根据常识，如果一个军人能够意识到存在飞行危险并提出停止飞行的申请，这表明他的头脑清醒，其精神不可能不正常。

以下哪项陈述是上文的逻辑推论？

A. 如果一个人的精神不正常，他将获准停止飞行。

B. 没有人能够获准停止飞行。

C. 如果一个人能够意识到存在飞行危险，这表明他的精神正常。

D. 如果一个人能够提出停止飞行的申请，这表明他的精神不可能不正常。

E. 如果一个人获准停止飞行，说明他精神不正常。

37. 最近，新西兰恒天然乳业集团向政府报告，发现其一个原料样本含有肉毒杆菌。事实上，新西兰和中国的乳粉检测项目中均不包括肉毒杆菌，也没有相关产品致病的报告。恒天然自曝家丑，可能是出于该企业的道德良心，也可能是担心受到处罚，因为在新西兰，如果企业不能及时处理食品安全问题，将受到严厉处罚。由此可见，恒天然自曝家丑并非真的出于企业的道德良心。

以下哪个推理与上述推理有相同的逻辑错误？

A. 鱼和熊掌不可兼得，取熊掌而舍鱼也。

B. 作案人或者是甲或者是乙。现已查明作案人是乙，所以，作案人不是甲。

C. 如果一个人沉湎于世俗生活，就不能成为哲学家。所以，如果你想做哲学家，就应当放弃普通人的生活方式。

D. 衣食足知荣辱，故衣食不足不知荣辱。

E. 你的男神或者是老吕，或者是宋仲基。不是宋仲基，所以是老吕。

38. 科学家：已经证明，采用新耕作方法可以使一些经营管理良好的农场在不明显降低产量，甚至在提高产量的前提下，减少化肥、杀虫剂和抗生素的使用量。

    批评家：并非如此。你们选择的农场是使用这些新方法最有可能取得成功的农场。为什么不提那些尝试了新方法却最终失败了的农场呢？

    以下哪项陈述最为恰当地评价了批评家的反驳？

    A. 批评家认为，新耕作方法应该能够得到普遍推广。

    B. 批评家表明，如果大大增加被研究农场的数量，就会得到不同的研究结果。

    C. 批评家毫无理由地假定，有些农场失败不是因其土壤质量引起的。

    D. 批评家的反驳文不对题，因为科学家旨在表明某种情况可能发生，这与被研究对象是否有代表性无关。

    E. 批评家的反驳恰当地指出了科学家的逻辑漏洞，即他的样本没有代表性。

39. 张强：当一个地区的经济不景气时，许多人失业，于是他们降低生活消费，结果造成更多人失业，并导致经济恶化。经济不断恶化，最后物价降至最低点。低物价刺激人们增加生活消费，消费增加又导致经济状况改善。

    李明：如果人们失业的话，他们就无法增加消费，也没有钱购买生活必需品之外的商品。因此，物价降至最低点不会导致经济状况改善。

    如果以下陈述为真，则哪一项最能削弱李明对张强的反驳？

    A. 经济状况改善后公司会雇用更多的人，许多被重新雇用的人会购买此前推迟购买的商品。

    B. 即使经济状况继续恶化，消费者仍然相信，经济状况最终是会好转的。

    C. 即使在经济极端恶化的情况下，失业者也必须不断购买诸如食品这样的生活必需品。

    D. 在经济恶化时期，即使未失业的人也会压缩开支；当物价降至最低点时，他们就有储蓄的钱可供消费。

    E. 失业不仅会给人们带来经济上的压力，其带来的精神压力也是不容忽视的。

40. 去年6月下旬天气奇热，但人民大学的师生却无法利用学校游泳池消暑，因为人民大学游泳池要到暑期才开放，而暑期开始于7月上旬。因此，今后为了避免这样的问题，人民大学校方应该把游泳池开放的时间定在6月下旬。

    上述论证预设了以下哪项？

    Ⅰ. 去年6月下旬的炎热天气对于每年同期的气候来说是很典型的。

    Ⅱ. 6月下旬人民大学游泳池实际已具备了开放的条件。

    Ⅲ. 游泳是消暑的最好方式。

    A. 仅仅Ⅰ。

    B. 仅仅Ⅱ。

    C. 仅仅Ⅲ。

D. 仅仅Ⅰ和Ⅱ。

E. Ⅰ、Ⅱ和Ⅲ。

41～43题基于以下题干：

有6位歌手：F、G、L、K、H、M，3位钢琴伴奏师：X、Y、W。每一位钢琴伴奏师恰好分别为其中的2位歌手伴奏。已知信息如下：

(1)如果X为F伴奏，则W为L伴奏。

(2)如果X不为G伴奏，则Y为M伴奏。

(3)X或Y为H伴奏。

(4)F与G不共用钢琴伴奏师；L与K不共用钢琴伴奏师；H与M不共用钢琴伴奏师。

41. 如果X为L和H伴奏，则以下哪项陈述必然为真？

　　A. W为K伴奏。

　　B. Y为F伴奏。

　　C. G和K由同一位钢琴伴奏师伴奏。

　　D. F和M由同一位钢琴伴奏师伴奏。

　　E. W为G伴奏。

42. 如果W为F和M伴奏，则X能为以下哪一对歌手伴奏？

　　A. G和H。　　　　　　B. G和K。　　　　　　C. L和H。

　　D. L和K。　　　　　　E. F和H。

43. W不可能为以下哪一对歌手伴奏？

　　A. F和K。　　　　　　B. F和L。　　　　　　C. K和H。

　　D. G和K。　　　　　　E. F和M。

44. 革命根据地等叫作"红色景点"，到红色景点参观叫"红色旅游"。浙江省长兴县新四军苏浙军区纪念馆以前收费卖门票时游客非常多，去年7月按省文物局规定免费开放后却变得冷冷清清。全国不少红色景点都出现了类似的尴尬局面。

以下哪项陈述如果为真，则能够最好地解释上述奇怪的现象？

　　A. 很多游客为上海世博会所吸引。

　　B. 一些红色景点的公共设施比较落后，服务质量不高。

　　C. 国家六部委号召免费开放红色景点，旨在取消价格门槛，让更多的人接受红色教育。

　　D. 大部分游客通过旅行社的安排进行红色旅游，而旅行社的大部分盈利来自门票提成。

　　E. 参观红色景点的游客有不少是学校组织的教师和学生。

45. 在反映战国到秦朝这一时期的电影《英雄》和《刺秦》中，许多骑马打仗的镜头不符合历史的真实情况。今天看到的秦兵马俑，绝大多数战马是没有马鞍的，有马鞍的战马一律没有马镫。没有马镫，士兵在马背上就待不住，也使不上劲，所以当时的骑兵没法在马上打仗。

以下哪一个选项是上述论证所依赖的假设？

　　A. 马镫的发明究竟在什么时期已经无从考察。

　　B. 秦时的骑兵骑着马冲到敌人跟前，然后翻身下马与敌人打仗。

　　C. 在唐代雕刻的昭陵六骏浮雕上，每匹骏马的身上都有马鞍和马镫。

　　D. 在历史上，马镫是一件可以彻底释放士兵战斗力的重要军事装备。

E. 秦时的陪葬品能够反映当时社会的真实情况。

46. 巨额财产来源不明罪在客观上有利于保护贪污受贿者。一旦巨额财产被装入"来源不明"的筐中，其来源就不必一一查明，这对于那些贪污受贿者是多大的宽容啊！并且，该罪名给予司法人员以过大的"自由裁量权"和"勾兑空间"。因此，应将巨额财产来源不明以贪污受贿罪论处。

以下哪项陈述最不能支持上述论证？

A. 贪官知道，一旦其贪污受贿的财产被认定为"来源不明"，就可以减轻惩罚；中国现有的侦察手段落后，坦白者有可能招致比死不认账者更严重的处罚。

B. 试问有谁不知道自己家里的财产是从哪里来的？巨额财产来源不明罪有利于"从轻从快"地打击贪官，但不利于社会正义。

C. "无罪推定""沉默权"等都是现代法治的基本观念，如果没有证据证明被告人有罪，他就应该被认定为无罪。

D. 新加坡、文莱、印度的法律都规定，公务员财产来源不明的应以贪污受贿罪论处。

E. 通常司法人员容易禁受不住物质的诱惑，容易将能定罪成贪污的官员转向巨额财产来源不明罪，从而达到轻判的目的。

47. 学校应该教育孩子培养有利于健康的卫生习惯。例如，用棉花棒掏耳垢就是一种好习惯，它会防止耳垢的堆积影响听力。

以下哪项如果是真的，能构成对上述建议的质疑？

Ⅰ. 有些有利于健康的好习惯很小的孩子就能接受，因此，良好习惯的培养应该从学龄前开始。

Ⅱ. 掏耳垢不慎容易损伤耳膜，引起感染。

Ⅲ. 清除了耳垢就使内耳通道暴露在外界脏物之下，容易引发炎症。

A. 仅Ⅰ。　　　　　　B. 仅Ⅱ。　　　　　　C. 仅Ⅲ。

D. 仅Ⅱ、Ⅲ。　　　　E. Ⅰ、Ⅱ和Ⅲ。

48. 2019年，百度当选春晚红包互动平台，这也让春晚的红包合作方集齐了"BAT"。据百度统计，春晚期间，全球观众共参与百度App红包互动活动次数达208亿次；9亿元现金被分成大大小小的红包抵达千家万户。近3年来，春晚的收视率之所以那么高，不必然是节目受到所有人的喜欢，也许是支付宝、微信、百度等合作方的红包刺激的原因。

如果以上信息为真，则以下哪一项也一定为真？

A. 春晚的节目可能受到有些人的喜欢。

B. 春晚的节目必然不是受到有些人的喜欢。

C. 春晚的节目必然不是受到所有人的喜欢。

D. 春晚的节目可能所有人都不喜欢。

E. 春晚的节目可能没有受到有些人的喜欢。

49. 心理学家进行了一系列实验，以测试电影中的暴力镜头对中小学生的影响。在第一个实验中，初中的孩子观看了男性少年采取暴力行为对他人殴打场景的电影。观看电影后，42％的孩子被观察到出现类似于电影中的打人行为。在第二个实验中，不同组的儿童观看了类似的女性少年暴力行为的电影。观看电影后，该组只有14％的孩子出现电影中类似的暴力行为。因此，心理学家得出结论，相对电影中女性的暴力行为，儿童更容易模仿电影中男性的暴力行为。

以下哪项如果为真,将最严重地削弱心理学家的结论?

A. 第一组包括 19 名男学生和 20 名女学生,第二组包括 20 名男学生和 21 名女学生。

B. 在第一组中,影片的放映过程中 58% 的孩子显现出无聊,12% 的孩子睡着了。

C. 实验前在第一组中有违纪问题的儿童比在第二组中的比例更大。

D. 在这两个实验中,拍摄暴力的受害者都包括男性和女性。

E. 在第二个实验中,28% 的孩子在观看暴力电影场景时表现出心烦意乱。

50. 在本届运动会上,所有参加 4×100 米比赛的田径运动员都参加了 100 米比赛。再加上以下哪项陈述,可以合乎逻辑地推出"有些参加 200 米比赛的田径运动员没有参加 4×100 米比赛"?

A. 有些参加 200 米比赛的田径运动员也参加了 100 米比赛。

B. 有些参加 4×100 米比赛的田径运动员没有参加 200 米比赛。

C. 所有参加 200 米比赛的田径运动员都参加了 100 米比赛。

D. 有些没有参加 200 米比赛的田径运动员也没有参加 100 米比赛。

E. 有些没有参加 100 米比赛的田径运动员参加了 200 米比赛。

51. 维生素 E 是抗氧化剂,能够清除体内的自由基。于是,保健品商家把维生素 E 作为提高免疫力、抗癌、抗衰老的灵丹妙药来宣传。科学家通过实验发现:如果食物中维生素 E 的含量为每毫升 5 微克,能显著延长果蝇的寿命;但是如果食物中维生素 E 的含量增加到每毫升 25 微克,果蝇的寿命反而缩短了。其实,细胞中的自由基参与了许多重要的生命活动,比如细胞增殖、细胞间通讯、细胞凋亡、免疫反应等。

如果以上信息为真,最不能推出以下哪项?

A. 自由基有其独特的作用,对机体而言是不可或缺的。

B. 科学家对果蝇的实验揭示了过犹不及的道理。

C. 维生素 E 的含量超过 25 微克时,会危及人的生命。

D. 维生素是维持人体生命的必要物质,但过量服用时也会威胁生命。

E. 维生素 E 不一定是灵丹妙药。

52~54 题基于以下题干:

印刷组和装订组的成员主要来自以下 7 名员工——F、G、H、J、K、L 和 M,每个组的成员必须满足下列条件:

(1)每个组至少有 3 名员工。

(2)F 和 K 不能在同一组。

(3)如果 K 在某个组,J 也必须在这个组。

(4)M 至少是这两个组中的成员之一。

(5)两个组至少有一名相同的员工。

52. 如果印刷组的成员由 F、H、L 和 M 组成,而装订组的成员由 G、H 和 J 组成,那么 K 可以替换两组中的哪一个成员而不违反任何给出的条件?

    A. F。   B. G。   C. H。   D. L。   E. M。

53. 如果印刷组只有 G、H 和 L 这 3 个成员,而在条件充裕的情况下,两个组有尽可能多的共同成员,那么以下哪项陈述一定为真?

    A. 装订组和印刷组恰好有一个共同成员。

B. 装订组和印刷组恰好有两个共同成员。

C. 装订组和印刷组成员的数量相同。

D. 装订组的成员数量至少比印刷组的多一个。

E. 装订组的成员数量比印刷组的少一个。

54. 最多有几名员工可以兼任印刷组和装订组的成员？

    A. 3。   B. 4。   C. 5。   D. 6。   E. 7。

55. 为了对付北方夏季的一场罕见干旱，某市对居民用水量严格限制。不过，该市目前的水库蓄水量与8年前该市干旱期间的蓄水量持平。既然当时居民用水量并未受到限制，那么现在也不应该受到限制。

如果以下陈述为真，则哪一项将最严重地削弱上述主张？

A. 自上次干旱以来，该市并没有建造新的水库。

B. 自上次干旱以来，该市总人口有了极大的增长。

C. 居民用水量占总用水量的50%还多。

D. 按计划，对居民用水量的限制在整个夏天仅仅持续两个月。

E. 自上次干旱以来，居民节约用水的意识逐渐增强。

四、写作：第56～57小题，共65分。其中论证有效性分析30分，论说文35分。请答在答题纸相应的位置上。

56. 论证有效性分析：分析下述论证中存在的缺陷和漏洞，选择若干要点，写一篇600字左右的文章，对该论证的有效性进行分析和评论。（论证有效性分析的一般要点是：概念特别是核心概念的界定和使用是否准确并前后一致，有无各种明显的逻辑错误，论证的论据是否成立并支持结论，结论成立的条件是否充分等。）

    滴滴专车、一号专车、易到用车、Uber打车……从去年开始，随着各类互联网专车软件的不断涌现，关于专车是不是黑车的争论也越来越多。

    有人认为，专车实属黑车，应该取缔。

    第一，专车的司机很多都是以前的黑车车主。目前司机注册各类专车软件时，软件运营方审核并不严格，私家车很容易混入。以前的黑车司机也可以借助这个平台为自己洗白。

    第二，对于专车司机来说，拉活儿获得了一份可观的兼职收入。但由于私家车上的保险普遍较低，与正规的运营车辆不具有可比性。一旦发生事故，乘客权益无法保障。同时，"专车"收费较高，也破坏了正常的运营秩序，对正规运营的车辆，尤其是出租车并不公平。

    第三，专车给乘客提供的是门对门、按次计费、按里程计价的服务，实际上就是提供出租车服务。根据《北京市出租汽车管理条例》，除了正规出租车之外，任何单位和个人不能提供出租车服务。

    也有人认为，专车不能与黑车画等号。

    第一，专车服务是出行服务升级的大趋势，是市场所需，要多听消费者的声音。人们可以通过App轻松叫到专属化出行服务，为消费者提供一种除了公交、地铁及出租车外的品质出行选择，符合也顺应消费升级时代人们对于出行需求的升级。

第二，专车除了满足差异化出行市场需求外，更加能整合、优化、盘活传统汽车租赁市场，有效提高其闲置车辆的使用率，也能间接减轻交通压力。

第三，很多专车公司和专车司机都依法签订了合同，全程透明、公开、规范、可控，这和没有服务规范、没有定价标准、没有安全保障的黑车是截然不同的。

57. 论说文：根据下述材料，写一篇700字左右的论说文，题目自拟。

有人说成功是过程，也有人说成功是结果。

答案速查

一、问题求解
1~5　CBCDD　　　6~10　CDABE　　　11~15　DEEEB

二、条件充分性判断
16~20　ADAAE　　　21~25　AEBAB

三、逻辑推理
26~30　CBDDD　　　31~35　DACBA　　　36~40　BBDDD
41~45　ABCDE　　　46~50　CDECE　　　51~55　CBDDB

四、写作
略

答案详解

一、问题求解

1. C

【解析】母题90·简单算术应用题

根据题意,博士生是硕士生的 $\frac{3}{7}$,则硕士生是博士生的 $\frac{7}{3}$,那么硕、博一共有 $2\,100 \times \left(1 + \frac{7}{3}\right)$ 人. 又因为本科生占全部学生的 $\frac{3}{4}$,则硕、博共占全部学生的 $\left(1 - \frac{3}{4}\right)$,故该校总的学生人数为 $2\,100 \times \left(1 + \frac{7}{3}\right) \div \left(1 - \frac{3}{4}\right) = 28\,000.$

2. B

【解析】母题98·行程问题

由题干知,甲、乙的速度相同,A、B 圆周长度比为 $3:4$.

因为甲、乙两人的速度相等,则所走的路程总是相等,故任一次相遇时两人走的圈数比都为 $4:3$.

所以,两人出发后第一次相遇时,甲走了 4 圈.

3. C

【解析】母题44·等差数列基本问题

$$(a_3 + a_6 + a_9) - (a_2 + a_5 + a_8) = (a_2 + a_5 + a_8) - (a_1 + a_4 + a_7) = 20 - 27 = -7,$$

所以,$a_3 + a_6 + a_9 = a_2 + a_5 + a_8 - 7 = 20 - 7 = 13.$

4. D

【解析】母题96·溶液问题

设乙烧杯中酒精的浓度为 x,则丙烧杯中酒精的浓度为 $\frac{1}{2}x$. 由浓度 $= \frac{溶质}{溶液} \times 100\%$,可得

$$\frac{400\times15\%+40x+160\times\frac{1}{2}x}{400+40+160}\times100\%=14\%,$$

解得 $x=0.2=20\%$.

5. D

【解析】母题 27·形如 $x+\frac{1}{x}=a$ 的问题

求形如 $x^3+\frac{1}{x^3}$ 的值，可将已知条件降次，整理成 $x+\frac{1}{x}=a$ 的形式.

易知 $x\neq 0$，则在方程 $x^2-3x=-1$ 两边同除以 x，移项得 $x+\frac{1}{x}=3$，进而可得

$$x^2+\frac{1}{x^2}=\left(x+\frac{1}{x}\right)^2-2=7,$$

$$x^3+\frac{1}{x^3}=\left(x+\frac{1}{x}\right)\left(x^2+\frac{1}{x^2}-1\right)=3\times(7-1)=18.$$

6. C

【解析】母题 13·求解绝对值方程和不等式

解绝对值不等式，常用分类讨论法．本题对 x 值分类：

①当 $x>0$ 时，由 $kx\leqslant|x|$，可得 $k\leqslant\frac{|x|}{x}=1$.

②当 $x<0$ 时，由 $kx\leqslant|x|$，可得 $k\geqslant\frac{|x|}{x}=-1$.

③当 $x=0$ 时，不等式 $kx\leqslant|x|$ 恒成立.

因此，实数 k 的取值范围为 $[-1,1]$，即 $|k|\leqslant 1$.

【快速得分法】特殊值法.

令 $k=1$，满足题干，故 A、B、E 项不正确.

令 $k=2$，不满足题干，故 D 项不正确.

另外，通过图像法也可快速求解.

7. D

【解析】母题 59·几何体的接与切

由题意知，球 O 为正方体的外接球．平面 AA_1D_1D 所截得的圆面的直径为平面 AA_1D_1D 的对角线，即 $\sqrt{2}$. 由 E、F 是 AA_1、D_1D 中点，可知直线 EF 通过圆面的圆心，故直线 EF 被球 O 截得的线段就是平面 AA_1D_1D 所截得的圆面的直径，为 $\sqrt{2}$.

8. A

【解析】母题 63·直线与圆的位置关系

设 $(3,1)$ 为点 P，圆心为 $C(1,0)$，则设过点 P 的圆 C 的切线方程为 $y-1=k(x-3)$.

由圆心到切线的距离等于半径，得

$$\frac{|2k-1|}{\sqrt{1+k^2}}=1,$$

解得 $k=0$ 或 $\frac{4}{3}$. 故切线方程为 $y=1$ 或 $4x-3y-9=0$.

联立切线与圆的方程,得 $\begin{cases} y=1, \\ (x-1)^2+y^2=1, \end{cases}$ 可知其中一个切点为(1, 1).

又因为 $k_{PC}=\dfrac{1-0}{3-1}=\dfrac{1}{2}$,由直线 PC 与直线 AB 相互垂直,所以 $k_{AB}=-\dfrac{1}{k_{PC}}=-2$,即弦 AB 所在的直线方程为 $y-1=-2(x-1)$,即 $2x+y-3=0$.

【快速得分法】圆的直径式方程:若圆的直径端点 $A_1(x_1, y_1)$, $A_2(x_2, y_2)$,则圆的方程为
$$(x-x_1)(x-x_2)+(y-y_1)(y-y_2)=0.$$

设(3, 1)为点 P,圆心为 $C(1, 0)$,以 PC 为直径的圆的方程为 $(x-3)(x-1)+y(y-1)=0$,整理得 $x^2-4x+y^2-y+3=0$.

联立两个圆的方程,得 $\begin{cases} x^2-4x+y^2-y+3=0, \\ (x-1)^2+y^2=1, \end{cases}$ 两式相减,得两圆交点的直线方程为 $2x+y-3=0$.

通过画图易知,直径所对的圆周角是直角,故两圆的交点也是所求切点 A、B,其直线方程为 $2x+y-3=0$.

9. B

【解析】母题 71·排列组合的基本问题

方法一:

第一步,任选 3 行 3 列,构成 3×3 方阵,即 $C_4^3 C_4^3$;

第二步,从 3×3 方阵中选 3 人,满足三人不同行,不同列,即 $C_3^1 C_2^1 C_1^1$.

故不同的选法有 $C_4^3 C_4^3 C_3^1 C_2^1 C_1^1=96$(种).

方法二:

第一步,从 4 行中任选 3 行,即 C_4^3;

第二步,从这 3 行中的第 1 行中任选一人,即 C_4^1;

第三步,从这 3 行中的第 2 行中选一人,但上一步被选的那一列不能选,故有 C_3^1;

第四步,从这 3 行中的第 3 行中选一人,但上面两步被选的那列不能选,故有 C_2^1.

故不同的选法有 $C_4^3 C_4^1 C_3^1 C_2^1=96$(种).

方法三:消序法.

第一步,从 16 人中任选 1 人,即 C_{16}^1;

第二步,删掉这个人所在的行和列,余下 9 人中选 1 人,即 C_9^1;

第三步,再删掉这个人所在的行和列,余下 4 人中选 1 人,即 C_4^1;

但这 3 人不存在顺序之分,故需要消序,除以 A_3^3.

所以不同的选法有 $\dfrac{C_{16}^1 C_9^1 C_4^1}{A_3^3}=96$(种).

10. E

【解析】母题 29·其他整式化简求值问题

特殊值法.令 $x=y=\pm\sqrt{1\,997}$,满足题干条件.

代入有 $3x^2-3y^2+2x-y-\sqrt{1\,997}=0$ 或 $-2\sqrt{1\,997}$.

11. D

【解析】母题 86·袋中取球问题

从盒子中任取2个球共有 C_{10}^2 种取法．

取到的都是白球，且都是奇数的取法是只能从1，3，5号球中取2个，则共有 C_3^2 种取法．

故该事件的概率为 $P=\dfrac{C_3^2}{C_{10}^2}=\dfrac{1}{15}$．

12. E

【解析】母题15·非负性问题

根据非负性的相关知识，由 $|x-3|+\sqrt{y+6}=0$ 可得 $\begin{cases}x=3,\\y=-6,\end{cases}$ 将其代入 $\dfrac{x+y}{x}+\dfrac{x-y}{y}$ 可得，

原式 $=-\dfrac{5}{2}$．

13. E

【解析】母题47·等比数列基本问题＋母题22·待定系数法与多项式的系数

$(1+x)+(1+x)^2+(1+x)^3+\cdots+(1+x)^{10}$ 是首项为 $1+x$、公比为 $1+x$ 的等比数列的前10项和，所以

$$(1+x)+(1+x)^2+(1+x)^3+\cdots+(1+x)^{10}=\dfrac{(1+x)[1-(1+x)^{10}]}{1-(1+x)}=\dfrac{(1+x)^{11}-(1+x)}{x},$$

要求 x^6 项的系数，只需求出 $(1+x)^{11}$ 中 x^7 项的系数即可，即 $C_{11}^7=330$．

14. E

【解析】母题82·古典概型

要使任取的三张扑克中最大号码为8，则一定取到8这张牌，故先取出8，再从5，6，7中任取两张，共有 $C_1^1 C_3^2$ 种取法．

故所求概率为 $P=\dfrac{C_1^1 C_3^2}{C_5^3}=\dfrac{3}{10}$．

15. B

【解析】母题72·排队问题

分两种情况讨论：

①当甲坐在最右端时，其余四人可随意排，共有 A_4^4 种坐法．

②当乙坐在最右端时，甲不坐在最左端时，先从除甲、乙外其他三人中选一人坐最左端，即 C_3^1；再将剩余三人随意排，即 A_3^3，故共有 $C_3^1 A_3^3$ 种．

所以不同的坐法共有 $C_3^1 A_3^3+A_4^4=18+24=42$（种）．

二、条件充分性判断

16. A

【解析】母题94·利润问题

设该手机定价为 x 元，进价为 y 元．

条件(1)：$\dfrac{0.8x-y}{y}=15\%$，可得 $\dfrac{x}{y}=(1+15\%)\times\dfrac{5}{4}=\dfrac{23}{16}$，则

$$\dfrac{0.75x-y}{y}=\dfrac{3x}{4y}-1=\dfrac{5}{64}\approx 7.8\%,$$

故条件(1)充分．

条件(2)：$\dfrac{x-y}{y}=75\%$，可得$\dfrac{x}{y}=\dfrac{7}{4}$，则

$$\dfrac{0.75x-y}{y}=\dfrac{3x}{4y}-1=\dfrac{5}{16}\neq 7.8\%,$$

故条件(2)不充分.

【快速得分法】本题用赋值法可快速得解.

17. D

【解析】母题39·指数与对数

条件(1)：$0<a<1$，则该对数为减函数，题干可以转化为$(x-1)^2<1+a(x-2)$，化简，得

$$x^2-(a+2)x+2a<0 \Rightarrow (x-2)(x-a)<0.$$

由条件知$a<x<2$，显然上式成立，故条件(1)充分.

条件(2)：同理，可将题干转化为$(x-2)(x-a)>0$，故条件(2)也充分.

18. A

【解析】母题25·整式除法与余式定理

由因式定理知，x_1, x_2为ax^2+bx+c的两个根，若ax^2+bx+c整除$f(x)$，则$f(x_1)=f(x_2)=0$.

令$x^2+3x+2=0$，解得$x=-1$或-2.

设$f(x)=x^4+mx^2-px+2$，则$\begin{cases}f(-1)=1+m+p+2=0,\\ f(-2)=16+4m+2p+2=0,\end{cases}$解得$m=-6, p=3$.

所以条件(1)充分，条件(2)不充分.

19. A

【解析】母题92·比例问题

条件(1)：将所有资产分为等额两份，则甲、乙股票数量之比等于股价的反比，即$a:b=10:8=5:4$，条件(1)充分.

条件(2)：不知道两种股票每股的价格，条件(2)不充分.

20. E

【解析】母题19·均值不等式问题

条件(1)和条件(2)单独显然不充分，联立两个条件：

由条件(1)，得$a+b=x+y$;

由条件(2)，得$cd=xy$.

故$\dfrac{(a+b)^2}{cd}=\dfrac{(x+y)^2}{xy}=\dfrac{x^2+y^2}{xy}+2\geqslant\dfrac{2xy}{xy}+2=4$，所以$\dfrac{(a+b)^2}{cd}$的最小值为4.

故条件(1)和条件(2)联立也不充分.

21. A

【解析】母题35·根的判别式问题＋母题82·古典概型

条件(1)：图像与x轴有两个交点，即$x^2+mx+n=0$有两个不同的根，所以$\Delta=m^2-4n>0, m^2>4n$，穷举可得满足条件的m, n共有17种情况，故$y=x^2+mx+n$的图像与x轴有两个交点的概率是$P=\dfrac{17}{6\times 6}=\dfrac{17}{36}$，故条件(1)充分.

条件(2)：方程有实根，则$\Delta=p^2-4q\geqslant 0$，满足条件的p, q共有$(1,-1)、(2,-1)、(2,1)$3

对，则满足关于 x 的方程 $x^2+px+q=0$ 有实数根的概率是 $P=\dfrac{3}{A_3^2}=\dfrac{1}{2}$，故条件(2)不充分．

22. E

【解析】母题 52·等差数列与等比数列综合题

显然两个条件单独都不充分，故联立两个条件．

等差数列 a_1，a_2，a_3，a_4 中不能删去首项和末项，否则得到的数列既成等差数列又成等比数列，与条件(2) $d\neq 0$ 矛盾．

若删去 a_2，则有 $a_3^2=a_1a_4$，即 $(a_1+2d)^2=a_1(a_1+3d)$，解得 $\dfrac{a_1}{d}=-4$；

若删去 a_3，则有 $a_2^2=a_1a_4$，即 $(a_1+d)^2=a_1(a_1+3d)$，解得 $\dfrac{a_1}{d}=1$．

综上所述，联立两个条件，得出 $\dfrac{a_1}{d}=-4$ 或 $\dfrac{a_1}{d}=1$，即联立亦不充分．

【快速得分法】特殊数列法，令 a_1，a_2，a_3，a_4 分别为 4，3，2，1，满足条件(2)，删掉 $a_2=3$ 后满足条件(1)，但显然 $a_1\neq d$，故两个条件联立起来不充分．

23. B

【解析】母题 38·一元二次不等式的恒成立问题

不等式 $|x^2+2x+a|\leqslant 1$ 无解，等价于 $|x^2+2x+a|>1$ 恒成立，即 $x^2+2x+a>1$ 或 $x^2+2x+a<-1$ 恒成立．

$y=x^2+2x+a$ 的图像开口向上，不可能恒小于 -1，所以只能恒大于 1，即 $x^2+2x+(a-1)>0$ 恒成立，需要满足 $\Delta=4-4(a-1)<0$，解得 $a>2$．

故条件(1)不充分，条件(2)充分．

24. A

【解析】母题 63·直线与圆的位置关系＋母题 64·圆与圆的位置关系

条件(1)：直线 $kx-y+1-k=0$ 恒过定点 $(1,1)$，因为点在圆 C 内，所以直线与圆必有两个交点，条件(1)充分．

条件(2)：将曲线方程整理得 $(x-1)^2+(y-1)^2=4$，与圆 C 内含，因此，交点的个数为 0，故条件(2)不充分．

25. B

【解析】母题 81·成双成对问题＋母题 82·古典概型

条件(1)：选出的 4 人中没有夫妻的情况：先从 5 对中选出 4 对，然后每对中各选出一人．那么选出的 4 人中没有夫妻的概率为 $\dfrac{C_5^4 C_2^1 C_2^1 C_2^1 C_2^1}{C_{10}^4}$，故至少有一对是夫妻的概率为

$$P=1-\dfrac{C_5^4 C_2^1 C_2^1 C_2^1 C_2^1}{C_{10}^4}=\dfrac{13}{21},$$

条件(1)不充分．

条件(2)：首先从 5 对夫妻中选出一对，作为选出的 4 人中的一对夫妻；然后再从剩下的 4 对夫妻中选 2 对夫妻，每对中各选出一人，故恰有一对夫妻的概率为 $P=\dfrac{C_5^1 C_4^2 C_2^1 C_2^1}{C_{10}^4}=\dfrac{4}{7}$，条件(2)充分．

三、逻辑推理

26. C

【解析】母题 19·论证型支持题

题干：

①从地球到火星和"火卫一"的飞行时间差不多。

②完成登陆探测"火卫一"所需的燃料，只是完成登陆探测火星所需的一半 —证明→ 下一个外太空的登陆目标应该是火星的卫星"火卫一"而不是火星。

A 项，无关选项，题干不涉及从火星到"火卫一"的空间距离。

B 项，提供新论据，支持题干，但由于不涉及题干的主要论据"燃料问题"，故支持力度弱。

C 项，可以支持，说明无论是登陆还是离开火星所需的燃料都比"火卫一"多，支持题干的论据。

D 项，无关选项，题干没有涉及飞行器的大小与燃料消耗之间的关系。

E 项，无关选项。

27. B

【解析】母题 22·论证型假设题

题干：有些问题不能通过运行任何机械程序来解决，而计算机只能通过运行机械程序去解决问题 —证明→ 没有计算机能够做人类大脑所能做的一切事情。

题干的论证要成立，必须假设人脑能解决一些计算机不能做的事，即至少有一个问题，它不能通过运行任何机械程序来解决，却能够被至少一个人的大脑所解决，故 B 项正确。

28. D

【解析】母题 7·二难推理

将题干信息形式化：

①绝对公平→按劳分配。

②按劳分配→贫富不均。

③贫富不均→¬绝对公平。

由题干信息①、②串联得：绝对公平→按劳分配→贫富不均，逆否得：贫富均等→¬按劳分配→¬绝对公平。

联合题干信息③，由二难推理可得：¬绝对公平。

故 D 项正确。

29. D

【解析】母题 5·箭头的串联

将题干信息形式化：

①有的秋季入学的学生→免费师范生。

②免费师范生→家境贫寒。

③家境贫寒→参加勤工助学。

将题干信息①、②、③串联可得：④有的秋季入学的学生→免费师范生→家境贫寒→参加勤工助学，将其逆否得：⑤¬参加勤工助学→¬家境贫寒→¬免费师范生。

A项，根据题干信息"④有的秋季入学的学生→家境贫寒"可知，此项为真。

B项，根据题干信息"⑤¬参加勤工助学→¬免费师范生"可知，此项为真。

C项，根据题干信息"④有的秋季入学的学生→参加勤工助学，等价于：有的参加勤工助学→秋季入学的学生"可知，此项为真。

D项，根据题干信息"④免费师范生→参加勤工助学"可知，有的参加勤工助学的是免费师范生，故此项可真可假。

E项，根据题干信息"④有的秋季入学的学生→家境贫寒，等价于：有的家境贫寒→秋季入学的学生"可知，此项为真。

30. D

【解析】母题12·简单命题的真假话问题

题干中，张教练和孙教练的预测是矛盾的，故必有一真。因为"只有一位教练的预测正确"，所以王教练的预测一定是错误的，即省运会冠军和国家队队员都不达标。

故D项正确。

31. D

【解析】母题5·箭头的串联＋母题10·替换法解简单命题的负命题

将题干信息形式化：

①有的成功→专业学习，等价于：有的专业学习→成功。

②有的没专业学习→向同行学习。

③忽视大众心理需求→¬成功，等价于：成功→¬忽视大众心理需求。

将题干信息①、③串联可得：有的专业学习→成功→¬忽视大众心理需求。

故有：④有的经过专业学习的影视导演没有忽视大众的心理需求。

A项，重视大众心理需求→可能成功，可真可假。

B项，所有向同行学习的影视导演都没有忽视大众心理需求，可真可假。

C项，¬成功→忽视大众心理需求，可真可假。

D项，等价于"有的经过正规专业学习的影视导演没有忽视大众的心理需求"，由题干信息④可知，为真。

E项，有的忽视大众心理需求的影视导演获得了成功，与题干信息③矛盾，为假。

32. A

【解析】母题20·因果型支持题

题干：

无Wi-Fi发射器的房间：种子发芽率为95.4%；

有Wi-Fi发射器的房间：种子发芽率为85.3%；

故，Wi-Fi辐射会影响人体健康。

专家：实验不严谨，不能由此断定Wi-Fi辐射对人体有害。

A项，说明Wi-Fi的频率和距离确实会影响人体，削弱专家的观点。

B项，支持专家的观点，说明实验应当排除其他差异因素。

C项，支持专家的观点，说明丹麦中学生的实验没有排除其他差异因素。

D项，支持专家的观点，人类属于动物，因此考察Wi-Fi辐射对人体的影响应根据动物的实验，单凭植物的实验无法断定。

E项，支持专家的观点，说明用植物实验来验证人体的健康情况无效。

33. C

【解析】母题34·形式逻辑型结构相似题

题干："相对论"是正确的→顺时运动的物体的时速不可能超过光速。量子力学预测：超子的时速超过光速。所以，若相对论正确，则超子不可能超过光速，那么，量子力学对超子的预测是错误的，或者，超子逆时运动。

形式化：A→B，存在现象¬B。如果A为真，则¬B为假。

C项，现代医学断定人的大脑在缺氧情况下只能存活几分钟。有目击者目击一个巫师被深埋地下一周后仍然活着。所以，如果现代医学断定为真，那么目击者所言非实，或者该巫师的大脑并没有完全缺氧。

形式化：A→B，存在现象¬B。如果A为真，则¬B为假，与题干相同。

其余各项均不正确。

34. B

【解析】母题5·箭头的串联

将题干信息形式化：

①美联储推出QE3→全球美元供给增加→各国购买美元资产→加大本国通货膨胀压力。

②¬输入性通货膨胀→本币升值→抑制本国出口→经济滑坡。

由题干信息②可知，¬输入性通货膨胀→经济滑坡，等价于：输入性通货膨胀∨经济滑坡。

故B项正确。

35. A

【解析】母题8·复言命题的真假话问题

将题干信息形式化：

甲：乙。

乙：丙。

丙：甲∨乙。

丁：乙∨丙。

若甲的话为真，即乙是偷鱼贼，则丙、丁的话也为真，与只有一只猫说真话矛盾，故甲说假话，即乙不是偷鱼贼。

若乙的话为真，即丙是偷鱼贼，则丁的话也为真，与只有一只猫说真话矛盾，故乙说假话，即丙不是偷鱼贼。

偷鱼贼既不是乙，也不是丙，所以丁的话为假话。故只有丙的话是真话。

由丙的话为真可知，¬乙→甲，故甲是偷鱼贼，所以A项的陈述为假。

36. B

【解析】母题3·箭头＋德摩根

第22条军规：精神不正常∧本人提申请⟷停止飞行。

常识：本人提申请→精神正常，逆否得：精神不正常→本人无法提申请。

所以,"精神不正常∧本人提申请"不可能成立,即第 22 条军规不成立,没有人能够获准停止飞行,故 B 项正确。

37. B

【解析】母题 34·形式逻辑型结构相似题

题干:企业的道德良心∨担心受罚,担心受罚,故非企业的道德良心。

即:A∨B,B,所以¬A。

故 B 项与题干相同,其余各项均与题干不同。

38. D

【解析】母题 31·评论逻辑技法

科学家:在某些经营管理良好的农场,新耕作方法可有效发挥作用。

批评家:科学家仅选择了适用新方法的农场,没有选择不适用新方法的农场。

科学家的结论仅适用于部分农场,并没有要求对所有农场都适用,所以,科学家的结论与样本的代表性无关。

故 D 项正确。

39. D

【解析】母题 16·因果型削弱题

张强:经济不景气 —导致→ 许多人失业 —导致→ 降低生活消费 —导致→ 更多人失业 —导致→ 经济恶化 —导致→ 物价降至最低点 —导致→ 增加生活消费 —导致→ 经济状况改善。

李明:失业使人们无法增加消费,也没钱购买生活必需品之外的商品 —证明→ 物价降至最低点不会导致经济状况改善。

A 项,无关选项,经济状况改善后的情况与经济不景气时的情况无关。

B 项,无关选项,消费者是否相信经济状况是否可以好转,与李明的论证"失业使人们无法增加消费,也没钱购买生活必需品之外的商品"没有关系。而且本项也没有阐述这种信心是否有助于经济状况的改善。

C 项,无关选项,李明的反驳涉及的是"生活必需品之外的商品",而此项涉及的是"生活必需品"。

D 项,削弱李明对张强的反驳,未失业的人会在物价降至最低点时增加消费,从而改善经济状况。

E 项,无关选项,失业后的精神压力与李明的论证无关。

40. D

【解析】母题 24·措施目的型假设题

题干:去年 6 月下旬天气奇热,而人民大学游泳池却要到 7 月才开放 —导致→ 以后游泳池从 6 月下旬开放 —以求→ 避免这样的问题。

Ⅰ项,必须假设,说明措施有必要,否则,若以后 6 月下旬并不炎热,就没必要提前开放游泳池。

Ⅱ项,必须假设,说明措施可行,否则,就无法提前开放游泳池。

Ⅲ项,不必假设游泳是消暑的"最好"方式。

41. A

【解析】母题40·复杂匹配与题组

已知X为L和H伴奏,由条件(2)可知,Y为M伴奏。

由条件"(4)F与G不共用钢琴伴奏师"可知,Y为F或G中的一位伴奏,所以W一定为K伴奏。

故A项正确。

42. B

【解析】母题40·复杂匹配与题组

已知W为F和M伴奏,由条件(2)可知Y没有为M伴奏,则X一定为G伴奏。

假设X为H伴奏,则Y为L和K伴奏,与条件"(4)L与K不共用钢琴伴奏师"矛盾,因此X不为H伴奏,故B项正确。

43. C

【解析】母题40·复杂匹配与题组

由题干信息,一共有6位歌手和3位钢琴伴奏师,且"每一位钢琴伴奏师恰好分别为其中的2位歌手伴奏",可知,每一位歌手有且仅有一位伴奏师为其伴奏。由条件"(3)X或Y为H伴奏",故W不能为H伴奏,故C项不可能。

44. D

【解析】母题26·解释现象

待解释的现象:浙江省长兴县新四军苏浙军区纪念馆以前收费卖门票时游客非常多,去年7月按省文物局规定免费开放后却变得冷冷清清。全国不少红色景点都出现了类似的尴尬局面。

A项,不能解释,因为浙江省离上海市较近,可能受世博会的影响比较大,但无法解释全国不少红色景点都出现了这种奇怪的现象。

B项,不能解释,红色景点公共设施落后的情况在收费时一样存在。

C项,不能解释,此项只能说明为什么红色景点免费了,但无法解释为什么红色景点免费后游客减少的情况。

D项,可以解释,说明旅行社在红色景点免费开放后无法从中盈利,导致了游客数量的减少。

E项,无关选项,题干仅涉及游客的数量,不涉及游客的种类。

45. E

【解析】母题22·论证型假设题

题干:今天看到的秦兵马俑没有马鞍或者没有马镫,这样士兵在马背上就待不住,也使不上劲 —证明→ 当时的骑兵没法在马上打仗 —证明→ 许多骑马打仗的镜头不符合历史的真实情况。

A项,诉诸无知。

B项,支持题干"当时的骑兵没法在马上打仗",但不是隐含假设。

C项,无关选项,题干没有涉及唐代的情况。

D项，不必假设，此项强调了马镫对于骑马打仗的重要性，但是无法说明没有马镫就无法打仗。

E项，<u>搭桥法</u>，必须假设，否则就不能由秦兵马俑的情况证明现在骑马打仗的镜头不符合历史的真实情况。

46. C

【解析】母题19·论证型支持题

题干：①一旦巨额财产被装入"来源不明"的筐中，其来源就不必一一查明，这对于那些贪污受贿者是宽容；②该罪名给予司法人员以过大的"自由裁量权"和"勾兑空间" —证明1→ 巨额财产来源不明罪在客观上有利于保护贪污受贿者 —证明2→ 应将巨额财产来源不明以贪污受贿罪论处。

A项，补充论据，支持题干中的证明1。

B项，说明"巨额财产来源不明罪"有恶果，支持题干。

C项，削弱题干，说明不应该将巨额财产来源不明以贪污受贿罪论处。

D项，例证法，支持题干。

E项，补充论据，支持题干中的证明2。

47. D

【解析】母题15·论证型削弱题

题干：用棉花棒掏耳垢就是一种好习惯，它会防止耳垢的堆积影响听力 —证明→ 学校应该教育孩子培养有利于健康的卫生习惯。

Ⅰ项，无关选项，题干不涉及良好习惯的培养年龄。

Ⅱ项，说明掏耳垢可能引发不良后果，削弱题干的论据。

Ⅲ项，说明清除耳垢后容易引发炎症，削弱题干的论据。

故D项正确。

48. E

【解析】母题10·替换法解简单命题的负命题

题干：不 <u>必然</u> 节目 <u>受到</u> <u>所有人</u> 的喜欢。

等价于： <u>可能</u> 节目 <u>没有受到</u> <u>有的人</u> 的喜欢。

故节目可能没有受到有的人的喜欢，即E项正确。

49. C

【解析】母题16·因果型削弱题

题干使用求异法：

观看男性少年采取暴力行为的电影后，42%的孩子被观察到出现类似于电影中的打人行为；

观看女性少年暴力行为的电影后，14%的孩子出现电影中类似的暴力行为；

结论：相对电影中女性的暴力行为，儿童更容易模仿电影中男性的暴力行为。

A项，不能削弱，两组实验中学生人数差不多。

B项，不能削弱，因为无法得知第二组中是否有类似的情况。

C项，另有他因，说明第一组儿童在观影前本身就是问题儿童，可以削弱。

D项，支持题干，说明两组实验无差异。

E项，不能削弱，因为无法得知第一组中是否有类似的情况。

50. E

【解析】母题11·隐含三段论

题干中的前提：参加4×100米比赛→参加100米比赛，等价于：￢参加100米比赛→￢参加4×100米比赛。

题干中的结论：有的参加200米比赛→￢参加4×100米比赛。

只需要补充一个前提：<u>有的参加200米比赛→￢参加100米比赛。</u>

即可串联得：有的参加200米比赛→￢参加100米比赛→￢参加4×100米比赛。

E项，有的没参加100米比赛→参加200米比赛，等价于：有的参加200米比赛→￢参加100米比赛，故E项正确。

51. C

【解析】母题28·一般推论题

由题干信息可知，如果食物中维生素E的含量增加到每毫升25微克，"果蝇"的寿命反而缩短了，但这样的剂量是否会"危及人的生命"则无法确定，故C项正确。

其余各项均符合题干信息。

52. B

【解析】母题40·复杂匹配与题组

根据题干条件(3)K和J要在同一组，可知K不能替换印刷组的成员，又因为条件"(5)两个组至少有一名相同的员工"，所以K不能替换H，因此K可以替换G，故B项正确。

53. D

【解析】母题40·复杂匹配与题组

两个组有尽可能多的共同成员，故装订组可以有成员G、H、L。

因为条件"(4)M至少是这两个组中的成员之一"，所以M在装订组，装订组至少有4个成员，因此D项正确。

54. D

【解析】母题40·复杂匹配与题组

因为条件"(2)F和K不能在同一组"，所以兼任印刷组和装订组的成员最多有6名，即G、H、J、K、L和M，或者，G、H、J、F、L和M。

55. B

【解析】母题15·论证型削弱题

题干采用的是类比论证，将某市"目前的水库蓄水量"与"8年前干旱期间的蓄水量"作类比。

某市8年前：干旱期间，居民用水量并未受到限制；

该市目前：干旱且水库蓄水量与8年前干旱期间的蓄水量持平；

所以，现在居民用水量也不应该受到限制。

A项，支持题干，此项指出类比对象无差异。

B项，可以削弱，类比对象有差异，说明与8年前相比，现在的人口有了极大增长，那么居民用水量也会显著增多，故现在必须对居民用水量严格限制。

C项，无关选项，题干不涉及居民用水量占总用水量的比例。

D项，无关选项，对居民用水量的限制时间与是否应该对居民用水量严格限制无关。

E项，支持题干，现在比以前更节约用水了，那么之前不用限制居民用水，现在就更不用了。

四、写作

56. 论证有效性分析

【谬误分析】

正方的观点主要存在以下逻辑漏洞：

①由"专车的司机很多都是以前的黑车车主"不能推出专车就是黑车。

②就算确实有私家车混入专车，也不能说明专车全部都是黑车。

③"私家车"上的保险普遍较低，不代表"专车"上的保险也较低，当然也就无法证明发生事故时专车无法保障乘客的权益。就算专车上的保险确实较低，也可以要求其上更高的保险，而不是一味地取缔。

④"根据《北京市出租汽车管理条例》，除了正规出租车之外，任何单位和个人不能提供出租车服务。"何为"正规出租车"，材料并未界定。专车经过规范性的认证之后，是否也可以是正规出租车？

反方的观点主要存在以下逻辑漏洞：

①专车是否符合消费者的需求，与其是否违法无关。正如毒品也符合吸毒者的需求，但毒品是违法的。

②专车是否能整合、优化、盘活传统汽车租赁市场，与其是否违法也无关。

③仅仅因为专车公司与专车司机签订了合同，无法证明专车是合法的。专车可能违反了其他方面的法律规定。

参考范文

无效的专车之争

  针对专车是不是黑车的问题，正反两方进行了激烈的辩论。然而，双方的论证都存在诸多逻辑问题，分析如下：

  首先，正方因为"专车的司机很多都是以前的黑车车主"，就认为专车是黑车，这并不妥当。难道以前犯过罪的人就永远是罪犯了吗？黑车司机不再开黑车，这不正好是专车的功劳吗？而且，也不能因为有私家车混入专车，就认为所有的专车都是黑车，难道有一个人是坏人，所有的人就都是坏人了吗？

  其次，由"私家车"上的保险普遍较低，无法推出"专车"上的保险也较低，这二者显然是不同的概念，因此，也无法推出发生事故时专车无法保障乘客的权益。退一步讲，就算专车上的保险确实较低，也可以要求其上更高的保险，而不是一味地取缔。

  再次，反方提出了专车的种种优势，比如，专车是市场所需，可以满足差异化出行市场需求，可以盘活传统汽车租赁市场，等等。但这些其实与专车是否违法并不相关。比如，毒品也满足了市场的需求，难道毒品就是合法的吗？

最后，反方仅仅因为专车公司与专车司机签订了合同，无法证明专车的合法性。就如同，两个人签订了毒品交易合同，并不能说明毒品交易的合法性。而且，专车运营也不仅仅是公司和司机两方的事情，还涉及消费者、保险公司等多方的利益。

综上所述，专车到底是不是黑车的问题，不是仅仅靠争论就可以断定的，还应该拿出相关法律依据，才能作出更为准确的判断。

57. 论说文

但行好事，也问前程

老吕写作特训营学员　毕晨茜

有人说成功是过程，也有人说成功是结果。在我看来，过程与结果共同铸就了成功，二者密不可分。但行好事，也问前程。

成功的"功"字体现的就是挥洒汗水的过程，它要求我们下苦功、用实劲。"骐骥一跃，不能十步；驽马十驾，功在不舍。"曹雪芹之所以能写出鸿篇巨制《红楼梦》，是因为他苦心批阅十载；诺贝尔之所以能设立造福后人的科研激励奖金，是因为他一辈子发明创造、积累财富；钱伟长之所以能在应用数学、弹性力学、中文信息学等领域都有重要成就，是因为他在每一个领域上都潜心钻研。重视过程，认真务实，则道理可明，功业可就。

成功的"成"字表达的就是人们对结果的渴望，它帮助我们明确目标、坚定信念。车尔尼雪夫斯基说过："没有目标，哪来的劲头？"每个人都是为了达成目标、收获结果而努力的，对结果的追求让我们知道每一天要完成什么，保持干劲、过得充实，否则，往往会虚度光阴、得过且过。对结果的追求给予我们前进的朝气，赋予我们生活的意义，即使在最艰难困苦的时候，我们也能感觉到幸福。

然而，现实中真正能成功的人很少。这是因为，他们过分重视结果，却鲜少重视过程。大多数人都想直接品尝成功的"果"，不愿意在前期"过程"中多多付出。罗马不是一天建成的，欲戴皇冠，必承其重。想要收获"成"的喜悦，就要承担"功"的代价。鲲鹏能达万里高空，不单是因为它借助了风力，更重要的是因为它百折不挠地振翅高飞；"飞瀑之下，必有深渊"，复杂的地貌不是由瀑布一两次的"突袭"而形成的，而是经过了经年累月的冲刷。成功需要前方的灯塔，也需要脚下的印记——过程与结果，都很重要。

成功包含着过程，成功也孕育结果。但行好事，也问前程。

绝密★启用前

全国硕士研究生招生考试
管理类专业学位联考综合能力试题
冲刺卷 16

（科目代码：199）

考试时间：8：30－11：30

考生注意事项

1. 答题前，考生须在试题册指定位置上填写考生姓名和考生编号；在答题卡指定位置上填写报考单位、考生姓名和考生编号，并涂写考生编号信息点。
2. 选择题的答案必须涂写在答题卡相应题号的选项上，非选择题的答案必须书写在答题卡指定位置的边框区域内。超出答题区域书写的答案无效；在草稿纸、试题册上答题无效。
3. 填（书）写部分必须使用黑色字迹签字笔或者钢笔书写，字迹工整、笔迹清楚；涂写部分必须使用2B铅笔填涂。
4. 考试结束，将答题卡和试题册按规定交回。

考生编号															
考生姓名															

一、问题求解：第1~15小题，每小题3分，共45分。下列每题给出的A、B、C、D、E五个选项中，只有一项是符合试题要求的。请在答题卡上将所选项的字母涂黑。

1. 现将一笔教育资金发放给甲、乙、丙、丁四个学校，其中 $\frac{1}{3}$ 发放给甲学校，$\frac{1}{5}$ 发放给乙学校，丙学校得到的教育资金恰好是甲、乙两学校的资金之差，现已知丁学校得到教育资金600万元，则这笔教育资金共（　　）万元．

   A. 2 000　　B. 2 400　　C. 1 500　　D. 1 800　　E. 3 000

2. 甲、乙两人同时从A城前往B城，A、B两城相距180千米，甲开车每小时行驶60千米，乙骑车每小时行进20千米，甲先行到达B城，停留2个小时后原路返回，在返回的途中与乙相遇，此时乙距离B城（　　）千米．

   A. 20　　B. 30　　C. 60　　D. 45　　E. 50

3. 一个正方体A的内切球与另一个正方体B的外接球的体积之比为 $3\sqrt{3}:1$，则正方体A与B的表面积之比为（　　）．

   A. 6:1　　B. 8:1　　C. 9:1　　D. 27:1　　E. $\sqrt{3}:1$

4. 若 $x-y+4=0$ 与 $2x-2y-1=0$ 是圆的两条平行切线，则此圆的面积为（　　）．

   A. $\frac{64}{39}\pi$　　B. $\frac{81}{40}\pi$　　C. $\frac{81}{32}\pi$　　D. $\frac{64}{125}\pi$　　E. $\frac{55}{120}\pi$

5. 设 x,y 为正数，则 $(x+y)\left(\frac{1}{x}+\frac{4}{y}\right)$ 的最小值是（　　）．

   A. 6　　B. 9　　C. 12　　D. 15　　E. 18

6. 如图16-1所示，矩形的边长分别为2和3，分别以两个边长为半径做弧线，形成图中的阴影部分，则阴影部分的面积为（　　）．

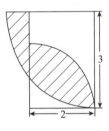

图 16-1

   A. $\frac{9\pi}{4}-6$　　B. $\frac{13\pi}{4}-6$　　C. $\frac{9\pi}{4}+2$　　D. $\frac{13\pi}{4}-4$　　E. $\frac{9\pi}{4}$

7. 若 p 为质数，且 $3p+5$ 也为质数，则 $y=|x-p|+|x-2p|+|x-3p|$ 的最小值是（　　）．

   A. 3　　B. 4　　C. 5　　D. 8　　E. 12

8. 现有一项工程，甲施工队单独完成需要20天，乙施工队单独完成需要30天．若两队合作，会使两队效率下降，甲施工队的效率降低 $\frac{1}{5}$，乙施工队的效率降低 $\frac{1}{10}$．现要求16天完成这项工程，且要两队合作时间最少，那么两工程队要合作（　　）天．

   A. 10　　B. 9　　C. 8　　D. 7　　E. 6

9. $1+(1+a)+(1+a+a^2)+\cdots+(1+a+a^2+\cdots+a^{n-1})=(\quad)$.

   A. $\dfrac{n}{1-a}-\dfrac{a(1-a^n)}{(1-a)^2}$ B. $\dfrac{n}{1-a}$ C. $-\dfrac{a(1-a^n)}{(1-a)^2}$

   D. $\dfrac{a(1-a^n)}{(1-a)^2}$ E. $\dfrac{n}{1-a}-\dfrac{a(1-a)^n}{(1-a)^2}$

10. 设 $abc\neq 0$，而且 $|3a-5b|+(a-3b+c)^2=0$，则 $a:b:c=(\quad)$.

    A. $3:4:5$ B. $4:3:5$ C. $3:5:4$ D. $5:3:4$ E. $5:4:3$

11. 若数列 $\{a_n\}$ 是首项为 1，公比为 $a-\dfrac{3}{2}$ 的无穷等比数列，其所有项的和为 a，则 $a=(\quad)$.

    A. $\dfrac{1}{4}$ B. $\dfrac{1}{2}$ C. 2 D. $\dfrac{3}{2}$ E. $\dfrac{1}{2}$ 或 2

12. 已知 α，β 是方程 $x^2+mx+n=0$ 的根，$\alpha+1$，$\beta+1$ 是方程 $x^2-mx-n=0$ 的根，则 $m+n=$（　　）.

    A. -2 B. -1 C. 0 D. 1 E. 2

13. 不等式 $\dfrac{9x-6}{x^2-5x+6}\geqslant -2$ 的解集是（　　）.

    A. $(-\infty, +\infty)$

    B. $\left[-\dfrac{1}{2}, 2\right)\cup(3, +\infty)$

    C. $\left(-\infty, -\dfrac{1}{2}\right]\cup(2, 3)$

    D. $(-\infty, 2]\cup[3, +\infty)$

    E. $(-\infty, 2)\cup(3, +\infty)$

14. 有 8 个人围着一个圆桌开会，甲乙两人必须相邻，一共有（　　）种不同的坐法．

    A. $8!$ B. $7!$ C. $A_6^6 A_2^2$ D. $A_7^7 A_2^2$ E. $\dfrac{A_7^7}{A_2^2}$

15. 一个袋中装有仅有颜色不同的黑、白、红球共 10 个．从袋中任意摸出 1 个球，是黑球的概率为 $\dfrac{1}{5}$；从袋中任意摸出 2 个球，至少有 1 个白球的概率为 $\dfrac{2}{3}$．则从袋中任意取出 2 球，1 红 1 白的概率为（　　）.

    A. $\dfrac{1}{10}$ B. $\dfrac{8}{45}$ C. $\dfrac{8}{15}$ D. $\dfrac{5}{9}$ E. $\dfrac{16}{45}$

二、条件充分性判断：第 16～25 小题，每小题 3 分，共 30 分。要求判断每题给出的条件（1）和条件（2）能否充分支持题干所陈述的结论。A、B、C、D、E 五个选项为判断结果，请选择一项符合试题要求的判断，在答题卡上将所选项的字母涂黑。

    A. 条件(1)充分，但条件(2)不充分．
    B. 条件(2)充分，但条件(1)不充分．
    C. 条件(1)和条件(2)单独都不充分，但条件(1)和条件(2)联合起来充分．
    D. 条件(1)充分，条件(2)也充分．
    E. 条件(1)和条件(2)单独都不充分，条件(1)和条件(2)联合起来也不充分．

16. 直线 $kx+y-k+1=0$ 与圆 $x^2+y^2=4$ 相交．

    (1) $k=2-\sqrt{3}$.

(2) $k=2$.

17. 若球的半径为 R,则这个球的内接正方体的表面积为 72.

    (1) $R=2$.

    (2) $R=\sqrt{3}$.

18. 若两条直线相交,则交点在第二象限.

    (1) 直线 l_1: $kx-y+k+2=0$.

    (2) 直线 l_2: $2x-y+4=0$.

19. 甲、乙两人在圆形跑道上同时同地同向出发,则可以确定 $\dfrac{v_甲}{v_乙}=\dfrac{4}{3}$.

    (1) 甲第一次追上乙时,甲跑了 4 圈.

    (2) 甲第一次追上乙时,乙立刻转身向反方向前进,两人再次相遇时,乙又跑了 $\dfrac{3}{7}$ 圈.

20. 点 (a,b) 到原点的距离为 $\sqrt{13}$.

    (1) a,b 为不同的自然数.

    (2) a^2 和 b^2 的算术平均值是 $\dfrac{13}{2}$.

21. $\left|\dfrac{4}{3x-2}\right|+\dfrac{4}{3x-2}=0$.

    (1) $x\in\left(0,\dfrac{2}{3}\right)$.

    (2) $x\in\left(-\infty,\dfrac{2}{3}\right]$.

22. 若 $abc\neq 0$,可确定代数式 $\dfrac{1}{a}+\dfrac{1}{b}+\dfrac{1}{c}=0$.

    (1) $ab+ac+bc=0$.

    (2) $(a+b+c)^2=a^2+b^2+c^2$.

23. $\dfrac{x+y}{x^3+y^3+x+y}=\dfrac{1}{6}$.

    (1) $x^2+y^2=9$.

    (2) $xy=4$.

24. 将荣誉证书分发给 4 位工厂工人,则每名工人至少获得 1 个证书的概率为 $\dfrac{5}{42}$.

    (1) 共有 5 个不同的证书.

    (2) 共有 6 个相同的证书.

25. 等差数列 $\{a_n\}$ 中,可以确定 $S_{100}=a_1+a_2+\cdots+a_{100}=250$.

    (1) $a_2+a_3+a_{98}+a_{99}=10$.

    (2) $a_2+a_5+a_{97}+a_{98}=10$.

三、逻辑推理:第 26~55 小题,每小题 2 分,共 60 分。下列每题给出的 A、B、C、D、E 五个选项中,只有一项是符合试题要求的。请在答题卡上将所选项的字母涂黑。

26. 近年来,我国的房价一路飙升。2007 年 8 月国务院决定通过扩大廉租住房制度的保障范围来解决城市 1 000 万户低收入家庭的住房问题。为实现这一目标，需要政府发放租赁补贴或提供廉租住房，而要建设住房，则需要土地和资金。一位记者以《低收入家庭跨入廉租房时代》为题进行报道，这表明他对实现这一目标有信心。

以下各项如果为真，都能增强这位记者的信心，除了：

A. 即使在发达国家，大部分低收入家庭也是靠租房而不是买房来解决居住问题。

B. 国务院要求地方政府将廉租住房保障资金纳入地方财政年度预算，对于中西部财政困难地区，中央财政给予支持。

C. 自然资源部要求各地国土资源管理部门优先安排解决廉租住房的用地。

D. 国务院要求地方政府至少将土地出让净收益的 10％用于廉租住房保障资金。

E. 人民代表大会通过一项决议，对于建造廉租房的开发商，有税收减免的政策。

27. 中华女子学院的前身是 1949 年创建的新中国妇女职业学校，1995 年更名为中华女子学院，2002 年正式转制为普通高等学校。该校女生比男生多，在 2019 年下学期的高等数学期末考试中，该学校优秀的学生超过了一半。

如果上述断定都是真的，则以下哪项也必然是真的？

A. 女生优秀的比男生优秀的多。
B. 女生优秀的比男生不优秀的多。
C. 女生不优秀的比男生优秀的多。
D. 女生不优秀的比男生不优秀的多。
E. 女生不优秀的和男生优秀的一样多。

28. 一家商场按下述方式促销商品：一年中任何时候，或者有季节性促销，或者有节日促销，或两者兼而有之。每一种促销都会持续一个月。在任何一个月，如果商场想要把某一类商品清仓，就宣布季节性促销；如果某个月份有节日并且仓库中仍有剩余商品，就宣布节日促销。不过，11 月没有节日而且这个月仓库中也没有剩余商品。

以下哪项陈述能从上文中合乎逻辑地推出？

A. 如果某个月没有季节性促销，那么这个月一定有节日促销。
B. 如果节日促销没有进行，那一定是在 11 月。
C. 如果季节性促销在某个月进行，那么这个月仓库中一定有剩余商品。
D. 如果在某个月中有节日，但仓库中没有剩余商品，则宣布节日促销。
E. 11 月一定有季节性促销。

29. 《大医精诚》一文出自中国唐朝孙思邈所著《备急千金要方》第一卷，是中医学典籍中论述医德的一篇重要文献。该文论述了一个好医生应该具有的素质：一是精，即要求医者有精湛的医术；二是诚，即要求医者有高尚的品德，具有同情仁爱救人之心。

从上文可合乎逻辑地推出以下各项陈述，除了：

A. 具有精湛医术的人是好医生。
B. 好医生应有高尚的品德。
C. 没有精湛的医术，只有高尚的品德，也不是好医生。
D. 若没有高尚的品德，就不能成为好医生。
E. 好医生应有精湛的医术。

30. 高热量、高脂肪的食品是典型的西方国家的饮食。自1980年以来，中国人越来越多地食用高热量、高脂肪的食品，心脏病和糖尿病的发病率也提高了，但中国人的平均预期寿命却从20世纪80年代初的68岁增长为73岁，而且仍在不断提高。

    如果以下陈述为真，则哪一项最有助于解释上述平均预期寿命的不断提高？

    A. 在中国传统饮食中，杂粮、豆制品等食物可以降低患心脏病和糖尿病的风险。

    B. 西方国家的平均预期寿命，在1980年之后的增速要比1980年之前的增速慢。

    C. 一些中国人经常打太极拳，或做体操，或打乒乓球，这些运动有助于延缓心脏的衰老。

    D. 1980年以来，中国心脏病病例和糖尿病病例增加的数量小于其他致人死亡病例减少的数量。

    E. 中国的青少年越来越偏爱食用高热量、高脂肪的食品，如油炸食品等。

31. 《礼记·大学》中有这样一段话："古之欲明明德于天下者，先治其国；欲治其国者，先齐其家；欲齐其家者，先修其身；欲修其身者，先正其心；欲正其心者，先诚其意；欲诚其意者，先致其知。"

    如果《礼记·大学》中的观点是正确的，则以下哪项必然为假？

    A. 欲明明德于天下者，必先致其知。

    B. 如果一个人能够治其国，那么他一定能够正其心。

    C. 致其知者，可以治其国。

    D. 或者不能齐其家，或者诚其意。

    E. 治其国者，没有致其知。

32. 一盎司与一盎司相比，不同的人工增甜剂的混合物和单一的人工增甜剂的增甜程度是一样的。当用来使食物变甜时，混合物极大地降低了消费者摄入过量的单一增甜剂的可能性。因此，应该使用混合的而不是单一的人工增甜剂，因为混合物明显是更健康的，而且有同样的效果。

    以下哪项最可能是上述论证所依赖的假设？

    A. 当混合物中的不同人工增甜剂一起被消化时，不会产生交叉作用以至于对健康有害。

    B. 不同的人工增甜剂所给定的日摄入量都是一个保守数字，即使超过这一数字也不会有危险。

    C. 任何一种人工增甜剂所给定的日摄入量都是一个保守数字，即使超过这一数字也不会有危险。

    D. 在饮食中用人工增甜剂代替食糖的消费者通常会记录他们每日对不同增甜剂的摄入量。

    E. 过量摄入任何一种单一的人工增甜剂对健康造成的危害不能通过以后摄入量的减少来消除。

33. 一项研究发现，1970年调查的孩子中有70%曾经有过牙洞，而在1985年的调查中，仅有50%的孩子曾经有过牙洞。研究者们由此得出结论：在1970—1985年这段时间内，孩子们的牙病比率降低了。

    下列哪一项如果为真，则最能削弱研究者们上面得出的结论？

    A. 牙洞是孩子们可能得的最普通的一种牙病。

    B. 被调查的孩子来自不同收入背景的家庭。

    C. 被调查的孩子是从那些与这些研究者们进行合作的老师的学生中选取的。

    D. 1970年以来，发现牙洞的技术水平得到了突飞猛进的提高。

    E. 平均来说，1985年调查的孩子要比1970年调查的孩子的年龄要小。

34. 广告："脂立消"是一种新型减肥药，它可以有效地帮助胖人减肥。在临床实验中，100个服用

"脂立消"的人中只有6人报告有副作用。因此，94%的人在服用了"脂立消"后有积极效果，这种药是市场上最有效的减肥药。

以下哪项陈述最为恰当地指出了该广告存在的逻辑问题？

A. 该广告贬低其他减肥药，却没有提供足够的证据，存在不正当竞争。

B. 该广告使用了"最有效"的字样，而这是新广告法禁止的。

C. 该广告在证明"脂立消"的减肥效果时，所提供的样本数据太小，没有代表性。

D. 移花接木、夸大其词、虚假宣传，这是所有广告的通病，该广告也不例外。

E. 该广告做了可疑的假定：如果该药没有副作用，它就对减肥有积极效果。

35. 李明："目前我国已经具备了开征遗产税的条件。我国已经有一大批人进入了高收入阶层，遗产税的开征有了雄厚的现实经济基础。我国的基尼系数已超过了4.0的国际警戒线，社会的贫富差距在逐渐加大，这对遗产税的开征提出了迫切的要求。"

张涛："我国目前还不具备开征遗产税的条件。如果现在实施遗产税，很可能遇到征不到税的问题。"

以下哪项如果为真，则最能加强张涛的反对意见？

A. 目前我国的人均寿命为72岁，我国目前的富裕人群的年龄为35～50岁。

B. 目前在我国，无论平民百姓还是百万富翁都想把自己的财富留给子孙。

C. 只有在对个人信息很清楚的情况下才能实施遗产税。

D. 我国有些富有的影视明星不到60岁就不幸去世了。

E. 加拿大、澳大利亚、新西兰、意大利相继停征了遗产税。

36. 正常情况下，在医院出生的男婴和女婴的数量大体相同。在某大城市的一家大医院，每周有许多婴儿出生；而在某乡镇的一所小医院，每周只有少量婴儿出生。如果一个医院一周出生的婴儿中有45%～55%是女婴，则属于正常周；如果一周出生的婴儿中超过55%是女婴或者超过55%是男婴，则属于非正常周。

如果以上陈述为真，则以下哪一个选项最有可能为真？

A. 非正常周出现的次数在乡镇小医院比在城市大医院更多。

B. 非正常周出现的次数在城市大医院比在乡镇小医院更多。

C. 在城市大医院和乡镇小医院，非正常周出现的次数完全相同。

D. 在城市大医院和乡镇小医院，非正常周出现的次数大体相同。

E. 无法比较在城市大医院和乡镇小医院非正常周出现的次数。

37. 在某一市政府，法官推翻了犯罪嫌疑人拥有非法武器的罪名。一看到警察，那个犯罪嫌疑人就开始逃跑。当警察追他时，他就随即扔掉了那件非法武器。那个法官的推理如下：警察追击的唯一原因是犯罪嫌疑人逃跑；从警察旁边逃跑自身并不能使人合情合理地怀疑他有犯罪行为；在非法追击中收集的证据是不能被接受的。因此，这个案例中的证据是不能被接受的。

下面哪一条原则如果正确，则最有助于证明那个法官关于那些证据是不能被接受的判决是合理的？

A. 只要涉及其他重要因素，从警察那儿逃跑就能使人产生一个合情合理的有关犯罪行为的怀疑。

B. 人们可以合法地从警察那儿逃跑，仅当这些人在不卷入任何犯罪行为时。

C. 仅当一个人的举动使人合情合理地怀疑他有犯罪行为时，警察才能合法地追击他。

D. 从警察那儿逃跑自身不应被认为是一个犯罪行为。

E. 在一个人的举动能使人合情合理地怀疑他有犯罪行为的情况下，警察都能合法地追击那个人。

38. 某单位组织职工游览上海世博园。所有参观沙特馆的职工都未能参观德国馆。凡参观沙特馆的职工也未能参观日本馆。有些参观丹麦馆的职工参观了德国馆，有些参观丹麦馆的职工参观了日本馆，有些参观丹麦馆的职工参观了沙特馆。

如果以上陈述为真，则下面哪项关于该单位职工的陈述也必然为真？

A. 有些参观了日本馆的职工未能参观德国馆。

B. 有些参观了德国馆的职工既没有参观日本馆，也没有参观丹麦馆。

C. 有些参观了丹麦馆的职工既没有参观德国馆，也没有参观日本馆。

D. 所有参观丹麦馆的职工或参观了德国馆，或参观了日本馆，或参观了沙特馆。

E. 所有参观了丹麦馆的职工参观了德国馆。

39. 一项对腐败的检查为可以构造一个严格的社会科学的观念提供了否决依据。就像所有其他蓄意含有秘密的社会现象一样，对腐败进行估量实质上是不可能的，并且这不仅仅是由于社会科学还没有达到它的一定可以达到的、开发出足够的定量技术的目标。如果人们乐意回答有关他们贪污受贿的问题，那就意味着这些做法具有合法化的征税活动的特征，他们就会停止贪污。换句话说，如果贪污可被估量的话，那它一定会消失。

下面哪一条最为准确地陈述了作者为加强论述而必须做的一个暗含的假设？

A. 有些人认为可以建造一个严格的社会科学。

B. 一个严格的科学的首要目的是要对现象进行测量及定量化。

C. 包含有蓄意含有秘密的社会现象的一个本质特征是它们不能被度量。

D. 不能建造一个蓄意含有秘密的严格的社会科学。

E. 只有当一个科学研究对象可以被估量时，才有可能构造出一个严格的科学。

40. 玛雅遗址挖掘出一些珠宝作坊，这些作坊位于从遗址中心向外辐射的马路边上，且离遗址中心有一定的距离。由于贵族仅居住在中心地区，考古学家因此得出结论：这些作坊制作的珠宝不是供给贵族的，而是供给一些中产阶级的，他们一定已足够富有，可以购买珠宝。

对于在这些作坊工作的手工艺人，考古学家在论断时做的假设是以下哪项？

A. 他们住在作坊附近。

B. 他们不提供送货上门的服务。

C. 他们自己本身就是富有的中产阶级的成员。

D. 他们的产品原料与供贵族享用的珠宝所用的原料不同。

E. 贵族也可能到偏远的地方购买珠宝。

41. 一个人要受人尊敬，首先必须保持自尊；一个人，只有问心无愧，才能保持自尊；而一个人如果不恪尽操守，就不可能问心无愧。

以下哪项结论可以从题干的断定中推出？

Ⅰ．一个受人尊敬的人，一定恪尽操守。

Ⅱ．一个问心有愧的人，不可能受人尊敬。

Ⅲ．一个恪尽操守的人，一定保持自尊。
  A．只有Ⅲ。　　　　　　　　B．只有Ⅰ和Ⅲ。　　　　　　　C．只有Ⅱ和Ⅲ。
  D．只有Ⅰ和Ⅱ。　　　　　　E．Ⅰ、Ⅱ和Ⅲ。

42．科学家假设，一种特殊的脂肪即P－脂肪，是视力发育形成过程中所必需的。科学家观察到，用含P－脂肪低的配方奶粉喂养的婴儿比母乳喂养的婴儿视力要差，而母乳中P－脂肪的含量高，于是他们提出了上述假说。此外还发现，早产5～6周的婴儿比足月出生的婴儿视力要差。
以下哪一项如果为真，则最能支持上述科学家的假说？
  A．母亲的视力差并不会导致婴儿的视力差。
  B．孩子的视力好不好，并不都是由父母的视力决定的。
  C．日常饮食中缺乏P－脂肪的成年人比日常饮食中P－脂肪含量高的成年人视力要差。
  D．胎儿只是在妊娠期的最后四周里加大了从母体中获取的P－脂肪的量。
  E．胎儿的视力是在妊娠期的最后三个月发育形成的。

43～45题基于以下题干：
  一个委员会工作两年，每年都由4人组成，其中2名成员来自下面4位法官：F、G、H、I，另外2名成员来自下面3位科学家：V、Y、Z。每一年，该委员会有1名成员做主席。在第一年做主席的成员在第二年必须退出该委员会。在第二年做主席的人在第一年必须是该委员会的成员。该委员会成员必须满足下面的条件：
  (1)G和V不能在同一年成为该委员会的成员。
  (2)H和Y不能在同一年成为该委员会的成员。
  (3)每一年，I和V中有且只有1位做该委员会的成员。

43．下面哪项列出了能够在第一年成为该委员会成员的名单？
  A．F、G、V、Z。　　　　　B．F、H、V、Z。　　　　　C．H、I、Y、Z。
  D．G、H、I、Z。　　　　　E．G、V、F、Y。

44．如果V在第一年做该委员会主席，则下面哪一项列出了在第二年必须做该委员会成员的两个人？
  A．G和Y。　　B．V和Y。　　C．H和I。　　D．H和Z。　　E．I和Y。

45．如果H在第一年做该委员会主席，则下面哪一位成员能够在第二年做该委员会主席？
  A．F。　　B．G。　　C．Y。　　D．I。　　E．F和Y。

46．过年放鞭炮，上元节吃汤圆，端午节赛龙舟……随着社会的发展，许多传统文化中的节日习俗离我们渐行渐远。20世纪90年代出生的人开始相信圣诞老人，开始在西餐厅里过生日。文化发展是一个"取其精华，去其糟粕"的过程，因此，有人认为，西方文化优于中国传统文化。
以下哪项最有助于反驳上述观点？
  A．我国传统文化中的许多内容在西方国家受到热捧。
  B．现代社会的一些不文明行为源于西方社会。
  C．国家的经济优势有利于本国文化的对外传播。
  D．能够不断吸收和借鉴正是我国文化的优势。
  E．西方文化和中国传统文化各有所长，但是中国文化在相当一部分领域确实远远落后于西方文化。

47．糖生物电池作为一种燃料电池，可以将糖的化学能量转化为电流。一般来说，糖生物电池可以实现100%的能量转换，其能量存储密度大约是596安倍·时/公斤，相比之下，锂离子电池的能量存储密度为42安倍·时/公斤。这意味着糖生物电池比同等重量的现有锂离子电池持续使用至少多10倍的时间。因此,不少研究者认为糖生物电池将有效替代传统锂电池。

以下哪项如果为真,则能够支持上述结论?

A. 糖生物电池是微生物燃料电池,不可能在高温下工作,因此对生产环境有着比传统电池更严格的要求。

B. 糖生物电池转化电能效率高,但可重复性较低,而传统锂电池可反复充放电,因此能够使用较长的时间。

C. 糖生物电池依赖于人体酶进行化学反应产生电流,而传统锂电池利用重金属作为催化剂,因此前者更加低碳环保。

D. 目前,糖生物电池仅应用在人造器官的供电装置中,而锂电池不但可用于人造器官供电,也广泛应用于各类电子设备供电。

E. 糖生物电池的降解技术尚未成熟,而传统锂电池已有成熟的降解工艺。

48. 一次同乡会,李明、王刚、张波都在不同的岗位上工作,他们三个人的职业分别是警察、医生和律师。另外,他们分别来自东湖、西岛、南山三个村子,这三个村子都属于大泽乡镇政府;医生称赞南山村同乡身体健康;西岛村的请警察合了一张影;医生和西岛村的都喜欢打篮球;王刚跟东湖村的互留了联系方式,在这之前,西岛村的和王刚、张波都没有联系过。

如果以上陈述为真,那么以下哪项也一定为真?

A. 李明是警察,西岛村人。   B. 王刚是医生,南山村人。

C. 张波是警察,东湖村人。   D. 李明是律师,西岛村人。

E. 王刚是医生,西岛村人。

49. 美国的枪支暴力惨案再度引发了有关枪支管控的讨论。反对枪支管控者称,20世纪80年代美国枪支暴力案飙升,1986年有些州通过法律手段实施严格的枪支管控,但实施严格枪支管控的这些州的平均暴力犯罪率却是其他州平均暴力犯罪率的1.5倍。可见,严格的枪支管控无助于减少暴力犯罪。

如果以下陈述为真,则哪一项能最强有力地削弱以上论证?

A. 自1986年以来,美国拥有枪支家庭的比例显著下降。

B. 自1986年以来,实施严格枪支管控的这些州的年度暴力犯罪率持续下降。

C. 在那些实施严格枪支管控法律的州,很少有人触犯该项法律。

D. 犯罪学家对比了各种调查结果,并未发现私人拥有枪支的数量与枪支暴力犯罪有明显的相关性。

E. 充满暴力的游戏和电影对暴力犯罪率的上升有着重要的影响。

50. 令狐冲是甲班学生,对任盈盈感兴趣。该班学生或者对东方不败感兴趣,或者对岳灵珊感兴趣。

如果对任盈盈感兴趣,则对岳灵珊不感兴趣。因此,令狐冲对仪琳感兴趣。

以下哪项最可能是上述论证的假设?

A. 甲班对东方不败感兴趣的学生也对仪琳感兴趣。

B. 如果对东方不败感兴趣,则对仪琳感兴趣。

C. 甲班学生感兴趣的学生仅限于任盈盈、东方不败、岳灵珊和仪琳。

D. 甲班所有学生都对仪琳感兴趣。

E. 上述各选项均不能推出结果。

51. 传统观点认为，鸡蛋黄胆固醇含量高，是直接造成高血压、动脉粥样硬化、冠心病及脑中风的罪魁祸首。所以，很多中老年人不敢吃鸡蛋黄。最近，营养学家组织了一个专门研究鸡蛋黄与胆固醇之间关系的小组，对116名50至65岁的男性进行了为期半年的实验。

   假定有以下几种实验结果，哪种将最能削弱传统观点？

   A. 将被试者分为两组，分别食用蛋黄和蛋清，结果发现食用蛋清的一组被试者体内胆固醇含量明显增加。

   B. 将被试者分为两组，分别食用蛋黄和蛋清，结果发现两组被试者体内胆固醇含量没有明显差异。

   C. 将被试者分为两组：一组食用蛋黄，一组不食用蛋黄，半年后发现没有食用蛋黄的被试者体内胆固醇含量有所减少。

   D. 将被试者分为两组：一组食用蛋黄，一组不食用蛋黄，半年后被试者体内的胆固醇含量均没有发生变化。

   E. 将被试者分为两组，分别食用鸡蛋黄和鸭蛋黄，结果发现两组被试者体内的胆固醇含量没有明显差异。

52. "倾销"被定义为以低于商品生产成本的价格在另一个国家销售这种商品的行为。H国的河虾生产者正在以低于M国河虾生产成本的价格，在M国销售河虾。因此，H国的河虾生产者正在M国倾销河虾。

   以下哪一项对评估上文提到的倾销行为是必要的？

   A. H国的河虾生产者是否通过在M国的倾销行为获利。

   B. 如果H国一直以低于M国的河虾生产成本的价格在M国销售河虾，M国的河虾产业就会破产。

   C. 专家们在倾销行为对两国的经济都有害或都有利，还是只对其中的一方有害或有利的问题上达成了共识。

   D. 由于计算商品生产成本的方法不同，很难得出同一种商品在不同国家的生产成本的精确比较数值。

   E. 倾销定义中的"生产成本"指的是商品原产地的生产成本，还是销售地同类商品的生产成本。

53. 某州设立了一个计划，允许父母们按当前的费率预付他们的孩子们未来的大学学费，然后该计划每年为被该州任一公立大学录取的(参加该项目的)孩子支付学费。父母们应该参加这个计划，把它作为一种减少他们的孩子大学教育费用的手段。

   以下哪项如果是正确的，则是父母们不参加这个计划的最合适的理由？

   A. 父母们不清楚孩子将会上哪一所公立大学。

   B. 将预付资金放到一个计息账户中，到孩子上大学时，所积累的金额将比任何一所公立大学所有的学费开支都要多。

   C. 该州公立大学的年学费开支预计将以比生活费用年增长更快的速度增加。

   D. 该州一些公立大学正在考虑下一年大幅度增加学费。

   E. 预付学费计划不包括在该州任何公立大学中的住宿费用。

54. "总体而言",丹尼斯女士说,"工程学的学生比以往更懒惰了。我知道这一点是因为我的学生中能定期完成布置的作业的人越来越少了。"

以上得出的结论依据下面哪个假设?

A. 在繁荣的市场条件下,工程学的学生做的作业少了。因为他们把越来越多的时间花在调查不同的工作机会上。

B. 学生做不做布置的作业很好地显示出了他们的勤奋程度。

C. 丹尼斯女士的学生完成布置的作业的人比以往少了,这是因为她作为老师做的工作不像以前那样有效了。

D. 工程学的学生应该比其他要求稍低的专业的学生更努力地学习。

E. 丹尼斯女士布置的作业比以前还要少。

55. 红旗小学从张珊、李思、王武、赵柳、钱起、孙巴、刘久7个小学生中,选择4人评选为优秀学生干部。已知下列条件:

(1)要么选张珊,要么选钱起。
(2)要么选王武,要么选孙巴。
(3)如果选王武,那么选李思。
(4)除非选钱起,否则不选刘久。

根据以上断定可以推知,以下哪项一定为真?

A. 李思和赵柳2人中至少选1人。
B. 钱起和刘久2人中至少选1人。
C. 赵柳和王武2人中至少选1人。
D. 王武和刘久2人中至少选1人。
E. 以上断定都不一定为真。

四、写作:第56~57小题,共65分。其中论证有效性分析30分,论说文35分。请答在答题纸相应的位置上。

56. 论证有效性分析:分析下述论证中存在的缺陷和漏洞,选择若干要点,写一篇600字左右的文章,对该论证的有效性进行分析和评论。(论证有效性分析的一般要点是:概念特别是核心概念的界定和使用是否准确并前后一致,有无各种明显的逻辑错误,论证的论据是否成立并支持结论,结论成立的条件是否充分等。)

微信、陌陌惹的祸?

近日,民政部发布《2014年社会服务发展统计公报》,2014年全国共依法办理离婚登记363.7万对。数据显示,2002年以来,我国离婚率已连续12年呈递增状态。

那么,是什么导致了这种现象的产生呢?有人认为微信、陌陌等社交工具是罪魁祸首,他们的理由如下:

第一,2002年,正是网络社交工具刚刚涉足个人生活圈的时候。正是在这一年,很多人拥有了自己的QQ号,第一次上了BBS,第一次进了"同城聊天室"。所以说网络社交软件助力婚外情不是没有道理的。

第二,这几年随着微信、陌陌等"近身定位"交友工具的异军突起,离婚率递增图更是被拉高、拉直了。

第三,在离婚官司中,一半以上的都涉及婚外情。通过微信、陌陌等平台发生婚外情的案例激增20%。社交软件成为诱发婚外情的工具，变为婚姻的新杀手。

但是，也有人反对这种观点，他们的理由如下：

第一，一方面，社交软件梗塞夫妻间的情感交流导致离婚，但另一方面，现今人们通过网络认识、网恋进而结婚的数字也在增加。既然网络、社交软件也能方便大家沟通感情，那么网络推高离婚率的说法其实说明不了任何问题，只能说，人们情感交流和沟通的媒介变了。

第二，感情的易变与婚姻家庭所要求的承诺和稳固，两者之间的矛盾乃是千古难解的困境。只不过古人"红杏出墙"，或眉目传情或飞鸽传书，现代人用的是陌陌和微信。

第三，许多人走入婚姻殿堂也可能牵扯许多利益和现实考虑。相对而言，网络扩大了人们的交际范围，让那些因现实条件而被约束的真实情感得以释放。

第四，现在的婚姻杀手有很多。例如，在限制家庭购买二套房的政策下，许多夫妻通过离婚的方式逃避高额税负。过去是"熟人社会"，两口子过不下去了，街坊邻居、单位领导、七大姑八大姨全跳出来拉扯着不让离。如今大家对于离婚、离异者的观念都在变，与离婚相联的"耻感文化"在弱化。

第五，中国每年离开家乡在外打工的农民工接近2亿，城市的门槛让他们与家庭、子女分离，这种城乡分割的现实所催生的婚外情、婚外性，是不是比社交软件更值得引起重视呢？如此看来，陌陌、微信是不是推高了离婚率，实在不是衡量人们幸福与否的重点。

57. 论说文：根据下述材料，写一篇700字左右的论说文，题目自拟。

一只木桶能装多少水取决于它最短的那块木板。一只木桶想盛满水，必须每块木板都一样平齐且无破损，如果这只桶的木板中有一块不齐或者某块木板下面有破洞，这只桶就无法盛满水。一只木桶能盛多少水，并不取决于最长的那块木板，而是取决于最短的那块木板。

答案速查

一、问题求解

1~5　DCCCB　　　　6~10　BBAAD　　　　11~15　CDECE

二、条件充分性判断

16~20　DECDB　　　21~25　ADCBD

三、逻辑推理

26~30　ABAAD　　　31~35　EAEEA　　　36~40　ACCEB

41~45　DDBEA　　　46~50　ACDBA　　　51~55　DEBBA

四、写作

略

答案详解

一、问题求解

1. D

【解析】母题 90·简单算术问题

由于只有丁学校得到的教育资金额已知,故要得到总资金额,只需知道丁学校得到资金额所占的比重.

由 $\frac{1}{3} - \frac{1}{5} = \frac{2}{15}$,得丙学校得到这笔资金的 $\frac{2}{15}$;由 $1 - \frac{1}{3} - \frac{1}{5} - \frac{2}{15} = \frac{1}{3}$,得丁学校得到这笔资金的 $\frac{1}{3}$.所以,这笔教育资金总额为 $600 \div \frac{1}{3} = 1\,800$(万元).

2. C

【解析】母题 98·行程问题

在甲返程途中与乙相遇时,甲乙两人共行驶了 $180 \times 2 = 360$(千米),设相遇时乙行驶了 t 小时.由题干得 $60(t-2) + 20t = 360$,解得 $t = 6$,此时乙距离 B 城还有 $180 - 20 \times 6 = 60$(千米).

3. C

【解析】母题 59·空间几何体问题

由 $\frac{V_内}{V_外} = \frac{3\sqrt{3}}{1}$,可得 $\frac{R_内}{R_外} = \frac{\sqrt{3}}{1}$.正方体的内切球的直径为正方体的棱长,外接球的直径为正方体的体对角线,故正方体 A 的棱长为 $L_A = 2R_内$,正方体 B 的棱长为 $L_B = \sqrt{\frac{4}{3}} R_外$.因此正方体 A 与 B 的表面积之比为 $\frac{S_A}{S_B} = \frac{6L_A^2}{6L_B^2} = \frac{(2R_内)^2}{\left(\sqrt{\frac{4}{3}} R_外\right)^2} = \frac{9}{1}$.

4. C

【解析】母题 61·直线与直线的位置关系 + 母题 63·直线与圆的位置关系

$2x-2y-1=0$ 可整理为 $x-y-\dfrac{1}{2}=0$.

由平行线的距离公式,可得 $d=\dfrac{\left|4-\left(-\dfrac{1}{2}\right)\right|}{\sqrt{1^2+(-1)^2}}=\dfrac{9\sqrt{2}}{4}$,圆的两条平行切线之间的距离为圆的直径,故圆的半径 $r=\dfrac{d}{2}=\dfrac{9\sqrt{2}}{8}$.

所以圆的面积为 $S=\pi r^2=\pi\left(\dfrac{9\sqrt{2}}{8}\right)^2=\dfrac{81}{32}\pi$.

5. B

【解析】母题 19·均值不等式

$$(x+y)\left(\dfrac{1}{x}+\dfrac{4}{y}\right)=1+4+\dfrac{y}{x}+\dfrac{4x}{y}\geqslant 5+2\sqrt{\dfrac{y}{x}\cdot\dfrac{4x}{y}}=9.$$

6. B

【解析】母题 58·阴影部分面积问题

$$S_{阴影部分}=S_{大扇形}+S_{小扇形}-S_{矩形}=\dfrac{1}{4}\pi\cdot 3^2+\dfrac{1}{4}\pi\cdot 2^2-2\times 3=\dfrac{13\pi}{4}-6.$$

7. B

【解析】母题 4·质数与合数问题+母题 17·绝对值最值问题

p 为质数,$3p+5$ 也为质数,且显然大于 2,大于 2 的质数必为奇数,5 为奇数,故 $3p$ 只能为偶数,则 p 只能为 2.

将 p 代入原式,即求 $y=|x-2|+|x-4|+|x-6|$ 的最小值.

形如 $y=|x-a|+|x-b|+|x-c|$ 的绝对值问题,$a<b<c$,当 $x=b$ 时,y 有最小值 $|a-c|$.

故本题中当 x 取中间值 4 时,上式取最小值,所以,$y=|x-2|+|x-4|+|x-6|$ 的最小值为 $y=|2-6|=4$.

8. A

【解析】母题 97·工程问题

设总工程量为 1,则由题干知,甲施工队的效率为 $\dfrac{1}{20}$,乙施工队的效率为 $\dfrac{1}{30}$.

甲队效率高,应让甲队先单独做,然后甲、乙两队再合作,这样可使两队合作时间最少.

设甲队单独做 x 天,两队合作 $(16-x)$ 天.由各部分的工作量之和=总工程量=1,可得

$$\dfrac{x}{20}+(16-x)\left[\dfrac{1}{20}\times\left(1-\dfrac{1}{5}\right)+\dfrac{1}{30}\times\left(1-\dfrac{1}{10}\right)\right]=1,$$

解得 $x=6$,所以两工程队要合作 $16-6=10$(天).

9. A

【解析】母题 9·实数的运算技巧

由于 $1+a+a^2+\cdots+a^{n-1}=\dfrac{1\times(1-a^n)}{1-a}=\dfrac{1-a^n}{1-a}$,所以

$$原式=1+\dfrac{1-a^2}{1-a}+\dfrac{1-a^3}{1-a}+\cdots+\dfrac{1-a^n}{1-a}$$

$$=\dfrac{(1-a)+(1-a^2)+\cdots+(1-a^n)}{1-a}$$

$$=\frac{n-\frac{a(1-a^n)}{1-a}}{1-a}$$

$$=\frac{n}{1-a}-\frac{a(1-a^n)}{(1-a)^2}.$$

【快速得分法】使用特殊值法可快速得解．

10. D

【解析】母题 15·非负性问题

根据题意，可知 $3a-5b=0$，$a-3b+c=0$，解得 $a=\frac{5}{3}b$，$c=\frac{4}{3}b$．所以，$a:b:c=5:3:4$．

11. C

【解析】母题 48·无穷等比数列

由题干可知，该等比数列的所有项和存在且为 a，故该等比数列的公比 $|q|<1$．

由无穷等比数列的前 n 项和公式，可得 $S=\frac{1}{1-\left(a-\frac{3}{2}\right)}=a$，整理得 $2a^2-5a+2=0$，解得 $a=\frac{1}{2}$ 或 2．

当 $a=\frac{1}{2}$ 时，公比为 $a-\frac{3}{2}=-1$，不满足 $|q|<1$ 的条件，舍掉．故 $a=2$．

12. D

【解析】母题 36·韦达定理问题

α，β 是方程 $x^2+mx+n=0$ 的根，由韦达定理得 $\begin{cases}\alpha+\beta=-m,\\ \alpha\beta=n.\end{cases}$ ①

$\alpha+1$，$\beta+1$ 是方程 $x^2-mx-n=0$ 的根，由韦达定理得 $\begin{cases}(\alpha+1)+(\beta+1)=m,\\ (\alpha+1)\cdot(\beta+1)=-n.\end{cases}$ ②

将式①代入式②可得 $\begin{cases}-m+2=m,\\ n-m+1=-n,\end{cases}$ 解得 $\begin{cases}m=1,\\ n=0,\end{cases}$ 故 $m+n=1$．

13. E

【解析】母题 41·穿线法解分式、高次不等式

通过移项，使不等式一侧为 0，则原不等式可化简为 $\frac{2x^2-x+6}{x^2-5x+6}\geqslant 0$．

由分子 $2x^2-x+6$ 的判别式 $\Delta<0$ 可知，其值恒大于 0，所以只需分母大于 0 即可，即 $x^2-5x+6>0$，解得 $x>3$ 或 $x<2$．

14. C

【解析】母题 72·排队问题

甲乙两人捆绑：A_2^2；

由于圆形没有队首队尾之分，所以首先要确定一个位置作为队首(同时也是队尾)，不妨设甲乙两人捆绑的这一位置为队首(队尾)，余下 6 人全排列：A_6^6．

故一共有 $A_6^6 A_2^2$ 种不同的坐法．

15. E

【解析】母题 86·袋中取球问题

从袋中任意摸出 1 个球,是黑球的概率为 $\dfrac{1}{5}$,可知黑球有 2 个.

从袋中任意摸出 2 个球,至少有 1 个白球的概率为 $\dfrac{2}{3}$,可知没有白球的概率为 $\dfrac{1}{3}$.

设黑球和红球共有 m 个,则从袋中任取 2 个球,没有白球的概率为 $\dfrac{C_m^2}{C_{10}^2}=\dfrac{m(m-1)}{10\times 9}=\dfrac{1}{3}$,解得 $m=6$,即黑球和红球共有 6 个,则白球有 4 个,由此可知,袋中共有黑球 2 个,红球 4 个,白球 4 个.

故从袋中任意取出 2 个球,1 红 1 白的概率为 $\dfrac{C_4^1 C_4^1}{C_{10}^2}=\dfrac{4\times 4}{\dfrac{10\times 9}{2\times 1}}=\dfrac{16}{45}$.

二、条件充分性判断

16. D

【解析】母题 66·过定点与曲线系问题 + 母题 63·直线与圆的位置关系

直线方程 $kx+y-k+1=0$,可化为 $k(x-1)+y+1=0$,故该直线恒过定点 $(1,-1)$.

将点 $(1,-1)$ 代入圆的方程,可知 $1^2+(-1)^2=2<4$,故该点为圆内一点,所以无论 k 取何值,直线均与圆相交,故两个条件都充分.

17. E

【解析】母题 59·空间几何体问题

设球的内接正方体的边长为 a,由于球的直径等于正方体的体对角线,则有 $(2R)^2=a^2+a^2+a^2$,解得 $a=\dfrac{2\sqrt{3}}{3}R$. 则正方体的表面积为 $6a^2=6\times\left(\dfrac{2\sqrt{3}}{3}R\right)^2=8R^2$.

条件(1):$R=2$,则内接正方体的表面积为 $8R^2=8\times 2^2=32$,条件(1)不充分.

条件(2):$R=\sqrt{3}$,则内接正方体的表面积为 $8R^2=8\times\sqrt{3}^2=24$,故条件(2)不充分.

两个条件无法联立.

18. C

【解析】母题 61·直线与直线的位置关系

显然两个条件单独都不充分,故联立条件(1)和条件(2).

由于两条直线相交,联立两个直线的方程得

$$\begin{cases} kx-y+k+2=0, \\ 2x-y+4=0, \end{cases}$$

两式相减得 $(k-2)x+(k-2)=0$,得 $(k-2)x+(k-2)=0$,得 $k=2$ 或 $x=-1$.

当 $k=2$ 时,两条直线重合,舍掉;当 $x=-1$ 时,代入方程得 $y=2$.

故交点坐标为 $(-1,2)$,在第二象限. 两个条件联立起来充分.

19. D

【解析】母题 98·行程问题

两人同时同地同向出发,则路程比等于速度比.

条件(1):甲第一次追上乙时,甲比乙多跑一圈,甲跑了 4 圈,则乙跑了 3 圈,则 $\dfrac{v_甲}{v_乙}=\dfrac{s_甲}{s_乙}=\dfrac{4}{3}$,故条件(1)充分.

条件(2)：甲第一次追上乙之后，两人从同一地点，同时向反方向前进.

两人再次相遇时，两人路程之和恰好为一圈，乙跑了$\frac{3}{7}$圈，则甲跑了$\frac{4}{7}$圈，则$\frac{v_甲}{v_乙}=\frac{s_甲}{s_乙}=\frac{4}{3}$，故条件(2)也充分.

20. B

【解析】母题18·平均值与方差＋母题60·点与点、点与直线的位置关系

条件(1)：a,b的值不确定，故无法计算(a,b)到原点的距离，条件(1)不充分.

条件(2)：由a^2和b^2的算术平均值为$\frac{13}{2}$，得$\frac{a^2+b^2}{2}=\frac{13}{2}\Rightarrow a^2+b^2=13$.

由两点间的距离公式得，(a,b)到原点的距离为$\sqrt{(a-0)^2+(b-0)^2}=\sqrt{a^2+b^2}=\sqrt{13}$，故条件(2)充分.

21. A

【解析】母题13·求解绝对值方程和不等式

由绝对值的性质，可知$3x-2<0$，解得$x<\frac{2}{3}$. 所以条件(1)充分，条件(2)不充分.

22. D

【解析】母题28·关于$\frac{1}{a}+\frac{1}{b}+\frac{1}{c}=0$的问题

条件(1)：若$ab+ac+bc=0$，则$\frac{1}{a}+\frac{1}{b}+\frac{1}{c}=\frac{ab+ac+bc}{abc}=0$，故条件(1)充分.

条件(2)：由$(a+b+c)^2=a^2+b^2+c^2+2ab+2bc+2ac=a^2+b^2+c^2$，可知$ab+ac+bc=0$，所以$\frac{1}{a}+\frac{1}{b}+\frac{1}{c}=\frac{ab+ac+bc}{abc}=0$，故条件(2)也充分.

23. C

【解析】母题29·其他分式的化简求值问题

$\frac{x+y}{x^3+y^3+x+y}=\frac{x+y}{(x+y)(x^2+y^2-xy)+(x+y)}=\frac{1}{x^2+y^2-xy+1}$.

由上式可知，条件(1)和条件(2)单独都不充分，联立可得

$$原式=\frac{1}{x^2+y^2-xy+1}=\frac{1}{9-4+1}=\frac{1}{6},$$

故两个条件联立起来充分.

24. B

【解析】母题82·古典概型＋母题76·相同元素的分配问题

条件(1)：将5个不同的证书分发给4位工厂工人，每个证书在4人中随意选择，则共有4^5种分法；

每名工人至少获得1个证书共有$C_5^2 A_4^4$种分法.

所以，每名工人至少获得1个证书的概率为$\frac{C_5^2 A_4^4}{4^5}=\frac{15}{64}$，故条件(1)不充分.

条件(2)：挡板法. 每名工人至少获得1个证书，即在6个证书中间形成的5个空中放3个挡板，共有C_5^3种分法；

6个相同的证书发给4名工人，此时允许有人没有证书，即等价于有10个相同的证书发给4名

工人,且至少每人获得1个证书,同上,使用挡板法,共有 C_9^3 种分法.

所以,每名工人至少获得1个证书的概率为 $\dfrac{C_5^3}{C_9^3}=\dfrac{5}{42}$,故条件(2)充分.

25. D

【解析】母题44·等差数列基本问题

条件(1):由等差数列下标和定理,得 $a_1+a_{100}=a_2+a_{99}=a_3+a_{98}=5$,故 $S_{100}=\dfrac{(a_1+a_{100})\times 100}{2}=\dfrac{5\times 100}{2}=250$,所以条件(1)充分.

条件(2):由等差数列中项公式,得 $a_2+a_{98}=2a_{50}$,$a_5+a_{97}=2a_{51}$,故 $a_{50}+a_{51}=\dfrac{10}{2}=5$,所以有

$$a_1+a_{100}=a_{50}+a_{51}=5,\ S_{100}=\dfrac{(a_1+a_{100})}{2}\times 100=\dfrac{5}{2}\times 100=250,$$

故条件(2)也充分.

三、逻辑推理

26. A

【解析】母题21·措施目的型支持题

题干:扩大廉租房制度的保障范围 —以求→ 解决低收入家庭的住房问题。

A项,诉诸权威,不能支持。

其余各项分别从资金或者用地的角度支持了题干的论证过程,即采取该措施可以解决低收入家庭的住房问题。

27. B

【解析】母题38·数字推理题

题干已知下列信息:

①该校女生比男生多。

②该校优秀的学生超过了一半。

由题干信息①可知,不优秀女生+优秀女生>不优秀男生+优秀男生。

由题干信息②可知,优秀女生+优秀男生>不优秀女生+不优秀男生。

两式相加得:不优秀女生+优秀女生+优秀女生+优秀男生>不优秀男生+优秀男生+不优秀女生+不优秀男生。

化简得:优秀女生>不优秀男生。

故B项正确。

28. A

【解析】母题5·箭头的串联

将题干信息形式化:

①季节性促销∨节日促销,等价于:¬季节性促销→节日促销。

②清仓→季节性促销。

③节日∧有剩余商品→节日促销。

④11月→¬节日∧¬有剩余商品。

A项，┐季节性促销→节日促销，由题干信息①知，为真。

其余各项均可真可假。

29. A

【解析】母题5·箭头的串联

题干：好医生→精湛的医术∧高尚的品德，等价于：┐精湛的医术∨┐高尚的品德→┐好医生。

根据箭头指向原则可知，A项可真可假，其余各项均为真。

30. D

【解析】母题26·解释现象

待解释的矛盾：中国人越来越多地食用高热量、高脂肪的食品，心脏病和糖尿病的发病率也提高了，但中国人的平均预期寿命却在不断提高。

D项，可以解释，说明虽然心脏病和糖尿病的发病率提高了，但是其他致死病例减少了，因而可以解释人的平均寿命提高了。

A、C项如果为真，则说明心脏病和糖尿病的发病率会降低，不符合题干中的现象。

B、E项为无关选项。

31. E

【解析】母题6·假言命题的负命题

题干：欲明明德于天下→治其国→齐其家→修其身→正其心→诚其意→致其知。

A项，欲明明德于天下→致其知，为真。

B项，治其国→正其心，为真。

C项，致其知→治其国，没有此箭头指向，可真可假。

D项，┐齐其家∨诚其意，等价于：齐其家→诚其意，为真。

E项，治其国∧┐致其知，与题干矛盾，为假。

故正确答案为E项。

32. A

【解析】母题22·论证型假设题

题干：当用来使食物变甜时，混合物极大地降低了消费者摄入过量的单一增甜剂的可能性 —证明→ 混合物增甜剂更健康。

A项，取非法，必须假设，若当混合物中的不同人工增甜剂一起被消化时会产生交叉作用对健康有害的话，那么混合物增甜剂并不健康，题干的结论就不能成立。

B、C项，不必假设，题干讨论的是混合物降低了摄入过量的单一增甜剂的可能性，但并没有对"过量"一词下定义。所以，这一定义如何不影响题干的成立性。

D项，不必假设，只需要摄入不过量即可，无须记录。

E项，不必假设，对健康造成的危害是否能消除与能否造成危害无关。

33. E

【解析】母题15·论证型削弱题

题干：1985年调查的孩子牙洞发病率低于1970年的调查情况（果）—证明→在1970—1985年这段时间内，孩子们的牙病比率降低了（因）。

A项，无关选项。

B项，支持题干，说明调查对象的选取具备一定的广度。

C项，无法确定研究者与老师们的合作是否严重影响到了研究者的中立性，因此，此项削弱力度弱。

D项，不能削弱题干，因为题干比较的是1970年与1985年的情况，必须指出二者的差异才能削弱题干，而此项说的是"1970年以来"，无法说明二者的差异。

E项，另有他因，可能不是因为牙洞发病率降低，而是因为孩子年龄小尚未发病。

34. E

【解析】母题30·评论逻辑漏洞

题干：100个服用"脂立消"的人中只有6人报告有副作用（即94人没有副作用）$\xrightarrow{\text{证明}}$ 94%的人在服用了"脂立消"后有积极效果。

题干前提说100个人中94人"没有副作用"，结论说94%的人服用后"有积极效果"，缺少对"没有副作用"和"有积极效果"之间的关系的说明。

故用搭桥法建立二者之间的关系，即服用"脂立消"后没有副作用，就有积极效果。

故正确答案为E项。

35. A

【解析】母题19·论证型支持题

张涛：我国"目前"还不具备开征遗产税的条件。

A项，我国目前的富裕人群集中在35～50岁，而人均寿命为72岁，这说明我国目前很少有富人去世，不具备开征遗产税的条件。所以，很可能遇到征不到遗产税的问题，支持张涛的观点。

B项，说明在我国，不论是富人还是平民，死后都会留有遗产，具备开征遗产税的条件，削弱张涛的观点。

C项，只有在对个人信息很清楚的情况下才能实施遗产税，但无法确定个人信息是否清楚，故此项不能说明目前是否具备开征遗产税的条件。

D项，无关选项，因为个别人的情况不足以说明整体情况。

E项，无关选项，其他国家的情况不足以说明我国的情况。

36. A

【解析】母题28·一般推论题

题干：

①在城市大医院每周有许多婴儿出生。

②在乡镇小医院每周只有少量婴儿出生。

③如果一个医院一周出生的婴儿中有45%～55%是女婴，则属于正常周。

④如果一周出生的婴儿中超过55%是女婴或者超过55%是男婴，则属于非正常周。

由于乡镇小医院每周出生的婴儿数量比城市大医院少，基数越小，那么每周出生的婴儿中超过55%是女婴或男婴的可能性就比较大，即非正常周出现的次数就比较多，故A项正确。

37. C

【解析】母题19·论证型支持题

法官：①警察追击的唯一原因是犯罪嫌疑人逃跑；②从警察旁边逃跑自身并不能使人合情合理

地怀疑他有犯罪行为；③在非法追击中收集的证据是不能被接受的 —证明→ 案例中的证据是不能被接受的。

C项，合法追击→合情合理地怀疑他有犯罪行为，等价于：不能使人合情合理地怀疑他有犯罪行为→非法追击。故，若此项为真，则警察的追击行为是非法的，强有力地支持了题干。

其余各项均不能支持题干。

38. C

【解析】母题5·箭头的串联＋母题9·对当关系

将题干信息形式化：

①沙特馆→¬德国馆＝德国馆→¬沙特馆。

②沙特馆→¬日本馆＝日本馆→¬沙特馆。

③有的丹麦馆→德国馆。

④有的丹麦馆→日本馆。

⑤有的丹麦馆→沙特馆。

将题干信息③、①串联得：有的丹麦馆→德国馆→¬沙特馆。

将题干信息④、②串联得：有的丹麦馆→日本馆→¬沙特馆。

将题干信息⑤、①串联得：⑥有的丹麦馆→沙特馆→¬德国馆。

将题干信息⑤、②串联得：⑦有的丹麦馆→沙特馆→¬日本馆。

A项，"日本馆"和"德国馆"之间没有箭头指向，可真可假。

B项，前半句，"日本馆"和"德国馆"之间没有箭头指向，可真可假。后半句，根据"有的互换原则"，由题干信息③可知，有的德国馆→丹麦馆。所以，有的德国馆→¬丹麦馆，根据"下反对关系，至少一真，一真另不定"可知，后半句可真可假。故此项可真可假。

C项，由题干信息⑥、⑦可知，有的丹麦馆→沙特馆→¬德国馆∧¬日本馆，为真。

D项，由题干信息③、④、⑤可知，有的丹麦馆→德国馆，有的丹麦馆→日本馆，有的丹麦馆→沙特馆，由性质命题的对当关系可知，此项可真可假。

E项，当"有的"为真时，"所有"可真可假，故由题干信息③可知，此项可真可假。

39. E

【解析】母题22·论证型假设题

题干：如果贪污可被估量的话，那它一定会消失 —证明→ 不可能对腐败进行实质上的估量 —证明→ 不可能构造出一个严格的社会科学。

搭桥法：不可能对腐败进行实质上的估量→不可能构造出一个严格的社会科学，等价于：构造出一个严格的社会科学→对腐败进行实质上的估量。

E项，只有当一个科学研究对象（腐败）可以被估量时，才有可能构造出一个严格的科学（社会科学），与题干的隐含假设一致。

其余各项均不正确。

40. B

【解析】母题22·论证型假设题

题干：①玛雅遗址挖掘出的珠宝作坊离遗址中心有一定的距离，②贵族仅居住在中心地区

证明 → 这些作坊制作的珠宝不是供给贵族的，而是供给一些中产阶级的，他们一定已足够富有，可以购买珠宝。

A 项，无关选项。

B 项，必须假设，否则，如果这些珠宝手工艺人提供送货上门服务，那么即使珠宝作坊的位置不在中心地区，他们也可以送货给住在中心地区的贵族。

C 项，无关选项。

D 项，支持题干的论证，但并非隐含假设。

E 项，削弱题干。

41. D

【解析】母题 5·箭头的串联

将题干信息符号化：

①受人尊敬→保持自尊。

②保持自尊→问心无愧。

③¬恪尽操守→¬问心无愧＝问心无愧→恪尽操守。

将题干信息①、②、③串联得：受人尊敬→保持自尊→问心无愧→恪尽操守。

Ⅰ项，受人尊敬→恪尽操守，正确。

Ⅱ项，¬问心无愧→¬受人尊敬＝受人尊敬→问心无愧，正确。

Ⅲ项，恪尽操守→保持自尊，无此箭头指向，可真可假。

综上所述，只有Ⅰ项和Ⅱ项能从题干中推出。

故 D 项正确。

42. D

【解析】母题 20·因果型支持题

题干：

配方奶粉(P－脂肪含量低)喂养的婴儿：视力差；

母乳(P－脂肪含量高)喂养的婴儿：视力好；

科学家假设：P－脂肪是视力发育形成过程中所必需的。

另外，足月出生的婴儿比早产 5～6 周的婴儿视力好。

A、B 项，均不必假设，父母的视力差是否影响婴儿视力，与 P－脂肪是否影响婴儿视力无关。

C 项，无关选项，题干不涉及成年人的视力问题。

D 项，胎儿只在妊娠期的最后四周里加大了从母体中获取的 P－脂肪的量，那就说明足月出生的婴儿获取到了更多的 P－脂肪，再结合科学家的假设，就解释了为什么足月出生的婴儿视力更好，支持题干。

E 项，无关选项，因为"胎儿的视力是在妊娠期的最后三个月发育形成的"，只能说明"足月出生的婴儿比早产 5～6 周的婴儿视力好"，无法说明胎儿的视力与 P－脂肪的关系。

43. B

【解析】母题 40·复杂匹配与题组

A 项，不满足条件"(1)G 和 V 不能在同一年成为该委员会的成员"。

B项，可以满足题干的条件。

C项，不满足条件"(2)H和Y不能在同一年成为该委员会的成员"。

D项，有3名委员G、H、I来自法官，只有1名委员Z来自科学家，不满足题干要求。

E项，不满足条件"(1)G和V不能在同一年成为该委员会的成员"。

44. E

【解析】母题40·复杂匹配与题组

根据题干要求，V在第一年做该委员会主席，则第二年必须退出该委员会，因此，3位科学家之中的2位Y和Z必须在第二年成为该委员会的成员。

再根据条件(3)，V在第二年不是该委员会的成员，那么I一定是第二年该委员会的成员。

故E项正确。

45. A

【解析】母题40·复杂匹配与题组

已知H在第一年做该委员会主席，根据条件(2)可知，V、Z为第一年该委员会的成员。

根据条件(1)和(3)可知，G和I都不能是该委员会的成员。

因此，第一年该委员会的成员有H、F、V和Z。

题干要求，在第二年做主席的人在第一年必须是该委员会的成员，因此，第二年该委员会主席必须是F、V和Z其中的一位。

故A项正确。

46. A

【解析】母题15·论证型削弱题

题干：①许多传统文化中的节日习俗离我们渐行渐远；②圣诞老人、在西餐厅里过生日开始流行；③文化发展是一个"取其精华，去其糟粕"的过程 —证明→ 西方文化优于中国传统文化。

A项，提出反面论据，即我国传统文化中的许多内容在西方国家受到热捧。如果此项为真，结合题干的论据③，就可以得出与题干相反的结论："中国传统文化优于西方文化"。故此项很好地削弱了题干。

B项，题干是对中、西方文化的比较，而此项只能说明西方也有不文明行为，但不能说明西方的不文明行为是不是比中国多，故不能削弱题干。

E项，支持题干。

其余各项均为无关选项。

47. C

【解析】题19·论证型支持题

题干：糖生物电池比同等重量的现有锂离子电池持续使用至少多10倍的时间 —证明→ 糖生物电池将有效替代传统锂电池。

A项，削弱题干，说明糖生物电池在生产环境要求方面有劣势。

B项，削弱题干，说明糖生物电池的可复制性不如传统锂电池。

C项，提出新论据，说明糖生物电池比传统锂电池更加低碳环保，支持题干。

D项，削弱题干，说明糖生物电池的应用范围比传统锂电池窄。

E项，削弱题干，说明糖生物电池在降解技术方面不如传统锂电池的成熟。

48. D

【解析】母题40·复杂匹配与题组

重复元素分析法，"西岛村"出现的次数最多，可以作为突破口考虑：

根据"西岛村的请警察合了一张影"可知，西岛村的不是警察。

根据"医生和西岛村的都喜欢打篮球"可知，西岛村的不是医生。

因此，西岛村的是律师。

根据"西岛村的和王刚、张波都没有联系过"可知，西岛村的是李明。

即：李明——律师——西岛村。

根据"王刚跟东湖村的互留了联系方式"可知，王刚不是东湖村的，故王刚是南山村的。

根据"医生称赞南山村同乡身体健康"可知，医生不是南山村的，故警察是南山村的。

即：王刚——警察——南山村。

所以，张波是医生，是东湖村的。

即：张波——医生——东湖村。

故 D 项正确。

49. B

【解析】母题15·论证型削弱题

题干：实施严格枪支管控的这些州的平均暴力犯罪率却是其他州平均暴力犯罪率的1.5倍——证明→严格的枪支管控无助于减少暴力犯罪。

A项，无关选项。

B项，削弱题干，提出反面论据，政策是否有效，应该比较政策实施前后自身的犯罪率，实施严格枪支管控的这些州的年度暴力犯罪率持续下降说明该政策是有效的(求异法)。

C项，注意，题干中"实施严格枪支管控的这些州的平均暴力犯罪率却是其他州平均暴力犯罪率的1.5倍"，而如果此项为真，则既然在那些实施严格枪支管控法律的州很少有人触犯"枪支管控的法律"，为什么这些州的犯罪率还更高呢，这只能说明枪支管控对于防止暴力犯罪来说没有什么用，从而支持了题干。

D项，支持题干，拥有枪支的数量与枪支暴力犯罪不相关，那么即使实施严格的枪支管控，也不能减少暴力犯罪。

E项，无关选项，无法说明题干中实施严格枪支管控与不严格枪支管控的州的犯罪率的差异。

50. A

【解析】母题11·隐含三段论

将题干信息符号化：

①令狐冲→任盈盈。

甲班学生：②岳灵珊∨东方不败，等价于：¬岳灵珊→东方不败。

③任盈盈→¬岳灵珊。

将题干信息①、③、②串联得：令狐冲→任盈盈→¬岳灵珊→东方不败。

故若想得到结论：令狐冲→仪琳，只需补充前提：东方不败→仪琳。

即可串联得：令狐冲→任盈盈→¬岳灵珊→东方不败→仪琳。

故 A 项正确。

注意：A 项说的是甲班，跟题干范围相对应，B 项的对象范围过大，假设过度。同理，D 项也是假设过度，因为如果 D 项为真，则题干中的条件都变成无用条件。

51. D

【解析】母题 16·因果型削弱题

待削弱的传统观点：鸡蛋黄胆固醇含量高，是直接造成高血压、动脉粥样硬化、冠心病及脑中风的罪魁祸首。

D 项使用了对比实验：

食用蛋黄组：被试者体内的胆固醇含量没有发生变化；

不食用蛋黄组：被试者体内的胆固醇含量也没有发生变化。

因此，说明是否食用蛋黄对被试者体内的胆固醇含量没有影响，故能削弱传统观点。

52. E

【解析】母题 33·评价题

题干：倾销是以低于商品生产成本的价格在另一个国家销售这种商品的行为。H 国的河虾生产者正在以低于"M 国河虾生产成本"的价格，在 M 国销售河虾。因此，H 国的河虾生产者正在 M 国倾销河虾。

E 项，如果倾销定义中的"生产成本"是指销售地同类商品的生产成本，则 H 国的河虾生产者正在 M 国倾销河虾；如果倾销定义中的"生产成本"是指商品原产地的生产成本，则 H 国的河虾生产者未必是在 M 国倾销河虾。

故 E 项正确。

其余各项都不能准确评估 H 国的河虾生产者在 M 国倾销河虾的行为。

53. B

【解析】母题 17·措施目的型削弱题

题干：父母们应该参加预付大学学费的计划 —以求→ 减少孩子的大学教育费用。

A 项，不能削弱，题干中的计划是针对所有公立大学，所以"父母们不清楚孩子将会上哪一所公立大学"并不影响此计划的成立性。

B 项，说明用其他方法可以赚到更多的钱，不必参加此计划，削弱题干。

C 项，无关选项，题干不涉及学费与生活费的比较。

D 项，支持题干，说明大学学费以后会上涨，预付学费可以省钱。

E 项，无关选项，题干不涉及住宿费用问题。

54. B

【解析】母题 22·论证型假设题

题干：丹尼斯女士的学生中能定期完成布置的作业的人越来越少了 —证明→ 工程学的学生比以往更懒惰了。

要想使题干的论证成立，必须满足以下两个假设：

①没有完成作业代表工程学的学生懒惰。

②丹尼斯的学生能代表整个工程学的学生。

B项，等同于假设①，样本具有代表性，是正确选项。

55. A

【解析】母题39·简单匹配题

将题干条件形式化可得：

(1)张珊∀钱起。

(2)王武∀孙巴。

(3)王武→李思。

(4)¬钱起→¬刘久。

由题干可知7人中4人入选，另外3人未入选。

由题干条件(1)可知，张珊、钱起1人入选，1人未入选。

由题干条件(2)可知，王武、孙巴1人入选，1人未入选。

故余下的3人李思、赵柳、刘久中有2人入选，1人未入选。

故李思和赵柳2人中至少要入选1人，否则如果2人都未入选，就与题干的4人入选不符。

故 A 项为真。

四、写作

56. 论证有效性分析

【谬误分析】

支持者的主要逻辑漏洞如下：

①仅仅因为时间上的一致性，就认为是网络社交软件助力婚外情，是不足为信的。

②"离婚率递增图更是被拉高、拉直"，未必是微信、陌陌的原因，可能还有其他方面的原因。

③"通过微信、陌陌等平台发生婚外情的案例激增20%"，可能是因为以前没有社交软件或者社交软件不发达，并不能说明这些社交软件推高了婚外情的发生概率。

反对者的主要逻辑漏洞如下：

①由"网恋进而结婚的数字在增加"不能说明社交软件没有导致更高的离婚率。

②婚姻变化自古以来就有，不能说明社交软件没有推高离婚率。

③"眉目传情或飞鸽传书"与社交软件没有可比性，二者在沟通的便捷性和隐秘性等方面有极大的区别。

④"网络扩大了人们的交际范围，让那些因现实条件而被约束的真实情感得以释放"，只能说明社交软件确实推高了离婚率，而非反驳了这一观点。

⑤有其他原因导致离婚率提高，不能反驳社交软件也是原因之一。

⑥农民工的婚外情问题更值得引起重视，不能说明由社交软件所致的婚外情不重要。

参考范文

争辩还是狡辩？

老吕学员　Why

针对是否是微信、陌陌等社交软件推高了中国的离婚率的问题，正反双方进行了激烈的争辩，然而，双方的论证都存在多处不当，有狡辩之嫌。

从正方来看：

首先，仅仅从时间上的一致性，就认为是QQ、BBS、聊天室助力婚外情，存在不妥。可能社交软件和婚外情之间并无因果关系，也可能是婚外情的泛滥使社交软件得以流行。同样，也难以断定是微信、陌陌等社交软件提高了离婚率。正如反方所述，可能二套房限购政策、人们婚姻观的变化等才是真正的原因。

其次，"通过微信、陌陌等平台发生婚外情的案例激增20%"，可能是因为以前没有社交软件或者社交软件不发达，并不能说明这些社交软件推高了婚外情的发生概率。

从反方来看：

第一，反方犯了非黑即白的逻辑错误。因网恋而结婚的数字增加，或许可以说明社交软件可以成为一段婚姻关系开始的方式，但这并不能反驳社交软件会引发婚外情。

第二，古代有"眉目传情或飞鸽传书"，只能说明古代也有婚外情，但不能反驳现在婚外情的发生概率因社交软件而提高了。而且，"眉目传情或飞鸽传书"与社交软件没有可比性，二者在沟通的便捷性和隐秘性等方面有极大的区别。

第三，"网络扩大了人们的交际范围，让那些因现实条件而被约束的真实情感得以释放"，正好说明了社交软件给婚外情提供了媒介，从而推高了离婚率，而非反驳了这一观点。

综上所述，无论是正方还是反方，都犯了诸多逻辑错误。微信、陌陌是否推高离婚率，仍然需要讨论。

57. 论说文

补短不如扬长

老吕写作特训营学员　丁芳芳

"木桶理论"认为，一只水桶能装多少水取决于最短的那块木板。但是如果我们把木桶倾斜一下，不就取决于最长的那块木板了吗？与其一味地去补齐"短板"，不如扬长避短，把自己的优势发挥到极致，更容易取得成功。

首先，人生不是木桶，并不是每一块短板都可以补上，适当放弃也并无不可。俗话说："金无足赤，人无完人。"只要是人，都会有不足之处。后天形成的不足，固然可以通过努力去改变，将其补长。但是，总有一些与生俱来的短板，并不是通过努力就会改变的，一味地强求不过是徒增烦恼而已。爱迪生曾说："天才来自百分之九十九的汗水和百分之一的天赋。"但没有这百分之一的天赋，纵使有汗水，也不过是在错误的方向上越走越远，结果得不偿失。

所以，面对无法拉长的短板，我们不如放弃，发展自身长处，比补短板更有意义。

再者，取长补短，不如扬长避短。大多数人往往是用穷尽一生的时间来改善劣势，而不注重优势。大量的时间和精力荒废在不擅长的短板上，难道真的能取长补短吗？古人打造宝剑必求其灵巧，长枪必求其坚利，从未兼备两者之长，都扬其优势，避其短处。何必"明知不可为而为之"？况且，扬长能找到自己的兴趣所在。"兴趣是最好的老师"，攻克有潜力的长处，往往会起到事半功倍的效果，何乐而不为呢？

其实，决定一个人是否卓越，不在于他能否补齐短板，而在于他是否能将长板变得更长。所有的天才都有极擅长的和极不擅长的领域，而且对比非常明显。韩寒七科考试不及格，马克·吐温屡次从商失败，但他们在文学领域都是极其成功的作家。他们并没有执着于自己的短板，而是使自己在擅长的领域足够卓越。所以，只有投入更多的精力来发展自身优势，而不是改善劣势，才更有可能成功。

与其拼死拼活地用烂木块去修木桶的短板，不如把木桶倾斜一下，扬其长，避其短，更容易有一个美好的未来。

参考范文2

不做有短板的"木桶"

老吕写作特训营学员　杨旭

一只木桶能盛多少水，并不是取决于最长的那块板，而是取决于最短的那块板。人亦是如此，你的前途往往取决于克服自身不足的能力，所以，要正视缺点，克服不足。

克服自身的不足，才能迎来人生的蜕变。每一个人或多或少地都有自身存在的不足和缺点，这些缺点或是身体、精神上的，抑或是能力上的，然而伟大的人却凭借顽强的意志克服它，把它变为自己的优势，进而迎来人生的突破。海伦·凯勒在年幼时就丧失了听力、视力，但她并没有因此自暴自弃，而是克服了这些先天的不足，最终成了世界著名作家。梅兰芳也是从小坚持含沙练唱，终于克服了口吃的不足，成了一代艺术大师。所以，面对自身的不足，一定要去战胜它。

然而，很多心高气傲的人并不能有效地正视自己的短板，感觉"自己是个螺丝钉，哪里都需要"，即使有些人很清楚地了解自己在哪些方面存在不足，但是并没有真正付出努力改变它，更别提把它转化为自身的优势了。克服不足，做一件不擅长的事情，这本身就是对自己的一种煎熬。况且，克服不足也并不单单能在短时间内有所收获，它需要坚持一个月、一年，甚至是更长的一段时间。正是因为如此，就算人们意识到了自身的不足，也难以去改变它。

诚然，长期与自己较劲是一个痛苦的过程，可是不经历风雨，又怎能拨开云雾见天日，守得云开见月明。用一时的辛苦，换来日后的辉煌，这是一笔多么划算的买卖，但若你无视其存在，就像那只有短板的水桶不能装满水一样，你永远也不可能走上人生巅峰。所以，面对短板，请不要再逃避，和它掰一掰手腕又有何妨？

古代哲学家曾说："三长难救一短，三勤难补一懒。"人要正视自己的不足，勇于克服自己的缺点，才能取得长足的进步。

绝密★启用前

全国硕士研究生招生考试
管理类专业学位联考综合能力试题
冲刺卷 17

（科目代码：199）

考试时间：8：30—11：30

考生注意事项

1. 答题前，考生须在试题册指定位置上填写考生姓名和考生编号；在答题卡指定位置上填写报考单位、考生姓名和考生编号，并涂写考生编号信息点。
2. 选择题的答案必须涂写在答题卡相应题号的选项上，非选择题的答案必须书写在答题卡指定位置的边框区域内。超出答题区域书写的答案无效；在草稿纸、试题册上答题无效。
3. 填（书）写部分必须使用黑色字迹签字笔或者钢笔书写，字迹工整、笔迹清楚；涂写部分必须使用2B铅笔填涂。
4. 考试结束，将答题卡和试题册按规定交回。

考生编号														
考生姓名														

一、**问题求解**：第1～15小题，每小题3分，共45分。下列每题给出的A、B、C、D、E五个选项中，只有一项是符合试题要求的。请在答题卡上将所选项的字母涂黑。

1. 两款同样配置的智能手机A、B，A手机的进价比B手机便宜12%，手机店将两款手机均按照进价 $\frac{1}{5}$ 的利润定价，售出一台A手机比B手机少赚120元，则A手机的定价为(　　)元.
   A. 7 320　　B. 4 500　　C. 4 800　　D. 5 280　　E. 6 000

2. 小王准备去外地旅游，旅游大巴2点准时出发，但由于个人原因，迟到30分钟．于是乘坐小汽车追赶大巴车．已知大巴车的速度为60千米/小时，小汽车的速度为80千米/小时，当小王追上大巴车时，时间为(　　).
   A. 3：00　　B. 3：30　　C. 3：45　　D. 4：00　　E. 4：30

3. 现有一卷长度为100米的铁丝网，靠墙围成三个面积相等的长方形围栏(如图17-1所示)，则能围成的最大面积为(　　)平方米.

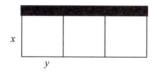

图 17-1

   A. 360　　B. 480　　C. 625　　D. 720　　E. 800

4. 一项工程，甲队独做需要12天才能完成，乙队独做需要4天完成．如果甲队先做了若干天后，由乙队单独接着做余下的工程，直至全部完工，这样前后一共用去了6天，则甲队先做了(　　)天.
   A. 1　　B. 3　　C. 5　　D. 6　　E. 8

5. 有两个自然数 a、b，已知两数之和是31，两数之积是750的约数，则 $|a-b|=$(　　).
   A. 13　　B. 19　　C. 20　　D. 23　　E. 25

6. 已知实数 x 和 y 满足 $2x^2+2xy+7y^2-10x-18y+19=0$，$x+y=$(　　).
   A. 0　　B. -1　　C. 1　　D. 2　　E. 3

7. 某发电厂规定，居民月用电量低于100度的部分，按照0.5元/度收取；超过100度不足300度的部分，按照0.6元/度收取；超过300度的部分，按照0.7元/度收取，小王家这个月共交电费191元，则本月共用电(　　)度.
   A. 240　　B. 280　　C. 300　　D. 320　　E. 330

8. 设 a,b,c 是三角形的三边长，且二次三项式 $x^2+2ax+b^2$ 与 $x^2+2cx-b^2$ 有一次公因式，则该三角形为(　　).
   A. 等腰非等边三角形　　　　　　　B. 等边三角形
   C. 钝角三角形　　　　　　　　　　D. 直角三角形
   E. 以上选项均不正确

9. 正整数 X 分解质因数可写成 $X=2^m \times 3^n$, m, n 均为自然数. 若 X 的二分之一是完全平方数, X 的三分之一是完全立方数, 那么 $m+n$ 的最小值为( ).
   A. 5　　　B. 6　　　C. 7　　　D. 8　　　E. 9

10. 某校举行五子棋比赛, 采用积分制, 那么赢一局加 3 分, 平局加 1 分, 输一局不加分, 某位同学共下了十四局, 那么他恰好得 19 分的情况共有( )种.
    A. 2　　　B. 3　　　C. 4　　　D. 5　　　E. 6

11. 方程 $x^4 - y^4 - 4x^2 + 4y^2 = 0$ 所表示的曲线是( ).
    A. 一个圆和一个半圆　　　　　　　　　B. 两条相交直线
    C. 两条平行直线和一个圆　　　　　　　D. 两条相交直线和一个圆
    E. 两个圆

12. 不等式 $|2x-3| = |x-1| + |2-x|$ 的解集为( ).
    A. $(-\infty, 1] \cup [2, +\infty)$　　　　B. $[1, 2]$　　　　C. $(-2, -1)$
    D. $[1, 3]$　　　　E. $(1, 2)$

13. 过点 $(-2, 3)$ 的直线 l 与圆 $x^2+y^2+2x-4y=0$ 相交于 A, B 两点, 则 AB 取得最小值时, l 的方程为( ).
    A. $x-y-5=0$　　　　B. $x+y-1=0$　　　　C. $x+2y-2=0$
    D. $x-y+5=0$　　　　E. $2x-y+7=0$

14. 已知 $\dfrac{1}{x} = \dfrac{2}{y-z} = \dfrac{3}{x+z}$, 则 $\dfrac{3x+2y+z}{x+2y+3z} = ($).
    A. $\dfrac{1}{2}$　　　B. $\dfrac{3}{5}$　　　C. $\dfrac{6}{7}$　　　D. $\dfrac{13}{15}$　　　E. $\dfrac{8}{12}$

15. 李女士周末出差, 要从 5 套便装和 4 套正装中选择 4 套携带, 要求正装和便装都至少携带一套, 共有( )种选法.
    A. 60　　　B. 80　　　C. 100　　　D. 120　　　E. 130

二、条件充分性判断：第 16～25 小题, 每小题 3 分, 共 30 分。要求判断每题给出的条件（1）和条件（2）能否充分支持题干所陈述的结论。A、B、C、D、E 五个选项为判断结果, 请选择一项符合试题要求的判断, 在答题卡上将所选项的字母涂黑。

　　A. 条件(1)充分, 但条件(2)不充分.
　　B. 条件(2)充分, 但条件(1)不充分.
　　C. 条件(1)和条件(2)单独都不充分, 但条件(1)和条件(2)联合起来充分.
　　D. 条件(1)充分, 条件(2)也充分.
　　E. 条件(1)和条件(2)单独都不充分, 条件(1)和条件(2)联合起来也不充分.

16. 烧杯中有纯酒精溶液 400 mL, 第一次倒出 x mL 后, 用水加满, 第二次再倒出同样多的溶液, 再用水加满, 则这时容器中酒精溶液的浓度为 49%.
    (1) $x=120$.

(2)$x=100$.

17. 已知 $a=\log_m \dfrac{x+y}{2}$，$b=\dfrac{1}{2}(\log_m x+\log_m y)$，$c=\dfrac{1}{2}\log_m(x+y)$，则有 $c>b\geqslant a$.

    (1)$x>2$，$y>2$.

    (2)$0<m<1$.

18. 等式 $x^{12}+\dfrac{1}{x^{12}}=2$ 成立．

    (1)$x+\dfrac{1}{x}=-2$.

    (2)$x+\dfrac{1}{x}=2$.

19. 直线 l 被圆 $(x+1)^2+(y-1)^2=9$ 截得的弦长为 6.

    (1)l：$y=k(x+1)+1$.

    (2)l：$y=2x+a$.

20. 如图 17-2 所示，有直角三角形 ABC，CD 是斜边 AB 上的高，则有 $BC=10\sqrt{3}$.

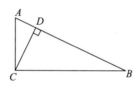

图 17-2

    (1)$AD=12$，$DB=13$.

    (2)$AD=13$，$DB=12$.

21. 某证书考试共包括 A，B，C 三门，则五名同学不同的报名方法共有 1 024 种．

    (1)每名同学只报一门．

    (2)每名同学都选择了 A.

22. 设连续掷两次色子所得到的点数分别为 a，b，且点 N 的坐标为 (a,b)，则有 $P=\dfrac{1}{9}$.

    (1)点 N 落在圆 $x^2+y^2=9$ 内的概率为 P.

    (2)点 N 落在圆 $x^2+y^2=16$ 内的概率为 P.

23. 已知等比数列 $\{a_n\}$ 的公比为 q，a，b，c，d 是该数列中连续的四项，那么 $a-b$，$b-c$，$c-d$ 也成等比数列．

    (1)$q=1$.

    (2)$q=-1$.

24. 已知点 $A(4,0)$ 及点 $B(0,3)$，则在直线 l 上存在两点 P，可使 $PA\perp PB$.

    (1)直线 l：$x-y+1=0$.

    (2)直线 l：$x+y-1=0$.

25. 共有 44 种方案．
    (1)为 5 名不同岗位的员工安排工作，要求每个人所做的工作都与原来的工作不同．
    (2)5 个人站成一排，甲只能站在两端．

三、逻辑推理：第 26～55 小题，每小题 2 分，共 60 分。下列每题给出的 A、B、C、D、E 五个选项中，只有一项是符合试题要求的。请在答题卡上将所选项的字母涂黑。

26. 近年，在对某大都市青少年犯罪情况的调查中，发现失足青少年中 24％都是离异家庭的子女。因此，离婚率的提高是造成青少年犯罪的重要原因。

    假设每个离异家庭都有子女，则以下哪项如果是真的，最能对上述结论提出严重质疑？

    A. 十多年前该大都市的离婚率已接近 1/4，且连年居高不下。
    B. 该大都市近年的离婚率较之前有所下降。
    C. 离异家庭的子女中走上犯罪道路的毕竟是少数。
    D. 正常的离异比不正常地维系已经破裂的家庭要有利于社会的稳定。
    E. 青少年犯罪中性犯罪占很大的比例。

27. 在一项学习实验中，一位研究人员将老鼠置于一个迷宫之中，有的老鼠没有视觉，有的老鼠没有听觉，有的老鼠没有嗅觉，还有一些老鼠没有感官缺陷。但是，所有的老鼠都在几乎同样多的时间里学会了自己的任务。在除视觉、听觉和嗅觉之外的感觉中，只有动觉以前没有被表明与迷宫学习无关。以这些事实为基础，研究人员得出结论：动觉即身体运动的感觉对迷宫学习就已经足够了。

    研究人员的推论最易于受到以下哪种批评的抨击？

    A. 研究人员对老鼠跑迷宫时在熟练程度上的细小差别没有给予足够的重视。
    B. 动觉与至少其他一种感觉的相互作用是迷宫学习所需要的，这一可能性不能在上述资料的基础上被排除掉。
    C. 从所给出的资料可以确定被剥夺感官刺激来源的老鼠比先前更加依赖动觉，但这一资料没有表明这样的转换是如何发生的。
    D. 从所给出的资料可以得出结论：老鼠能只凭动觉便学会跑迷宫，但并没有排除对非动觉刺激的反应。
    E. 事实是那些动觉无缺陷的老鼠都在同等时间内学会了任务，但这不能说明动觉是迷宫学习的必要条件。

28. 刑警队需要充实缉毒组的力量，关于队中有哪些人来参加该组，已商定有以下意见：
    (1)如果甲参加，则乙也参加。
    (2)如果丙不参加，则丁参加。
    (3)如果甲不参加而丙参加，则队长戊参加。
    (4)队长戊和副队长己不能都参加。
    (5)上级决定副队长己参加。

根据以上意见可以推知，下列推理完全正确的是：

A. 甲、丁、己参加。

B. 丙、丁、己参加。

C. 甲、丙、己参加。

D. 甲、乙、丁、己参加。

E. 甲、丁、戊参加。

29. 在某个车间的领导班子中，车间主任、车间副主任和采购经理分别是张珊、李思和王武中的某一位。已知：

(1)车间副主任是个独生子，钱挣得最少。

(2)王武与李思的姐姐结了婚，钱挣得比车间主任多。

从以上陈述中可以推出下面哪一个选项？

A. 王武是采购经理，李思是车间主任。

B. 张珊是车间副主任，王武是车间主任。

C. 张珊是车间主任，李思是采购经理。

D. 李思是车间主任，张珊是采购经理。

E. 李思是车间主任，王武是车间副主任。

30. 由于中国代表团没有透彻地理解奥运会的游戏规则，因此在伦敦奥运会上，无论是对赛制赛规的批评建议，还是对裁判执法的质疑，前后几度申诉都没有取得成功。

为使上述推理成立，必须补充以下哪一项作为前提？

A. 在奥运舞台上，中国还有许多自己不熟悉的东西需要学习。

B. 有些透彻理解奥运会游戏规则的代表团，在赛制赛规等方面的申诉中取得了成功。

C. 奥运会上在赛制赛规等方面的申诉中取得成功的代表团都透彻理解了奥运会的游戏规则。

D. 奥运会上透彻理解奥运会游戏规则的代表团都能在赛制赛规等方面的申诉中取得成功。

E. 如果中国代表团透彻地理解奥运会的游戏规则，申诉一定会取得成功。

31. 任何一个人的身体感染了X病毒，一周以后就会产生抵抗这种病毒的抗体。这些抗体的数量在接下来大约一年的时间内都会增加。现在，有一项测试可靠地指出了一个人的身体内存在多少个抗体。如果属实的话，这个测试可在一个人感染上某种病毒的第一年内被用来估计那个人已经感染上这种病毒多长时间了，估计误差在一个月之内。

下面哪一项结论能被上面的论述最有力地支持？

A. 抗体的数量一直增加到它们击败病毒为止。

B. 离开了对抗体的测试，就没有办法确定一个人是否感染上了X病毒。

C. 抗体仅为那些不能被其他任何身体防御系统所抵抗的病毒感染产生。

D. 如果一个人无限期地被X病毒感染，那么这个人的身体内可以出现的抗体的数量就是无限的。

E. 任何一个感染了X病毒的人，如果用抗体测试法对他进行测试，将在一段时间内发现不了他有被感染的迹象。

32. 如果危机发生时，公司能够采取非常有效的办法来消除危机，实际上能够增加公司的声誉。一个非常好的声誉，可能因为一个事件，转眼就被破坏；而一个不好的声誉，往往需要很长时间的努力才能消除它。

   如果以上陈述为真，则最能支持以下哪项陈述？

   A. 消除一个不好的声誉比赢得一个好的声誉还难。
   B. 如果声誉的风险不算风险的话，就不存在风险了。
   C. 维持公司声誉是董事会最重要的职责。
   D. 破坏一个好声誉比消除一个不好的声誉更容易。
   E. 伟大的公司无不具有好的声誉。

33. 传统的观点一直认为，荷尔蒙睾丸激素的高含量分泌是造成男性患心脏病的重要原因。这个观点是站不住脚的。因为测试显示，男性心脏病患者体内的荷尔蒙睾丸激素的含量，通常都要低于无心脏病的男性。

   上述论证假设了以下哪项断定？

   A. 患心脏病后不会降低男性患者体内的荷尔蒙睾丸激素的含量。
   B. 一些心脏健康的男性体内的荷尔蒙睾丸激素的含量较低。
   C. 传统的观点往往是不正确的。
   D. 心脏病和荷尔蒙睾丸激素含量的降低是某个共同原因作用的结果。
   E. 荷尔蒙睾丸激素在体内的高含量不会引起除心脏病以外的任何疾病。

34. 治疗中耳炎的专用消炎药是一种非处方药品，普通药店都能买到。有人担心这会给患者带来风险，理由是大多数人缺少诊断中耳炎的专业经验，有些耳部不适的患者以为自己患了中耳炎，但实际情况可能要严重得多，这时自行药物处置就可能延误病情。但最近的一项统计显示，在1 000个怀疑自己患了中耳炎的被调查者中，84％确实患了中耳炎，这个比例甚至比专业医生诊断中耳炎的正确率还略高。因此，大多数人可以自己诊断是否患有中耳炎而不必去看医生。

   以下哪项如果为真，则最能削弱上述结论？

   A. 上述1 000个被调查者中有专业耳科医生。
   B. 大多数误以为自己患有中耳炎的被调查者也误以为自己患有其他疾病。
   C. 大多数正确判断自己患有中耳炎的上述被调查者以前患过中耳炎，并受过医生的诊治。
   D. 一般地说，依据医学专业知识和技能判断是否患有某种疾病的正确率，要高于仅仅依据经验和感觉。
   E. 某些中耳炎患者不经治疗也能痊愈。

35. 地方政府在拍卖土地时，有一个基本的价格，叫作"土地基价"；拍卖所得超出土地基价的金额与土地基价之比，叫作"溢价率"。溢价率的高低标志着土地市场和楼市的热度。B市有一块地，在今年第一次上市过程中，因溢价率将创新高而被临时叫停。第二次上市最终以低于第一次上市的溢价率成交，但成交的总金额却超出了第一次可能达到的数额。

如果以下陈述为真，则哪一项最好地解释了上述看似不一致的现象？

A. B市的这块地在第二次上市时，政府上调了它的土地基价。

B. 今年B市实行了全国最严格的房地产调控政策。

C. 目前拍卖土地所得是地方政府重要的财政来源。

D. B市的这块地在第二次上市时，开发商的竞争程度远比第一次激烈。

E. 两次参与B市这块地竞拍的开发商不是同一批开发商。

36. 市场上生产的手机大约有200种品牌，而我们进的货只局限于8种最流行的品牌。我们计划通过增加10种最好销的品牌来增加销量。

下列哪个选项如果为真，则可以最有力地指出上述计划的弱点？

A. 3种最流行的手机品牌功能相似，其中没有哪种品牌在各方面都有优势。

B. 7种最流行的品牌几乎构成了所有手机的销量。

C. 随着手机的用户水平越来越高，他们更倾向于购买并不知名的品牌。

D. 不流行的品牌往往给零售商带来较少的利润，因为为了吸引消费者必须采取价格折扣。

E. 最知名的品牌的手机销售量不如非名牌手机，是由于非名牌手机与其功能相似且价格低。

37. 农场发言人："毗邻我农场的炼铅厂引起的空气污染造成了本农场农作物的大幅度减产。"

炼铅厂发言人："责任不在本厂。我们的研究表明，农场减产应该归咎于有害昆虫和真菌的蔓延。"

以下哪项如果为真，则最能有力地削弱炼铅厂发言人的结论？

A. 炼铅厂的研究并没有测定该厂释放的有害气体的数量。

B. 农场近年来的耕作方式没什么变化。

C. 炼铅厂的空气污染破坏了周边的生态平衡，使得有害昆虫和真菌大量滋生。

D. 炼铅厂释放的有害气体是无色无臭的。

E. 所说的有害昆虫和真菌在周边地区近百年来都偶有发现。

38. 一个案件有张、王、李、赵四位嫌疑人。

张说："作案者是王。"

王说："作案者是赵。"

李说："我没有作案。"

赵说："王说谎。"

已知四个人中只有一个人说真话，则作案者是哪位？

A. 张。 B. 王。 C. 李。 D. 赵。 E. 无法判断。

39~40题基于以下题干：

政府用于支持纯理论研究的投入经常被认为是浪费，似乎只有直接的技术应用可以证明科学的价值。但是，如果没有纯理论研究，应用技术终将成为日渐枯竭的无源之水。今天的纯理论研究可能看来没有什么用，但是谁也说不准某一天它会产生什么样的应用奇迹。这正如人们完全可以问："新生婴儿有什么用？"

39. 上述议论基于以下哪项假设？

    Ⅰ．理论发现和它的实际应用之间存在时间上的差距。

    Ⅱ．纯理论研究比技术应用更费时间和金钱。

    Ⅲ．理论转化为实际应用的时间越长，这种理论就越有价值。

    A. 仅仅Ⅰ。　　　　　　B. 仅仅Ⅱ。　　　　　　C. 仅仅Ⅲ。

    D. 仅仅Ⅰ和Ⅲ。　　　　E. Ⅰ、Ⅱ和Ⅲ。

40. 上述论证把"新生婴儿"比作以下哪项？

    A. 基于纯理论的一种新技术突破。

    B. 政府对科学研究的投入。

    C. 公众对纯理论研究的支持。

    D. 新技术成果使社会得到的受益。

    E. 一时看不到直接应用价值的纯理论发现。

41. 脊髓中受损伤的神经不能自然地再生，即使在神经生长刺激物的激发下也不能再生。人们最近发现其原因是脊髓中存在着神经生长抑制剂。现在已经开发出降低这种抑制剂活性的抗体。那么很清楚，在可以预见的将来，神经修复将会是一项标准的医疗程序。

    以下哪项如果正确，则能对以上预测的准确性产生怀疑？

    A. 防止受损神经的再生只不过是人体中抑制神经生长的物质的主要功能的一个副作用。

    B. 某种神经生长刺激剂与那些减少神经生长抑制剂活性的抗体具有相似的化学结构。

    C. 大脑中的神经在不能自然再生方面与脊髓中的神经相似。

    D. 通过仅仅使用神经生长刺激剂，研究人员已经能够激发不在脊髓内的神经生长。

    E. 在持续的时期内降低抑制神经生长的物质的活性，需要抗体的稳定供给。

42～43题基于以下题干：

在南美，因为气候恶劣，同时又有许多原先种植胡椒的农民改种价值更高的可可，所以过去三年中世界胡椒的产量一直低于销售量，胡椒处于相对短缺的状态，价格也飞涨直至与可可相当。

42. 由上文可推知：

    A. 胡椒只有大量种植才有利可图。

    B. 过去三年中世界胡椒消费量高得非同寻常。

    C. 气候一旦回转正常，世界胡椒产量又会回升。

    D. 过去三年中世界的胡椒剩余储备减少了。

    E. 过去三年种植胡椒的农民获利之大是前所未有的。

43. 有人认为，由于胡椒价格上涨，那些三年前改种可可的人并不见得比不改种的好。但是，这个结论是不确定的，因为由上文可以推知：

    A. 那些改种植可可的农民并不能预见胡椒价格到底会涨到多高。

B. 从种植胡椒转种可可的初始成本巨大。

C. 如果他们不改种植可可，胡椒的供给不可能如此之少而导致价格上涨。

D. 可可和胡椒一样易受气候条件的影响。

E. 当越来越多的人种植可可时，可可的供给就会上升，价格就会下降。

44. 经济学家：有人主张对居民的住房开征房产税，其目的是抑制房价，或为地方政府开拓稳定的税源，或调节贫富差别。如果税收不是一门科学，如果税收没有自身运行的规律，那么，根据某些官员的意志而决定开征房产税就是可能的。房产税是财产税，只有我国的税务机关达到征收直接税和存量税的水平，才能开征房产税。

要从以上陈述中推出"我国现在不能开征房产税"的结论，必须增加以下哪项陈述作为前提？

A. 税收是一门科学，并且税收有自身运行的规律。

B. 开征房产税将面临评估房地产价值、区分不同性质的房产等难题。

C. 将房产税作为抑制房价的手段或作为地方政府的稳定税源都不是开征房产税的充足理由。

D. 我国税务机关目前基本上只能征收间接税和以现金流为前提的税，不能征收直接税和存量税。

E. 现在有很多官员隐瞒房产，开征房产税有利于反腐败。

45. 有学者对一些成功的女性秘书的调查研究表明，女性秘书具有强烈的现代意识和敏锐的现代眼光，而且她们具有娴熟的公关技巧。正是因为她们具有上述两大优点，使她们在社会舞台上扮演着当之无愧的重要角色，她们在化解矛盾、排除难局等方面有着极其出色的表现。据此，学者得出结论，领导者用女性秘书要比男性秘书好。

以下哪项最能削弱上述结论？

A. 女性秘书也有一些显而易见的缺点。

B. 个别的调查结果不能得出普遍结论。

C. 合格的秘书不仅要有强烈的现代意识和娴熟的公关技巧，还要有一些更重要的品质。

D. 据一项调查结果显示，男性秘书也同样具有强烈的现代意识和娴熟的公关技巧。

E. 不是所有的领导者都偏好女性秘书。

46. 2012年8月10日，韩国总统李明博访问了与日本存在主权争议的独岛(日本称"竹岛")。舆论调查结果显示：在李明博访问独岛之后，其支持率由25.7%升至34.7%。

如果以上调查结果属实，则以下哪一项陈述一定为真？

A. 支持李明博访问独岛的韩国人多于不支持的人。

B. 在李明博访问独岛之后，一部分先前不支持他的人现在转而支持他。

C. 2012年8月10日前支持李明博的韩国人现在继续支持他。

D. 李明博访问独岛是其支持率提升的原因。

E. 韩国民众大都支持收回独岛的主权。

47. 小红想买一件漂亮的衣服，她父亲同意或者她母亲同意都会给她购买，可是小红没能说服家人给她买这件衣服。

除了哪项，以下论述都是正确的？

A. 她父亲不同意给她买。

B. 她母亲不同意给她买。

C. 她父母都不同意给她买。

D. 她父母有人不同意给她买。

E. 她父母有人同意给她买。

48. 当土地在春季被犁时，整个冬季都在土壤里的藜的种子被翻到表面，然后重新沉积到表层的正下面，种子短暂的曝光刺激了感受器。感受器在种子埋在土壤里的那几个月期间已对太阳光变得高度敏感。受刺激后的感受器激发种子发芽。没有漫长的黑暗和随后的曝光，藜的种子就不会发芽。

上面的陈述如果正确，则能最强有力地支持下面哪一项关于一块将要在春季被犁的土地，且有藜的种子整个冬季都被埋在它的土壤里的陈述？

A. 这块土地在夜晚犁要比在白天犁生长的藜类植物少。

B. 这块土地根本就不犁要比它仅在夜晚犁生长的藜类植物少。

C. 刚好在日出前犁这块地要比刚好在日落后犁这块地生长的藜类植物少。

D. 在犁地的过程中，被翻到土壤表层的藜的种子不会发芽，除非它们被重新沉积到土壤表层的下面。

E. 在这块土地被犁之前，所有已经位于土壤表层的藜的种子都会发芽。

49. 目前，我国越来越多的新婚夫妇在登记结婚前进行私人财产公证。这种做法无论对于社会还是对于家庭都是有利的，应当提倡，至少不应反对。

以下各项如果是真的，都能支持上述结论，除了：

A. 我国的离婚率呈逐年上升的趋势。

B. 以往的离婚案中，财产分割是最棘手的问题之一。

C. 婚前财产公证，只要当事人对此举有正确的理解，不会对新婚夫妇的感情产生不利的影响。

D. 在世界上的先进国家中，婚前财产公证被普遍接受。

E. 我国离婚率上升的一个重要原因，是当事人双方社会地位失衡，例如，名人的离婚率是最高的。

50. 在内华尔的泰勒斯威尔地区，人们长期怀疑孩子的生理缺陷、癌症与核武器基地有关，因为镇上有近80%的居民在这个基地上班。然而，现在有证据表明，镇上的水源受到了附近一家塑料工厂排出物的污染，它被指责与镇上居民的健康问题相关。科学家用害虫和家畜作了两组研究：把第一组放在与核武器基地具有同等程度的辐射状态中，给它喝清水；把第二组放在没有核武器辐射的环境中，但给它喝污染的泰勒斯威尔地区的水。结果发现：第二组在致癌和生理缺陷上受到的危害比正常情况高10倍，比第一组高6倍。

以下哪项如果为真，则最能支持上述观点？

A. 核辐射不是导致人类生理缺陷和癌症的原因。

B. 毒素对人和动物的影响具有类似的途径。

C. 新的水源将会减少这个地区孩子生理缺陷和癌症的发病率。

D. 毒素只有长期暴露在供饮用的水中，才会对健康产生威胁。

E. 在供给泰勒斯威尔地区的水中含有一定的毒素很可能会对受过辐射影响的水具有一定的防护作用。

51. 假期收入——一年中第四季度发生的总销售额，决定了许多零售行业经济上的成功或失败。C公司——一家仅销售一种款式相机的零售商，就是一个很好的例子。C公司的假期收入平均占到其每年总收入的1/3和其年利润的一半。

如果以上陈述为真，则以下哪项关于C公司的说法也必定是正确的？

A. 它在第四季度销售每台相机的固定成本高于其他三个季度中的任何一个季度。

B. 它在第一季度和第三季度获得的利润加起来比第四季度获得的利润高。

C. 平均而言，它在第四季度的每台相机零售价格比其他三个季度中的任何一个季度都低。

D. 对于一定金额的销售数量而言，它在第四季度平均获得的利润比前三个季度要多。

E. 平均而言，它在第四季度支付给批发商的每台相机价格比其他三个季度中的任何一个季度都高。

52. 西安凤栖原西汉家族墓地于2010年被评为全国十大考古新发现之一。记者从陕西省考古研究院了解到，西安凤栖原西汉家族墓地的贵妇墓考古发掘已近尾声，贵妇不仅身着丝绸衣物，戴着精美玉镯和金指环，而且随葬有许多精美的漆器。因此，记者得出结论：两千多年前西汉贵妇很爱美。

以下各项如果为真，则哪项最能对记者的结论进行削弱？

A. 贵妇墓是这个家族墓地中唯一没有被盗，且保存完好的墓葬。

B. 专家此前已推断出墓主人是西汉名臣张安世的儿媳，是历史上著名的美女。

C. 墓主人的衣服绝大部分已经朽化不见，只在局部的特别环境中还残留一些遗物痕迹。

D. 贵妇身上的衣物和饰品不是其后人按照自己的喜好放入的。

E. 西汉时期妇人的衣着和首饰是身份和地位的象征，衣着佩戴越华丽，证明其地位越高。

53~55题基于以下题干：

某国东部沿海有5个火山岛：E、F、G、H、I，它们由北至南排列成一条直线，同时发现：

(1) F与H相邻并且在H的北边。

(2) I和E相邻。

(3) G在F的北边某个位置。

53. 假如G与I相邻并且在I的北边，则下面哪一项陈述一定为真？

A. H在岛屿的最南边。

B. F在岛屿的最北边。

C. E在岛屿的最南边。

D. I在岛屿的最北边。

E. G在岛屿的最南边。

54. 假如I在G北边的某个位置，则下面哪一项陈述一定为真？

A. E与G相邻并且在G的北边。

B. G与F相邻并且在F的北边。

C. I与G相邻并且在G的北边。

D. E与F相邻并且在F的北边。

E. H与F相邻并且在F的北边。

55. 假如G是最北边的岛屿，则该组岛屿有多少种可能的排列顺序？

A. 2。　　　B. 3。　　　C. 4。　　　D. 5。　　　E. 6。

四、写作：第56～57小题，共65分。其中论证有效性分析30分，论说文35分。请答在答题纸相应的位置上。

56. 论证有效性分析：分析下述论证中存在的缺陷和漏洞，选择若干要点，写一篇600字左右的文章，对该论证的有效性进行分析和评论。（论证有效性分析的一般要点是：概念特别是核心概念的界定和使用是否准确并前后一致，有无各种明显的逻辑错误，论证的论据是否成立并支持结论，结论成立的条件是否充分等。）

教授：选好学校比选好专业更重要

　　上大学选学校比选专业更重要。上一所大学，就好比进了一个终身的俱乐部。一个十八九岁刚离家的少年，进入大学，第一次独立生活，不管他读什么专业，他都会天然地跟老师、同学产生一种亲近感。这就是为什么本科时代的母校，往往是最令人眷恋的。

　　事实上，大量本科毕业生未来的工作和他的专业没有直接关系，加上现在有很多学生会继续读研究生，或者工作几年再"回炉"读研究生，所以本科的专业不太重要，上什么大学更重要，等本科毕业了，回头读研究生的时候，专业就得靠谱了。

　　我的看法是本科尽量选一些通用性强的专业，比如文学、数学、物理、经济学……这些可能比学会计、精算、播音主持等技术类专业更好。举例来说，绝大多数国际演艺明星并不是专业的艺术院校生，反而倒是像哈佛这类大学出了不少演艺明星：奥斯卡影后娜塔莉·波特曼、马特·达蒙，包括汤米·李·琼斯，他们本科都不是演艺专业。

　　家长们要改变"本科专业决定一辈子"这个观念，我们甚至还可以想一想：本科是不是给你改专业用的？不久前，我参加了清华毕业生30周年聚会，我发现我们这一届最有出息的毕业生都来自那些所谓的苦专业：机械系、水利系……机械系的同学说，他们入校时机械行业产能过剩，毕业时该行业变成严重过剩，怎么办？穷则思变——去占领别人的地盘，当"侵略者"。有这种心气儿的人又都很聪明，边转边学，反而"侵略成功"了。

　　反观金融、经济、会计……这些都是"务实派"，没什么惊喜。他们毕业找工作太容易了，且都是高薪、高福利的单位和岗位，有的本科生毕业进了著名的跨国投资银行，第一年的年薪就上百万，一下子成了金融专业的"楷模"。但这样是不是就缺乏人生突破创新的动力了？

在清华大学金融系这个拥有全国三分之一高考状元的系，聪明的孩子们互相攀比，比的是短期目标，比如第一份工作的起薪，功利化、短期化的倾向严重，聪明的孩子聚在一起反而有可能耽误彼此的前途。所以我始终呼吁清华本科生，要找基层工作，太亮丽的单位反而把自己拴住了。

所以，高考生要选择有深厚校友传统的学校，读通用性强的专业，读好学校、"烂"专业。

57. 论说文：根据下述材料，写一篇 700 字左右的论说文，题目自拟。

祸莫大于不知足，咎莫大于欲得。

——老子《道德经》

答案速查

一、问题求解

1～5　DDCBB　　　6～10　EEDCC　　　11～15　DADDD

二、条件充分性判断

16～20　ACDAB　　　21～25　BABDA

三、逻辑推理

26～30　ABDAC　　　31～35　EDACA　　　36～40　BCCAE

41～45　ADCDD　　　46～50　BEAEB　　　51～55　DEABC

四、写作

略

答案详解

一、问题求解

1. D

【解析】母题94·利润问题

设B手机的进价为 x 元，A手机的进价为 $(1-12\%)x$ 元.

由题干可列方程为 $20\%[x-(1-12\%)x]=120$，解得 $x=5\,000$.

所以，A手机的定价为 $5\,000(1-12\%)(1+20\%)=5\,280$(元).

2. D

【解析】母题98·行程问题

小王追赶大巴车时，大巴车已行驶 $60\times\dfrac{30}{60}=30$（千米）.

设经过 t 小时，小王可以追上大巴车，由速度差×追及时间＝追及距离可得，$(80-60)t=30$，解得 $t=1.5$.

因此，经过1.5小时，小王可以追上大巴车，由 $2+0.5+1.5=4$，可知4点小王可以追上大巴车.

3. C

【解析】母题100·最值应用题(均值不等式)

设三个围栏的总面积为 S 平方米，则有

$$4x+3y=100,\ S=3xy,$$

故 $4x\cdot 3y\leqslant\left(\dfrac{4x+3y}{2}\right)^2=2\,500$，即 $12xy\leqslant 2\,500\Rightarrow S=3xy\leqslant 625$.

所以，能围成的最大面积为625平方米.

4. B

【解析】母题 97·工程问题

令总工程量为 1，设甲队先做了 x 天，则乙队做了 $(6-x)$ 天，根据题意得

$$x \cdot \frac{1}{12} + (6-x)\frac{1}{4} = 1,$$

解得 $x=3$，故甲队先做了 3 天．

5. B

【解析】母题 5·约数与倍数问题

由题意可知，$a+b=31$，$nab=750$（n 为正整数）．

将 750 分解质因数可得 $750=2\times3\times5\times5\times5$．

由 $a+b=31$，可得 $750=2\times3\times5\times5\times5=5\times(25\times6)$，所以，$|a-b|=19$．

6. E

【解析】母题 35·根的判别式问题

将方程中的 y 视为已知数，把方程整理为关于 x 的一元二次方程，为

$$2x^2+(2y-10)x+(7y^2-18y+19)=0.$$

由于 x 是实数，上述方程必有实数根，即 $\Delta=(2y-10)^2-4\times2\times(7y^2-18y+19)\geqslant0$，化简得 $(y-1)^2\leqslant0$，所以，$y=1$，代入原方程，解得 $x=2$，故 $x+y=3$．

7. E

【解析】母题 95·阶梯价格问题

用电量为 100 度时，需交电费为 $100\times0.5=50$(元)；

用电量为 300 度时，需交电费为 $100\times0.5+200\times0.6=170$(元)；

小王家这个月共交电费 191 元，故用电量超过了 300 度．

则小王家超过 300 度的部分共有 $\frac{191-170}{0.7}=30$(度)，所以，小王家本月共用电 330 度．

8. D

【解析】母题 24·三角形的形状判断问题

已知二次三项式 $x^2+2ax+b^2$ 与 $x^2+2cx-b^2$ 有一次公因式，由因式定理，可知两个方程有公共根．设公共根为 x_0，则有

$$\begin{cases} x_0^2+2ax_0+b^2=0, \\ x_0^2+2cx_0-b^2=0, \end{cases}$$

两式相加，可得 $x_0[x_0+(a+c)]=0$．

若 $x_0=0$，代入 $x_0^2+2ax_0+b^2=0$，可得 $b=0$，不符合题干，故 $x_0=-a-c$，代入 $x_0^2+2ax_0+b^2=0$，得 $(a+c)^2-2a(a+c)+b^2=0$，即 $a^2=b^2+c^2$．

所以，该三角形为直角三角形．

9. C

【解析】母题 5·约数与倍数问题

X 的二分之一为 $\frac{1}{2}X=2^{m-1}\times 3^n$，因为 $\frac{1}{2}X$ 是完全平方数，故 $m-1$，n 均为 2 的倍数．

X 的三分之一为 $\frac{1}{3}X=2^m\times 3^{n-1}$，因为 $\frac{1}{3}X$ 是完全立方数，故 m，$n-1$ 均为 3 的倍数．

综上，m 的最小值为 3，n 的最小值为 4，$m+n$ 的最小值为 7．

10．C

【解析】母题 6·整数不定方程问题

设赢 x 局，平 y 局，输 z 局，根据题意得
$$\begin{cases} x+y+z=14, \\ 3x+y=19, \end{cases}$$

两式相减，整理得 $2x-z=5$，故有 $z=2x-5(x\geqslant 3)$，$y=19-3x(x\leqslant 6)$．

穷举 x 的取值：

当 $x=3$ 时，$y=10$，$z=1$，满足题意；

当 $x=4$ 时，$y=7$，$z=3$，满足题意；

当 $x=5$ 时，$y=4$，$z=5$，满足题意；

当 $x=6$ 时，$y=1$，$z=7$，满足题意．

所以，恰好得 19 分的情况共有 4 种．

11．D

【解析】母题 65·图像的判断

方程 $x^4-y^4-4x^2+4y^2=0$ 可变形为 $(x^2-2)^2=(y^2-2)^2$，即
$$|x^2-2|=|y^2-2|,\ \text{解得}\ x^2+y^2=4\ \text{或}\ x=\pm y.$$

所以，方程表示的曲线是一个圆和两条相交直线．

12．A

【解析】母题 14·绝对值的化简求值与证明

由三角不等式，可知 $|2x-3|=|x-1+x-2|\leqslant |x-1|+|x-2|$ 恒成立．

当 $(x-1)(x-2)\geqslant 0$ 时，等号成立，得 $x\leqslant 1$ 或 $x\geqslant 2$．

13．D

【解析】母题 62·点与圆的位置关系

将圆整理成标准方程：$(x+1)^2+(y-2)^2=5$，圆心 C 为 $(-1,2)$，半径为 $\sqrt{5}$．

设 $(-2,3)$ 点为点 M，代入圆的方程可得 $(-2+1)^2+(3-2)^2<5$，说明点 M 在圆内．

连接 MC，$k_{MC}=\dfrac{3-2}{-2-(-1)}=-1$．当 AB 垂直于 MC 时取得最小值，此时 $k_{AB}\cdot k_{MC}=-1$，解得 $k_{AB}=1$．由点斜式方程得 $y=1\times(x+2)+3$，整理得 $x-y+5=0$．

14．D

【解析】母题 26·齐次分式求值问题

由 $\dfrac{1}{x}=\dfrac{3}{x+z}$ 可得 $z=2x$，又由 $\dfrac{1}{x}=\dfrac{2}{y-z}$ 可得 $y=4x$，代入题干可得

$$\frac{3x+2y+z}{x+2y+3z}=\frac{3x+8x+2x}{x+8x+6x}=\frac{13}{15}.$$

【快速得分法】齐次分式求值必可用赋值法.

令 $x=1$，$y=4$，$z=2$，则 $\frac{3x+2y+z}{x+2y+3z}=\frac{3+8+2}{1+8+6}=\frac{13}{15}.$

15. D

【解析】母题 71·排列组合的基本问题

可分为三种情况：

① 1 套便装和 3 套正装，有 $C_5^1 C_4^3 = 20$（种）；

② 2 套便装和 2 套正装，有 $C_5^2 C_4^2 = 60$（种）；

③ 3 套便装和 1 套正装，有 $C_5^3 C_4^1 = 40$（种）.

分类使用加法原理，共有 $20+60+40=120$（种）选法.

二、条件充分性判断

16. A

【解析】母题 96·溶液问题

倒出溶液再加水问题中存在的等量关系为 $C_1 \times \frac{V-V_1}{V} \times \frac{V-V_2}{V} = C_2.$

故有 $100\% \times \left(\frac{400-x}{400}\right)^2 = 49\%$（$x<400$），解得 $x=120.$

条件(1)充分，条件(2)不充分.

17. C

【解析】母题 39·指数与对数 + 母题 19·均值不等式

两条件显然单独都不充分，考虑联立.

等价变形可得 $a=\log_m \frac{x+y}{2}$，$b=\log_m \sqrt{xy}$，$c=\log_m \sqrt{x+y}$，比较 a,b,c 的大小即是比较 $\frac{x+y}{2}$，$\sqrt{xy}$，$\sqrt{x+y}$ 的大小.

对于条件(1)，由均值不等式，可得 $\frac{x+y}{2} \geqslant \sqrt{xy}$，又因为 $\frac{x+y}{xy} = \frac{1}{x}+\frac{1}{y} < \frac{1}{2}+\frac{1}{2} = 1$，则有 $xy > x+y$，即 $\sqrt{xy} > \sqrt{x+y}.$

所以，$\frac{x+y}{2} \geqslant \sqrt{xy} > \sqrt{x+y}.$

又由条件(2)，$0<m<1$，可知对数函数单调递减，即同底对数，真数越大，值越小. 所以 $c>b\geqslant a$，故两个条件联立充分.

18. D

【解析】母题 27·已知 $x+\frac{1}{x}=a$，求代数式的值

条件(1)：$x+\frac{1}{x}=-2$，可得 $\left(x+\frac{1}{x}\right)^2 = x^2+\frac{1}{x^2}+2 = 4$，即 $x^2+\frac{1}{x^2}=2.$

$\left(x^2+\frac{1}{x^2}\right)^2 = x^4+\frac{1}{x^4}+2 = 4$，即 $x^4+\frac{1}{x^4}=2.$

$\left(x^4+\dfrac{1}{x^4}\right)^3=x^{12}+3x^4+\dfrac{3}{x^4}+\dfrac{1}{x^{12}}=8$，解得 $x^{12}+\dfrac{1}{x^{12}}=2$，故条件(1)充分．

同理，条件(2)也充分．

19. A

【解析】母题 63·直线与圆的位置关系

条件(1)：直线 $y=k(x+1)+1$ 恒过圆心 $(-1, 1)$，所以直线 l 被圆截得的弦长等于直径，由圆的方程可知为 6，故条件(1)充分．

条件(2)：a 的值不确定，无法判别直线与圆的位置关系，故条件(2)不充分．

20. B

【解析】母题 56·三角形及其他基本图形问题

由题干知，$\triangle ACD$ 与 $\triangle CBD$ 相似，则有 $\dfrac{AD}{DC}=\dfrac{DC}{DB}$，即 $DC^2=AD \cdot DB$．

条件(1)：$DC^2=AD \cdot DB=12\times 13$，则 $BC=\sqrt{DB^2+DC^2}=\sqrt{13^2+12\times 13}=5\sqrt{13}$，故条件(1)不充分．

条件(2)：$DC^2=AD \cdot DB=13\times 12$，则 $BC=\sqrt{DB^2+DC^2}=\sqrt{12^2+13\times 12}=10\sqrt{3}$，故条件(2)充分．

21. B

【解析】母题 71·排列组合的基本问题

条件(1)：每名同学只报一门，则每人有 3 种选择；一共有 5 名同学，由乘法原理得，不同的报名方法有 $3^5=243$(种)，故条件(1)不充分．

条件(2)：每名同学都选择了 A，那么，关于 B、C 两门，每人的可能选择共有 4 种，分别为：①B，C 都不报；②B，C 都报；③报名 B，不报名 C；④报名 C，不报名 B．

所以，五名同学不同的报名方法共有 $4^5=1\,024$(种)，故条件(2)充分．

22. A

【解析】母题 83·掷色子问题

条件(1)：穷举法．满足条件的点数为 $(1, 1)$，$(1, 2)$，$(2, 1)$，$(2, 2)$，共 4 种情况．所以概率 $P=\dfrac{4}{36}=\dfrac{1}{9}$，故条件(1)充分．

条件(2)：穷举法．满足条件的点数为 $(1, 1)$，$(1, 2)$，$(2, 1)$，$(2, 2)$，$(1, 3)$，$(3, 1)$，$(3, 2)$，$(2, 3)$，共 8 种情况．所以概率 $P=\dfrac{8}{36}=\dfrac{2}{9}$，故条件(2)不充分．

23. B

【解析】母题 47·等比数列基本问题

条件(1)：当 $q=1$ 时，有 $a=b=c=d$，故 $a-b=0$，$b-c=0$，$c-d=0$，所以，$a-b$，$b-c$，$c-d$ 不成等比数列，故条件(1)不充分．

条件(2)：当 $q=-1$ 时，有 $a=-b=c=-d$，故 $a-b=2a$，$b-c=-2a$，$c-d=2a$．

所以，$a-b$，$b-c$，$c-d$ 也成等比数列，公比为 -1，故条件(2)充分．

24. D

【解析】母题 61·直线与直线的位置关系

条件(1)：设 P 点坐标为 (x_0, y_0)，则

$$\begin{cases} x_0 - y_0 + 1 = 0, \\ \dfrac{y_0 - 0}{x_0 - 4} \cdot \dfrac{y_0 - 3}{x_0 - 0} = -1, \end{cases}$$

化简整理,得 $2x_0^2 - 5x_0 - 2 = 0$. 由判别式大于 0, 可知方程有两个不同的解, 即存在两点 P, 使 $PA \perp PB$, 故条件(1)充分.

同理,条件(2)也充分.

25. A

【解析】母题 72・排队问题＋母题 79・不能对号入座问题

条件(1): 由不能对号入座的结论可知, 5 个元素不对位共有 44 种方案, 记住答案即可, 故条件(1)充分.

条件(2): 甲站在排头或者排尾有 C_2^1 种可能, 剩下四个人任意排列为 A_4^4, 故共有 $C_2^1 A_4^4 = 48$(种)方案, 条件(2)不充分.

三、逻辑推理

26. A

【解析】母题 20・因果型支持题(百分比对比型)

失足青少年:来自离异家庭的占 24%;

所有人:离婚率接近 1/4(A 项);

削弱:离婚率的提高是青少年犯罪的重要原因(同比削弱)。

B 项, 无法削弱, 因为我们并不确定之前的离婚率是多少, 故也无法得知现在的离婚率是多少。

C 项, 无法削弱, 离异家庭子女走上犯罪道路的是少数, 无法削弱失足青少年中有 24% 来自离异家庭。

D 项, 无关选项, 题干不涉及"社会的稳定"。

E 项, 无关选项, 题干讨论的是离婚率和青少年"犯罪"的关系, 而不是"性犯罪"。

27. B

【解析】母题 16・因果型削弱题

题干:一位研究人员将老鼠置于一个迷宫之中, 有的老鼠没有视觉, 有的老鼠没有听觉, 有的老鼠没有嗅觉, 还有一些老鼠没有感官缺陷。但是, 所有的老鼠都在几乎同样多的时间里学会了自己的任务。在除视觉、听觉和嗅觉之外的感觉中, 只有动觉以前没有被表明与迷宫学习无关 —证明→ 动觉即身体运动的感觉对迷宫学习就已经足够了。

题干中实验的漏洞在于, 它并不能排除动觉分别与其他几种感觉共同起作用的可能性。故 B 项正确。

其余各项均为无关选项。

28. D

【解析】母题 39・简单匹配题

使用选项排除法:

由条件(1)可知,有甲必有乙,故排除 A、C、E 项。

由条件(3)可知,没有甲且有丙,则必有戊,故排除 B 项。

综上,只有 D 项符合题干条件要求。

29. A

【解析】母题 39·简单匹配题

由"王武挣钱比车间主任多"和"车间副主任钱挣得最少"可知,王武不是车间副主任。

由"车间副主任是个独生子"和"李思的姐姐"可知,李思不是车间副主任。

故张珊是车间副主任。

由"王武钱挣得比车间主任多"可知,王武不是车间主任,故王武是采购经理,李思是车间主任。

故 A 项正确。

30. C

【解析】母题 23·因果型假设题

题干:中国代表团没有透彻地理解奥运会的游戏规则——导致→在伦敦奥运会上,无论是对赛制赛

规的批评建议,还是对裁判执法的质疑,前后几度申诉都没有取得成功。

搭桥法:没有透彻理解→申诉不成功,等价于:申诉成功→透彻理解。

故 C 项必须假设。

其余各项均不必假设。

31. E

【解析】母题 28·一般推论题

题干有以下信息:

①任何一个人的身体感染了 X 病毒,一周以后就会产生抵抗这种病毒的抗体。

②抗体测试可以估计感染 X 病毒的时间,估计误差在一个月之内。

该测试是通过确定抗体的数量来估计感染 X 病毒的时间,但由题干信息①知,任何人感染此病毒后,一周内是没有产生抗体的,因此,该测试在感染 X 病毒的一周内是无效的,故 E 项正确。

32. D

【解析】母题 29·概括结论题

由题干可知:一个非常好的声誉,可能因为一个事件,转眼就被破坏;而一个不好的声誉,往往需要很长时间的努力才能消除它。显然可以推出 D 项为真。

A 项,无关选项,题干仅讨论"破坏"一个好的声誉,没有涉及"赢得"一个好的声誉。

B、C、E 项,显然均为无关选项。

33. A

【解析】母题 22·论证型假设题

题干:男性心脏病患者体内的荷尔蒙睾丸激素含量低于无心脏病的男性——证明→荷尔蒙睾丸激素

的高含量分泌不是造成男性患心脏病的重要原因。

A项，必须假设，否则，若患心脏病后男性体内荷尔蒙睾丸激素的含量会下降，则荷尔蒙睾丸激素的高含量仍然可能是造成心脏病的原因。

B项，无关选项，题干所讨论的范围是患有心脏病的男性和无心脏病的男性总体的特征，其中个别成员的特征不能说明问题。

C项，不必假设，传统观点往往不正确并不能说明所有的传统观点都是不正确的。

D项，削弱题干，共因削弱。

E项，无关选项，题干仅仅讨论荷尔蒙睾丸激素和男性心脏病之间的关系，与其他疾病无关。

34. C

【解析】母题15·论证型削弱题

题干：一项统计显示，患者自己诊断中耳炎的正确率比专业医生略高 —证明→ 大多数人可以自己诊断是否患有中耳炎而不必去看医生。

A项，可以削弱，说明样本没有代表性，但是无法得知专业耳科医生所占的比例，故削弱力度弱。

B项，无关选项，题干不涉及其他疾病。

C项，可以削弱，说明这些患者能够自行诊断是因为接受过医生的诊治，说明<u>样本没有代表性</u>。

D项，无关选项，题干不涉及不同诊断依据的正确率之间的比较。

E项，支持题干，说明患有中耳炎不必去看医生。

35. A

【解析】母题27·解释数量关系

题干：B市某地第一次上市拍卖因溢价率过高而被叫停，第二次溢价率低了，但成交的总金额却超出了第一次可能达到的数额。

$$溢价率 = \frac{拍卖价 - 土地基价}{土地基价}。$$

所以，土地基价升高，可以降低溢价率。

故A项正确。

36. B

【解析】母题17·措施目的型削弱题

题干：增加10种最好销的品牌 —以求→ 增加销量。

A项，无关选项。

B项，削弱题干，现在所售品牌已经包括了8种最流行的品牌，而其中7种已经占据了几乎所有手机的销量，因此再增加所售品牌无法增加销量，<u>措施达不到目的</u>。

C项，无关选项，因为题干的计划是增加"最好销的品牌"，而不是"知名品牌"，此项偷换概念。

D项，无关选项，"不流行的品牌"带来的利润少与增加"10种最好销的品牌"是否可以增加销量无关。

E项，无关选项，与C项同理。

37. C

【解析】母题16·因果型削弱题

农场：炼铅厂引起的空气污染 —导致→ 农作物减产。

炼铅厂：有害昆虫和真菌的蔓延（另有他因）—导致→ 农作物减产。

A项，不能削弱，本项并未指出有害气体与农作物减产的关系，因此，即使该厂释放的有害气体数量再多，也无法削弱"农场减产应该归咎于有害昆虫和真菌的蔓延"。

C项，正是炼铅厂引起的空气污染才导致了有害昆虫和真菌的蔓延，从而导致农作物减产，说明还是炼铅厂的责任，显然为正确选项。

其余三项均为无关选项。

38. C

【解析】母题12·简单命题的真假话问题

将题干信息形式化：

张说：王作案。

王说：赵作案。

李说：¬李作案。

赵说：王说谎。

若张的话为真，即作案者是王，则李的话也为真，与题干"四个人中只有一个人说真话"矛盾，故张说假话，即作案者不是王。

同理，王说假话，即作案者不是赵。

由王说假话可知，赵说的话为真，又因为"四个人中只有一个人说真话"，故李的话为假。

所以，作案者是李。

39. A

【解析】母题22·论证型假设题

题干：今天的纯理论研究将来可能成为技术应用的源头 —证明→ 纯理论研究具有价值。

Ⅰ项，必须假设，否则如果理论发现和实际应用之间没有时间差距，那么今天的纯理论研究，就不可能在未来发展成为技术应用。

Ⅱ项，无关选项，题干不涉及纯理论研究和技术应用哪个更浪费时间和金钱的问题。

Ⅲ项，无关选项，题干仅仅表明今天的纯理论研究在未来可能会有应用价值，但并不涉及这种价值与时间长短的关系。

故A项正确。

40. E

【解析】母题31·评论逻辑技法

通过"新生婴儿有什么用"和"今天的纯理论研究可能看来没有什么用"的类比，不难发现题干将新生婴儿比作一时没有作用，但是在将来会有作用的纯理论发现，即 E 项正确。

41. A

【解析】母题 16·因果型削弱题＋母题 17·措施目的型削弱题

题干中的因果：脊髓中存在着神经生长抑制剂 —导致→ 脊髓中受损伤的神经不能自然地再生。

题干中的措施：开发降低这种抑制剂活性的抗体 —以求→ 神经修复。

A 项，措施有恶果，说明降低神经抑制剂的活性可能导致其无法发挥主要功能。

B、C 项，无关选项。

D 项，补充论据，支持题干，说明措施有效。

E 项，指出题干中的措施需要一定的条件——"抗体的稳定供给"，但并不确定这一条件是否能够满足，故无法削弱题干。

42. D

【解析】母题 28·一般推论题

由题干信息"胡椒处于相对短缺的状态"，可知"过去三年中世界的胡椒剩余储备减少了"为真，即 D 项正确。

A 项，无关选项，题干并未提及。

B 项，题干仅提及产量，未提及消费量。

C 项，气候恶劣和可可的价值更高共同导致胡椒产量下降。所以，仅仅气候回归正常不必然得出胡椒产量会回升。另外，胡椒的价格和可可相同，也不能说明种植胡椒的收益和可可相当（如产量不同、成本不同）。

E 项，推理过度，根据题干信息仅仅可以得出过去三年单位产量胡椒利润上涨，但不能得出"前所未有"。

43. C

【解析】母题 28·一般推论题

由题干可知，如今种植胡椒获利更多的一个重要因素是农民改种可可导致胡椒供不应求，因此价格飞涨。所以，如果农民不改种，价格很可能不会飞涨，获利也不会增加，因此 C 项正确。

其余各项均不能从题干中必然推出。

44. D

【解析】母题 1·充分与必要

将题干信息形式化：开征房产税→我国的税务机关达到征收直接税和存量税的水平，逆否得：¬我国的税务机关达到征收直接税和存量税的水平→¬开征房产税。

故 D 项正确。

其余各项均不正确。

45. D

【解析】母题 15·论证型削弱题

题干：女性秘书具有强烈的现代意识、敏锐的现代眼光和娴熟的公关技巧 $\xrightarrow{\text{证明}}$ 女性秘书要比男性秘书好。

A 项，削弱力度弱，因为即便女性秘书具有缺点，也不代表男性秘书不具有类似的缺点。

B 项，此项指出"个别的调查结果不能得出普遍结论"，但是却没有指出题干中的样本为什么不具备普遍的代表性，因此，本项的质疑缺少论据，削弱力度弱。

C 项，指出女性秘书还具有其他优势，支持题干。

D 项，说明男性秘书也同样具备题干中女性秘书的两个优点，这就说明女性秘书未必比男性秘书好，削弱题干。

E 项，无关选项，题干从女性秘书的优点出发得出结论，和领导者的偏好无关。

46. B

【解析】母题 28·一般推论题

题干：在李明博访问了与日本存在主权争议的独岛后，其支持率由 25.7% 升至 34.7%。

支持率＝支持他的人数/总人数，在韩国总人数不变的情况下，支持率上升，说明支持他的人数增加，即"一部分先前不支持他的人现在转而支持他"，故 B 项正确。

D 项，干扰项，因为相继发生的两个事件，可能有因果关系也可能没有因果关系，此项断定过强。

E 项，推理过度。

其余各项均为无关选项。

47. E

【解析】母题 2·并且、或者、要么

题干：父亲同意∨母亲同意→购买＝¬购买→父亲不同意∧母亲不同意。

根据题干，小红没能说服家人给她买这件衣服，即没有购买，可知小红的父亲和母亲都不同意。

故 A、B、C、D 项的论述均正确，E 项的论述错误。

48. A

【解析】母题 28·一般推论题

题干：没有(漫长的黑暗∧犁地时种子短暂的曝光)→种子不发芽。

A 项，夜晚犁地，种子无法接受阳光，会造成种子无法发芽，故此项正确。

B 项，不犁和在夜晚犁地，种子都无法接触阳光，都不能发芽，故此项错误。

C 项，日出前和日落后犁地，种子都无法接触阳光，都不能发芽，故此项错误。

D、E 项，题干未提及土层问题，故这两项均为无关选项。

49. E

【解析】母题 19·论证型支持题

题干：新婚夫妇在登记结婚前进行私人财产公证对社会和家庭都是有利的。

A、B项,从两个角度分别说明了进行婚前财产公证的必要性。

C项,措施无恶果,支持题干。

D项,说明这是一种普遍接受的方式,支持题干但力度不大。

E项,无关选项,题干所讨论的是婚前私人财产公证问题,与社会地位并不相关。

50. B

【解析】母题20·因果型支持题(求异法型)

题干中的实验:

第一组"害虫和家畜":在辐射环境下喝清水。

第二组"害虫和家畜":在没有辐射的环境下喝污染的泰勒斯威尔地区的水。

实验结果:第二组在致癌和生理缺陷上受到的危害比正常情况高10倍,比第一组高6倍。

实验结论:是水污染,而非核辐射导致"孩子"的生理缺陷和癌症。

A项,干扰项,题干中的实验结果是"第二组在致癌和生理缺陷上受到的危害比正常情况高10倍,比第一组高6倍",这说明,第一组在核武器辐射环境下的害虫和家畜受到的危害是正常情况的接近2倍,说明实验对象受到了辐射的影响,因此,可能人类也会受核辐射的影响,因此,此项与实验结论冲突。

B项,题干是由动物试验得到关于人的结论,需要保证有害物质对动物和人的影响是类似的,所以此项补充了题干的隐含假设,支持力度大。

C项,不能支持题干,此项是题干的推论,而不是题干的论据。

D项,无关选项,题干未涉及毒素是否长期暴露在饮用水中。

E项,说明毒素有好处,削弱题干。

51. D

【解析】母题28·一般推论题

题目问的是关于C公司的说法,所以只需要看题干最后一句:①C公司假期收入占全年收入的1/3;②C公司假期利润占全年利润的一半。

可得:对于一定金额的销售数量而言,C公司在假期中(第四季度)可获得更多的利润。故D项正确。

A项,无法推出,题干没有涉及"固定成本"问题。

B项,与题干信息矛盾,第四季度利润已经占了年利润的一半,因此第一季度和第三季度利润至多和第四季度利润持平。

C项,题干仅仅涉及利润和收入的比较,在不知成本的情况下,无法确定其零售单价。

E项,由题干信息无法获知进货成本。

52. E

【解析】母题15·论证型削弱题

题干:贵妇不仅身着丝绸衣物,戴着精美玉镯和金指环,而且随葬有许多精美的漆器(果)——证明

西汉贵妇很爱美(因)。

A项，无关选项。

B项，题干由饰物推断墓主人"爱美"，与墓主人是否是"美女"无关。

C项，不能削弱题干，虽然墓主人的衣服朽化不见，但通过遗物痕迹进行衣着的推断是考古的常用手法。

D项，排除他因，支持题干。

E项，另有他因，指出贵妇衣着佩戴华丽并非因为爱美，而是为了彰显尊贵的地位，有力地削弱了记者的结论。

53. A

【解析】母题37·方位题

因为G与I相邻并且在I的北边，根据题干条件(2)可知，E在I的南边；再根据题干条件(3)和(1)可知，F和H位于E的南边。故5个岛由北至南的顺序依次为：G、I、E、F、H。

故A项正确。

54. B

【解析】母题37·方位题

因为I在G北边的某个位置，根据题干条件(2)可知，E、G、I三个岛由北至南的顺序依次为：I、E、G 或者 E、I、G。故排除A、C、D项。

根据题干条件(1)可知，E项错误，排除。

根据题干条件(1)和(3)可知，G、F、H三个岛由北至南的顺序依次为：G、F、H。

故B项正确。

55. C

【解析】母题37·方位题

因为G在最北边，根据题干已知条件，由北至南可能的情况为：

①G、F、H、I、E。

②G、F、H、E、I。

③G、I、E、F、H。

④G、E、I、F、H。

故C项正确。

四、写作

56. 论证有效性分析

【谬误分析】

①一个十八九岁刚离家的少年，第一次独立生活，未必会与老师、同学产生亲近感，或许会因为无法适应新环境而产生种种问题。

②"大量"本科毕业生未来的工作与他的专业没有直接关系。此处的"大量"，数量到底是多少？占所有本科生的比例是多少？存在大部分毕业生未来的工作与他的专业有关的可能性。

③很多学生会继续读研究生，不能说明本科阶段的专业不重要。可能本科阶段的专业知识的积累，正是研究生阶段所看重的。

④通用性强的专业，也是专业的门类之一，选择这样的专业有优势，那不还是说明专业很重要吗？

⑤少数演艺明星的例子，无法证明专业对大多数学生不重要。

⑥即使专业无法决定一辈子，也不代表专业学习不重要。

⑦清华毕业生的例子，说明专业还是对未来的发展产生了影响。如果所谓的"苦专业"更能成材，说明选择专业时可以优先选择这些专业，但无法说明专业不重要。

⑧毕业后能找一份好工作，可能正是一些人选择专业的理由，所以，金融、经济、会计这些专业的学生的例子无法说明专业选择不重要。

⑨聪明的孩子们在一起，比的未必是短期目标，也可能是长远发展。

参考范文

学校比专业更重要吗？

老吕学员　彭夏婧

上述文章通过一系列论证，试图说明"选学校比选专业更重要"。其论证过程存在诸多漏洞，分析如下：

首先，"本科时代的母校令人眷恋"，并不能说明"选好学校更重要"。既然"不管读什么专业都会跟老师、同学有亲近感"，为何不选择一个更符合自身爱好与天赋的专业呢？专业往往奠定了初入社会可能接触的圈子，这对毕业生的发展是至关重要的，以"师生情"断定应先"选好学校"，太过荒唐。

其次，"毕业后会继续读研究生"，同样推不出"本科专业不太重要"的结论。研究生招收的是在一定领域有足够知识基础且愿意为之进行科研的学生，没有过硬的专业技能，恐怕难以被录取。否则，每年就不会有那么多跨专业的考研学生落榜了。

再次，"绝大多数明星不是专业的艺术院校生"，不代表专业院校生就不能成功，更不能由此得出"尽量选通用性强的专业"的结论。非艺校生成了大明星，只能说明其有一定天赋，而条件没有那么好的学生，通过专业学习也能有所成就。倘若一个怀揣表演梦的学生就读了物理专业，恐怕就难以"翻身"了。

最后，"穷则思变"和"聪明的孩子互相攀比"都属个例，并不能代表广大普通毕业生。普通学生选择一个感兴趣、又能驾驭、前景足够好的专业，并在学业上投入更多的精力，日后同样会出人头地。

综上所述，要想得出"选好学校比选好专业更重要"的结论，还须做进一步论证。

57. 论说文

参考范文

莫贪欲无度

老吕写作特训营学员　丁芳芳

　　老子云："祸莫大于不知足，咎莫大于欲得。"的确，贪欲是一切祸患产生的根源。所以，人要合理地控制自己的欲望，不可贪婪成性，须知适可而止，否则，将会堕入深渊。

　　有人说："金钱是万恶之源。"其实不然，贪欲才是。一旦任由贪欲无限滋生，人将变得失去控制，难免会堕入万丈深渊。在贪欲的驱使下，总是试图将自己变成一个"聚宝盆"，恨不得将世间宝物归为己有。为官必贪，有权在手就拼命纳贿敛财；为商必奸，有利可图就不惜草菅人命。其结果往往是失去权势、财富甚至是生命。正所谓"一念贪私，万劫不复"。

　　然而，生活中真正能做到不贪婪之人，却少之又少。人总是认为得到的越多越幸福，殊不知"导致痛苦的不是贫穷，是贪欲"。贪财，不一定快乐，人为财死的很多；贪名，不一定开心，人为名累的很多；贪色，不一定愉悦，人为色害的很多。其实，苦乐并不取决于你得到多少，而在于你知不知足，知足才会常乐。正所谓："知足则乐，务贪必忧。"

　　其实，"人生而有欲"，每个人都有七情六欲，正常的欲望无可厚非，但欲一旦过度，就会生出贪欲，成为欲望的奴隶。凡事不可无度，欲望的善恶关键在于你如何把握好度。关心收入，但不能取之无道；有点爱好，但切不可玩物丧志；富有人情，但勿要徇私废公。知可为与不可为，明可取与不可取，知足知止，适可而止。否则，欲望的闸门一旦打开，贪欲便会一泻千里。正所谓："知足不辱，知止不殆。"

　　任凭弱水三千，只取一瓢饮；任凭娇梅千万，只折一枝怜。不被贪欲差遣，莫贪欲过度，控制住私欲，管理好欲望，前行的路才会越来越好。

绝密★启用前

全国硕士研究生招生考试
管理类专业学位联考综合能力试题
冲刺卷 18

(科目代码：199)

考试时间：8：30—11：30

考生注意事项

1. 答题前，考生须在试题册指定位置上填写考生姓名和考生编号；在答题卡指定位置上填写报考单位、考生姓名和考生编号，并涂写考生编号信息点。
2. 选择题的答案必须涂写在答题卡相应题号的选项上，非选择题的答案必须书写在答题卡指定位置的边框区域内。超出答题区域书写的答案无效；在草稿纸、试题册上答题无效。
3. 填(书)写部分必须使用黑色字迹签字笔或者钢笔书写，字迹工整、笔迹清楚；涂写部分必须使用 2B 铅笔填涂。
4. 考试结束，将答题卡和试题册按规定交回。

考生编号														
考生姓名														

一、问题求解：第1～15小题，每小题3分，共45分。下列每题给出的A、B、C、D、E五个选项中，只有一项是符合试题要求的。请在答题卡上将所选项的字母涂黑。

1. 小王家距离游乐场15千米，周末去游乐场玩时，由于堵车，在前三分之一的路程所花费的时间是剩余路程所花时间的两倍，若小王全程的平均速度为30千米/小时，则在后三分之二的路程共花费（　　）小时．

   A. $\dfrac{1}{2}$　　　B. $\dfrac{1}{3}$　　　C. $\dfrac{1}{4}$　　　D. $\dfrac{2}{5}$　　　E. $\dfrac{1}{6}$

2. 某种产品去年的利润率为21%，今年由于原料涨价，成本增加了10%，如果今年的定价不变，则今年的利润率为（　　）．

   A. 10%　　　B. 11%　　　C. 12%　　　D. 13%　　　E. 14%

3. 甲、乙、丙三人参加射击项目，已知甲的命中率为$\dfrac{1}{4}$，乙的命中率为$\dfrac{1}{2}$，丙的命中率为$\dfrac{1}{3}$，若甲、乙、丙三人各射击一次，则恰有一人命中的概率为（　　）．

   A. $\dfrac{1}{2}$　　　B. $\dfrac{5}{8}$　　　C. $\dfrac{5}{12}$　　　D. $\dfrac{11}{24}$　　　E. $\dfrac{13}{24}$

4. 5名同学相约去游乐场，一起挑战"遨游太空"项目，该设施共有前、后两排座位，每排12个，5名同学任意坐，则5名同学不全在同一排的概率为（　　）．

   A. $\dfrac{7}{8}$　　　B. $\dfrac{1}{16}$　　　C. $\dfrac{15}{16}$　　　D. $\dfrac{6}{161}$　　　E. $\dfrac{155}{161}$

5. 若不等式$|x-1|-|x-3|\leqslant m$在$x\leqslant 2$时恒成立，则m的取值范围为（　　）．

   A. $m>1$　　　B. $m>2$　　　C. $m\geqslant 0$
   D. $m\leqslant 2$　　　E. $m<0$

6. 若一个球的内接正方体的棱长为a，则此球的表面积为（　　）．

   A. $\dfrac{1}{3}\pi a^2$　　　B. $\dfrac{4}{3}\pi a^2$　　　C. $2\pi a^2$　　　D. $\dfrac{5}{3}\pi a^2$　　　E. $3\pi a^2$

7. 某工厂每日需要消耗甲材料5吨，每吨价格1 000元，仓库储存1吨甲材料每日花费4元，购进甲材料每次需要花费运输费用1 000元．若要每天有关甲材料的花费最少，则应该每（　　）天购入一次．

   A. 7　　　B. 8　　　C. 9　　　D. 10　　　E. 12

8. $\{a_n\}$为等差数列，已知$a_1+a_2+a_3=-24$，$a_{11}+a_{13}+a_{15}=42$，则$a_{19}=$（　　）．
   A. 22　　　B. 24　　　C. 25　　　D. 26　　　E. 28

9. 若$a>1$，$b>1$，且$\lg(a+b)=\lg a+\lg b$，则$\lg(a-1)+\lg(b-1)$的值等于（　　）．
   A. 0　　　B. $\lg 2$　　　C. 1　　　D. -1　　　E. $-\lg 2$

10. 若关于x的方程$(1-m^2)x^2+2mx-1=0$的所有根都是比1小的正根，求m的取值范围为（　　）．

    A. $m>2$　　　B. $m\geqslant 2$　　　C. $m\leqslant 2$　　　D. $m<2$　　　E. $m>2$或$m=1$

11. 已知 $abc \neq 0$，$a+b+c=0$，则 $\dfrac{a}{|a|}+\dfrac{b}{|b|}+\dfrac{c}{|c|}+\dfrac{abc}{|abc|}=(\quad)$.

  A. 0   B. 1或-1   C. 2或-2   D. 0或-2   E. -2

12. 如图 18-1 所示，有 8 个半径为 1 厘米的小圆，用他们的圆周的一部分连成一个花瓣图形（阴影部分），图中黑点是这些圆的圆心．则花瓣图形的面积为（ ）平方厘米．

  A. $12+\pi$ B. $12-\dfrac{1}{2}\pi$ C. $12+\dfrac{1}{2}\pi$ D. $16-\pi$ E. $16+\pi$

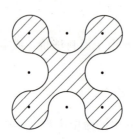

图 18-1

13. 将一个半径为 R 的球体切割成正方体，则能切割出的最大正方体的体积为（ ）．

  A. $\dfrac{5\sqrt{3}}{9}R^3$ B. $\dfrac{8\sqrt{3}}{9}R^3$ C. $\dfrac{8\sqrt{2}}{9}R^3$ D. $\dfrac{7\sqrt{3}}{8}R^3$ E. $\sqrt{3}R^3$

14. 小王钱包中有 3 张 50 元纸币，6 张 20 元纸币，6 张 10 元纸币，从中任取 3 张，则 3 张纸币面额之和恰为 80 的概率为（ ）．

  A. $\dfrac{13}{45}$ B. $\dfrac{62}{207}$ C. $\dfrac{108}{455}$ D. $\dfrac{99}{300}$ E. $\dfrac{1}{6}$

15. 幼儿园有五名身高不同的小朋友站成一排，若最高的站中间，且两端的小朋友均比相邻的小朋友矮，请问共有（ ）种可能．

  A. 4   B. 6   C. 12   D. 16   E. 18

二、**条件充分性判断**：第 16～25 小题，每小题 3 分，共 30 分．要求判断每题给出的条件（1）和条件（2）能否充分支持题干所陈述的结论．A、B、C、D、E 五个选项为判断结果，请选择一项符合试题要求的判断，在答题卡上将所选项的字母涂黑。

  A. 条件(1)充分，但条件(2)不充分．

  B. 条件(2)充分，但条件(1)不充分．

  C. 条件(1)和条件(2)单独都不充分，但条件(1)和条件(2)联合起来充分．

  D. 条件(1)充分，条件(2)也充分．

  E. 条件(1)和条件(2)单独都不充分，条件(1)和条件(2)联合起来也不充分．

16. 两个数之和为 168．

  (1) 两个数之差为 126．

  (2) 两个数的最小公倍数是最大公约数的 7 倍．

17. 若 $\dfrac{1}{x}:\dfrac{1}{y}:\dfrac{1}{z}=4:5:6$，则 $x+y+z$ 的值可以求出．

(1) $x = 30$.
(2) $x - y = 3$.

18. 设 S_n 为等比数列 $\{a_n\}$ 的前 n 项和，公比为 $q = 4$.
    (1) $3S_3 = a_4 - 2$.
    (2) $3S_2 = a_3 - 2$.

19. $N = 36$.
    (1) 从九名工人中选择三人评为劳模，则甲、乙两人至少一人当选，且丙没有当选的情况共有 N 种.
    (2) 将甲、乙、丙、丁四名工人分到三个车间，每个车间至少分得一名工人，且甲、乙不在同一车间，则不同的分法共有 N 种.

20. 动点 P 的轨迹是圆.
    (1) 动点 P 的轨迹方程是 $(x+y-1)\sqrt{x-1} = 0$.
    (2) 动圆与圆 $(x+2)^2 + y^2 = 4$ 相外切，且与直线 $x = 2$ 相切，P 为动圆的圆心.

21. 甲、乙两种溶液混合后的浓度为 75%，则可以确定乙溶液的浓度为 84%.
    (1) 乙溶液浓度是甲溶液浓度的 1.2 倍.
    (2) 混合溶液中甲溶液质量是乙溶液质量的 1.8 倍.

22. 如图 18-2 所示，在长方形 $ABCD$ 中，E、F 分别是 BC、CD 上的点，则阴影部分面积 $S_{四边形DBEF} = \frac{1}{3} S_{\triangle BCD}$.

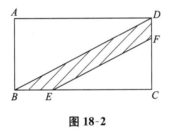

图 18-2

(1) F 是 CD 的中点.
(2) $BE = \frac{1}{3} BC$.

23. 点 $A(1, -1)$ 与点 $B(2, 0)$ 关于直线 $l: y = kx + b$ 对称.
    (1) $k = -1$ 且 $b = 1$.
    (2) $k = \frac{1}{2}$ 且 $b = -1$.

24. 某宿舍 6 人去吃饭，坐在一张长方形桌子上，桌子只有最长的两侧有座位，每侧三个座位，则共有 108 种坐法.
    (1) 甲、乙两人必须在同一侧，且不和丙在同一侧.
    (2) 甲、乙两人相邻，且丙不坐在两端.

25. $P = \frac{2}{3}$.
    (1) 先后投掷 4 枚均匀的硬币，出现 3 枚正面向上，一枚反面向上的概率为 P.

(2) 甲、乙、丙 3 人投宿 3 个旅馆，恰有两人住在同一个旅馆的概率为 P.

三、逻辑推理：第 26～55 小题，每小题 2 分，共 60 分。下列每题给出的 A、B、C、D、E 五个选项中，只有一项是符合试题要求的。请在答题卡上将所选项的字母涂黑。

26. 某学校规定：除非学生成绩优秀并且品德良好，否则不能获得奖学金。

    以下各项都符合该学校的规定，除了：

    A. 如果一名学生成绩优秀且品德良好，就一定能获得奖学金。

    B. 要想获得奖学金，成绩优秀和品德良好缺一不可。

    C. 如果一名学生成绩不好，那么他不可能获得奖学金。

    D. 如果一名学生经常损害他人利益，品行不端，那么他不可能获得奖学金。

    E. 只有成绩优秀和品德良好，才有可能获得奖学金。

27. 市政府对震后恢复重建的招标政策是标的最低的投标人可以中标。有人认为，如果执行这项政策，一些中标者会偷工减料，造成工程质量低下。这不仅会导致追加建设资金的后果，而且会危及民众的生命安全。如果我们要杜绝"豆腐渣工程"，就必须改变这种错误的政策。

    以下哪项陈述如果为真，则能最有力地削弱上述论证？

    A. 重建损毁的建筑的需求可以为该市居民提供许多就业机会。

    B. 该市的建筑合同很少具体规定建筑材料的质量和雇工要求。

    C. 该政策还包括：只有那些其标书满足严格质量标准，并且达到一定资质的建筑公司才能投标。

    D. 如果建筑设计有缺陷，即使用最好的建筑材料和一流的工程质量建成的建筑也有危险。

    E. 目前，暂时想不出来比招标更好的政策来解决这个问题。

28～29 题基于以下题干：

一个人到底是做出好的行为还是做出坏的行为，跟他生命的长短有关。如果他只活一天的话，他去偷人家东西是最好的，因为他不会遭受担心被抓住的痛苦。对于还能活 20 年的人来说，偷人家东西就不是最好的，因为他会遭受担心被抓住的痛苦。

28. 如果以下各项陈述为真，除哪项之外，都能削弱上述论证？

    A. 只有遭受担心被抓住的痛苦，才不会去偷人家东西。

    B. 对于只活一天的人来说，最好的行为可能是饱餐一顿牛肉。

    C. 生命的长短不是一个人选择做出好的行为或坏的行为的充分条件。

    D. 对于某些偷人家东西的人来说，良心的谴责会造成比担心被抓住更大的痛苦。

    E. 判断一项行为是不是好的，有其他的客观标准，而不是以当事人的心理感受为依据。

29. 以下哪项陈述是上述论证所依赖的假设？

    A. 一个人偷东西会被抓住。

    B. 凡是去偷人家东西的人都活不了几天。

    C. 只要没有被抓住，担心被抓住不会给人带来痛苦，因为偷东西的人早有思想准备。

    D. 一个知道自己活不了几天的人，通常会选择做些好事而不是去做坏事。

E. 一个人在决定是否去偷人家东西之前，能确切地知道他还能活多久。

30. 如果高层管理人员本人不参与薪酬政策的制定，公司最后确定的薪酬政策就不会成功。另外，如果有更多的管理人员参与薪酬政策的制定，告诉公司他们认为重要的薪酬政策，公司最后确定的薪酬政策将更加有效。

   以上陈述如果为真，则以下哪项陈述不可能为假？

   A. 除非有更多的管理人员参与薪酬政策的制定，否则，公司最后确定的薪酬政策不会成功。

   B. 或者高层管理人员本人参与薪酬政策的制定，或者公司最后确定的薪酬政策不会成功。

   C. 如果高层管理人员本人参与薪酬政策的制定，公司最后确定的薪酬政策就会成功。

   D. 如果有更多的管理人员参与薪酬政策的制定，公司最后确定的薪酬政策将更加有效。

   E. 高层管理人员本人参与薪酬政策的制定，并且公司最后确定的薪酬政策不会成功。

31. A国的反政府武装组织绑架了23名在A国做援助工作的H国公民作为人质，要求政府释放被关押的该武装组织的成员。如果A国政府不答应反政府武装组织的要求，该组织会杀害人质；如果人质惨遭杀害，将使多数援助A国的国家望而却步；如果A国政府答应反政府武装组织的要求，该组织将以此为成功案例，不断复制绑架事件。

   以下哪项结论可以从上面的陈述中推出？

   A. 多数国家的政府会提醒自己的国民：不要前往危险的A国。

   B. 反政府武装还会制造绑架事件。

   C. 如果多数援助A国的国家继续派遣人员去A国，绑架事件还将发生。

   D. H国政府反对用武力解救人质。

   E. H国政府不再对A国提供援助。

32. 去年全国居民消费物价指数（CPI）仅上涨1.8%，属于温和型上涨。然而，老百姓的切身感受却截然不同，觉得水电煤气、蔬菜粮油、上学看病、坐车买房，样样都在涨价，涨幅一点也不"温和"。

   下面哪一个选项无助于解释题干中统计数据与老百姓感受之间的差距？

   A. 我国目前的CPI统计范围及标准是20多年前制定的，难以真实反映当前整个消费物价的走势。

   B. 国家统计局公布的CPI是对全国各地、各类商品和服务价格的整体情况的数据描述，无法充分反映个体感受和地区与消费层次的差异。

   C. 与老百姓生活关联度高的产品，涨价幅度大。

   D. 高收入群体对物价的小幅上涨没有什么感觉。

   E. 与老百姓生活关联度低的产品，跌价的居多。

33. 1968年建成的南京长江大桥，丰水区的净空高度是24米，理论上最多能通过3 000吨级的船舶，在经济高速发展的今天已经成为"腰斩"长江水道、阻碍巨轮畅行的建筑。一位桥梁专家断言：要想彻底疏通长江黄金水道，必须拆除并重建南京长江大桥。

   以下哪项如果为真，则能对这位专家的观点提出最大的质疑？

   A. 由于大型船舶无法通过南京长江大桥，长江中上游大量出口货物只能改走公路或铁路。

B. 进入长江的国际船舶99%泊于南京长江大桥以下的港口,南京长江大桥以上的数十座外贸码头鲜有大型外轮靠泊。

C. 只拆除南京长江大桥还不行,后来在芜湖、铜陵、安庆等地建起的长江大桥,净空高度也是24米。

D. 造船技术高度发展,国外为适应长江通行而设计的8 000吨级轮船已经通过南京直达武汉。

E. 长江上游的三峡大坝建成以后,给大型船舶的通航造成了困难。

34. 在《反省的生命》一书中,诺齐克写道:"我不会像苏格拉底一样,说未经反省的生命是不值得的——那是过分严苛了。但是,如果我们的人生是由深思熟虑的反省所引导的,那么,它就是我们为自己活的生命,而不是别人的。从某种意义上说,未经反省的生命是不完整的生命。"

以下各项都能从诺齐克的陈述中推出,除了:

A. 诺齐克认为,值得过的生命都是经过反省的生命。
B. 诺齐克认为,只有为自己活的生命才是完整的生命。
C. 诺齐克认为,完整的生命都是经过反省的生命。
D. 诺齐克认为,未经反省的生命不是完整的生命。
E. 诺齐克认为,除非经过反省,否则生命不完整。

35. 甲、乙、丙均为教师,其中一位是大学教师,一位是中学教师,一位是小学教师。并且大学教师比甲的学历高,乙的学历比小学教师低,小学教师的学历比丙的低。

根据以上信息,可以推出以下哪项?

A. 甲是小学教师,乙是中学教师,丙是大学教师。
B. 甲是中学教师,乙是小学教师,丙是大学教师。
C. 甲是大学教师,乙是小学教师,丙是中学教师。
D. 甲是大学教师,乙是中学教师,丙是小学教师。
E. 甲是小学教师,乙是大学教师,丙是中学教师。

36. 根据最近一次的人口调查分析:所有北美洲人都是美洲人;所有美洲人都是白人;所有亚洲人都不是美洲人;所有印尼人都是亚洲人。

根据以上陈述,可以推知以下哪项不一定是真的?

A. 所有印尼人都不是北美洲人。
B. 所有美洲人都不是印尼人。
C. 有些白人不是印尼人。
D. 有些白人不是亚洲人。
E. 有些印尼人不是白人。

37. 据调查,某地90%以上有过迷路经历的司机都没有安装车载卫星导航系统。这表明,车载卫星导航系统能有效防止司机迷路。

以下哪项如果为真,最能对上述论证过程提出质疑?

A. 很多老司机没有安装车载卫星导航系统,却很少迷路。

B. 车载卫星导航系统的使用效果不理想，对防止迷路没有多大作用。
C. 当地目前只有不足10%的汽车安装了车载卫星导航系统。
D. 安装了车载卫星导航系统的司机，90%以上经常使用。
E. 有一些安装了车载卫星导航系统的司机也会迷路。

38～39题基于以下题干：

国庆长假，赵大、钱二、张珊、李思、王伍五位同事打算出国游玩，因为时间有限，每个人只能从泰国、新加坡、马来西亚、日本、韩国五个国家中选择两个国家游玩，并且每个国家也恰好有两个人选择。同时还需要满足以下条件：

(1)如果赵大去马来西亚，则张珊不去泰国。
(2)如果钱二去泰国或韩国，那么他也得去新加坡。
(3)如果李思去了马来西亚，那么他也得去新加坡和韩国。
(4)如果钱二去了日本，那么李思不去泰国。

已知：赵大没去泰国，钱二没去新加坡，张珊没去马来西亚，李思没去日本，王伍没去韩国。

38. 根据以上信息，可以得出以下哪项？
A. 王伍选择了泰国、马来西亚。
B. 钱二选择了马来西亚、韩国。
C. 张珊选择了泰国、日本。
D. 李思选择了新加坡、马来西亚。
E. 赵大选择了新加坡、韩国。

39. 如果张珊选择了韩国，则可以得出以下哪一项？
A. 钱二选择了泰国、马来西亚。
B. 赵大选择了新加坡、日本。
C. 李思选择了泰国、韩国。
D. 张珊选择了新加坡、韩国。
E. 王伍选择了马来西亚、日本。

40. 评论家：官方以炮仗伤人、引起火灾为理由禁止春节期间在城里放花炮，而不是想方设法做趋利避害的引导，这里面暗含着自觉或不自觉的文化歧视。吸烟每年致病或引起火灾者，比放花炮而导致的损伤者要多得多，为何不禁？禁放花炮不仅暗含着文化歧视，而且也将春节的最后一点节日气氛清除殆尽。

以下哪项陈述是这位评论家的结论所依赖的假设？
A. 诸如贴春联、祭祖、迎送财神等烘托节日气氛的习俗在城里的春节中已经消失。
B. 诸如吃饺子、送压岁钱等传统节日习俗在城里的春节中依然兴盛不衰。
C. 诸如《理想国》《黑客帝国》中的纯理性人群不需要过有浪漫气氛的节日。
D. 诸如端午、中秋、重阳等中国的传统节日现在不是官方法定的节日。
E. 禁止在城里燃放花炮可以杜绝火灾。

41. 近年来，我国大城市的川菜馆数量正在增加。这表明，更多的人不是在家里宴请客人而是选择去餐厅请客吃饭。

   为使上述结论成立，以下哪项陈述必须为真？

   A. 川菜馆数量的增加并没有同时伴随着其他餐馆数量的减少。

   B. 大城市餐馆数量并没有大的增减。

   C. 在全国的大城市川菜馆都比其他餐馆更受欢迎。

   D. 只有当现有餐馆容纳不下，新餐馆才会开张。

   E. 有的人不喜欢在川菜馆吃饭。

42. 大学生小王参加研究生入学考试，一共考了四门科目：政治、英语、专业科目一、专业科目二。政治和专业科目一的成绩之和与另外两门科目的成绩之和相等。政治和专业科目二的成绩之和大于另外两门科目的成绩之和。专业科目一的成绩比政治和英语两门科目的成绩之和还高。

   根据以上条件可以推断，小王四门科目的成绩从高到低的排列顺序是：

   A. 专业科目一、专业科目二、英语、政治。

   B. 专业科目二、专业科目一、政治、英语。

   C. 专业科目一、专业科目二、政治、英语。

   D. 专业科目二、专业科目一、英语、政治。

   E. 政治、英语、专业科目一、专业科目二。

43. 美国射击选手埃蒙斯是赛场上的"倒霉蛋"。在2004年雅典奥运会男子步枪决赛中，他在领先对手3环的情况下将最后一发子弹打到了别人的靶上，失去了即将到手的奖牌。然而，他却得到美丽的捷克姑娘卡特琳娜的安慰，最后赢得了爱情。这真是应了一句俗语：如果赛场失意，那么情场得意。

   如果这句俗语是真的，则以下哪项陈述一定是假的？

   A. 赛场和情场皆得意。

   B. 赛场和情场皆失意。

   C. 只有赛场失意，才会情场得意。

   D. 只有情场失意，才会赛场得意。

   E. 如果情场失意，那么赛场得意。

44. 某宿舍住着四个留学生，分别来自美国、加拿大、韩国和日本。他们分别在中文、国际金融和法律三个系就学，其中：

   ①日本留学生单独在国际金融系。

   ②韩国留学生不在中文系。

   ③美国留学生和另外某个留学生同在某个系。

   ④加拿大留学生不和美国留学生同在一个系。

   根据以上条件，可以推出美国留学生所在的系为：

   A. 中文系。　　　　　　　　B. 国际金融系。　　　　　　　　C. 法律系。

D. 国际金融系或法律系。 E. 无法确定。

45. 大学生利用假期当保姆已不再是新鲜事。一项调查显示,63%的被调查者赞成大学生当保姆,但是,当被问到自己家里是否会请大学生保姆时,却有近60%的人表示"不会"。
以下哪项陈述如果为真,则能够合理地解释上述看似矛盾的现象?
   A. 在选择"会请大学生当保姆"的人中,有75%的人打算让大学生担任家教或秘书工作,只有25%的人想让大学生从事家务劳动。
   B. 调查中有62%的人表示只愿意付给大学生保姆800元到1 000元的月薪。
   C. 赞成大学生当保姆的人中,有69%的人认为做家政工作对大学生自身有益,只有31%的人认为大学生保姆能提供更好的家政服务。
   D. 在不赞成大学生当保姆的人中,有40%的人认为,学生实践应该选择与自己专业相关的领域。
   E. 大学生当保姆可以锻炼自己适应生活的能力。

46. 为缓解石油紧缺的状况,我国于5年前开始将玉米转化为燃料乙醇的技术产业化,俗称"粮变油",现在已经成为比较成熟的产业。2013年到2015年我国连续三年粮食丰收,今年国际石油价格又创新高,但国家发展改革委员会却通知停止以粮食生产燃料乙醇的项目。
以下哪项陈述如果为真,则能够最好地解释上述看似矛盾的现象?
   A. 5年前的"粮变油"项目是一项消化陈化粮的举措。
   B. 石油紧缺引发的能源危机已对我国造成了严重影响。
   C. 我国已经研究出用秸秆生产燃料乙醇的关键技术。
   D. 在我国玉米种植区,近年来新建的乙醇厂开始与饲料生产商争夺原料。
   E. 乙醇汽油是一种新型的可再生燃料。

47. 淮州市的发展前景不容乐观,它的发展依赖于工业,工业为居民提供岗位和工资,而它的自然环境保护则取决于消除工业污染,工业污染危及它的空气、水和建筑。不幸的是,它的工业不可避免地产生污染。
如果以上所说的都是真的,则它们能最有力地支持下面哪项陈述?
   A. 淮州市的生活质量只取决于它的经济增长和自然生存环境。
   B. 淮州市一定会遇到经济发展停滞或自然环境恶化的问题。
   C. 近年来淮州市的经济环境已经恶化。
   D. 淮州市空气、水和建筑物的污染主要是化工企业造成的。
   E. 淮州市的污染将不可避免。

48. 所有优秀的领导者都注重企业的长远发展,所有注重企业长远发展的领导者都会想尽办法占据市场。因此,所有不想占据市场的领导者都不是优秀的领导者。
如果以上论述为真,则以下哪项必定为假?
   A. 一些优秀的领导者会想尽办法占据市场。
   B. 没有一个优秀的领导者想尽办法占据市场。

C. 没有一个不优秀的领导者注重企业的长远发展。

D. 所有优秀的领导者都会想尽办法占据市场。

E. 优秀的领导者善于应对市场竞争。

49～51题基于以下题干：

一位音乐制作人正在一张接一张地录制7张唱片：F、G、H、J、K、L和M，但不必按这一次序录制。安排录制这7张唱片的次序时，必须满足下述条件：

① F必须排在第二位。

② J不能排在第七位。

③ G既不能紧挨在H的前面，也不能紧接在H的后面。

④ H必定在L前面的某个位置。

⑤ L必须在M前面的某个位置。

49. 下面哪一项列出了可以被第一个录制的唱片的完整且准确的清单？

A. G、J、K。

B. G、H、J、K。

C. G、H、J、L。

D. G、J、K、L。

E. G、J、K、M。

50. 录制M的最早的位置是：

A. 第一。   B. 第三。   C. 第四。   D. 第五。   E. 第六。

51. 如果G紧挨在H的前面，且所有其他条件仍然有效，下面的任一选项都可以是真的，除了：

A. J紧挨在F的前面。

B. K紧挨在G的前面。

C. J紧接在L的后面。

D. J紧接在K的后面。

E. K紧接在M的后面。

52. 1988年北美的干旱可能是由太平洋赤道附近温度的大范围改变引起的。因此，这场干旱不能证明就长期而言全球发生变暖趋势的假说。该假说声称，全球变暖趋势是由像二氧化碳这样的大气污染物造成的。

下面哪项如果正确，则能构成对以上论述最好的批判？

A. 我们有所记录的1988年以前的大部分干旱的前身是太平洋的天气形势的变化。

B. 美国在过去的100年没有转暖的趋势。

C. 从排放污染物到它所引起的全球转暖的发生之间的时间很长。

D. 1988年排放到大气中的二氧化碳气体有所增加。

E. 全球变暖的趋势会增加太平洋气温形势转变的频率及其严重性。

53. 虽然世界市场上供应的一部分象牙来自被非法捕杀的野生大象，但还有一部分是来自几乎所有国家都认为合法的渠道，如自然死亡的大象。因此，当人们在批发市场上尽力限制自己只购买这种合法的象牙时，世界上仅存的少量野生象群便不会受到威胁。

上述论证暗含下面哪项假设？

A. 购买限于合法象牙的批发商能够可靠地区分合法象牙与非法象牙。

B. 在不久的将来，对于合法象牙产品的需求会持续增长。

C. 目前世界上合法象牙的批发来源远远少于非法象牙的批发来源。

D. 持续地提供合法象牙可以得到保证，因为大象在被关着时可以繁殖。

E. 象牙的批发商总是意识不到世界象牙减少的原因。

54. 研究人员对 75 个胎儿进行了跟踪调查，他们中的 60 个偏好吸吮右手，15 个偏好吸吮左手。在这些胎儿出生后成长到 10 到 12 岁时，研究人员发现，60 个在胎儿阶段吸吮右手的孩子习惯用右手；而在 15 个吸吮左手的胎儿中，有 10 个仍旧习惯用左手，另外 5 个则变成"右撇子"。

以下各项都可以从上述题干中推出，除了：

A. 大部分人是"右撇子"。

B. 大多数人的偏侧性在胎儿时期就形成了。

C. "左撇子"可能变成"右撇子"，而"右撇子"很难变成"左撇子"。

D. 人的偏侧性随着年龄的增长不断改变。

E. 人的偏侧性可能不会随着年龄的增长而发生很大的改变。

55. 评论家：随着对员工进行电子监控的做法越来越普遍，由此对个人隐私越来越具有侵犯性，我也听到了越来越多来自雇主方面对这种做法的辩护。他们解释说，监控是为了使员工保持诚实、高效和对顾客的礼貌。我认为，这种解释显然是为雇主自己服务的，根本不能表明对个人隐私的无理侵犯是正当合理的。

以下哪项最为恰当地指出了该评论家论证中的缺陷？

A. 攻击一个与雇主实际提出的论证不同的论证。

B. 假定员工从来都不会不诚实、办事效率低或对顾客不礼貌。

C. 攻击雇主的动机而不是反驳他们的辩护。

D. 根据一个没有代表性的样本作出了概括。

E. 指出雇主的做法有自相矛盾之处。

四、写作：第 56～57 小题，共 65 分。其中论证有效性分析 30 分，论说文 35 分。请答在答题纸相应的位置上。

56. 论证有效性分析：分析下述论证中存在的缺陷和漏洞，选择若干要点，写一篇 600 字左右的文章，对该论证的有效性进行分析和评论。（论证有效性分析的一般要点是：概念特别是核心概念的界定和使用是否准确并前后一致，有无各种明显的逻辑错误，论证的论据是否成立并支持结论，结论成立的条件是否充分等。）

体制外教育近年来悄然兴起，且已经形成了一定的规模和影响。据不完全统计，目前分布在各地的学堂、私塾、书院已超过 3 000 家。这些教育机构的存在，其实折射出家长对现行主流教育体制的不满。于是他们"用脚投票",把孩子送到体制外的教育机构学习。把孩子送入私学的父母有一个共同特征:非常重视教育,但不在乎一纸文凭。这背后,一方面需要有决绝的勇气,另一方面是有相对宽裕的经济实力。

家长们对现行教育的不满是多方面的,梳理一下不难发现,主要在品德、能力以及体育三个方面存在某些缺陷。家长毅然让孩子逃离主流教育,投奔体制外的私塾、学堂,也多是因为这方面的诉求。而体制外的学堂、私塾等教育机构也多是以此为号召。这确实反映了中国教育的现实,相信每个做过学生和家长的人都深有体会,既感觉到痛苦纠结,又感觉到无能为力。体制外教育机构的存在,无疑让他们多了一个选择。这是体制外教育机构存在的合理性所在。

时下,体制外教育确实是因体制内教育的弊端而兴起的,但体制外教育的试验,势必对体制内教育形成一定的压力,也会成为一种借鉴,从而产生促进体制内教育改善的动力。此外,体制内教育其实也有很多优点,却在一片批评声中被湮灭。而体制外教育的试验,说不定会反衬出这一优点,并为公众所认知。总之,双方必定能够形成一种良性竞争的关系。

最后,需要提醒的是体制外教育的风险问题。教育是远比交通复杂的活动。交通方式的优劣一目了然,而教育活动则不然。尤其是当下中国的体制外教育,由于兴办时间太短,这意味着风险的存在。但是,只要对体制外教育的风险进行充分的评估,就能避免风险,帮助孩子选择最适合他的体制外教育。

57. 论说文:根据下述材料,写一篇700字左右的论说文,题目自拟。

从4月至今,瑞幸一路崩塌,曝出虚增22亿元销售额,股价暴跌、高管下课、两国调查。出生时含着金钥匙,满腔抱负;上市时被追捧为"中国的星巴克",和国际品牌打擂台,志得意满;暴雷后被华尔街、监管机构一一追责,未来是否会被收购,前途迷茫。瑞幸咖啡给所有中国公司上了一课。

答案速查

一、问题求解

1～5　EADEC　　　　6～10　EDDAE　　　　11～15　AEBCB

二、条件充分性判断

16～20　CDCAE　　　21～25　CEAEB

三、逻辑推理

26～30　ACAEB　　　31～35　CDDAA　　　36～40　ECABA

41～45　DBBCC　　　46～50　CBBBC　　　51～55　DEADC

四、写作

略

答案详解

一、问题求解

1. E

【解析】母题98·行程问题

设在后三分之二的路程共花费 x 小时，则由题干可得

$$\frac{15}{2x+x}=30,$$

解得 $x=\frac{1}{6}$.

2. A

【解析】母题94·利润问题

设去年的产品成本为 x，定价为 y.

由题干得，去年的利润率为 $\frac{y-x}{x}=21\%$，即 $y=1.21x$.

今年的利润率为 $\frac{y-1.1x}{1.1x}=\frac{1.21x-1.1x}{1.1x}=10\%$.

【快速得分法】赋值法.

设去年的产品成本为100，定价为121，则今年的成本为110，今年的利润率为 $\frac{121-110}{110}=10\%$.

3. D

【解析】母题87·独立事件的概率

根据题意，甲、乙、丙三人射击相互独立，则恰有一人命中的概率为

$$P=\frac{1}{4}\times\frac{1}{2}\times\frac{2}{3}+\frac{3}{4}\times\frac{1}{2}\times\frac{2}{3}+\frac{3}{4}\times\frac{1}{2}\times\frac{1}{3}=\frac{11}{24}.$$

4. E

【解析】母题82·古典概型

5名同学随便坐,即从24个位置中取5个,考虑顺序,所有可能的情况为 A_{24}^5 种;

5名同学在同一排,即先从两排中选择一排,为 C_2^1;再从一排的12个座位中取5个,考虑顺序,为 A_{12}^5,故可能情况为 $C_2^1 A_{12}^5$ 种.

所以,5名同学不全在同一排的概率为 $1-\dfrac{C_2^1 A_{12}^5}{A_{24}^5}=\dfrac{155}{161}.$

5. C

【解析】母题17·绝对值的最值问题

令 $y=|x-1|-|x-3|$,其函数图像如图18-3所示.

观察图像可知,当 $x\leqslant 2$ 时, $y_{\max}=0$.

故只需要 $m\geqslant y_{\max}$ 即可,因此 $m\geqslant 0$.

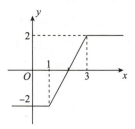

图 18-3

6. E

【解析】母题59·空间几何体问题

球的直径是内接正方体的体对角线,故球的直径为 $2R=\sqrt{a^2+a^2+a^2}=\sqrt{3}a$,半径为 $R=\dfrac{\sqrt{3}}{2}a$.

所以该球的表面积为 $S=4\pi\times R^2=4\pi\times\dfrac{3}{4}\times a^2=3\pi a^2.$

7. D

【解析】母题100·最值应用题

设每 x 天购入一次甲材料.由题干知,保管费用为
$$5[4x+4(x-1)+\cdots+4]=10x^2+10x.$$

总费用为 $1\,000\times 5\cdot x+1\,000+10x^2+10x=10x^2+5\,010x+1\,000.$

则平均每天的费用为
$$\frac{10x^2+5\,010x+1\,000}{x}=10x+\frac{1\,000}{x}+5\,010\geqslant 2\sqrt{10x\cdot\frac{1\,000}{x}}+5\,010=5\,210.$$

当 $10x=\dfrac{1\,000}{x}$,即 $x=10$ 时,上式取等号,费用取到最小值.

所以,应该每10天购入一次.

8. D

【解析】母题44·等差数列基本问题

$\{a_n\}$ 为等差数列,故 $a_1+a_2+a_3=3a_2=-24$,可得 $a_2=-8$;$a_{11}+a_{13}+a_{15}=3a_{13}=42$,可得 $a_{13}=14$,公差 $d=\dfrac{a_{13}-a_2}{13-2}=\dfrac{14-(-8)}{13-2}=2$,所以 $a_{19}=a_{13}+6d=26.$

9. A

【解析】母题39·指数与对数

由于

$$\begin{aligned}\lg(a+b)=\lg a+\lg b=\lg ab &\Rightarrow a+b=ab\\ &\Rightarrow ab-a-b=0\\ &\Rightarrow a(b-1)-(b-1)=1\\ &\Rightarrow (a-1)(b-1)=1,\end{aligned}$$

故 $\lg(a-1)+\lg(b-1)=\lg(a-1)(b-1)=\lg 1=0$.

10. E

【解析】母题 37 · 根的分布问题

根据 m 的取值不同，分类如下：

① 当 $m=1$ 时，方程为 $2x-1=0$，解得 $x=\dfrac{1}{2}$，符合题意；

② 当 $m=-1$ 时，方程为 $-2x-1=0$，解得 $x=-\dfrac{1}{2}$，不符合题意；

③ 当 $m\ne\pm 1$ 时，方程可化为 $[(1-m)x+1][(1+m)x-1]=0$，解得 $x=\dfrac{1}{m-1}$ 或 $x=\dfrac{1}{m+1}$.

由于方程的根在区间 $(0,1)$ 内，所以有 $0<\dfrac{1}{m+1}<\dfrac{1}{m-1}<1$，解得 $m>2$.

综上，m 的取值范围为 $m>2$ 或 $m=1$.

【快速得分法】当 $m=0$ 时，等式不成立，排除 C、D 项.

当 $m=1$ 时，等式成立，排除 A、B 项.

所以，E 项正确.

11. A

【解析】母题 16 · 自比性问题

由题意知 a,b,c 中有一正二负或二正一负.

当 a,b,c 为一正二负时，$abc>0$，则 $\dfrac{a}{|a|}+\dfrac{b}{|b|}+\dfrac{c}{|c|}+\dfrac{abc}{|abc|}=0$.

当 a,b,c 为二正一负时，$abc<0$，则 $\dfrac{a}{|a|}+\dfrac{b}{|b|}+\dfrac{c}{|c|}+\dfrac{abc}{|abc|}=0$.

综上所述，答案选 A.

12. E

【解析】母题 58 · 阴影部分面积问题

连接角上的四个小圆的圆心构成一个正方形.

正方形外部的阴影部分有 4 个四分之三圆，总面积即为 3 个圆的面积；

正方形内部空白部分有 4 个半圆，总面积即为 2 个圆的面积.

故阴影部分面积＝正方形面积＋3 个圆的面积－2 个圆的面积＝$16+\pi$（平方厘米）.

13. B

【解析】母题 59 · 空间几何体问题

易知球体的内接正方体即为能切割出的最大正方体.

设正方体边长为 a，由正方体的体对角线等于球体的直径，则有 $\sqrt{3}a=2R$，得 $a=\dfrac{2\sqrt{3}}{3}R$.

所以，正方体的体积为 $V=a^3=\left(\dfrac{2\sqrt{3}}{3}\right)^3 R^3=\dfrac{8\sqrt{3}}{9}R^3$.

14. C

【解析】 母题 82·古典概型

3 张纸币面额之和恰为 80，即为 1 张 50 元，1 张 20 元，1 张 10 元．

所以，3 张纸币面额之和恰为 80 的概率为 $P=\dfrac{C_3^1 C_6^1 C_6^1}{C_{15}^3}=\dfrac{108}{455}$．

15. B

【解析】 母题 72·排队问题

由于五个人身高均不相同，最高的人在中间直接确定．

剩下四个小朋友先选出两个站在中间位置的右侧 C_4^2，则两人位置自然固定，为两人中的较高者靠近中间位置，较矮者在最右边，则剩下的两个人的位置也会随之确定（即余下的两个人中的较高者靠近中间位置，较矮者在最左侧）．所以，共有 $C_4^2=6$（种）可能．

二、条件充分性判断

16. C

【解析】 母题 5·约数与倍数问题

显然两个条件单独都不充分，故考虑联立．

设两个数分别为 ak，bk（k 为其最大公约数）且 $a>b$（a、b 为正整数且互质），则两个数的最小公倍数为 abk．

由题干可得 $\begin{cases} ak-bk=126, \\ abk=7k, \end{cases}$ 解得 $\begin{cases} a=7, \\ b=1, \\ k=21. \end{cases}$

求得两个数分别为 147，21．两个数的和为 168，故联立两个条件充分．

17. D

【解析】 母题 12·其他比例问题

由 $\dfrac{1}{x}:\dfrac{1}{y}:\dfrac{1}{z}=4:5:6$，可得 $x:y:z=15k:12k:10k$．

条件 (1)：由 $x=15k=30$，得 $k=2$，则 $y=12k=24$，$z=10k=20$．

所以，$x+y+z=74$，故条件 (1) 充分．

条件 (2)：由 $x-y=15k-12k=3$，得 $k=1$．

故 $x=15$，$y=12$，$z=10$，$x+y+z=37$，所以条件 (2) 充分．

18. C

【解析】 母题 47·等比数列基本问题

条件 (1)：$3(a_1+a_1q+a_1q^2)=a_1q^3-2$，显然不充分．

条件 (2)：$3(a_1+a_1q)=a_1q^2-2$，显然不充分．

联立两个条件，两式相减可得 $q=4$，故联立两个条件充分．

19. A

【解析】 母题 75·不同元素的分组与分配

条件 (1)：由题意可知，丙没有当选，则甲、乙两人的当选情况可分为以下两种：

① 甲、乙两人都当选，剩下一个从其余六人中选择，有 $C_2^2 C_6^1=6$（种）情况．

②甲、乙两人只有一人当选，剩下两人从其余六人中选择，有 $C_2^1 C_6^2 = 30$（种）情况．
由分类加法原理可知，共有 $30+6=36$（种）情况．故条件(1)充分．

条件(2)：正难则反．

四名工人分到三个车间，每个车间至少分得一名工人，则有个车间有 2 名工人，用捆绑法，先从 4 个人中挑选 2 人作为一个元素，为 C_4^2；然后将三组元素全排列，为 A_3^3．由乘法原理得，共有 $C_4^2 A_3^3$ 种分法．

甲、乙在同一车间时，有 A_3^3 种方法．所以甲、乙不在同一车间共有 $C_4^2 A_3^3 - A_3^3 = 30$（种）分法．故条件(2)不充分．

20. E

【解析】母题 65·图像的判断

条件(1)：$(x+y-1)\sqrt{x-1}=0$，即 $x+y-1=0$ 或 $\sqrt{x-1}=0$，图像为直线，故条件(1)不充分．

条件(2)：方法一：画图像易知，图像为抛物线，故条件(2)不充分．

方法二：设动圆的圆心为 $P(x_0, y_0)$，半径为 R．设已知圆的圆心为 $C(-2, 0)$．

由动圆与直线 $x=2$ 相切可知 $R=2-x_0$；由两圆相切可知

$$PC^2 = (x_0+2)^2 + y_0^2 = (R+2)^2 = (4-x_0)^2,$$

整理得 $y_0^2 = -12x_0 + 12$，因此点 P 的轨迹为抛物线．因此条件(2)不充分．

两个条件无法联立，故选 E．

21. C

【解析】母题 96·溶液问题

明显两个条件单独都不充分，故考虑联立．

设甲溶液的浓度为 x，则乙溶液的浓度为 $1.2x$；设乙溶液的质量为 y，则甲溶液的质量为 $1.8y$．

则有 $\dfrac{x \cdot 1.8y + 1.2x \cdot y}{y + 1.8y} = 75\%$，解得 $x=70\%$．

所以，乙溶液的浓度为 $70\% \times 1.2 = 84\%$．故两个条件联立充分．

22. E

【解析】母题 58·阴影部分面积

显然两个条件单独都不充分，故考虑联立．

连接 BF，由条件(1)知 $DF = \dfrac{1}{2} CD$，$S_{\triangle BDF} = \dfrac{1}{2} S_{\triangle BCD}$．

又因为 $S_{四边形 DBEF} > S_{\triangle BDF}$，所以 $S_{四边形 DBEF} > \dfrac{1}{2} S_{\triangle BCD} > \dfrac{1}{3} S_{\triangle BCD}$，故 $S_{四边形 DBEF} \neq \dfrac{1}{3} S_{\triangle BCD}$．

故两个条件联立也不充分．

23. A

【解析】母题 68·对称问题

A, B 两点关于直线 l 对称，则线段 AB 的中点在直线 l 上，且两直线互相垂直，则

$$\begin{cases} \dfrac{1+2}{2} \cdot k + b - \dfrac{-1+0}{2} = 0, \\ k \cdot \dfrac{0-(-1)}{2-1} = -1, \end{cases} \text{解得} \begin{cases} k=-1, \\ b=1. \end{cases}$$

故条件(1)充分，条件(2)不充分．

24. E

【解析】母题72·排队问题

条件(1)：甲、乙选一侧，共有 C_2^1 种；再从除丙外的3人中选一人与甲乙同侧全排列，剩下的人全排列，有 $C_3^1 A_3^3 A_3^3$ 种．所以共有 $C_2^1 C_3^1 A_3^3 A_3^3 = 216$（种）坐法，故条件(1)不充分．

条件(2)：甲、乙先选位置，共有 $C_2^1 C_2^1 A_2^2$ 种，由题可知，丙一定不与甲乙同侧，且位于中间位置，故丙的位置随之确定；剩下三人全排列，有 A_3^3 种．所以共有 $C_2^1 C_2^1 A_2^2 A_3^3 = 48$（种）坐法，故条件(2)不充分．

条件(1)与条件(2)联立等价于条件(2)，故两个条件联立也不充分．

25. B

【解析】母题88·伯努利概型＋母题82·古典概型

条件(1)：$P = C_4^3 \left(\dfrac{1}{2}\right)^3 \times \dfrac{1}{2} = \dfrac{1}{4}$，故条件(1)不充分．

条件(2)：3人中选2人组成一组 C_3^2，这一组从3个旅馆中选1个入住 C_3^1，余下1人在另外两个旅馆中选一个入住 C_2^1，故满足题意的情况共有 $C_3^2 C_3^1 C_2^1$ 种．

3人任意住的情况有 3^3 种．

故恰有两人住在同一个旅馆的概率 $P = \dfrac{C_3^2 C_3^1 C_2^1}{3^3} = \dfrac{2}{3}$，故条件(2)充分．

三、逻辑推理

26. A

【解析】母题3·箭头＋德摩根

将题干信息形式化：

¬(成绩优秀∧品德良好)→¬奖学金，即：¬成绩优秀∨¬品德良好→¬奖学金，逆否得：奖学金→成绩优秀∧品德良好。

A项，成绩优秀∧品德良好→奖学金，与题干不一致。

B项，奖学金→成绩优秀∧品德良好，与题干一致。

C项，¬成绩优秀→¬奖学金，与题干一致。

D项，¬品德良好→¬奖学金，与题干一致。

E项，奖学金→成绩优秀∧品德良好，与题干一致。

27. C

【解析】母题15·论证型削弱题

题干：标的最低的投标人中标，一些中标者会偷工减料，造成工程质量低下 —证明→ 必须改变这种错误的政策。

C项，说明这种政策并不会导致偷工减料和工程质量低下，反驳论据。

A、B、D项均为无关选项。

E项，"暂时想不出来比招标更好的政策"，可以完善招标政策以解决题干中的问题，这同样是对招标政策的不满。因此，此项不能很好地削弱题干。

28. A

【解析】母题15·论证型削弱题

题干：①如果一个人只活一天，他去偷人家东西是最好的，因为他不会遭受担心被抓住的痛苦；②对于还能活20年的人来说，偷人家东西就不是最好的，因为他会遭受担心被抓住的痛苦 $\xrightarrow{证明}$ ③一个人到底是做出好的行为还是做出坏的行为，跟他生命的长短有关。

A项，不能削弱，遭受担心被抓住的痛苦←不会去偷人家东西，支持题干的论据②。

B项，可以削弱，指出只活一天的人的最好的行为不是偷盗，反驳题干的论据①。

C项，可以削弱，直接反驳题干的论点，反驳题干③。

D项，可以削弱，削弱题干的论据①。

E项，可以削弱，削弱题干的论据①、②。

29. E

【解析】母题22·论证型假设题

A项，不必假设，因为题干中偷东西会"担心被抓住"而不是"被抓住"。

B项，无关选项。

C项，削弱题干论据②"因为担心被抓住而不去偷东西"。

D项，削弱题干论据。

E项，必须假设，否则，如果一个人在决定是否去偷人家东西之前，不能确切地知道他还能活多久，那么他就不会因为只能活一天就去偷盗，还能活20年就不去偷盗，题干的论证就无法成立。

30. B

【解析】母题4·"∨"与"→"的互换

将题干信息形式化：

①高层不参与→薪酬政策不成功＝高层参与∨薪酬政策不成功。

②有更多的管理人员参与∧告诉公司他们认为重要的薪酬政策→薪酬政策将更加有效。

A项，¬有更多的管理人员参与→薪酬政策不成功，可真可假。

B项，高层参与∨薪酬政策不成功，由题干信息①可知，为真。

C项，高层参与→薪酬政策成功，由题干信息①可知，薪酬政策成功→高层参与，故此项可真可假。

D项，有更多的管理人员参与→薪酬政策将更加有效，由题干信息②可知，可真可假。

E项，高层参与∧薪酬政策不成功，可真可假。

故正确答案为B项。

31. C

【解析】母题7·二难推理

将题干信息符号化：

①¬答应→人质被杀害。

②人质被杀害→¬援助国援助。

③答应→复制绑架事件。

将题干信息①、②串联得：④¬答应→人质被杀害→¬援助国援助。

运用二难推理，由题干信息③、④得：复制绑架事件∨¬援助国援助，等价于：援助国援助→复制绑架事件，故C项正确。

其余各项均可真可假。

32. D

【解析】母题27·解释数量关系

待解释的现象：去年全国居民消费物价指数(CPI)仅上涨1.8%，属于"温和型"上涨，但是老百姓觉得涨幅一点也不"温和"。

A项，可以解释，指出了CPI统计范围及标准有问题。

B项，可以解释，解释了老百姓的感受与统计数据不同的原因。

C项，可以解释，解释了为什么老百姓感觉物价涨幅大。

D项，不能解释，因为"高收入群体"只是一小部分，代表不了老百姓。

E项，可以解释，解释为什么CPI涨幅并不高。

33. D

【解析】母题17·措施目的型削弱题

题干：南京长江大桥理论上最多能通过3 000吨级的船舶 —导致→ 必须拆除并重建南京长江大桥 —以求→ 彻底疏通长江黄金水道。

A项，支持题干，说明措施有必要。

B项，无法削弱题干，因为我们无法断定这些大型轮船是因为南京长江大桥而未能通过，还是因为其他原因（比如不需要去南京的上游）才停泊在南京下游港口。

C项，支持专家的观点，说明要"拆除南京长江大桥"，还要拆除其他大桥。

D项，可以削弱，说明拆除并重建南京长江大桥不是"必须"的。

E项，无关选项。

34. A

【解析】母题1·充分与必要

诺齐克：①经反省的生命→为自己活的生命。

②¬经反省的生命→¬完整的生命＝完整的生命→经反省的生命。

将②、①串联得：完整的生命→经反省的生命→为自己活的生命。

逆否得：¬为自己活的生命→¬经反省的生命→¬完整的生命。

A项，是苏格拉底的观点，而不是诺齐克的观点，因此，不能从诺齐克的陈述中推出。

B项，完整的生命→为自己活的生命，可以推出。

C项，完整的生命→经反省的生命，可以推出。

D项，¬经反省的生命→¬完整的生命，可以推出。

E项，¬经反省的生命→¬完整的生命，可以推出。

35. A

【解析】母题40·复杂匹配与题组

由"乙的学历比小学教师低"和"小学教师的学历比丙的低"可知，乙、丙均不是小学教师，故小学教师是甲。

又由于：丙＞小学教师（甲）＞乙，再由"大学教师比甲的学历高"可知，大学教师是丙，故乙是中学教师。

综上所述可知，A项正确。

36. E

【解析】母题 5·箭头的串联

将题干信息符号化：

(1)北美洲人→美洲人。

(2)美洲人→白人。

(3)亚洲人→¬ 美洲人＝美洲人→¬ 亚洲人。

(4)印尼人→亚洲人＝¬ 亚洲人→¬ 印尼人。

将题干信息(1)、(2)串联得：北美洲人→美洲人→白人。

故有：(5)有的北美洲人→白人＝有的白人→北美洲人。

将题干信息(5)与题干信息(1)、(3)、(4)串联得：有的白人→北美洲人→美洲人→¬ 亚洲人→¬ 印尼人，逆否得：印尼人→亚洲人→¬ 美洲人→¬ 北美洲人。

故 A、B、C、D 项均为真，E 项可真可假。

37. C

【解析】母题 16·因果型削弱题(百分比对比型)

题干：某地有过迷路经历的司机 90％以上没有安装车载卫星导航系统；

C 项：此地所有汽车 90％以上没有安装车载卫星导航系统(不足 10％的汽车安装了车载卫星导航系统)；

削弱：车载卫星导航系统能有效防止司机迷路。

A 项，无关选项。

B 项，直接质疑论点，但要注意题干问的是哪项最能质疑"论证过程"，故此项不选。

D 项，无关选项。

E 项，干扰项，有的安装了车载卫星导航系统的司机也会迷路，只能说明车载卫星导航系统并不能完全解决迷路问题，但不能削弱车载卫星导航系统是"有效"的。

38. A

【解析】母题 40·复杂匹配与题组

题干条件如下：

①每人在五个国家中选择两个国家游玩，每个国家恰好有两个人选择。

②赵大去马来西亚→¬ 张珊去泰国。

③钱二去泰国∨钱二去韩国→钱二去新加坡。

④李思去马来西亚→李思去新加坡∧李思去韩国。

⑤钱二去日本→¬ 李思去泰国。

⑥赵大没去泰国。

⑦钱二没去新加坡。

⑧张珊没去马来西亚。

⑨李思没去日本。

⑩王伍没去韩国。

由题干条件①、③、⑦可知，钱二没去新加坡、泰国、韩国，故钱二去了马来西亚和日本。

又由题干条件⑤可知，李思没去泰国。

由题干条件①、④可知，李思不能去马来西亚。

又由题干条件⑨可知，李思没去泰国、马来西亚、日本，故李思去了新加坡和韩国。

由题干条件①、⑥可知，赵大、钱二、李思都没有去泰国，故张珊和王伍去了泰国。

由题干条件②可知，赵大没去马来西亚。

由题干条件⑧可知，赵大、张珊、李思都没去马来西亚，故王伍和钱二去了马来西亚。

由此可得表 18-1：

表 18-1

同事\国家	泰国	新加坡	马来西亚	日本	韩国
赵大	×		×		
钱二	×	×	√	√	×
张珊	√		×		
李思	×	√	×	×	√
王伍	√	×	√	×	×

故正确答案为 A 项。

39. B

【解析】母题 40·复杂匹配与题组

由上题分析可知，如果张珊选择去韩国，那么张珊不去新加坡和日本。因此，赵大去新加坡和日本。

故 B 项正确。

40. A

【解析】母题 22·论证型假设题

评论家：禁放花炮不仅暗含着文化歧视，而且也将春节的最后一点节日气氛清除殆尽。

A 项，必须假设，题干表示禁放花炮将春节的"最后一点节日气氛"清除殆尽，说明其他的能够烘托节日气氛的习俗已经消失。

B 项，削弱题干，提出反面论据，说明放花炮不是春节的最后一点节日气氛。

E 项，假设过度，"杜绝火灾"绝对化。

C、D 项均为无关选项。

41. D

【解析】母题 22·论证型假设题

题干：大城市的川菜馆数量正在增加 ——证明→ 更多的人不是在家里宴请客人而是选择去餐厅请客吃饭。

A 项，不必假设，即使其他餐馆的数量减少，如果减少数量不如川菜馆的增加数量大，题干仍然可以成立。

B 项，削弱题干，说明仅由川菜馆数量正在增加，不能说明餐馆数量也增加了，从而使得题干的结论不成立。

C 项，无关选项，题干不存在"川菜馆"与"其他餐馆"的比较。

D项，必须假设：新餐馆开张→现有餐馆容纳不下吃饭的客人。故可以通过餐馆数量的增加说明去吃饭的人多了。

E项，显然不必假设。

42. B

【解析】母题38·数字推理题

将题干条件整理如下：

①英语＋专业科目二＝政治＋专业科目一。

②政治＋专业科目二＞英语＋专业科目一。

③专业科目一＞政治＋英语。

由条件①＋条件②可得：专业科目二＞专业科目一，再联立条件①可得：政治＞英语。

由条件③可得：专业科目一＞政治。

故：专业科目二＞专业科目一＞政治＞英语。

故B项正确。

43. B

【解析】母题6·假言命题的负命题

题干：赛场失意→情场得意。

矛盾命题为：¬（赛场失意→情场得意）＝赛场失意∧情场失意。

故正确答案为B项。

44. C

【解析】母题40·复杂匹配与题组

根据题干条件①、③、④可知，和美国留学生同在某个系的只能是韩国留学生。

再根据题干条件①可知，美国留学生只能在中文系或法律系。

而根据题干条件②可知，美国留学生只能在法律系。

故C项正确。

45. C

【解析】母题26·解释现象

待解释的现象：63％的被调查者赞成大学生当保姆，但是有近60％的人表示不会请大学生保姆。

A项，不能解释为什么有近60％的人不会请大学生保姆。

C项，可以解释，"69％的人认为做家政工作对大学生自身有益"解释了"63％的被调查者赞成大学生当保姆"，"31％的人认为大学生保姆能提供更好的家政服务"解释了"有近60％的人表示不会请大学生保姆"。

其余各项均为无关选项，不能解释。

46. C

【解析】母题26·解释现象

待解释的矛盾：我国连续三年粮食丰收，今年国际石油价格又创新高，但国家发展改革委员会却通知停止以粮食生产燃料乙醇的项目。

B项，加剧了题干中的矛盾。

C项，可以解释，用秸秆代替粮食生产燃料乙醇，可以在节省粮食的同时满足燃料需求，解释了为什么叫停"粮变油"项目。

其余各项均为无关选项。

47. B

【解析】母题5·箭头的串联

将题干信息形式化可得：

①发展→工业。

②保护自然环境→消除工业污染，等价于：工业污染→¬保护自然环境。

③工业→污染。

将题干信息①、③、②串联可得：④发展→工业→污染→¬保护自然环境。

故有：发展→¬保护自然环境，等价于：¬发展∨¬保护自然环境，故B项正确。

48. B

【解析】母题5·箭头的串联＋母题9·对当关系

将题干信息形式化：

①优秀的领导者→注重企业长远发展。

②注重企业长远发展→想尽办法占据市场。

将题干信息①、②串联可得：优秀的领导者→注重企业长远发展→想尽办法占据市场。

故有：所有优秀的领导者都想尽办法占据市场。

A项，"所有"推"有的"，为真。

B项，等价于：所有优秀的领导者都不会想尽办法占据市场，与题干为反对关系，一真另必假，故若题干为真，则B项为假。

C项，等价于：所有不优秀的领导者都不注重企业的长远发展，题干讨论的是"优秀的领导者"，不涉及"不优秀的领导者"的情况，可真可假。

D项，符合题干，为真。

E项，题干未涉及"善于应对市场竞争"，可真可假。

49. B

【解析】母题36·排序题

将题干条件整理如下：

①F排在第二位。

②J不能排在第七位。

③G和H不能相邻。

④H<L。

⑤L<M。

根据条件④和⑤可知，L和M必然不能排在第一位，故排除C、D、E项。

假设H排在第一位，F排在第二位，剩下的G、J、K、L、M五张唱片只要满足条件②和⑤即可，所以H可以排在第一位，故B项正确。

另附四种可能的情况，如表18-2所示：

表 18-2

排位 情况	第一位	第二位	第三位	第四位	第五位	第六位	第七位
第一种情况	G	F	H	L	M	J	K
第二种情况	H	F	G	L	M	J	K
第三种情况	J	F	H	L	G	M	K
第四种情况	K	F	H	L	G	J	M

50. C

【解析】母题 36·排序题

根据条件④和⑤可知，M 之前必然有 H 和 L，又由条件"①F 必须排在第二位"，故 M 之前至少有 H、L、F 三张唱片，即 M 最早排在第四位录制。

另附其中一种情况，如表 18-3 所示：

表 18-3

第一位	第二位	第三位	第四位	第五位	第六位	第七位
H	F	L	M	G	J	K

51. D

【解析】母题 36·排序题

由条件④和⑤可知：H<L<M。

而又由题干"如果 G 紧挨在 H 的前面"，则必有：G<H<L<M。

又由条件"①F 必须排在第二位"，则必有：F<G<H<L<M。

所以，J 和 K 必然有一个在 F 之前，一个在 F 之后。

所以，D 项必然为假。

52. E

【解析】母题 16·因果型削弱题

题干：1988 年北美的干旱可能是由太平洋赤道附近温度的大范围改变引起的，因此，它不能证明就长期而言全球发生变暖趋势的假说。

即题干认为：既然 1988 年北美的干旱原因是"太平洋赤道附近温度的大范围改变"，那么它的原因就不是"全球变暖"。

E 项说明，这种温度的大范围改变正是由"全球变暖"所致的，因此，很好地削弱了题干。

其余各项均为无关选项。

53. A

【解析】母题 24·措施目的型假设题

题干：当人们在批发市场上尽力限制自己只购买这种合法的象牙时，世界上仅存的少量野生象群便不会受到威胁。

仅购买合法象牙的前提是，必须能够可靠地区分合法象牙和非法象牙(措施可行)，否则，如果不能可靠地区分合法象牙和非法象牙，那么就无法避免非法捕杀的野生大象的象牙流入市场，从而使野生象群受到威胁。故 A 项正确。

其余各项均为无关选项。

54. D

【解析】母题 28·一般推论题

题干：60 个在胎儿阶段吸吮右手的孩子习惯用右手；而在 15 个吸吮左手的胎儿中，有 10 个仍旧习惯用左手，另外 5 个则变成"右撇子"。

D 项，由题干可知大部分人的偏侧性没有改变，因此，"人的偏侧性随着年龄的增长不断改变"与题干不符。

其余各项均符合题干。

55. C

【解析】母题 31·评论逻辑技法

题干：

①雇主：对员工进行电子监控，是为了使员工保持诚实、高效和对顾客的礼貌。

②评论家：这种解释显然是为雇主自己服务的，根本不能表明对个人隐私的无理侵犯是正当合理的。

评论家并未直接对雇主的辩解进行反驳，而是指出雇主的动机是"为雇主自己服务的"，从而否定监控的合理性。

因此，正确选项为 C 项。

四、写作

56. 论证有效性分析

【谬误分析】

①将体制外教育的兴起，归因于家长对现行主流教育体制的不满，欠妥当。

②认为把孩子送入私学的父母重视教育，但不在乎一纸文凭，缺乏说服力。教育和文凭并不是矛盾关系，二者可以兼得。

③材料没有论据可以证明现行教育在品德、能力以及体育方面存在缺陷。

④体制外教育的兴起，未必是因为体制内教育有弊端，可能仅仅是因为二者定位不同，各有优劣。

⑤没有论据能证明体制外教育会反衬体制内教育的优点，也无法断定二者一定能形成良性竞争关系。

⑥材料认为"只要对体制外教育的风险进行充分的评估，就能避免风险"，过于绝对。体制外教育也未必是最适合孩子的教育。

体制外教育才是好的教育吗?

老吕助教　段文佳

上述材料罗列了体制内教育的种种弊端和体制外教育的种种优势,试图论证体制外教育才是孩子教育的最终归宿,其中存在诸多逻辑漏洞,分析如下:

首先,仅凭"存在超过3 000家体制外教育机构",而忽略这些机构在所有学校中所占的比例,以及这些机构的招生规模,因此难以断定体制外教育机构是否受到家长的追捧,更无法说明"家长对现行教育的不满"。

其次,认为把孩子送入私学的父母重视教育,但不在乎一纸文凭,缺乏说服力。有一些学堂、私塾等机构,恰恰是在帮助学生学习文化知识,帮助他们更好地完成体制内教育,以拿到更好的文凭。所以,私学与文凭并不是对立的矛盾关系,很可能是相辅相成的。

再次,没有论据能证明"体制外教育会反衬体制内教育的优点",可能恰恰反衬出了体制内教育的缺点;也无法断定二者一定能形成"良性竞争关系",二者的竞争可能是同质化的竞争、互为替代品的竞争,如果是这样的话,就会走向恶性竞争。

最后,材料认为"只要对体制外教育的风险进行充分的评估,就能避免风险",过于绝对。风险具有一定的不可控性,而且孩子的教育没有回头路可以走,所以,如何能做到完全避免风险呢?既然体制外教育存在风险,那么又如何保证一定可以帮助孩子选择最适合他的教育呢?

综上所述,材料对体制外教育的认识过于乐观,而对体制内教育的认识则过于悲观,什么是最适合孩子的教育,仍然需要深入论证。

57. 论说文

企业无信则难立

老吕学员　徐绮睿

信用是企业的无形资产,一旦失去信用,纵使背负着人们深切的期待,也将被市场无情淘汰。瑞幸咖啡这次跌下神坛,就是一个明证。

在这个信用极为重要的现代社会,企业失去诚信,意味着再难以低成本获取融资,同行业者避之如蛇蝎,其产品也遭到消费者的唾弃。商业史上,不少企业因为虚假宣传或财务造假等各种原因,深陷信任危机,甚至面临破产清算和民事诉讼。安然公司轰然倒下是一个例子,这次瑞幸咖啡同样也是。被曝财务造假之后,不仅其国民咖啡品牌形象崩塌,也连累了众多海外上市的中资企业。更别提上市融资了,就算是正常销售或者商业转型,瑞幸咖啡也是举步维艰——它耗尽了人们对这一品牌的信任。

　　一家企业追求利润无可厚非，但万万不能为了利润而丢弃信用。三鹿事件之后，许多奶产品企业几乎是不约而同地向社会发出了保证产品质量的承诺：哪怕自己的企业关门停产，也要营造一个诚实守信、干干净净的市场环境。可见，他们深知信用这一无形资产在企业长远经营中的作用——没有信用，消费者和同行不买账，又怎谈立足和发展呢？

　　也许有人会辩驳说，在商场角逐中，竞争激烈，企业这样做也是为了生存嘛。可不论是什么经营难题，也不是行走在灰色地带、打法律擦边球的借口。造假、欺骗等虽然能在短期带来回报，并或许拯救了当下处于危机中的企业，但这却是和魔鬼做交易。这样做的企业往往有着侥幸心理，认为一次的欺骗无伤大雅，只要不被发现也就没事。可是他们选择性忽视了一个事实：有了这一次轻易获利的诱惑，他们很可能会再走险路；而只要一次被曝光，其他诚实的市场行为辛苦积累出来的信誉便荡然无存。经营一家企业并获得市场信任，并不是玩一场游戏，没有还能"重来"的选项，容不得企业拿自己的前途发展冒险。

　　因此，从长远来看，欲建立企业，先建立信誉；欲做大企业，先做好信誉；欲做强企业，先做牢信誉。信用是一家企业的无形资产，脚踏实地做事，企业经营才可能长久。毕竟，企业无信则难立啊！

绝密★启用前

全国硕士研究生招生考试
管理类专业学位联考综合能力试题
冲刺卷 19

（科目代码：199）

考试时间：8：30－11：30

考生注意事项

1. 答题前，考生须在试题册指定位置上填写考生姓名和考生编号；在答题卡指定位置上填写报考单位、考生姓名和考生编号，并涂写考生编号信息点。
2. 选择题的答案必须涂写在答题卡相应题号的选项上，非选择题的答案必须书写在答题卡指定位置的边框区域内。超出答题区域书写的答案无效；在草稿纸、试题册上答题无效。
3. 填（书）写部分必须使用黑色字迹签字笔或者钢笔书写，字迹工整、笔迹清楚；涂写部分必须使用 2B 铅笔填涂。
4. 考试结束，将答题卡和试题册按规定交回。

考生编号															
考生姓名															

一、**问题求解**：第1～15小题，每小题3分，共45分。下列每题给出的A、B、C、D、E五个选项中，只有一项是符合试题要求的。请在答题卡上将所选项的字母涂黑。

1. 某件商品按照标价的八折出售，仍可获利20%，若该商品的进价为400元，则该商品的标价为（　　）元．
   A. 480　　　B. 500　　　C. 550　　　D. 600　　　E. 650

2. 甲、乙两人在不同的地区，现在他们同时从自己的地区出发前往对方的地区，一个小时后他们相遇，相遇后继续前行，乙到达目的地35分钟后甲才到达，则甲、乙的速度比为（　　）．
   A. $\dfrac{3}{4}$　　B. $\dfrac{3}{5}$　　C. $\dfrac{1}{2}$　　D. $\dfrac{4}{5}$　　E. $\dfrac{5}{6}$

3. 王先生要在自己家装修一个矩形水池（无盖），要求这个水池1米高，容积为4立方米，已知底面的装修价格为每平方米180元，侧面装修价格为每平方米90元，则该水池最低的装修成本为（　　）元．
   A. 960　　　B. 1 200　　　C. 1 440　　　D. 1 500　　　E. 1 620

4. 一项任务规定30天完成，若甲、乙两队合作1天，则能够完成总任务的$\dfrac{1}{24}$；若两队合作18天后，剩下的交由甲队单独工作，仍需要10天才能够完成任务．若两队合作18天后，剩下的交由乙队单独工作，则要完成任务，乙队还需工作（　　）天．
   A. 14　　　B. 15　　　C. 16　　　D. 18　　　E. 20

5. 设 $y=|x-a|-|x+4|$ 的最小值为-2，则a的值为（　　）．
   A. $a=-2$　　　　　B. $a=-2$或$a=-6$　　　　　C. $a=2$或$a=-6$
   D. $a=-2$或$a=6$　　　E. $a=2$或$a=6$

6. 某公司有46名会计人员，对于他们是否拥有高级会计师证和注册会计师证，有以下调查结果：有高级会计师证的有22人，两种证书都没有的有14人，只有注册会计师证的与两种证书都有的人数之比为5∶3．则只有高级会计师证的人员有（　　）名．
   A. 16　　　B. 17　　　C. 18　　　D. 19　　　E. 20

7. $a=\sqrt{11-6\sqrt{2}}$，它的小数部分是b，则$ab=$（　　）．
   A. $6\sqrt{2}$　　B. $8-5\sqrt{2}$　　C. $6+\sqrt{2}$　　D. $2\sqrt{2}-1$　　E. 2

8. 不等式 $|x+\log_2 x|<|x|+|\log_2 x|$ 的解集是（　　）．
   A. $(0,1)$　　B. $(0,+\infty)$　　C. $(1,+\infty)$　　D. $(1,2)$　　E. $[1,20]$

9. 若正实数x,y,z满足$xyz(x+y+z)=4$，则$(x+y)(y+z)$的最小值为（　　）．
   A. 1　　　B. 2　　　C. 4　　　D. 6　　　E. 8

10. 若 $y+|\sqrt{x}-\sqrt{3}|=1-a^2+\sqrt{3}b$，$|x-3|+\sqrt{3}b=y-1-b^2$，则$x^a+y^b=$（　　）．
    A. 2　　　B. 1　　　C. 0　　　D. 4　　　E. 5

11. 已知数列$\{a_n\}$，$a_1=1\,008$，且满足等式$n\cdot a_{n-1}=(n+1)a_n(n\geqslant 2)$，则$a_{2\,015}=$（　　）．
    A. 1　　　B. 2　　　C. 3　　　D. 2 014　　　E. 2 015

12. 已知函数$y=f(x)$的图像与函数$y=2x+1$的图像关于直线$x=2$对称，则$f(x)=$（　　）．
    A. $9-2x$　　B. $9+2x$　　C. $6-2x$　　D. $6-x$　　E. $-2x+1$

13. 在一个盒子中装有3个红球、4个黄球，从中摸3个球，至少摸到2个红球的概率为(   ).

   A. $\dfrac{1}{3}$ B. $\dfrac{1}{7}$ C. $\dfrac{5}{12}$ D. $\dfrac{13}{35}$ E. $\dfrac{6}{11}$

14. 如图19-1所示，正方形ABCD的边长为8厘米，EF、GH分别为正方形的中位线，以O为圆心，以OE为半径做圆，得到扇形EOG和FOH. 以A为圆心，以AB为半径做圆，得到扇形BAD. 以C为圆心，以BC为半径做圆，得到扇形BCD. 则图中阴影部分的面积为(   )平方厘米．

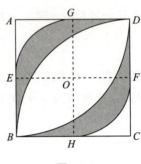

图 19-1

   A. $48-12\pi$ B. $96-24\pi$ C. $112-28\pi$ D. $48+12\pi$ E. $96+24\pi$

15. 如图19-2所示，在梯形ABCD中，AD平行于BC，AD：BC=1：2，若△ABO的面积是2，则梯形ABCD的面积是(   ).

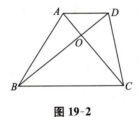

图 19-2

   A. 6   B. 8   C. 9   D. 10   E. 11

二、**条件充分性判断**：第16~25小题，每小题3分，共30分。要求判断每题给出的条件（1）和条件（2）能否充分支持题干所陈述的结论。A、B、C、D、E 五个选项为判断结果，请选择一项符合试题要求的判断，在答题卡上将所选项的字母涂黑。

   A. 条件(1)充分，但条件(2)不充分．
   B. 条件(2)充分，但条件(1)不充分．
   C. 条件(1)和条件(2)单独都不充分，但条件(1)和条件(2)联合起来充分．
   D. 条件(1)充分，条件(2)也充分．
   E. 条件(1)和条件(2)单独都不充分，条件(1)和条件(2)联合起来也不充分．

16. 已知n是自然数，则X能被6整除．
   (1) $X=n(n+5)-(n-3)(n+2)$.
   (2) $X=n(n-1)(n-2)$.

17. 在平面直角坐标系中，曲线所围成的图形是正方形．

(1) 曲线方程为 $|xy|+1=|x|+|y|$.

(2) 曲线方程为 $|x-2|+|2y-1|=4$.

18. 已知数列 $\{a_n\}$ 是等比数列,则 S_{10} 的值可以唯一确定.

    (1) $a_m a_n=9$, $a_m^2+a_n^2=18$.

    (2) $a_1 a_2=9$, $a_1^2+a_2^2=18$.

19. $\dfrac{a}{a^2+5a+1}=\dfrac{1}{7}$.

    (1) $a+\dfrac{1}{a}=-2$.

    (2) $a+\dfrac{1}{a}=2$.

20. $x^6+y^6=400$.

    (1) $x=\sqrt{5+\sqrt{5}}$, $y=\sqrt{5-\sqrt{5}}$.

    (2) $(x+1)^2+\sqrt{y+2\sqrt{2}}=0$.

21. 直线 l 与圆 $x^2+y^2=4$ 交于 A,B 两点,则弦长 $AB=\sqrt{14}$.

    (1) l: $x+y=1$.

    (2) l: $x-y=1$.

22. 不等式的解集为 $(-\infty,-7]\cup[5,+\infty)$.

    (1) 不等式为 $\dfrac{x+7}{x-5}\geq 0$.

    (2) 不等式为 $(x+7)(x-5)<0$.

23. 某班共有 a 名学生,其中女生有 b 名,现选 2 名学生代表,至少有 1 名女生当选的概率为 $\dfrac{27}{55}$.

    (1) $a=10$, $b=2$.

    (2) $a=11$, $b=3$.

24. 6 名同学排成两排,每排 3 人,则共有 144 种排法.

    (1) 甲、乙两名同学左右相邻,且丙同学不坐每排的中间.

    (2) 甲、乙两名同学在同一排且不相邻,又与丙同学不在同一排.

25. 设三个不相等的自然数 a,b,c 依次成等比数列,且 $a,b,c\in(2,36)$,则有 $abc=216$.

    (1) a,b,c 中最大的数为 12.

    (2) a,b,c 中最小的数为 3.

三、**逻辑推理**:第 26~55 小题,每小题 2 分,共 60 分。下列每题给出的 A、B、C、D、E 五个选项中,只有一项是符合试题要求的。请在答题卡上将所选项的字母涂黑。

26. 研究显示,在 115 摄氏度下,将甜玉米分别加热 10 分钟、25 分钟和 50 分钟后发现,其抗自由基的活性分别升高了 22%、44% 和 53%。因此,加热时间越长的玉米,抗衰老的作用越好。

    以下各项如果为真,无法削弱上述结论的是:

    A. 加热 65 分钟后,玉米抗自由基的活性反而降低了。

    B. 与甜玉米相比,糯玉米在加热相同时间后,其抗自由基的活性增高的幅度很小。

C. 甜玉米是玉米中比较少见的一种，不具有代表性。

D. 对于玉米来说，并非是抗自由基的活性越高，其抗衰老的作用越好。

E. 加热时间越长的玉米，其抗衰老的作用变差了。

27. 节能灯所需要的电能少，比较省电。所以，如果人们都只用节能灯，不用耗电多的普通白炽灯，那就会节省不少电费。

以下哪项陈述是上面论证所依赖的假设？

A. 节能灯的亮度高于日光灯。

B. 人们少用电就可以减少环境污染。

C. 人们总想减少电费、水费等。

D. 节能灯不比普通白炽灯便宜。

E. 节能灯的亮度至少与普通白炽灯一样。

28. 某交友节目上，有5对男女嘉宾牵手成功。已知下列条件：

(1)立伟的女友不是教师，教师的名字也不叫晓雪。

(2)会计员的男友来自上海，他不是小杰。

(3)小杰来自广州。

(4)志国与一位护士牵手成功。

(5)银行职员的名字叫媛媛。

(6)玉龙来自西安，与他牵手的是一位漂亮的空姐。

(7)来自广州的男士的女友是一位银行职员。

(8)小杰的女友不是那位名叫宁宁的空姐。

(9)小雯及她的男友都来自上海。

(10)大刚不是从北京来的。

(11)志国不是从南宁来的。

(12)爱琳和她的男友来自同一个城市，但不是来自西安。

根据以上信息，可以推知以下哪项一定为真？

A. 玉龙的女友是媛媛。　　　　　　　　B. 小杰的女友是宁宁。

C. 立伟的女友是宁宁。　　　　　　　　D. 大刚的女友是晓雪。

E. 志国的女友是晓雪。

29. 比利时是一个以制作巧克力而闻名的国家，到比利时旅游的人都会被当地的巧克力所吸引。但是，对于理智并了解行情的中国旅游者来说，只有在比利时出售的巧克力比在国内出售的同样的巧克力便宜时，他们才会购买。实际上，了解行情的人都知道，在中国出售的比利时巧克力并不比在比利时出售的同样的巧克力更贵。

从上面的论述中可以推出以下哪一个结论？

A. 不理智或不了解行情的中国旅游者会在比利时购买该国的巧克力。

B. 在比利时购买该国巧克力的理智的中国旅游者，都不了解行情。

C. 在比利时购买该国巧克力的中国旅游者既不理智，也不了解行情。

D. 理智并了解行情的中国旅游者会在国内购买比利时巧克力。

E. 在比利时不购买该国巧克力的中国旅游者既理智，又了解行情。

30. 研究人员报告说，动物脑部具有不同功能的区域占总脑量的比例是物种的一个重要特征。他们发现，在同物种中，不同个体之间的脑容量可能有明显差别，但脑部结构特征基本一致；而不同物种之间，结构特征就有较大差异。研究人员据此认为，脑部结构特征将有助于分辨不同物种间的亲缘关系。他们还指出，脑部结构的变化，通常标志着由进化产生了新的种群。例如，从较为原始的狐猴进化到现代的猴子；从猿进化到人，脑部的重要变化是新大脑皮层所占比例增加。

    以下哪项能够从以上陈述中推出？

    A. 聪明人大脑皮层比常人发达。
    B. 人的大脑皮层比猴子发达。
    C. 黑猩猩和大猩猩脑结构的相似度大于黑猩猩和猴子的脑结构相似度。
    D. 人脑与猿脑的结构相似度大于猴脑和狐猴脑的结构相似度。
    E. 人脑和猴脑的脑容量有很大的区别。

31. 某市要建花园或修池塘，已知：修了池塘就要架桥，架了桥就不能建花园，建花园必须植树，植树必须架桥。

    若以上信息为真，则以下哪项不可能为真？

    A. 最后有池塘。
    B. 最后一定有桥。
    C. 最后可能有花园。
    D. 最后可能要植树。
    E. 池塘和花园不能同时存在。

32. 如果无能力晋升，当然不谋求晋升；如果有能力晋升，但无能力胜任，也决不谋求晋升。

    如果以下五人都认同以上断定，则哪种情况不可能出现？

    A. 甲知道自己有能力晋升，但不谋求晋升。
    B. 乙知道自己有能力胜任，但不谋求晋升。
    C. 丁谋求晋升，但对自己是否有能力晋升缺乏把握。
    D. 丙谋求晋升，尽管知道自己无能力胜任。
    E. 戊有能力晋升，也有能力胜任，但不谋求晋升。

33. K国是个转型中的国家，国内形势发展的不确定因素有很多。甲、乙、丙、丁四位专家对K国未来几年的形势有如下预测：

    甲：K国既能保持政治稳定，又能实现经济发展。
    乙：K国要么保持政治稳定，要么实现经济发展，没有其他可能性。
    丙：如果K国实现经济发展，则人民的生活会有实质性的改善。
    丁：K国人民的生活不会有实质性的改善。

    如果以上四个猜测中只有一个不成立，则以下哪项一定为真？

    A. 甲的猜测不成立。　　　　　　　　B. 乙的猜测不成立。
    C. 丙的猜测不成立。　　　　　　　　D. 丁的猜测不成立。
    E. 以上结论都不一定为真。

34. 华东公司的财务部长和副部长都是硕士研究生，公司45岁以下的职员中，硕士研究生超过

91%，45 岁以上的有 6 名硕士研究生。

如果以上陈述都是真的，则最能推出以下哪项？

A. 华东公司财务部有些职员不是硕士研究生。

B. 华东公司有些职员是硕士研究生。

C. 华东公司大部分职员是硕士研究生。

D. 华东公司职员不都是硕士研究生。

E. 华东公司职员中硕士研究生比非硕士研究生的人数多。

35. 甲、乙和丙三个同学一起去旅游。为了照相方便，每个人拿的是一个同学的相机，背的是另一个同学的包。

如果背着丙的包的人拿的是乙的相机，那么以下哪项一定是真的？

A. 乙拿的是丙的相机。

B. 丙拿的是乙的相机。

C. 丙背的是甲的包。

D. 乙背的是丙的包。

E. 乙拿的是甲的相机。

36. 地球两极地区所有的冰都是由降雪形成的。特别冷的空气不能保持很多的湿气，所以不能产生大量降雪。近年来，两极地区的空气无一例外地特别冷。

以上信息能最有力地支持以下哪一项结论？

A. 如果现在两极地区的冰有任何增加和扩张，它的速度也是非常缓慢的。

B. 如果两极地区的空气不断变暖，大量的极地冰将会融化。

C. 在两极地区，为了使雪转化为冰，空气必须特别冷。

D. 两极地区较厚的冰层与较冷的空气是相互冲突的。

E. 如果空气继续变暖，两极地区的动物将无法生存。

37. 科学家最新发现被命名为"郑氏晓廷龙"的小恐龙是始祖鸟的"亲戚"，与生存在侏罗纪晚期的始祖鸟亲缘关系非常近，通过分析始祖鸟的形态，并对似鸟恐龙和早期鸟类的系统发育关系进行了重新分析，得出始祖鸟并非鸟类，而是原始恐爪龙类。始祖鸟是迅猛龙的祖先，而不是鸟类的祖先。

以下各项如果为真，则最不能质疑上述主张的是：

A. 恐爪龙类是一类与恐龙亲缘关系很近的鸟。

B. 恐爪龙类是一类与鸟类亲缘关系很近的恐龙。

C. 兽脚类恐龙的一支演化成植食性恐龙，再演化成鸟类。

D. 始祖鸟标本被命名后，一直被认为是最原始、最古老的鸟类。

E. 始祖鸟与现代鸟类在一些关键特征上具有相似性。

38. 最近的一次跨文化研究表明，一般结婚的人比离婚而没有再婚的人的寿命长。这一事实说明离婚的压力对健康有不利影响。

以下哪项如果为真，则指出了上述观点的错误？

A. 人的寿命因国家而异，即使文化相似的国家，情况也不同。

B. 离婚时，人们总会表现出一种压力。

C. 即使是已婚的人，寿命也是随着年龄段的不同而不同。
D. 许多压力都对健康有不利影响。
E. 从未结婚的成年人的寿命比同龄的已婚人的寿命短。

39. 牛牛、超超、蓝蓝、baby、赫赫5人在一个游戏环节中需要共赴汉街。牛牛到汉街后，已有2人先到，蓝蓝比超超先到、比baby后到，赫赫最后到达。
根据上述断定，5人到达汉街由后到先的顺序是：
A. 赫赫、超超、牛牛、蓝蓝、baby。
B. 赫赫、蓝蓝、牛牛、超超、baby。
C. 赫赫、超超、牛牛、baby、蓝蓝。
D. 赫赫、牛牛、超超、蓝蓝、baby。
E. 赫赫、超超、蓝蓝、牛牛、baby。

40. 近年来，私家车的数量猛增。为解决日益严重的交通拥堵问题，B市决定大幅降低市区地面公交线路的票价。预计降价方案实施后96%的乘客将减少支出，这可以吸引乘客优先乘坐公交车，从而缓解B市的交通拥堵状况。
以下哪项陈述如果为真，则能够最有力地削弱上面的结论？
A. 一些老弱病残孕乘客仍然会乘坐出租车出行。
B. B市各单位的公车占该市机动车总量的1/5，是造成该市交通堵塞的重要因素之一。
C. 公交线路票价大幅度降低后，公交车会更加拥挤，从而降低乘车的舒适性。
D. 便宜的票价对于注重乘车环境和"享受生活"的私家车主来说没有吸引力。
E. 公交车票价降低将直接影响政府的财政收入。

41. 目前对敦煌壁画的清理、修复涉及一个重要的美学理论问题。敦煌壁画的专家现在意识到，他们所研究的壁画颜色很可能不同于最初的颜色。专家们因此担心自己对敦煌壁画的研究结论是否恰当。
以下哪项如果为真，则最能说明专家的担心是合理的？
A. 一个艺术品研究结论的恰当性，和得出这一结论的历史阶段相关。
B. 一个艺术品的颜色，和关于它的研究结论的恰当性相关。
C. 一个经过再处理的艺术品的颜色，很可能不是原作者想要的。
D. 敦煌壁画的专家是公认的评价敦煌壁画的权威。
E. 敦煌壁画的颜色修复符合当代审美。

42. 张教授：强迫一个人帮助另一个人是不道德的。因此，一个政府没有权力通过税收来进行利益和资源的再分配。任何人，如果愿意，完全可以自愿地帮助别人。
李研究员：政府有权力这么做，只要这个政府允许人民自由地选择居留还是离开它所管理的国家。
对以下哪个问题，张教授和李研究员最可能有不同回答？
A. 一个政府是否有权力通过税收来进行利益和资源的再分配？
B. 一个允许对外移民的政府通过税收进行利益和资源的再分配是否不道德？
C. 一个不允许对外移民的政府通过税收进行利益和资源的再分配是否不道德？
D. 通过税收进行利益和资源的再分配是否意味着强迫一部分公民帮助另一部分公民？
E. 政府是否应该允许人民自由地选择居留还是离开它所管理的国家？

43. 一个地区的能源消耗增长与经济增长是呈正相关的，二者增长的幅度差通常不大于15％。2013年，浙江省统计报告显示：该省的能源消耗增长了30％，而经济增长率却是12.7％。

以下各项如果为真，则都可能对上文中的不一致之处作出合理的解释，除了：

A. 一些地方官员为了给本地区的经济发展留点余地，低报了经济增长的数字。
B. 民营经济在浙江的经济中占的比例较大，某些民营经济的增长难以被统计到。
C. 由于能源价格的大幅上涨，浙江新投资上马的企业有90％属于低能消耗企业。
D. 由于能源价格的大幅上涨，高能耗的大型国有企业的经济增长普遍下滑。
E. 浙江省政府联合社会资本进行了大规模的投资活动，但是其能带来的经济效益需要在若干年之后才能显现。

44. 一家人准备一起去北欧旅游，各自表达如下愿望：

父亲：若去挪威，则不去丹麦和冰岛。
母亲：若不去冰岛，则去挪威和丹麦。
儿子：若不去挪威，则去瑞典和芬兰。

最终的方案满足了上述每个人的愿望。根据以上陈述，可以得出下列哪项？

A. 去瑞典、芬兰和丹麦。
B. 去瑞典、芬兰和冰岛。
C. 去瑞典、丹麦和冰岛。
D. 去芬兰、丹麦和冰岛。
E. 去挪威、丹麦和瑞典。

45. 某三甲医院的医生中，专科医院毕业的医生人数大于非专科医院毕业的医生人数，女医生的人数大于男医生的人数。

如果以上论述是真的，那么以下哪项关于该医院医生的断定也一定是真的？

(1)非专科医院毕业的女医生人数大于专科医院毕业的男医生人数。
(2)专科医院毕业的男医生人数大于非专科医院毕业的男医生人数。
(3)专科医院毕业的女医生人数大于非专科医院毕业的男医生人数。

A. (1)和(2)。　　　　　　B. 只有(2)。　　　　　　C. 只有(3)。
D. (2)和(3)。　　　　　　E. (1)、(2)和(3)。

46. 甲、乙、丙、丁和戊5人到赵村、李村、陈村、王村4村驻村考察，每人只去一个村，每个村至少去1人。已知：

①若甲或乙至少有1人去赵村，则丁去王村且戊不去王村。
②若乙去赵村或丁去王村，则戊去王村而甲不去陈村。
③若丁、戊并非都去王村，则甲去赵村。

根据以上陈述，可以得出下列哪项？

A. 甲去李村，乙去赵村。
B. 乙去陈村，丙去赵村。
C. 丙去赵村，丁去李村。
D. 丁去赵村，戊去王村。
E. 乙去陈村，丁去赵村。

47. 在出土文物中，人们把专供死者用的陪葬品叫作冥器。在出土的北宋瓷器中，有许多瓷枕头。我们都有使用枕头的经验，瓷枕头非常硬，活人不好枕，所以北宋的瓷枕一定是专门给死者枕的冥器；再说，瓷枕埋葬在坟墓里不会腐烂。

以下陈述如果为真，则哪一项最能严重地削弱上述论证？

A. 在陪葬品中，既有专供死者用的冥器，也有死者生前喜爱用的器具。

B. 司马光在写《资治通鉴》期间，曾使用由圆木做成的硬枕。

C. 金代的瓷枕造型多为虎形，虎画得非常勇猛威风，大将军耶律羽之在大战前睡觉时曾经用过这种枕头。

D. 冥器上从来不写教导性文字，有些出土的北宋瓷枕却刻有"未晚先投宿""无事早归"等教导性话语。

E. 瓷枕的发明需要追溯到秦代，当时的贵族以此来体现自己的社会地位。

48. 为减轻学生沉重的课业负担，我国不断对高考的内容进行改革。高考的科目由原来的7科减为4科，但是，考试难度却增加了，学校不得不强化学生的应试训练。有些省市尝试稍微降低考试的难度，结果学生的成绩普遍提高，高校录取的分数线也随之上升，为上大学，学生必须考出更高的分数。由此可见，＿＿＿＿＿＿＿＿

以下哪项可以最合乎逻辑地完成上面的论述？

A. 应当在高考中增加能力测试的比重，以此来改变整个基础教育中应试教育的倾向。

B. 扩大高校招生规模可以减轻学生的课业负担。

C. 将高中会考成绩作为高考成绩的一部分可以减轻学生的课业负担。

D. 只对高考的内容进行改革可能无法减轻学生的课业负担。

E. 素质教育的改革并没有减轻学生的课业负担。

49. 在防治癌症方面，橙汁有多种潜在的积极作用，尤其由于它富含橙皮素和柚苷素等类黄酮抗氧化剂。研究证据已经表明，橙汁可以减少儿童患白血病的风险，并有助于预防乳腺癌、肝癌和结肠癌。根据研究结果，橙汁的生物效应在很大程度上受到其成分的影响，而其成分的变化又依赖于气候、土壤、水果成熟度以及采摘后的存储方法等条件。

如果以上信息为真，最能推出以下哪项？

A. 橙汁在预防感冒等方面具有特殊功效。

B. 过度饮用橙汁会给身体健康造成不良影响。

C. 相对于健康儿童而言，白血病患儿的橙汁饮用量较小。

D. 生长于良好的气候、土壤条件下，成熟并避光保存的橙子最有功效。

E. 并非所有的橙汁都有相同的防癌功效。

50. 只有欧盟停止从第三国进口农产品并且非洲的安全得到了保障，国际绿色组织的志愿者才能显著增加。非洲的安全保障来源于整个国际社会的共同努力，但是国际上一些大国之间的利益冲突导致了这种努力是不可能实现的。

如果上述断定为真，则以下哪项也一定是真的？

A. 欧盟已经停止从第三国进口农产品。

B. 欧盟没有停止从第三国进口农产品。

C. 国际绿色组织的志愿者没有显著增加。

D. 国际绿色组织的志愿者显著增加。

E. 非洲的安全没有得到保障并且欧盟停止了从第三国进口农产品。

51～52题基于以下题干：

有A、B、C三组评委投票决定是否通过一个提案。A组评委共两人，B组评委共两人，C组评委共三人。每个评委都不能弃权，并且同意、反对必选其一，关于他们投票的信息如下：

(1)如果A组两个评委的投票结果相同，并且至少有一个C组评委的投票结果也与A组所有评委的投票结果相同，那么B组两个评委的投票结果也都与A组两个评委的投票结果相同。

(2)如果C组三个评委的投票结果相同，则A组没有评委的投票结果与C组的投票结果相同。

(3)至少有两个评委投同意票。

(4)至少有两个评委投反对票。

(5)至少有一个A组评委投反对票。

51. 如果B组两个评委的投票结果不同，则下列哪项可能是真的？

A. A组评委都投反对票并且恰有两个C组评委投同意票。

B. 恰有一个A组评委投同意票并且恰有一个C组评委投同意票。

C. 恰有一个A组评委投同意票并且C组所有评委都投同意票。

D. A组所有评委都投同意票并且恰有一个C组评委投同意票。

E. A组所有评委都投同意票并且恰有两个C组评委投同意票。

52. 根据以上论述可以推知，下列哪项一定为真？

A. 至少有一个A组评委投同意票。　　B. 至少有一个C组评委投同意票。

C. 至少有一个C组评委投反对票。　　D. 至少有一个B组评委投反对票。

E. 至少有一个B组评委投同意票。

53. 一种海洋蜗牛产生的毒素含有多种蛋白，当把其中的一种给老鼠注射后，会使只有两星期大或更小的老鼠陷入睡眠状态，而使大一点的老鼠躲藏起来。当老鼠受到突然的严重威胁时，非常小的那些老鼠的反应是呆住，而较大的那些老鼠会逃跑。

上述事实最有力地支持了以下哪项假设？

A. 老鼠对突然的严重威胁的反应受其体内生成的一种化学物质的刺激，这种物质与注射到老鼠体内的蛋白相似。

B. 注射到老鼠体内的包含在蜗牛毒素中的蛋白的主要功能是通过诱导蜗牛处于完全的静止中而起到保护蜗牛的作用的。

C. 如果给成年老鼠大剂量地注射这种蛋白，也会使它们陷入睡眠状态。

D. 非常小的老鼠很可能与较大的老鼠一样易于遭受突发性的严重危险。

E. 非常小的老鼠还没有足够的正常应付最常见的突然遭遇的激素。

54. 科学家在克隆某种家蝇时，改变了家蝇的某单个基因，如此克隆出的家蝇不具有紫外视觉，因为它们缺少使家蝇具有紫外视觉的眼细胞。而同时以常规方式(未改变基因)克隆出的家蝇具有正常的视觉。科学家由此表明，不具有紫外视觉的这种家蝇必定在这个基因上有某种缺陷或损坏。

以下哪项陈述是上述论证所需要的假设？

A. 科学家已经很好地理解了家蝇的基因与其视觉之间的关系。

B. 这种家蝇在生成紫外视觉细胞时不需要其他的基因。

C. 所有种类的家蝇都具有紫外视觉。

D. 除缺少紫外视觉细胞外，改变这个基因对家蝇没有其他影响。

E. 除家蝇外，其他动物也具备这种影响紫外视觉的基因。

55. 某一基因在吸烟时会被化学物质所刺激并使肺细胞在新陈代谢这些化学物质时产生癌变，然而，那些该基因还未被刺激的吸烟者患肺癌的危险却与其他的吸烟者一样高。

上述陈述如果为真，则最有可能支持以下哪项结论？

A. 不吸烟的人与这一基因未被刺激的吸烟者患肺癌的危险一样大。

B. 吸烟时化学物质对基因的刺激并非是导致吸烟者患肺癌的唯一原因。

C. 该基因被刺激的吸烟者患肺癌的危险大于其他的吸烟者。

D. 该基因更容易被烟草中的化学物质而非其他化学物质所刺激。

E. 没有这个基因的吸烟者患肺癌的危险较小。

四、写作：第 56~57 小题，共 65 分。其中论证有效性分析 30 分，论说文 35 分。请答在答题纸相应的位置上。

56. 论证有效性分析：分析下述论证中存在的缺陷和漏洞，选择若干要点，写一篇 600 字左右的文章，对该论证的有效性进行分析和评论。（论证有效性分析的一般要点是：概念特别是核心概念的界定和使用是否准确并前后一致，有无各种明显的逻辑错误，论证的论据是否成立并支持结论，结论成立的条件是否充分等。）

一个男人，毕业工作 5~10 年后，只有很少的存款，无房、无车，并且家境贫寒，父母也生活在最底层。这样的人就属于穷人。如果中国以至少有一套房子，多则有一辆车子的隐性标准来定义中产阶级的话，那么中国人 80% 为穷人，只有 20% 为中产阶级。

在中国，嫁给穷男人，你就要忍受清贫。

你可能会挺着大肚子挤公交车、骑自行车，如果别人撞了你，记得优先保护好自己的肚子。另外，养一个孩子的花费也是很高的，好点的奶粉，一个月都要 1 000 多元，上幼儿园 1 500~3 000 元，尿不湿一包 60~100 元。再加上买衣服、鞋子、水果、玩具、学步车、木床、手推车等，这都是不小的开支。

因为穷，你可能在你父母生病的时候没钱给他们治疗。因为中国的医疗保险形同虚设，中国的医疗费用都是自己负担，有钱没钱，有时候就是一条命！再者，中国的养老，没有钱，行吗？多少没钱的老人死得很惨，你知道吗？

中国人谈恋爱为什么只重视对方有没有钱、有没有房，而不重视感情呢？因为在中国，只有嫁给 20% 的中产阶级才能过得好一点，房子、医疗、生育会压得你喘不过气来，你甚至没有资格去考虑其他，你首先要让你的父母有个良好的保障，要让你的孩子健康地活下来。

在中国，一个女人嫁给了一个穷汉，就意味着终生生活在贫困中。西方也有穷人，但是人家的穷人不愁吃喝，看病往往是免费的，有廉租房，政府免费给孩子提供牛奶，小孩的学费往往也是免费的。西方的穷人虽然穷，但是快乐。中国的穷人往往快乐不起来。这也就是为什么海外婚姻越来越盛行，因为如果可以选择的话，90% 的中国女人会选择嫁给欧美等国的外国人。

（节选自 http://www.jj59.com/jjart/287574.html，原作者：夜白衣）

57. 论说文：根据下述材料，写一篇700字左右的论说文，题目自拟。

曾经的共享单车行业"尸横遍野"：估值百亿的ofo深陷押金风波；摩拜卖身美团，9个月内巨亏45.5亿元资金。在更多人唱衰共享单车行业时，2020年上半年，青桔在春节后毛利如期转正，又在4个月后，订单规模实现翻倍。青桔坦言，花费了很长时间在车辆设计和各个零部件的研发上，除了智能锁外，从链条、轮胎、刹车，甚至到脚蹬、车座的每个零件会拆解下来仔细研究组合。事实上，即便到现在，共享单车大多交给整车厂整车采购，或者只在智能锁等关键部位作自主研发。

答案速查

一、问题求解

1~5　DACBB　　6~10　ABACA　　11~15　AADBC

二、条件充分性判断

16~20　DAEBA　　21~25　DEBAA

三、逻辑推理

26~30　BEEBC　　31~35　CDABA　　36~40　ABEAD

41~45　BACBC　　46~50　BDDEC　　51~55　BBABB

四、写作

略

答案详解

一、问题求解

1. D

【解析】母题94·利润问题

设商品的标价为 x 元，由题干可得

$$\frac{0.8x-400}{400}=20\%,$$

解得 $x=600$.

2. A

【解析】母题98·行程问题

设两地区之间的距离为 s，甲、乙的速度分别为 $v_甲$，$v_乙$.

从出发到相遇，两人一共走了 s，故有 $(v_甲+v_乙)\times 1=s$.

从出发到两人均到达目的地，甲比乙多走了35分钟，故有 $\frac{s}{v_甲}-\frac{s}{v_乙}=\frac{35}{60}$，解得 $\frac{v_甲}{v_乙}=\frac{3}{4}$.

3. C

【解析】母题100·最值应用题

设底面的边长分别为 x 米、y 米，装修成本为 P 元.

体积 $V=x\cdot y\cdot 1=4$ 立方米，则底面积 $S=xy=4$ 平方米，故有

$$P=4\times 180+(2x+2y)\times 90=720+180(x+y)\geqslant 720+180\times 2\sqrt{xy}=1\ 440.$$

所以，该水池最低的装修成本为1 440元.

4. B

【解析】母题97·工程问题

方法一：令任务总量为1，设甲队单独完成任务需要 x 天，乙队单独完成任务需要 y 天. 则由题干得

$$\begin{cases} \dfrac{1}{x}+\dfrac{1}{y}=\dfrac{1}{24}, \\ \dfrac{28}{x}+\dfrac{18}{y}=1, \end{cases} 解得 \begin{cases} x=40, \\ y=60. \end{cases}$$

故两队合作18天后，要想完成任务，乙队单独工作还需 $\dfrac{1-\dfrac{18}{24}}{\dfrac{1}{60}}=15$（天）．

方法二：设甲乙合作18天后，此工程的剩余量为1，甲乙合作需要6天完成，甲单独需要10天，乙单独需要 x 天．故有 $\dfrac{1}{10}+\dfrac{1}{x}=\dfrac{1}{6}$，得 $x=15$．

5. B

【解析】母题17·绝对值最值问题

根据绝对值的几何意义，$y=|x-a|-|x-(-4)|$ 可以看作从 x 到 a 的距离减去从 x 到 -4 的距离．故 x 离 a 越近，y 值越小．

当 $x=a$ 时，$y=|x-a|-|x+4|$ 有最小值，为 $-|a-(-4)|=-|a+4|=-2$，解得 $a=-2$ 或 $a=-6$．

【快速得分法】此题可用选项代入法验证．

6. A

【解析】母题30·集合问题

设只有注册会计师证的有 $5x$ 人，则两种证书都有的有 $3x$ 人，根据题意可得
$$5x+22+14=46,$$
解得 $x=2$，所以两种证书都有的人数为6，则只有高级会计师证的人员有 $22-6=16$（名）．

7. B

【解析】母题7·无理数的整数与小数部分

由于 $a=\sqrt{11-6\sqrt{2}}=\sqrt{(3-\sqrt{2})^2}=3-\sqrt{2}$，故 $b=2-\sqrt{2}$，则有
$$ab=(3-\sqrt{2})(2-\sqrt{2})=6-3\sqrt{2}-2\sqrt{2}+2=8-5\sqrt{2}.$$

8. A

【解析】母题39·指数与对数＋母题14·三角不等式问题

由三角不等式不等号成立的条件可知 x、$\log_2 x$ 异号，即 $x \cdot \log_2 x < 0$．又由 x 满足 $\log_2 x$ 的定义域，可得 $x>0$，故有 $\log_2 x<0$．所以 $0<x<1$．

9. C

【解析】母题19·均值不等式

由 $xyz(x+y+z)=4$，可得 $x+y+z=\dfrac{4}{xyz}$，故有
$$(x+y)(y+z)=xy+xz+y^2+yz$$
$$=(x+y+z)y+xz$$
$$=\dfrac{4}{xyz} \cdot y+xz$$
$$=\dfrac{4}{xz}+xz \geqslant 2\sqrt{\dfrac{4}{xz} \cdot xz}=4.$$

10. A

【解析】母题 15·非负性问题

由题知，$y+|\sqrt{x}-\sqrt{3}|=1-a^2+\sqrt{3}b$，$|x-3|+\sqrt{3}b=y-1-b^2$.

两式相加，可得 $y+|\sqrt{x}-\sqrt{3}|+|x-3|+\sqrt{3}b=1-a^2+\sqrt{3}b+y-1-b^2$，化简得 $|\sqrt{x}-\sqrt{3}|+|x-3|+a^2+b^2=0$. 因此 $x=3$，$a=0$，$b=0$，代入题干中的任意式子，可解得 $y=1$.

所以 $x^a+y^b=3^0+1^0=2$.

11. A

【解析】母题 54·递推公式问题

$n \cdot a_{n-1}=(n+1)a_n$ 化简得 $\dfrac{a_n}{a_{n-1}}=\dfrac{n}{n+1}$，所以有

$$\dfrac{a_2}{a_1}\times\dfrac{a_3}{a_2}\times\cdots\times\dfrac{a_{2\,014}}{a_{2\,013}}\times\dfrac{a_{2\,015}}{a_{2\,014}}=\dfrac{2}{3}\times\dfrac{3}{4}\times\cdots\times\dfrac{2\,014}{2\,015}\times\dfrac{2\,015}{2\,016}=\dfrac{2}{2\,016}=\dfrac{1}{1\,008},$$

即 $\dfrac{a_{2\,015}}{a_1}=\dfrac{1}{1\,008}$，所以 $a_{2\,015}=1$.

12. A

【解析】母题 68·对称问题

方法一：直线 $y=2x+1$ 与直线 $x=2$ 的交点为 $(2,5)$.

又因为 $y=2x+1$ 经过点 $A(0,1)$，点 A 关于直线 $x=2$ 的对称点为 $(4,1)$.

由题意可知，$f(x)$ 过点 $(2,5)$，$(4,1)$，利用两点式求直线方程，可得 $y=f(x)=9-2x$.

方法二：由关于特殊直线对称的结论可知，$f(x,y)$ 关于直线 $x=a$ 对称的方程为 $f(2a-x,y)$.

直接利用该结论，可得 $y=2x+1$ 关于直线 $x=2$ 对称的直线为 $y=2(4-x)+1$，即 $y=9-2x$.

13. D

【解析】母题 86·袋中取球问题

从中摸 3 个球，恰好摸出 2 个红球的情况为 $C_3^2 C_4^1$；恰好摸出 3 个红球的情况为 C_3^3.

从 7 个球中摸 3 个球的总情况为 C_7^3.

故至少摸到 2 个红球的概率为 $\dfrac{C_3^2 C_4^1+C_3^3}{C_7^3}=\dfrac{13}{35}$.

14. B

【解析】母题 58·阴影部分的面积问题

左上角的空白面积＝正方形 $AEOG$ 的面积－扇形 EOG 的面积＝$4\times 4-\dfrac{1}{4}\pi\times 4^2=16-4\pi$（平方厘米）；

中间空白面积＝扇形 BAD 的面积＋扇形 BCD 的面积－正方形 $ABCD$ 的面积＝$2\times\dfrac{1}{4}\pi\times 8^2-8^2=32\pi-64$（平方厘米）；

阴影部分的面积＝正方形 $ABCD$ 的面积－$2\times$左上角的空白面积－中间空白面积＝$8^2-2\times(16-4\pi)-(32\pi-64)=96-24\pi$（平方厘米）.

15. C

【解析】母题 57·平面几何五大模型

方法一：由梯形性质，可得 $AD:BC=AO:CO=DO:BO$，$S_{\triangle ADO}:S_{\triangle CDO}=S_{\triangle ADO}:S_{\triangle ABO}=1:2$.

设 $S_{\triangle ADO}=x$，则有 $S_{\triangle ABO}=S_{\triangle CDO}=2x$，故 $x=1$.

又因为 $S_{\triangle ABD}:S_{\triangle BCD}=AO:CO=1:2$，因此，$S_{\triangle BCD}=6x$.

所以，梯形 $ABCD$ 的面积为 $9x=9$．

方法二：任意梯形被对角线切分都可应用梯形蝴蝶定理，故有

$$S_{\triangle ADO}:S_{\triangle BCO}:S_{\triangle ABO}:S_{\triangle CDO}:S_{梯形}=AD^2:BC^2:AD\cdot BC:AD\cdot BC:(AD+BC)^2,$$

由 $AD=BC=1:2$ 可得，$S_{\triangle ABO}:S_{梯形}=AD\cdot BC:(AD+BC)^2=2AD^2:9AD^2=2:9$，已知 $S_{\triangle ABO}=2$，故 $S_{梯形}=9$．

二、条件充分性判断

16. D

【解析】母题 1·整除问题

条件(1)：$X=n(n+5)-(n-3)(n+2)=n^2+5n-n^2+n+6=6(n+1)$．

由于 n 为自然数，所以 X 能被 6 整除，故条件(1)充分．

条件(2)：$X=n(n-1)(n-2)$．

当 n 的取值为 0，1，2 时，$X=0$，是 6 的倍数；

当 $n \geqslant 3$ 时，n，$n-1$，$n-2$ 中至少有一个数为偶数，必有一个数为 3 的倍数．所以，X 也是 6 的倍数．

综上，条件(2)充分．

17. A

【解析】母题 13·求解绝对值函数＋母题 65·图像的判断

条件(1)：$|xy|+1=|x|+|y|$，因此，$|xy|-|x|-|y|+1=0$，即 $(|x|-1)\cdot(|y|-1)=0$，解得 $x=\pm 1$ 或 $y=\pm 1$．四条直线围成的图形是正方形，故条件(1)充分．

定理：形如 $|xy|+ab=a|x|+b|y|$ 的方程，当 $a=b$ 时，函数的图像围成的图形是正方形；当 $a \neq b$ 时，函数的图像围成的图形是长方形．

条件(2)：形如 $|Ax-a|+|Bx-b|=C$ 的方程，当 $A=B$ 时，函数的图像所围成的图形是正方形；

当 $A \neq B$ 时，函数的图像所围成的图形是菱形．所以 $|x-2|+|2y-1|=4$ 围成的图形是菱形，故条件(2)不充分．

18. E

【解析】母题 47·等比数列基本问题

条件(1)：由 $a_m a_n=9$，$a_m^2+a_n^2=18$，可得

$$a_m^2+a_n^2-2a_m a_n=0，即 (a_m-a_n)^2=0，$$

可得 $a_m=a_n$．联立 $a_m a_n=9$，解得 $\begin{cases}a_m=3,\\ a_n=3\end{cases}$ 或 $\begin{cases}a_m=-3,\\ a_n=-3.\end{cases}$

数列无法确定，S_{10} 的值也无法确定，故条件(1)不充分．

条件(2)：等价于条件(1)中 $m=1$，$n=2$ 的情况，由条件(1)的计算，可知

$$\begin{cases}a_1=3,\\ a_2=3\end{cases} 或 \begin{cases}a_1=-3,\\ a_2=-3.\end{cases}$$

故 S_{10} 的值有两种可能，不能唯一确定，故条件(2)不充分．

两条件联立相当于条件(2)，故联立也不充分．

19. B

【解析】母题 27·已知 $x+\dfrac{1}{x}=a$，求代数式的值

条件(1)：由 $a+\dfrac{1}{a}$ 中分母不为0，可知 $a\neq 0$，故 $\dfrac{a}{a^2+5a+1}=\dfrac{1}{a+5+\dfrac{1}{a}}=\dfrac{1}{5-2}=\dfrac{1}{3}$，条件(1)不充分．

条件(2)：同理，$a\neq 0$，则 $\dfrac{a}{a^2+5a+1}=\dfrac{1}{a+5+\dfrac{1}{a}}=\dfrac{1}{5+2}=\dfrac{1}{7}$，条件(2)充分．

20. A

【解析】母题29·其他整式化简求值问题＋母题15·非负性问题

条件(1)：令 $x^2=5+\sqrt{5}=m$，$y^2=5-\sqrt{5}=n$，则有
$$m^2=30+10\sqrt{5}，n^2=30-10\sqrt{5}，mn=(5+\sqrt{5})\times(5-\sqrt{5})=20.$$
又 $x^6+y^6=(x^2)^3+(y^2)^3=m^3+n^3=(m+n)(m^2-mn+n^2)$．

代入数值，得 $(5+\sqrt{5}+5-\sqrt{5})\times(30+10\sqrt{5}-20+30-10\sqrt{5})=400$，故条件(1)充分．

条件(2)：$(x+1)^2+\sqrt{y+2\sqrt{2}}=0$，由非负性，解得 $\begin{cases}x=-1,\\y=-2\sqrt{2}.\end{cases}$

因此 $x^6+y^6=(-1)^6+(-2\sqrt{2})^6=513$，条件(2)不充分．

21. D

【解析】母题63·直线与圆的位置关系

条件(1)：圆心到直线的距离为 $\dfrac{|-1|}{\sqrt{1^2+1^2}}=\dfrac{\sqrt{2}}{2}$，又因为圆的半径为2，所以，弦长 $AB=2\times$ $\sqrt{2^2-\left(\dfrac{\sqrt{2}}{2}\right)^2}=\sqrt{14}$，故条件(1)充分．

同理，条件(2)也充分．

22. E

【解析】母题41·穿线法解分式、高次不等式

条件(1)：不等式等价于 $(x+7)(x-5)\geq 0$ 且 $x\neq 5$，解得不等式解集为 $(-\infty,-7]\cup(5,+\infty)$，故条件(1)不充分．

条件(2)：$(x+7)(x-5)<0$ 的解集为 $(-7,5)$，故条件(2)不充分．

两个条件联立是空集，故联立也不充分．

23. B

【解析】母题82·古典概型

条件(1)：至少有1名女生当选的概率＝1－没有女生当选的概率，故概率为 $1-\dfrac{C_8^2}{C_{10}^2}=\dfrac{17}{45}$，故条件(1)不充分．

条件(2)：同理，至少有1名女生当选的概率为 $1-\dfrac{C_8^2}{C_{11}^2}=\dfrac{27}{55}$，故条件(2)充分．

24. A

【解析】母题72·排队问题

条件(1)：甲、乙两人捆绑有 A_2^2 种情况，捆绑后共有 C_4^1 个位置可以选择；甲、乙排好之后，丙不坐中间位置，有 C_3^1 种选择；余下三人全排列为 A_3^3．

所以，共有 $A_2^2 C_4^1 C_3^1 A_3^3=144$（种）排法，故条件(1)充分．

条件(2)：甲乙两人从两排中选择一排 C_2^1，坐在这一排的两头 A_2^2；丙从另外一排的三个位置选一个 C_3^1；余下三人全排列 A_3^3．

故共有 $C_2^1 A_2^2 C_3^1 A_3^3 = 72$(种)排法，因此条件(2)不充分．

25. A

【解析】母题 47·等比数列基本问题

条件(1)：a, b, c 中最大的数为 12，故符合条件的三个数为 3，6，12．所以，有 $abc = 216$，故条件(1)充分．

条件(2)：a, b, c 中最小的数为 3，故符合条件的三个数为 3，6，12 或 3，9，27，由于 $3 \times 9 \times 27 = 729$ 不符合题干，故条件(2)不充分．

三、逻辑推理

26. B

【解析】母题 15·论证型削弱题

题干：将甜玉米分别加热 10 分钟、25 分钟和 50 分钟后发现，其抗自由基的活性分别升高了 22%、44% 和 53% $\xrightarrow{证明}$ 加热时间越长的玉米，抗衰老的作用越好。

A 项，提出反面论据，说明加热时间延长，但玉米抗自由基的活性降低了，可以削弱题干的结论。

B 项，虽然糯玉米在加热相同时间后抗自由基的活性增高的幅度小，但是趋势依然是提高，支持题干的结论。

C 项，指出样本没有代表性，可以削弱题干的结论。

D 项，说明抗自由基的活性与抗衰老的作用之间无关，削弱了题干的隐含假设。

E 项，直接反驳题干的论点。

27. E

【解析】母题 22·论证型假设题

题干：节能灯省电 $\xrightarrow{证明}$ 节省电费。

A 项，假设过度，二者亮度相当的情况下，节能灯更省电就可以节省电费，不必要求节能灯亮度更高。

E 项，必须假设，否则，如果节能灯亮度不够，那么人们就需要买更多的节能灯，就无法起到省电的作用。

其余各项显然都不必假设。

28. E

【解析】母题 40·复杂匹配与题组

由题干条件可知：

5 位男士：立伟、小杰、志国、玉龙、大刚。

男士的地理位置：上海、广州、西安、北京、南宁。

5 位女士：晓雪、媛媛、宁宁、小雯、爱琳。

女士的职业：教师、会计员、银行职员、空姐、护士。

由题干条件(6)、(8)知：玉龙——西安——宁宁——空姐。

由题干条件(3)、(5)、(7)知：小杰——广州——媛媛——银行职员。

此时，剩余元素为：

3位男士：立伟、志国、大刚。

男士的地理位置：上海、北京、南宁。

3位女士：晓雪、小雯、爱琳。

女士的职业：教师、会计员、护士。

由题干条件(2)、(9)知：小雯——会计员——上海。

结合题干条件(1)知：爱琳——教师。

结合题干条件(4)知：志国——晓雪——护士。

由题干条件(1)知：立伟的女友不是教师，由上面分析可知也不是护士，故只能是会计员。

故有：立伟——上海——小雯——会计员。

由题干条件(10)知：大刚不是北京的，故只能是南宁的：大刚——南宁——爱琳——教师。

所以，志国——北京——晓雪——护士。

故 E 项正确。

【说明】真题一般考不到如此复杂的匹配题，但老吕还是把这道题出在这里，有两个用意：第一，匹配题的解题技巧需要掌握，这类题型每年必考；第二，考试时遇到特别难的题，不要过于纠结，应该快速跳过，不要浪费时间。

29. B

【解析】母题28·一般推论题

将题干信息形式化：

①理智并了解行情的中国旅游者购买→比利时出售的巧克力比国内同样的巧克力便宜。

由题干信息①逆否可得：②比利时出售的巧克力不比国内同样的巧克力便宜→理智并了解行情的中国旅游者不会购买。

题干中又指出：在中国出售的比利时巧克力并不比在比利时出售的同样的巧克力更贵，即比利时出售的巧克力不比国内同样的巧克力便宜。

故有：理智∧了解→¬购买，等价于：购买→¬理智∨¬了解。

所以，如果这些中国旅游者购买了比利时的巧克力，说明他们或者不理智，或者不了解行情，即如果他们是理智的，那么他们不了解行情，故 B 项正确。

其余各项均不正确。

30. C

【解析】母题28·一般推论题

题干：

①动物脑部具有不同功能的区域占总脑量的比例是物种的一个重要特征。

②在同物种中，不同个体之间的脑容量可能有明显差别，但脑部结构特征基本一致；而不同物种之间，结构特征就有较大差异。

③脑部结构特征将有助于分辨不同物种间的亲缘关系。

④脑部结构的变化，通常标志着由进化产生了新的种群。

⑤从较为原始的狐猴进化到现代的猴子；从猿进化到人，脑部的重要变化是新大脑皮层所占比例增加。

A项，由题干②知，此项未必成立。

B项，由题干⑤只能判断人类相对于猿"新大脑皮层所占比例增加"，但无法得知人类与猴子的比较情况。

C项，因为黑猩猩和大猩猩是同一物种，黑猩猩和猴子是不同物种，故由题干②知，前两者脑结构的相似度大于后两者，可以推出。

D项，由题干⑤知，进化过程中脑结构产生了变化，但无法得知由猿到人的变化大还是由狐猴到猴的变化大，不能推出。

E项，由题干②知，无法确认此项中的差别，不能推出。

31. C

【解析】母题7·二难推理

将题干信息形式化：

①修池塘→架桥→不建花园。

②建花园→植树→架桥，等价于：¬架桥→¬植树→不建花园。

根据二难推理可知：无论架不架桥，最后的结论都是不建花园，因此最后一定没有花园。所以，C项不可能为真。

32. D

【解析】母题6·假言命题的负命题

题干：①¬能力晋升→¬谋求晋升与"能力晋升∧谋求晋升"矛盾。

②有能力晋升∧¬能力胜任→¬谋求晋升与"(有能力晋升∧¬能力胜任)∧谋求晋升"矛盾。

丙谋求晋升，如果他没有能力晋升，则与题干①矛盾；如果他有能力晋升，则有：(有能力晋升∧¬能力胜任)∧谋求晋升，与题干②矛盾。故D项不可能出现。

其余各项均有可能出现。

33. A

【解析】母题8·复言命题的真假话问题

题干：

甲：保持政治稳定∧实现经济发展。

乙：保持政治稳定∨实现经济发展。

丙：实现经济发展→生活改善。

丁：¬生活改善。

因为甲和乙的猜测不能同时为真，故其中必有一假，则丙和丁的猜测为真，即¬生活改善→¬实现经济发展，可知，实现经济发展为假，故甲的猜测为假。

故A项正确。

34. B

【解析】母题28·一般推论题

题干：

①华东公司的财务部长和副部长都是硕士研究生。

②公司45岁以下的职员中，硕士研究生超过91%。

③45岁以上的有6名硕士研究生。

A项，不一定为真，因为由题干只知道财务部长和副部长是硕士研究生，不知道财务部其他职员的情况。

B项，可以推出。

C项，不一定为真，因为不知道45岁以上的职员中硕士研究生的占比，所以无法推出"大多数"。

D项，不一定为真，因为题干指出"华东公司45岁以下的职员中，硕士研究生超过91%"，但也存在着都是硕士研究生的可能(100%也是超过91%的)。

E项，不一定为真，理由同C项。

35. A

【解析】母题40·复杂匹配与题组

题干：

①每个人拿的是一个同学的相机，背的是另一个同学的包。

②背着丙的包的人拿的是乙的相机。

由题干①、②得，背着丙的包，拿乙的相机的人是甲。

丙不能拿自己的相机，故有，丙拿甲的相机，乙拿丙的相机。

乙不能背自己的包，故有，乙背的是甲的包，丙背的是乙的包。

即：

甲：背丙的包、拿乙的相机。

乙：背甲的包、拿丙的相机。

丙：背乙的包、拿甲的相机。

故A项正确。

36. A

【解析】母题5·箭头的串联

将题干信息形式化：

①形成冰→降雪。

②空气特别冷→¬大量降雪。

③两极地区→空气特别冷。

将题干信息③、②、①串联可得：④两极地区→空气特别冷→¬大量降雪→¬形成大量冰。

由题干信息④可知，两极地区不能形成大量的冰，故A项正确。

37. B

【解析】母题15·论证型削弱题

题干已知下列信息：

①被命名为"郑氏晓廷龙"的小恐龙是始祖鸟的"亲戚"，与生存在侏罗纪晚期的始祖鸟亲缘关系非常近。

②始祖鸟并非鸟类，而是原始恐爪龙类。

③始祖鸟是迅猛龙的祖先，而不是鸟类的祖先。

A项，说明始祖鸟是鸟类，削弱题干信息②。

B项，说明始祖鸟是恐龙，不是鸟，强化题干信息②。

C项，说明有可能始祖鸟是某一类恐龙的祖先，这种恐龙最终进化成了鸟，从而说明始祖鸟是鸟的祖先，削弱题干信息③。

D项，对始祖鸟的认识与题干的推测矛盾。注意此项削弱力度不大，因为这种认识可能是错误的。

E项，说明始祖鸟可能是鸟类的祖先，削弱题干信息③。

38. E

【解析】母题16·因果型削弱题(求异法)

题干：结婚的人比离婚而没有再婚的人寿命长 —证明→ 离婚的压力对健康有不利影响。

A项，无关选项，题干并未提及国家差异。

B项，支持题干，说明离婚的确会造成压力。

C项，无关选项，题干讨论的是"离婚"对人的影响，而非"已婚"人士的寿命情况。

D项，支持题干，说明压力确实对健康产生不利影响。

E项，削弱题干，说明离婚后寿命变短，可能不是因为离婚的压力，而是因为单身生活。

39. A

【解析】母题36·排序题

题干已知下列条件：

①牛牛到汉街后，已有2人先到，故牛牛是第三个到。

②蓝蓝比超超先到、比baby后到。

③赫赫最后到达。

方法一：表格法。如表19-1所示：

表19-1

名次	5	4	3	2	1
人	赫赫		牛牛		

由条件②知：超超比蓝蓝慢，蓝蓝比baby慢，如表19-2所示：

表19-2

名次	5	4	3	2	1
人	赫赫	超超	牛牛	蓝蓝	baby

方法二：选项排除法。

根据条件①，排除D、E项。

根据条件②，排除B、C项。

故A项正确。

40. D

【解析】母题17·措施目的型削弱题

题干：私家车数量猛增 —导致→ 交通拥堵问题日益严重 —导致→ 大幅降低公交票价 —以求→ 吸引乘客优先乘坐公交车 —以求→ 缓解B市的交通拥堵状况。

A项，不能削弱，少数人的情况不能削弱整体情况。

B项，此项说明对于乘坐公车的人来说不会改乘公交车，但由于公车只占机动车总量的1/5，绝大多数车辆是私家车，如果题干中的措施能降低私家车出行数量的话，措施仍然有效，因此此项削弱力度弱。

C项，措施有恶果，削弱力度弱。

D 项，题干中公交车降价的目的是吸引私家车主改乘公交车，此项说明降价后私家车主也不会去乘坐公交车，措施达不到目的，削弱力度最大。

E 项，措施有恶果，削弱力度弱。

41. B

【解析】母题 19·论证型支持题

题干：专家所研究的壁画颜色很可能不同于最初的颜色 ——证明→ 专家对敦煌壁画的研究结论可能不恰当。

A 项，无关选项，题干不涉及"结论的历史阶段"。

B 项，搭桥法，颜色与研究结论的恰当性相关，支持题干。

C 项，无关选项，题干不涉及"原作者"的想法。

D 项，诉诸权威。

E 项，无关选项，题干不涉及"审美"问题。

42. A

【解析】母题 32·争论焦点题

张教授：强迫一个人帮助另一个人是不道德的 ——证明→ 政府没有权力通过税收来进行利益和资源的再分配。

李研究员：如果这个政府允许人民自由地选择居留还是离开它所管理的国家，那么政府就有权力这么做。

故二人的争论焦点为：政府是否有权力通过税收来进行利益和资源的再分配，即 A 项正确。

B、C 项，无关选项，题干不涉及"政府通过税收进行利益和资源的再分配是否道德"的问题。

D、E 项，都只有一人的观点被提及，另外一人的观点未被提及，不符合双方表态原则，不正确。

43. C

【解析】母题 27·解释数量关系

题干：通常能源消耗增长和经济增长幅度相差不超过 15%，但是，2013 年浙江省的两者增长幅度相差超过了 15%。

A 项，可以解释，说明实际经济增长率高于 12.7%。

B 项，可以解释，说明经济增长率偏低是因为某些民营企业未被统计进去，而实际的经济增长率高于这个数字。

C 项，若新企业有 90% 属于低能消耗企业，那么就应该以更低的能耗促进经济增长，从而使得经济增长率与能源消耗之间幅度差增大，故此项加剧了题干的矛盾。

D 项，可以解释，说明经济增长率偏低，是因为能源价格上涨。

E 项，可以解释，指出经济增长率偏低只是因为政府的投资活动而带来的暂时性现象。

44. B

【解析】母题 39·简单匹配题

父亲：挪威→¬丹麦∧¬冰岛，根据父亲的话排除 E 项。

母亲：¬冰岛→挪威∧丹麦，根据母亲的话排除 A 项。

儿子：¬挪威→瑞典∧芬兰，根据儿子的话排除 C、D 项。

故 B 项正确。

45. C

【解析】 母题 38·数字推理题

设专科医院毕业的男医生人数为 a，专科医院毕业的女医生人数为 b，非专科医院毕业的男医生人数为 c，非专科医院毕业的女医生人数为 d，可得表 19-3：

表 19-3

医生	男	女
专科医院毕业	a	b
非专科医院毕业	c	d

专科医院毕业的医生人数大于非专科医院毕业的医生人数，故 $a+b>c+d$①。

女医生的人数大于男医生的人数，故 $b+d>a+c$②。

①+②得，$b>c$，即，专科医院毕业的女医生人数大于非专科医院毕业的男医生人数。

故 C 项正确。

其余各项均不能推出。

46. B

【解析】 母题 40·复杂匹配与题组

将题干信息形式化：

①甲去赵村∨乙去赵村→丁去王村∧¬戊去王村。

②乙去赵村∨丁去王村→戊去王村∧¬甲去陈村。

③¬丁去王村∨¬戊去王村→甲去赵村。

假设甲去赵村，由题干信息①可知，丁去王村，戊不去王村。

假设甲不去赵村，由题干信息③逆否可得，丁去王村，戊去王村。

由此可知，丁去王村。

由题干信息②可知，戊去王村，甲不去陈村。

由题干信息①逆否可得，戊去王村→¬甲去赵村∧¬乙去赵村，故甲和乙都不去赵村。

由此可知，丙去赵村。

因为，丁和戊去王村，故剩余两个人分别去其他三个村。因为甲不去赵村和陈村，故甲去李村，因此，乙去陈村。

即，甲去李村，乙去陈村，丙去赵村，丁和戊去王村。

故 B 项正确。

47. D

【解析】 母题 15·论证型削弱题

题干：瓷枕头非常硬，活人不好枕，且瓷枕埋葬在坟墓里不会腐烂 —证明→ 北宋的瓷枕一定是专门给死者枕的冥器。

A 项，不能削弱，由此项无法确定题干中的瓷枕是专供死者用的冥器，还是死者生前喜爱用的器具。

B 项，削弱论据，说明活人也会枕木质的硬的枕头，但题干中的枕头是"瓷枕头"，削弱力度弱。

C 项，无关选项，金代的情况无法证明宋代也是如此。

D 项，提出反面论据，说明瓷枕上刻有教导性话语，就一定不是冥器，直接反驳论点，削弱力度最强。

E项，无关选项，秦代的情况无法证明宋代也是如此。

48. D

【解析】母题29·概括结论题

题干中的信息：

①为减轻学生沉重的课业负担，我国不断对高考的内容进行改革。

②高考的科目减少了，但是考试难度增加了，学校不得不强化学生的应试训练。

③稍微降低考试的难度，结果学生的成绩普遍提高，学生必须考出更高的分数。

由题干信息②和③可知，减少科目和降低考试难度(对高考的内容进行改革)都没有减轻学生的课业负担，故D项最为合理。

49. E

【解析】母题28·一般推论题

题干已知下列信息：

①在防治癌症方面，橙汁有多种潜在的积极作用，尤其由于它富含橙皮素和柚苷素等类黄酮抗氧化剂。

②橙汁可以减少儿童患白血病的风险，并有助于预防乳腺癌、肝癌和结肠癌。

③橙汁的生物效应在很大程度上受到其成分的影响，而其成分的变化又依赖于气候、土壤、水果成熟度以及采摘后的存储方法等条件。

A项，题干没有提及橙汁在"预防感冒"方面的功效，不能推出。

B项，题干没有提及"过度饮用橙汁"的危害，不能推出。

C项，题干指出"橙汁可以减少儿童患白血病的风险"是对同一个人而言，而没有在健康儿童和患白血病儿童之间作比较，不能推出。

D项，题干指出"橙汁的生物效应受到成分的影响，成分的变化依赖于存储方法等条件"，但没有指出哪种储存方法较好，不能推出。

E项，由题干信息③可知，可以推出。

50. C

【解析】母题5·箭头的串联

题干：

①志愿者增加→欧盟停止从第三国进口农产品∧非洲的安全得到保障。

②¬非洲的安全得到保障。

由题干①逆否：¬欧盟停止从第三国进口农产品∨¬非洲的安全得到保障→¬志愿者增加。

故C项正确。

51. B

【解析】母题40·复杂匹配与题组

A项，将此项代入题干信息(1)可知，B组评委全部投反对票，与本题条件"B组两个评委的投票结果不同"矛盾，不可能为真。

B项，不与题干信息矛盾。

C项，根据题干信息(2)，由"C组评委全部投同意票"可知，A组评委应全部投反对票，不可能为真。

D项，"A组评委全部投同意票"与题干信息(5)矛盾，不可能为真。

E项,"A组评委全部投同意票"与题干信息(5)矛盾,不可能为真。

52. B

【解析】母题40·复杂匹配与题组

由条件(5)可知,至少有一个A组评委投反对票。

假设另外一个A组评委也投反对票。由条件(1)可知,至少有一个C组评委投反对票,且B组两人均投反对票。此时,反对票已有5票,由条件(3)可知,C组的另外两人投同意票。

假设另外一个A组评委投同意票。则A组评委中既有同意票,也有反对票,故不论C组评委怎么投票,A组中均有评委的投票结果与C组相同,故由条件(2)逆否可得,C组三个评委的投票结果并不相同,故至少有人投同意票有人投反对票。

综上所述,不论哪种情况,C组均有评委投同意票,故B项为真。

53. A

【解析】母题28·一般推论题

在两种情况下:老鼠受到突然的严重威胁时,注射海洋蜗牛产生的蛋白时,老鼠的反应是类似的。

从而说明老鼠受到突然的严重威胁时的反应和这种蛋白具有相关性,即A项。

其余各项均为无关选项。

54. B

【解析】母题23·因果型假设题

题干使用求异法:

改变了家蝇的某单个基因:家蝇不具有紫外视觉;

不改变家蝇的基因:家蝇具有紫外视觉。

根据题干中的实验可知,破坏这个基因可以使家蝇失去紫外视觉,即,它是使家蝇失去紫外视觉的原因之一,但未必是唯一原因。但题干的结论却认为,家蝇没有紫外视觉,一定是这个基因的问题,那么必须排除有其他可能导致家蝇没有紫外视觉,故B项正确。

其余各项均为无关选项。

55. B

【解析】母题29·概括结论题

题干已知下列信息:

①某一基因在吸烟时会被化学物质所刺激并使肺细胞在新陈代谢这些化学物质时产生癌变。

②那些该基因还未被刺激的吸烟者患肺癌的危险却与其他的吸烟者一样高。

B项,如果题干中的这一基因是导致吸烟者患肺癌的唯一原因的话,那么,当这一基因尚未被刺激时,吸烟者不应该患肺癌,但由题干信息"②那些该基因还未被刺激的吸烟者患肺癌的危险和其他吸烟者一样高",这说明一定有别的致癌原因。故此项为真。

其余各项均是题干中没有涉及的信息,不能被推出。

四、写作

56. 论证有效性分析

【谬误分析】

①"中国人80%为穷人,只有20%为中产阶级"的数据,缺少论据支持。

②生儿育女只是人生的一个阶段,这一阶段的经济压力大,不能说明终生经济压力大,终生生

活在贫困中。而且，也无法说明一个月1 000多元的奶粉、一学期1 500~3 000元的幼儿园花销、一包60~100元的尿不湿是必需品或者没有物美价廉的替代品。

③"中国的医疗保险形同虚设，中国的医疗费用都是自己负担"缺少论据支持，实际情况可能并非如此。因此，说"父母病的时候没钱给他们治疗""就是让他们等死"过于极端，无法成立。

④养老确实需要钱，但这个钱的数量是不是大到普通家庭难以承受，则有待商榷。

⑤材料认为"只有嫁给20%的中产阶级才能过得好一点"，过于绝对。不是只有中产阶级才能解决房子、医疗、生育等问题。

⑥材料认为中国人谈恋爱"只重视对方有没有钱，有没有房，而不重视感情"，不妥当。没有证据证明中国人不重视感情，而且对物质条件的追求与感情也并不矛盾。

⑦"一个女人嫁给了一个穷汉，就意味着终生生活在贫困中"，这显然是荒谬的。即使在结婚时处于贫穷之中，也可以通过自己的努力改变这种经济情况。

⑧"西方的穷人不愁吃喝、有房子住、是快乐的"等观点，缺少足够的论据支持。

⑨就算西方的穷人不愁吃喝，也无法说明"90%的中国女人会选择嫁给欧美等国的外国人"，婚姻问题并不是单纯的经济问题，还受语言、文化、情感等多方面因素的影响。

参考范文

90%的中国女人愿意嫁给外国人？

老吕助教　徐艺菲

上述材料认为中国人80%是穷人，这些穷人生活在水深火热之中，导致90%的中国女人会选择嫁给欧美等国的外国人。这样的推论漏洞百出，令人难以信服。

首先，材料的论述基于一个数据，即"中国人80%为穷人，只有20%为中产阶级"，但这一数据的来源是什么？数据准确吗？有什么论据可以支持这一数据？材料没有给出任何证明，就断言中国人80%都是穷人，并且难以解决生儿育女、住房医疗等种种问题，显然是荒谬的。

其次，"中国的医疗保险形同虚设，中国的医疗费用都是自己负担"缺乏论据支持，实际情况可能并非如此。而且，就算医疗费用由自己承担，但这一费用是不是大到普通家庭难以承受，则有待商榷。所以，由此认为"父母生病的时候没钱给他们治疗""就是让他们等死"过于极端。

再次，材料认为中国人谈恋爱"只重视对方有没有钱，有没有房，而不重视感情"，并不妥当。谈婚论嫁时，对物质基础有一定的要求是正常的，但这并不能说明中国人只注重物质基础，不重视感情，对物质条件的追求与感情并不矛盾，可以兼顾。

最后，西方政府提供的福利，只能保证基本的生存，而非让他们"不愁吃喝、有房子住、是快乐的"。就算西方的穷人不愁吃喝，也无法说明"90%的中国女人会选择嫁给欧美等国的外国人"，婚姻问题并不是单纯的经济问题，还受语言、文化、情感等多方面因素的影响。

综上所述，材料对中国人的生活情况和婚恋情况的判断并不准确，没有理由地崇洋媚外只会贻笑大方。

57. 论说文

企业成于细节

老吕学员　哎哟喂好的

自摩拜单车遭到巨大亏损，越来越多的人都在唱衰共享单车行业，但是，近期青桔因为在细节上下功夫而扭亏为盈，为共享单车行业带来了希望。由此可见：细节决定成败。

余世维曾说："完美体现在各个细节之处。"海尔集团把细节放在重要位置，逐步推进管理的精细化，大大降低成本材料的消耗，提高利润。青桔注重每个零件的研发和组合，而不是像其他经营者一样只在某些关键部位自主研发，因而能够在共享单车行业站稳脚跟，获得美誉。那些注重细节的人往往能够看到别人看不到的东西，且在这些方面下功夫，做到完美，最终领先于他人。

不注重细节容易丧失成功的机会，甚至带来巨大损失。一架波音747客机发生剧烈爆炸，而导致爆炸的原因却是一颗螺丝钉，螺丝钉在一架飞机面前是如此渺小，可是对它的忽视导致了一场悲剧。现实生活中有不少高考考生因为诸如审题不清、符号弄错这些小问题而失分，最终因为少了几分而与心仪大学失之交臂。"千里之堤，溃于蚁穴"，正是对细节的忽视往往带来巨大损失的佐证。

细节的力量如此强大，但为什么还存在企业忽视细节的现象呢？究其原因，其一是因为市场信息的不对称。企业在细节上下功夫就意味着要投入更多的人力、物力和财力，这会增加企业的成本，提高商品定价，但是那些不注重细节的企业往往因为低成本而为商品设定低价格。消费者关注的更多的是价格，因此造成"劣币驱逐良币"的现象。另一方面，根据破窗理论，当忽视细节的企业因较低成本获得高额利润时，会让某些企业产生"别人这么做可以获利，我为何不这样做"的观念，因此会让大多数企业走上"忽视细节"这条不归路。

忽视细节也许可以带来好处，但是其恶果难以承受。从长远来看，那些看似微不足道的事情最终会影响企业的发展，并随着时间的累积，它的破坏力也越强，企业因此付出的成本将会更高。摩拜单车的巨大亏损事件不就证明了这一点吗？实际上，"注重细节"看似需要投入很多，实则其收获却远远高于其投资，它不仅可以提高商品的质量，还可以帮助提高消费者的忠实度，从长远来看，扩大消费群体。因此，何乐而不为呢？

综上所述，企业要想长久立足于市场，就必须在细节方面下功夫。

绝密★启用前

全国硕士研究生招生考试
管理类专业学位联考综合能力试题
冲刺卷 20

（科目代码：199）

考试时间：8：30—11：30

考生注意事项

1. 答题前，考生须在试题册指定位置上填写考生姓名和考生编号；在答题卡指定位置上填写报考单位、考生姓名和考生编号，并涂写考生编号信息点。
2. 选择题的答案必须涂写在答题卡相应题号的选项上，非选择题的答案必须书写在答题卡指定位置的边框区域内。超出答题区域书写的答案无效；在草稿纸、试题册上答题无效。
3. 填（书）写部分必须使用黑色字迹签字笔或者钢笔书写，字迹工整、笔迹清楚；涂写部分必须使用 2B 铅笔填涂。
4. 考试结束，将答题卡和试题册按规定交回。

考生编号															
考生姓名															

一、**问题求解**：第1～15小题，每小题3分，共45分。下列每题给出的A、B、C、D、E五个选项中，只有一项是符合试题要求的。请在答题卡上将所选项的字母涂黑。

1. 甲、乙、丙三名同学出去游玩，三名同学身上所带的钱数之比为 $\frac{5}{18} : \frac{1}{3} : \frac{7}{18}$，已知丙同学比甲同学多带100元，那么三人共有（　　）元.
   A. 540　　　B. 720　　　C. 900　　　D. 1 040　　　E. 1 200

2. 某学院开设 A，B，C 三门选修课，每人至少选修一门．若学院共有350名学生，已知选修 A 课程的有153人，选修 B 课程的有190人，选修 C 课程的有187人，三门课程都选修的有30人．则恰选两门课程的有（　　）人.
   A. 120　　　B. 150　　　C. 187　　　D. 210　　　E. 232

3. 某玩具厂承接一批订单，共需加工360套产品．已知玩具厂有新旧两台设备，若第一小时由新设备做，第二小时由旧设备做，依次交替进行，则恰好整数个小时可以完成；若两台设备同时工作，则3.6个小时可以完成．那么新设备一小时可以加工（　　）套产品．
   A. 40　　　B. 50　　　C. 60　　　D. 70　　　E. 80

4. 若 $|a-c| < |b|$（$abc \neq 0$），则下列不等式成立的是（　　）.
   A. $a > c-b$　　　B. $a < b+c$　　　C. $|a| < |b|+|c|$
   D. $|a| > |b|-|c|$　　　E. $|a| > |b|+|c|$

5. 若 $(1-\sqrt{3})^4 = a+b\sqrt{3}$，且 a，b 均为有理数，则可得 $\frac{a}{b} = $（　　）.
   A. $-\frac{5}{2}$　　　B. $-\frac{7}{2}$　　　C. -2　　　D. $-\frac{9}{4}$　　　E. $-\frac{7}{4}$

6. 在等比数列 $\{a_n\}$ 中，若公比 $q=3$ 且 $S_4=40$，则 $a_5-a_4=$（　　）.
   A. 24　　　B. 27　　　C. 48　　　D. 54　　　E. 81

7. 一火车车厢内有8名乘客，已知该火车共有6个下车站点，其中甲、乙两省各有3个站点，又知这8名乘客中有4名会在甲省下车，4名会在乙省下车，则可能的下车方法共有（　　）种.
   A. $C_8^4 \times 3^4$　　　B. $C_8^4 \times 3^{16}$　　　C. $C_8^4 \times 3^8$　　　D. $C_8^4 \times 4^6$　　　E. $C_8^4 \times 4^3$

8. 圆柱 A 的轴截面是正方形，若该圆柱的侧面积为 S，则圆柱的体积为（　　）.
   A. $\frac{S}{2} \cdot \sqrt{\frac{S}{\pi}}$　　　B. $\frac{S}{3} \cdot \sqrt{\frac{S}{\pi}}$　　　C. $\frac{S}{4} \cdot \sqrt{\frac{S}{\pi}}$
   D. $\sqrt{\frac{3S}{\pi}}$　　　E. $\frac{S}{\sqrt{3\pi}}$

9. 从1，2，…，20这20个数中任取两个不同的数，使取出的两个数之和是4的倍数，则共有（　　）种不同的取法．
   A. 24　　　B. 30　　　C. 36　　　D. 40　　　E. 45

10. 要使一元二次方程 $x^2-3x+m=0$ 在 $[0,1]$ 上恰好有一个解，则 m 的取值范围为（　　）.
    A. $[0,1]$　　　B. $[-2,2]$　　　C. $[0,2]$　　　D. $(-2,0)$　　　E. $(0,2]$

11. 如果二次方程 $x^2-ax-b=0$（a，b 是正整数）的正根小于3，那么满足这样的二次方程有（ ）个.

   A. 0　　　　B. 2　　　　C. 5　　　　D. 6　　　　E. 7

12. 已知 $|ab+2|+|a+1|=0$，则 $\dfrac{1}{(a-1)(b+1)}+\dfrac{1}{(a-2)(b+2)}+\cdots+\dfrac{1}{(a-1\,000)(b+1\,000)}=$（　　）.

   A. $-\dfrac{250}{501}$　　B. $-\dfrac{251}{501}$　　C. $-\dfrac{500}{1\,001}$　　D. $\dfrac{501}{1\,001}$　　E. $-\dfrac{1}{2}$

13. 若 $ab\neq 1$，且有 $5a^2+2\,015a+9=0$ 及 $9b^2+2\,015b+5=0$，则 $\dfrac{a}{b}$ 的值是（　　）.

   A. $\dfrac{9}{5}$　　B. $\dfrac{5}{9}$　　C. 5　　D. $-\dfrac{2\,015}{9}$　　E. $-\dfrac{9}{5}$

14. 如图 20-1 所示，在直角三角形 ABC 中，$\angle C=90°$，D，E 分别是 BC，AC 边的中点，$AD=7$，$BE=4$，则 AB 的长为（　　）.

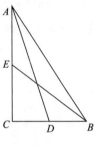

图 20-1

   A. $\sqrt{13}$　　B. $4\sqrt{3}$　　C. $2\sqrt{15}$　　D. 6　　E. $2\sqrt{13}$

15. 关于 x 的方程 $||x-2|-1|=a(0<a<1)$ 的所有解的和为（　　）.

   A. 0　　　　B. 2　　　　C. 4　　　　D. 8　　　　E. 10

二、条件充分性判断：第 16～25 小题，每小题 3 分，共 30 分. 要求判断每题给出的条件（1）和条件（2）能否充分支持题干所陈述的结论. A、B、C、D、E 五个选项为判断结果，请选择一项符合试题要求的判断，在答题卡上将所选项的字母涂黑.

   A. 条件（1）充分，但条件（2）不充分.

   B. 条件（2）充分，但条件（1）不充分.

   C. 条件（1）和条件（2）单独都不充分，但条件（1）和条件（2）联合起来充分.

   D. 条件（1）充分，条件（2）也充分.

   E. 条件（1）和条件（2）单独都不充分，条件（1）和条件（2）联合起来也不充分.

16. 已知数列 $\{a_n\}$ 满足 $a_1=1$，$|a_{n+1}-a_n|=p^n$，$n\in \mathbf{N}^*$，则 p 的取值能确定.

   （1）$\{a_n\}$ 是递增数列.

   （2）a_1，$2a_2$，$3a_3$ 成等差数列.

17. 有甲、乙两个粮仓，如果将甲粮仓内粮食的 20% 运往乙粮仓，则两个粮仓内的粮食储量相等.

(1)甲、乙两个粮仓的粮食原储量之比为5:2.

(2)甲、乙两个粮仓的粮食原储量之比为5:3.

18. 某学校上学期通过英语四级和未通过英语四级的人数之比为3:5,可以确定该学校上学期共有2 400名学生.

(1)本学期学校的人员未发生变动,又有180名学生通过英语四级.

(2)本学期通过英语四级和未通过英语四级的人数之比为9:11.

19. 一组牌中,有5张红桃,4张黑桃,3张草花,则$P=\dfrac{25}{72}$.

(1)有放回地拿牌,2次都取到同一种花色的概率为P.

(2)无放回地拿牌,2次都取到同一种花色的概率为P.

20. 直线l与直线$y=\dfrac{1}{2}x$关于直线$x=1$对称.

(1)l:$x+2y-2=0$.

(2)l:$2x-y+3=0$.

21. 一元二次方程$x^2+4x+m-1=0$的两实根分别为a,b,则有$m\geqslant 0$.

(1)$|a-b|=2\sqrt{2}$.

(2)$a^2+ab+b^2=1$.

22. 从集合A中任取三个不同元素,则这三个元素能构成直角三角形三边的概率为$\dfrac{1}{10}$.

(1)$A=\{3,4,5,6,8,10\}$.

(2)$A=\{5,6,8,10,12,13\}$.

23. $m=2$.

(1)圆C_1,C_2的圆心距为3,半径分别为方程$x^2-4x+3=0$的两根,则两圆有m条公切线.

(2)点A在圆O外,点A到圆O的最小距离为3,最大距离为7,则圆的半径为m.

24. $\dfrac{1}{a^2}+\dfrac{1}{b^2}+\dfrac{1}{c^2}>a+b+c$.

(1)$abc=1$.

(2)a,b,c为不全相等的实数.

25. 某生产线有6名男性员工,和4名女性员工,其中有男、女组长各1名,现需要调派5名员工前往新生产线,总共有191种选派方案.

(1)至少选派一名组长.

(2)选派的人中至少有一名女性员工,也要有组长.

三、逻辑推理:第26~55小题,每小题2分,共60分。下列每题给出的A、B、C、D、E五个选项中,只有一项是符合试题要求的。请在答题卡上将所选项的字母涂黑。

26. 在许多鸟群中,首先发现捕食者的鸟会发出警戒的叫声,于是鸟群散开。有一种理论认为,发出叫声的鸟通过将注意力吸引到自己身上而拯救了同伴,即为了鸟群的利益而自我牺牲。

以下哪项如果为真，则最能直接削弱上述结论？

A. 许多鸟群栖息时，会有一些鸟轮流负责警戒，危险来临时发出叫声，以此增加群体的生存机会。

B. 喊叫的鸟想找到更为安全的位置，但是不敢擅自打破原有的队形，否则捕食者会发现脱离队形的单个鸟。

C. 危险来临时，喊叫的鸟和同伴相比可能处于更安全的位置，它发出喊叫是为了提醒它的伴侣。

D. 鸟群之间存在亲缘关系，同胞之间有相同的基因，喊叫的鸟虽然有可能牺牲自己，却可以挽救更多的同胞，从而延续自己的基因。

E. 鸣叫的鸟可能只是因为发现了捕食者而感到惊恐。

27. 今年上半年，北京凯华出租汽车公司接到的乘客投诉电话的数量是北京安达出租汽车公司的 2 倍，这说明安达出租汽车公司比凯华出租汽车公司的管理更规范，服务质量更高。

如果以上陈述为真，则以下哪一项最能支持上述结论？

A. 凯华出租汽车公司的投诉电话号码数不如安达出租汽车公司的多。

B. 凯华出租汽车公司的投诉电话数量比安达出租汽车公司上升得快。

C. 安达出租汽车公司的在运营车辆是凯华出租汽车公司的 2 倍。

D. 打给凯华出租汽车公司的投诉电话通常比打给安达出租汽车公司的投诉电话时间更长。

E. 有的顾客在遭遇较差的服务时，不会投诉。

28. 在奥运会 110 米跨栏比赛中，刘翔获得冠军，并打破奥运会纪录，平了世界纪录。他在面对记者时说："谁说亚洲人不能成为短跑王？只要有我在！你相信我！""谁说亚洲人不能进短跨前八，我非要拿个冠军！相信在我身上会发生更多的奇迹，你们要相信我！""黑人运动员已经在这个项目上垄断了很多年了。黄皮肤的运动员不能老落在黑人运动员后面，从我开始，一个新的篇章就要开启了！"

刘翔夺冠的事实以及他的话不构成对下面哪个断言的反驳？

A. 只有黑人运动员才能成为田径直道冠军。

B. 所有短跑王都不是黄皮肤选手。

C. 大部分田径冠军是黑人运动员。

D. 如果谁是短跑王，谁就具有非洲黑人血统。

E. 田径直道冠军或者是非洲选手，或者是欧洲选手，或者是美洲选手。

29. 2014 年的一次全国性的逻辑学研讨会一共有 120 名全国知名逻辑学者参加，其中教授 66 人，长江三角洲地带的逻辑学者有 62 人，非长江三角洲地带的没有教授职称的有 8 人。

根据以上陈述，可以推知参加此次全国性的逻辑学研讨会的长江三角洲地带的教授有几人？

A. 2 人。　　B. 4 人。　　C. 8 人。　　D. 14 人。　　E. 16 人。

30. 一项调查表明，一些新闻类期刊每一份杂志平均有 4～5 个读者。由此可以推断，在《诗刊》12 000 个订户的背后有 48 000～60 000 个读者。

下列哪项是上述估算的前提？

A. 大多数《诗刊》的读者都是该刊物的订户。

B. 《诗刊》的读者与订户的比例与文中提到的新闻类期刊的读者与订户的比例相同。

C. 读者通常都喜欢阅读一种以上的刊物。

D. 新闻类期刊的读者数与《诗刊》的读者数相近。

E. 大多数期刊订户都喜欢把自己的杂志与同事、亲友共享。

31～32题基于以下题干：

A国是当今世界上最贫穷的国家，所以每一个A国人都是穷人。

31. 假设以下哪项，能使上述论证成立？

Ⅰ. 世界最贫穷的国家的人均收入世界上最低。

Ⅱ. 世界最贫穷的国家的每个国民都是穷人。

Ⅲ. 世界最贫穷的国家的国民中没有超级富豪。

A. 仅Ⅰ。　　B. 仅Ⅱ。　　C. 仅Ⅲ。　　D. 仅Ⅱ和Ⅲ。　　E. Ⅰ、Ⅱ和Ⅲ。

32. 为使上述论证成立，以下哪项必须假设？

Ⅰ. 世界最贫穷的国家的人均收入世界上最低。

Ⅱ. 世界最贫穷的国家的每个国民都是穷人。

Ⅲ. 世界最贫穷的国家的国民中没有超级富豪。

A. 仅Ⅰ。　　B. 仅Ⅱ。　　C. 仅Ⅲ。　　D. 仅Ⅱ和Ⅲ。　　E. Ⅰ、Ⅱ和Ⅲ。

33. 美国电动汽车TeslA使用的电池是由近7 000块松下18650型电池通过串联、并联结合在一起的大电池包。TeslA电池动力系统的安全性一直受到汽车界的质疑。一位电池专家说，18650型电池在美国的起火概率是0.002‰，那么，7 000块小电池组成的电池包的起火概率就是0.14%，以TeslA目前的销量看，这将导致它几乎每个月发生一次电池起火事故。

如果以下陈述为真，则哪一项能最有力地削弱专家的判断？

A. 18650型电池具有能量密度大、稳定、一致性好的特点。

B. 全球每年生产数十亿块18650型电池，其安全级别不断提高。

C. TeslA有非常先进的电池管理系统，会自动断开工作异常的电池单元的输出。

D. 18650型电池可循环充电次数多，因此大大延长了电池的使用寿命。

E. TeslA的销量没有想象中那么大。

34. 一个马克木留兵可以敌三个法兰西兵，一个马克木留营和一个法兰西营打个平手，一个法兰西军团可以敌五个马克木留军团。

以下哪项显然不能从上述断定中推出？

A. 整体的力量不等于各部分力量的简单相加。

B. 军事竞争不只是单个士兵战斗力和武器威力的竞争。

C. 军事谋略在战争中起着举足轻重的作用。

D. 整体的力量必然大于各部分力量的简单相加。

E. 马克木留兵的个人战斗力一般地要超过法兰西兵。

35. 如果你喝的饮料中含有酒精，心率就会加快。如果你的心率加快，就会觉得兴奋。因此，如果你喝的饮料中含有酒精，就会觉得兴奋。

以下哪项推理的结构和上述推理最为类似？

A. 如果你投资股票，你就有破产的风险。如果你投资股票，你就有发财的希望。因此，如果你有破产的风险，那么就有发财的希望。

B. 如果你每天摄入足够水分，就能降低血液的黏稠度。如果血液的黏稠度过高，就会增加患心脏病的危险。因此，如果你每天摄入足够的水分，就会减少患心脏病的危险。

C. 如果你喝过多的酒，你的肝脏就会有过度负担。如果你喝过多的酒，你就可能出现酒精肝。因此，如果你的肝脏过度负担，你就可能出现酒精肝。

D. 如果你有足够的银行存款，就会有足够的购买能力。如果你有足够的购买能力，就会拥有宽敞的住房。因此，你如果有足够的银行存款，就会过得非常舒适。

E. 如果你有稳定的工作，就会有稳定的收入。如果你有稳定的收入，就会生活得幸福。因此，只要你有稳定的工作，就会生活得幸福。

36. 正常情况下，在医院出生的男婴和女婴的数量大体相同。在城市大医院，每周有许多婴儿出生；而在乡镇小医院，每周只有少量婴儿出生。如果一个医院一周出生的婴儿中有 45%～55% 是女婴，则属于正常周；如果一周出生的婴儿中超过 55% 是女婴或者超过 55% 是男婴，则属于非正常周。

如果某周是一个医院的正常周，那么，对于以下一组数字：

| 5 | 6 | 9 | 10 | 19 |

下面哪项包括了这一医院在该周出生的婴儿数的所有可能数字？

A. 5、6、10。   B. 6、10、19。   C. 5、9、19。
D. 9、10。   E. 6、10。

37. 关于曹操墓的具体位置历来争议颇多，宋代以来就有"七十二疑冢"之说。但该墓的位置近来已经得到确认，因为河南省文物局于 2009 年 12 月对外公布，经河南省文物考古研究所发掘确认，曹操墓位于河南省安阳县安丰乡西高穴村。

以下哪项陈述是上述论证所依赖的假设？

A. 从西高穴村的墓中发掘出很多文物，上面有文字表明此墓就是曹操墓。
B. 参与发掘工作的所有人员均证明，墓中发掘出来的文物全是真的。
C. 河南省文物考古研究所曾多次成功地发掘古代坟墓，经验很丰富。
D. 曹操墓的位置经过了多次测算和发掘。
E. 河南省文物考古研究所作出的考古发现具有极高的可信度并得到公认。

38. 当代一位犹太思想家的问题困扰了罗马教廷 30 年：一个基督教神职人员和一个普通信徒的灵魂是否都能进天堂？一个基督徒和一个其他宗教信徒的灵魂是否都能进天堂？一个有宗教信仰的人和一个无神论者的灵魂是否都能进天堂？如果有人的灵魂不能进天堂，则"上帝之爱"就不是普适的；如果"上帝之爱"不是普适的，则上帝的存在就不是合理的。如果所有人的灵魂都能进天堂，那么，信教与不信教、信仰不同宗教之间还有什么重大区别呢？

如果接受以上陈述，则必须接受下面哪项陈述？

A. 如果"上帝之爱"是普适的，则上帝的存在就是合理的。

B. "上帝之爱"是普适的，但信教与不信教、信仰不同宗教之间有重大区别。

C. 如果上帝的存在是合理的，则信上帝与不信上帝之间就没有重大区别。

D. "上帝之爱"是普适的，神职人员、普通信徒和无神论者都是上帝关爱的对象。

E. "上帝之爱"不是普适的，不信教的人灵魂不能进天堂。

39. 禁止步行者闯红灯的规定没有任何效果。总是违反该规定的步行者显然没有受到它的约束，而那些遵守该规定的人显然又不需要它，因为即使不禁止步行者闯红灯，这些人也不会闯红灯。

下面哪一个选项是对上述论证的恰当评价？

A. 在其前提和结论中，它分别使用了意义不同的"规定"。

B. 它没有提供任何证据去证明，闯红灯比不闯红灯更危险。

C. 它理所当然地认为，多数汽车司机会遵守禁止驾车闯红灯的规定。

D. 它没有考虑到上述规定是否会对那些偶尔闯红灯但不经常闯红灯的人产生影响。

E. 它将禁止步行者闯红灯的规定置于进退两难的境地，是有效的论证。

40. 稀土是储量较少的一类金属的统称，广泛应用于尖端科技和军工领域。世界上的绝大部分稀土产自中国。1998年以来，中国开始减少稀土开采量，控制稀土出口配额，加强稀土行业的集中度。对此，一些国家指责中国垄断资源，对世界其他国家有极大的破坏性，要求中国放宽对稀土产业的控制。

以下哪项陈述如果为真，则最适合用来反驳这些国家对中国的指责？

A. 稀土是不可再生的重要战略资源。

B. 目前按人均计算，中国已经属于稀土资源相对稀缺的国家。

C. 从1980年起，中国一些地方对稀土滥采滥挖，造成资源的严重浪费和对环境的极大破坏。

D. 2009年，中国稀土储量占全球储量的36％，美国占13％，俄罗斯占19％，澳大利亚占5.4％；中国稀土产量占世界产量的97％，上述其他国家均为零。

E. 中国有权利决定自己国家的资源配置。

41. 某百货商场的二楼是"儿童世界"，其中儿童玩具的出售依靠商场的电脑系统，实现了顾客自助，精简了员工队伍。现在，商场经理打算把此电脑系统也应用于童装的销售。

以下哪项如果成立，则可说明该百货商场将电脑系统应用于童装销售是错误的举措？

A. 玩具销售和童装销售的电脑系统所用的电脑性能相似。

B. 真正实现顾客自助不能没有计算机。

C. 应用电脑系统也需要维护人员。

D. 此百货商场的童装档次较高，大多是名牌产品。

E. 许多孩子的家长是在销售员的极力怂恿下才买童装的。

42. 中国民营企业家陈光标在四川汶川大地震发生后,率先带着人员和设备赶赴灾区实施民间救援。他曾经说过:"如果你有一杯水,你可以独自享用;如果你有一桶水,你可以存放家中;如果你有一条河流,你就要学会与他人分享。"

    以下哪项陈述与陈光标的断言发生了最严重的不一致?

    A. 如果你没有一条河流,你就不必学会与他人分享。

    B. 我确实拥有一条河流,但它是我的,我为什么要学会与他人分享?

    C. 或者你没有一条河流,或者你要学会与他人分享。

    D. 如果你没有一桶水,你也不会拥有一条河流。

    E. 即便我没有河流,我也应该与他人分享我的一桶水,甚至一杯水。

43. 隔壁老王买了一块新手表。他把新手表与家中的挂钟对照,发现手表比挂钟一天慢了三分钟;后来他又把家中的挂钟与电台的标准时对照,发现挂钟比电台标准时一天快了三分钟。隔壁老王因此推断:他的手表是准确的。

    以下哪项是对隔壁老王推断的正确评价?

    A. 隔壁老王的推断是正确的,因为手表比挂钟慢三分钟,挂钟比标准时快三分钟,这说明手表准时。

    B. 隔壁老王的推断是错误的,因为他不应把手表和挂钟比,应直接和标准时比。

    C. 隔壁老王的推断是错误的,因为挂钟比标准时快三分钟,是标准的三分钟,手表比挂钟慢三分钟是不标准的三分钟。

    D. 隔壁老王的推断既无法断定为正确,也无法断定为错误。

    E. 以上说法都不正确。

44. 研究人员把受试者分成两组:A组做十分钟自己的事情,但不从事会导致说谎行为的事;B组被要求偷拿考卷,并且在测试时说谎。之后,研究人员让受试者戴上特制电极,以记录被询问时的眨眼频率。结果发现,A组眨眼频率会微微上升,但B组的眨眼频率先是下降,然后大幅上升至一般频率的8倍。由此可见:通过观察一个人的眨眼频率,可判断他是否在说谎。

    对以下哪项问题的回答,几乎不会对此项研究的结论构成质疑?

    A. A组和B组受试者在心理素质方面有很大差异吗?

    B. B组受试者是被授意说假话,而不是自己要说假话,由此得出的说假话与眨眼之间的关联可靠吗?

    C. 用于A组和B组的仪器设备是否有什么异常?

    D. 说假话是否会导致心跳加速、血压升高?

    E. 是否存在有些人眨眼频率缓慢却总在说谎的情况?

45. 曙光食品厂对火腿、香肠、烤肉三种食品进行检验,检验它们所含的食品添加剂和所使用的包装材料,如果都通过检验就能出厂。检验结果表明,食品添加剂合格的有两种食品,包装材料合格的也有两种食品。

    根据上述检验结果,以下哪项一定为真?

A. 至少有一种食品可以出厂。

B. 有可能火腿、香肠、烤肉都不能出厂。

C. 这些食品要出厂还需要通过其他检验。

D. 火腿一定是合格的，所以可以出厂。

E. 有两种食品可以出厂。

46. 去年的通货膨胀率是1.2%，今年到目前为止通货膨胀率已经达到4%。因此我们可以得出结论：通货膨胀率呈上升趋势，明年的通货膨胀率会更高。

以下哪项如果为真，则能最严重地削弱上述结论？

A. 通货膨胀率是根据有代表性的经济灵敏数据样本计算的，而不是根据所有数据。

B. 去年油价下跌导致通货膨胀率暂时低于近几年来4%的平均水平。

C. 通货膨胀促使增加工人工资，而工资的增长又成为推动通货膨胀率以4%或更高速度增长的动力。

D. 去年1.2%的通货膨胀率是十年来最低的。

E. 政府干预对通货膨胀率不会有重大影响。

47. 传统观点认为，导致温室效应的甲烷多半来自湿地和反刍动物的消化道，殊不知能够吸收二氧化碳的绿色植物也会释放甲烷。科学家发现惊人的结果是：全球绿色植物每年释放的甲烷量为0.6亿～2.4亿吨，占全球甲烷年总排放量的10%～40%，其中2/3左右来自植被丰富的热带地区。

以下各项陈述，除哪项外，都可以支持科学家的观点？

A. 如果不考虑绿色植物，排除其他所有因素后，全球仍有大量甲烷的来源无法解释。

B. 德国科学家通过卫星观测到热带雨林上空出现甲烷云层，这一现象无法用已知的全球甲烷来源加以解释。

C. 美国化学家分析取自委内瑞拉稀树草原的空气样本并得出结论：该地区植被释放的甲烷量为0.3亿～0.6亿吨。

D. 有科学家强调，近期的甲烷含量增加、全球气候变暖与森林无关，植物是无辜的。

E. 实验研究证明，绿色植物能够释放甲烷和挥发性有机物。

48. 王珏、柳枚、江倩三人分别是三个孩子的母亲，她们带着自己的孩子一同去郊游。王珏对自己的孩子说："真有趣，你们这三个孩子，也是一个姓王，一个姓柳，一个姓江，但是你们都不和自己的母亲同姓。"另一个姓江的孩子说："一点儿都没错。"

根据上述条件，请判断以下哪项为真？

A. 王珏、柳枚、江倩三人的孩子分别姓王、柳、江。

B. 王珏、柳枚、江倩三人的孩子分别姓江、王、柳。

C. 王珏、柳枚、江倩三人的孩子分别姓柳、王、江。

D. 王珏、柳枚、江倩三人的孩子分别姓柳、江、王。

E. 王珏、柳枚、江倩三人的孩子分别姓王、江、柳。

49. 由于在乐业天坑中最大的天坑——大石围底部的原始森林中发现了与恐龙同时代的植物桫椤，有人据此推测，大石围应形成于恐龙时代，即6 500万年前。

下列各项如果为真，则哪一项最能反驳上述推测？

A. 桫椤早已消失。

B. 在其他乐业天坑中未发现桫椤。

C. 恐龙无法进入这个极深的天坑。

D. 植物桫椤在恐龙灭绝后很长一段时期都存在。

E. 没有在大石围中发现恐龙化石。

50. 对于通过延迟退休年龄来解决养老金缺口问题的提议，很多网友心存疑虑，认为让本应退休的老年人继续留在职位上，会挤压年轻人的就业空间，加重年轻人求职难的问题。专家对此解释说：晚退休人群既是生产者也是消费者，他们的消费可以创造新的就业岗位。

如果以下陈述为真，则哪一项能最强有力地质疑专家的解释？

A. 延迟退休年龄会遭到在私营企业工作的人们的反对。

B. 只有通过刺激经济发展，才能从根本上降低失业率。

C. 养老金缺口问题源于我国的养老制度设计不合理。

D. 专家的解释基于在职老年人的消费能力明显高于退休的同龄人这一未经证实的假定。

E. 老年人的消费能力不如年轻人强。

51. 杜威：逻辑之所以对人类极其重要，正是因为它在经验中建立，并在实践中应用。

以下哪项陈述是上述论证所依赖的假设？

A. 逻辑在人类知识体系中处于基础地位。

B. 对人类极其重要的东西都是在经验中建立的。

C. 在经验中建立并且在实践中应用的东西对人类极其重要。

D. 经过人类长期实践检验和逻辑证明的东西对人类非常重要。

E. 如果一样东西对人类极其重要，那么它是在经验中建立，并在实践中应用的。

52~54题基于以下题干：

在一项庆祝活动中，一名学生依次为1、2、3号旗座安插彩旗，每个旗座只安插一杆彩旗，这名学生有三杆红旗、三杆绿旗和三杆黄旗。安插彩旗必须符合下列条件：

①如果1号安插红旗，则2号安插黄旗。

②如果2号安插绿旗，则1号安插绿旗。

③如果3号安插红旗或者黄旗，则2号安插红旗。

52. 以下哪项列出的可能是安插彩旗的方案之一？

A. 1号：绿旗；2号：绿旗；3号：黄旗。

B. 1号：红旗；2号：绿旗；3号：绿旗。

C. 1号：红旗；2号：红旗；3号：绿旗。

D. 1号：黄旗；2号：红旗；3号：绿旗。

E. 1号：黄旗；2号：绿旗；3号：绿旗。

53. 如果不选用绿旗,则恰好能有几种可行的安插方案?
   A. 一。   B. 二。   C. 三。   D. 五。   E. 六。

54. 如果安插的旗子的颜色各不相同,则以下哪项陈述可能为真?
   A. 1号安插绿旗并且2号安插黄旗。
   B. 1号安插绿旗并且2号安插红旗。
   C. 1号安插红旗并且3号安插黄旗。
   D. 1号安插黄旗并且3号安插红旗。
   E. 1号安插绿旗并且3号安插红旗。

55. 物理学概念通常都很规范和严谨,物理学名词所表示的物理量都有明确的定义、计量方法和换算关系。对于暗能量,目前物理学家和宇宙学家对其仍一无所知。"暗能量"指的不过是当前宇宙学中最为深刻的一个难题。

   以下哪项陈述最适合接续上文作为它的结论?
   A. "暗能量"显然不是一个明确的物理学概念。
   B. 科学家用"暗能量"来命名一个宇宙谜题是无奈之举。
   C. "暗能量"是指此前发现的宇宙正在加速膨胀这个令人困惑的现象。
   D. 科学家对于"暗能量"这个名词背后所隐含的深刻内涵仍一无所知。
   E. "暗能量"属于欺诈的伪科学。

四、写作:第56~57小题,共65分。其中论证有效性分析30分,论说文35分。请答在答题纸相应的位置上。

56. 论证有效性分析:分析下述论证中存在的缺陷和漏洞,选择若干要点,写一篇600字左右的文章,对该论证的有效性进行分析和评论。(论证有效性分析的一般要点是:概念特别是核心概念的界定和使用是否准确并前后一致,有无各种明显的逻辑错误,论证的论据是否成立并支持结论,结论成立的条件是否充分等。)

   2017年4月9日,美国联合航空公司和芝加哥机场暴力驱逐一名亚裔乘客下飞机的事件,因同行乘客将事发视频传至社交网络,引起轩然大波。

   有人认为美国联合航空公司的逐客行为是合理的,理由如下:

   一、在美国,类似这种情况属于超额预定。因为飞行的固定成本很高,尽可能地减少空座率,避免座位虚耗,有利于公司增加收入,实现利益最大化。比如,乘坐飞机当天,总有一些乘客因延误或个人原因改签或者退票。所以,每个航空公司会计算航班的空座率,卖出多一些的机票,保证飞机的满座率。

   二、据统计,在美国,每一年都会有近47.5万名乘客虽然手持有效机票,但由于超额预定而无法登机。其中有43.4万名乘客选择接受航空公司的奖励而改签了班机。在去掉了这些人之后,每年还有大约4万名乘客是在非自愿的情况下被"赶下"飞机的。

   三、美联航发出让乘客自愿离开航班的请求之后,无人响应。赔偿金从400美元调到800美元,还是无果。于是航空公司被迫实行"非自愿放弃登机"的条例。美联航权衡了多项因素之后,选择了4个人下机。这些因素包括:机票价格、转接航班、耽误的时间等。

四、机组人员向该亚裔男子多次解释原因，让其下机，无果。于是机组人员召来执法人员，驱逐其下机。过程中，亚裔男子的头部撞到椅子扶手。

五、众所周知，在美国暴力抗法是重罪。例如，如果警察掏出手枪，对方胆敢抗拒，会被当场击毙，所以，美国很少有暴力抗法的现象。因此，亚裔男子自己也有错。

57. 论说文：根据下述材料，写一篇700字左右的论说文，题目自拟。

目不能两视而明，耳不能两听而聪。

——《荀子·劝学》

答案速查

一、问题求解
1～5　CACCE　　　　6～10　DCCEC　　　　11～15　EAAED

二、条件充分性判断
16～20　CBCAA　　　　21～25　ADDCB

三、逻辑推理
26～30　BCCEB　　　　31～35　BDCDE　　　　36～40　BECDD
41～45　EBCDA　　　　46～50　BDDDD　　　　51～55　CDBBA

四、写作
略

答案详解

一、问题求解

1. C

【解析】母题92·简单比例问题

由题干可知，$\frac{5}{18} : \frac{1}{3} : \frac{7}{18} = \frac{5}{18} : \frac{6}{18} : \frac{7}{18}$. 所以，三名同学身上所带的钱共有 $\frac{100}{\frac{7}{18} - \frac{5}{18}} = 900$（元）.

2. A

【解析】母题30·集合问题

由三集合容斥原理，可得 $A + B + C - A \cap B - B \cap C - A \cap C + A \cap B \cap C = 350$. 则
$$A \cap B + B \cap C + A \cap C = A + B + C + A \cap B \cap C - 350$$
$$= 153 + 190 + 187 + 30 - 350 = 210.$$
故恰选两门课程的人数为 $A \cap B + B \cap C + A \cap C - 3 \cdot A \cap B \cap C = 210 - 90 = 120.$

3. C

【解析】母题97·工程问题

两台设备同时工作，3.6个小时可以完成，则每小时加工 $360 \div 3.6 = 100$（套）. 在交替工作的情况下，恰好整数个小时可以完成，可知两台设备工作三个循环后，剩下产品由新设备单独工作一小时完成，所以，新设备一小时可以加工 $360 - 3 \times 100 = 60$（套）产品.

4. C

【解析】母题14·证明绝对值方程和不等式

由三角不等式可知 $|a - c| \geqslant |a| - |c|$，故有 $|b| > |a| - |c|$，整理得 $|a| < |b| + |c|$.

5. E

【解析】母题8·有理数与无理数的运算

由 $(1-\sqrt{3})^4=(4-2\sqrt{3})^2=28-16\sqrt{3}=a+b\sqrt{3}$，且 a，b 均为有理数，故 $a=28$，$b=-16$.

所以 $\dfrac{a}{b}=-\dfrac{28}{16}=-\dfrac{7}{4}$.

6. D

【解析】母题47·等比数列基本问题

由等比数列前 n 项和公式，得 $S_4=\dfrac{a_1(1-q^4)}{1-q}=\dfrac{a_1(1-3^4)}{1-3}=40$，解得 $a_1=1$，所以 $\{a_n\}$ 是首项为 1、公比为 3 的等比数列，故 $a_5-a_4=a_1\cdot q^4-a_1\cdot q^3=3^4-3^3=54$.

7. C

【解析】母题71·排列组合的基本问题

首先从 8 名乘客中选出 4 名从甲省下车，共有 C_8^4 种可能，这 4 人每人的下车地点有 3 种可能，共有 3^4 种可能；其余 4 人只可能在乙省下车，每人下车地点也有 3 种可能，共有 3^4 种可能．

所以，由分步乘法原理可知，可能的下车方法共有 $C_8^4\times 3^8$ 种．

8. C

【解析】母题59·立体几何基本问题

设圆柱的高为 h，底面半径为 r，由于圆柱 A 的轴截面是正方形，可知 $h=2r$.

圆柱的侧面积 $S=2\pi\cdot r\cdot h=4\pi\cdot r^2$，所以，半径 $r=\dfrac{1}{2}\sqrt{\dfrac{S}{\pi}}$，故体积 $V=\pi\cdot r^2\cdot h=2\pi\cdot r^3=2\pi\cdot\left(\dfrac{1}{2}\sqrt{\dfrac{S}{\pi}}\right)^3=\dfrac{S}{4}\cdot\sqrt{\dfrac{S}{\pi}}$.

9. E

【解析】母题85·数字之和

1，2，…，20 这 20 个数可分为四组：

①除以 4 余 1 的数有 5 个，分别为 1，5，9，13，17；

②除以 4 余 2 的数有 5 个，分别为 2，6，10，14，18；

③除以 4 余 3 的数有 5 个，分别为 3，7，11，15，19；

④能被 4 整除的数有 5 个，分别为 4，8，12，16，20.

要使取出的两个数之和是 4 的倍数，可分为三种情况：

从第①组和第③组分别选一个，有 $C_5^1 C_5^1$ 种取法；

从第②组中选两个，共有 C_5^2 种取法；

从第④组中选两个，共有 C_5^2 种取法．

所以，该条件下共有 $C_5^1 C_5^1+2C_5^2=45$（种）不同的取法．

10. C

【解析】母题37·根的分布问题

函数 $f(x)=x^2-3x+m$ 的对称轴为 $x=-\dfrac{-3}{2}=\dfrac{3}{2}$，且图像开口向上，画图易知，方程在 $[0,1]$ 上恰好有一个解，则

$$\begin{cases} f(1)\leqslant 0, \\ f(0)\geqslant 0, \end{cases} 即 \begin{cases} 1-3+m\leqslant 0, \\ m\geqslant 0, \end{cases}$$

解得 $0\leqslant m\leqslant 2$. 所以，m 的取值范围为 $[0,2]$.

11. E

【解析】母题 37·根的分布问题

由 $\Delta=a^2+4b>0$，可知方程有两个不等的实根，又因为 $x_1x_2=-b<0$，可知方程两根为一正一负．

设函数 $f(x)=x^2-ax-b$，由于 $f(x)$ 正根小于 3，则有 $f(3)=9-3a-b>0$，即 $3a+b<9$. 又因为 a，b 是正整数，所以可以使用穷举法．

令 $a=1$，则 $b=1,2,3,4,5$.

令 $a=2$，则 $b=1,2$.

所以，满足这样的二次方程有 7 个．

12. A

【解析】母题 15·非负性问题＋母题 9·实数的运算技巧问题

$|ab+2|+|a+1|=0$，由非负性可得 $a=-1$，$b=2$. 则

$$\dfrac{1}{(a-1)(b+1)}+\dfrac{1}{(a-2)(b+2)}+\cdots+\dfrac{1}{(a-1\,000)(b+1\,000)}$$

$$=\dfrac{1}{-2\times 3}+\dfrac{1}{-3\times 4}+\cdots+\dfrac{1}{-1\,001\times 1\,002}$$

$$=-\dfrac{1}{2}+\dfrac{1}{3}-\dfrac{1}{3}+\dfrac{1}{4}-\cdots-\dfrac{1}{1\,001}+\dfrac{1}{1\,002}$$

$$=-\dfrac{1}{2}+\dfrac{1}{1\,002}$$

$$=-\dfrac{250}{501}.$$

13. A

【解析】母题 35·根的判别式问题＋母题 36·韦达定理问题

由 $9b^2+2\,015b+5=0$（显然 $b\neq 0$）得 $5\dfrac{1}{b^2}+2\,015\dfrac{1}{b}+9=0$.

故 a 与 $\dfrac{1}{b}$ 都是方程 $5x^2+2\,015x+9=0$ 的根，又因为 $ab\neq 1$，即 $a\neq \dfrac{1}{b}$，且 $\Delta>0$，所以 a 与 $\dfrac{1}{b}$ 是此方程的互异实根，由韦达定理可得 $a\cdot\dfrac{1}{b}=\dfrac{9}{5}$.

14. E

【解析】母题 56·三角形及其他基本图形问题

由勾股定理，可得 $AD^2=AC^2+CD^2=AC^2+\dfrac{BC^2}{4}$，$BE^2=BC^2+CE^2=BC^2+\dfrac{AC^2}{4}$.

因此，$AD^2+BE^2=\dfrac{5}{4}(AC^2+BC^2)$．又因为 $AB^2=AC^2+BC^2$，所以 $AD^2+BE^2=\dfrac{5}{4}AB^2$．由 $AD=7$，$BE=4$，可得 $AB=2\sqrt{13}$．

15. D

【解析】母题 13·求解绝对值方程和不等式

由 $||x-2|-1|=a$，可得 $|x-2|-1=\pm a$，因此解得 $x=2\pm(1\pm a)$，即 $x_1=a+3$，$x_2=1-a$，$x_3=3-a$，$x_4=a+1$，所以所有解的和为 $x_1+x_2+x_3+x_4=8$．

【快速得分法】特殊值法，令 $a=\dfrac{1}{2}$ 可快速求解．

二、条件充分性判断

16. C

【解析】母题 53·数列与函数方程综合题

条件(1)和条件(2)单独均不充分，考虑联立．

因为 $\{a_n\}$ 是递增数列，所以 $|a_{n+1}-a_n|=a_{n+1}-a_n=p^n$，且 $a_1=1$，因此 $a_2=p+1$，$a_3=p^2+p+1$．

又因为 a_1，$2a_2$，$3a_3$ 成等差数列，所以由中项公式得 $4a_2=a_1+3a_3$，即 $4(p+1)=1+3(p^2+p+1)$，整理，得 $3p^2-p=0$，解得 $p=\dfrac{1}{3}$ 或 $p=0$．

当 $p=0$ 时，与 $\{a_n\}$ 是递增数列矛盾，所以 $p=\dfrac{1}{3}$，取值确定，故联立两个条件充分．

17. B

【解析】母题 92·简单比例问题

条件(1)：运送后，甲、乙两个粮仓的粮食储量之比为 $\dfrac{5\times(1-20\%)}{2+5\times20\%}=\dfrac{4}{3}$，故条件(1)不充分．

条件(2)：运送后，甲、乙两个粮仓的粮食储量之比为 $\dfrac{5\times(1-20\%)}{3+5\times20\%}=1$，故条件(2)充分．

18. C

【解析】母题 92·简单比例问题

两个条件明显单独都不充分，考虑联立．

设上学期通过英语四级的人数为 $3k$，未通过四级的人数为 $5k$，由题干可得

$$\dfrac{3k+180}{5k-180}=\dfrac{9}{11},$$

解得 $k=300$．

所以，该学校上学期共有 $300\times8=2\,400$（名）学生，故条件(1)和条件(2)联立充分．

19. A

【解析】母题 86·袋中取球问题

条件(1)：有放回地拿牌，每次取到红桃、黑桃、草花的概率分别为 $\dfrac{5}{12}$，$\dfrac{4}{12}$，$\dfrac{3}{12}$．则 2 次都取到

同一花色的概率 $P=\dfrac{5}{12}\times\dfrac{5}{12}+\dfrac{4}{12}\times\dfrac{4}{12}+\dfrac{3}{12}\times\dfrac{3}{12}=\dfrac{25}{72}$，显然条件(1)充分．

条件(2)：无放回地拿牌，则每拿一张，会少一张牌，再次取牌，概率会变化，故 2 次都取到同一花色的概率 $P=\dfrac{5}{12}\times\dfrac{4}{11}+\dfrac{4}{12}\times\dfrac{3}{11}+\dfrac{3}{12}\times\dfrac{2}{11}=\dfrac{19}{66}$，显然条件(2)不充分．

20. A

【解析】母题 68·对称问题

方法一：直线 $y=\dfrac{1}{2}x$ 与直线 $x=1$ 的交点为 $\left(1,\dfrac{1}{2}\right)$，另外直线 $y=\dfrac{1}{2}x$ 过点 $(2,1)$，点 $(2,1)$ 关于直线 $x=1$ 的对称点为 $(0,1)$．故直线 l 经过点 $\left(1,\dfrac{1}{2}\right)$ 和点 $(0,1)$，由两点式，求得直线 l 方程为 $x+2y-2=0$．

方法二：关于特殊直线对称的结论：$f(x,y)$ 关于直线 $x=a$ 对称的方程为 $f(2a-x,y)$．故直接利用该结论，代入题中，可知对称直线 l 为 $y=\dfrac{1}{2}(2-x)$，即 $x+2y-2=0$．

所以，条件(1)充分，条件(2)不充分．

21. A

【解析】母题 36·韦达定理问题

方程有实根，则有 $\Delta=4^2-4(m-1)\geqslant 0$，解得 $m\leqslant 5$．

根据韦达定理，有 $a+b=-4$，$ab=m-1$．

条件(1)：$|a-b|=\sqrt{(a+b)^2-4ab}=\sqrt{16-4(m-1)}=2\sqrt{2}$，解得 $m=3$，故条件(1)充分．

条件(2)：$a^2+ab+b^2=(a+b)^2-ab=16-(m-1)=1$，解得 $m=16$，与 $m\leqslant 5$ 矛盾，不符合题干要求，故条件(2)不充分．

22. D

【解析】母题 82·古典概型

条件(1)：能构成直角三角形的有 2 种情况，即 $\{3,4,5\}$，$\{6,8,10\}$．

所以，任取三个元素，能构成直角三角形三边的概率为 $\dfrac{2}{C_6^3}=\dfrac{1}{10}$，故条件(1)充分．

条件(2)：能构成直角三角形的有 2 种情况，即 $\{6,8,10\}$，$\{5,12,13\}$．

所以，任取三个元素，能构成直角三角形三边的概率为 $\dfrac{2}{C_6^3}=\dfrac{1}{10}$，故条件(2)也充分．

23. D

【解析】母题 64·圆与圆的位置关系＋62·点与圆的位置关系

条件(1)：由 $x^2-4x+3=0$，解得两圆半径分别为 1 和 3．不妨设 $r_1=3$，$r_2=1$，则 $r_1-r_2<3<r_1+r_2$，即两圆相交．

所以，有两条公切线，$m=2$，故条件(1)充分．

条件(2)：圆的半径为 $\dfrac{7-3}{2}=2$，即 $m=2$，故条件(2)也充分．

24. C

【解析】 母题19·均值不等式

使用特值法，可知两条件单独都不成立，故考虑联立.

根据题干，$2\left(\dfrac{1}{a^2}+\dfrac{1}{b^2}+\dfrac{1}{c^2}\right)=\left(\dfrac{1}{a^2}+\dfrac{1}{b^2}\right)+\left(\dfrac{1}{b^2}+\dfrac{1}{c^2}\right)+\left(\dfrac{1}{a^2}+\dfrac{1}{c^2}\right)\geqslant 2\left(\dfrac{1}{ab}+\dfrac{1}{bc}+\dfrac{1}{ac}\right).$

将条件(1)$abc=1$代入上式，可得$\dfrac{1}{a^2}+\dfrac{1}{b^2}+\dfrac{1}{c^2}\geqslant c+a+b.$ 当且仅当$a=b=c$时，等号成立.

故由条件(2)中，a,b,c为不全相等的实数，可得$\dfrac{1}{a^2}+\dfrac{1}{b^2}+\dfrac{1}{c^2}>c+a+b.$

综上，条件(1)和条件(2)联立起来充分.

25. B

【解析】 母题71·排列组合的基本问题

条件(1)可分为两种情况讨论：

①方案由1名组长4名组员构成，有$C_2^1 C_8^4$种；

②方案由2名组长3名组员构成，有$C_2^2 C_8^3$种.

由分类加法原理，可知共有$C_2^1 C_8^4+C_2^2 C_8^3=196$(种)选派方案，故条件(1)不充分.

条件(2)可分为两种情况讨论：

①女组长入选，其他人任选，共有C_9^4种；

②女组长没有入选，则男组长入选，剩下的人任选，有C_8^4种选法，其中没有女性员工的选法共有C_5^4种，故至少有一名女员工的选法为$(C_8^4-C_5^4)$种.

所以，不同的选派方法共有$C_9^4+(C_8^4-C_5^4)=191$(种)，故条件(2)充分.

三、逻辑推理

26. B

【解析】 母题16·因果型削弱题

题干：为了鸟群的利益而自我牺牲 —导致→ 首先发现捕食者的鸟会发出警戒的叫声。

B项，另有他因，指出鸟儿鸣叫并不是为了鸟群的利益，而是为了自我安全。

D项，支持题干，说明鸣叫的鸟儿是为了集体利益而牺牲自我的。

E项，另有他因，但"可能"是弱化词，削弱力度不如B项。

其余各项均为无关选项，并未涉及鸟儿是否牺牲自我利益。

27. C

【解析】 母题19·论证型支持题

题干：北京凯华出租汽车公司接到的乘客投诉电话的数量是北京安达出租汽车公司的2倍 —证明→

安达出租汽车公司比凯华出租汽车公司的管理更规范，服务质量更高。

A项，削弱题干，安达出租汽车公司接到的投诉电话少是因为电话号码数多，另有他因。

B项，无关选项，投诉电话的数量上升快，不会改变投诉电话的总数。

C项,支持题干,安达出租汽车公司的在运营车辆多于凯华出租汽车公司,但是投诉电话的数量却低于凯华出租汽车公司,补充论据说明安达出租汽车公司的管理更规范。

D项,无关选项。

E项,削弱题干,说明投诉少的不一定服务质量好。

28. C

【解析】母题6·假言命题的负命题

由题干信息可知,刘翔是:亚洲人∧短跑王∧冠军∧黄种人。

A项,冠军→黑人,与题干中"冠军∧黄种人"矛盾。

B项,短跑王→¬黄皮肤,与题干中"短跑王∧黄种人"矛盾。

C项,"大部分"田径冠军是黑人,与刘翔这个田径冠军不是黑人"不矛盾。

D项,短跑王→黑人,与题干中"短跑王∧黄种人"矛盾。

E项,冠军→非洲∨欧洲∨美洲,与题干中"亚洲人∧冠军"矛盾。

故题干信息无法对C项构成反驳。

29. E

【解析】母题38·数字推理题

根据题意,一共有120人参加全国性的逻辑学研讨会,长江三角洲地带的逻辑学者有62人,所以非长江三角洲地带的逻辑学者有120-62=58(人)。

而非长江三角洲地带的没有教授职称的有8人,故非长江三角洲地带的有教授职称的有58-8=50(人)。

又知教授一共有66人,所以长江三角洲地带的教授有66-50=16(人)。

故E项正确。

30. B

【解析】母题22·论证型假设题

题干:一些新闻类期刊每一份杂志平均有4~5个读者 —证明→ 在《诗刊》12 000个订户的背后有48 000~60 000个读者。

B项,必须假设,建立前提中"新闻类期刊"与结论中"《诗刊》"的关系(搭桥法)。

D项,不必假设,题干中类比成立的前提是订户与读者之间的关系,而不是读者数相近。

其余各项均不必假设。

31. B

【解析】母题22·论证型假设题(充分型)

题干中的前提:A国→最贫穷的国家。

补充Ⅱ项:最贫穷的国家→每个国民都是穷人。

故可得题干的结论:每一个A国人都是穷人。

32. D

【解析】母题22·论证型假设题(必要型)

Ⅰ项，不必假设，题干没有提及"人均收入"。

Ⅱ项，必须假设，否则，如果世界最贫穷的国家不是每个国民都是穷人，就无法得到题干的结论"每个A国人都是穷人"。

Ⅲ项，必须假设，否则，如果世界最贫穷的国家中有超级富豪，就无法得到题干的结论"每个A国人都是穷人"。

33. C

【解析】母题15·论证型削弱题

题干：18650型电池在美国的起火概率是0.002‰ $\xrightarrow{证明}$ TeslA的7 000块小电池组成的电池包的起火概率就是0.14% $\xrightarrow{证明}$ 以TeslA目前的销量看，这将导致它几乎每个月发生一次电池起火事故。

C项，削弱题干，工作异常的电池单元会被自动断开，说明电池的起火概率不会累加到0.14%。其余各项均为无关选项。

34. D

【解析】母题28·一般推论题

按照战斗力强弱，将题干信息整理如下：

①一个马克木留兵和三个法兰西兵战斗力相同。

②一个马克木留营和一个法兰西营战斗力相同。

③五个马克木留军团和一个法兰西军团战斗力相同。

随着人数的增多，原本单兵战斗力不如马克木留的法兰西军队，战斗力却反超了。即总体的力量并不等于各部分力量的简单相加，即为A项。

同理，由于军队规模增大，其战斗力并非是个人战斗力的简单相加，故B、C项可能能从上述断定中推出，即可能其他原因对军队战斗力也有影响。

D项，不能推出，因为马克木留规模队伍的战斗力不如法兰西，有可能是士兵配合不力，反而整体的战斗力小于单兵战斗力的简单相加。

E项，根据题干信息①可以推出。

35. E

【解析】母题34·形式逻辑型结构相似题

题干：喝的饮料中含有酒精→心率就会加快。心率加快→觉得兴奋。因此，喝的饮料中含有酒精→觉得兴奋。

A项，投资股票→有破产的风险。投资股票→有发财的希望。因此，有破产的风险→有发财的希望。与题干的推理结构不同。

B项，每天摄入足够水分→降低血液的黏稠度。血液的黏稠度过高→增加患心脏病的危险。因此，每天摄入足够水分→减少患心脏病的危险。与题干的推理结构不同。

C项，喝过多的酒→肝脏就会有过度负担。喝过多的酒→可能出现酒精肝。因此，肝脏过度负担→可能出现酒精肝。与题干的推理结构不同。

D项，有足够的银行存款→有足够的购买能力。有足够的购买能力→拥有宽敞的住房。因此，有足够的银行存款→过得非常舒适。与题干的推理结构不同。

E项，有稳定的工作→有稳定的收入。有稳定的收入→生活得幸福。因此，有稳定的工作→生活得幸福。与题干的推理结构相同。

36. B

【解析】母题38·数字推理题

题干：

若该周出生的婴儿数为5，那么当男婴或女婴数大于2时，比例超过55%；当男婴或女婴数小于等于2时，比例低于45%，均为非正常周，不满足题干。

若该周出生的婴儿数为6，那么当男婴或女婴数均等于3时，比例为50%，属于正常周，满足题干。

若该周出生的婴儿数为9，那么当男婴或女婴数大于4时，比例超过55%；当男婴或女婴数小于等于4时，比例低于45%，均为非正常周，不满足题干。

若该周出生的婴儿数为10，那么当男婴或女婴数均等于5时，比例为50%，属于正常周，满足题干。

若该周出生的婴儿数为19，那么当男婴或女婴数为9或10时，比例在45%~55%之间，属于正常周，满足题干。

故B项正确。

37. E

【解析】母题22·论证型假设题

题干：经河南省文物考古研究所发掘确认，曹操墓位于河南省安阳县安丰乡西高穴村——$\xrightarrow{证明}$曹操墓的位置已经得到确认。

搭桥法：河南省文物考古研究所发掘确认→位置得到确认，故E项是题干成立的前提。

A项，支持题干的结论，但无须假设"有文字表明此墓就是曹操墓"，也可以是其他证据。

B项，无关选项，"文物"是真的不代表"曹操墓"是真的，另外"参与发掘工作的所有人员"不具备中立性。

C项，诉诸权威。

D项，无须假设，也可能只经过一次测算及发掘就确定了位置。

38. C

【解析】母题5·箭头的串联＋母题6·假言命题的负命题

将题干信息形式化：

①有人的灵魂不能进天堂→"上帝之爱"不是普适的＝"上帝之爱"是普适的→所有人的灵魂都能进天堂。

②"上帝之爱"不是普适的→上帝的存在不合理＝上帝的存在合理→"上帝之爱"是普适的。

③所有人的灵魂都能进天堂→信教与不信教、信仰不同宗教之间就没有重大区别。

将题干信息②、①、③串联得：**上帝的存在合理→"上帝之爱"是普适的→所有人的灵魂都能进天堂→信教与不信教、信仰不同宗教之间就没有重大区别**，故 C 项正确。

A 项，无箭头指向，可真可假。

B 项，是题干的结论"'上帝之爱'是普适的→信教与不信教、信仰不同宗教之间就没有重大区别"的负命题，为假。

D、E 项，题干仅仅是对"上帝之爱"的普适性作了假设，并没有断定"上帝之爱"是否普适，故这两项可真可假。

39. D

【解析】母题 30·评论逻辑漏洞

论据：

①总是违反该规定的步行者显然没有受到红灯的约束。

②遵守该规定的人显然又不需要它。

论点：禁止步行者闯红灯的规定没有任何效果。

题干不当地把人分为"总是闯红灯者"和"不闯红灯者"，忽略了还有"偶尔闯红灯者"等其他情况，犯了**非黑即白**的逻辑错误，因此，D 项准确地指出了题干的不足。

其余各项均不正确。

40. D

【解析】母题 15·论证型削弱题

题干：1998 年以来，中国开始减少稀土开采量，控制稀土出口配额，加强稀土行业的集中度。因此，一些国家指责中国垄断资源，对世界其他国家有极大的破坏性，要求中国放宽对稀土产业的控制。

A 项，无关选项。

C 项，另有他因，指出中国采取上述举措是为了保护环境，削弱题干。另外，"严重"浪费、"极大"破坏这些程度词说明此项力度要大于 B 项。

D 项，此项指出中国稀土储量只占全球储量的 36%，但产量却占到了世界产量的 97%，而美国、俄罗斯、澳大利亚等 3 个国家稀土储量也不少，但产量却均为零。显然指责中国垄断资源是毫无根据的，相反中国对世界稀土产业的贡献是极大的，故此项力度最大。

B 项和 C 项，解释了中国控制稀土出口的原因，但力度上不如 D 项直接给出数据更加有效。

A 项和 E 项，无关选项。

41. E

【解析】母题 15·论证型削弱题

题干：通过电脑系统的应用，使顾客自助购买儿童玩具取得了成功——证明→电脑系统也应用于童装的销售。

E 项，说明顾客自助不利于童装的销售，削弱题干。

其余各项均为无关选项。

42. B

【解析】母题 6·假言命题的负命题

将陈光标的言语信息形式化得：

①有一杯水→独自享用。

②有一桶水→存放家中。

③有一条河流→与他人分享。

A项，由信息③可知，¬与他人分享→¬有一条河流，根据箭头指向原则可知，此项可真可假。

B项，有一条河流∧¬与他人分享，与信息③矛盾，故与陈光标的断言发生了最严重的不一致。

C项，根据信息③，有一条河流→与他人分享＝¬有一条河流∨与他人分享，此项与陈光标的断言一致。

D、E项，无关选项。

43. C

【解析】母题 30·评论逻辑漏洞

将手表与挂钟比较时，"三分钟"指的是挂钟的三分钟，由于挂钟的时间有误差，所以这个"三分钟"并不是"标准的三分钟"；将挂钟与电台标准时间比较时，这个"三分钟"是标准的三分钟。

故前后两个"三分钟"的概念是不一致的，C项指出了这一点。

44. D

【解析】母题 16·因果型削弱题

题干：

　　A组：做自己的事，不从事会导致说谎行为的事，结果眨眼频率会微微上升；
　　B组：被要求偷考卷，且测试时说谎，结果眨眼频率先是下降，之后大幅上升；
　　　　　故，通过观察一个人的眨眼频率，可判断他是否在说谎。

A项，另有他因，受试者的心理素质不同会影响测试结果。

B项，论据不充分，实验中B组受试者是被要求说谎，而结论中说的是一般的说谎者。

C项，另有他因，机器设备的异常会影响测试结果。

D项，无关选项，题干测试的是眨眼频率，并非心跳和血压。

E项，举反例，说明可能存在眨眼频率缓慢却说谎的人。

45. A

【解析】母题 28·一般推论题

题干：

①三种食品，如果其所含的食品添加剂和所使用的包装材料都通过检验就能出厂。

②食品添加剂合格的有两种食品，包装材料合格的也有两种食品。

故，至少有一种食品在食品添加剂和包装材料两个方面全部合格，根据题干①可知，至少有一种食品可以出厂，即A项正确。

46. B

【解析】母题 15·论证型削弱题

题干：今年的通货膨胀率比去年高 —证明→ 通货膨胀率呈上升趋势，明年的通货膨胀率会更高。

B 项，说明去年的通货膨胀率为 1.2% 是有特殊原因的，而今年 4% 的通货膨胀率是平均水平，因而不能因为今年的通货膨胀率比去年高，就认为这种上升趋势会持续到明年，削弱题干。

A、E 项为无关选项。

C、D 项支持题干。

47. D

【解析】母题 19·论证型支持题

论据：全球绿色植物每年释放的甲烷量为 0.6 亿～2.4 亿吨，占全球甲烷年总排放量的 10%～40%，其中 2/3 左右来自植被丰富的热带地区。

结论：能够吸收二氧化碳的绿色植物也会释放甲烷。

A 项，可以支持，采用剩余法说明绿色植物是无法解释的大量甲烷的来源。

B 项，可以支持，采用剩余法说明热带雨林上空出现的甲烷云层与热带雨林有关系。

C 项，可以支持，例证法说明植被能够释放甲烷。

D 项，削弱题干，说明植物与甲烷含量的增加无关。

E 项，可以支持，提出新论据。

48. D

【解析】母题 39·简单匹配题

题干已知下列信息：

①王珏对自己的孩子说："真有趣，你们这三个孩子，也是一个姓王，一个姓柳，一个姓江，但是你们都不和自己的母亲同姓。"

②另一个姓江的孩子说："一点都没错。"

由题干信息①、②可知，王珏的孩子不姓王，也不姓江，故王珏的孩子姓柳。

所以，江倩的孩子不姓江，也不姓柳，故江倩的孩子姓王。

所以，柳枚的孩子姓江。

故 D 项正确。

49. D

【解析】母题 15·论证型削弱题

题干：大石围天坑底部的原始森林中发现了与恐龙同时代的植物桫椤 —证明→ 大石围形成于恐龙时代。

D 项，说明"桫椤"的时代与"恐龙"时代并不完全相同，因此无法由此判定大石围的形成时代，削弱题干。

其余各项均不能削弱题干。

50. D

【解析】母题 15·论证型削弱题

题干：晚退休人群既是生产者也是消费者，他们的消费可以创造新的就业岗位 —证明→ 延迟退休不会加重年轻人求职难的问题。

A项，不能削弱，是否有人反对不影响专家观点的成立性。

B项，无关选项，有没有其他方式降低失业率与延迟退休是否会加重年轻人求职难的问题无关。

C项，无关选项，养老金制度设计不合理与延迟退休是否会加重年轻人求职难的问题无关。

D项，削弱题干，只有在职老年人的消费能力明显高于退休的同龄人时，延迟退休才会形成新的消费，从而创造新的就业岗位，否则，专家的结论就不成立。

E项，无关选项，专家的论证不涉及"老年人"与"年轻人"的比较。

51. C

【解析】母题22·论证型假设题

题干：逻辑在经验中建立，并在实践中应用 $\xrightarrow{\text{证明}}$ 逻辑对人类极其重要。

A项，不必假设，题干不涉及逻辑的基础地位。

B项，不必假设，搭桥的箭头方向反了。

C项，搭桥法，必须假设，若在经验中建立并且在实践中应用的东西对人类不是极其重要，那么就不能以此作为证据证明逻辑对人类极其重要。

D项，不必假设，题干没有涉及"逻辑证明的东西"。

E项，不必假设，搭桥的箭头方向反了。

52. D

【解析】母题39·简单匹配题

将题干条件整理如下：

①1号安插红旗→2号安插黄旗。

②2号安插绿旗→1号安插绿旗。

③3号安插红旗∨3号安插黄旗→2号安插红旗。

A项，不满足条件③。

B项，不满足条件①。

C项，不满足条件①。

D项，满足题干条件。

E项，不满足条件②。

53. B

【解析】母题39·简单匹配题

可用假设法：

因为不选用绿旗，若1号安插红旗，则2号安插黄旗。根据条件③的逆否命题可知，3号必须安插绿旗，与不选用绿旗矛盾。故1号只能安插黄旗，且2号只能安插红旗。而3号有两种选择（红旗或者黄旗），故共有两种可行的安插方案。

54. B

【解析】母题39·简单匹配题

方法一：由于安插的各个旗子的颜色不同，故根据条件②可知，2号不能安插绿旗。

若2号安插黄旗，根据条件③可知，3号必须安插绿旗，则1号安插红旗，可以成立。

若 2 号安插红旗，则根据条件①可知，1 号必须安插黄旗或者绿旗。

故共有以下三种可能，如表 20-1 所示：

表 20-1

可能情况 \ 旗座	1 号	2 号	3 号
第一种可能	红	黄	绿
第二种可能	黄	红	绿
第三种可能	绿	红	黄

故 B 项可能为真。

方法二：排除法。

A 项，1 号安插绿旗并且 2 号安插黄旗，那么 3 号安插红旗，与条件③矛盾。

B 项，1 号安插绿旗并且 2 号安插红旗，那么 3 号安插黄旗，与题干条件无矛盾。

C 项，1 号安插红旗并且 3 号安插黄旗，那么 2 号安插绿旗，与条件①、②、③矛盾。

D 项，1 号安插黄旗并且 3 号安插红旗，那么 2 号安插绿旗，与条件②、③矛盾。

E 项，1 号安插绿旗并且 3 号安插红旗，那么 2 号安插黄旗，与条件③矛盾。

故 B 项可能为真。

55. A

【解析】母题 29·概括结论题

题干：①物理学概念→定义、计量方法和换算关系明确。

②暗能量→一无所知。

由题干②得：暗能量的定义、计量方法和换算关系不明确，所以根据题干①可知，暗能量不是一个物理学概念。

故 A 项正确。

四、写作

56. 论证有效性分析

【谬误分析】

①飞行固定成本高，为减少空座率进行"超额预定"，只是在保护航空公司的利益，无法说明"超额预定"合理，更不能说明因"超额预定"导致的逐客行为存在合理性。

②每年大约 4 万名乘客在非自愿的情况下被"赶下"飞机，只能说明该行为确实存在，不能说明这种行为具有合理性。

③美联航权衡了多项因素之后，选择了 4 个人下机。不代表其权衡方式是合理的，而且同作为买了机票的乘客，每个乘客应该拥有相同的权利。

④机组人员多次解释原因让其下机，该亚裔男子是否有权利不接受？不接受就代表机组人员可以合理地将其驱逐下机吗？

⑤在美国暴力抗法是重罪，但材料中没有证据显示该亚裔男子存在暴力行为。

⑥材料中所举的警察击毙反抗者的例子与该亚裔男子的行为在严重性上有较大区别。

美联航的逐客行为合理吗？

老吕助教　段文佳

材料认为，美联航暴力驱逐亚裔乘客的行为是合理的，并通过五点理由加以论证。然而，能据此说明逐客行为合理吗？

首先，乘客不应该为航空公司增加收入的"超额预定"行为买单。"超额预定"是航空公司为实现利益最大化所采取的单方面措施，即便乘客买到"超额预定"的机票，也是合法购买，具有登机的权利。此外，航空公司计算的航班空座率仅是供参考的概率，不代表会实际发生，更不能以此作为"超额预定"和逐客行为的合理依据。

其次，每年大约4万名乘客在非自愿的情况下被"赶下"飞机不能说明这种行为具有合理性，只能说明该行为确实存在。如果仅因数据大就断定为合理，那么每年大量因违法犯罪而入狱的人岂不是都该无罪释放？

再次，美联航权衡了多项因素之后选择了4个人下机，就能说明逐客行为合理吗？未必。权衡的因素是否具有代表性、权衡的过程是否遵循公平、公正的原则、权衡的结果是否经过充分考虑……我们不得而知。仅凭一方当事人的断定，就认为逐客行为合理，不排除"徇私"的嫌疑。

最后，"暴力抗法是重罪"的一个基本前提是执法行为确实合理合法。然而材料本身是在默认执法行为合理合法的基础上，得出亚裔男子自己也有错。另外，材料中没有证据显示该亚裔男子存在暴力行为。

综上所述，材料提及的理由不足以支持美国联合航空公司的逐客行为是合理的。

57. 论说文

欲成大事，须是专注

老吕学员　庄静娴

"目不能两视而明，耳不能两听而聪"，千年之前的荀子在《劝学》中所言，正是在告诫我们，欲成大事，必须专注。

任何的成功都是名为专注的苦根结出来的甜果。因为，专注使得人心无旁骛，摒弃杂念，才能在所研究的领域钻研得更精、思考得更深，成功也就水到渠成。曹雪芹数十载沉浸其中增改删减，才写出了凝聚他一生心血的鸿篇巨制《红楼梦》；袁隆平埋头于田间地头数年痴心不改，才研发出了解决数千万人温饱问题的杂交水稻；屠呦呦一心一意地研究上千个药方，才提炼出挽救数百万人生命的青蒿素。纵观他们的成功之路，其实并没有奇迹，也没有捷径，有的只是瞄准目标、默默求索的专注。正如荀子所言："蚓无爪牙之利，筋骨之强，上食埃土，下饮黄泉，用心一也。"

然而，现实生活中更多的是缺乏专注精神、"用心躁也"的"蟹"。他们今天认为这个领域更有前途，便掉转船头；明天觉得那个方面也不错，便又去试水。东一榔头，西一棒子，就这样于东奔西跑中荒废掉了人生。

其实，很多人都明白欲成大事，须要专注的道理，却做不到。这是因为专注需要付出辛勤的汗水，耐得住性子，忍得了孤独，吞得下抱怨，扛得住压力。逢山开路，遇水架桥，这其中的艰辛可想而知。即使做到了一时专注，也很难继续保持下去，毕竟外界的权钱名利很容易使人动摇心智，花花世界更容易使人迷乱双眼。

但是，东一榔头，西一棒子，三心二意，这真的好吗？缺乏专注只会使我们心静不下，人坐不住，思维被打乱了，眼光被分散了，又何谈在事业上有所突破？只是将最好的青春年华白白荒废掉，空留余恨而已。

专注，也许不能让我们成为伟人，但足以让我们收获一份属于普通人的成功。

全国硕士研究生入学统一考试
管理类专业学位联考综合能力答题卡（199）

报考单位

考生编号（左对齐）

姓　名

注意事项：
1、填（书）写必须使用黑色字迹签字笔，笔迹工整，字迹清楚，涂写必须使用2B铅笔。
2、选择题必须用2B铅笔涂在答题卡指定题号，非选择题必须用黑色签字笔在指定区域作答。不在指定区域作答、在草稿纸上、试题本上作答无效。
3、请保持答题卡清洁，请勿做任何标记，否则按无效卷处理。
4、请必须将试题本上的试题信息条形码贴在答题卡标有"试题信息条形码"的框内。

正确填涂　■
错误填涂　[∨] [×] [▲] [／] [＼] [━]
缺考标志　□
缺考考生信息由监考员填涂并加盖缺考章，盖章不要遮盖考生信息。

选择题答题区域

1 [A] [B] [C] [D] [E]　　16 [A] [B] [C] [D] [E]　　31 [A] [B] [C] [D] [E]　　46 [A] [B] [C] [D] [E]
2 [A] [B] [C] [D] [E]　　17 [A] [B] [C] [D] [E]　　32 [A] [B] [C] [D] [E]　　47 [A] [B] [C] [D] [E]
3 [A] [B] [C] [D] [E]　　18 [A] [B] [C] [D] [E]　　33 [A] [B] [C] [D] [E]　　48 [A] [B] [C] [D] [E]
4 [A] [B] [C] [D] [E]　　19 [A] [B] [C] [D] [E]　　34 [A] [B] [C] [D] [E]　　49 [A] [B] [C] [D] [E]
5 [A] [B] [C] [D] [E]　　20 [A] [B] [C] [D] [E]　　35 [A] [B] [C] [D] [E]　　50 [A] [B] [C] [D] [E]
6 [A] [B] [C] [D] [E]　　21 [A] [B] [C] [D] [E]　　36 [A] [B] [C] [D] [E]　　51 [A] [B] [C] [D] [E]
7 [A] [B] [C] [D] [E]　　22 [A] [B] [C] [D] [E]　　37 [A] [B] [C] [D] [E]　　52 [A] [B] [C] [D] [E]
8 [A] [B] [C] [D] [E]　　23 [A] [B] [C] [D] [E]　　38 [A] [B] [C] [D] [E]　　53 [A] [B] [C] [D] [E]
9 [A] [B] [C] [D] [E]　　24 [A] [B] [C] [D] [E]　　39 [A] [B] [C] [D] [E]　　54 [A] [B] [C] [D] [E]
10 [A] [B] [C] [D] [E]　　25 [A] [B] [C] [D] [E]　　40 [A] [B] [C] [D] [E]　　55 [A] [B] [C] [D] [E]
11 [A] [B] [C] [D] [E]　　26 [A] [B] [C] [D] [E]　　41 [A] [B] [C] [D] [E]
12 [A] [B] [C] [D] [E]　　27 [A] [B] [C] [D] [E]　　42 [A] [B] [C] [D] [E]
13 [A] [B] [C] [D] [E]　　28 [A] [B] [C] [D] [E]　　43 [A] [B] [C] [D] [E]
14 [A] [B] [C] [D] [E]　　29 [A] [B] [C] [D] [E]　　44 [A] [B] [C] [D] [E]
15 [A] [B] [C] [D] [E]　　30 [A] [B] [C] [D] [E]　　45 [A] [B] [C] [D] [E]

阴影部分请勿作答或做任何标记

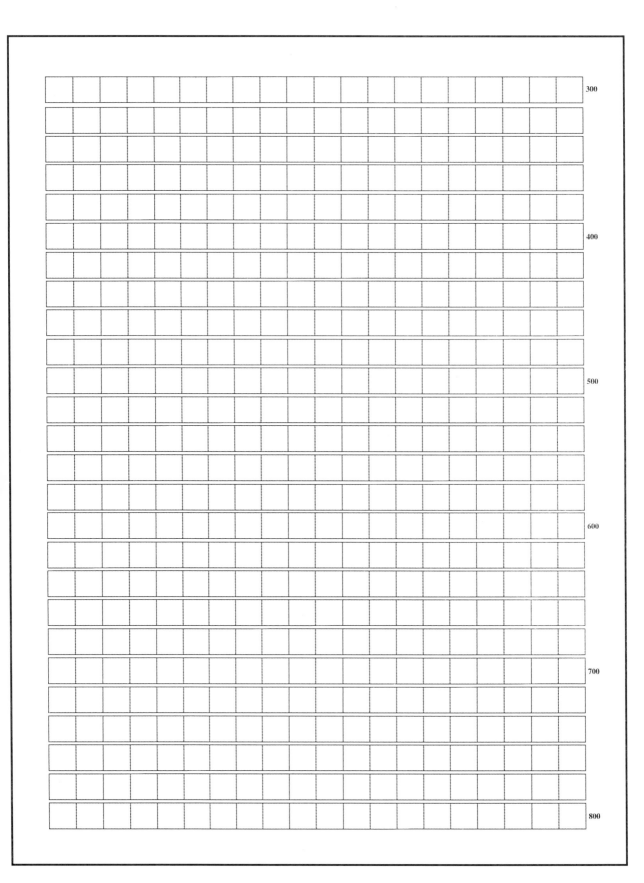

作文57

作文56

全国硕士研究生入学统一考试
管理类专业学位联考综合能力答题卡（199）

报 考 单 位
姓　　名

考生编号（左对齐）

注意事项：
1、填（书）写必须使用黑色字迹签字笔，笔迹工整，字迹清楚，涂写必须使用2B铅笔。
2、选择题必须用2B铅笔涂在答题卡指定题号，非选择题必须用黑色签字笔在指定区域作答。不在指定区域作答、在草稿纸上、试题本上作答无效。
3、请保持答题卡清洁，请勿做任何标记，否则按无效卷处理。
4、请必须将试题本上的试题信息条形码贴在答题卡标有"试题信息条形码"的框内。

正确填涂　■　　　错误填涂　[✓] [✗] [●] [／] [▬]
缺考标志　☐　　　缺考考生信息由监考员填涂并加盖缺考章，盖章不要遮盖考生信息。

选择题答题区域

1 [A] [B] [C] [D] [E]　　16 [A] [B] [C] [D] [E]　　31 [A] [B] [C] [D] [E]　　46 [A] [B] [C] [D] [E]
2 [A] [B] [C] [D] [E]　　17 [A] [B] [C] [D] [E]　　32 [A] [B] [C] [D] [E]　　47 [A] [B] [C] [D] [E]
3 [A] [B] [C] [D] [E]　　18 [A] [B] [C] [D] [E]　　33 [A] [B] [C] [D] [E]　　48 [A] [B] [C] [D] [E]
4 [A] [B] [C] [D] [E]　　19 [A] [B] [C] [D] [E]　　34 [A] [B] [C] [D] [E]　　49 [A] [B] [C] [D] [E]
5 [A] [B] [C] [D] [E]　　20 [A] [B] [C] [D] [E]　　35 [A] [B] [C] [D] [E]　　50 [A] [B] [C] [D] [E]
6 [A] [B] [C] [D] [E]　　21 [A] [B] [C] [D] [E]　　36 [A] [B] [C] [D] [E]　　51 [A] [B] [C] [D] [E]
7 [A] [B] [C] [D] [E]　　22 [A] [B] [C] [D] [E]　　37 [A] [B] [C] [D] [E]　　52 [A] [B] [C] [D] [E]
8 [A] [B] [C] [D] [E]　　23 [A] [B] [C] [D] [E]　　38 [A] [B] [C] [D] [E]　　53 [A] [B] [C] [D] [E]
9 [A] [B] [C] [D] [E]　　24 [A] [B] [C] [D] [E]　　39 [A] [B] [C] [D] [E]　　54 [A] [B] [C] [D] [E]
10 [A] [B] [C] [D] [E]　　25 [A] [B] [C] [D] [E]　　40 [A] [B] [C] [D] [E]　　55 [A] [B] [C] [D] [E]
11 [A] [B] [C] [D] [E]　　26 [A] [B] [C] [D] [E]　　41 [A] [B] [C] [D] [E]
12 [A] [B] [C] [D] [E]　　27 [A] [B] [C] [D] [E]　　42 [A] [B] [C] [D] [E]
13 [A] [B] [C] [D] [E]　　28 [A] [B] [C] [D] [E]　　43 [A] [B] [C] [D] [E]
14 [A] [B] [C] [D] [E]　　29 [A] [B] [C] [D] [E]　　44 [A] [B] [C] [D] [E]
15 [A] [B] [C] [D] [E]　　30 [A] [B] [C] [D] [E]　　45 [A] [B] [C] [D] [E]

阴影部分请勿作答或做任何标记

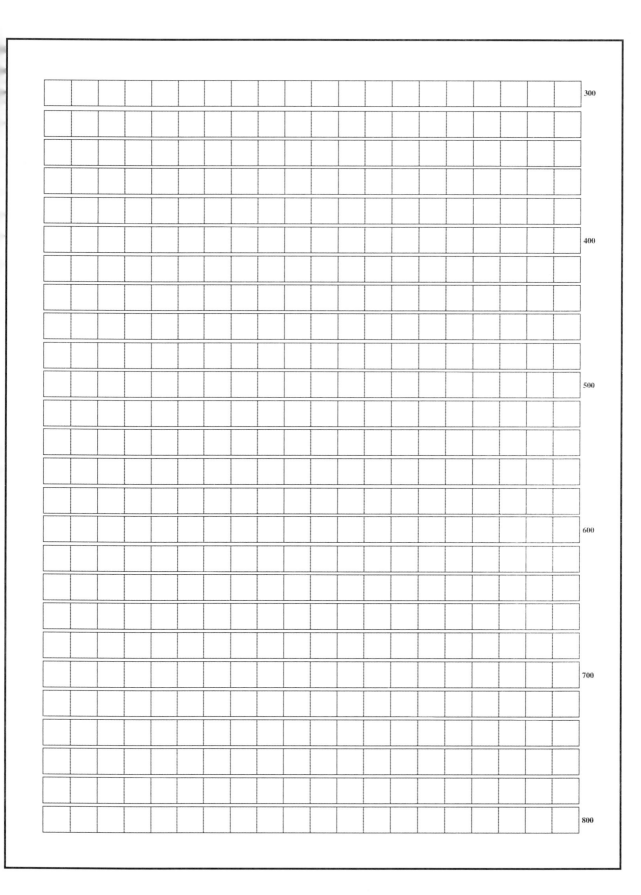

作文57

作文56

全国硕士研究生入学统一考试
管理类专业学位联考综合能力答题卡（199）

报考单位

姓　名

考生编号（左对齐）

注意事项：
1、填（书）写必须使用黑色字迹签字笔，笔迹工整，字迹清楚，涂写必须使用2B铅笔。
2、选择题必须用2B铅笔涂在答题卡指定题号，非选择题必须用黑色签字笔在指定区域作答。不在指定区域作答、在草稿纸上、试题本上作答无效。
3、请保持答题卡清洁，请勿做任何标记，否则按无效卷处理。
4、请必须将试题本上的试题信息条形码贴在答题卡标有"试题信息条形码"的框内。

正确填涂　■
错误填涂　[✓] [✗] [●] [▬] [／] [＼] [▬]
缺考标志　□
缺考考生信息由监考员填涂并加盖缺考章，盖章不要遮盖考生信息。

选择题答题区域

1 [A] [B] [C] [D] [E]	16 [A] [B] [C] [D] [E]	31 [A] [B] [C] [D] [E]	46 [A] [B] [C] [D] [E]
2 [A] [B] [C] [D] [E]	17 [A] [B] [C] [D] [E]	32 [A] [B] [C] [D] [E]	47 [A] [B] [C] [D] [E]
3 [A] [B] [C] [D] [E]	18 [A] [B] [C] [D] [E]	33 [A] [B] [C] [D] [E]	48 [A] [B] [C] [D] [E]
4 [A] [B] [C] [D] [E]	19 [A] [B] [C] [D] [E]	34 [A] [B] [C] [D] [E]	49 [A] [B] [C] [D] [E]
5 [A] [B] [C] [D] [E]	20 [A] [B] [C] [D] [E]	35 [A] [B] [C] [D] [E]	50 [A] [B] [C] [D] [E]
6 [A] [B] [C] [D] [E]	21 [A] [B] [C] [D] [E]	36 [A] [B] [C] [D] [E]	51 [A] [B] [C] [D] [E]
7 [A] [B] [C] [D] [E]	22 [A] [B] [C] [D] [E]	37 [A] [B] [C] [D] [E]	52 [A] [B] [C] [D] [E]
8 [A] [B] [C] [D] [E]	23 [A] [B] [C] [D] [E]	38 [A] [B] [C] [D] [E]	53 [A] [B] [C] [D] [E]
9 [A] [B] [C] [D] [E]	24 [A] [B] [C] [D] [E]	39 [A] [B] [C] [D] [E]	54 [A] [B] [C] [D] [E]
10 [A] [B] [C] [D] [E]	25 [A] [B] [C] [D] [E]	40 [A] [B] [C] [D] [E]	55 [A] [B] [C] [D] [E]
11 [A] [B] [C] [D] [E]	26 [A] [B] [C] [D] [E]	41 [A] [B] [C] [D] [E]	
12 [A] [B] [C] [D] [E]	27 [A] [B] [C] [D] [E]	42 [A] [B] [C] [D] [E]	
13 [A] [B] [C] [D] [E]	28 [A] [B] [C] [D] [E]	43 [A] [B] [C] [D] [E]	
14 [A] [B] [C] [D] [E]	29 [A] [B] [C] [D] [E]	44 [A] [B] [C] [D] [E]	
15 [A] [B] [C] [D] [E]	30 [A] [B] [C] [D] [E]	45 [A] [B] [C] [D] [E]	

阴影部分请勿作答或做任何标记

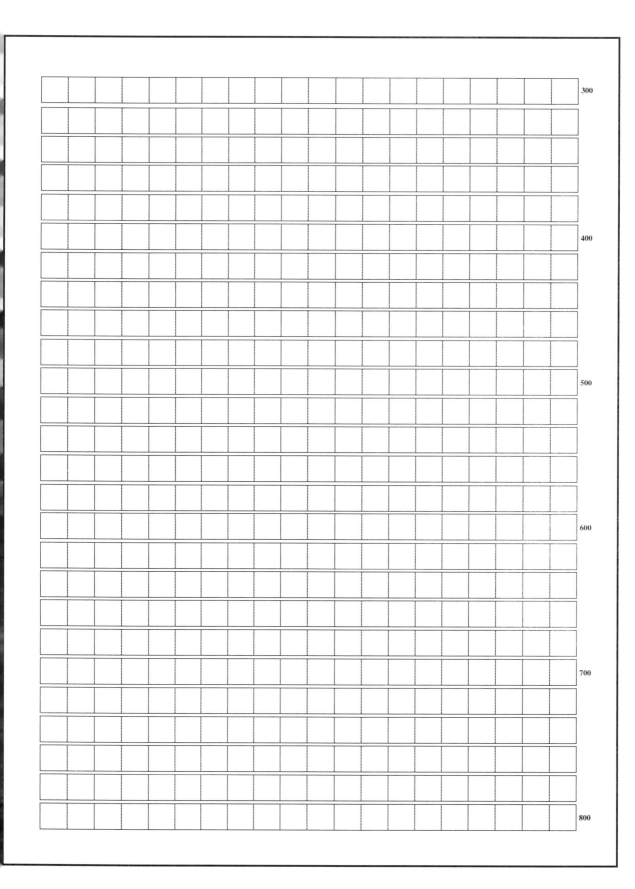

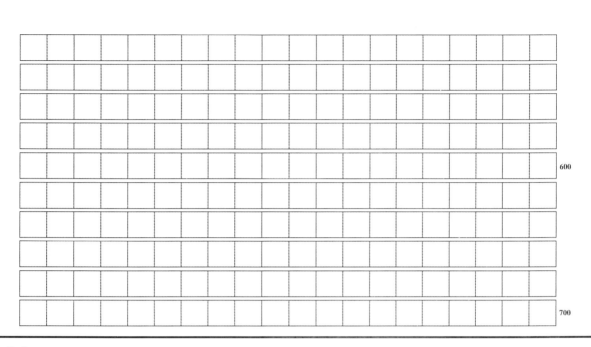

作文57

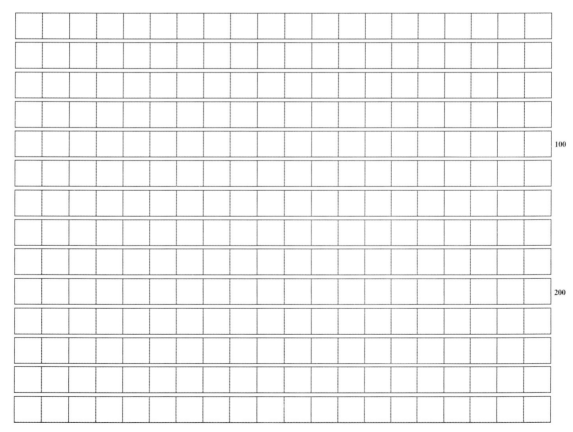

作文56

全国硕士研究生入学统一考试
管理类专业学位联考综合能力答题卡（199）

报 考 单 位	考生编号（左对齐）
姓　　名	

注意事项：
1、填（书）写必须使用黑色字迹签字笔，笔迹工整，字迹清楚，涂写必须使用2B铅笔。
2、选择题必须用2B铅笔涂在答题卡指定题号，非选择题必须用黑色签字笔在指定区域作答。不在指定区域作答、在草稿纸上、试题本上作答无效。
3、请保持答题卡清洁，请勿做任何标记，否则按无效卷处理。
4、请必须将试题本上的试题信息条形码贴在答题卡标有"试题信息条形码"的框内。

正确填涂　■　　　错误填涂　[∨] [×] [●] [／] [＼] [▬]

缺考标志　□　　　缺考考生信息由监考员填涂并加盖缺考章，盖章不要遮盖考生信息。

选择题答题区域

1 [A] [B] [C] [D] [E]　16 [A] [B] [C] [D] [E]　31 [A] [B] [C] [D] [E]　46 [A] [B] [C] [D] [E]
2 [A] [B] [C] [D] [E]　17 [A] [B] [C] [D] [E]　32 [A] [B] [C] [D] [E]　47 [A] [B] [C] [D] [E]
3 [A] [B] [C] [D] [E]　18 [A] [B] [C] [D] [E]　33 [A] [B] [C] [D] [E]　48 [A] [B] [C] [D] [E]
4 [A] [B] [C] [D] [E]　19 [A] [B] [C] [D] [E]　34 [A] [B] [C] [D] [E]　49 [A] [B] [C] [D] [E]
5 [A] [B] [C] [D] [E]　20 [A] [B] [C] [D] [E]　35 [A] [B] [C] [D] [E]　50 [A] [B] [C] [D] [E]
6 [A] [B] [C] [D] [E]　21 [A] [B] [C] [D] [E]　36 [A] [B] [C] [D] [E]　51 [A] [B] [C] [D] [E]
7 [A] [B] [C] [D] [E]　22 [A] [B] [C] [D] [E]　37 [A] [B] [C] [D] [E]　52 [A] [B] [C] [D] [E]
8 [A] [B] [C] [D] [E]　23 [A] [B] [C] [D] [E]　38 [A] [B] [C] [D] [E]　53 [A] [B] [C] [D] [E]
9 [A] [B] [C] [D] [E]　24 [A] [B] [C] [D] [E]　39 [A] [B] [C] [D] [E]　54 [A] [B] [C] [D] [E]
10 [A] [B] [C] [D] [E]　25 [A] [B] [C] [D] [E]　40 [A] [B] [C] [D] [E]　55 [A] [B] [C] [D] [E]
11 [A] [B] [C] [D] [E]　26 [A] [B] [C] [D] [E]　41 [A] [B] [C] [D] [E]
12 [A] [B] [C] [D] [E]　27 [A] [B] [C] [D] [E]　42 [A] [B] [C] [D] [E]
13 [A] [B] [C] [D] [E]　28 [A] [B] [C] [D] [E]　43 [A] [B] [C] [D] [E]
14 [A] [B] [C] [D] [E]　29 [A] [B] [C] [D] [E]　44 [A] [B] [C] [D] [E]
15 [A] [B] [C] [D] [E]　30 [A] [B] [C] [D] [E]　45 [A] [B] [C] [D] [E]

阴影部分请勿作答或做任何标记

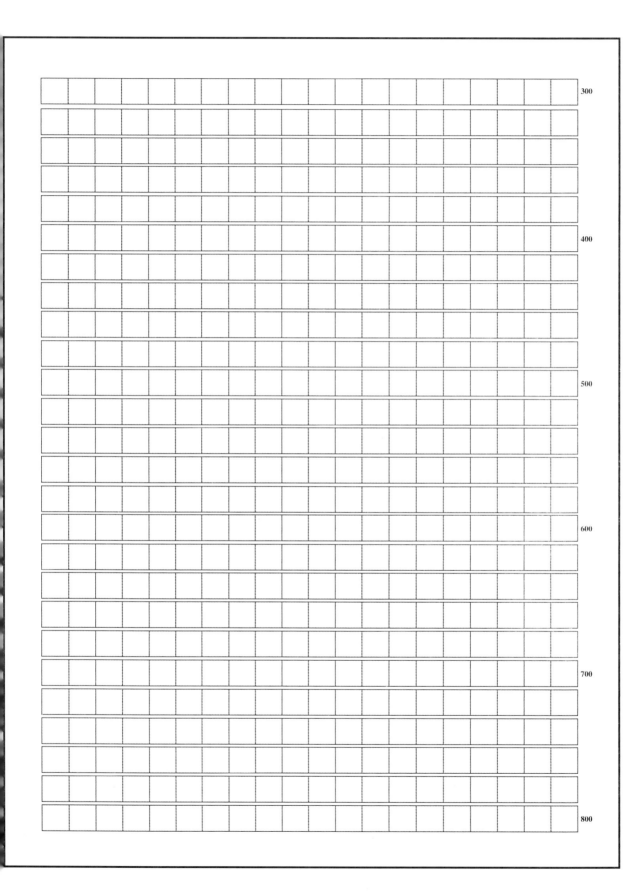

作文57

作文56

全国硕士研究生入学统一考试
管理类专业学位联考综合能力答题卡（199）

报考单位

姓　　名

考生编号（左对齐）

注意事项：
1、填（书）写必须使用黑色字迹签字笔，笔迹工整，字迹清楚，涂写必须使用2B铅笔。
2、选择题必须用2B铅笔涂在答题卡指定题号，非选择题必须用黑色签字笔在指定区域作答。不在指定区域作答、在草稿纸上、试题本上作答无效。
3、请保持答题卡清洁，请勿做任何标记，否则按无效卷处理。
4、请必须将试题本上的试题信息条形码贴在答题卡标有"试题信息条形码"的框内。

正确填涂　■
缺考标志　□

错误填涂　[✓] [✗] [▲] [／] [—]

缺考考生信息由监考员填涂并加盖缺考章，盖章不要遮盖考生信息。

选择题答题区域

1 [A] [B] [C] [D] [E]	16 [A] [B] [C] [D] [E]	31 [A] [B] [C] [D] [E]	46 [A] [B] [C] [D] [E]
2 [A] [B] [C] [D] [E]	17 [A] [B] [C] [D] [E]	32 [A] [B] [C] [D] [E]	47 [A] [B] [C] [D] [E]
3 [A] [B] [C] [D] [E]	18 [A] [B] [C] [D] [E]	33 [A] [B] [C] [D] [E]	48 [A] [B] [C] [D] [E]
4 [A] [B] [C] [D] [E]	19 [A] [B] [C] [D] [E]	34 [A] [B] [C] [D] [E]	49 [A] [B] [C] [D] [E]
5 [A] [B] [C] [D] [E]	20 [A] [B] [C] [D] [E]	35 [A] [B] [C] [D] [E]	50 [A] [B] [C] [D] [E]
6 [A] [B] [C] [D] [E]	21 [A] [B] [C] [D] [E]	36 [A] [B] [C] [D] [E]	51 [A] [B] [C] [D] [E]
7 [A] [B] [C] [D] [E]	22 [A] [B] [C] [D] [E]	37 [A] [B] [C] [D] [E]	52 [A] [B] [C] [D] [E]
8 [A] [B] [C] [D] [E]	23 [A] [B] [C] [D] [E]	38 [A] [B] [C] [D] [E]	53 [A] [B] [C] [D] [E]
9 [A] [B] [C] [D] [E]	24 [A] [B] [C] [D] [E]	39 [A] [B] [C] [D] [E]	54 [A] [B] [C] [D] [E]
10 [A] [B] [C] [D] [E]	25 [A] [B] [C] [D] [E]	40 [A] [B] [C] [D] [E]	55 [A] [B] [C] [D] [E]
11 [A] [B] [C] [D] [E]	26 [A] [B] [C] [D] [E]	41 [A] [B] [C] [D] [E]	
12 [A] [B] [C] [D] [E]	27 [A] [B] [C] [D] [E]	42 [A] [B] [C] [D] [E]	
13 [A] [B] [C] [D] [E]	28 [A] [B] [C] [D] [E]	43 [A] [B] [C] [D] [E]	
14 [A] [B] [C] [D] [E]	29 [A] [B] [C] [D] [E]	44 [A] [B] [C] [D] [E]	
15 [A] [B] [C] [D] [E]	30 [A] [B] [C] [D] [E]	45 [A] [B] [C] [D] [E]	

阴影部分请勿作答或做任何标记

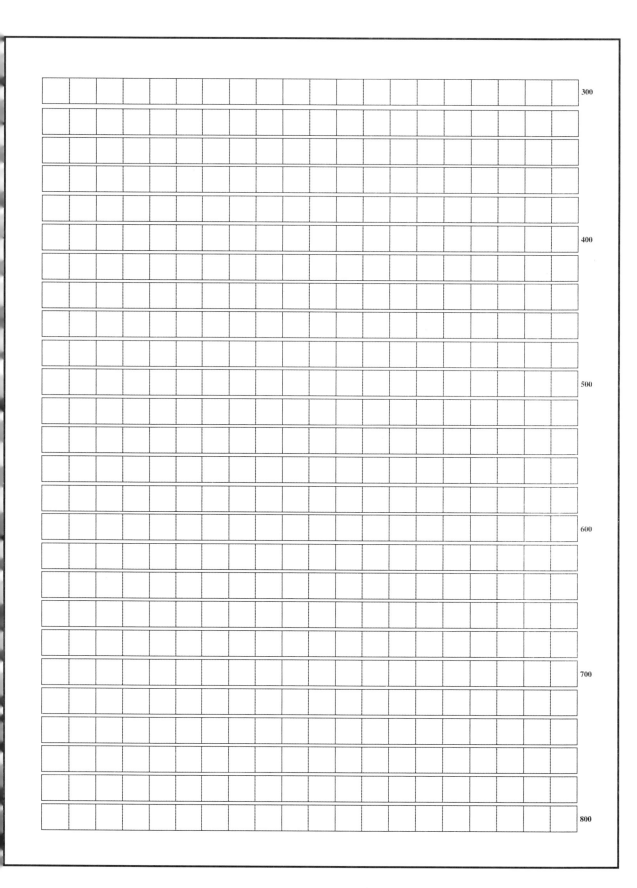

作文57

作文56

全国硕士研究生入学统一考试
管理类专业学位联考综合能力答题卡（199）

报考单位

姓　名

考生编号（左对齐）

注意事项：
1、填（书）写必须使用黑色字迹签字笔，笔迹工整，字迹清楚，涂写必须使用2B铅笔。
2、选择题必须用2B铅笔涂在答题卡指定题号，非选择题必须用黑色签字笔在指定区域作答。不在指定区域作答、在草稿纸上、试题本上作答无效。
3、请保持答题卡清洁，请勿做任何标记，否则按无效卷处理。
4、请必须将试题本上的试题信息条形码贴在答题卡标有"试题信息条形码"的框内。

正确填涂　■
错误填涂　[⊘] [✗] [◣] [╲] [▬]

缺考标志　□　　缺考考生信息由监考员填涂并加盖缺考章，盖章不要遮盖考生信息。

选择题答题区域

1 [A] [B] [C] [D] [E]　　16 [A] [B] [C] [D] [E]　　31 [A] [B] [C] [D] [E]　　46 [A] [B] [C] [D] [E]
2 [A] [B] [C] [D] [E]　　17 [A] [B] [C] [D] [E]　　32 [A] [B] [C] [D] [E]　　47 [A] [B] [C] [D] [E]
3 [A] [B] [C] [D] [E]　　18 [A] [B] [C] [D] [E]　　33 [A] [B] [C] [D] [E]　　48 [A] [B] [C] [D] [E]
4 [A] [B] [C] [D] [E]　　19 [A] [B] [C] [D] [E]　　34 [A] [B] [C] [D] [E]　　49 [A] [B] [C] [D] [E]
5 [A] [B] [C] [D] [E]　　20 [A] [B] [C] [D] [E]　　35 [A] [B] [C] [D] [E]　　50 [A] [B] [C] [D] [E]
6 [A] [B] [C] [D] [E]　　21 [A] [B] [C] [D] [E]　　36 [A] [B] [C] [D] [E]　　51 [A] [B] [C] [D] [E]
7 [A] [B] [C] [D] [E]　　22 [A] [B] [C] [D] [E]　　37 [A] [B] [C] [D] [E]　　52 [A] [B] [C] [D] [E]
8 [A] [B] [C] [D] [E]　　23 [A] [B] [C] [D] [E]　　38 [A] [B] [C] [D] [E]　　53 [A] [B] [C] [D] [E]
9 [A] [B] [C] [D] [E]　　24 [A] [B] [C] [D] [E]　　39 [A] [B] [C] [D] [E]　　54 [A] [B] [C] [D] [E]
10 [A] [B] [C] [D] [E]　　25 [A] [B] [C] [D] [E]　　40 [A] [B] [C] [D] [E]　　55 [A] [B] [C] [D] [E]
11 [A] [B] [C] [D] [E]　　26 [A] [B] [C] [D] [E]　　41 [A] [B] [C] [D] [E]
12 [A] [B] [C] [D] [E]　　27 [A] [B] [C] [D] [E]　　42 [A] [B] [C] [D] [E]
13 [A] [B] [C] [D] [E]　　28 [A] [B] [C] [D] [E]　　43 [A] [B] [C] [D] [E]
14 [A] [B] [C] [D] [E]　　29 [A] [B] [C] [D] [E]　　44 [A] [B] [C] [D] [E]
15 [A] [B] [C] [D] [E]　　30 [A] [B] [C] [D] [E]　　45 [A] [B] [C] [D] [E]

阴影部分请勿作答或做任何标记

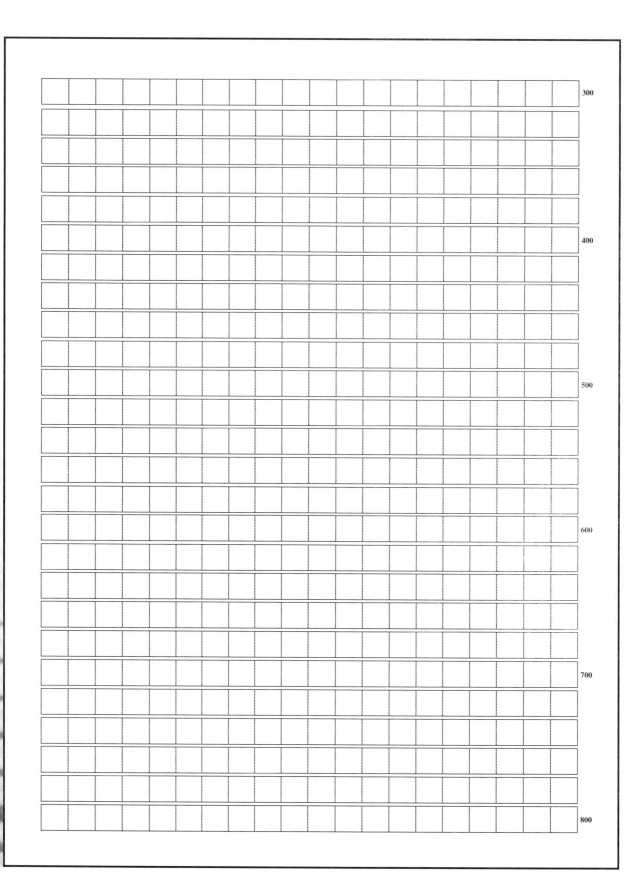

作文57

作文56

全国硕士研究生入学统一考试
管理类专业学位联考综合能力答题卡（199）

报 考 单 位

姓 名

考生编号（左对齐）

[0][0][0][0][0][0][0][0][0][0][0][0][0][0][0]
[1][1][1][1][1][1][1][1][1][1][1][1][1][1][1]
[2][2][2][2][2][2][2][2][2][2][2][2][2][2][2]
[3][3][3][3][3][3][3][3][3][3][3][3][3][3][3]
[4][4][4][4][4][4][4][4][4][4][4][4][4][4][4]
[5][5][5][5][5][5][5][5][5][5][5][5][5][5][5]
[6][6][6][6][6][6][6][6][6][6][6][6][6][6][6]
[7][7][7][7][7][7][7][7][7][7][7][7][7][7][7]
[8][8][8][8][8][8][8][8][8][8][8][8][8][8][8]
[9][9][9][9][9][9][9][9][9][9][9][9][9][9][9]

注意事项：
1、填（书）写必须使用黑色字迹签字笔，笔迹工整，字迹清楚，涂写必须使用2B铅笔。
2、选择题必须用2B铅笔涂在答题卡指定题号，非选择题必须用黑色签字笔在指定区域作答。不在指定区域作答、在草稿纸上、试题本上作答无效。
3、请保持答题卡清洁，请勿做任何标记，否则按无效卷处理。
4、请必须将试题本上的试题信息条形码贴在答题卡标有"试题信息条形码"的框内。

正确填涂 ■
错误填涂 [✓][✗][●][⊘][／][＼][━]

缺考标志 □
缺考考生信息由监考员填涂并加盖缺考章，盖章不要遮盖考生信息。

选择题答题区域

1 [A] [B] [C] [D] [E]　　16 [A] [B] [C] [D] [E]　　31 [A] [B] [C] [D] [E]　　46 [A] [B] [C] [D] [E]
2 [A] [B] [C] [D] [E]　　17 [A] [B] [C] [D] [E]　　32 [A] [B] [C] [D] [E]　　47 [A] [B] [C] [D] [E]
3 [A] [B] [C] [D] [E]　　18 [A] [B] [C] [D] [E]　　33 [A] [B] [C] [D] [E]　　48 [A] [B] [C] [D] [E]
4 [A] [B] [C] [D] [E]　　19 [A] [B] [C] [D] [E]　　34 [A] [B] [C] [D] [E]　　49 [A] [B] [C] [D] [E]
5 [A] [B] [C] [D] [E]　　20 [A] [B] [C] [D] [E]　　35 [A] [B] [C] [D] [E]　　50 [A] [B] [C] [D] [E]
6 [A] [B] [C] [D] [E]　　21 [A] [B] [C] [D] [E]　　36 [A] [B] [C] [D] [E]　　51 [A] [B] [C] [D] [E]
7 [A] [B] [C] [D] [E]　　22 [A] [B] [C] [D] [E]　　37 [A] [B] [C] [D] [E]　　52 [A] [B] [C] [D] [E]
8 [A] [B] [C] [D] [E]　　23 [A] [B] [C] [D] [E]　　38 [A] [B] [C] [D] [E]　　53 [A] [B] [C] [D] [E]
9 [A] [B] [C] [D] [E]　　24 [A] [B] [C] [D] [E]　　39 [A] [B] [C] [D] [E]　　54 [A] [B] [C] [D] [E]
10 [A] [B] [C] [D] [E]　　25 [A] [B] [C] [D] [E]　　40 [A] [B] [C] [D] [E]　　55 [A] [B] [C] [D] [E]
11 [A] [B] [C] [D] [E]　　26 [A] [B] [C] [D] [E]　　41 [A] [B] [C] [D] [E]
12 [A] [B] [C] [D] [E]　　27 [A] [B] [C] [D] [E]　　42 [A] [B] [C] [D] [E]
13 [A] [B] [C] [D] [E]　　28 [A] [B] [C] [D] [E]　　43 [A] [B] [C] [D] [E]
14 [A] [B] [C] [D] [E]　　29 [A] [B] [C] [D] [E]　　44 [A] [B] [C] [D] [E]
15 [A] [B] [C] [D] [E]　　30 [A] [B] [C] [D] [E]　　45 [A] [B] [C] [D] [E]

阴影部分请勿作答或做任何标记

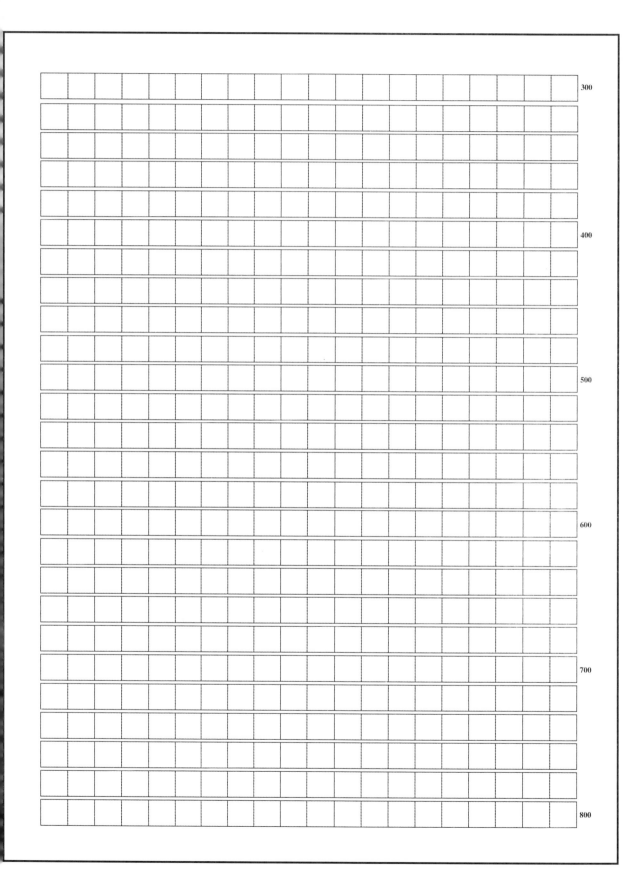

作文57

作文56

全国硕士研究生入学统一考试
管理类专业学位联考综合能力答题卡（199）

报 考 单 位
姓　　名

考生编号（左对齐）

注意事项：
1、填（书）写必须使用黑色字迹签字笔，笔迹工整，字迹清楚，涂写必须使用2B铅笔。
2、选择题必须用2B铅笔涂在答题卡指定题号，非选择题必须用黑色签字笔在指定区域作答。不在指定区域作答、在草稿纸上、试题本上作答无效。
3、请保持答题卡清洁，请勿做任何标记，否则按无效卷处理。
4、请必须将试题本上的试题信息条形码贴在答题卡标有"试题信息条形码"的框内。

正确填涂　■
错误填涂　[⊘] [✗] [◓] [╱] [━]

缺考标志　□
缺考考生信息由监考员填涂并加盖缺考章，盖章不要遮盖考生信息。

选择题答题区域

1 [A] [B] [C] [D] [E]　　16 [A] [B] [C] [D] [E]　　31 [A] [B] [C] [D] [E]　　46 [A] [B] [C] [D] [E]
2 [A] [B] [C] [D] [E]　　17 [A] [B] [C] [D] [E]　　32 [A] [B] [C] [D] [E]　　47 [A] [B] [C] [D] [E]
3 [A] [B] [C] [D] [E]　　18 [A] [B] [C] [D] [E]　　33 [A] [B] [C] [D] [E]　　48 [A] [B] [C] [D] [E]
4 [A] [B] [C] [D] [E]　　19 [A] [B] [C] [D] [E]　　34 [A] [B] [C] [D] [E]　　49 [A] [B] [C] [D] [E]
5 [A] [B] [C] [D] [E]　　20 [A] [B] [C] [D] [E]　　35 [A] [B] [C] [D] [E]　　50 [A] [B] [C] [D] [E]
6 [A] [B] [C] [D] [E]　　21 [A] [B] [C] [D] [E]　　36 [A] [B] [C] [D] [E]　　51 [A] [B] [C] [D] [E]
7 [A] [B] [C] [D] [E]　　22 [A] [B] [C] [D] [E]　　37 [A] [B] [C] [D] [E]　　52 [A] [B] [C] [D] [E]
8 [A] [B] [C] [D] [E]　　23 [A] [B] [C] [D] [E]　　38 [A] [B] [C] [D] [E]　　53 [A] [B] [C] [D] [E]
9 [A] [B] [C] [D] [E]　　24 [A] [B] [C] [D] [E]　　39 [A] [B] [C] [D] [E]　　54 [A] [B] [C] [D] [E]
10 [A] [B] [C] [D] [E]　　25 [A] [B] [C] [D] [E]　　40 [A] [B] [C] [D] [E]　　55 [A] [B] [C] [D] [E]
11 [A] [B] [C] [D] [E]　　26 [A] [B] [C] [D] [E]　　41 [A] [B] [C] [D] [E]
12 [A] [B] [C] [D] [E]　　27 [A] [B] [C] [D] [E]　　42 [A] [B] [C] [D] [E]
13 [A] [B] [C] [D] [E]　　28 [A] [B] [C] [D] [E]　　43 [A] [B] [C] [D] [E]
14 [A] [B] [C] [D] [E]　　29 [A] [B] [C] [D] [E]　　44 [A] [B] [C] [D] [E]
15 [A] [B] [C] [D] [E]　　30 [A] [B] [C] [D] [E]　　45 [A] [B] [C] [D] [E]

阴影部分请勿作答或做任何标记

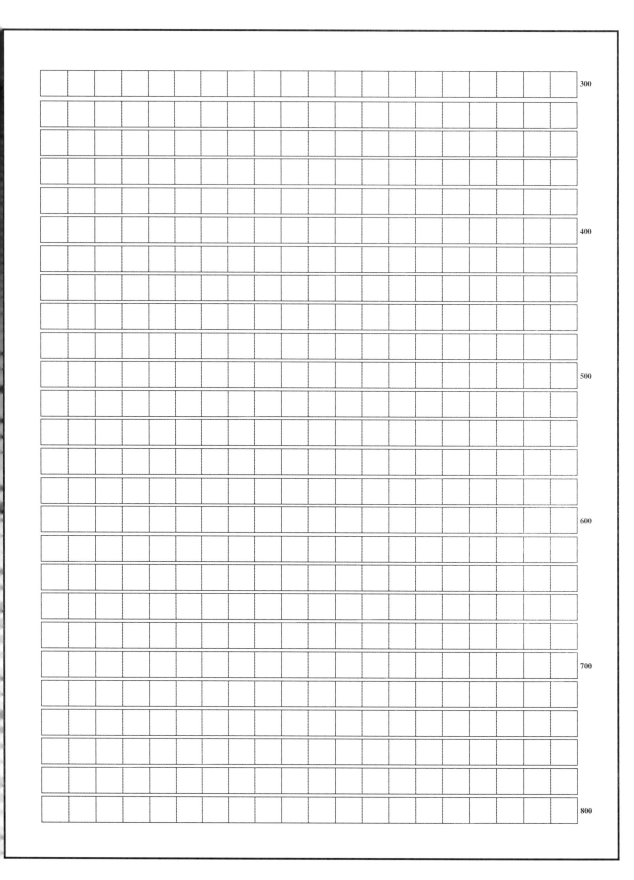

作文57

作文56

全国硕士研究生入学统一考试
管理类专业学位联考综合能力答题卡（199）

报 考 单 位	
姓　名	

考生编号（左对齐）

注意事项：
1、填（书）写必须使用黑色字迹签字笔，笔迹工整，字迹清楚，涂写必须使用2B铅笔。
2、选择题必须用2B铅笔涂在答题卡指定题号，非选择题必须用黑色签字笔在指定区域作答。不在指定区域作答、在草稿纸上、试题本上作答无效。
3、请保持答题卡清洁，请勿做任何标记，否则按无效卷处理。
4、请必须将试题本上的试题信息条形码贴在答题卡标有"试题信息条形码"的框内。

正确填涂　■
缺考标志　□
错误填涂　[✓][✗][●][ʼ][/][—]
缺考考生信息由监考员填涂并加盖缺考章，盖章不要遮盖考生信息。

选择题答题区域

1 [A] [B] [C] [D] [E]　　16 [A] [B] [C] [D] [E]　　31 [A] [B] [C] [D] [E]　　46 [A] [B] [C] [D] [E]
2 [A] [B] [C] [D] [E]　　17 [A] [B] [C] [D] [E]　　32 [A] [B] [C] [D] [E]　　47 [A] [B] [C] [D] [E]
3 [A] [B] [C] [D] [E]　　18 [A] [B] [C] [D] [E]　　33 [A] [B] [C] [D] [E]　　48 [A] [B] [C] [D] [E]
4 [A] [B] [C] [D] [E]　　19 [A] [B] [C] [D] [E]　　34 [A] [B] [C] [D] [E]　　49 [A] [B] [C] [D] [E]
5 [A] [B] [C] [D] [E]　　20 [A] [B] [C] [D] [E]　　35 [A] [B] [C] [D] [E]　　50 [A] [B] [C] [D] [E]
6 [A] [B] [C] [D] [E]　　21 [A] [B] [C] [D] [E]　　36 [A] [B] [C] [D] [E]　　51 [A] [B] [C] [D] [E]
7 [A] [B] [C] [D] [E]　　22 [A] [B] [C] [D] [E]　　37 [A] [B] [C] [D] [E]　　52 [A] [B] [C] [D] [E]
8 [A] [B] [C] [D] [E]　　23 [A] [B] [C] [D] [E]　　38 [A] [B] [C] [D] [E]　　53 [A] [B] [C] [D] [E]
9 [A] [B] [C] [D] [E]　　24 [A] [B] [C] [D] [E]　　39 [A] [B] [C] [D] [E]　　54 [A] [B] [C] [D] [E]
10 [A] [B] [C] [D] [E]　　25 [A] [B] [C] [D] [E]　　40 [A] [B] [C] [D] [E]　　55 [A] [B] [C] [D] [E]
11 [A] [B] [C] [D] [E]　　26 [A] [B] [C] [D] [E]　　41 [A] [B] [C] [D] [E]
12 [A] [B] [C] [D] [E]　　27 [A] [B] [C] [D] [E]　　42 [A] [B] [C] [D] [E]
13 [A] [B] [C] [D] [E]　　28 [A] [B] [C] [D] [E]　　43 [A] [B] [C] [D] [E]
14 [A] [B] [C] [D] [E]　　29 [A] [B] [C] [D] [E]　　44 [A] [B] [C] [D] [E]
15 [A] [B] [C] [D] [E]　　30 [A] [B] [C] [D] [E]　　45 [A] [B] [C] [D] [E]

阴影部分请勿作答或做任何标记

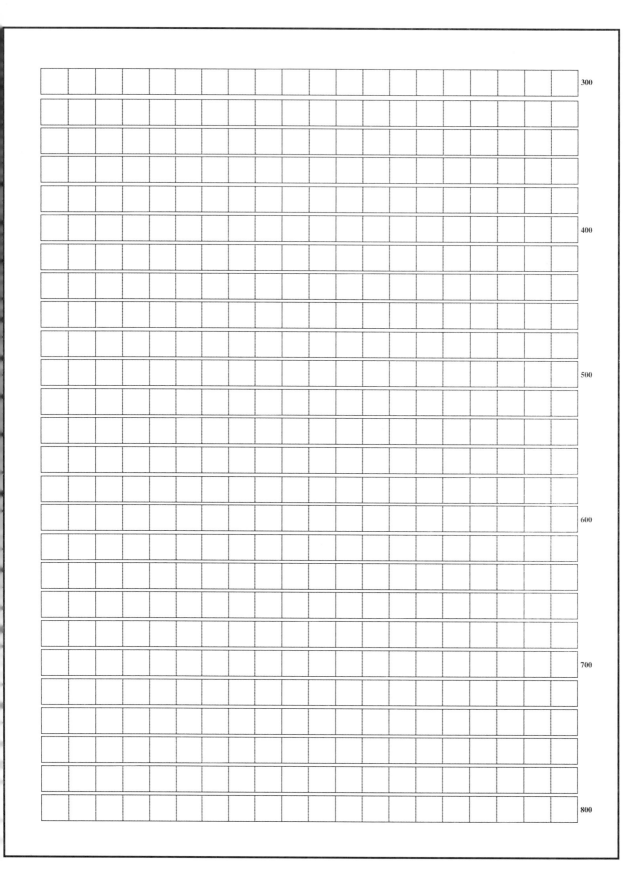

作文57

作文56

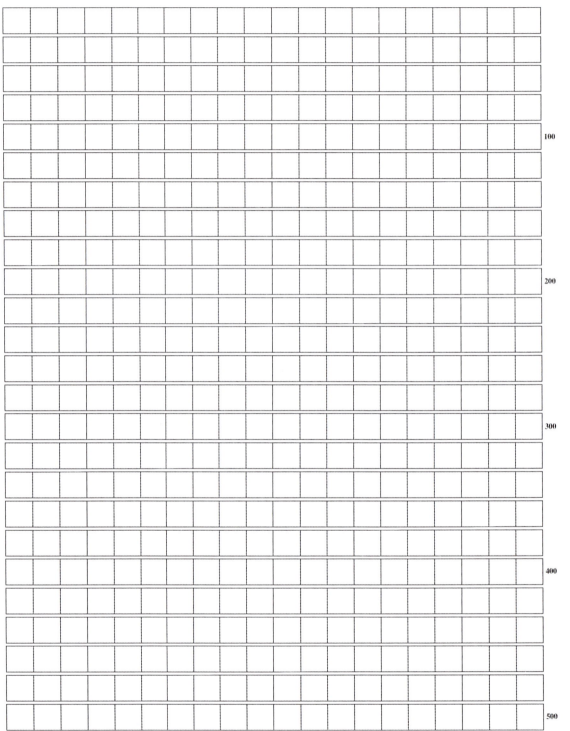

全国硕士研究生入学统一考试
管理类专业学位联考综合能力答题卡（199）

报 考 单 位
姓　名

考生编号（左对齐）

[0][0][0][0][0][0][0][0][0][0][0][0][0][0][0]
[1][1][1][1][1][1][1][1][1][1][1][1][1][1][1]
[2][2][2][2][2][2][2][2][2][2][2][2][2][2][2]
[3][3][3][3][3][3][3][3][3][3][3][3][3][3][3]
[4][4][4][4][4][4][4][4][4][4][4][4][4][4][4]
[5][5][5][5][5][5][5][5][5][5][5][5][5][5][5]
[6][6][6][6][6][6][6][6][6][6][6][6][6][6][6]
[7][7][7][7][7][7][7][7][7][7][7][7][7][7][7]
[8][8][8][8][8][8][8][8][8][8][8][8][8][8][8]
[9][9][9][9][9][9][9][9][9][9][9][9][9][9][9]

注意事项：
1、填（书）写必须使用黑色字迹签字笔，笔迹工整，字迹清楚，涂写必须使用2B铅笔。
2、选择题必须用2B铅笔涂在答题卡指定题号，非选择题必须用黑色签字笔在指定区域作答。不在指定区域作答、在草稿纸上、试题本上作答无效。
3、请保持答题卡清洁，请勿做任何标记，否则按无效卷处理。
4、请必须将试题本上的试题信息条形码贴在答题卡标有"试题信息条形码"的框内。

正确填涂　■　　　　　　　错误填涂　[✓][✗][●][▼][/][━]

缺考标志　□　　　　　缺考考生信息由监考员填涂并加盖缺考章，盖章不要遮盖考生信息。

选择题答题区域

1 [A] [B] [C] [D] [E]　　16 [A] [B] [C] [D] [E]　　31 [A] [B] [C] [D] [E]　　46 [A] [B] [C] [D] [E]
2 [A] [B] [C] [D] [E]　　17 [A] [B] [C] [D] [E]　　32 [A] [B] [C] [D] [E]　　47 [A] [B] [C] [D] [E]
3 [A] [B] [C] [D] [E]　　18 [A] [B] [C] [D] [E]　　33 [A] [B] [C] [D] [E]　　48 [A] [B] [C] [D] [E]
4 [A] [B] [C] [D] [E]　　19 [A] [B] [C] [D] [E]　　34 [A] [B] [C] [D] [E]　　49 [A] [B] [C] [D] [E]
5 [A] [B] [C] [D] [E]　　20 [A] [B] [C] [D] [E]　　35 [A] [B] [C] [D] [E]　　50 [A] [B] [C] [D] [E]
6 [A] [B] [C] [D] [E]　　21 [A] [B] [C] [D] [E]　　36 [A] [B] [C] [D] [E]　　51 [A] [B] [C] [D] [E]
7 [A] [B] [C] [D] [E]　　22 [A] [B] [C] [D] [E]　　37 [A] [B] [C] [D] [E]　　52 [A] [B] [C] [D] [E]
8 [A] [B] [C] [D] [E]　　23 [A] [B] [C] [D] [E]　　38 [A] [B] [C] [D] [E]　　53 [A] [B] [C] [D] [E]
9 [A] [B] [C] [D] [E]　　24 [A] [B] [C] [D] [E]　　39 [A] [B] [C] [D] [E]　　54 [A] [B] [C] [D] [E]
10 [A] [B] [C] [D] [E]　　25 [A] [B] [C] [D] [E]　　40 [A] [B] [C] [D] [E]　　55 [A] [B] [C] [D] [E]
11 [A] [B] [C] [D] [E]　　26 [A] [B] [C] [D] [E]　　41 [A] [B] [C] [D] [E]
12 [A] [B] [C] [D] [E]　　27 [A] [B] [C] [D] [E]　　42 [A] [B] [C] [D] [E]
13 [A] [B] [C] [D] [E]　　28 [A] [B] [C] [D] [E]　　43 [A] [B] [C] [D] [E]
14 [A] [B] [C] [D] [E]　　29 [A] [B] [C] [D] [E]　　44 [A] [B] [C] [D] [E]
15 [A] [B] [C] [D] [E]　　30 [A] [B] [C] [D] [E]　　45 [A] [B] [C] [D] [E]

阴影部分请勿作答或做任何标记

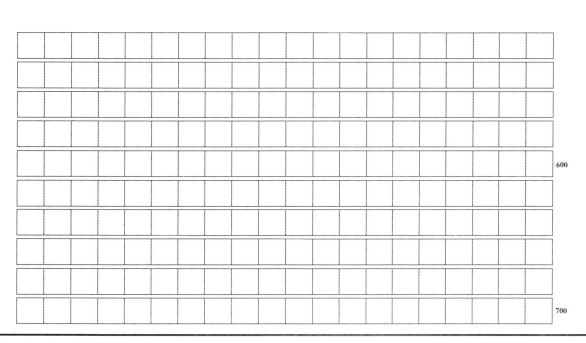

作文57

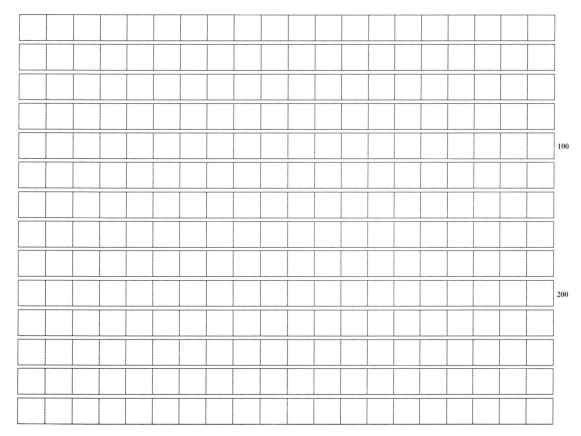

作文56

全国硕士研究生入学统一考试
管理类专业学位联考综合能力答题卡（199）

报 考 单 位	考生编号（左对齐）
姓 名	

注意事项：
1、填（书）写必须使用黑色字迹签字笔，笔迹工整，字迹清楚，涂写必须使用2B铅笔。
2、选择题必须用2B铅笔涂在答题卡指定题号，非选择题必须用黑色签字笔在指定区域作答。不在指定区域作答、在草稿纸上、试题本上作答无效。
3、请保持答题卡清洁，请勿做任何标记，否则按无效卷处理。
4、请必须将试题本上的试题信息条形码贴在答题卡标有"试题信息条形码"的框内。

正确填涂 ■   错误填涂 [✓] [✗] [◐] [▼] [╱] [╲] [━]
缺考标志 ■   缺考考生信息由监考员填涂并加盖缺考章，盖章不要遮盖考生信息。

选择题答题区域

1 [A] [B] [C] [D] [E]   16 [A] [B] [C] [D] [E]   31 [A] [B] [C] [D] [E]   46 [A] [B] [C] [D] [E]
2 [A] [B] [C] [D] [E]   17 [A] [B] [C] [D] [E]   32 [A] [B] [C] [D] [E]   47 [A] [B] [C] [D] [E]
3 [A] [B] [C] [D] [E]   18 [A] [B] [C] [D] [E]   33 [A] [B] [C] [D] [E]   48 [A] [B] [C] [D] [E]
4 [A] [B] [C] [D] [E]   19 [A] [B] [C] [D] [E]   34 [A] [B] [C] [D] [E]   49 [A] [B] [C] [D] [E]
5 [A] [B] [C] [D] [E]   20 [A] [B] [C] [D] [E]   35 [A] [B] [C] [D] [E]   50 [A] [B] [C] [D] [E]
6 [A] [B] [C] [D] [E]   21 [A] [B] [C] [D] [E]   36 [A] [B] [C] [D] [E]   51 [A] [B] [C] [D] [E]
7 [A] [B] [C] [D] [E]   22 [A] [B] [C] [D] [E]   37 [A] [B] [C] [D] [E]   52 [A] [B] [C] [D] [E]
8 [A] [B] [C] [D] [E]   23 [A] [B] [C] [D] [E]   38 [A] [B] [C] [D] [E]   53 [A] [B] [C] [D] [E]
9 [A] [B] [C] [D] [E]   24 [A] [B] [C] [D] [E]   39 [A] [B] [C] [D] [E]   54 [A] [B] [C] [D] [E]
10 [A] [B] [C] [D] [E] 25 [A] [B] [C] [D] [E]   40 [A] [B] [C] [D] [E]   55 [A] [B] [C] [D] [E]
11 [A] [B] [C] [D] [E] 26 [A] [B] [C] [D] [E]   41 [A] [B] [C] [D] [E]
12 [A] [B] [C] [D] [E] 27 [A] [B] [C] [D] [E]   42 [A] [B] [C] [D] [E]
13 [A] [B] [C] [D] [E] 28 [A] [B] [C] [D] [E]   43 [A] [B] [C] [D] [E]
14 [A] [B] [C] [D] [E] 29 [A] [B] [C] [D] [E]   44 [A] [B] [C] [D] [E]
15 [A] [B] [C] [D] [E] 30 [A] [B] [C] [D] [E]   45 [A] [B] [C] [D] [E]

阴影部分请勿作答或做任何标记

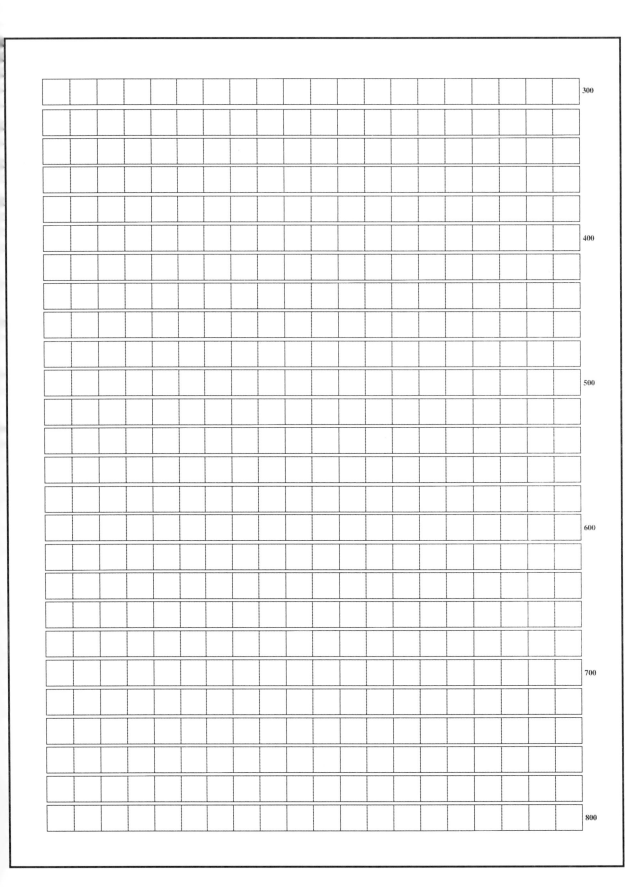

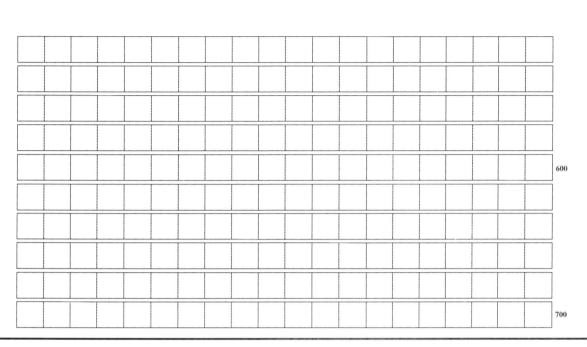

作文57

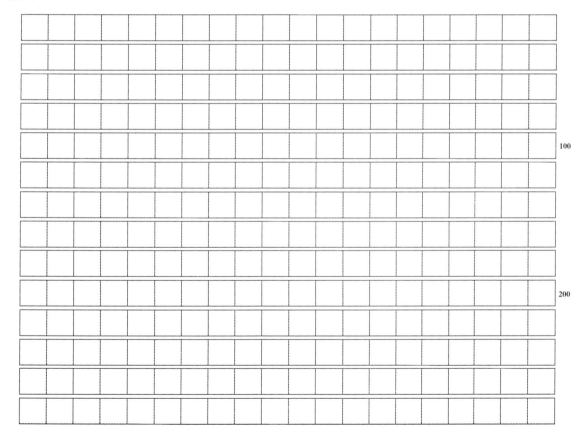

作文56

全国硕士研究生入学统一考试
管理类专业学位联考综合能力答题卡（199）

报考单位

姓　名

考生编号（左对齐）

注意事项：
1、填（书）写必须使用黑色字迹签字笔，笔迹工整，字迹清楚，涂写必须使用2B铅笔。
2、选择题必须用2B铅笔涂在答题卡指定题号，非选择题必须用黑色签字笔在指定区域作答。不在指定区域作答、在草稿纸上、试题本上作答无效。
3、请保持答题卡清洁，请勿做任何标记，否则按无效卷处理。
4、请必须将试题本上的试题信息条形码贴在答题卡标有"试题信息条形码"的框内。

正确填涂　■
错误填涂　[∨] [×] [●] [▬] [╱] [▬]
缺考标志　□
缺考考生信息由监考员填涂并加盖缺考章，盖章不要遮盖考生信息。

选择题答题区域

1 [A] [B] [C] [D] [E]　　16 [A] [B] [C] [D] [E]　　31 [A] [B] [C] [D] [E]　　46 [A] [B] [C] [D] [E]
2 [A] [B] [C] [D] [E]　　17 [A] [B] [C] [D] [E]　　32 [A] [B] [C] [D] [E]　　47 [A] [B] [C] [D] [E]
3 [A] [B] [C] [D] [E]　　18 [A] [B] [C] [D] [E]　　33 [A] [B] [C] [D] [E]　　48 [A] [B] [C] [D] [E]
4 [A] [B] [C] [D] [E]　　19 [A] [B] [C] [D] [E]　　34 [A] [B] [C] [D] [E]　　49 [A] [B] [C] [D] [E]
5 [A] [B] [C] [D] [E]　　20 [A] [B] [C] [D] [E]　　35 [A] [B] [C] [D] [E]　　50 [A] [B] [C] [D] [E]
6 [A] [B] [C] [D] [E]　　21 [A] [B] [C] [D] [E]　　36 [A] [B] [C] [D] [E]　　51 [A] [B] [C] [D] [E]
7 [A] [B] [C] [D] [E]　　22 [A] [B] [C] [D] [E]　　37 [A] [B] [C] [D] [E]　　52 [A] [B] [C] [D] [E]
8 [A] [B] [C] [D] [E]　　23 [A] [B] [C] [D] [E]　　38 [A] [B] [C] [D] [E]　　53 [A] [B] [C] [D] [E]
9 [A] [B] [C] [D] [E]　　24 [A] [B] [C] [D] [E]　　39 [A] [B] [C] [D] [E]　　54 [A] [B] [C] [D] [E]
10 [A] [B] [C] [D] [E]　　25 [A] [B] [C] [D] [E]　　40 [A] [B] [C] [D] [E]　　55 [A] [B] [C] [D] [E]
11 [A] [B] [C] [D] [E]　　26 [A] [B] [C] [D] [E]　　41 [A] [B] [C] [D] [E]
12 [A] [B] [C] [D] [E]　　27 [A] [B] [C] [D] [E]　　42 [A] [B] [C] [D] [E]
13 [A] [B] [C] [D] [E]　　28 [A] [B] [C] [D] [E]　　43 [A] [B] [C] [D] [E]
14 [A] [B] [C] [D] [E]　　29 [A] [B] [C] [D] [E]　　44 [A] [B] [C] [D] [E]
15 [A] [B] [C] [D] [E]　　30 [A] [B] [C] [D] [E]　　45 [A] [B] [C] [D] [E]

阴影部分请勿作答或做任何标记

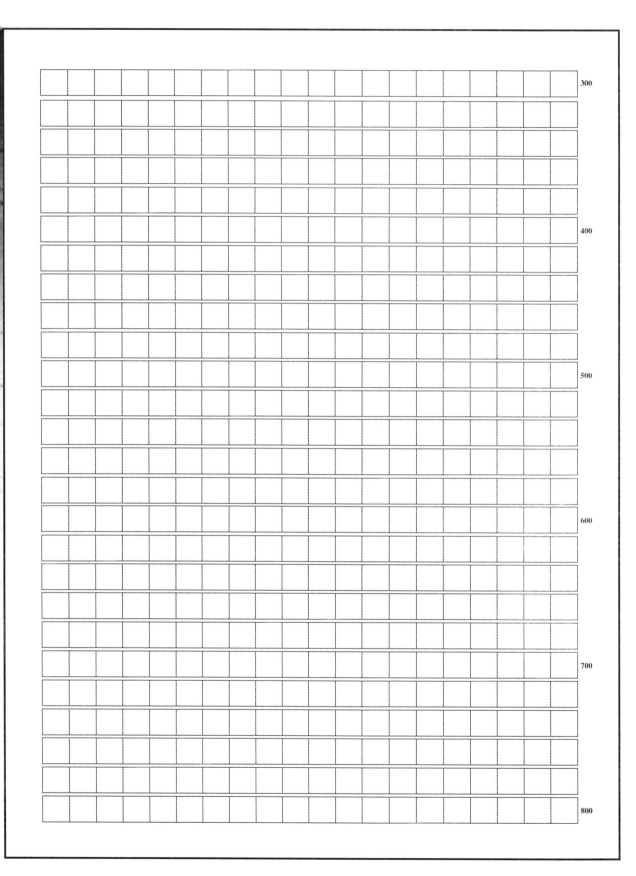

作文57

作文56

全国硕士研究生入学统一考试
管理类专业学位联考综合能力答题卡（199）

报 考 单 位

姓　名

考生编号（左对齐）

注意事项：
1、填（书）写必须使用黑色字迹签字笔，笔迹工整，字迹清楚，涂写必须使用2B铅笔。
2、选择题必须用2B铅笔涂在答题卡指定题号，非选择题必须用黑色签字笔在指定区域作答。不在指定区域作答、在草稿纸上、试题本上作答无效。
3、请保持答题卡清洁，请勿做任何标记，否则按无效卷处理。
4、请必须将试题本上的试题信息条形码贴在答题卡标有"试题信息条形码"的框内。

正确填涂　■
错误填涂　[∨] [×] [●] [◤] [／] [▬]
缺考标志　□
缺考考生信息由监考员填涂并加盖缺考章，盖章不要遮盖考生信息。

选择题答题区域

1 [A] [B] [C] [D] [E]	16 [A] [B] [C] [D] [E]	31 [A] [B] [C] [D] [E]	46 [A] [B] [C] [D] [E]
2 [A] [B] [C] [D] [E]	17 [A] [B] [C] [D] [E]	32 [A] [B] [C] [D] [E]	47 [A] [B] [C] [D] [E]
3 [A] [B] [C] [D] [E]	18 [A] [B] [C] [D] [E]	33 [A] [B] [C] [D] [E]	48 [A] [B] [C] [D] [E]
4 [A] [B] [C] [D] [E]	19 [A] [B] [C] [D] [E]	34 [A] [B] [C] [D] [E]	49 [A] [B] [C] [D] [E]
5 [A] [B] [C] [D] [E]	20 [A] [B] [C] [D] [E]	35 [A] [B] [C] [D] [E]	50 [A] [B] [C] [D] [E]
6 [A] [B] [C] [D] [E]	21 [A] [B] [C] [D] [E]	36 [A] [B] [C] [D] [E]	51 [A] [B] [C] [D] [E]
7 [A] [B] [C] [D] [E]	22 [A] [B] [C] [D] [E]	37 [A] [B] [C] [D] [E]	52 [A] [B] [C] [D] [E]
8 [A] [B] [C] [D] [E]	23 [A] [B] [C] [D] [E]	38 [A] [B] [C] [D] [E]	53 [A] [B] [C] [D] [E]
9 [A] [B] [C] [D] [E]	24 [A] [B] [C] [D] [E]	39 [A] [B] [C] [D] [E]	54 [A] [B] [C] [D] [E]
10 [A] [B] [C] [D] [E]	25 [A] [B] [C] [D] [E]	40 [A] [B] [C] [D] [E]	55 [A] [B] [C] [D] [E]
11 [A] [B] [C] [D] [E]	26 [A] [B] [C] [D] [E]	41 [A] [B] [C] [D] [E]	
12 [A] [B] [C] [D] [E]	27 [A] [B] [C] [D] [E]	42 [A] [B] [C] [D] [E]	
13 [A] [B] [C] [D] [E]	28 [A] [B] [C] [D] [E]	43 [A] [B] [C] [D] [E]	
14 [A] [B] [C] [D] [E]	29 [A] [B] [C] [D] [E]	44 [A] [B] [C] [D] [E]	
15 [A] [B] [C] [D] [E]	30 [A] [B] [C] [D] [E]	45 [A] [B] [C] [D] [E]	

阴影部分请勿作答或做任何标记

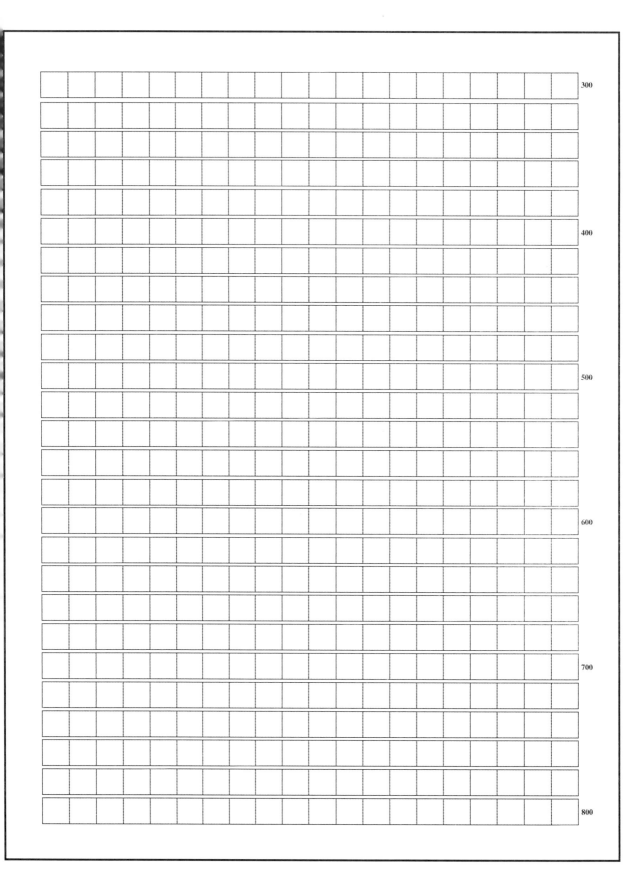

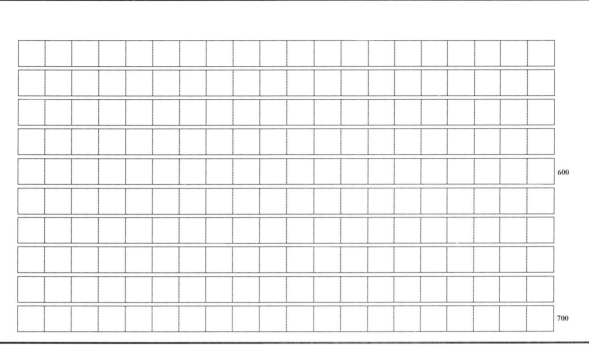

作文57

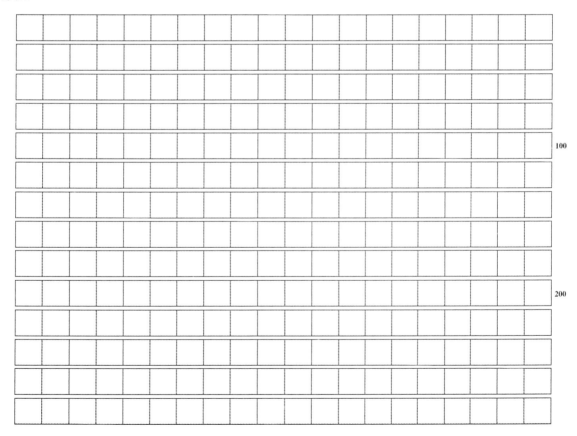

作文56

全国硕士研究生入学统一考试
管理类专业学位联考综合能力答题卡（199）

报考单位

姓　名

考生编号（左对齐）

注意事项：
1、填（书）写必须使用黑色字迹签字笔，笔迹工整，字迹清楚，涂写必须使用2B铅笔。
2、选择题必须用2B铅笔涂在答题卡指定题号，非选择题必须用黑色签字笔在指定区域作答。不在指定区域作答、在草稿纸上、试题本上作答无效。
3、请保持答题卡清洁，请勿做任何标记，否则按无效卷处理。
4、请必须将试题本上的试题信息条形码贴在答题卡标有"试题信息条形码"的框内。

正确填涂　■
错误填涂　[✓] [✗] [●] [▶] [／] [━]
缺考标志　□
缺考考生信息由监考员填涂并加盖缺考章，盖章不要遮盖考生信息。

选择题答题区域

1 [A] [B] [C] [D] [E]　　16 [A] [B] [C] [D] [E]　　31 [A] [B] [C] [D] [E]　　46 [A] [B] [C] [D] [E]
2 [A] [B] [C] [D] [E]　　17 [A] [B] [C] [D] [E]　　32 [A] [B] [C] [D] [E]　　47 [A] [B] [C] [D] [E]
3 [A] [B] [C] [D] [E]　　18 [A] [B] [C] [D] [E]　　33 [A] [B] [C] [D] [E]　　48 [A] [B] [C] [D] [E]
4 [A] [B] [C] [D] [E]　　19 [A] [B] [C] [D] [E]　　34 [A] [B] [C] [D] [E]　　49 [A] [B] [C] [D] [E]
5 [A] [B] [C] [D] [E]　　20 [A] [B] [C] [D] [E]　　35 [A] [B] [C] [D] [E]　　50 [A] [B] [C] [D] [E]
6 [A] [B] [C] [D] [E]　　21 [A] [B] [C] [D] [E]　　36 [A] [B] [C] [D] [E]　　51 [A] [B] [C] [D] [E]
7 [A] [B] [C] [D] [E]　　22 [A] [B] [C] [D] [E]　　37 [A] [B] [C] [D] [E]　　52 [A] [B] [C] [D] [E]
8 [A] [B] [C] [D] [E]　　23 [A] [B] [C] [D] [E]　　38 [A] [B] [C] [D] [E]　　53 [A] [B] [C] [D] [E]
9 [A] [B] [C] [D] [E]　　24 [A] [B] [C] [D] [E]　　39 [A] [B] [C] [D] [E]　　54 [A] [B] [C] [D] [E]
10 [A] [B] [C] [D] [E]　　25 [A] [B] [C] [D] [E]　　40 [A] [B] [C] [D] [E]　　55 [A] [B] [C] [D] [E]
11 [A] [B] [C] [D] [E]　　26 [A] [B] [C] [D] [E]　　41 [A] [B] [C] [D] [E]
12 [A] [B] [C] [D] [E]　　27 [A] [B] [C] [D] [E]　　42 [A] [B] [C] [D] [E]
13 [A] [B] [C] [D] [E]　　28 [A] [B] [C] [D] [E]　　43 [A] [B] [C] [D] [E]
14 [A] [B] [C] [D] [E]　　29 [A] [B] [C] [D] [E]　　44 [A] [B] [C] [D] [E]
15 [A] [B] [C] [D] [E]　　30 [A] [B] [C] [D] [E]　　45 [A] [B] [C] [D] [E]

阴影部分请勿作答或做任何标记

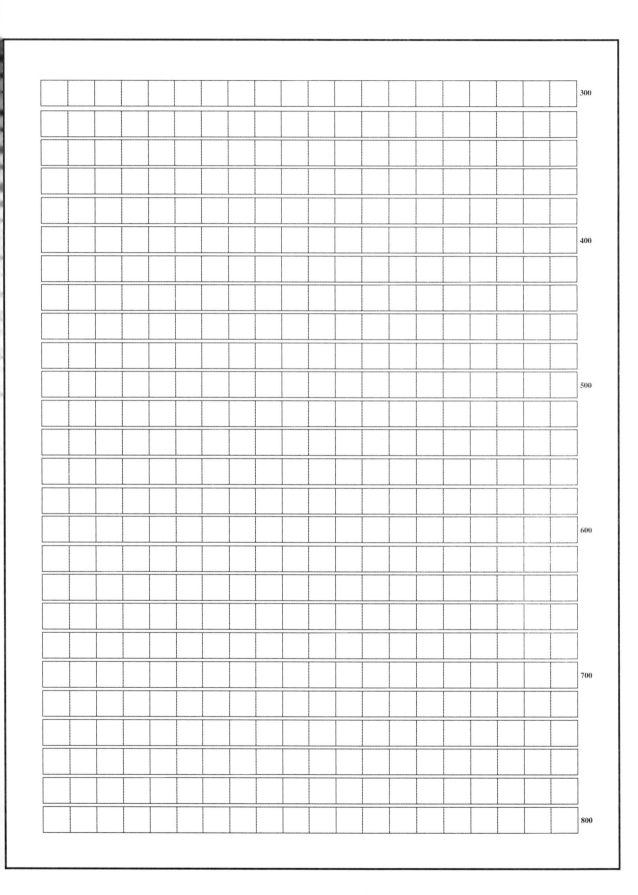

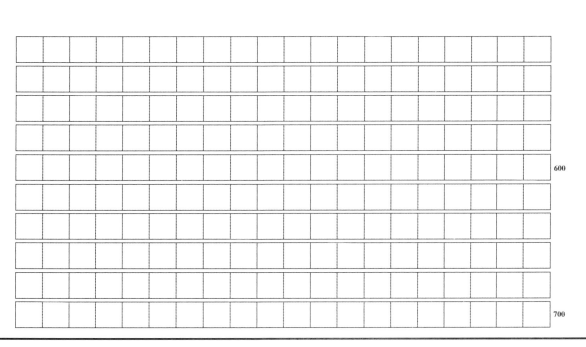

作文57

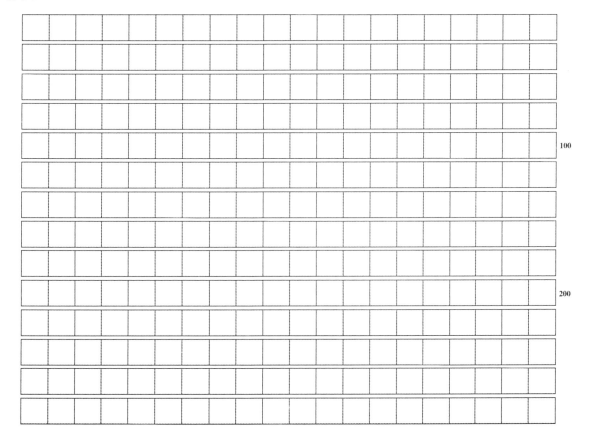

作文56

全国硕士研究生入学统一考试
管理类专业学位联考综合能力答题卡（199）

报考单位

姓　名

考生编号（左对齐）

注意事项：
1、填（书）写必须使用黑色字迹签字笔，笔迹工整，字迹清楚，涂写必须使用2B铅笔。
2、选择题必须用2B铅笔涂在答题卡指定题号，非选择题必须用黑色签字笔在指定区域作答。不在指定区域作答、在草稿纸上、试题本上作答无效。
3、请保持答题卡清洁，请勿做任何标记，否则按无效卷处理。
4、请必须将试题本上的试题信息条形码贴在答题卡标有"试题信息条形码"的框内。

正确填涂　■
错误填涂　[✓][✗][●][◐][／][－]
缺考标志　□
缺考考生信息由监考员填涂并加盖缺考章，盖章不要遮盖考生信息。

选择题答题区域

1 [A] [B] [C] [D] [E]	16 [A] [B] [C] [D] [E]	31 [A] [B] [C] [D] [E]	46 [A] [B] [C] [D] [E]
2 [A] [B] [C] [D] [E]	17 [A] [B] [C] [D] [E]	32 [A] [B] [C] [D] [E]	47 [A] [B] [C] [D] [E]
3 [A] [B] [C] [D] [E]	18 [A] [B] [C] [D] [E]	33 [A] [B] [C] [D] [E]	48 [A] [B] [C] [D] [E]
4 [A] [B] [C] [D] [E]	19 [A] [B] [C] [D] [E]	34 [A] [B] [C] [D] [E]	49 [A] [B] [C] [D] [E]
5 [A] [B] [C] [D] [E]	20 [A] [B] [C] [D] [E]	35 [A] [B] [C] [D] [E]	50 [A] [B] [C] [D] [E]
6 [A] [B] [C] [D] [E]	21 [A] [B] [C] [D] [E]	36 [A] [B] [C] [D] [E]	51 [A] [B] [C] [D] [E]
7 [A] [B] [C] [D] [E]	22 [A] [B] [C] [D] [E]	37 [A] [B] [C] [D] [E]	52 [A] [B] [C] [D] [E]
8 [A] [B] [C] [D] [E]	23 [A] [B] [C] [D] [E]	38 [A] [B] [C] [D] [E]	53 [A] [B] [C] [D] [E]
9 [A] [B] [C] [D] [E]	24 [A] [B] [C] [D] [E]	39 [A] [B] [C] [D] [E]	54 [A] [B] [C] [D] [E]
10 [A] [B] [C] [D] [E]	25 [A] [B] [C] [D] [E]	40 [A] [B] [C] [D] [E]	55 [A] [B] [C] [D] [E]
11 [A] [B] [C] [D] [E]	26 [A] [B] [C] [D] [E]	41 [A] [B] [C] [D] [E]	
12 [A] [B] [C] [D] [E]	27 [A] [B] [C] [D] [E]	42 [A] [B] [C] [D] [E]	
13 [A] [B] [C] [D] [E]	28 [A] [B] [C] [D] [E]	43 [A] [B] [C] [D] [E]	
14 [A] [B] [C] [D] [E]	29 [A] [B] [C] [D] [E]	44 [A] [B] [C] [D] [E]	
15 [A] [B] [C] [D] [E]	30 [A] [B] [C] [D] [E]	45 [A] [B] [C] [D] [E]	

阴影部分请勿作答或做任何标记

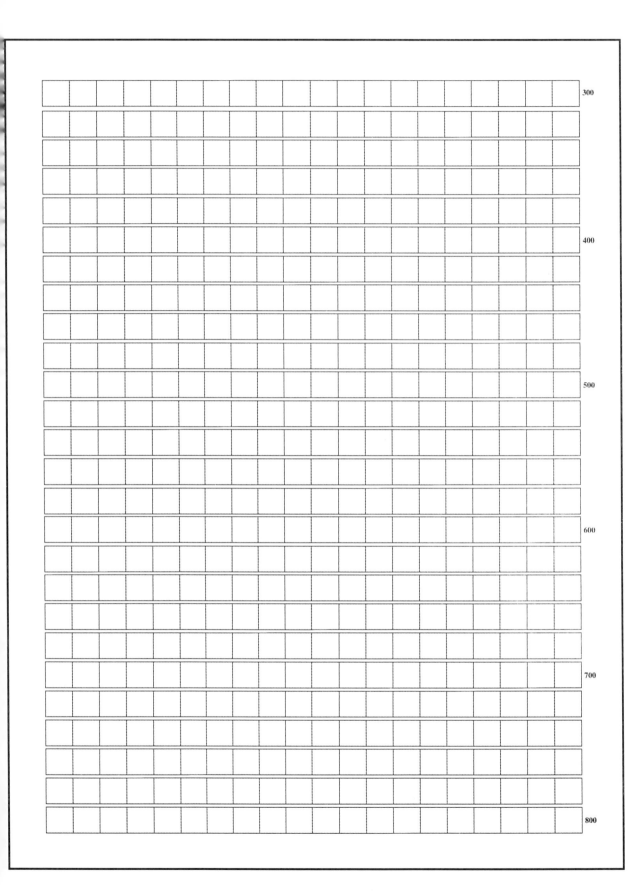

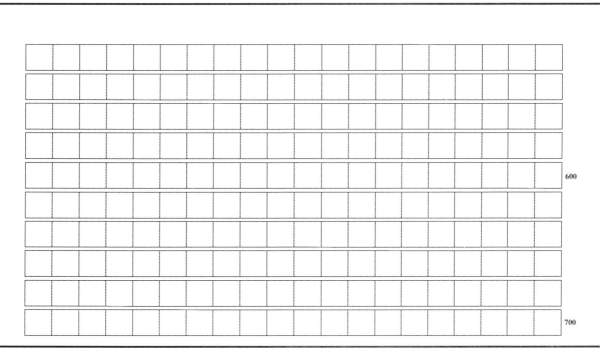

作文57

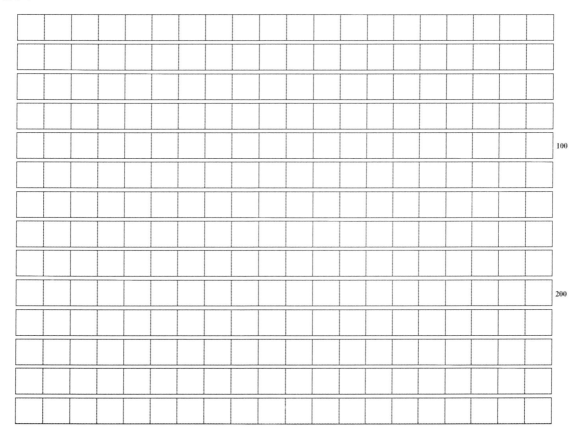

作文56

全国硕士研究生入学统一考试
管理类专业学位联考综合能力答题卡（199）

报考单位

姓　名

考生编号（左对齐）

注意事项：
1、填（书）写必须使用黑色字迹签字笔，笔迹工整，字迹清楚，涂写必须使用2B铅笔。
2、选择题必须用2B铅笔涂在答题卡指定题号，非选择题必须用黑色签字笔在指定区域作答。不在指定区域作答、在草稿纸上、试题本上作答无效。
3、请保持答题卡清洁，请勿做任何标记，否则按无效卷处理。
4、请必须将试题本上的试题信息条形码贴在答题卡标有"试题信息条形码"的框内。

正确填涂　■
错误填涂　[✓] [✗] [○] [／] [＼] [▬]
缺考标志　□
缺考考生信息由监考员填涂并加盖缺考章，盖章不要遮盖考生信息。

选择题答题区域

1 [A] [B] [C] [D] [E]	16 [A] [B] [C] [D] [E]	31 [A] [B] [C] [D] [E]	46 [A] [B] [C] [D] [E]
2 [A] [B] [C] [D] [E]	17 [A] [B] [C] [D] [E]	32 [A] [B] [C] [D] [E]	47 [A] [B] [C] [D] [E]
3 [A] [B] [C] [D] [E]	18 [A] [B] [C] [D] [E]	33 [A] [B] [C] [D] [E]	48 [A] [B] [C] [D] [E]
4 [A] [B] [C] [D] [E]	19 [A] [B] [C] [D] [E]	34 [A] [B] [C] [D] [E]	49 [A] [B] [C] [D] [E]
5 [A] [B] [C] [D] [E]	20 [A] [B] [C] [D] [E]	35 [A] [B] [C] [D] [E]	50 [A] [B] [C] [D] [E]
6 [A] [B] [C] [D] [E]	21 [A] [B] [C] [D] [E]	36 [A] [B] [C] [D] [E]	51 [A] [B] [C] [D] [E]
7 [A] [B] [C] [D] [E]	22 [A] [B] [C] [D] [E]	37 [A] [B] [C] [D] [E]	52 [A] [B] [C] [D] [E]
8 [A] [B] [C] [D] [E]	23 [A] [B] [C] [D] [E]	38 [A] [B] [C] [D] [E]	53 [A] [B] [C] [D] [E]
9 [A] [B] [C] [D] [E]	24 [A] [B] [C] [D] [E]	39 [A] [B] [C] [D] [E]	54 [A] [B] [C] [D] [E]
10 [A] [B] [C] [D] [E]	25 [A] [B] [C] [D] [E]	40 [A] [B] [C] [D] [E]	55 [A] [B] [C] [D] [E]
11 [A] [B] [C] [D] [E]	26 [A] [B] [C] [D] [E]	41 [A] [B] [C] [D] [E]	
12 [A] [B] [C] [D] [E]	27 [A] [B] [C] [D] [E]	42 [A] [B] [C] [D] [E]	
13 [A] [B] [C] [D] [E]	28 [A] [B] [C] [D] [E]	43 [A] [B] [C] [D] [E]	
14 [A] [B] [C] [D] [E]	29 [A] [B] [C] [D] [E]	44 [A] [B] [C] [D] [E]	
15 [A] [B] [C] [D] [E]	30 [A] [B] [C] [D] [E]	45 [A] [B] [C] [D] [E]	

阴影部分请勿作答或做任何标记

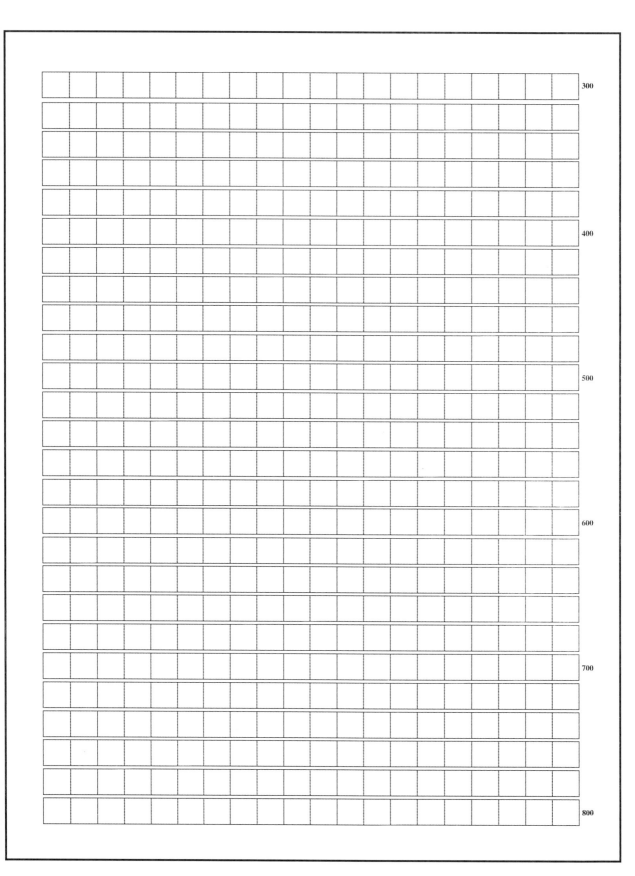

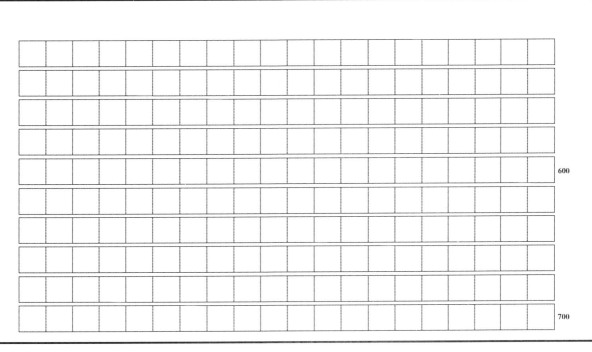

作文57

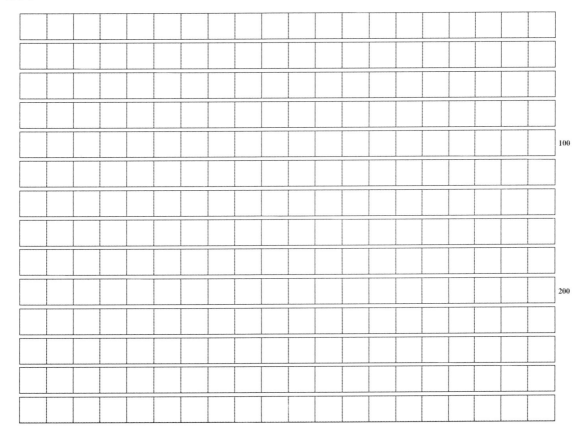

作文56

全国硕士研究生入学统一考试
管理类专业学位联考综合能力答题卡（199）

报 考 单 位
姓 名

考生编号（左对齐）

[0][0][0][0][0][0][0][0][0][0][0][0][0][0][0]
[1][1][1][1][1][1][1][1][1][1][1][1][1][1][1]
[2][2][2][2][2][2][2][2][2][2][2][2][2][2][2]
[3][3][3][3][3][3][3][3][3][3][3][3][3][3][3]
[4][4][4][4][4][4][4][4][4][4][4][4][4][4][4]
[5][5][5][5][5][5][5][5][5][5][5][5][5][5][5]
[6][6][6][6][6][6][6][6][6][6][6][6][6][6][6]
[7][7][7][7][7][7][7][7][7][7][7][7][7][7][7]
[8][8][8][8][8][8][8][8][8][8][8][8][8][8][8]
[9][9][9][9][9][9][9][9][9][9][9][9][9][9][9]

注意事项：
1、填（书）写必须使用黑色字迹签字笔，笔迹工整，字迹清楚，涂写必须使用2B铅笔。
2、选择题必须用2B铅笔涂在答题卡指定题号，非选择题必须用黑色签字笔在指定区域作答。不在指定区域作答、在草稿纸上、试题本上作答无效。
3、请保持答题卡清洁，请勿做任何标记，否则按无效卷处理。
4、请必须将试题本上的试题信息条形码贴在答题卡标有"试题信息条形码"的框内。

正确填涂	■		错误填涂	[✓] [✗] [●] [▶] [／] [▬]
缺考标志	□		缺考考生信息由监考员填涂并加盖缺考章，盖章不要遮盖考生信息。	

选择题答题区域

1 [A] [B] [C] [D] [E]　　16 [A] [B] [C] [D] [E]　　31 [A] [B] [C] [D] [E]　　46 [A] [B] [C] [D] [E]
2 [A] [B] [C] [D] [E]　　17 [A] [B] [C] [D] [E]　　32 [A] [B] [C] [D] [E]　　47 [A] [B] [C] [D] [E]
3 [A] [B] [C] [D] [E]　　18 [A] [B] [C] [D] [E]　　33 [A] [B] [C] [D] [E]　　48 [A] [B] [C] [D] [E]
4 [A] [B] [C] [D] [E]　　19 [A] [B] [C] [D] [E]　　34 [A] [B] [C] [D] [E]　　49 [A] [B] [C] [D] [E]
5 [A] [B] [C] [D] [E]　　20 [A] [B] [C] [D] [E]　　35 [A] [B] [C] [D] [E]　　50 [A] [B] [C] [D] [E]
6 [A] [B] [C] [D] [E]　　21 [A] [B] [C] [D] [E]　　36 [A] [B] [C] [D] [E]　　51 [A] [B] [C] [D] [E]
7 [A] [B] [C] [D] [E]　　22 [A] [B] [C] [D] [E]　　37 [A] [B] [C] [D] [E]　　52 [A] [B] [C] [D] [E]
8 [A] [B] [C] [D] [E]　　23 [A] [B] [C] [D] [E]　　38 [A] [B] [C] [D] [E]　　53 [A] [B] [C] [D] [E]
9 [A] [B] [C] [D] [E]　　24 [A] [B] [C] [D] [E]　　39 [A] [B] [C] [D] [E]　　54 [A] [B] [C] [D] [E]
10 [A] [B] [C] [D] [E]　　25 [A] [B] [C] [D] [E]　　40 [A] [B] [C] [D] [E]　　55 [A] [B] [C] [D] [E]
11 [A] [B] [C] [D] [E]　　26 [A] [B] [C] [D] [E]　　41 [A] [B] [C] [D] [E]
12 [A] [B] [C] [D] [E]　　27 [A] [B] [C] [D] [E]　　42 [A] [B] [C] [D] [E]
13 [A] [B] [C] [D] [E]　　28 [A] [B] [C] [D] [E]　　43 [A] [B] [C] [D] [E]
14 [A] [B] [C] [D] [E]　　29 [A] [B] [C] [D] [E]　　44 [A] [B] [C] [D] [E]
15 [A] [B] [C] [D] [E]　　30 [A] [B] [C] [D] [E]　　45 [A] [B] [C] [D] [E]

阴影部分请勿作答或做任何标记

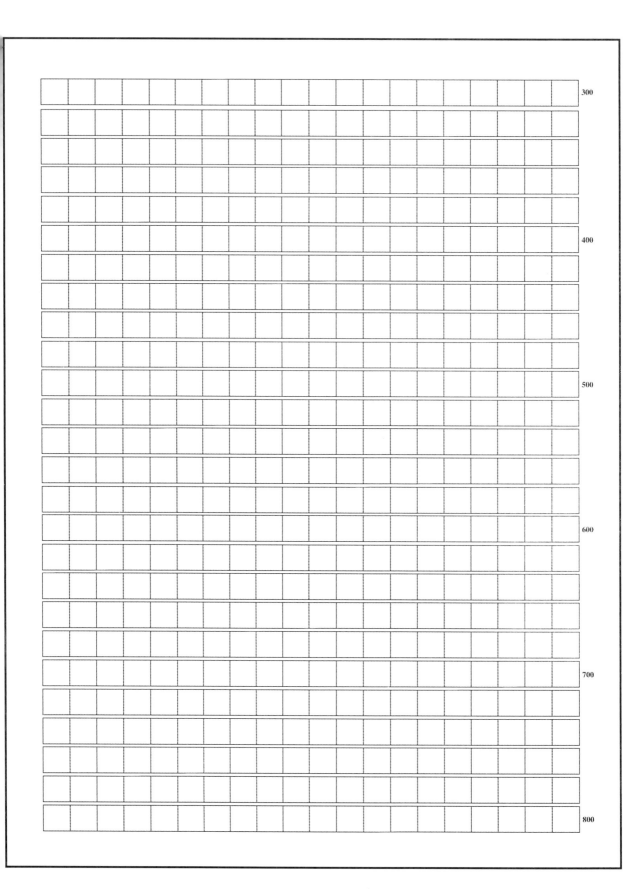

作文57

作文56

全国硕士研究生入学统一考试
管理类专业学位联考综合能力答题卡（199）

报考单位	
姓 名	

考生编号（左对齐）

[0][0][0][0][0][0][0][0][0][0][0][0][0][0][0]
[1][1][1][1][1][1][1][1][1][1][1][1][1][1][1]
[2][2][2][2][2][2][2][2][2][2][2][2][2][2][2]
[3][3][3][3][3][3][3][3][3][3][3][3][3][3][3]
[4][4][4][4][4][4][4][4][4][4][4][4][4][4][4]
[5][5][5][5][5][5][5][5][5][5][5][5][5][5][5]
[6][6][6][6][6][6][6][6][6][6][6][6][6][6][6]
[7][7][7][7][7][7][7][7][7][7][7][7][7][7][7]
[8][8][8][8][8][8][8][8][8][8][8][8][8][8][8]
[9][9][9][9][9][9][9][9][9][9][9][9][9][9][9]

注意事项：
1、填（书）写必须使用黑色字迹签字笔，笔迹工整，字迹清楚，涂写必须使用2B铅笔。
2、选择题必须用2B铅笔涂在答题卡指定题号，非选择题必须用黑色签字笔在指定区域作答。不在指定区域作答、在草稿纸上、试题本上作答无效。
3、请保持答题卡清洁，请勿做任何标记，否则按无效卷处理。
4、请必须将试题本上的试题信息条形码贴在答题卡标有"试题信息条形码"的框内。

正确填涂　■
错误填涂　[✓][✗][◼][╱][╲][═]

缺考标志　□
缺考考生信息由监考员填涂并加盖缺考章，盖章不要遮盖考生信息。

选择题答题区域

1 [A] [B] [C] [D] [E]　　16 [A] [B] [C] [D] [E]　　31 [A] [B] [C] [D] [E]　　46 [A] [B] [C] [D] [E]
2 [A] [B] [C] [D] [E]　　17 [A] [B] [C] [D] [E]　　32 [A] [B] [C] [D] [E]　　47 [A] [B] [C] [D] [E]
3 [A] [B] [C] [D] [E]　　18 [A] [B] [C] [D] [E]　　33 [A] [B] [C] [D] [E]　　48 [A] [B] [C] [D] [E]
4 [A] [B] [C] [D] [E]　　19 [A] [B] [C] [D] [E]　　34 [A] [B] [C] [D] [E]　　49 [A] [B] [C] [D] [E]
5 [A] [B] [C] [D] [E]　　20 [A] [B] [C] [D] [E]　　35 [A] [B] [C] [D] [E]　　50 [A] [B] [C] [D] [E]
6 [A] [B] [C] [D] [E]　　21 [A] [B] [C] [D] [E]　　36 [A] [B] [C] [D] [E]　　51 [A] [B] [C] [D] [E]
7 [A] [B] [C] [D] [E]　　22 [A] [B] [C] [D] [E]　　37 [A] [B] [C] [D] [E]　　52 [A] [B] [C] [D] [E]
8 [A] [B] [C] [D] [E]　　23 [A] [B] [C] [D] [E]　　38 [A] [B] [C] [D] [E]　　53 [A] [B] [C] [D] [E]
9 [A] [B] [C] [D] [E]　　24 [A] [B] [C] [D] [E]　　39 [A] [B] [C] [D] [E]　　54 [A] [B] [C] [D] [E]
10 [A] [B] [C] [D] [E]　　25 [A] [B] [C] [D] [E]　　40 [A] [B] [C] [D] [E]　　55 [A] [B] [C] [D] [E]
11 [A] [B] [C] [D] [E]　　26 [A] [B] [C] [D] [E]　　41 [A] [B] [C] [D] [E]
12 [A] [B] [C] [D] [E]　　27 [A] [B] [C] [D] [E]　　42 [A] [B] [C] [D] [E]
13 [A] [B] [C] [D] [E]　　28 [A] [B] [C] [D] [E]　　43 [A] [B] [C] [D] [E]
14 [A] [B] [C] [D] [E]　　29 [A] [B] [C] [D] [E]　　44 [A] [B] [C] [D] [E]
15 [A] [B] [C] [D] [E]　　30 [A] [B] [C] [D] [E]　　45 [A] [B] [C] [D] [E]

阴影部分请勿作答或做任何标记

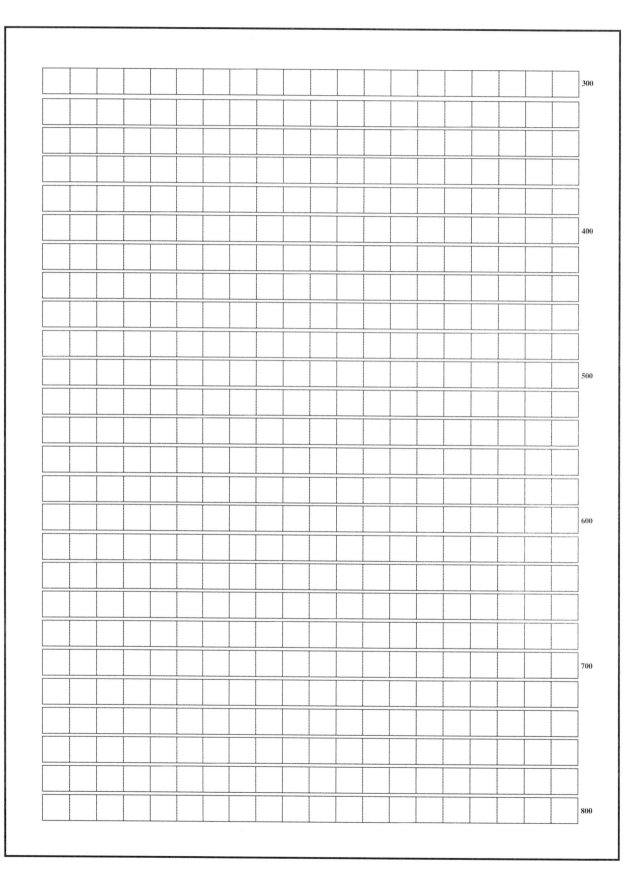

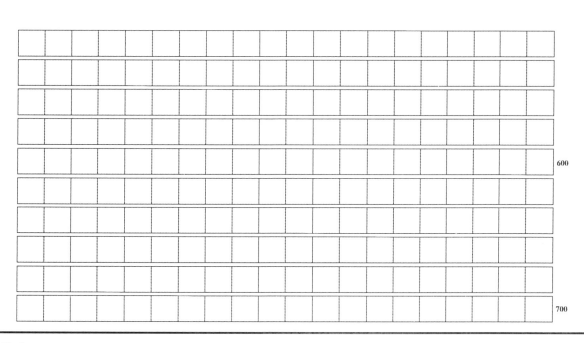

作文57

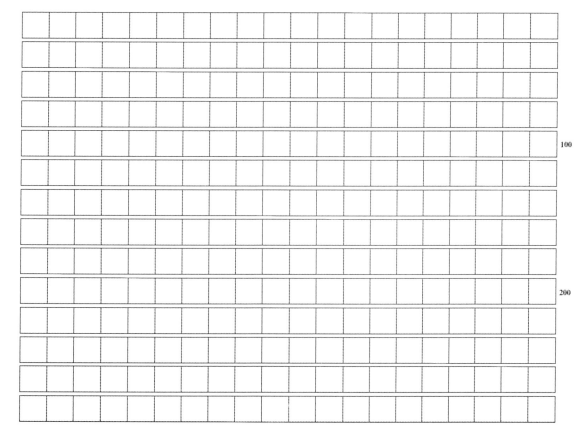

作文56

全国硕士研究生入学统一考试
管理类专业学位联考综合能力答题卡（199）

报 考 单 位

姓 名

考生编号（左对齐）

注意事项：
1、填（书）写必须使用黑色字迹签字笔，笔迹工整，字迹清楚，涂写必须使用2B铅笔。
2、选择题必须用2B铅笔涂在答题卡指定题号，非选择题必须用黑色签字笔在指定区域作答。不在指定区域作答、在草稿纸上、试题本上作答无效。
3、请保持答题卡清洁，请勿做任何标记，否则按无效卷处理。
4、请必须将试题本上的试题信息条形码贴在答题卡标有"试题信息条形码"的框内。

正确填涂　　■
缺考标志　　□
错误填涂　　☑ ☒ ⊡ ▨ ⊘ ▬
缺考考生信息由监考员填涂并加盖缺考章，盖章不要遮盖考生信息。

选择题答题区域

1 [A] [B] [C] [D] [E]	16 [A] [B] [C] [D] [E]	31 [A] [B] [C] [D] [E]	46 [A] [B] [C] [D] [E]
2 [A] [B] [C] [D] [E]	17 [A] [B] [C] [D] [E]	32 [A] [B] [C] [D] [E]	47 [A] [B] [C] [D] [E]
3 [A] [B] [C] [D] [E]	18 [A] [B] [C] [D] [E]	33 [A] [B] [C] [D] [E]	48 [A] [B] [C] [D] [E]
4 [A] [B] [C] [D] [E]	19 [A] [B] [C] [D] [E]	34 [A] [B] [C] [D] [E]	49 [A] [B] [C] [D] [E]
5 [A] [B] [C] [D] [E]	20 [A] [B] [C] [D] [E]	35 [A] [B] [C] [D] [E]	50 [A] [B] [C] [D] [E]
6 [A] [B] [C] [D] [E]	21 [A] [B] [C] [D] [E]	36 [A] [B] [C] [D] [E]	51 [A] [B] [C] [D] [E]
7 [A] [B] [C] [D] [E]	22 [A] [B] [C] [D] [E]	37 [A] [B] [C] [D] [E]	52 [A] [B] [C] [D] [E]
8 [A] [B] [C] [D] [E]	23 [A] [B] [C] [D] [E]	38 [A] [B] [C] [D] [E]	53 [A] [B] [C] [D] [E]
9 [A] [B] [C] [D] [E]	24 [A] [B] [C] [D] [E]	39 [A] [B] [C] [D] [E]	54 [A] [B] [C] [D] [E]
10 [A] [B] [C] [D] [E]	25 [A] [B] [C] [D] [E]	40 [A] [B] [C] [D] [E]	55 [A] [B] [C] [D] [E]
11 [A] [B] [C] [D] [E]	26 [A] [B] [C] [D] [E]	41 [A] [B] [C] [D] [E]	
12 [A] [B] [C] [D] [E]	27 [A] [B] [C] [D] [E]	42 [A] [B] [C] [D] [E]	
13 [A] [B] [C] [D] [E]	28 [A] [B] [C] [D] [E]	43 [A] [B] [C] [D] [E]	
14 [A] [B] [C] [D] [E]	29 [A] [B] [C] [D] [E]	44 [A] [B] [C] [D] [E]	
15 [A] [B] [C] [D] [E]	30 [A] [B] [C] [D] [E]	45 [A] [B] [C] [D] [E]	

阴影部分请勿作答或做任何标记

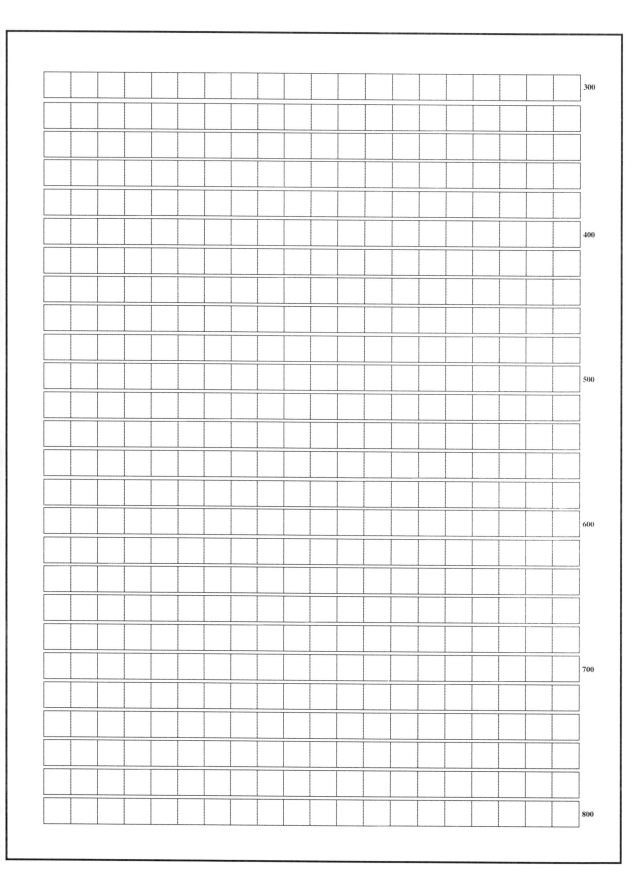

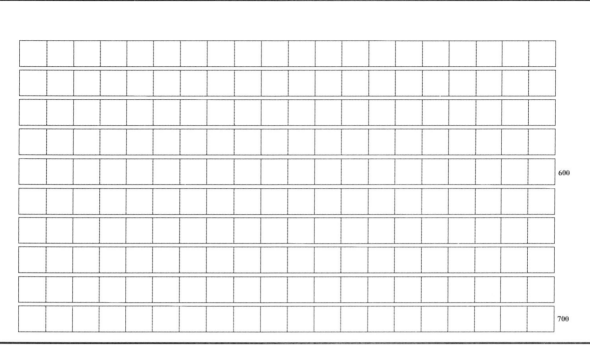

作文57

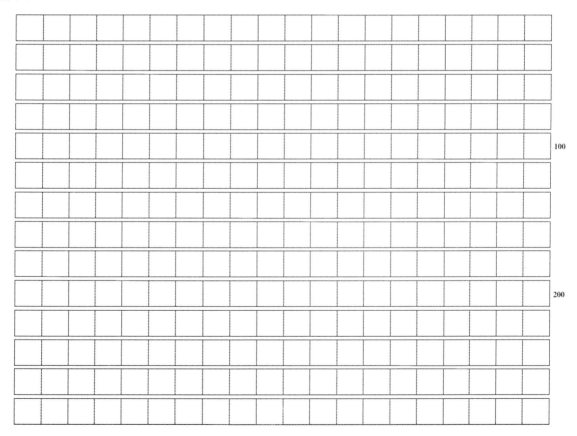

作文56

全国硕士研究生入学统一考试
管理类专业学位联考综合能力答题卡（199）

报考单位

姓　名

考生编号（左对齐）

注意事项：
1、填（书）写必须使用黑色字迹签字笔，笔迹工整，字迹清楚，涂写必须使用2B铅笔。
2、选择题必须用2B铅笔涂在答题卡指定题号，非选择题必须用黑色签字笔在指定区域作答。不在指定区域作答、在草稿纸上、试题本上作答无效。
3、请保持答题卡清洁，请勿做任何标记，否则按无效卷处理。
4、请必须将试题本上的试题信息条形码贴在答题卡标有"试题信息条形码"的框内。

正确填涂　　　　　　错误填涂

缺考标志　　　　　　缺考考生信息由监考员填涂并加盖缺考章，盖章不要遮盖考生信息。

选择题答题区域

1 [A] [B] [C] [D] [E]　　16 [A] [B] [C] [D] [E]　　31 [A] [B] [C] [D] [E]　　46 [A] [B] [C] [D] [E]
2 [A] [B] [C] [D] [E]　　17 [A] [B] [C] [D] [E]　　32 [A] [B] [C] [D] [E]　　47 [A] [B] [C] [D] [E]
3 [A] [B] [C] [D] [E]　　18 [A] [B] [C] [D] [E]　　33 [A] [B] [C] [D] [E]　　48 [A] [B] [C] [D] [E]
4 [A] [B] [C] [D] [E]　　19 [A] [B] [C] [D] [E]　　34 [A] [B] [C] [D] [E]　　49 [A] [B] [C] [D] [E]
5 [A] [B] [C] [D] [E]　　20 [A] [B] [C] [D] [E]　　35 [A] [B] [C] [D] [E]　　50 [A] [B] [C] [D] [E]
6 [A] [B] [C] [D] [E]　　21 [A] [B] [C] [D] [E]　　36 [A] [B] [C] [D] [E]　　51 [A] [B] [C] [D] [E]
7 [A] [B] [C] [D] [E]　　22 [A] [B] [C] [D] [E]　　37 [A] [B] [C] [D] [E]　　52 [A] [B] [C] [D] [E]
8 [A] [B] [C] [D] [E]　　23 [A] [B] [C] [D] [E]　　38 [A] [B] [C] [D] [E]　　53 [A] [B] [C] [D] [E]
9 [A] [B] [C] [D] [E]　　24 [A] [B] [C] [D] [E]　　39 [A] [B] [C] [D] [E]　　54 [A] [B] [C] [D] [E]
10 [A] [B] [C] [D] [E]　　25 [A] [B] [C] [D] [E]　　40 [A] [B] [C] [D] [E]　　55 [A] [B] [C] [D] [E]
11 [A] [B] [C] [D] [E]　　26 [A] [B] [C] [D] [E]　　41 [A] [B] [C] [D] [E]
12 [A] [B] [C] [D] [E]　　27 [A] [B] [C] [D] [E]　　42 [A] [B] [C] [D] [E]
13 [A] [B] [C] [D] [E]　　28 [A] [B] [C] [D] [E]　　43 [A] [B] [C] [D] [E]
14 [A] [B] [C] [D] [E]　　29 [A] [B] [C] [D] [E]　　44 [A] [B] [C] [D] [E]
15 [A] [B] [C] [D] [E]　　30 [A] [B] [C] [D] [E]　　45 [A] [B] [C] [D] [E]

阴影部分请勿作答或做任何标记

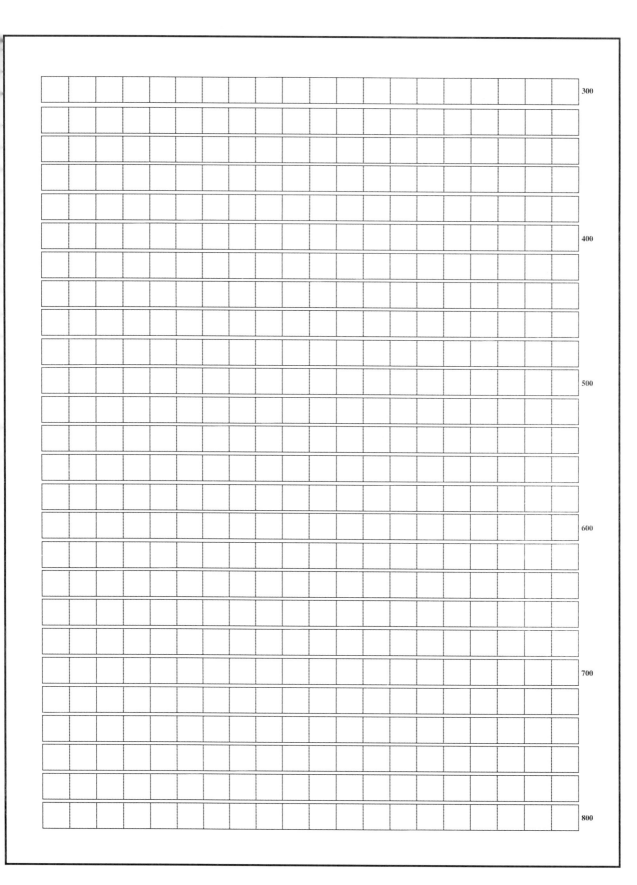

600

700

作文57

100

200

作文56

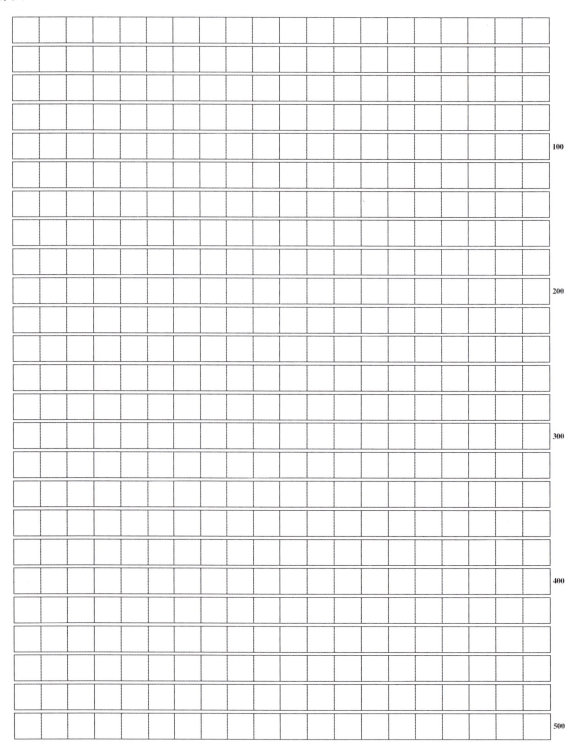